房地产开发与经营

温海珍　张　凌　杨英楠　编著

图书在版编目(CIP)数据

房地产开发与经营 / 温海珍，张凌，杨英楠编著.
—杭州：浙江大学出版社，2012.8(2018.1 重印)
ISBN 978-7-308-10462-3

Ⅰ.①房… Ⅱ.①温…②张…③杨… Ⅲ.①房地产开发②房地产经济 Ⅳ.①F293.3

中国版本图书馆 CIP 数据核字(2012)第 198377 号

房地产开发与经营
温海珍 张 凌 杨英楠 编著

责任编辑 陈静毅
封面设计 续设计
出版发行 浙江大学出版社
(杭州市天目山路 148 号 邮政编码 310007)
(网址：http://www.zjupress.com)
排 版 杭州金旭广告有限公司
印 刷 杭州日报报业集团盛元印务有限公司
开 本 787mm×1092mm 1/16
印 张 23.5
字 数 572 千
版 印 次 2012 年 8 月第 1 版 2018 年 1 月第 6 次印刷
书 号 ISBN 978-7-308-10462-3
定 价 45.00 元

浙江大学出版社发行中心联系方式：0571-88925591；http://zjdxcbs.tmall.com

前　言

本书介绍房地产开发与经营的相关内容，注重对个人教学和实践经验的总结，通过具体项目的案例分析，融理论与实务于一体，并且吸收、借鉴和应用现有的相关教材和专家学者的研究成果，使本书更具可读性与科学性。

本书主要由三个部分组成：第一部分从房地产产业环境与制度入手，介绍房地产市场基本知识、我国住房制度、土地制度以及房地产政策的演变；第二部分偏重于房地产项目的开发流程，对主要环节进行讨论，包括房地产用地的获取、房地产市场分析、项目定位、市场营销、物业管理；第三部分从房地产企业的视角，对房地产融资模式、投资模式、运营管理以及房地产价格评估进行分析与阐述。

本书由温海珍负责全书的总体策划、组织和修改定稿。各章编写人员的分工情况为：张凌负责第三章、第十一章、第十二章、第十三章；杨英楠负责第二章、第十章、第十四章；其余各章由温海珍完成。在本书的写作过程中，浙江大学土木工程管理研究所的研究生帮助收集资料，并编写了部分初稿，具体为张之礼（附录）、李旭宁（第六、八章）、包洪沾（第一、九章）、杨尚（第七章）、卜晓庆（第三、四章），另外，李旭宁为本书做了大量的格式修订工作，在此一并表示感谢。书中众多的案例和资料取材于浙江大学房地产研究中心和浙江大学土木工程管理研究所为企事业单位、政府部门所做的课题，特别感谢贾生华教授、阮连法研究员以及他们所带领的研究团队。

本书可作为房地产专业、土地经济与管理专业、土木工程专业、工程管理专业的本、专科生教材或参考书，也可供相关专业的研究生阅读参考。由于编著者水平有限，书中难免有疏漏之处，恳请专家学者和读者批评指正。

编著者

2012 年 5 月于浙江大学紫金港

目　　录

绪　论

第一章 绪 论

房地产开发与经营是一门综合性的应用学科，涉及房地产生产的全部过程，以及不同性质的房地产企业与相关部门。本章对相关概念进行介绍，讨论房地产开发与经营的特点、形式和流程，并对学科的研究内容和方法进行探讨。

第一节 房地产与房地产业

一、房地产、不动产、地产与物业

房地产是指土地及其固着在土地之上的建筑物、构筑物和其他附属物的总称。建筑物是指由建筑材料、建筑构配件和设备等组成的整体。构筑物是指房屋以外的建筑物，如水井、烟囱等。其他附属物是指实物附带的各种权益。

“房地产”和“不动产”在我国大陆可以通用，我国台湾地区更倾向于用“不动产”的说法。台湾地区的不动产概念是“定着在土地之上的建筑物、构筑物、其他附属物”及“树木等改良物”。与房地产相比，不动产还包括“树木等改良物”。我国香港地区习惯称作“地产”，认为只有土地是永恒的，地上物都可以拆除重建。地产通常有三种存在形式：①单纯的地产，如无地上物的城市土地；②单纯的房产；③房产与地产相结合的整体。因此，地产是房地产的子集。而物业指某项房产、地产或房地产，如一住宅小区、工厂楼宇、大卖场等，通常用于指具体的单个个体。

二、房地产的分类

从房屋用途的角度，房地产可以分成下列几类：①居住房地产，如各类民用住宅；②工业房地产，如厂房、仓库物业、研发用房等；③商业房地产，如酒店、商场、娱乐场所等；④旅游房地产；⑤农业房地产，如生态农业展示场等；⑥特殊用途房地产，如飞机场等。

房地产按其是否产生收益可以划分为：收益性房地产（如出租性写字楼、置业投资公寓等）和非收益性房地产（如自用写字楼、自用住宅等）。

房地产按市场交易性质可以划分为：出售性房地产、出租性房地产、抵押性房地产和典当性房地产等不同类型。

房地产还可以分为资源性房地产和资产性房地产。房地产作为资源是因为其具有使用价值，房地产作为资本是其具有投资价值，是国家和家庭财产的重要组成部分，通常用货币价值来体现。

三、房地产的特性

房地产的特性主要表现在以下几个方面。

(1)位置固定性。土地具有不可移动性，建筑物固着于土地上，也不可移动。房地产的位置分为自然地理位置和社会经济地理位置。房地产的自然地理位置固定不变，但其社会经济地理位置却经常变动。变动的原因主要有:城市规划的制订或修改;交通建设的发展或改变等。位置对于房地产投资具有重要意义,房地产所处的区位对开发商、物业投资者和使用者都具有显著的影响,社会经济地理位置的现状和发展变化必须格外重视。

(2)异质性。每一幢房屋的用途不同,所处地理位置不同,房地产商品不可能像其他一般的商品那样通过重复生产来满足消费者对同一产品的需求。房地产位置的固定性决定了房地产供给和需求的地方性和区域性,因而房地产市场不存在统一的市场价格。

(3)使用长期性。房屋一经建成,其使用年限一般可达数十年或更长,房地产具有长期使用性和较高的耐久性。根据我国现行的土地使用制度,公司、企业、其他组织和个人通过政府出让方式取得的土地使用权,具有一定的使用期限,在使用期限内,可以转让、出租、抵押或进行其他经济活动。国家规定的土地使用权一次出让最高年限因土地的用途不同而不同:居住用地 70 年,工业用地 50 年,教育、科技、文化、卫生、体育用地 50 年,商业、旅游、娱乐用地 40 年,综合用地或其他用地 50 年。

(4)投资大、开发周期长。房地产开发建设需巨额投资,房屋的建筑安装工程造价昂贵。房地产开发建设的周期比一般商品要长得多,通常需要一年以上。

(5)保值增值性。随着社会经济的发展、城市化进程的推进,房地产需求不断上涨,而房地产供应量,特别是土地供给量是有限的,房地产价格具有上涨的预期,使得房地产具有保值增值的功能。

(6)价格易受周围环境影响。房地产价格除了受其自身质量的影响外,主要取决于其所处的位置和周围的环境,受临近房地产用途和功能的影响。例如,在一幢住宅楼旁兴建一座工厂会导致住宅楼的价格下降;但如果兴建的是一座公园或绿地广场,则可使住宅价格上升。道路、公园、学校、博物馆等公共设施的投资,能显著地提高附近房地产的价格。

(7)易受国家政策影响。任何国家基于社会经济发展和公共利益的需要,都要对房地产占有、使用、分配、流转等作出限制,主要有两方面:一是政府基于公共利益,限制某些房地产的使用,如城市规划对土地用途、建筑容积率、建筑覆盖率、建筑高度和绿地率等的规定;二是政府为满足社会公共利益的需要,可对房地产实行强制征用或收买。同时也说明了投资房地产的风险性。

(8)变现性差。房地产是一种非流动性资产,其投资的流动性相对较差。把握房地产的质量和价值需要一定的时间,其销售过程复杂且交易成本较高,很难迅速无损地转换为现金。其主要原因是:当房地产作为资产经营时,其投资只能通过租金的形式逐渐收回;当房地产作为商品进行买卖时,受多种原因限制,会出现想卖而卖不掉或卖掉后损失太大而不愿意卖等情况。

四、房地产业

房地产业是指从事房地产开发、经营、管理和服务的行业或产业。其中,开发是基础,经营是开发的产品得以实现的过程。管理和服务是保证开发和经营顺利实施的手段。按中国证监会(CSRC)对上市公司的分类标准,房地产业包含开发、经营、管理、中介服务(如房地产经纪、房地产评估、房地产咨询等)四个方面。房地产开发商(房地产企业)是从事土地和房屋开发建设,以及以房地产产品为核心从事房地产中介、咨询、物业服务,实现自身价值的经济组织。

基于三次产业的分类标准,房地产业属于第三产业,具有广义"服务业"的性质。基于国际标准产业的分类,房地产业与金融、保险等商业性服务业列为十类中的第八大类。在非官方标准的产业分类体系中,如摩根士丹利(Morgan Stanley)、标准普尔(S&P)、伦敦金融时报

(FTSE)等推出的全球产业分类标准，均将房地产业划为金融业。

房地产业对拉动经济增长和提高人民生活水平发挥了重要的作用。房地产作为一种资产，是财富的象征，其资产规模大约是GDP的5倍，房地产业增加值占GDP的比重约为6.3%，房地产带来的税收是财政收入的重要来源，吸纳数百万的就业人口，与国民经济其他产业的关联密切。[①]

五、房地产市场及其特征

从基本构成要素来看，房地产市场是由主体、客体和中介构成的。房地产市场的主体是市场上的行为人，即房地产商品的供求双方：房地产开发商和购房者。房地产市场的客体是指市场的交易对象，主要包括房产商品和地产商品。在我国，地产商品指土地使用权。房地产市场中介是指从事房地产交易活动或促成房地产交易发生的中介机构，包括交易中介和融资中介。具体而言，房地产开发与经营的参与者包括：相关政府部门（如：规划部门、工商局、市政部门、发改委、经贸委、建委、房屋土地资源管理局等）、开发主体、土地使用权人、投资主体、金融机构、建筑承包商、专业顾问和消费者。

房地产商品的特殊性决定了房地产市场具有以下特征。

(1)*房地产市场是房地产权益交易的市场*。由于房地产的不可移动性，市场交易的对象实际是附着在每一宗房地产实物上的权益，可以是房地产的所有权，包括占有权、使用权、收益权和处分权，也可以是部分所有权。不同权益的交易，形成市场上不同性质的、复杂的交易行为，从而形成各种不同内容的房地产市场，如转让市场、买卖市场、租赁市场等。

(2)*房地产市场交易形式多样*。一般的商品市场以买卖为主，但房地产市场交易伴随相应的权益产生了多种多样的交易形式。如土地使用权的出让、转让、抵押；房地产的买卖、租赁、调换以及派生的房屋抵押、典当、信托等。

(3)*房地产市场是典型的区域性市场*。房地产生产和消费都只能在特定的地点进行，从而使得房地产市场具有区域性。不仅表现在建筑风格、文化环境、生活习惯上，而且还表现在区域经济水平、土地资源特点、城市基础设施、生活环境等多方面。房地产权益交换的价格不仅仅是针对建筑物本身，更多是上述几个方面在房地产市场中的综合评价。房地产商品在流通过程中只是"商流"并没有"物流"，一般是当地产当地销。

(4)*房地产市场是不完全竞争市场*。房地产商品是绝对异质的，相互不可替代。在房地产市场上买主和卖主的机会都不是均等的，两者都没有充分的选择权。因而，在房地产市场上个别卖主或买主对房地产交易价格往往会起到很大的作用。房地产是高价商品，为保护房地产交易的有关当事人，各国政府都立法管理房地产买卖及租赁活动。为保护房地产市场有效供给，抑制不合理需求，政府常采取强有力的干预措施，通过规划、税收等宏观调控和引导市场。因此，房地产市场是受国家严格控制的不完全市场。房地产市场是一个专业化的复杂市场，交易时必须求助于各种专业人士和专业机构，如律师、房地产估价师、建筑工程技术人员和税收知识人员，这些降低了房地产市场转手交易的频率。房地产市场又是一个缺乏信息的市场。房地产市场交易信息不易获得，因而不易形成竞争性的市场结构。

(5)*房地产市场的变化具有周期性*。房地产周期变化的基本规律是：繁荣、衰退、萧条、

---

① 张红：《房地产经济学》，北京：清华大学出版社，2005年版。

复苏四个阶段循环往复。房地产市场繁荣时空置率低，租金和价格上升，开发面积、销售面积、土地出让面积增加，市场供应不断加大，市场需求增加，房地产企业利润提高。但由于房地产开发周期长，随着市场需求的降低，市场供应不断增加，供过于求的状况必然产生，空置率上升，从而导致租金和价格下降，开发面积减少，市场进入调整期。随着开发量的减少，价格下调，需求被刺激起来，吸引投资者、投机者及普通消费者购买，消化市场供应，房地产市场调整结束，进入复苏期和下一个繁荣期。

第二节　房地产开发与经营

一、房地产开发与经营的基本概念

房地产开发是指通过多种资源的组合使用而为人类提供入住空间，并改变人居环境的一种活动。这里的资源包括土地、建筑材料、城市基础设施、城市公用配套设施、劳动力、资金和专业人员经验等诸方面。国土开发、区域开发、城市开发等都与房地产开发活动有着密切的关系，可以视为整体上和宏观意义上的房地产开发；狭义的房地产开发主要是指在依据国家的法律取得了国有土地使用权的土地上进行基础设施、房屋建设的行为，是在特定地段上所进行的具体的房地产项目的规划、设计和建设、施工等开发活动。

房地产开发是房地产企业的生产和再生产过程，也是完成房地产产品的生产和建设的过程。房地产本身的特殊性、房地产企业的特点以及房地产行业的特殊性等，使房地产开发具有与其他项目不同的特点。

房地产经营是指房地产企业为实现预期目标，确定实现目标的战略和策略，并有意识、有计划地加以实现的经济活动过程。广义上的房地产经营不仅包括房地产生产过程的开发环节、流通环节的营销活动和中介服务活动等，还包括消费环节中的物业管理服务活动；狭义上的房地产经营仅指流通环节的营销活动和中介服务活动。

房地产经营活动是以房地产市场为背景进行的，随着我国房地产市场的规范和不断完善，房地产经营起着越来越重要的作用。把握市场脉搏，制定科学的战略和策略，并能切实加以实施，对于房地产企业实现既定目标至关重要。

二、房地产开发与经营的特点

房地产开发与经营涉及的范围广、经历的环节多、形式也多，因而在开发与经营过程难度大、风险大，受政策等因素的影响大，时机的选择显得尤为重要。

(1)房地产开发经营难度较大。房地产商品不同于一般商品，其价值形成和实现往往是多次性的，且具有延续性和增值性，加上价值巨大、价值实现的多样性和逐步性，大大增加了房地产开发与经营的复杂性。另外，由于房地产商品自身的空间不可移动性，加之影响房地产价格的因素复杂多样，因此同类商品的可比性较差，个案性较强，这些都增加了房地产开发与经营的复杂性和难度。

(2)房地产开发与经营风险较大。房地产开发与经营的资金运转周期长、投入量巨大，无疑要承担更大的时间价值风险。房地产经济运行和资金流程环节较多，每一个环节都影响着整个开发经营活动的正常运转，无形中也增加了房地产经营的风险。另外，房地产经营受到社会政治、经济、消费心理、市政建设等各种外在因素的影响，因而比一般商品经营具有更大的风险。

(3)房地产开发与经营政策性强。房地产行业的特点、地位与作用决定了房地产开发与经营受到的政策性影响强。房地产资源的分配使用，房地产商品的生产、流通与分配，直接关系到国计民生。为了使房地产业纳入社会主义市场经济轨道，除了强调运用市场机制指导房地产运作之外，更要强调政府宏观调控的作用，并通过立法、制定政策等措施，使房地产企业坚持正确的经营方向，力求在经营活动的各个环节自觉遵守国家现行政策、规章制度。

(4)房地产开发与经营专业性强。具有相应资质等级的房地产开发企业才能完成整个开发与经营流程，需要律师、建筑工程技术人员、估价师、营销人员等大量的专业技术人才相互协同合作才能实现最终的目标。

三、房地产开发与经营的形式

下面对房地产开发与经营的形式进行介绍。

1. 房地产开发的形式

房地产开发的形式有以下三种。

(1)按开发时间划分，房地产开发可以分为初次开发和再次开发。初次开发是指对尚未利用的土地进行开发和利用的过程。再次开发是指对已开发利用的土地或房地产项目追加投资，进行深度开发或替代开发，转变土地用途等的过程。就城市房地产开发来看，包括城市新区开发和城市已建成区的再开发。新区开发是土地用途从“非建设用地”向“建设用地”转化的过程；已建成区的再开发是对城市原有“建设用地”进行再开发的过程，根据开发改造的程度，可分为部分改善、部分改建和重建等.

(2)按开发内容划分，房地产开发可以分为外延式开发和内涵式开发。外延式开发是指在增加面积的条件下，开发城市近郊和远郊农地或未动用的土地，满足城市用地规模扩展需求的过程。内涵式开发是在不增加面积的情况下，仅依靠增加劳动力和资金投入，提高土地容积率以及土地利用率，加强土地集约利用的开发过程。城市新区开发属于外延式开发，城市旧区改造、城市再开发属于内涵式开发。

(3)按开发规模划分，房地产开发可以分为单项开发和综合开发。单项开发是指开发规模较小、占地不大、项目功能单一、配套设施简单的开发形式。综合开发是指开发规模相对大、占用面积大、项目功能齐全的开发形式。城区部分改进或改善一般属于单项开发；城市新区的开发属于综合开发。

2. 房地产经营的形式

房地产经营的形式有以下三种。

(1)按经营对象划分，房地产经营可以分为地产经营和房产经营。城市地产经营一方面以土地出让为主，另一方面以土地转让、出租和抵押为主。土地出让是国家以土地所有者身份，将土地使用权在一定年限内让与土地使用者，由土地使用者一次性向国家支付土地出让金的行为。土地出让市场属于一级土地市场，是国家垄断型市场。土地出让主要采取协议、招标、挂牌和拍卖的方式。土地转让是土地使用者将土地使用权再转移的行为，包括出售、交换和赠与。土地出租是指土地使用者作为出租人将土地使用权随同地上建筑物、其他附着物租赁给承租人使用的行为。土地抵押是土地使用者将其土地使用权向资金持有人抵押以取得贷款的行为。后三种流转方式构成了垄断竞争型的土地二级市场，受国家控制和调节。房产经营是指房屋作为商品在市场上的流通，主要形式有出售、出租和抵押。

（2）按经营规模和经营方式划分，房地产经营可以分为专项经营、综合经营、集团经营和跨国经营等。专项经营指房地产企业只从事某一方面或某一环节的经营业务。优点是专业化程度高，经营项目单一、经营要素集中，有利于在专业化方面取得较好的效益。综合经营指房地产企业从事多项房地产经营业务，优点是能提供一条龙的配套服务。集团经营是具有雄厚经济实力的企业集团从事土地及基础设施建设、房屋开发、工程管理、销售、修缮等全面的经营形式，优点是具有强大的竞争能力和风险抵御能力。跨国经营是国与国之间合资、合作或到国外投资、营销的房地产经营方式，是当今世界经济发展国际化的必然结果。

（3）按活动发生的不同过程划分，房地产经营可以分为房地产开发经营、房地产流通经营和房地产消费及使用经营。房地产开发经营指在房地产开发过程中的所有经济活动的总称，包括对建筑地段的开发和再开发、房屋和配套设施的开发和再开发等一系列环节。房地产流通经营主要指土地使用权出让、转让、租赁、抵押等经济活动，是实现房地产价值的重要环节，一般通过房地产经纪、代理、估价等机构来完成。房地产消费及使用经营主要指物业管理，包括租赁管理、使用管理、修缮管理、代办管理等，主要通过物业管理机构完成。

四、房地产开发与经营的主要程序

房地产开发与经营的程序包括投资机会寻找、投资机会筛选、可行性研究、获取土地、规划设计与方案报批、签署有关合作协议、施工建设与竣工验收、市场营销、物业管理等步骤。可以划分为五个阶段：投资机会选择与决策分析、前期工作、建设阶段、租售阶段和物业管理阶段。

（1）投资机会选择与决策分析。投资机会选择包括投资机会寻找和筛选两个步骤。投资决策分析包括市场分析和项目财务评价两部分工作。市场分析主要分析市场的供求关系、竞争环境、目标市场及其可支付的价格或租金水平。项目财务评价根据市场分析的结果，就项目的经营收入与费用进行比较分析。需要对房地产市场进行了解、调查和分析，目的是掌握市场的环境和供求关系。在此基础上，筛选得出拟投资的房地产项目。

（2）前期工作。前期工作主要指投资项目确定以后和项目开始施工以前进行和开展的工作。主要涉及与项目全过程有关的各种合同、条件的谈判与签约，如：完成各种报批手续、获取有关证书、基础设施和市政设施的谈判与协调、安排信贷、确定市场售价和租金、确定施工进度、工程项目的招投标等。

（3）建设阶段。建设阶段要实施质量、进度、成本、合同、安全等工程项目管理。质量控制要在决策阶段、设计阶段和施工阶段进行，工程施工阶段的工程质量控制工作主要包括：对原材料的检验；对工程采用的配套设备进行检验；确立施工中控制质量的具体措施，对施工设备仪器进行检查，控制混凝土质量，对砌筑工程、装饰工程和水电安装进行检查和评定；确立有关质量文件的档案制度。进度控制的主要内容有：对项目建设总周期目标的论证与分析；编制项目建设工程进度计划；编制其他配套进度计划，如材料供应计划、设备周转计划、临时工程计划；监督项目施工进度计划的执行；施工现场的调研与分析。进度控制中应注意影响进度的因素，比如材料设备的供应情况、设计变更、劳动力的安排情况、气象条件。成本控制中首先要编制成本计划，成本计划分为：材料设备成本计划、施工机械费用计划、人工费成本计划、临时工程成本计划、管理费成本计划。合同管理包括建设工程合同的总体策划,投标招标阶段的合同管理、合同分析与解释及合同实施过程中的控制。在施工中对于临时占用规划批准以外的场地,可能损坏道路管线、电力和邮电通信等公共设施,临时停水停电,中断交通等情况要按规定办理批准手续。

(4)租售阶段。租售的方式有自行租售和委托租售两种类型。房地产经纪机构的代理方式有:联合代理和独家代理;买方代理、卖方代理和双重代理;首席代理和分代理。租售进度的安排要考虑工程建设进度、融资需求、营销策略、宣传策略以及预测的市场吸纳速度。

(5)物业管理阶段。物业管理是集经营、管理、服务于一体的第三产业活动,也是房地产开发与经营活动的最后一个环节。业主通过选聘物业管理企业,由业主和物业管理企业按照物业服务合同约定,对房屋及配套设施设备和相关场地进行维修、养护、管理、修缮等,维护相关区域内的环境卫生和秩序的活动。

第三节 房地产开发与经营研究

一、房地产开发与经营研究的主要内容

房地产开发与经营活动涉及房地产全部的生产过程,以及不同性质房地产开发与经营的企业和相关部门。因此,房地产开发与经营学科的研究内容很广泛。房地产开发与经营研究主要包括三部分:房地产开发、房地产营销及中介服务、物业管理。各部分内容又涵盖了房地产投资可行性分析、投资风险分析、房地产价格及租金评估、房地产市场调查分析、房地产营销与策划等方面的内容。

房地产开发与经营活动涉及第二产业和第三产业,第二产业部分是房屋的生产和建设过程;第三产业部分则指房地产开发的组织、经营管理、物业管理等过程。研究房地产开发与经营活动在第二产业和第三产业中如何发挥策划、组织、协调的作用,这些都是房地产开发与经营的研究范畴。

二、房地产开发与经营研究的方法论

房地产开发与经营是一门综合性的应用学科,应注重以经济学理论和现代经营管理理论为基础,汲取相关学科的精华,并将其灵活应用于房地产开发与经营活动中。在注重理论研究的同时,也应注重将理论应用于房地产开发与经营实务中,分析研究房地产经营过程的特点和规律,逐步建立起一套完整的房地产经营理论与体系。案例研究也必不可少,在理论分析的基础上,引入实务操作中的案例,能够使得研究通过生动、形象的方式展现出来。随着科学技术和管理水平的不断提高,运用定量分析得出结论,可使经营管理的技术成分大大提高。因此在定性研究的同时,还要进行定量研究。

【思考题】

1. 房地产、房地产市场有哪些特征?
2. 房地产开发与经营有哪些特点?
3. 房地产开发与经营有哪些形式?
4. 房地产开发与经营的主要程序是什么?

第一部分

产业环境与制度

第二章　房地产市场

市场是买卖双方就某种商品进行交易的场所。房地产市场除具备一般市场的特性以外，还有其独特的运行规律。本章系统分析房地产市场的类型、特性和结构，阐述房地产供求关系的规律及其影响因素，最后介绍我国房地产市场的发展历史和特点。

第一节　房地产市场概述

一、房地产市场的概念

一般来说，市场的含义有两种：广义的市场指商品交换关系的总和。狭义的市场是指在一定的时间内商品交换的双方进行交易的具体场所。房地产市场，又称不动产市场，也有广义和狭义之分。从经济学角度看，狭义的理解是指房地产交换的场所，广义的理解是指房地产交换关系的总和，是房地产开发、建设、经营、管理、服务和消费的内在运行机制。它将房地产的开发、建设、流通与消费等各个环节联系在一起，从而实现房地产的价值。房地产市场具有市场的一般特征，而作为市场的子系统，它是由房地产经济系统的存在所决定的，并且在房地产经济活动中起着媒介作用。也就是说，房地产市场是房地产商品交换过程的统一，是连接房地产开发、建设、经营、管理、服务和消费的桥梁，是实现房地产商品价值和使用价值的经济过程。

房地产市场的含义也可以从空间和经济两方面来理解：从空间意义上说，房地产市场是指进行房地产买卖、租赁、抵押等交易活动的场所，或者说是房地产供需双方进行商品交换的场所；从经济本质上说，房地产市场是指整个社会房地产商品交易关系的总和。所以，房地产市场是房地产商品交换的场所和领域，也是房地产商品一切交换或流通关系的总和，这才是完整意义上的房地产市场的含义。

房地产市场活动主要有三种方式，即房地产买卖、租赁和抵押。房地产买卖是指房地产所有权与使用权的出让。房地产租赁，指房地产所有者将房地产使用权在一定期限内租给承租人使用，而承租人则根据租约的规定分期向出租人支付租金，承租人享有使用权及由此产生的其他权益。房地产抵押，是指单位和个人以一定量的房地产作为如期偿还借款的保证物，向银行或其他信贷机构做抵押，从而取得贷款的活动行为①。

二、房地产市场的类型

西方学者将房地产市场划分为租赁市场(Rental Market)和产权市场(Equity Market)。租赁市场就是对不同种类房地产进行租赁的市场，不涉及产权转移；而产权市场就是进行房

---

① 姚玲珍：《房地产市场研究》，北京：中国建筑工业出版社，2008年版。

地产的产权买卖的市场，是所有权的转让。有的西方学者认为房地产市场包括空间市场(Space Market)和资产市场(Asset Market)两个部分，空间市场反映的是房地产产品的物理特性的交换关系，而资产市场反映的是房地产市场的价值关系和价值交换关系。在美国，房地产市场被分为住宅市场和非住宅市场；在选用地域标准时，一个独立的房地产市场至少应该符合如下原则：一是该市场交通相当便利；二是该区域内企业员工可以居住于该市场中的任何地方；三是居民可以选择该市场中任何地方的企业工作。

目前，国内对房地产市场的划分有多种方式。通常，我国的房地产市场可以按照区域、地上建筑物类型、交易方式和交易顺序等进行分类。①区域性房地产市场。这是根据房地产的不同区域特性进行的分类，如上海房地产市场、北京房地产市场等。②分类型房地产市场。根据房地产的类型，房地产市场可以分为土地市场和物业市场。每一种物业市场又可以根据其类型进一步分为许多子市场，如住宅市场、写字楼市场、零售物业市场等。③分交易方式的房地产市场。根据房地产不同的交易方式，可以分为房地产销售市场、房地产租赁市场、房地产抵押和房地产保险市场等。④分级别的房地产市场。根据房地产交易的顺序，可以将房地产市场分为一级市场、二级市场和三级市场等。一级市场是土地使用权的出让市场，具有国家垄断的性质，其价格和出让方式由政府确定；二级市场是房地产开发企业与房地产使用者之间的交易市场，具有经营性质，表现为经营者和消费者之间的交易行为；三级市场是指存量房地产的交易市场，具有消费性质，是使用者之间的交易行为，如私房出租、出售等。[①]

对于房地产市场，可以按照不同的标准进行划分，具体划分如表 2-1 所示。

表 2-1 房地产市场种类划分

<table>
<tr><th></th><th>划分依据</th><th colspan="3">房地产市场种类</th></tr>
<tr><td>1</td><td>发育程度</td><td>房地产萌芽市场</td><td>房地产发育市场</td><td>房地产成熟市场</td></tr>
<tr><td>2</td><td>覆盖或影响范围</td><td>国际性房地产市场</td><td>全国性房地产市场</td><td>地方性房地产市场</td></tr>
<tr><td>3</td><td>层次</td><td>房地产一级市场</td><td>房地产二级市场</td><td>房地产三级市场</td></tr>
<tr><td rowspan="2">4</td><td rowspan="2">用途</td><td>居住房地产市场</td><td>写字楼市场</td><td>商业楼房市场</td></tr>
<tr><td>工厂厂房市场</td><td>仓库市场</td><td>特殊用途房地产市场</td></tr>
<tr><td>5</td><td>交易对象</td><td>房屋土地实体交易市场</td><td colspan="2">与房地产有关的资金、劳务、技术、信息等服务交易市场</td></tr>
<tr><td>6</td><td>供货方式</td><td>现房市场</td><td colspan="2">期房(楼花)市场</td></tr>
<tr><td>7</td><td>法律原则</td><td>合法房地产市场</td><td colspan="2">非法房地产市场(隐性房地产市场)</td></tr>
<tr><td>8</td><td>供求状况</td><td>买方市场</td><td colspan="2">卖方市场</td></tr>
<tr><td rowspan="3">9</td><td rowspan="3">利益让渡方式</td><td>买卖房地产市场</td><td>租赁房地产市场</td><td>抵押房地产市场</td></tr>
<tr><td>典当房地产市场</td><td>置换房地产市场</td><td>联营房地产市场</td></tr>
<tr><td colspan="3">入股房地产市场</td></tr>
</table>

① 李伯含：《中国房地产业的市场结构与竞争行为研究》，中共中央党校经济学部博士学位论文，2006 年。

三、房地产市场的基本特征

房地产空间位置的固定性、产品的不完全商品性、技术的稳定性及资金的密集性等特征使其不同于一般商品而成为具有要素作用的高位商品，使其在交换关系和市场行为中呈现出一种多层次、多样化、多方位的态势，从而在社会主义市场体系中构成一个具有相对独立性的市场系统。这个市场系统的竞争既具有其他行业市场结构的某些普遍性特点，又因房地产产品的独有特征显示出一些与其他行业不同的特点；既具有世界房地产行业竞争的某些普遍性特点，又因特殊国情显示出一些与众不同的特点。房地产市场的特征主要表现在以下几个方面。

(1)*竞争的层次性*。房地产市场是一种环形竞争市场。塞洛普考察了等距离坐落于圆形城市的企业进入及价格竞争问题。在圆形城市上，一个企业实际上只有两个真正的竞争对手，即两个位于其左右的企业。因此，圆形城市企业间的竞争为邻近企业间的竞争，也即“环形竞争”。因此环形竞争比垄断竞争更缺乏竞争性。对一个城市而言，无论城市的布局是否是环形的，房地产开发商的竞争总是一种环形竞争。这是因为房地产是位置不能移动的产品，它只能和相邻的房地产存在竞争。而对其他产业来说，其产品是可移动的，这样厂商就能在更大范围内展开竞争。在环形竞争条件下，因为只有少数房地产开发商进行竞争，所以房地产市场结构具有寡头垄断市场的明显特征①。对于消费者来说，由于房地产空间位置固定且具有唯一性，由位置因素所派生出来的一系列属性与消费者偏好的匹配，使某一宗房地产对特定的消费者具有唯一的吸引力，这就使房地产开发商具有强大的垄断力量。

但是，这种垄断力量不可能在大范围形成，竞争具有一定的层次性和区域性。房地产开发的中低技术含量属性和政府出让土地的招挂拍体制，决定了资金是房地产开发企业的第一竞争力要素。在房屋总需求(包括正常需求即自住性、自用性需求，非正常需求即投机性、投资性需求)旺盛的情况下，房地产开发企业的主要竞争领域是土地使用权。近几年来，拍卖是全国绝大部分土地的出让模式。拍卖最突出的特点是出价高者胜出，在这种情况下资金几乎成为中国房地产开发企业唯一的竞争力。一般来说，城市经济发展水平越高，城市规模越大，那么地价越高，对房地产开发企业的资金要求越高①。尽管房地产开发企业的资金60%以上来自银行，但企业的注册资金数量、现有抵押品价值决定着其信贷额度。因此，开发企业主要根据资金实力的大小，进入不同层次、不同规模的房地产市场。

目前，我国有5万多个房地产开发企业，其中5000多个大型房地产开发企业拥有雄厚的资金，控制着所有大城市、多数中等城市中高档房地产市场的供给；少数资金比较充足、机遇较好的中型房地产开发企业有可能挤入大城市中高档房地产市场，多数中型房地产开发企业共同占有中等城市中高档房地产市场的部分份额，甚至还有少数中型房地产开发企业因资金周转不灵而被迫转入利润率较低的低档房地产市场及小城市房地产市场；大量小型房地产开发企业因资金少，主要在低档房地产市场及小城镇房地产市场开展业务，它们很少有幸挤入中等城市中高档房地产市场，基本上不可能挤入大城市房地产市场。当然，少数与政府部门、银行有“特殊关系”的房地产开发企业，能够通过违规滚动授信、高估抵押品价值等方式获得大量资金，增强自身争取土地出让权的能力。由于业务定位存在差异，大型房地

---

① 高波:《房地产开发商策略性定价行为的经济学分析》，载《产业经济研究》2008年第2期。

产开发企业与小型房地产开发企业之间根本不发生竞争，大型房地产开发企业与中型房地产开发企业之间、中型房地产开发企业与小型房地产开发企业之间在多数情况下也只发生有限的竞争。

(2)供给缺乏弹性。房地产市场供给是指在一定时期内，房地产开发商在某一价格水平上愿意并且能够提供的房地产商品数量。房地产产品与其他商品不同，短期供给缺乏弹性。首先是城市土地资源的经济属性——不可再生性和稀缺性造成的。土地的自然供给是固定的、缺乏弹性的。作为房地产生产中主要的生产要素，土地的供给总量基本上是恒定的，在一个城市中，为适应经济发展和城市建设而进行的土地供给则代表了土地的经济供给。土地的经济供给受城市发展的阶段性与土地自然条件的优劣的影响，表现为土地的供不应求，从而决定了房地产商品供给缺乏弹性。其次是国家对土地的垄断性，我国实行的是土地所有权公有制，城市土地的所有权属于国家，在房地产交易市场中交易的只是土地使用权，而各级政府是土地使用权的唯一供给者，因此土地市场的供给具有垄断性。由于土地的有限性、不可再生性及其经济供给的稀缺性和土地所有权的垄断性，使得房地产市场的土地供给在一定的地域和时限内数量有限，从而导致房地产市场的垄断性增强，使市场供给主体间的竞争不充分、不广泛。

(3)区域的分割性。在全球化时代市场经济体制下，衣服、粮食等普通商品可以在一国内部不同地区之间、不同国家之间比较自由地快速流动。但房地产空间位置的固定性决定了房屋不能在交易中发生位移。如果一个国家或地区的普通商品供不应求而价格飞涨，那么高利润会吸引其他国家或地区的同类商品大量涌入，结果该国或该地区普通商品的价格迅速得到平抑。然而，当一个国家或地区的住房供不应求而价格飞涨时，类似的情形在房地产市场根本不能发生。此外，一个国家或地区房地产的自住性、自用性需求通常是占主导地位的，而这种正常交易(非投机性交易)主要是在该国或该地区居民内部进行的。由此可见，房地产市场具有很强的区域分割性，这是其他商品市场所不可比拟的。当然，资本也可以在一国内部不同地区之间、不同国家之间的房地产市场转移，进而增加受资地区、国家的住房供给。但在房地产行业，资本流动替代商品流动的局限性表现得非常突出。房地产开发投资对一国内部一个地区、一个国家住房供给数量和价格的影响，在速度和效率上远远低于普通商品流动对一国内部一个地区、一个国家该类商品供给数量和价格的影响。前者需要几年(多数房地产开发项目从开工到竣工的时间长达 2～3 年)，而后者只需要几天。此外，由于外资大举进入房地产开发行业的影响是很不确定的，各国出于金融安全的考虑，会在房地产开发行业执行比一般行业更严格的外资准入标准。如果外资是生产性的，就会增加住房的供给而降低房价；如果外资是投机性的，就会吹大房地产泡沫而抬高房价，甚至引发金融危机。因此，与其他行业市场相比，外资在房地产开发市场受到的制约更为明显。这对房地产市场的区域分割性具有强化作用。

(4)区域内的垄断性。由于房地产区位的固定性和不可移动性，客户在选择购买时只会将其与本区域范围内的房地产产品相比较，不能实现产品区域间自由的流通，土地空间位置的固定性决定了房地产市场产品供给的区域性，因此房地产商品具有不完全替代性。如果一样商品具有不完全替代性，则意味着其在市场竞争中可能构成价格垄断，因此部分开发商的区域性垄断是客观存在的。作为一种特殊的要素市场，土地市场与微观经济理论中一般商品的不完全竞争市场有所不同。因为它是一种稀缺的、总供给有限的要素，土地市场的开放显然会使得更多的竞争主体进入市场，引起土地价格更强的增长态势。此时，对土地租金的竞争更直接地表现为对由之可能带来的垄断利润的竞争。垄断利润的分配比例不仅取决于土地市场化程度和价格竞争的激烈强度，还与政府的相关土地增值收益的税收分配政策及一些投机因素有关。由于土地的有限性、不可再生性及其经济供给的稀缺性和土地所有权的垄断性，使得房地产市场的土地供给在一定的地域和时限内数量有限，从而导致房地产市场在一定区域内垄断力量增强，市场主体间的竞争不充分、不广泛。区域性垄断提高了房地产开发商的定价自由度，他们为了获得更多的超额利润，将推动区域内房价出现大幅度上涨。一个区域内房价的高涨，会刺激相邻区域的房地产开发商大幅度提高房价。各个实行区域性垄断的房地产开发商群体相互影响，于是全局性的房价高涨就出现了。

(5)循环性。周期性循环一般被定义为(经济的)上升运动与下降运动的周期性重复，包括扩张、后退、收缩、复苏四个阶段，大体分为长期性循环(以 15～22 年为一个周期)和短期性循环(以 3 年为一个周期)。这不仅存在于房地产市场运行的全过程，而且也存在于房地产市场构成的个别部门，如地产开发、金融、投资、房产交易，等等。例如，中国房地产市场就经历了从 1990 年复苏、1992 年扩张直至 1993 年后退、收缩这样一个周期性循环。

除此以外，房地产市场还有季节性、长期性和随机性变动。季节性变动如寒冬腊月，建筑业即房产开发基本处于停滞状态，旅游观光淡季大小宾馆空房率也明显增加；长期性变动通常以 50 年乃至更长时间来衡量，它预示着整体经济发展的总趋势，该变动源于新区开发和老区的再开发，其过程为：开发特定地区→房地产业扩张→大量人口拥入→ 新建住宅→基础设施增加→可用地减少→市场竞争加大→市场降温→房地产收缩；随机性变动是由于政策或地震等灾害所引起的房地产业的衰落与复兴。①

(6)开放性。房地产市场虽然有较强的地域性，但同时又是一个开放的市场。其开放性体现在市场自身是在不断地进行市场变量的输入、输出而形成良性循环。就房地产投资资金来源而论，人们按现代投资理论中尽量减少投资风险，提高投资回报率的原理，把地产和房产分成细小的权益证，借助金融机构的中介作用，将投资者与投资标的物的关系由拥有地产或房产产权改变为拥有有价证券的债权，通过房地产证券市场流通聚集投资资金，开发房地产业。其实质是通过房地产产权的证券化而变不动产为动产，便于小额投资者参与投资，从而为发展房地产业开辟了稳固的资金渠道。口前，外商投资房地产业的开发是中国房地产市开放性的主要体现，近几年来中国涉外房地产业发展迅速，仅 5 个经济特区的外商投资项目就已达 70 多个，协议利用外资 100 多亿元，占全国的 1/4。

(7)反经济循环现象。投资收益率大于通货膨胀率时，一些游资往往从其他行业转向房地产业，致使房地产市场交易仍较旺，而呈现反经济循环现象。在房地产产品中，尤以地产最具增值性，因为房产一般因折旧而损耗从而使价值下降(名胜古迹则随时间推移而价值增大)。在社会经济日益发展的过程中，对地产需求的无限扩张和地产供给的有限性矛盾也日益加剧，导致地产迅速增值。房地产的衍生性不仅仅体现在时间尺度上，也体现在空间尺度上。这主要是由于著名商业中心、旅社、旅游点、大饭店等具有超距效应，使得房地产市场收益强度跨越空间而作用到较远的地域。

(8)双重性。房地产产品不仅是一种基本生活资料或生产资料，而且由于其使用价值及

① 金南浩：《不动产效率市场及其景气变动》，载《财资经济》1993 年第 1 期。

价值实现的长期性、稀缺性和垄断性，使得房地产品具有保值、增值功能，即具有投资与消费的双重性。房地产市场的双重性，使得房地产市场具有“雷却德效应”(Ratchet Effect)，即房地产市场价格因需求而上涨，房地产的投资或消费并未因此而下降，甚至上升，出现一种反供求规律现象。[①]

四、房地产市场的特殊性

房地产市场是一个复杂的系统，它是由多种市场因素按照一定的结合方式组成的综合体。因此，它既有一般市场的共性，又有其自身的特殊性。

(1)不完全竞争性。完全竞争市场必须符合以下条件：①产品是同质的、无差别的；②各种生产要素是完全自由流动的；③信息畅通，市场主体拥有完备的信息；④市场存在大量的买者与卖者，任何一个市场主体都不能单独影响市场价格。然而，房地产产品最大特点是每一个产品都是不同质的，同时房地产市场又是一个信息不对称、垄断的市场，因此，房地产市场是不完全竞争市场。

(2)市场投机性。房地产市场的不完全竞争性是房地产市场投机的主要原因之一。房地产市场的投机源于房地产市场的信息不充分、市场开放程度的有限性以及开发项目的高风险高收益的特点，因此容易滋生和吸引各种投机活动。由于土地资源的有限性、房地产产品的稀缺性导致房地产产品总体上供不应求，土地价格和房地产价格一般是由单一的需求价格决定的，从而使房地产市场具有较强的投机性，出现大肆“囤地捂盘”，甚至哄抬诈骗的现象。

(3)供给调节滞后性。由于房地产开发周期比较长，从获得土地到建成出售房屋需要一年或长达数年的时间，因而在市场供不应求时，供给的增加需要相当长的时间。由于房地产产品的耐耗性，决定了在市场供过于求时，多余的供给需要相当长的时间才可能被市场消化。因此在需求变动后，供给需要相当长一段时间才能随之调节变动，达到新的均衡。

(4)市场的双重性。房地产市场是投资品市场和消费品市场的统一体。房地产产品不仅是居民赖以生存的消费品，同时又具有保值增值性，可以成为人们投资的手段。从而在房地产市场上存在一种反供求规律的特殊现象。对于一般商品来讲，随着需求的增大，价格随之上升，继而供应增加，导致价格下降，从而达到一个新的供求平衡。在房地产市场上，随着价格上升，需求也会因此而减少，但由于房地产产品的开发建设周期较长以及土地的稀缺性，供应不会在短期内随之加大，即房地产价格因需求而上涨，房地产的投资或消费并未因此而下降。

(5)金融企业及中介机构的参与性。由于房地产交易额巨大，小则几万、几十万元，大则几亿、几十亿元，因而无论是房地产的直接使用者还是经营者都较难承担，往往需要有金融企业参与资金融通，才能顺利完成交易。另一方面，由于房地产具有保值性、增值性和相对较小的风险性等特征，使得金融企业也愿意开拓房地产抵押贷款业务，国内外的多数金融企业都参与了房地产的投资和信贷业务。同时，由于房地产的交易复杂，专业性很强，通常需要中介机构或经纪人参与，提供技术咨询、价格评估、业务代理、法律仲裁等服务，房地产交易才能顺畅进行。因此，房地产中介机构作为房地产交易的一种“润滑剂”，已成为房地产业

① 王万茂、黄贤金：《论房地产市场基本特征及其运行机制》，载《南京农业大学学报》1994年第17期。

不可缺少的组成部分。

(6)房地产交易活动既是一种经济行为，又受法律约束。房地产产品具有固定性，在交易过程中与一般商品不同，因而需要运用法律手段，通过一定的法律程序，才能完成产权的转移。为了维护房地产交易双方的利益，保证投资的安全和市场的整体效益，房地产交易必须按照法定的程序，以法律契约，即签订商品房买卖合同的形式，确立、变更、转移有关各方的权利、义务。因此，房地产市场上的交易活动既是一种经济行为，又是一种法律行为。

五、房地产市场的基本要素①

从房地产市场构成要素看，房地产市场是由利益主体、客体和中介构成。

(1)房地产市场利益主体。房地产市场利益主体是指房地产市场上的行为人，即房地产市场商品的供求双方。供应方包括土地供应方(中央政府和地方政府)、房屋供应方(房地产开发商)以及资金供应方(金融企业)。土地供应方通过对房地产市场提供城市建设用地而获得土地收益；房屋供应方通过对房地产市场提供房地产产品而获得开发收益；资金供应方通过向房地产市场提供资金而获得资本收益。需求方包括土地需求方、资金需求方、房屋需求方(包括购房者、投机者、投资者)。土地需求方(房地产开发商)通过向土地供应方支付资金而获得土地使用权；资金需求方(房地产开发商、消费者)通过向金融企业提供抵押物而获得资金，以满足自己的需求；房屋需求方(包括购房者、投机者、投资者)则通过向房屋供应方提供货币而从房屋供应方手中取得房地产产品。

(2)房地产市场客体。房地产市场客体是指房地产市场交易的对象，包括房屋商品和地产商品。在我国，地产商品主要是指土地使用权。作为市场客体，需要有相当数量不同品质、不同类型的房屋商品以及可供开发建设的土地资源，供人们选择使用和交换。

(3)房地产市场中介。房地产市场中介是指从事房地产交易活动或促成房地产交易发生的中介机构。例如，为房地产市场的供应方与需求方实现交易目的而提供服务和技术支持的房地产销售代理商、建筑施工商、设计单位等。

总之，从房地产市场经济运行的角度看，房地产市场利益主体、客体以及中介机构缺一不可。

第二节 房地产市场的供求分析

房地产市场在运行中受市场规律的支配，供求关系决定价格是市场的基本规律，房地产市场运行分析归根结底就是供求关系的分析。

一、房地产市场需求

房地产市场需求是指在一个特定时期内，消费者在各种可能的价格下，愿意而且能够购买的房地产产品数量。而在一定价格下，消费者愿意并且能够购买房地产产品数量，称为房地产市场需求量。

按照需求的性质，房地产需求可以分为生产性需求、生活性需求、投资性需求和投机性

① 李永前:《中国房地产市场利益主体矛盾及协调机制研究》，中央民族大学博士学位论文，2010年。

需求。生产性需求是国民经济各产业部门为了满足生产经营需要而产生的需求，房地产产品是生产资料；生活性需求是居民为了满足生活需要而产生的需求，房地产产品是生活资料；投资性需求和投机性需求是投资者或投机者为了资产保值增值或获取差额利润而产生的需求，房地产产品是投资和投机的工具。随着房地产市场的逐步成熟，越来越多的投资者和投机者会参与到房地产市场，这一方面使房地产市场更具活力，同时也是市场波动的重要因素。过度的投机会对房地产市场产生巨大的危害。

大多数房地产需求的模型假定，短期内供给是固定的，而长期内供给会随需求的变化而调整。早期的研究认为人口总数、家庭收入是决定住房需求的最重要因素。另外，各种信贷政策约束的存在也可能影响住房需求。比如，在一个生命周期模型中，由于首付款的比例约束，一些家庭将成为租房者而不是房屋持有者。

影响房地产市场需求的因素有很多，主要包括以下方面[①]。

(1)价格水平。房地产和其他商品一样，一般情况下，房地产需求量与其价格水平之间存在着反向变动的关系。需求是价格水平的函数，当房地产价格水平上升时，其需求下降；反之，则增加。

(2)国民收入水平。国民收入水平主要指企业收入、居民收入和财政收入。企业收入影响生产性房地产需求；居民收入尤其是居民可支配收入决定居民购买力的大小，人均可支配收入与房地产需求呈正相关关系；财政收入影响政府用于房地产上的投资和对低收入居民家庭住房的补贴，只有住房补贴多，住房的有效需求量才会增加。

(3)宏观政策。政策因素对房地产的生产性需求和消费性需求都有重要影响。国家通过调节生产性需求的经济参数体系，如价格、税收、利率、折旧率等，可以对企业的投资和行为起到刺激或抑制的作用，从而扩大或减少对写字楼、商业用房、工业厂房等生产经营性物业的需求。影响消费性需求的政策主要有住房政策、财政政策和货币政策。

(4)未来的预期。需求行为是否实现或在什么时候实现，取决于需求者对上述经济外部环境的判断，特别是对未来经济发展形势的预期，不同的预期会产生不同的现实需求。例如，如果购买者预期未来经济形势不好，则市场对土地的需求量和房地产投资需求量就会减少。

二、房地产市场供给

房地产市场供给是指在一个特定时期内，房地产开发商在各种可能的价格下，愿意而且能够供给的房地产产品数量。而在一定价格下，房地产开发商通常愿意而且能够供给的房地产产品数量，称为房地产市场供给量。

由于房地产产品生产周期较长，房地产供给的状态相对较复杂。根据房屋的存在状态，房地产市场供给可以分为现实供给和潜在供给。对于已经取得房屋销售许可证的房屋，无论是期房还是现房，都可以构成市场的现实供给，买卖双方可以签订商品房买卖合同。根据房地产产品是否适销对路，房屋的供给又可以分为有效供给和无效供给。

土地供应量是决定房地产供给的最重要因素之一。由于土地资源的有限性以及土地资源的不可再生性，决定了土地资源自然供给的相对有限性；同时，房地产开发建设往往也受

① 金海燕：《我国房地产宏观调控政策运行过程研究》，哈尔滨工业大学博士学位论文，2008年。

到建筑用途、容积率、建筑间距等规划指标的限制，这些限制在一定程度上影响了房地产供给的相对有限性，即房地产商品供给缺乏弹性。

对于房地产供给，还可以从宏观和微观两个层次分析。从宏观角度来看，房地产供给指的是房地产总供给量，是指在某一时期内，在某一价格水平的情况下，全社会房地产产品供给的总量。从微观角度来看，房地产供给是指生产者在某一特定时期内和某一价格水平条件下，愿意而且能够提供的某一地区和品种的房地产产品数量。

影响房地产供给的因素有很多，主要包括以下方面。

(1)价格因素。房地产租金和价格的涨跌是房地产市场供求关系变动的反映，同时反过来又会影响下一时期的供给和需求。房地产与其他商品一样，一般情况下，房地产价格越高，开发商获利可能越多，供给量也越多。

(2)开发成本。在买方市场条件下，房地产开发成本的高低，决定着开发利润的多少。在房地产开发过程中，开发商投入了大量资金、劳动力、技术和其他生产要素，这些生产要素价格发生变化就会引起开发成本的变化。如果相关生产要素价格上升，开发成本就会增加，在房价不变或增加少于成本的增加时，开发利润下降，房地产供给量则可能相对减少；反之则增加。

(3)政策因素。政府的土地供应计划、财政金融政策都会影响房地产市场的供给。政府在计划中扩大土地供给量，房地产供给量就会增加；反之，紧缩土地供给量，房地产供给量就可能减少。税收、财政补贴和政府投资等财政政策也可以调节房地产供给。在其他条件不变的情况下，提高房地产业的税率可以起到抑制房地产投资，减少房地产供给量的作用；反之，则起到增加房地产供给量的作用。财政补贴可看作一种负税收，与税收的作用正好相反。如对房地产企业开发普通居民住宅予以低息财政贷款和银行贷款贴息，就会降低开发成本，促使普通住宅供给量的增加。在企业不愿进入或无力开发房地产项目时，通过政府直接投资，也能有效地增加房地产市场供给量。金融政策，如贷款规模、贷款投向、利率水平等对房地产市场供给量有着重大的影响。房地产业是资金密集型行业，其发展需要大量资金。这些发展资金不可能完全通过企业自筹来解决，部分资金还需要通过金融市场来筹集，不同的金融政策将直接影响筹资的难易程度和成本高低。

(4)未来的预期。对房地产未来的预期一般是根据其发展周期来进行的。房地产开发商往往根据房地产经济波动周期为重要依据，作出房地产开发项目的报建、动工、施工和销售时间等决策。

三、房地产供求均衡分析

房地产供求均衡，就是指消费者愿意并且能够购买的房地产的数量和开发商愿意并且能够提供的房地产数量处于一种相对稳定的状态。这时的房地产数量叫作均衡数量，形成的房地产价格叫作均衡价格。房地产供给与需求的均衡包括两层含义，即宏观和微观两个层次。在宏观层次上房地产均衡表示房地产总供给量和总需求量的均衡；在微观层次上房地产均衡表示某特定地区房地产市场、特定类别房地产商品的供求均衡。

房地产供求均衡如图 2-1 所示，房地产在供给 S 和需求 D_0 的共同作用下形成的均衡数量 Q_0 和均衡价格 P_0，由于供给价格法则和需求价格法则的相互作用，供给曲线 S 为向上扬的一条曲线，需求曲线 D 为下斜的一条曲线。当供给量和需求量相交时，S 与 D_0 相交于 E，房地产市场达到均衡，并得到均衡价格 P。此时任何价格的短期偏离都会再次回复至均衡价格 P_0。若市场价格高于均衡价格 P_0 时，则房地产需求减少，出现供过于求的现象，价格下降；若市场价格低于均衡价格 P_0 时，则房地产需求增加，出现求过于供的现象，从而又使价格上升。由此，可以认为，市场均衡的条件，是在一定价格下的需求量与供给量相等。

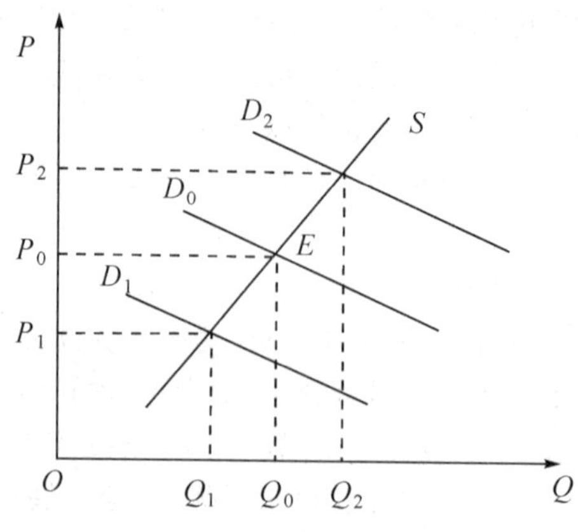

图 2-1　房地产市场供求均衡

如果房地产的需求由 D_0 增加到 D_2，而房地产不能立即供给，因此价格上升至 P_2，在 P_2 价格水平，需求和供给的房地产数量 Q_2 实现新的均衡。如果需求曲线由 D_0 位移至 D_1，导致房地产价格跌落至 P_1，这时房地产供给量较少，供求均衡的房地产数量是 Q_1。

四、房地产市场价格

当所有商品都和一种特殊商品——货币进行交换时，商品的价值就通过货币的数量得以表现。这种以货币数量表达的形式叫作价格，价格是价值的货币表现，价格围绕价值上下波动。价格的变动既取决于商品本身价值的变动，也取决于货币价值的变动。房地产市场价格基本上是由供给和需求相互作用决定的。在价值与价格作用过程中，地产作为土地资源主要受地租规律支配，而房产则主要取决于生产成本与土地价格，主要受商品价值规律支配。根据房地产市场供求是否均衡，具体分为均衡价格和非均衡价格。

(1)均衡价格。均衡价格是指房地产市场的需求量与市场供应量相等时的价格，也就是房地产市场需求曲线与供给曲线相交时的价格。

(2)非均衡价格。我国房地产业发展的时间较短，房地产市场还很不完善，从总体上看，呈现非均衡的发展态势，因此，研究房地产市场非均衡状态的运行特点更具有现实意义。房地产市场的非均衡是指房地产市场总需求与总供给之间的不均衡状态，具体分为供不应求与供过于求两种情况。由于房地产商品生产周期较长，难以像普通商品一样及时增减产量，短期均衡是很难达到的。因为从短期来看，房地产供给是相对稳定的，它不能立即满足突然变化的需求，从而导致价格的上涨与下降。在供求均衡条件下，如果需求突然增加，供给却不能相应增加，则价格上升；如果需求突然下降，过多的供给不可能转移到其他地区销售，则价格必然下降。从长期来看，需求突然增加，出现供给不能满足需求的情况，房地产市场价格上升；随着时间的推移，新的建设项目建成入市，房地产市场的供给就相应增加，房地产市场形成新的平衡。

均衡是一种理想状态，是暂时的、相对的；非均衡是经常的、绝对的，但房地产市场价格均衡是必然趋势。由于某种因素或某些因素的影响致使市场价格脱离了均衡价格，就必然形成短缺或过剩，产生价格上升或下降的压力和趋势，并最终趋向于均衡价格。

第三节 房地产市场结构

一、房地产市场结构概述

市场结构是指市场主体的构成及其相互关系（竞争与垄断关系），以及与之相关的各种决定要素的组合。市场结构是以一定的产业和市场为基础的，它随着产业的勃兴而不断变动和发展，并在一定条件下逐步走向成熟和优化。显而易见，我国房地产业的市场结构必然是随着我国房地产业的形成、发展而不断得以成熟和优化的。

现代市场结构理论源于 20 世纪 30 年代张伯伦等人的垄断竞争理论，50 年代末期哈佛大学的贝恩所著的《产业组织》一书的出版，标志着市场结构理论的真正确立。70 年代以后，一方面新产业组织学派吸收经济学的最新研究成果，不断丰富和完善了以哈佛学派为代表的正统产业组织学的市场结构理论；另一方面，在对正统产业组织学派的各种批评中，以芝加哥学派为代表的市场结构理论也应运而生，并从不同的角度进一步发展和深化了现代市场结构理论。

从经济学的角度来看，市场结构属于产业组织经济学（Industrial Organization）的研究范畴，通常定义为对某一特定产业内部竞争程度和价格形成产生战略性影响的市场组织的特征。市场结构的过于分散可能形成一种过度竞争，造成资源过于分散使用，利用效率低下；而市场过于集中，少数占市场支配地位的“大厂商”则可能缺乏潜在竞争压力，而通过自身的垄断地位获取长期的高额垄断利润，损害消费者利益，造成社会总福利的损失。在正统产业组织经济学经典的结构-行为-绩效（即 SCP）分析范式中，现存的市场结构在相当程上制约着企业的行为决策，进而决定市场绩效，市场结构的合理与否将严重影响到资源配置的优劣、产业经济效益的高低。

影响产业市场结构的因素主要包括市场集中度、产品差异化和新企业的进入壁垒。市场集中度通过考察产业内企业规模及分布状况，从整体上反映出企业间的竞争强度以及资源利用效率，其合理的指标能在保持市场竞争活力的同时，优化企业规模，形成对资源利用和交易费用的节约，提高产业经济效益。有效的产品差异化策略既能更好地服务于消费者，又能避免完全的同质竞争，使企业实现可持续发展，进而从整体上不断提升产业的竞争力。进入壁垒是指新的企业在同原有企业竞争时所遇到的经济、技术、法律、政策性障碍，如规模经济、专利技术、垄断经营等。市场集中度和产品差别化反映的是市场中现实的竞争企业的数量和竞争强度，而进入壁垒则是着重考察产业内已有企业与准备进入的企业间的竞争关系，反映的是市场潜在的竞争强度。合理的进入壁垒能避免新厂商的无效大量进入，生产要素集中在合理的“厂商”手中，提高资源的利用效率。

在上述三因素中，市场集中度在更大程度上为后两者的一种显性结果，在进入壁垒过低的情况下，即使存在着较高的退出成本，但由于行业不正常的高利润，以及差异程度较低而减少新入企业的竞争成本（如广告费），潜在进入企业仍可能实行打了就跑（Hit and Run）

的策略，然而这种纯市场的调整往往伴随着社会资源的低效利用甚至浪费，我们有必要主动作出一些调整。[1]

二、房地产市场结构的类型

现代市场结构理论关于市场结构的类型，一直沿用了张伯伦的划分方法，即市场结构按照垄断程度的不同从总体上分为完全竞争、垄断竞争、寡头垄断和完全垄断四种类型。

(1)完全竞争(Pure Competition)，是指一种竞争不受任何阻挠和干扰的市场结构。完全竞争的条件是：①市场上存在无数的买者和卖者，每个人都是价格的遵从者和接受者；②产品是同质的；③各种生产要素可以自由流动；④信息是完备的，不存在信息不对称的问题。按照这样的条件，在现实经济中根本不可能存在这样的市场结构，因此完全竞争是一种理论抽象，是研究现实经济的理想的参照系。

(2)垄断竞争(Monopolistic Competition)，是指一种既有垄断又有竞争，既不是完全竞争又不是完全垄断的市场结构。除了产品之间存在差异这一点外，垄断竞争与完全竞争的假设条件是完全相同的。垄断竞争介于完全竞争和完全垄断之间，由于产品的差异而存在一定程度的垄断；但从长期看，垄断竞争市场上仍然存在激烈的竞争。尽管垄断竞争市场上的价格、成本都比完全竞争市场高，产量却比完全竞争市场低。

(3)寡头垄断(Oligopoly)，是指该市场上少数厂商供给大部分的产品，少数厂商的产量在该产业(市场)的总产量中占有较大份额，对市场的价格和产量具有举足轻重的作用。其特征是：①市场上只有少数大企业，在资金、技术、产品、规模等方面具有绝对优势；②产品同质或有较大区别；③垄断企业之间相互依存；④垄断企业是价格的制定者而不是接受者；⑤垄断企业的均衡价格和均衡产出具有不确定性。

(4)完全垄断(Monopoly)，是指整个行业的市场完全处于一家厂商所控制的状态。完全垄断可以是政府的垄断，也可以是政府特许的私人垄断。私人垄断可能是由于市场狭小、多家竞争不利于市场稳定和发展引起的；或者是由于某种专利技术和自然资源而形成的对某种产品的垄断。垄断企业是价格的制定者，无论长期或短期都有超额的垄断利润存在。

三、我国房地产业的市场结构特征

无论国内还是国外，房地产市场就其本质而言永远都是一个不完全竞争市场，其不完全竞争性主要表现在三个方面：一是房地产市场参与者数目少，竞争程度较低。由于土地所有权和使用权是垄断的，加上土地交易的金额一般比较大，房地产市场的进入壁垒是比较高的，因而竞争者较少。二是房地产市场上供给的产品是非标准化的，具有异质性的特点。从地产方面来说，不存在两个完全一样的土地；从房产方面来说也存在位置、结构和面积等方面的差异。房地产产品的异质性造成了垄断。三是房地产市场存在信息不对称。房地产产品的个体差异很大，购买者需要的信息量也很大，由于搜寻成本的存在，购买者掌握的信息必然是贫乏的；房地产产品质量的高低只有在消费者使用以后才能了解到，甚至使用了也很难了解，这就造成了房地产市场上的信息不对称。信息的不对称必然带来市场竞争的不完全。

---

① 周刚、孙尧、许远明：《我国房地产业市场结构探析》，载《重庆建筑大学学报》2001年第2期。

我国房地产市场属于不完全竞争的市场，我国房地产业的市场结构具有区域性寡头垄断、产品的完全差别化、规模经济不明显、政策性壁垒较高等主要特征。

1. **区域性寡头垄断**

前面我们提到，房地产市场属于区域性市场，这是由房地产的自然属性所决定的。房地产由于位置的固定性和不可移动，使得房地产市场呈现出鲜明的区域性特点。在某个特定区域内，房地产不能“流出”参与区域外的竞争；而区域外的房地产也不能“流进”该区域内参与竞争。这在某种程度上限制了房地产的市场范围，也决定了房地产企业的竞争范围必然被限制在一个比较小的区域之内。区域内的房地产企业尽管在市场重合的区域存在竞争，但在更大程度上它们都有各自的垄断区域。在这种小范围的区域市场上，房地产企业之间既垄断又竞争的关系，一方面强化了房地产企业的市场垄断力量；另一方面也使得全国性的、地区性的甚至一个城市的“市场集中度”指标失去了意义。房地产市场因此体现为一种区域性的寡头垄断市场结构。

对我国房地产业的区域性寡头垄断市场结构的理解分为两个层次：一是区域性，二是寡头垄断。房地产市场的区域性，是以房地产产品的自然属性为根本、从地理角度进行诠释的。从地理角度看，任何产品的市场总是具有一定的区域边界的。笼统地讲，市场的区域范围有三个层次：区域性市场、全国性市场和国际性市场。不同的产品会在不同层次的市场上进行销售和竞争。Elinga 和 Hogarty 提出了界定地理市场的若干标准：①特殊的需要。如果一个企业对一种产品具有特殊的需求，那么该区域就是一个市场。②外部需求小。如果在一个区域中，所消费的产品绝大部分都是由该区域内部所生产的，那么该区域就是一个市场。③内部流出小。如果在一个区域中，所生产的产品绝大部分都是由该区域内部所消费的，那么该区域就是一个市场。④交通运输成本。如果交通运输成本大到足以锁定区域内部的消费者，或者大到足以把外部供应商逐出的程度，那么该区域就是一个市场。⑤价格。如果价格的确定是在区域的基础上，并在区域基础上变化，则该区域就是一个可区分的市场。⑥产业认知。如果商人通常都认为某个区域是一个市场，那么该区域就是一个市场。⑦市场份额。如果一个区域中的主导性厂商的市场份额是稳定的，那么该区域就是一个市场。

根据上述这些标准，房地产市场就是属于在一个区域范围内的市场。因为房地产产品主要在区域内部生产，“外部需求小”，同时，房地产产品又主要在区域内部消费，“内部流出小”，这样，不同区域的房地产产品由于无法根据各自的市场供求状况及时“流进”或“流出”，使区域之间的房地产价格和数量有着巨大的差异。某一区域的房地产价格的大幅度攀升在短期内无法将其他区域的房地产实体吸引过来，充其量只能吸引部分资金的进入，而这些资金转化为房地产产品则需要相当长的一段时间，这在一定程度上限制了房地产产品的供求范围，使得房地产市场具有鲜明的区域性。

影响市场区域大小和形状的关键因素包括：地形地貌等自然因素、交通因素以及经济社会文化等综合因素。从自然因素看，江河、湖泊、山川等因素造成陆地的阻隔，将陆地分成了各种不同的位置和大小，直接影响了房地产的开发设计，造成房地产产品的规模、结构、建筑风格等方面的差异，继而影响房地产的价格水平。比如在上海，苏州河以北的房价明显低于苏州河以南的房价，浦东的房价一度大大低于浦西的房价；再如在武汉，汉口的房价长期高于武昌的房价。从交通因素看，一是铁路、高速公路等交通对区域的阻隔造成不同区域的差异。二是城市地铁等交通形成交通沿线与远离交通沿线城区之间的区域差异。一般而言，交通便利的区域房价高。三是从治安、经济、文化、公共设施等综合因素看，这些因素所体现的质量越高，则市场覆盖范围越广，反之则市场覆盖范围越小。

总体上看，中国地域辽阔，区域差异很大，因此不同区域的房地产市场存在巨大差别，房地产市场表现为区域性市场。当然，笼统地说房地产市场是一个区域性市场，似乎意义不大，因为它没有明确界定区域性房地产市场的边界。如果用城市作为房地产市场的区域边界，可能对小城市适用，对大中城市则不适合，因为对于像北京和上海这样的大城市，城南与城北、河东与河西的房地产几乎就不具有替代性，而是分别属于不同的市场。

房地产市场的区域性特点决定了其竞争主体之间的关系必然是寡头垄断。其中最根本的逻辑在于：房地产作为不动产的特性，决定了开发商之间的竞争为位置固定的空间竞争；而空间竞争则决定了开发商之间的竞争为少数企业之间的竞争。也就是说，房地产只能和其相邻的其他房地产竞争，而不能将所有的房子搬到一起竞争。例如，我们可以将全国甚至全世界的电视放在一个商店里竞争，但不能把北京南三环的房子搬到北三环竞争。空间经济学将这种相邻企业之间的竞争称为环形竞争。根据环形竞争理论，尽管中国房地产市场上有 3 万余家开发商，但真正构成实质性竞争的却只有区域内或一个地段周围少数几家开发商。因此，环形竞争是缺乏竞争性的。由于同一或相邻区域的开发商不多，决定了环形竞争的市场结构实质上是“寡占”型市场结构。

2. **产品的完全差别化**

产品差别是不完全竞争理论研究的重要基础，与完全竞争相比，不完全竞争的一个关键性标准就是产品差别（对于垄断竞争市场而言，这是唯一的标准）。产品差别化既是房地产产品本质特征的体现，也是房地产企业进行市场竞争最主要的策略手段。

随着市场竞争的加剧，为“躲避”竞争，房地产企业不断强化其产品差别化行为，努力提高产品差别化程度，增强自身的市场力量，从而强化了房地产市场结构的垄断性并弱化了市场竞争。房地产产品除了具有其他产品诸如性能、质量等方面的差别化之外，还具有区位差别这一突出特征，正因为此，房地产产品属于完全差别化的产品。从客观差别上讲，由于土地的不可移动性，每一个房地产产品都有一个唯一的、不可复制的位置，因此所有的房地产产品彼此之间都是完全差别的。具体说来，房地产市场包括了成千上万的独立开发项目，每一个项目都占据了独一无二的地理位置，尽管毗邻的建设用地有可能是相似的，但决不会完全相同。所以房地产产品市场是完全差别的市场。房地产产品客观上所表现出来的“异质性”，与一般产品的差异不同，它是针对不同“个体”的产品来说的。比如一般性产品由于标准化的大规模生产，其质量差异几乎不存在了，而房地产产品是无法标准化生产的，每个房地产产品都不相同。房地产产品的异质性来自于：第一，即使所有变量都相同（相同的设计、环境、原材料、施工），但由于土地的不可移动，每一个房地产在区位变量上都是横向差别的，因而是异质的。第二，即使区位相近或相同，建筑物的样式、朝向、结构、装饰、楼层、面积等因素又会造成另一些横向差别。第三，由于生产的周期长，不同时间段施工引起的产品质量上的纵向差别也是显著的，如顶层漏雨、底层地基沉降等。

由于房地产产品的单件生产性质，导致了不同房地产产品的差别内涵十分丰富。在区位、品种、质量和服务方面，房地产产品存在客观差别；在品牌和信誉方面，房地产产品又具有主观上的差别。①区位差别。区位差别是导致房地产产品完全差别的关键因素，它不仅体现在具体位置的不同方面，其周边的自然环境、人文环境和配套设施等方面的差异，如地形、地貌、植被、气候、经济发展状况、社会治安、居民素质、交通状况、文化教育及医疗卫生设施等，都对房地产价值造成直接影响。②品种差别。就本书研究的主要对象住宅房地产而言，根据结构不同具体可以分为独立别墅、联排别墅、公寓等；根据楼层可以分为低层、多层、小高层和高层；根据功能不同可以分为跃层、错层和复式的房型等；同样的房型，还有朝向、外装潢等差别。③质量差别。一是开发商所谓的"削减成本"引起的房地产产品的质量差别；二是建筑施工水平高低造成的质量差别；三是设计方案的优劣导致的质量差别。④服务差别。在房地产产品上所添加的"附加服务"，如维修服务、电话咨询服务、贷款服务等产生的产品差别。⑤品牌与信誉差别。由于房地产的经验品性质，只有使用以后才能了解其质量，甚至居住以后也不能了解其质量状况，造成开发商与消费者之间的信息不对称，这时开发商的品牌就是反映房地产产品质量和信誉的信号。开发商的实力、信誉不同，则消费者认为其产品是存在很大差别的。总之，从一定的意义上说，世界上没有完全相同的两个房地产产品，房地产业存在产品的完全差别化。

3. 规模经济不明显

规模经济(Economies of Scale)是指在技术条件不变的前提下，随着企业各种投入要素的增加，企业生产规模的扩大，所导致的单位成本的下降。它表现为规模收益递增，即生产规模扩大后，收益增加的幅度大于规模扩大的幅度。凡是由于扩大规模导致的平均成本降低的情况，称为具有规模经济；反之，凡是在规模扩大以后，出现平均成本不再下降，甚至反而上升的情况，则称为规模不经济(Diseconomies of Scale)。

衡量规模经济主要有两种方法：一种是最小有效规模(Minimum Efficient Scale, MES)，即平均成本最小化时的最低产出水平。另一种方法是规模经济系数法，即平均成本与边际成本的比率 $\rho \equiv AC/MC$。如果比率大于1，即平均成本大于边际成本，则存在规模经济；如果比率小于1，则存在规模不经济。

就我国房地产业而言，存在一定程度的规模经济。其理由在于房地产企业由于开发量的扩大，可以获得生产上、采购上、管理上和资金上等多方面的成本节约，从而带来效率的提高。具体来说，首先是生产上的规模经济。由于房地产企业的准虚拟企业性质，其在生产上的规模经济来自房地产项目的建筑承包商。如果整个房地产项目的建筑施工规模很大，那么更有利于建筑承包商采用技术先进的大型专业化机械设备和新的施工工艺，提高施工效率；工程师和施工人员由于长时间从事同一工作而带来熟练程度提高和经验积累，进而节约时间和成本等。建筑承包商的这些规模经济会传递给开发商，使得开发商在生产环节分享到规模经济收益。其次，管理上的规模经济。房地产企业一般具有投资分析、开发经营、工程监理、财务和销售等多项职能。企业规模越小，则浪费越大。而形成规模的房地产企业可以更有效地组织各类人才，完善经营管理体制，提高企业运行效率。再次，采购上的规模经济。一般情况下，采购成本会随着大量采购而降低。房地产业关联度高，开发建设中所需建筑材料总共达到1500多个品种，涉及50多个行业部门，因此通过集团采购，将大大降低采购成本。第四，广告上的规模经济。房地产企业通过广告促销形成自己的品牌和声誉，造成产品的主观差别，从而增强自己的市场力量。随着开发规模的扩大，单位产品中分摊的广告费用相对下降，有利于节约广告支出，显示出广告上的规模经济。

然而,由于房地产业所固有的特殊性,特别是房地产企业的准虚拟企业性质以及房地产市场的区域性限制,使得房地产业的规模经济并不明显。①房地产企业的准虚拟性质制约房地产业规模经济水平的发挥。固定成本较大的行业因为大规模生产使每一个单位产品所分摊的固定成本相应下降明显而产生规模经济效应;相反,固定成本较小的行业因为大规模生产使每一个单位产品所分摊的固定成本相应下降不明显而使其规模经济效应较为微弱。由于房地产企业属于准虚拟企业,扮演的是资源整合者的角色,它本身并不直接从事生产施工活动,其固定成本投入很少,甚至可以忽略不计。其生产规模的扩大所带来的固定成本分摊下降的效应就非常有限。②房地产市场的区域性限制了房地产业规模经济水平的发挥。由于房地产位置的固定性,通常情况下,房地产产品主要在特定的区域内进行生产和销售,产品受到销售区域的约束,面临的是有限的市场容量和特定的市场需求曲线,特别是受到有限区域内土地供应量的约束,因此,房地产业一般不适宜大规模的、连续的生产,其规模经济效应难以发挥。③从实证的角度看,我国房地产业发展的实际情况也体现出其规模经济不明显。我国房地产企业数量多、规模小,缺乏规模经济效应。1986 年全国房地产开发企业仅有 1991 家,1997 年已经增加到 21286 家,到 2003 年又进一步增加到 37123 家,其中具有一级资质和二级资质的房地产开发企业比例仅为 11%左右,而绝大多数为三、四级或刚刚成立的暂定级企业。1997 年平均每个房地产开发企业资产为 7713 万元,2003 年为 10906 万元,虽有增加,但是仍然相当低。总体上看,我国房地产业不存在明显的规模经济性。

4. 政策性壁垒较高

进入壁垒是不完全竞争市场存在的前提,如果不存在进入壁垒,所有的厂商都可以自由进入或退出某一市场,则市场最终会达到完全竞争或可竞争状态。所谓进入壁垒,就是指进入某个市场的新厂商所要支付而在位厂商不必支付的成本。进入壁垒的存在,限制了新企业的进入,极大地影响着市场结构的状况。不同的产业市场具有不同的进入壁垒,这也决定着新企业进入所要付出的成本的高低,从而导致不同的市场结构状况。一般来说,进入壁垒有两类:一类是结构性进入壁垒,它是指企业自身无法支配的、外生的,由产业产品技术特点、自然资源环境、社会法律制度、政府行为以及消费者偏好所形成的壁垒,如规模经济、必要资本量、资源供给、行政壁垒、规制政策、学习效应等;另一类是战略性进入壁垒,这种进入壁垒是指在位企业为保持自己在市场上的主导地位,为获取垄断利润,利用在位者的优势所进行的一系列有意识的战略行为,以构筑起阻止潜在进入者进入的壁垒。例如,在位企业投入巨大的研发成本开发新技术、利用雄厚的经济实力游说政府实施有利于自己的产业政策、开展大规模的广告行为以改变消费者偏好等。中国房地产业的市场进入壁垒主要不体现在必要资本量、规模经济和产品差别等方面,而在政府的协议土地出让制度以及在位房地产企业所采取的阻止潜在进入者的竞争策略方面,这是造成中国房地产业区域性寡头垄断市场结构的重要原因。

中国房地产业由于市场的区域性、房地产企业的准虚拟经营和高负债经营等特点,使得其在企业的必要资本量、规模经济和产品差别等方面几乎不构成进入壁垒。①从必要资本量来看,一个房地产项目所需投资巨大,少则上亿元,多则几十亿元,理论上具有很高的资本进入壁垒。但是一方面中国房地产开发企业属于高负债经营,其资产负债率一般都高达 75%以上;另一方面,房地产企业精于资本"经营":只要开发商具有了土地出让金的首付款,一般为土地出让金的 20%~30%,一个项目就可以操作成功了。房地产开发企业历年资金来源中，自筹资金比重一直没有达到30%。而且，房地产开发企业一直凭借自己的“买方垄断”力量让建筑企业垫付资金施工已经成为惯例。因此，必要资本量对于房地产企业基本上没有构成进入壁垒。②从规模经济来看，房地产企业属于准虚拟经营的企业，是一个资源整合者，规模经济效应并不明显，这在前面已经进行过分析。事实上，中国房地产业中80%～90%的企业属于三级资质以下的中小规模企业，其投资总额占全行业总投资的近70%。这说明中小规模房地产企业具有旺盛的生命力。这也进一步证明规模经济对于房地产业潜在进入者来说，根本不是进入壁垒。③从产品差别程度看，尽管由于房地产位置固定的自然属性，房地产产品存在完全差别化的客观性差别，但是房地产产品与其他商品一样，需要得到消费者的主观认可。因为信息不对称，消费者对房地产这种经验品的认知是有限的，因此他们对于房地产产品差别程度的判断更多地来自房地产厂商的广告宣传以及房地产厂商的品牌和声誉。由于中国房地产业处于初级阶段，有影响力的品牌很少，其产品的市场份额也少，这就极大地弱化了产品差异，使得房地产业的差别化远远未能形成进入壁垒。

实际上，我国房地产业的最大进入壁垒是政府的土地出让制度。由于我国土地产权的国有性质以及地方政府对土地使用权的控制，使得土地出让制度以及在该制度下的土地获取，成为房地产业的主要进入壁垒。真正意义上的企业“进入”房地产业是以获得土地这一房地产开发的核心资源为标志的。只有获取了土地，开发商才具备现实的开发能力。由于土地的固定性，某一开发商获取了某一块土地的开发权，也就意味着排除了其他开发商对该地块的开发权。又由于城市土地的稀缺性，我国是以颁发土地许可证(土地出让合同和土地使用证)的形式来规范房地产开发的，而许可证本身就是政府设置的进入壁垒，开发商只有经过政府许可才能进行开发活动。同时，政府对土地的出让绝大多数采取的是协议出让方式，即由地方政府与开发企业就特定地块通过协商谈判的方式进行有偿转让土地使用权。这种方式基本上排除了对土地使用权的竞争，完全取决于开发商的“寻租能力”和政府的主观偏好。在这种情况下，有实力的开发企业可能因为拿不到地而无地可开发，而一些具有政府背景或善于“寻租”的开发商则能圈占大量土地并成为土地批发商。正是在这个意义上，土地的获取已经成为房地产企业最大的进入壁垒。“政策性壁垒高”业已成为决定我国房地产业市场结构状况的一个重要因素。

当然，随着我国土地出让制度的改革，经营性土地一律采取公开招标或公开拍卖的方式出让，以土地出让制度为核心的政策性壁垒将会逐渐弱化，其他类型的壁垒将得以强化，房地产企业将会不断扩大规模、提高管理效率、革新技术以增强自己的市场竞争力，在企业规模、管理水平、产品差别化、竞争战略等方面提高进入壁垒，从而在客观上促进房地产业市场结构的优化和升级。

第四节 房地产市场的运行规律

一、房地产市场的运行特征

房地产市场的运行特征主要有“单边市场”特征和市场调节的非价格性。

1. 房地产市场的“单边市场”特征

在一般商品市场上，市场参与者根据自己对商品价格的未来走势，通过各种交易行为，对市场当前和未来价格的实际形成产生影响。在市场价格波动成为现实经济活动常态的各类商品和资产市场中，人们利用契约合同，将未来价格和当前价格差异变动所产生的收益和风险进行锁定。各种有组织的商品交易场所和各种交易技术，使得人们可以依自己对未来价格走势的判断作出符合自身利益的交易形式和时点选择。如利用各种远期、期权等交易工具，对价格的变动进行利用。市场交易技术的完善和组织的严密，使得人们虽不能消除价格波动，却能开发和利用价格波动，无论价格的涨跌，人们都可以利用各种手段实现自身利益的最大化。交易的灵活性和便利性，使得上下两个方向上的市场价格波动，都能为交易者带来套利机会。

在房地产市场上，由于房地产交易成本的高昂，使得人们利用房地产市场价格波动进行套利的行为变得很困难。房地产商品的特征是流动性差、差异性高和供应弹性不足。房地产的这三个特征是相互联系、相互影响的。商品的流动性通常指市场流动性，即某项房地产吸收供求方面的临时冲击，却不引起价格变动的能力；是市场以合理价格迅速交易资产的能力。产品的市场流动性与该产品的市场结构有很大关系。完全竞争市场上的产品一般具有较高的市场流动性，在高市场流动性情况下，任何个体出于某项原因迫不得已出售或购买某项产品，都不会对该产品的市场供求发生影响，因为市场价格是稳定的；对于其他结构的市场而言，市场容量对于处在该市场上的产品的市场流动性有很大影响。可见，市场流动性与所指产品市场上的边际供给弹性有很大关系，边际供给弹性大的商品一般市场流动性大；边际供给弹性小的商品市场流动性也小。房地产边际供给弹性小，要想快速出售就可能遭受很大损失。市场流动性好，意味着交易成本低，价格受单笔交易的影响小。房地产由于个体差异性大，因而交易成本高；建设周期长，因而供给弹性不足。房地产的流动性可用以下四个参数来衡量：①宽度，即房地产交易价格偏离市场中间价的程度；②弹性，即房地产价格偏离市场均衡价格的调整速度；③深度，即在房价下房地产商品的供应量；④即时性，即正常房地产交易所需要的时间长度。

由于房地产流动性低，房地产交易的即时性差，交易时间长，差异性高导致房地产供给深度低，弹性小。当房地产价格处于上升通道中时，由于投机增强，房地产流动性会增加，房地产的商品化和市场化得到较大发展的同时，通常还会使房地产市场的流动性上升到一个较高水平。当房地产价格处于下降通道中时，房地产流动性减少，现实中的相应表现就是——投机者变成投资者，炒房者炒成“房东”的现象增多。由于缺乏类似完善金融市场和标准商品市场上的做“空”机制——如“买”“卖”的远期合约，期货、期权等金融工具和金融商品交易技术——的支撑，房地产市场只能做“多”，无法做“空”，是一个典型的单边市场。由于房地产价格不同走势下房地产市场流动性的变化，房地产市场的“单边性”表现得愈加严重和明显。

2. 房地产市场调节的非价格性

房地产市场具有房地产供给滞后和房地产需求中真实需求和投机需求分离的特征。房地产建造通常需要较长时间，新增供给能力的形成较为缓慢，因而房地产供给具有滞后性的特征。由于新造房屋需要较长时间，未来信息的获取又是不完全的，市场对未来供给的信息和知识也有限，因此，新建活动不可能与在具有完全信息和精确预测能力下的经济行为一致，结果造成房地产市场上房地产长期均衡价格与存量房地产重置成本的不相等。在市场价格/重置成本＞1 的情况下，额外供给会在一个较长时期内不断增加；房地产价格受投机需求变动影响，会很快发生变动，但反映房地产使用消费的真实需求却很稳定，因而租金价格稳定性较高，房地产价格和租金价格的偏离，使房地产市场波动性大为增加。

空置率作为房地产市场上调节房地产真实消费使用需求的重要手段，维持一个适当的水平对房地产市场的平稳运行是必需的。在房地产市场上存在适量空置率的情况下，存量不动产的影子租赁价格调整很快，但市场租金水平的调整却由于租金契约定价的长期性而调整较慢。因此，在房地产市场上的真实空置率一般情况下总是与市场处于"出清"(Clear)状态下的自然空置率偏离。房地产市场上房地产供给滞后，需要维持一定空置率以及价格和租金分离的运行特征，常常使得房地产市场的运行脱离平稳轨道而大起大落。当房地产市场中价格/重置成本>1时，房地产供给将有一个滞后的"跳跃式"增加，但此时由于房地产资产收益下降，房地产服务供给将减少，房地产市场中的空置率将向上发展；房租价格不变或基本稳定；这种态势加速推动了空置率的增长速度。此时房地产市场中表现为价格和空置率的"双重"上升。最后房地产市场中的空置率上升到一定地步，导致房地产市场的均衡被打破，房市"泡沫"破裂，房地产价格将崩溃，形成对宏观经济稳定运行的巨大冲击。所以，房地产市场的发展历程具有形成"泡沫"，然后刺破"泡沫"后价格快速下滑的内在演化轨道，房地产价格的自然调整将是一个大起大落的过程，而不会是一个缓慢演进的过程。房地产市场的运行规律，天然需要我们加强预测和干涉。

二、我国房地产市场的运行机制

我国房地产市场的运行机制主要有价格机制、约束机制、中介机制和竞争机制[①]。

1. 价格机制

全面而广泛的价格信号是市场联系的黏合剂，价格的系统性、合理性是市场的精髓，它使不同层次及同一层次市场间的关系协调化、比例化而成为一个有机整体，从而优化资源配置并确保市场的有序运行。但是，目前中国房地产市场价格机制并不完善，使得价格信号既不能正确反映房地产市场活动各方面所需信息，又不可能把信息迅速、完整地传递给各方，从而严重影响市场运行。它主要体现在房地产市场交易活动的非公开化、非契约化和非货币化，市场透明度较低，因而参与者感觉市场具有较大的不确定性，导致短期行为的存在。

地租是土地所有权借以实现的经济形式，它是价格机制的特殊形式和重要内容，其形成基础是土地所有权。地租是资本利润的分配，如果没有土地所有权的存在，超额利润就不会转化为地租；反之，如果使用他人土地而不付地租，土地所有者就在经济上丧失了土地所有权。在市场经济条件下，地租是建立土地所有权经济补偿机制的必然需要。我国尚处于社会主义市场经济的发展初期，土地虽属公有，但各单位之间、单位与国家或集体之间都是具有相对独立性的个体，有些是独立的商品生产者。在这种情况下，作为上地所有者的国家或集体若不征收地租，实质上是对土地所有权的放弃；土地使用者不缴纳地租，则是从经济上对土地公有的否定。地租对调控房地产市场的时空布局和规范运行具有十分重要的作用。

2. 约束机制

房地产市场的辐射作用受到人工系统主体行为的影响，而人工系统又受到人们行为规

① 王万茂、黄贤金:《论房地产市场基本特征及其运行机制》，载《南京农业大学学报》1994年第17期。

律的支配，行为规律包括客观规范（社会、伦理、法律、经济等）和主观规范（行为动机、欲望）两方面。约束就是客观规范对主观规范的制衡及两者相互作用的关系。所谓房地产市场约束机制就是指对房地产市场行为构成的各种因素与条件相互联系、相互作用所形成的依存关系和作用方式。其基本功能在于为房地产市场活动划定明确的界区，并加以规范、制约，从而确保房地产市场运行目标的实现以及房地产市场与国民经济市场体系的协调一致，最终目的是促进房地产市场的高效运行和健康发展。房地产市场运行的约束因素有内生变量和外生变量之分，各自的作用方式与机理不尽相同，这些约束条件及作用方式构成了房地产市场运行的约束系统。该系统要素有产权约束、预算约束、内部责任约束、法规约束、金融约束、税收约束等。这里着重描述法规约束、金融约束和税收约束这三种主要形式。

(1)*法规约束*。市场经济一定程度上就是法规经济，没有法规保障，市场的规范运行便成为空谈。法规是房地产市场软件的重要组成部分。在 1992 年的房地产热、开发区热中我国各地十分重视硬件（基础设施等）建设，在软件上一般只注重低地价的优惠政策，这样做只能吸引房地产投机商，难以吸引到真正的投资者。因为真正的投资者希望有一个稳固的投资环境，这种稳固的环境离不开法规的保障。近几年我国房地产法规制度的建设有了一定的发展，《中华人民共和国土地管理法》、《城市房屋拆迁管理条例》、《城镇国有土地使用权出让和转让暂行条例》等法规纷纷出台，也颁布了一些地方性法规，但就总体而言，房地产市场运行诸多环节都缺少必要的法规。我国目前正在制定《房地产法》和《耕地保护条例》，这两者的颁布实施将使我国房地产市场运行进一步走上正轨。

(2)*金融约束*。在金融自由化和国际化的冲击下，房地产证券化已成为当今和未来金融业的发展重点之一。美国、日本及中国台湾地区借助房地产证券化有效地促进了房地产市场开发。目前中国房地产证券的发行主要局限在上海、深圳、海南等沿海地区，且证券流通市场尚未完全确立。但仅就中国资金市场而论，房地产证券化大有潜力可挖。中国只要每人投资 10 元，就有 100 多亿元的发展资金，这样就可以使房地产市场收益大众化，而缩小贫富差距，更重要的是这样做可以敦促房地产开发企业改善经营管理。因为房地产证券实质上是房地产收益权利的证书，其收益大小决定着投资资金的流向和流量。因此，房地产企业为提高竞争能力，必须改善经营管理，着力提高经济效益，客观上达到了促进房地产市场高效运行的目的，从而优化资金市场和房地产市场的组合。

(3)*税收约束*。税收作为社会费用补偿的一种必然形式，国家或地区政府财政收入的主要来源，它体现的是一种权利与义务的关系。为减少房地产市场运行中的非法交易、投机倒卖、隐价瞒租及擅自扩大收费标准与范围等干扰现象，必须强化房地产市场税收管理。目前中国房地产市场征税管理存在着手续冗多、税种繁多、税项界定不清、名目多变且各地不统一等现象，公众反映比较强烈。因此中国房地产税制有待进一步完善，从而制定出一套细算粗分、公平合理、征收简便的房地产市场税收制度。

3. 中介机制

中介是事物联系的纽带，相互沟通的桥梁。由于房地产市场的地域性、层次性、异质性等特点，房地产市场运行离不开中介机制的作用。房地产市场中介包括资金市场中介、实物市场中介及其他类型。房地产资金市场中介内容包括存贷款、投资、信托、抵押、证券、贴现、保险等多种业务；房地产实物市场中介包括土地出让转让、出租及房产买卖、租赁、抵押、保险、调换等业务；房地产市场中介还包括策划、广告、测量、估价、咨询、法律、仲裁、经营、劳务等。因此，房地产市场中介是市场运行的催化剂和刺激物。美国房地产市场中介机制较为完善，已建立了房地产经纪人制度。然而，中国房地产市场中介机制还处于缺位状态，有待于进一步培植。上海为促进房地产市场的健康发展，已颁布了《上海市房地产中介咨询服务公司资质管理暂行办法》，这将有利于房地产市场中介机制的成熟与发展，并促进房地产市场中介的专门化，其他地区也应尽快制定有关中介制度，以促进房地产市场的有序化、高效化。

4. **竞争机制**

竞争机制是市场运行的动力要素，没有市场竞争则市场活动就会陷入停滞。中国房地产市场中房产市场、地产市场的竞争有根本性区别，不能混为一谈。在中国土地是公有的，且只有国有土地才能经批租后进入市场。因而，可以认为一级地产市场的供给者是唯一的即国家或代表国家利益的各地方政府（当然 1992 年各地竞相低价出让土地给外商，属国家宏观失控的非理性经济行为），而需求者众多，在土地出让方式（协议、招标、拍卖）中，拍卖最具竞争性，这是土地需求者之间的竞争行为，而招标、协议的竞争力依次减弱，因此，要培植地产市场的竞争机制必须采用拍卖方式。而房产市场的竞争主要发生在房产供给者之间，围绕消费者进行的。竞争者的主要目标是实现房产商品的价值，或使房产商品不断增值。凡生产房产商品的劳动耗费量较小的生产者，以低于市场平均价值的价格经营房产，就能赢得消费者，从而扩大市场占有率；反之则价值无法实现，其结果是优胜劣汰。所以，通过竞争可以使房地产市场运行中的资源配置最优化而实现最大的经济效益。

第五节　我国房地产市场的发展与特征

一、我国房地产市场的发展历程

随着市场化改革的不断推进，市场经济体制的日益完善，传统体制下的产业结构关系迅速变化。我国房地产业逐渐从其他行业中分离出来，在国民经济中成长为支柱行业。

1. **改革开放前我国房地产市场的发展**

我国房地产市场最早产生于 19 世纪末、20 世纪初。1840 年的鸦片战争使广州、宁波等沿海城市成为“通商口岸”，房地产市场首先在这些城市萌芽。从萌芽到 1949 年，我国房地产市场具有浓厚的半殖民地、半封建特征，房地产业主要被帝国主义、殖民统治者、官僚资本和封建势力所占有和控制，民族资本的发展比较弱小。由于当时政局动荡，再加上通货膨胀的影响，房地产市场投机猖獗，市场波动的频率和幅度都很大。此外，房地产市场的发展也具有区域不平衡性，主要集中在几个沿海城市[①]。

从 1949 年到 1978 年由于政策、体制、经济三方面的原因，我国房地产业基本处于停滞阶段。新中国成立以来，由于实行国有土地无偿划拨和房屋非商品化的政策，政府通过对房地产市场实行接管、没收和整顿，并建立房地产管理机构，形成新中国房地产经济的基础。从 1956 年起，随着对农业、手工业和资本主义工商业的改造，开始了对城市私有房屋的社会

---

① 刘树枫：《我国房地产市场特征、结构、行为及绩效研究》，西安建筑科技大学博士学位论文，2011 年。

主义改造，在保留私有房屋业主少量自住房的基础上，通过公私合营，利用定息赎买的办法将私有房产转变成公有房产。随着城市房地产公有化的推进，以公有制为主体的城市房地产经济模式和管理体制初步建立。

"文化大革命"的爆发，使经济发展停滞不前，原本就曲折、缓慢发展的房地产经济遭到了严重破坏。在极"左"思潮影响下，城市房地产管理的各项政策被否定，各种规章制度被批判，各项管理工作都陷入停滞和瘫痪状态；许多私有房产得不到法律的保护，被迫充公；许多公有房产缺少管理，年久失修。

2. 改革开放后我国房地产市场的发展

改革开放以来，随着社会主义商品经济理论的确立，土地使用制度和住房制度的改革，住房商品化、市场化、货币化的观念逐渐深入人心，我国房地产市场逐步恢复和兴起。

(1)复苏阶段(1978—1986 年)。十一届三中全会以后我国开始了以市场为导向的经济体制改革，房地产市场在理论和实践方面进行了探索。一方面，邓小平同志首先提出了住房商品化的思路，其后，全国开始了对住房制度改革的理论探索，肯定了住房的商品属性，并在实践上开始推行住房商品化政策。先在常州、四平、沙市、郑州四个城市实行全价售房试点，后逐步扩大。1982 年，国务院在四个城市进行"三三制"售房试点，即房价由政府、企业、个人三者分担。1984 年，政府决定扩大住房补贴出售的试点范围，到 1985 年年底，全国有 160 个城市和 300 个县镇实行了补贴出售公房。从 1986 年开始，进行以提租增资为指导思想的公房租金改革，在部分城市先后进行了试点。

另一方面，根据"全国城市规划会议"提出的征收土地使用费的设想，1982 年深圳、广州、抚顺等城市率先开始改革，进行收取城市土地使用费的试点。同年，《宪法》正式明确了城市土地归国家所有，解决了各种所有制并存的局面。1984 年六届全国人大指出土地有偿使用的原则，确立了土地为资源的观念，使土地纳入了有偿使用的轨道。这一时期，房地产交易日趋活跃，但总体规模较小，房地产市场处于复苏和探索阶段，为市场化发展奠定了基础。

(2)市场化起步阶段(1987—1991 年)。1987 年以来，我国的土地使用制度和住房制度改革不断深化，开始了市场化的起步阶段。深圳经济特区依据城市土地所有权和使用权分离的思路，借鉴香港土地使用制度的经验，在坚持城市土地国家所有的前提下，实行土地所有权和使用权分离的原则，将城市国有土地使用权按照一定的年限出让给土地使用者，一次收取使用年限内的全部租金。1987 年 9 月深圳市政府首次公开招标出让一幅住宅用地，同年年底又首次以拍卖方式出让一幅国有土地，由此在全国开创了城市土地市场的新局面。随后福州、厦门、广州、上海等城市也相继进行了出让城市土地使用权的试点，城市土地使用权逐步纳入了市场经济运行的轨道。

房地产管理体制改革也在实践中不断深入发展。1988 年七届全国人大一次会议修改了《宪法》的有关条款，使土地使用权可以依照法律的规定转让。同年年底，《土地管理法》依据《宪法》的精神，作出相应的修改：规定土地使用权经过允许可以买卖。这有力地推动了城市土地使用制度改革和城市土地市场的发展，为房地产市场的发展提供了法律上的保障。

(3)快速发展阶段(1992—1993 年)。在邓小平同志南方谈话和中国共产党第十四次代表大会的指导下，我国经济得到了极其迅速的发展，尤其是房地产经济成为这个时期投资和经济发展的重点。这一时期，全国房地产开发的主要指标都有较大幅度的提高，不少投机资本也流入房地产业，炒、卖房地产现象突出，推动价格的非正常上涨，加剧市场的投机性。在高利润的诱惑下，银行、企业、个人的大量资金涌向房地产市场，导致房地产经济发展的速度远远超过国民经济的增长。

与此同时，房地产市场内部结构很不合理，投资结构失衡，普通住房供给不足。而高档商品住房、别墅的建设远远超过需求。1993 年年底中央政府开始进行宏观经济调控，控制投资规模，调整投资结构，整顿房地产开发经营企业，规范房地产市场行为。

(4)理性发展阶段(1994—1997 年)。房地产开发投资是固定资产投资的重要部分，是国家压缩固定资产投资规模、优化投资结构的一个重要方面。1994 年年初，为抑制固定资产投资增长过快的势头，防止经济发生大起大落，中央政府加强了宏观调控。在宏观调控的作用下，房地产开发过热现象得到一定的纠正，房地产市场经过短暂的低迷后，又进入复苏、升温阶段。与 1992 年的超常增长不同，这一阶段的房地产业在国家宏观调控的约束下健康平稳地发展。到 1997 年，房地产业无论投资结构、投资规模，还是增长速度，都表现出良好的发展态势。

(5)平稳发展阶段(1998—2002 年)。1998 年开始，我国住房制度改革进入了一个全新的历史阶段。1998 年 7 月 3 日，国务院颁布《关于进一步深化城镇住房制度改革加快住房建设的通知》，作出停止住房实物福利分配的突破性决定，主要内容包括：①停止住房实物分配，实行住房制度分配货币化；②建立、完善以经济适用房为主的多层次城镇住房分类供应体系。《通知》明确指出，自 1998 年下半年开始停止住房实物分配，逐步实行住房分配货币化。在住房制度改革的推动下，我国住房建设获得突飞猛进的发展，住房需求迅速增加，供给和需求同时扩张，推动了房地产业的发展，使其进入新一轮的繁荣期。1998 年我国个人购买商品房的比例超过 70%，到 2002 年，个人购买商品房的比例高达 96%以上，这说明我国房地产市场全面进入个人购房时代，房地产业成为国民经济的一个独立产业，也带动了其他产业的发展。

(6)高速发展阶段(2003 年至今)。这一阶段，随着国民经济持续良好的发展、城市化进程的加快以及居民投资需求的增长等多种原因形成需求叠加，而住房供给却由于城市建设用地的限制而日趋紧缺、开发成本日趋增加、住房供需的不平衡造成了房价上升。大量的社会资金涌入房地产市场，国内不少居民投资和投机性炒房，境外资金参与国内房地产市场开发和炒作，一些地方政府行为不规范，市场秩序混乱，不同利益主体相互影响，在多重因素的作用下，房价过快上涨态势进一步加剧。

二、我国房地产市场的特征

我国房地产市场的特征主要有以下几点。

1. 区域性寡头垄断特征

通常根据市场的基本特征将市场划分为完全竞争、完全垄断、垄断竞争、寡头垄断四种市场结构。寡头垄断市场是指市场上存在少数实力雄厚的企业，市场的主要份额为几家企业所占有，从而每一个企业对整个行业的价格和销售量都具有举足轻重的影响，而这几家企业之间通常又存在着不同形式的竞争。其主要特点是：在产品市场上，仅有少数几个大企业提供全部或大部分产品，每个企业的市场份额足够大以至于对市场价格产生举足轻重的影响；寡头企业间的产品可能是同质的，也可能是有差别的；寡头企业在生产规模、技术水平、产品声誉等方面已形成明显的优势，构成很高的进入壁垒，大量的沉淀成本造成很高的退出壁垒，因此，市场内企业构成相对稳定；寡头企业之间存在明显的相互依赖性，企业行为可以相互影响。

(1)*房地产市场的区位性垄断特征*。由于房地产区位特征表现明显，进入区位市场中的房地产商主要是与邻近的几家房地产商展开竞争，与区位较远的企业竞争较少，其他区位市场的产品替代性不足，所以竞争很难在整个城市房地产市场展开，这就使区位市场内的开发企业垄断了区位市场。

(2)*房地产商品具有差别*。不同企业虽然生产同类产品，提供着同样的功能，但由于房地产产品在位置、结构、功能、质量、服务、品牌等方面存在异质性，使城市房地产商品完全差别。

(3)*土地一级市场的政府垄断*。部分房地产开发企业的资质不良，其准入并不主要在于真正的资质，主要是靠“路子”，有办法搞到钱和地者则可能形成“寡头”。根据 1998 年公布施行的《城市房地产开发经营管理条例》，房地产开发企业的设立应具备下列条件：①有符合公司法人登记的名称和组织机构；②有适应房地产开发经营需要的固定的办公用房；③注册资本 100 万元以上；④有 4 名以上持有资格证书的房地产专业、工程专业的专职技术人员，2 名以上持有资格证书的专职会计人员；⑤法律、法规规定的其他条件。这些条件对于潜在进入者来说，难以构成进入障碍，一是门槛太低，二是可以造假。由于房地产经营的虚拟特征明显，理论上一个房地产项目所需投入资金少则数千万元，多的甚至达几亿、几十亿元，是一个进入壁垒高的企业，但实际上，我国城市房地产开发企业的资产负债率一般都高于 75%，属高负债率经营，再加上我国城市房地产企业熟练的一种资本经营方式是拥有 20%～30% 的土地首付款→获得土地使用权→以土地抵押向银行贷款冲抵部分土地出让金→建筑企业垫资施工→主体封顶(或未封顶)预售或假按揭→资金回笼。所以开发商自有资金很少可以操作一个很大的项目，实际的资金量难以构成进入壁垒；真正地进入壁垒在于土地的一级市场的国家垄断：政府是土地市场上的唯一供应者，形成了卖方垄断，开发商获取了土地这一核心资源后，才具备开发房地产的现实能力。我国的土地出让采用招拍挂方式的所占比例少，大都采用协议方式出让土地。这就造成，最终谁能取得土地的使用权很大程度上在于开发商的公关能力和政府的主观偏好，拿到土地开发权的开发商就拥有了对该土地的垄断处置权，具有排他性，别的房地产开发商无法进入。土地一级市场的政府垄断构成了中国城市房地产业实际的进入壁垒，对于没有政府关系的开发商形成了真正的障碍。

(4)*房地产商合谋价格*。房地产商意识到，当只有少数几个销售者时，自己的行为对竞争者产生相当大的影响，打价格战会危及整体利益。他们通常默契合作，合谋价格，通过这种方式实现整体利益的最大化，从而抬高区域内房地产价格。

我国城市房地产市场的区域性寡头垄断特征造成了我国城市房地产价格受成本的约束力很小，简单的供求关系也决定不了价格。除非引用反垄断法限制大房地产商占有的市场份额，鼓励市场竞争，否则任何调整利息、控制土地审批等措施都收效甚微。只要开发商有能力操纵价格，哪怕利率和土地价格提得再高，他们也很容易将负担转嫁给消费者。

2. 二手房市场的高价特征

二手房市场指以存量房交易为特征的住宅市场，其基本特征是卖方先获得住宅的产权，然后通过法定的产权交易程序转让给买方。二手房的市场交易价格虚高，2005 年哈尔滨市商品房的平均售价为 2472 元/平方米，二手房的平均售价达 2000 元/平方米水平以上。但是部分地区 20 多年房龄的二手房的售价超过了 2700 元/平方米，虽然这些房屋往往位于城市中心，交通方便，配套设施完善，户型建筑面积在 50～80 平方米的居多，且邻近重点中、小学校，但从影响二手房价格的因素看，房龄、面积、朝向、户型、楼层等都是构成二手房价的重要因素。一般来讲，如果房屋使用年限为 50 年，则每年折旧率为 2%；“三小”房屋还要减价 10%左右；没有南向采光的房屋也要减价 5%左右；一层和顶层都要减价 5%～10%不等。二手房的小区的绿化、平面布局、外观造型等要逊于一手房，所以，尽管处于较佳的地理位置，这些因素会使房屋降价。由此估算，二手房的价格虚高。上海有多家银行对房地产评估公司施压，要求其对二手房的房产交易“谨慎”评估，许多银行现在认可的二手房交易评估价格都低于目前的市场价格。

部分二手房呈现质低价高的“高价柠檬”特征。美国经济学家 Akerlof 指出，当市场参与双方信息不对称时，由于买主缺乏专业知识而良莠不分，从而不愿多花钱买二手物品，二手物品价格总是比新商品的价格低得多，导致该市场难以吸引拥有较高品质物品的出售者，从而出现大量次品充斥的市场，即“柠檬市场”，“柠檬市场”是真正意义上的廉价或低价物品市场。通常卖方先期居住过该类房屋，楼层不好、朝向不好、结构不好的房屋不可避免地占有很大比重。所以，二手房市场呈“柠檬市场”特征。以 2004 年 7 月从南京房地产信息网采集到的 2800 多个中介有效售房信息和 2400 多个个人有效售房信息为例，一楼占 23.5%，多层建筑的顶楼占 26.4%，1995 年以前的房子(据南京市房产局的信息基本属于小客厅、小厨房、小卫生间的“三小”住房)占 37.9%，面积在 60 平方米以下的占 46.7%，2000 年以后的房子，主城区以外的占 69.3%。这部分二手房市场为“高价柠檬”市场。部分二手房是炒家为了获利而炒卖的空关房，这类二手房在位置、户型、朝向、采光、交通等往往较有优势，随着房价不断攀升，“水涨船高”，他们也要喊出高价继续“人为造市”。

通常卖者具有“不能比邻居卖得便宜”的比价“惜售心理”。他们有的是为了置业升级，追求居住水平的提升，通过卖旧房买新房，所以他们必须考虑置换新房的成本；随着商品房价的不断上涨，他们出售旧房的心理预期价格也不断攀升，“惜售心理”得到进一步的强化；二是随着营业税、个人所得税等交易环节各种税收政策的出台，房屋出售收益下降，部分业主或持房惜售，退出交易市场，减少房源供给(间接提升房价)，或将税金转嫁给买主，直接抬高房价；再有就是部分二手房的物业费偏低，有的属单位公房，对本单位职工的供暖费上还有减免等因素使这类二手房成为居民的首选。二手房的价格居高不下，一方面体现了城市房地产保值增值的特征，一方面是源于中国城市房地产市场供给结构所致，位于城市中心的中、小户型偏少，单价虽然较高，但总价还能让人接受。

在当前市场价格非理性上涨的情况下，尤其是在高档住宅供给过剩，中、小户型住宅严重短缺的情况下，众多中低收入者不得不为“高价柠檬”住宅买单；而卖者也会因为过分比价和“惜售心理”丧失许多改善居住条件的机会。二手房的“高价柠檬”特征加速了中国城市房地产市场的非理性发展。

3. 房地产的虚拟资产特征

早在 19 世纪，马克思就在《资本论》中提出了虚拟资本的概念，用来概括那些本身没有价值，却可以通过资本循环运动产生利润，获取剩余价值的股票和债券等金融资产。S·德·布吕诺夫在《新帕尔格雷夫经济学大辞典》中将虚拟资本定义为通过信用手段为生产性活动融通的资金，虚拟资本的形成被叫作资本化，当人们按平均利息率计算定期取得的各种既定收益的资本问题时，资本化就发生了。虚拟经济的概念在20世纪90年代被正式提出来，相关的理论得以逐步建立。目前对虚拟经济较为完整的概括是"以资本化定价方式为其行为基础的一套特定的价值关系，其运行特征相对于实体经济具有更大的不确定性和波动性，是以观念支撑的定价方式。"

比较成本定价与资产定价理论发现，金融制度与金融工具的出现为资产定价理论提供了广阔的市场空间。在金融资产迅速积累的同时，一些资产或商品的定价更多地考虑未来的收益情况，以资本化方式定价，而成本对价格的影响在下降，甚至影响微弱，如知识产权、专有技术、商誉等无形资产。这种定价方式的改变与传统的以成本定价为基础的实体经济相区别，意味着价格波动与此相关，经济运行的特征可能会发生改变。

中国城市房地产市场属于区域性寡头垄断市场结构，这种特征造成了中国城市房地产价格受成本的约束较弱；土地是最早采用资本化方式进行定价的资产之一，早在威廉·配第和亚当·斯密时期就产生了地租理论，认为土地价格是多年地租的现值总和，土地价格取决于未来租金的资本化，至今在房地产投资与融资实务中，按房地产的现金流量进行估价的"收益资本化法"仍是房地产估价中主要的估价方式。另外，虚拟资本一般不直接参与生产实践，中国城市房地产业自身并不直接从事生产活动，而是将自己不具有相对优势的业务，如设计、施工、策划、营销等"外包"给各专业化的企业，其核心能力就是对各方面的资源进行"整合"，从而"生产"出房地产产品。我们习惯上将房地产开发活动细分为设想的提出、可行性分析、细节设计、合同与建筑施工、市场营销、市场化管理六个步骤。

可见，房地产开发业务流程中，房地产企业几乎将除建设设想之外的其他阶段全部外包给专业公司，自己只不过是把各种生产资源进行整合，将"设想"变成现实的房地产品，房地产企业没有参与实际的生产，从这个意义上说，房地产企业的性质带有虚拟经济的特征，房地产企业的资金也带有了虚拟资产的特征。

再者，房地产已成为一种重要的投资工具和投资方式。出于房地产未来升值的预期，众多投资者将资金投入房地产以期保值增值。有的是为了短期获利；有的是为了获取租金，产生纯收益；有的是为了规避投资风险。无论投资者出于哪种目的，其进行房地产投资的行为与投资于金融证券的行为在本质上是一致的，即购买与持有资产的目的在于获利，而并非直接参与生产和消费等实际经济领域的活动。而且，房地产市场与金融市场有千丝万缕的联系，如果把房地产市场比作一架高速航行的飞机，金融则是它源源不断的引擎动力。房地产业对金融资本的高度依赖这一特征使得它从开始起步发展时就同金融业结下不解之缘，金融支持贯穿于整个房地产的生产、流通和消费环节，可以说，没有金融业的支持就没有房地产业的发展；房地产交易市场是权属交易的市场，通过房地产权属证书转让实现交易，房地产权属证书本身不具有价值，但房地产权属证书类似有价证券能给持有者带来资本收益，并可按一定价格在交易市场进行买卖；房地产预期的因素极其复杂，一旦预期未能实现，就将产生价格的非理性大幅波动。

综上所述，虽然房地产作为一种实物资产，用于实际的生产和生活，但它同时具备虚拟资产的特征。这种特征随着经济的发展不断增强，这在成熟的市场经济国家体现得尤为明显。但同时也要认识到房地产市场的运动必须以实体经济为依托，如果它脱离实体经济极度膨胀时，就会形成泡沫经济，爆发严重的金融危机。

另外，我国城市房地产市场的特征还表现在房地产开发、建设和销售方面过分依赖银行信贷支持；税收环节不合理，对不动产在流通领域征收税费多，在保有领域征收税费少，这使得富人优先占有资源而不需要付出额外成本，因此造成资源的严重浪费；由于不需要付出额外成本便可以拥有财产，刺激了以投机为目的的财产集聚和沉淀，导致投机有愈演愈烈之势，使财富迅速聚集在少数人手里；“市场失灵”和“政府失灵”同时存在；由于缺乏个人信用制度，住房信贷的识别费用、筛选费用高，市场准入条件高；由于房价居高不下，月供贷款比例占到收入50%以上的人不敢娱乐、旅游，害怕利息上涨，担心生病、失业，更没有时间享受美好生活的房贷一族(也叫“房奴”)年轻人居多，数量呈上升趋势。

【思考题】

1. 简述我国房地产市场的基本特征。
2. 简述房地产市场的基本要素。
3. 简述影响房地产需求和供给的因素。
4. 除了一般市场的共性，列举房地产市场的特殊性。

第三章 住房制度

住房是人类最基本的需求之一，是关系国计民生的重大经济问题和社会问题。住房制度包括有关住房的建设、分配、交换、管理等方面的法律、法规及政策等调整有关各方的关系并约束其行为的规范。具体而言，住房制度包括住宅用地供给制度、住房供给制度、住房建设制度、住房金融与税收制度、住房管理制度和住房福利制度等内容。

第一节 我国传统住房制度的基本特征

计划经济体制下，住房制度的核心层面就是住房的分配制度，居民获得住宅使用权的主要途径是公有单位的行政分配。产生于计划经济体制背景下的传统住房制度具有以下基本特征。

(1)住房供给渠道的单一性。土地国有化确定了供应方的唯一性，政府垄断的土地供应，有限的土地资源，使得需求市场的竞争激烈。这种供应渠道的单一性，使得供需交流的空间也简单化了。传统住房制度下的住房建设资金的唯一来源是国家的公共积累，住房建设主体是政府部门或国有企业、事业单位。

(2)住房分配形式的实物性和分配手段的行政性。传统住房制度的分配形式不是货币性的工资分配，而是采取了难以根据劳动贡献进行分割、分配的住房实物形式，与此相适应，住房分配手段是行政手段。分配体制明显缺乏经济因素的作用，这就很难保证分配结果的公平性。

(3)住房消费的非商品性。在传统住房体制下，住房使用权的取得不需付出直接的经济代价，并且在住房消费时又实行地租制，这种租金从量上来看难以满足住房再生产的顺利进行，从质上来看是一种非商品性消费。

(4)住房产权的扭曲性。从住房的所有权来看，似乎当然地归国家或者国有单位所有，但这只是名义上的所有权。而事实上，国有单位特别是国有企业的住房产权除去土地使用权价值以外，实质产权是属于职工所有。再从住房使用权来看，职工通过拥有对住房的永久使用权、隐蔽的处置权和收益权，事实上已经拥有了对住房的实际控制权。由此可见，传统住房体制所产生的住房所有权的名义主体(国家)与实质主体(国有单位职工)之间发生了错位，出现扭曲。

(5)住房产权的凝固性。传统体制下，住房产权主体利益与产权形式的来源不具有对应性，住房产权本身也不具有商品性。职工一旦获得住房使用权便只能永久占有和使用，不能自由流动。

(6)住房管理的主观随意性。传统体制下的住房管理是排斥商品经济运行规律的行政管理，忽视投入产出的经济核算，这是造成传统住房制度下住房资金恶性循环的体制原因之一。

我国传统住房制度的上述六个特点，核心是住房产权的扭曲性，而造成产权扭曲的原因是住房分配的行政性、非商品性；其他几个特点则是旧的住房分配制度和产权制度之衍生物。

第二节 我国住房制度的改革

住房制度改革是国家整个经济体制改革的重要组成部分，深化城镇住房制度改革和加快住房制度建设，是保持国民经济持续快速健康发展的需要。回顾我国住房制度的演变历史，有助于我们更好地了解我国住房制度的产生根源以及不断改革背后的动力机制，从历史的角度思考我国住房制度在改革过程中所取得的成果、出现的问题及其深层原因，从而探寻既符合我国国情又顺应时代潮流的住房制度发展出路。

一、我国住房制度的改革背景

下面介绍我国住房制度改革的时代背景和理论背景。

1. 我国住房制度改革的时代背景

1956年“三大改造”的完成标志着我国正式进入了社会主义初级阶段，由于缺乏经验，我国效仿苏联模式，大力推行计划经济。通过对资本主义工商业的全行业改造，实现了全部行业的公私合营，私人的民族资本也纳入社会主义的框架内，以营利为目的的房地产经营随之消失。生产性房地产全部纳入计划项目，按计划生产和分配，非生产性的住宅业也全部纳入计划项目进行生产和福利分配，建筑业作为第二产业仍然存在，却是按国家项目上马、转移和变动，并不是为房地产业的经营服务。[①] 于是逐步形成了由国家通过地方政府的财政支出对城镇居民住房实行建设和分配的统建统包的单一体制格局。

改革开放之前，我国城镇住房实行的是实物分配的福利制度，并实行“统一建设，统一管理，统一分配，以租养房”的政策。应该说，这种制度适应了计划经济体制和快速工业化的要求，在特定历史条件下发挥了积极作用。但是，这种依托于计划经济体制下的实物分配制度存在以下几个方面的问题：

(1)投资体制的问题。国家以发展公有住房为出发点，按基建计划统包公有住房投资建设，住房建设资金无偿来源于政府财政和企业福利基金，产权归属国家所有。住房建设资金为纯粹的财政性支出，投资建成的住宅越多，承受的负担越重。城市居民没有自谋住房福利的积极性，单由国家承担住房建设资金的投入，不利于加快住宅建设和提高居住水平。

(2)住房分配制度的问题。实行无偿实物福利分配，分房标准主要以工龄、厂龄、家庭人口结构、职级等非经济性因素为依据，实行分配平均主义，住房消费与职工的经济贡献基本脱离。无偿的住房福利制，在一定程度上抑制了职工自谋住房福利的积极性。同时，行政性的分配体制，也为以权谋私等不正之风提供了温床。由于住房供给严重不足，机关和企事业单位的职工根据分房条件排队轮候分配，更由此形成“等、靠、要”的住房消费观念。

(3)住房非商品化。由于住房消费被当作公共消费、公共福利，人人共享，住房被排斥于消费市场之外，忽视了住房所具有的商品属性，不允许其进行市场买卖，造成住房投资得不

---

① 刘维新:《中国住房制度的历史演变及住房保障体系的构建》，载《经济、学习与实践》2010年第9期。

到回报，不能自我积累形成住房建设基金。同时，由于住房消费低租金的制度因素影响，实际上所缴纳的房租不能抵偿房屋维修和管理成本，国家不仅要筹措住房建设资金，更要继续补贴房屋修缮和管理损失，住房资金出现缺口，财政压力很大。国家和企业不得不继续建新房，住房建设越多，不断投入新的资金，出现的住房资金缺口越大。如此往复，住房资金越来越紧缺，从资金运行上抑制了住房建设和住房维缮，不可避免地出现日益加剧的住房供需矛盾局面与住房失修失养的困难形势，出现“住房难”逐步加重的现实情况。

简而言之，在计划经济下，长期实行住房实物分配，公房租金低，租不养房，而且政府和企业财力不足，无法大量建房，造成恶性循环，加上当时重生产、轻生活的指导思想，城镇住房投资严重不足，居住条件难以改善。于是，加快住宅建设成为一时之焦点，推进住房制度改革也逐渐被提上议事日程。

2. 我国住房制度改革的理论背景

1978 年 9 月，邓小平同志提出：“解决住房问题能不能路子宽些？譬如允许私人建房或者私建公助、分期付款，要从多方面考虑。不但新房子可以出售，老房子也可以出售，可以一次付款，也可以分期付款，10 年、15 年付清。住房出售以后，房租恐怕要调整，要联系房价调整房租，使人们考虑到买房合算。房租提高了，对低工资的职工要给予补贴。”邓小平同志还指出：“建筑业是可以为国家增加收入、增加积累的一个重要产业部门。在长期规划中，必须把建筑业放在重要地位。”这些谈话为我国进行住房制度改革奠定了理论基础。

1980 年 1 月，《红旗》杂志发表署名文章《怎样使住宅问题解决得快些？》指出住宅是个人消费品的重要组成部分，应该走商品化道路。3 月 13 日，《人民日报》发表评论员文章《加快城市住宅建设》。4 月 2 日，邓小平同志发表关于建筑业的地位和住宅政策问题的谈话，对住房生产、流通、分配、消费在内的全过程进行了通盘的改革设计。这一具有划时代意义的重要谈话，揭开了我国住房制度改革的大幕。6 月 22 日，中共中央、国务院批转国家建委党组《全国基本建设工作会议汇报提纲》，该提纲第七部分为“加快城市住宅建设”。

1980 年，在全国城市房屋住宅工作会议上，住房商品化作为今后工作设想被提了出来。国家提出：准许职工私人建房、私人买房，准许私人拥有自己的住宅。要有计划地由国家建设一批住宅，向私人出售，职工买房可分期付款等。同年 9 月，邓小平同志高瞻远瞩地提出住房商品化的路子，描绘出了住房制度改革的方向，他指出要考虑城市建筑住宅、分配房屋的一系列政策。

邓小平的一系列讲话为我国进行住房制度改革奠定了理论基础，涵盖了此后铺开的我国住房制度改革和住房政策基本思路，同时也拉开了我国住房制度改革的序幕。

二、我国住房制度的改革历程

我国城市住房制度改革，是指从计划经济体制下的住房制度向市场经济体制下的住房制度转变，它是整个经济体制改革的一部分，不是孤立的、单独发展的，但也自成体系。我国近现代住房制度的改革进程，主要是随着市场经济、住房的商品形态在我国城镇范围内发生的。

总体而言，我国城市住房制度的演变体现了两大基本脉络[①]：一方面，我国城市住房制

① 张元端：《中国住房制度改革路线图》，载《城市开发》2007 年第 11 期。

度的改革与发展过程，是伴随着我国由计划经济向社会主义市场经济转轨的过程而逐步发展的，城市住房制度的设计与演变配合社会主义市场经济体制改革的进程。另一方面，我国城市住房制度改革努力解决居民住房问题，始终以“居者有其屋”为价值取向。按照住房制度改革的阶段演进，我国城市住房制度的改革历程可划分为以下六个阶段。

第一阶段：房改试点、探索阶段(1980—1988年)

正如“国发〔1991〕30号”文件指出的那样：“我国城镇住房制度的改革，自从邓小平同志1980年提出出售公房，调整租金，提倡个人建房买房的改革总体设想以来，逐步在各地展开”，房改的目的是实现住房商品化、社会化。为此，我国房改在试点阶段主要是探索三大改革。

(1)出售新、旧公房。国家采取的是“三三制”补贴出售新建住房方案。一开始出售新旧公房是采取个人支付售价的三分之一，单位补贴三分之二的办法，并首批在郑州、常州、四平、沙市等城市试点。1984年10月将政策调整为：个人购买住宅，原则上支付售价的三分之一。如果买房者的收入情况好、所在单位的补贴能力差，个人支付的比例可调整为三分之二或支付全价。并于同年批准在北京、上海、天津三大直辖市扩大试点，至1985年年底，全国共有160个城市和300个县镇实行了补贴售房，共出售住房1093万平方米。1986年3月又调整为“原则上按全价出售”，如果单位有能力，可以给予低收入者适当的补贴。“三三制”售房改革的宗旨是为了使得我国城镇居民的生活条件变得更好一些，解决了部分急需购房者的住房紧张问题。人们购房，有的是为了缓解紧迫的家庭住房困窘，有的是为了结婚成家，对住房的需求仅仅停留在基本的居住条件要求，一般来说住房面积也不大。从试点实践来看，由于当时的住房租金太低，租买比价不合理，个人缺乏买房的动力。而且个人负担比重小，国家和企业负担较重，未能体现商品化的原则，另外售房所得收入根本不足以进行新一轮的住房建设，住房建设资金仍不能实现自身的良性循环。实践证明这种方案不可行。这一段时间的实践，是我国住房制度改革的起步，是探索性的改革。

(2)住房商品化。1981年1月，中国房屋建设开发公司成立。1984年9月，国务院决定“建立城乡综合开发公司。对城市土地、房屋实行综合开发”，“实行有偿转让和出售”。建设部出台了《关于城市建设综合开发公司暂行办法》。1984年召开的全国六届人大代表大会通过的《政府工作报告》提出“城镇住宅建设要进一步推进商品化试点，开展房地产经营业务”，确定了住宅供给、消费商品化和市场化基本取向。

(3)租金改革。1984年年初，建设部邀请房管专家对17市的租金和居民收入作了全面深入调查以后提出：中国住房制度改革的关键是解决低租问题。当时也只是提出对住户超过住房标准多占用的面积，要考虑按折旧、维修、管理三项实际需要的费用收取房租，或实行累进的房屋租金制。将上述改革回收的资金用于住房再生产，形成投入产出的良性循环，加快改善居住条件。1986年1月6日国务院正式成立“国务院住房制度改革领导小组”和“领导小组办公室”，于7月25日召开第一次会议讨论房改方案，具体确定其后我国房改的重点在于：逐步提高房租(先提高到成本租金再到商品租金)，计划改革的内容涉及住宅供给、分配和消费等住宅制度的几个主要层面。

第二阶段：从分批分期到全国推进房改阶段(1988—1994年)

1988年1月，国务院召开了第一次全国城镇住房制度改革工作会议，2月，在总结试点经验基础上出台了《国务院关于在全国城镇分期分批推行住房制度改革的实施方案》，肯定了试点城市的做法和经验，确定了房改的目标、步骤和主要政策，标志着我国住房制度改革进入了以提租为主要任务的阶段。该方案提出计划用3～5年的时间在全国城镇分期分批把住房制度改革推开。此后，在唐山、烟台、常州、蚌埠、佛山、上海、广州等全国一些大中城市展开了房改推进工作。1991年6月国务院颁发的《关于继续积极稳妥地进行城镇住房制度改革的通知》中提出了部分住房产权理论。在这段时期，各地开始新建住宅小区，开始注重住房设计、建筑样式、管理服务等方面的内容，住房消费向住房成套、生活舒适发展。

1991年11月，国务院决定在全国统一房改政策的前提下，因地制宜、分散决策、分步实施，全面推进改革，其中天津、上海、北京、广州等11个大城市的房改力度较大。这一阶段，把向居民个人出售新旧公房作为推动住房商品化的基本措施之一，把合理调整公房租金作为住房制度改革的核心环节。主要内容包括：①继续推行“提租增资”，现有公有住房提高到成本租金。新建公有住房实行新租金标准。多占住房的，加收租金。②建立住房基金。③建立并完善公积金制度，将现在的实物分配逐步改变为货币分配。④积极推进公房出售，公有旧住房按标准价出售，停止补贴出售或有限产权出售。⑤鼓励职工集资建房和合作建房，首次提出要积极组织集资建房和合作建房，大力发展经济实用的商品住房。新建住房以中小户型为主，先卖后租。首次付款不得低于售价的30%，其余部分可申请住房低息抵押贷款。职工购买旧房5年后允许进入市场出售。增值部分，个人只应得所付的优惠价占综合造价比例的部分。

但由于1992年后，迅速兴起的房地产热拉动了房价的猛涨，导致住房补贴严重不足，房改难以继续推行。而且全国相当多的地区又一次出现了低价出售公房的现象，1994年年初国务院再次明令制止了这一行为。

第三阶段：深化城镇住房制度改革阶段(1994—1998年)

1994年7月18日，国务院印发《关于深化城镇住房制度改革的决定》(国发〔1994〕43号)，这一决定明确了我国城镇住房制度改革的根本目的，确立了坚持配套、分阶段推进的政策。城市住房制度改革的根本目的是为了建立与社会主义市场经济体制相适应的新的城市住房制度。该文件可概括为“三改四建”：①三改。住房建设投资由国家、单位统包的体制改为国家、单位、个人三者合理负担的体制；把各单位建设、分配、维修、管理改为社会化、专业化运行体制；把住房实物分配的方式改变为按劳分配为主的货币工资分配方式。②四建。建立中低收入家庭为对象的经济适用房供应体系；建立公积金制度；建立改革性与商业性并存的住房信贷体系；建立规范化的房地产交易市场和发展社会化的房屋维修管理市场，逐步实现住房资金投入产出的良性循环，促进房地产业和相关产业的发展。

该决定有两大改革重点：一是明确建立以中低收入家庭为对象的、具有社会保障性质的经济适用住房体系，重申了住房制度改革要坚持配套、分阶段推进的原则；二是提出在1991年上海市进行住房公积金试点基础上，全国普遍推行住房公积金制度。43号文件还对公积金制度的建立和管理、出售公房的价格等作出了规定。

43号文件发布后，全国住房制度改革进一步有序推进，一方面租金改革取得了进展，特别是一些中小城市，租售比价向合理方向变化；另一方面，住房公积金制度已在全国大中城市普遍建立起来，到1997年年底，全国已归集了800多亿元的公积金。同时，经济适用房建设有了较大进展，初步形成了住房供应体系和住房金融体系。与此同时，企业的住房制度改革也取得进展，住房管理向社会化、专业化迈进。这一阶段的发展，使房改的广度和深度逐步增加，我国的住房市场也已经开始有了一定程度的发育。

第四阶段：住房分配“货币化”取代“实物化”阶段(1998—2003年)

1998年7月3日国务院下发了《关于进一步深化城镇住房制度改革加快住房建设的通知》(国发〔1998〕23号)，要求1998年下半年开始停止住房实物分配，逐步实行住房分配货币化；建立和完善以经济适用房为主的多层次城镇住房供应体系(该文明确指出“对不同收入家庭实行不同的住房供应政策”：最低收入家庭租赁由政府或单位提供的廉租住房，中低收入家庭购买经济适用住房，其他收入高的家庭购买、租赁市场价商品住房)；加快经济适用房建设；发展住房金融，培育和规范住房交易市场；促进住宅业成为新的经济增长点。

该文件的内容还包括：首次提出调整住房投资结构，重点发展经济适用住房(安居工程)，加快解决城镇住房困难居民的住房问题；首次明确所有商业银行在所有城镇均可发放个人住房贷款；首次提出建立业主自治与物业管理企业专业管理相结合的社会化、专业化、市场化的物业管理体制；首次提出以保持经济适用住房价格的稳定为重点，做好房地产价格调控和住房价格新体系的建立工作，并规定“房价收入比(即本地区一套建筑面积为60平方米的经济适用住房的平均价格与双职工家庭年平均工资之比)在4倍以上”；对最低收入家庭租赁由政府或单位提供的廉租住房租金，实行政府定价；对高收入家庭购买、租赁的商品住房，实行市场调节价，由企业依据开发经营成本和市场供求状况确定租售价格；加强地价管理，建立基准地价定期确定公布制度。

该文件还要求在统一住房改革原则的前提下，各地因地制宜，分散决策，根据本地实际情况确定房改的具体时间和步骤。按照该文件精神，各省市陆续确定了停止住房实物分配的具体时间和逐步实行发放住房补贴的住房分配货币化的措施，以江苏省为例，江苏省规定全省自1998年12月1日起停止住房实物分配。对于1998年11月30日之前参加工作的无房和住房面积未达到规定面积标准的职工购房时可实行一次性补贴；对于1998年12月1日以后参加工作的职工实行逐月计发住房补贴。

1999年4月3日《住房公积金管理条例》颁布实施，将住房公积金的归集管理纳入了规范化、法制化的轨道，也标志着以住房公积金制度为主要内容的政策性住房金融体系初步形成。

2003年8月12日，由建设部起草的《关于促进房地产市场持续健康发展的通知》(国发〔2003〕18号，简称18号文)出台。要求坚持住房市场化的基本方向，不断完善房地产市场体系，更大程度地发挥市场在资源配置中的基础性作用；加快普通商品住房发展，提高其在市场供应中的比例；逐步实现多数家庭购买或承租普通商品房；同时，把房地产业定位为促进消费，扩大内需，拉动投资增长，保持国民经济持续快速健康发展的国民经济的支柱产业。

第五阶段：房地产市场调控、住房保障制度建立阶段(2003—2007年)

在1998—2003年期间的经济增长中，居民消费结构的升级和城市化进程拉动了房地产投资和基础建设投资需求，房地产业高速发展，已经逐渐成为国民经济的主导产业。但与此同时由于房价的过快上涨，也引发了一系列社会问题，百姓住房难问题越来越突出，于是，中央一方面继续推进住房制度改革，一方面开始了加大对房地产市场的调控力度。针对一些地区住房供求的结构性矛盾较为突出、房地产价格和投资增长过快的现象，国务院颁发了“前国八条”、“后国八条”、“国六条”等一系列重要文件，提出在高度重视稳定住房价格工作，保持住房价格特别是普通商品住房和经济适用住房价格的相对稳定的同时，加快建立和完善适合我国国情的住房保障制度。

(1)在稳定房价方面,通过扩大供给和控制需求双管齐下,从而引导房价理性回归。

在扩大供给方面:制定和实施"十一五"住房建设规划,重点发展满足当地居民自住需求的中低价位、中小套型普通商品住房。大力调整和改善住房供应结构,对居住用地和住房价格上涨过快的地方,适当提高居住用地在土地供应中的比例,着重增加中低价位普通商品住房和经济适用住房建设用地供应量。继续停止别墅类用地供应,严格控制高档住房用地供应。加大对闲置土地的处置力度。严格房地产开发信贷条件。对闲置土地和空置商品房较多的开发企业,从严控制贷款或任何形式的滚动授信。对空置3年以上的商品房,不得作为贷款的抵押物。支持具有资信和品牌优势的房地产企业通过兼并、收购和重组,形成一批实力雄厚、竞争力强的大型企业和集团。

在控制需求方面:正确引导居民合理消费预期,控制不合理需求。加大控制投资性购房需求的力度,有效遏制投机炒作。禁止未竣工的预售商品房再行转让。从2006年6月1日起,个人住房按揭贷款首付款比例不得低于30%。对购买自住房且套型建筑面积90平方米以下的仍执行首付款比例20%的规定。调整住房转让环节营业税政策。从2006年6月1日起,对购买住房不足5年转手交易的,销售时按其取得的售房收入全额征收营业税;个人购买普通住房超过5年(含5年)转手交易的,销售时免征营业税;个人购买非普通住房超过5年(含5年)转手交易的,销售时按其售房收入减去购买房屋的价款后的差额征收营业税。合理控制城市房屋拆迁规模和进度,控制被动性住房需求。

(2)在建立住房保障制度方面,加快城镇廉租住房制度建设,规范发展经济适用住房,积极发展住房二级市场和租赁市场。

明确廉租住房是解决低收入家庭住房困难的主要渠道,要稳步扩大廉租住房制度覆盖面,有步骤地解决低收入家庭的住房困难问题。尚未建立廉租住房制度的城市,必须在2006年年底前建立。各城市人民政府要将土地出让净收益的一定比例用于廉租住房建设,各级财政也要加大支持力度。

明确经济适用住房是具有保障性质的政策性商品住房。将经济适用住房严格控制在中小套型,严格审定销售价格,依法实行建设项目招投标,实行申请、审批和公示制度。

积极发展住房二级市场和房屋租赁市场,引导居民通过换购、租赁等方式合理改善居住条件,多渠道增加中低价位、中小套型住房供应。适当降低已购公有住房上市出售土地收益缴纳标准;以房改成本价购买的公有住房上市出售时,原产权单位原则上不再参与所得收益分配。

不过,由于宏观调控政策的滞后性以及其他种种原因,城市廉租住房制度建设依然相对滞后,经济适用住房制度不够完善、政策措施还不配套,部分城市低收入家庭住房还比较困难。

第六阶段:强化住房保障阶段(2007年至今)

虽然我国保障房制度已初步建立,但是由于城市廉租住房制度建设相对滞后,经济适用住房制度不够完善,政策措施还不配套,部分城市低收入家庭住房还比较困难。国务院于2007年8月7日发布的《国务院关于解决城市低收入家庭住房困难的若干意见》(国发〔2007〕24号)要求各级政府把解决城市低收入家庭住房困难作为维护群众利益的重要工作,作为住房制度改革的重要内容,作为政府公共服务的一项重要职责。该文件规定:低收入家庭主要通过廉租住房解决，外加经济适用住房；中等收入家庭根据各地实际可以采取限价商品房和经济租用房的办法解决；高收入家庭主要通过市场解决。

2007年10月，党的十七大提出，要加快推进以改善民生为重点的社会建设，努力使全体人民"住有所居"。11月，温家宝总理在新加坡国立大学明确阐述了我国住宅政策的原则：首先，政府最重要的职责是搞好廉租房，让那些买不起房或进城打工的农民工能够租得起房、住得上房；其次，是建设主要面向中产阶级的经济适用房；再次，高档住房主要靠市场调节，但必须有国家的宏观调控，防止利用房地产炒作，造成市场混乱。温总理的谈话被称为"房产新政"，为我国今后的住房建设和改革指明了方向。在十一届全国人大一次会议上，温总理在《政府工作报告》中，将住房保障列为2008年重点推进的九项工作之一。同时，新组建的住房和城乡建设部也已取代原有的建设部，以住房保障为核心的住房制度建设正在迈向新境界。

在"十一五"期末，廉租房保障覆盖全国城镇低收入家庭。新建廉租住房套型建筑面积控制在50平方米以内，土地出让净收益用于廉租住房保障资金的比例不得低丁10%，各地还可根据实际情况进一步适当提高比例。经济适用房的性质和覆盖对象也进一步明确，经济适用房是政策性住房，覆盖对象范围缩小到低收入家庭，与廉租房保障实现无缝对接。其建设资金必须纳入地方财政年度预算安排，经济适用房户型面积不超过60平方米。购房者只拥有有限产权，并规定了经济适用住房今后上市交易的规则：购买经济适用住房不满5年，不得直接上市交易，购房人因各种原因确需转让经济适用住房的，由政府按照原价格并考虑折旧和物价水平等因素进行回购。购买经济适用住房满5年，购房人可转让经济适用住房，但应按照届时同地段普通商品住房与经济适用住房差价的一定比例向政府缴纳土地收益等价款，具体缴纳比例由城市人民政府确定，政府可优先回购；购房人向政府缴纳土地收益等价款后，也可以取得完全产权。政府回购的经济适用住房，继续向符合条件的低收入住房困难家庭出售。

政府的住房保障政策与实践表明，居者有其屋的实现方式，不能再重新回到过去由国家统包居民住房的老道路上，政府适当的干预弥补市场机制解决住房问题的不足之处，提高公共服务能力，解决住房居住问题，保障、提高居住质量，而不是在住房市场体系下为居民解决住房产权问题。这就把"保障性住房"公共服务提到新的高度，标志着从"重买房、轻租赁"向着"租、售并举"的回归，实现住房商品化和住房社会保障的双轨制。

三、我国住房制度改革所取得的成就

改革开放30年来，我国住房制度经历了一场由福利化分房和低租金公房制度向住房商品化、市场化、社会化的重大转变。以1998年为起点，我国住房制度进入了全面社会化、商品化和市场化的历史新阶段，作为中国渐进式改革的重要组成部分，城镇住房全面社会化、商品化和市场化的改革对于促进房地产业与其相关行业市场的发育以及改善城镇居民的居住条件起到了极大的推动作用，所取得的改革成果主要体现在以下几个方面。

1. 城镇居民居住条件不断改善

居者有其屋，居住条件是衡量生活质量的标志，也是衡量一个地区经济发展水平的标志。住房制度改革促使城镇居民的居住水平和居住质量明显提高，住房环境质量、功能质量及综合配套水平有了较大改善。1978年城镇居民人均居住面积仅为3.6平方米，到1989年上升为6.6平方米，2005年则达到18.5平方米。以建筑面积计算，1979年城镇人均住房建筑面积7平方米；1990年上升为13.17平方米；2005年年底提高到了26.36平方米；2010年已上升为31.6平方米，比1990年净增18.43平方米，是1979年的4倍多，已达到世界中等收入国家人均住房建筑面积的水平。从1995年到2002年，城镇居民人均房产价值增长了4倍，年均增长率高达26%。与之相对应的，1995年，城镇租住公有住房的住户比例为57%，到2002年这一比例降到16%。这表明，人们的财富观念、财富持有形式发生了历史巨变，居者有其屋的内涵扩大。住房质量明显改善，住房成为居民财产增长最快的部分，住房财产的增加安定了民心，促进了社会稳定。①

2. 住房投资体制发生重大变革，市场机制的作用日益显现

经过20余年住房制度改革，住房市场建设投资体系发生可喜转变。住房建设投资已由原先的国家单一投资转向房地产开发商投资，居民个人购买为主。住房建设开发由建设公有住房为主转为开发商品住房为主。住房建设投资资金的来源由国家和企业出资，变为房地产开发企业自筹资金。住房投资主体也由政府的行政性主体和单一的国有企业转向国有、民营、外商等多种企业投资主体共存的格局。同时，住房市场的市场机制作用日益明显，表现在以下四个方面。

(1)*住房市场成为实现居民住房需求的主要载体*。住房制度改革较大地释放了居民住房消费需求。1998—2005年，居民购买商品住宅的面积和金额占全部商品房销售面积和金额的比重均已达到90%以上。

(2)*多元化市场主体快速发展*。住房开发企业、住房交易中介、租赁服务机构、物业管理机构等各类市场主体发展较快。2010年年底，我国有各类性质的房地产开发企业8.52万个，比1998年增加了2.5倍。市场主体的多元化推动了住房产业的发展。

(3)*多层次住房市场体系初步形成*。2010年，一级市场商品房销售面积10.48亿平方米，销售额5.27万亿元，分别比2000年增长4.63倍和12.5倍。以房改房和私房交易为主的住房二级市场和租赁市场也有一定程度的发育。多层次市场体系的形成促进了住房供给的多样化。

(4)*市场规则不断完善*。1998年以来，有关部门陆续颁布和实施了《城市房地产管理法》、《城市房地产开发经营管理条例》、《城市商品房预售管理办法》等一系列规范住房市场的法规和管理条例，对规范住房市场主体行为、明确交易规则起到了积极的促进作用。②

3. 房地产业成为促进经济增长的支柱产业

房地产业的蓬勃发展是中国住房市场化改革的一项重要成就。2010年，房地产业增加值占当年GDP的5.56%，房地产业的快速发展带动了建材、钢铁等30多个行业的发展，成为名副其实的支柱产业。房地产业的蓬勃发展可以表现在以下几个方面：

(1)*房地产业的年度完成投资总额逐年增加*。自1998年以来，房地产业进入其发展的黄金时期，其年度完成投资总额逐年增加，年平均增长率为22.41%，2003年、2004年年增长率分别达到30.33%和29.59%，创历史新高。到2010年，全国房地产业年度完成投资总额为48259.4亿元，其中仅商品房建设投资就达34026.2亿元，成为拉动经济增长的重要力量。

---

① 数据来源：2011年中国经济社会发展统计数据库。

② 数据来源：2011年中国统计年鉴。

(2)全国商品住宅的销售量逐年攀升。1991 年全国商品住宅的销售面积仅为 2745.17 万平方米,销售额为 207.60 亿元;至 2010 年达到 104764.65 万平方米,销售额为 52721.24 亿元,全国商品住宅的销售量逐年攀升。

(3)房地产开发企业的经营收入及利润快速增长。1998 年全国房地产开发企业个数为 24378 个,至 2010 年底全国房地产开发企业个数比 1998 年增加 60840 个,在房地产业拉动经济增长的同时,房地产业的经营总收入和营业利润也以很快的速度发展。

(4)房地产业的从业人数不断增加。房地产业的快速发展还体现在从业人员数量的增加上。全国房地产业的从业人数在 1985 年时仅为 36 万人,占当时城镇就业人数的 0.28%,到 2010 年则发展为 209 万人。①

4. 住房金融业迅速发展,融资出现多元化

我国建立起以住房公积金制度为主要内容的政策性住房金融体系。从开发性贷款起步,到消费性贷款的兴起;由单纯的商业性住房金融,发展为商业性和政策性住房金融并存。2007 年 8 月 30 日中国社会科学院发布的数据显示,从开始个人住房贷款业务的 1998 年起,个人住房贷款占个人消费贷款的比重一直高达 75%～97%。1998 年年初全国个人住房贷款余额仅为 190 亿元,至 2010 年年底个人住房按揭贷款余额已经达到了 5.73 万亿元。个人住房按揭贷款如今已经占到全部贷款的 8%,相当于中长期贷款的 16%。通过住房抵押贷款业务的发展,房地产业也带动了金融市场的深化和发展。

此外,房地产开发尝试各种融资渠道,如发债、上市、信托计划等。房地产公司不仅纷纷在内地上市融资,而且出现在境外上市融资。2006 年,内地在香港上市的房地产公司如绿城中国(3900.HK)、合生创展(0754.HK)、世茂房地产(0813.HK)以及上海复地集团等通过票据融资等债券融资和配股融资形式,向看好人民币升值和曲线投资房地产的境外投资者募集大量资金。

5. 住房保障体系框架初步形成,长效支撑机制正在建立和完善

经过多年的探索,我国已初步形成了以廉租住房制度、经济适用住房制度、公共租赁住房制度等为主要内容的住房保障体系。目前,我国保障性住房包括廉租住房、经济适用住房、保障性安居工程住房、公共租赁住房、限价商品住房等主要类型,"低端有保障,中端有支持"的住房保障政策框架日趋清晰。

在 1998 年国务院《关于进一步深化城镇职工住宅制度改革,加快住房建设的通知》、2003 年建设部发布的《城镇低收入家庭廉租房管理办法》和《住房公积金条例》等法规和文件中,明确提出了建立面向低收入居民的廉租房制度、面向中低收入居民的经济适用房制度,以及面向城镇职工的以个人强制储蓄和单位、政府补贴为主要内容的住房公积金制度,初步搭建了与分配制度改革和住房市场初步发育阶段相适应的住房保障制度框架。1998—2003 年,全国经济适用房竣工面积约 4.77 亿平方米,占同期城镇住房竣工面积的 6.9%;到 2005 年年底,全国有 221 个地级以上城市建立了廉租住房制度(占全国地级以上城市的 75.9%),累计有 32.9 万户最低收入家庭被纳入廉租房的保障范围。到 2006 年 9 月,累计发放公积金贷款 5834 亿元,支持了 658 万户职工家庭的购房和建房。2011 年,中央财政安

---

① 数据来源:2011 年中国统计年鉴。

排资金1713亿元用于保障性住房建设，是2010年的2.2倍。各地也不断拓宽融资渠道，千方百计保证保障房建设资金。2011年，全国落实保障性安居工程建设用地4.81万公顷，同比增长46.2%，保障房建设用地实现了应保尽保。

经过多年的探索，支撑保障性住房制度建设的长效机制也正在建立和完善：①多层次、多渠道的财政投入体系已经建立。目前已经有中央财政安排的专项资金、省市县财政一般预算安排的资金、住房公积金增值净收益安排的资金、从土地出让净收益中安排的资金、地方债券安排的资金等。②财税扶持政策不断完善。财政部门明确了保障性安居工程的税收优惠政策，对廉租住房等保障性安居工程项目给予营业税等多种税收优惠，并且规定廉租住房和政府投资建设的公共租赁住房的资金收入，专项用于廉租住房和公共租赁住房的管理和维护等支出。③信贷资金成为重要支撑。截至2010年年底，国家开发银行已经累计发放保障性住房建设贷款1455亿元，覆盖全国30个省份，惠及204万户住房困难居民。2011年，国家开发银行将再安排保障性住房新增贷款规模1000亿元，支持各地建设保障性住房。中国工商银行仅2010年一年，就累计发放保障性住房贷款94亿多元，同比增长55%。目前，我国以各级财政补贴和配套资金、银行信贷资金、项目实施企业资金、社会资金、个人自筹资金为组成部分，初步搭建起了我国保障性住房建设的资金投入机制。④土地供应机制日益完善。一方面，为了严格落实保障性安居工程免交土地出让金政策，保障性安居工程的用地实行行政划拨，除依法支付土地补偿费、拆迁补偿费外，一律免交土地出让金；另一方面，供地规模也迅速扩大，而且要求地方保障性住房、棚户区改造住房和中小套型普通商品住房的用地，不低于当年住房建设用地供应总量的70%。

6. 政府市场宏观调控初见成效

在住房市场的发展过程中，政府的住房宏观调控体系也逐步建立和完善。政府所采取的宏观调控政策和措施涵盖了土地供应、财政税收、金融信贷、行业管理、行政管理等各个方面，这些政策措施对抑制房地产投资过快增长、平抑房地产价格、加强行业管理均起到了一定的作用。例如针对2004年以来住房市场运行中出现的投资增长过猛、房价上涨过快和住房供求结构不合理等突出问题，为促进国民经济稳定发展和城镇居民的正常消费，国家连续三年对房地产市场实施了宏观调控，先后出台了一系列调控政策和措施。总体来看，宏观调控已初见成效，特别是房地产投资增速明显回落。2004年和2005年，房地产投资增速分别比上年回落22和8.2个百分点。国家统计局发布的数据显示，2011年前10个月，全国房地产开发投资49923亿元，同比增长31.1%。尽管超过了2010年全年的投资额，但增速已连续3个月下滑。

上述改革和发展的成就表明，我国住房制度市场化改革方向是正确的，必须继续坚持；当前住房市场的基本面还是比较健康的；住房市场已经成为整个市场体系的重要组成部分；住房改革和市场发展的成果惠及了绝大多数城镇居民；住房产业对经济增长的贡献率不断提高。

第三节　我国现行住房制度的问题与发展出路

一、我国现行住房制度存在的问题

经过30多年的发展，我国的城市住房制度建设取得了积极的成果，普通百姓第一次有了自己的房产。但是，由于多种因素的交织和叠加，我国住房市场在改革发展中出现了一些突出的矛盾和问题。这些问题如果得不到有效的解决，将会影响到未来住房制度的进一步发展与完善。归纳起来，大致表现在以下几个方面。

1. **住房市场方面**

住房市场方面存在的问题如下。

(1)部分大城市房价涨幅过大。2004—2006 年，35 个大中城市房价同比分别上涨 9.7%、7.6%和 6.1%，年均上涨 7%。其中，部分大城市价格涨幅过大。例如，2006 年 10 月份，北京房价同比上涨 10.7%，厦门 10.5%，深圳 9.9%，福州 9.6%，沈阳 9%，广州 8.8%，达到或接近于两位数上涨。2011 年 1 月 17 日，国家统计局发布报告，2010 年 12 月份我国 70 个大中城市房价环比上涨 0.3%，同比上涨 6.4%。另一方面，房价收入比上升幅度加大。2002 年，中国城镇房价收入比为 6.02∶1，与国际上公认的 6∶1 的合理水平大体相同。2009 年随着我国房地产市场复苏过热，全国新建商品住宅价格大涨 25%，房价收入比创历史新高，达 8.03∶1，其中，北京、上海等特大城市超过了10∶1。房价涨幅过大和房价收入比上升过快，是居民普遍感觉房价难以承受的主要原因。而另一方面，根据国家统计局的数据，从 1995 年开始，全国商品住宅空置面积以每年约 1000 多万平方米的速度递增，到 2006 年 11 月，全国商品房空置面积 1.14 亿平方米，空置率已达 26%，已处于空置危险期。商品住宅的高空置率对住房市场造成负面影响，形成了价格过高、供给过剩的房价高位不均衡，商品房价格剧降的隐忧可能导致严重的社会问题和经济问题，会对房地产业可持续发展造成恶劣影响。

(2)住房供求结构矛盾较为突出。据对部分大中型城市的调查，现阶段希望购买中小户型(65～100 平方米)住房的居民家庭比例达 70%左右，但这类住房供给严重不足。对 40 个重点城市调查分析的数据表明，2006 年 1—6 月，预售商品房平均套内面积达 115 平方米，其中 90 平方米以下套型住房供应比例不足 20%；在全部可销售住房中，120 平方米以上的大户型超过 50%的有 24 个城市。国土资源部的数据显示，2009 年前三季度，全国住宅用地供应同比增长 8.7%，但其中中低价位、中小套型普通商品房用地供应同比却减少 45%，占住宅用地供应量的 14.9%，同比下降 14.6 个百分点。供给结构不合理不仅直接影响了中低收入居民的购房需求，而且进一步加剧了住房增长与资源短缺之间的矛盾。据测算，目前我国每年新增钢材的 70%用于房地产建设，其中又有 70%左右用于住宅开发。大户型比重过高的趋势不符合我国国情，也不利于节约资源。

(3)二手房市场和租赁市场发育缓慢导致存量住房难以盘活。二手房市场和租赁房市场发育水平低，住房需求过度依赖于一级市场，拉高了市场房价。二手房市场服务机构不健全，经营不规范，大量存量住房难以进入交易市场，导致存量住房的流动性差。租赁市场多以私人和分散的房产资源为主，租赁交易处于半地下、不正规状态。

(4)住房市场秩序混乱。在开发环节，存在捂盘惜售、囤积房源、推高房价、发布虚假广告误导消费者、利用不规范的合同侵害消费者利益等现象。在中介服务环节，一些经纪机构变相提高中介费标准、骗取服务费、制作虚假文书、占压和挪用交易资金等。在市场交易环节，违规炒房、骗贷购房的情况经常发生。住房市场秩序混乱破坏了公平竞争的市场环境，扭曲了市场价格，损害了消费者的合法权益，加剧了住房市场的供求矛盾。

2. 住房保障制度方面

目前来看,我国的住房短缺问题总体上得到缓解,人均住房面积和住房质量都得到很大的提高,但由于政府保障能力有限以及制度不够完善,导致住房保障制度在实施过程中存在以下问题。

(1)住房保障制度滞后于经济发展,政府相关职能不到位。现阶段住房政策的目标更注重从经济快速发展的角度推进住房制度改革、加快住房市场发展,而忽略了住房对保持社会稳定的作用。同时,现阶段住房政策导向有利于满足以提高居住水平和质量为主的住房需求增长,而对经济结构调整深化、城市化进程不断加快以及收入差距扩大等带来的多样化、多层次的住房需求,特别是大量低收入人群的基本住房需求,各级政府及有关主管部门并没有清晰的认识,缺乏专门的组织机构,因此也难以形成系统的保障政策。

(2)经济适用房和廉租房的覆盖面小,功能和资金来源欠缺。从我国现行的住房制度安排来看,经济适用房和廉租房是解决中低收入家庭住房问题的主要政策。目前来看,经济适用房不仅数量少,而且大多都已变成商品房;廉租房制度虽然从1999年逐步开始实施,但由于制度本身缺乏强制力,其实施效果并不理想。来自全国工商联房地产商会的数据表明,2009年国家下达的保障性住房建设计划中,全国计划投入1676亿元,其中,中央投入493亿元,占29.4%;地方配套1183亿元,占70.6%。但截至2009年8月底,全国保障性住房建设仅完成投资394.9亿元,完成率(23.6%)严重低于预期。

(3)住房保障手段单一。目前主要的保障供应方式经济适用房,是通过购买产权解决居住问题,缺乏针对低收入家庭的租赁型的经济适用房。住房保障手段单一,以建设为主,其他财政、金融、税收等保障手段滞后,单一的住房保障手段很难适应多层次的住房保障需求。

(4)住房保障对象模糊,相关信息系统不健全。住房保障制度的有效实施有赖于住房档案和收入信息管理系统的建立和完善。政策必须能够准确掌握廉租住房申请人的收入水平、资产保有水平及其变化情况,才能够真正惠及到应该惠及的人。比如经济适用房制度,个别城市在实施过程中,虽然制定了供应对象的标准,但是缺乏严格的审核制度或即使建立了审核制度,但缺乏对申请人住房状况和收入水平的真实掌握,无法准确审核保障对象的实际收入,造成了保障供给与保障对象在一定程度上的错配,影响了保障政策的有效性。

3. 政府宏观调控方面

中央与地方调控目标不协调一致。中央和地方政府财权、事权不统一,而税制改革后,财权归中央政府行使,公共物品供给的责任都归属于地方政府,这就造成了地方财政的紧张,财政的自给率下降。面对本级财政不足以平衡支出时,地方政府一般都会采取两个办法,一个是向中央"求救",争取转移支付;第二个就是出让土地。据国务院发展研究中心资料统计,土地出让金占地方财政预算外收入的60%以上,地方政府从房地产业收取的各种税费大约占房地产成本的60%以上。地方政府并不积极对房地产市场进行有效调控,反而打着建设城市的旗号,大兴卖地之风,热衷于拆迁征地,甚至有些地方政府会为房地产开发商专门制定一些利益政策。地方政府在房地产市场中既是经营者又是管理者,双重角色给中央政府对房地产市场的宏观调控带来了极大的困难和阻碍,土地和房地产带来的税收占了地方财政绝大部分收入,所以房价越高对地方政府的财政就越有利。

调控手段使用失当主要包括三类:①行政手段过于频繁,效力却一般。我国对当前房地产市场的宏观调控中，行政工具例如“国条”的政策工具使用次数过多，但是效力却一般。事实上，过多地使用政府命令等行政工具直接干预市场不利于房地产经济发展，可能会损害房地产市场的健康发展。例如北京限购住房数量的政策比起之前较为严格，对房地产市场的调控起到了很好的效果，但是频繁出台这种政策，从长期来看会导致政府的行政命令丧失权威性，运用不当会影响房地产企业的正常运转，后果比较严重。②运用经济工具单一，经济杠杆比较灵活，副作用较小，是调控房地产市场非常好的一个选择。近几年来，我国对房地产市场的宏观调控逐渐加大了对经济杠杆的利用，但是可以看出，政府只是惯性地出台加息降息这样的政策，并没有综合地运用经济工具，这可能和经济杠杆在使用时合理确定力度比较难有关，直至 2010 年，我国出台的国十一条才开始包括实施差别化率和税收的政策，起步较晚。③法律手段缺失。法律手段是效力最具有持续性和权威性的调控手段，但是在我国，由于法律体制本身的不健全，房地产市场也缺乏相关法律来进行规范。再有就是我国房地产立法可操作性差，相对于国外和我国香港地区的房地产法律，我国内地的法规条文针对性不强，对房地产经济活动各个环节乃至细节问题规定都不明确，因而落实起来比较困难，具体实施过程中也经常出现漏洞。

4. 其他方面

居民财富差距进一步拉大，影响社会稳定。需要强调是住房市场上的很多问题本身不是住房市场带来的，也不是在住房体制内部能解决的。比如高房价很大程度是由于收入差距过大造成的，以上海为例，在 1997—2005 年上海中低收入阶层对住房支付能力严重恶化的同时，高收入者对住房的支付能力反而改善了很多。但与此同时，住房市场本身的发展确实也会成为一个“助推器”，加速扩大不同人群的收入与财富差距，加剧社会分化。对房地产的投机和炒作造就一批暴发户，在中国 2002 年度 100 名富豪中，竟然有 40 多人涉足房地产业。房价的快速飞涨，让绝大部分普通老百姓只能望楼兴叹，即使是一些属于高薪收入的白领阶层，也沦落为“房奴”。因此，在房地产指数节节上扬、银行账面上的资产越来越多、政府的财税收入也日渐上升的时候，却隐藏着很多的社会问题[①]。

居住区分异现象加剧，影响到“和谐人居”的构建。1998 年以后的住房市场化改革彻底打破了由单位统一分配住房的模式，城镇居民在获得自由选择居住地点权力的同时，客观上也出现了居住区分异的现象。也就是说，基于收入差距和对房价的不同承受力，城市居民逐渐出现了按收入的群分效应，高收入者开始聚居于高房价的高端社区，低收入者则聚居于低房价的贫穷社区。

城镇土地利用率低，造成社会成本过高。房地产的表面繁荣是以极高的社会成本为代价的。一方面，房地产大量占用农用土地，这些土地的闲置率过高，造成极大浪费。2006 年 6 月 14 日《经济参考报》报道，近年，房地产业用地占到全国供地总量的 30%左右。根据国土资源部 2004 年对 18 个省、35 个城市、196 个市区县的土地利用动态遥感检测测算，35 个城市新增建设用地 45 万亩，其中占用耕地 32.5 万亩，占 72%，也就是说城市的发展有 2/3 以上是在利用外延占用耕地，而且这些城市中有 12.7%的用地不符合土地利用总体规划。过多地占用土地，导致城市土地大量闲置，城市闲置土地占新城区建设用地的 15%。截至

---

① 黎兴强:《对中国住房制度改革的思考》，载《经济研究导刊》2009 年第 3 期。

2010年5月底，全国共上报房地产违法违规用地宗数3070宗，其中闲置土地的宗数2815宗，面积16.95万亩。另一方面由于强行拆迁和征地，对农民的补偿过低，失地农民的基本生计不能得到有效保障，从而导致社会矛盾激化。

二、关于完善我国住房制度的几点建议

改革是一项复杂的系统工程，在改革中既需要脚踏实地、稳步前进、积极探索，"摸着石头过河"；更需要高瞻远瞩、统筹规划、明确目标，做好总体设计。住房制度改革在我国是一项具有重大意义的改革，但也是一项艰难的、阻力重重的改革，既需要充分吸收国外经验并结合我国的具体情况，制定改革的目标模式，也需要运用系统工程、经济学、行为科学、复杂科学等方面的原理稳步推进并加以调整，从而朝着目标模式前进。

(1)加快建立新的住房供应体系。住房商品化是我国房改的根本方向和目标。应逐步建立以商品化为主要发展方向，政府主要解决公务员住房和低收入者住房，社会住房主要通过市场来供给这样一个体制，政府以政策来推动住宅产业的发展，把政府直接提供住房控制在适当的范围内，通过税收、土地、金融等优惠政策鼓励建设居民住房。通过价格调控保护消费者的利益，对低收入家庭提供含有政府补贴的住房，以优惠价格或以较低租金出售、出租；对中等收入家庭，通过一定的价格控制措施，由市场提供微利住宅；对高收入家庭，则实行完全的市场价格政策；同时，政府控制对低收入家庭和中等收入家庭提供的住宅建设标准。

(2)逐步完善住房公积金制度。建立住房公积金一是可以为住宅建设提供长期、稳定的资金来源；二是可以提高城镇居民的购房欲望和住房消费能力，从而带动住宅建设；三是可以利用公积金住房独特的优势，享受政府在地价、配套方面的优惠政策，降低开发成本，再加上对开发企业限制利润从而有效地降低售价，有利于形成住宅的直接消费市场，有力地推动普通标准住宅建设的发展。因此，住房公积金制度是实现住房实物分配向以按劳分配为主的工资货币化分配转变的有效形式，全面推行和不断完善住房公积金制度应是当前房改工作的重点。至于住房公积金制度一是要建立好，二是要使用好。应围绕住房公积金制度建立新的住宅建设融资体系和新的住房消费融资体系。应把公积金制度的建立和完善作为突破口，尽快建立完善的公积金归集、使用和监督制度。没有建立住房公积金的地方，应尽快建立。有条件的地方、有条件的企业，应逐步提高公积金的比例和公积金的归集率。同时，应管好、用好公积金，加强使用监督，使其在支持住宅建设和消费中发挥好主渠道的作用。

(3)进一步发展住宅二级市场，建立完善的住房市场流通体制。根据当前的情况，发展住房二级市场，首先应同整顿、规范一级市场结合起来。如果不认真清理、整顿，就无法发展二级市场，或者使国有资产大量流失。其次应规范市场交易的主体，建立健全二级市场的监管办法和制度。应该明确，对于住房商品来说，无论其所有权还是使用权都可以在市场上出售或转让。因此，不仅租赁私房的使用权可以转让，也应允许公房租赁的使用权(在租赁期内)进入市场交易或转让。但是，对于公房变私房的产权问题必须澄清。鉴于我国的具体情况，进入市场交易或转让租赁公房使用权的交易主体，对于其所拥有的公房的租赁使用权应该是合理和合法的。那些利用职权多占的公房租赁使用权就不能进入市场进行交易或转让。转让公房租赁使用权应持有公房所有权单位的证明即征得公房出租者的同意。同时加强监督检查，把清退干部多占住房作为反腐败的重点，为二级市场健康发展扫清障碍。再

次，应创造相应的条件，推动二级市场的发育。

(4)加快住房金融改革与创新，为住房制度改革提供全方位的金融配套服务。在住房制度中，住房金融体系占据着重要的地位。住房金融是住房发展的血液，住房金融政策是政府调控住房市场的重要手段之一，住房金融制度决定住房金融体系的效率，影响住房改革政策目标的实现。所以，应着眼于建立符合我国实际情况的住房金融体系，推动住房金融的制度创新。当前的工作重点应是从降低贷款风险和减轻借款人负担两个方面统筹考虑，综合设计住房贷款抵押、保险和担保政策，解除贷款机构的贷款风险。目前，我国金融机构对发放个人住房抵押贷款态度普遍不太积极，原因无外贷款回收期长、风险不确定、重批发轻零售的传统观念等。虽然中国人民银行于 1997 年 4 月出台了个人住房担保贷款办法，规定个人住房贷款有房屋可作抵押担保。但事实上，出现信用风险时，贷款银行难以行使抵押权实现债权。应适时成立住房担保公司，对住房抵押贷款提供信用担保服务，转移贷款人的风险，增强抵押贷款的安全性。在此基础上应采取有力措施，简化贷款手续，降低住房贷款的中间费用，减轻借款人的贷款负担。同时应推动住房金融工具的多样化，如进行抵押贷款证券化试点，更多地筹集住房信贷资金。住房证券化就是将住房信贷以证券投资的形式表现，从而使投资者与投资标的物之间直接的物权关系转化为债权性质的有价证券形式，将固定的债权关系转化为可变的债权关系。主要有两种方式：①住房融资的证券化，使资金的筹集与运用相对称，长期资金运用符合市场经济下金融市场资金的基本运用规律。②住房证券通过发行长期债权凭证住房债券，将住房抵押贷款集中的风险分散到众多的投资中，降低了金融体系的风险和压力。住房债券通过资本市场筹集和融通，运作机制具有积极、主动的特点，效率较高且适用范围广泛，不仅适应一般投资者和机构投资者，也为保险资金开辟了投资领域。因此，住房债券化有利于我国住房金融工具创新，也有利于防范金融风险。此外，还应推动住房还款方式多样化，如发展等比递增还款，以适应住房补贴等比发放、职工住房支付能力逐步提高的需要。

(5)积极消化积压商品房，努力盘活存量。商品房空置量大，空置率高，是影响当前住宅市场发展的重大问题。加大空置房消化力度是当务之急。为此，应采取如下的相应措施：①从源头上控制新开工项目，即控制土地的供应量。应改变房地产审批中见项目给土地的习惯做法，实行以规划好的土地来审批项目的新模式，避免出现新的无效供应；②清理在建项目，对那些因配套不全注定在推出后形成空置的必须限期配套；③把安居房、适用房建设同房地产存量消化相结合，在安排实施安居工程、经济适用房项目和拆迁改造时，应通盘考虑市场供应，把符合条件的空置商品房转为安居工程房屋和经济适用房项目以及拆迁安置房；④金融配套政策应与国际惯例靠拢，通过发展按揭业务，开展二级抵押贷款和发行再抵押债券、扩大公积金上缴比例等办法，增强居民购买能力，消化部分空置商品房；⑤清理房地产流通环节和各种不合理收费，实行商品房价格定位、评议、审批机制，通过中央让税、地方让费、银行让息、房地产企业让利的办法来降低房价，促进销售；⑥发展住宅租赁市场，通过加强房屋租赁的法制建设，规范房屋租赁作为，调整税收政策，建立合理的价格体系等培养和推动租赁市场的发育。同时应充分发展住宅交易中的中介服务作用；⑦完善新建住宅小区的公共设施，改善公共交通。

(6)规范市场行为，完善市场体系，促使我国住宅及房地产市场发育成熟。首先，健全市场机制，建立商品房价格体系。理顺商品房价格构成，把原本不属于房屋价值本身的市政配套设施、商业网点、文化教育设施以及各种乱收费，从房价中剔除出去，使房价有实质性的下降，真正做到物有所值。其次，完善住宅市场体系，加强宏观调控。对一级市场(土地市场)关紧龙头，严格控制开发量和开发结构，尽快取消土地使用双轨制，实现全面的土地有偿使用，运用经济手段促使土地资源的合理配置。对住宅二级市场充分放开，由市场机制调节。三级市场应继续放宽政策，取消各种限制，进一步搞活，使之成为住宅市场最活跃的组成部分。再次，建立住宅法规体系，规范住宅市场运行秩序。加快住房保障、房地产市场交易、房地产成本与价格形成、房地产业税费征收及其管理、物业管理等方面的相关法规的建设。同时对各地的房地产法规，也要清理整顿，统一步调，减少摩擦，便于实施。

【思考题】

1. 我国传统住房制度有哪些特点？
2. 我国住房制度改革经历了哪几个阶段？
3. 总结我国住房制度改革中的经验与教训。
4. 简述我国未来住房制度的发展方向与趋势。

第四章　土地制度

土地是人类赖以生存和发展的珍贵的自然资源，是一切劳动过程得以实现的必要条件和物质基础，是农业最基本的生产资料，也是工业生产的场所。土地制度是由许多具有不同层次、不同方面制度构成的一个制度体系。本章介绍土地制度的概念和特点，分析我国土地制度的改革历程，并就现行土地制度存在的问题提出政策建议。

第一节　土地制度概述

一、土地制度的概念

对于土地制度的概念，有多种表达。巴洛维认为："影响不动产资源所有权和利用的制度因素就是土地制度。"大多数人认为土地制度有广义和狭义之分。广义的土地制度是指一定社会历史条件下的土地经济运行中的各种经济规则和经济关系的总和。狭义的土地制度包括土地所有、使用与管理的经济制度及相应的法权制度。

在新中国成立后的一个很长的历史时期内，由于特定的历史原因，在人们的传统观念中，习惯把土地制度理解为狭义的土地制度。改革开放特别是实行社会主义市场经济以后，随着我国社会经济制度的不断变化和发展，人们对我国土地制度含义的理解不断深化和发展。土地制度是反映人与人、人与地之间关系的重要制度。它既是一种经济制度，又是一种法权制度，是土地经济关系在法律上的体现，是构成上层建筑的有机组成部分。

二、土地制度的构成

一般而言，完整的土地制度包括土地所有制度、土地使用制度和土地管理制度三大部分。

（一）土地所有制度

土地的所有权，是指土地所有人在法律规定的范围内占有、使用和处分土地，并从土地上获得利益的权利。所谓土地所有制，是指一定社会历史条件下人们拥有土地的经济形式。土地所有制是土地制度的核心和基础。通常，它需要通过国家法律的确认并受到保护，是一种排他性的专有权利，包含土地的占有权、使用权、收益权及处分权等权能。这些权能在一般情况下是统一的，归属于一个主体，但在特定情况下也可以是分离的。如在我国历史上曾存在过的各类租佃制下所有权与使用权的分离，目前我国城市和农村中出现的土地所有权与使用权的分离等。

土地所有制可分为土地公有制和土地私有制两大类。目前我国存在两种土地所有制形式，即土地的国家所有制和土地的农村集体所有制。《中华人民共和国宪法》第十条规定："城市的土地属于国家所有，农村和城市郊区的土地，除由法律规定属于国家所有的以外，属于集体所有;宅基地和自留地、自留山,也属于集体所有。"同时,《中华人民共和国土地管理法》第二条规定:"中华人民共和国实行土地的社会主义公有制,即全民所有制和劳动群众集体所有制。"显然,我国现行的土地所有权制度与国家推行的社会制度即公有制是相应的。

(1)土地所有权征用制度。《宪法》第十条规定,国家为了公共利益的需要,可以依照法律规定对土地实行征用。这就赋予了国家土地征用权,确立了土地征用制度。土地征用是指国家为社会公共或公益事业发展的需要,依法将农民集体所有的土地转为国家所有的制度,具有法律上的强制性和经济上的补偿性的特征。在我国,各项公共或公益事业的发展所需要的土地,主要来源于对国有土地的分配调整,但国有土地的分配调整,由于国有土地不足或其他原因需要使用集体土地时,就需要有一种使集体所有的土地转为国有的特殊取得制度,并使其合法化。《土地管理法》对土地征用的程序、补偿的办法等具体问题作出了明确的规定。同时为了维护集体土地所有权人的合法权益,国家的土地征用权不得滥用,必须依法定的条件和程序行使。

(2)土地所有权整理制度。为了生产和生活的方便或社会公共利益的需要,在人民政府的管理和监督下,不同的土地所有权主体可以对土地所有权进行调整,调整本着协商一致、平等互利的原则。这种调整土地的制度,称为土地所有权整理制度。土地所有权整理,一般发生农民集体所有土地的所有权变更。

(二)土地使用制度

土地的使用权,是指土地使用人依照法律的规定,对占有的土地进行合理利用的权利。所有权的内容是由占有、使用、收益和处分的权能组成的。土地使用权可以分为多种,按所有权的不同,分为国有土地使用权和集体土地使用权;按用途不同,可分为工业用地使用权、商业用地使用权、农用地使用权和宅基地使用权等;按取得方式不同,可分为划拨土地使用权、出让土地使用权、租赁土地使用权和土地承包经营权等。

土地使用制度是对土地使用的程序、条件和形式的规定,是土地制度的另一重要组成部分。在土地制度中,土地所有制决定着土地使用制。在每一个社会历史形态中,都存在着与土地所有制相适应的土地使用制及其具体形式。土地使用制不仅是土地所有制的反映和体现,同时也是实现和巩固土地所有制的一种形式和手段。

由于土地使用制的相对独立性,因此,任何社会形态下都有不同的土地使用制。按土地所有权与使用权相互关系的不同分为两类。

1."两权"合一型

如我国土改前的自耕农、经营地主及农业合作化后我国农村的社会主义集体经济组织等。

2."两权"分离型

如地主与佃农、资本主义土地所有者与租地农业资本家及目前我国农村的集体经济组织与土地承包农户等。"两权"分离型土地使用制又分为两类。

(1)有偿使用制:一般地说,在土地私有制下,土地都是有偿使用或出租。

(2)无偿使用制:在社会主义土地公有制下,曾长期实行无偿使用制度。社会主义土地利用和管理的实践经验证明,土地无偿使用制度弊端很多,它不利于社会主义土地公有制的实现与巩固,不利于土地资源的严格管理与合理利用,可以从以下三个方面逐步进行改革。

①土地有偿使用制度，是指土地所有者(国家和农民集体)将一定期限内的土地使用权提供给单位和个人使用，而土地使用者按照土地有偿使用合同的规定，一次或分年度向土地所有者支付土地有偿使用费的制度。土地有偿使用制度主要有：a. 土地使用权出让。目前已经建立了国有土地使用权出让制度。所谓国有土地使用权出让，是指国家将一定期限内的土地使用权提供给单位和个人使用，而土地使用者一次性地向国家支付土地使用权出让金和其他费用的行为。b. 土地使用权租赁和作价入股。所谓国有土地使用权租赁，是指国家将一定期限内的土地使用权让与土地使用者使用，而土地使用者按年度向国家缴纳租金的行为。所谓国有土地使用权作价入股，是指将一定时期的国有土地使用权出让金作价，作为国家的投资计作国家的股份。c. 土地承包经营。是指公民个人、农户、法人或者其他经济组织依照法律规定和合同约定对集体所有或国家所有的土地承包一定期限，使用土地并向土地所有者支付承包金的行为。这种形式多应用于农用地。

②土地使用权合法流转制度，是指依据法律的规定，并经过一定的法定程序，土地使用权由一个使用者转移到另一个使用者的行为。《土地管理法》第二条规定：土地使用权可以依法转让。国务院批转农业部《关于稳定和完善土地承包关系的意见》第四条指出："在坚持土地集体所有和不改变土地农业用途的前提下，经发包方同意，允许承包方在承包期内，对承包标的依法转包、转让、互换、入股，其合法权益受法律保护，但严禁擅自将耕地转为非耕地。"可见，法律允许土地使用权的合法流转。土地使用权合法流转制度，可以促进土地使用权在土地使用者之间的合理流动，通过市场驱动力实现土地资源的有效配置，达到更好地利用土地的目的。需要注意的是，我国处于社会主义发展的初级阶段，土地仍为许多人特别是部分农民不可缺少的生产和生活资料，因此，为了维护社会的稳定，国家对土地使用权的流转实行比较严格的管理，只有符合一定的法定条件和法定程序，才能进行土地使用权流转。目前，土地使用权合理流转的形式主要有：转让(包括买卖、交换、赠与、继承)、租赁、入股等。

③国有土地使用权划拨制度，是指县级以上政府依照土地法的有关规定，在土地使用者缴纳有关补偿、安置等费用后，将一定数量的国有土地交付其使用，或者为了社会公共利益的需要，直接将一定数量的国有土地无偿、无期限交付给土地使用者使用的制度。长期以来，我国对建设用地一直采用划拨方式。这种方式直接采用行政行为调控土地，有利于维护社会公共利益，还在一定程度上有利于提高行政效率。

(三)土地管理制度

土地国家管理制度是指国家政权以社会代表的身份，对全国(或某一区域)的土地，在宏观上进行管理、监督、调控的制度、机构和手段的综合。由于土地对于人类的特殊重要性、土地供给的稀缺性和土地利用后果的社会性，几乎任何一个国家的政府，无论在何种所有制条件下，都会以社会代表的身份，对土地资源在宏观上进行管理、监督和调控，尽可能保证土地资源的合理有效的利用。

土地管理的具体内容有：①保护土地所有权与使用权；②调整土地关系；③对土地所有权和使用权实施必要限制；④保证土地资源在国民经济各个部门和各个使用项目上的合理分配与有效利用，防止土地资源的闲置与浪费；⑤实施土地有偿使用制度并正确课征土地税收，保证国有土地的地租收归国家，通过土地税收和土地有偿使用集中国家财政资金。

土地的国家管理由中央政府和地方政府来实施。实施土地管理的手段主要有立法手段、行政手段、经济手段、计划和规划手段、政策手段、司法手段和教育手段等。

三、土地制度的特点

土地制度作为一种财产制度与其他财产制度相比具有明显的特点,比如地位的基础性、国度的差异性、构成的复杂性。

(1)地位的基础性。土地是一个国家最基本的资源和资产。在资本主义大工业发展起来之前,当社会处于农业阶段的时候,土地是最基本的生产要素,因而成为最主要的财富形式。在资本主义社会之前,土地的占有形式基本上决定了社会财富的占有和分配形式。因此土地制度成为当时最具基础性的社会经济制度。

(2)国度的差异性。在现代世界各主要资本主义国家中,就一般财产来说各国的占有形式比较单一。而唯独土地占有形式各个国家之间仍然保留着明显的差异性。因为土地制度除了直接受一个国家生产方式与生产力水平的决定性影响之外,同时还受到土地资源的状况、民族经济文化发展的历史等多种因素的影响,因此形成国与国之间明显的差异性。

(3)构成的复杂性。相对于一般财产来说,土地财产关系要复杂得多。土地作为一种财产,其所有、占有、使用、收益、处分及管理等构成一系列复杂的财产关系和产权体系。这是由于土地作为一种不动产所具有的特性所决定的。

第二节　我国土地制度的改革

一、我国土地制度的改革背景

下面介绍我国土地制度改革的时代背景与理论背景。

(1)我国土地制度改革的时代背景。19 世纪 20 年代的旧中国是半殖民地半封建社会,社会的主要矛盾是帝国主义侵略与中华民族生存的斗争,是封建官僚势力压榨与贫苦大众反抗的较量。在尖锐的社会矛盾下,旧中国的土地产权制度早已病入膏肓,甚至不能支持社会的简单再生产。传统的“均田思想”只是善良者的愿望,“西学救国”更为国人唾弃,无公正而又低效率的土地私有制,无论于城于乡都不能改变旧中国水深火热的现状。

1949 年 10 月,刚建立的中华人民共和国是个极其落后的农业国。旧中国本来城市就很少,帝国势力、外国资本、政府官僚和弱不禁风的民族资本,占据了绝大部分城市土地。所谓“土地市场”只是外国冒险家的“乐园”,是少数富人和官僚势力的“圈地俱乐部”。巧取豪夺是旧中国城市土地市场的主要游戏规则。地产总是向少数强权者集中,多数劳动者越来越依附于剥削、欺压他们的人,其悲惨程度是西方人和后来人所难以想象的。旧中国社会的黑暗激励新政府要彻底改变历史形成的土地私有制,坚持中华人民共和国代表社会公正的原则,在城市中有条不紊地实施土地国有化政策。

(2)我国土地制度改革的理论背景。存在决定意识,理论总是在实践中才闪光。在任何制度的背后总会有更具普遍指导意义的理论来支持。中国共产党人在革命斗争中找到了马克思列宁主义,而这一理论体系几乎就是为进行政治革命的中国人写的。马克思从社会交换与分配不公的现象入手,认定生产资料私有制是造成社会欺诈的万恶之源,他在论述私有产权时指出:“私有财产的真正基础,即占有,是一个事实,是不可解释的事实,而不是权利。只是由于社会赋予实际占有以法律的规定,实际占有才具有合法占有的性质,才具有私有财产的性质。"广大无产者只有以暴力革命手段来改变阻碍社会生产力发展的私有制，实现包括土地在内的一切生产资料的公有制，才能彻底消灭剥削、欺压现象。

1928 年，毛泽东亲自主持制定的《井冈山土地法》强调：没收一切土地归苏维埃政权，然后交给农民使用。当时所谓的"耕者有其田"，其实是指农民拥有土地使用权，土地所有权还是归苏维埃政权的。1929 年，当时的中共中央又出台了一个《兴国土地法》，把原来《井冈山土地法》"没收一切土地"改成了"没收地主的土地"，没有再说没收贫农、中农、富农的土地。毛泽东对此解释说：《兴国土地法》和《井冈山土地法》相比有一个原则性的改变。后来的学者认为，其实这两个土地法并没有本质的变化。"没收一切土地"最后还是要平分给大家，如果一个贫农只有 10 亩地，把它没收回来再分给他 10 亩地，这不是没有意义吗？因此，所谓原则性的改变实际上就是少费了一道程序。《井冈山土地法》和《兴国土地法》都特别强调要平分土地，我们今天看来其实就是为将来实行土地国家所有制做准备。

二、我国土地制度的改革历程

自中华人民共和国成立至今，我国农村土地制度的变革经历了具有非常鲜明特点的四个不同阶段。

第一阶段：建立农民土地私有制的土地改革阶段（1949—1953 年春）

新中国的土地改革是革命战争年代中国共产党关于农村土地问题的政策主张和根据地"分田分地"探索在夺取政权条件下的一次充分的实现，是抗日战争和解放战争时期解放区土地改革的延续、扩展和深化。

1949 年 9 月 29 日通过的《中国人民政治协商会议共同纲领》规定，"凡已实行土地改革的地区，必须保护农民已得土地的所有权。凡尚未实行土地改革的地区，必须发动农民群众，建立农民团体，经过清出土匪恶霸、减租减息和分配土地等项步骤，实现耕者有其田"。1950 年 6 月颁布实施《中华人民共和国土地改革法》，我国土地改革全面展开。到 1953 年春，除了中共中央决定不进行土地改革的一些少数民族地区（约 700 万人）外，中国的土地改革已宣告完成，3 亿多无地和少地的贫苦农民获得了 7 亿多亩土地，免除了 350 亿公斤的粮食地租，农民不仅获得了土地，而且对拥有的土地"有权自由经营、买卖和出租"，实现了几代人"耕者有其田"的夙愿。

土地改革产生的深刻影响在随后几年的农业增长中表现得淋漓尽致。1952 年与 1949 年相比，粮食总产量由 11318 万吨增加到 16392 万吨，年平均递增 13.14%；棉花总产量由 44.4 万吨增加到 130.4 万吨，年平均递增 43.15%；油料由 256.4 万吨增加到 419.3 万吨，年平均递增 21.17%。[①] 不仅迅速提高和恢复了生产力，而且为国家工业化的起步奠定了基础。土地占有关系并不是孤立存在的，土地改革结束以后，我国农村的社会经济结构和政治结构也发生了深刻的变化。

土地改革运动废除了封建地主的土地私有制度，使我国农村社会的经济结构形成了新的格局和特点：①随着土地改革的结束，以小块土地、农民私有为特征的一家一户小农经济逐渐在我国农村的经济生活中占据了主体地位；②农村阶级结构的对比也发生了新的变化，

① 数据来源：《中国农村统计年鉴》，北京：中国统计出版社，1997 年版。

即在农村总户数中，中农户占地比重越来越大，出现“中农化”的趋势；③随着环境的安定和劳动力的相对增多，农业生产有了迅速的发展；④农村出现了贫富差距逐步拉开的趋势，一小部分经济上升较快的农户开始买地雇工、扩大经营；而另一小部分生活困难的农户则开始卖地、借债和受雇于他人；⑤由于土地改革的完成和国民经济的迅速恢复，党提出了“一化三改”的总任务，至此，私人所有、小农经营方式的局限和生产技术落后很快与国家迅速工业化战略及农业生产资料的社会主义改造的要求出现矛盾。于是，中国农村土地制度的再一次变革亦已无法避免。

第二阶段：互助合作运动中的土地制度变革阶段(1953—1957年)

互助合作运动大致上经历了两个阶段：第一阶段是从全国解放到1955年夏的互助组和初级社阶段。其间，我国农业生产的互助合作运动虽有曲折，但基本上是循着“逐步发展循序渐进”走过来的。而且，这一期间的互助合作基本上是按照自愿互利原则，建立在个体经济基础上(农民私有财产基础上)的集体劳动，即在保留土地和其他生产资料农户私有制的基础上，农户间通过人工互变、人工变畜工、搭庄稼、并地种、伙种等形式，相互提供帮助，解决生产中的困难或者借此提高收入。第二阶段是自1955年夏至1957年的高级社阶段。1955年夏季以后，农业合作化运动骤然加快了发展速度，高潮迭起，经过高级化阶段直接迈向了人民公社。

互助组有临时互助组、常年互助组和初级农业生产合作社等形式。临时互助组是最简单的劳动互助组形式，特点是组织是临时的，互助的人员不固定，数名农户当某项生产工作来临时，便一起合作生产。常年互助组的特点是：所属成员是比较固定的，有共同的生产计划和组织管理制度、分配制度。在农业生产管理上，也开始出现初步的分工，即根据各人专长适当进行临时和固定的分工管理。初级农业生产合作社是在互助组的基础上建立起来的社区集体经济组织，最主要的特点是开始对土地实行统一经营。农民仍然拥有土地的所有权，但必须交给初级社统一使用，允许社员保留小块自留土地，年终分配时，农民土地股份参加分红，因此，初级社有时也称土地合作社。

高级农业生产合作社是在初级农业生产合作社(有些是直接在互助组)的基础上建立起来的社区集体经济组织。它实行土地、耕畜和大型农具作价(股份)入社，集体所有，统一经营，但仍允许农业合作社留下总耕地的5%由农户分散经营，自由种植蔬菜或其他园艺作物。自留地归集体所有，不征公粮，不交集体提留，规定经营者不得私自出卖、出租和非法转让。综上可以清楚看到，农户私人所有的土地被改造为社区(高级社)集体公有土地的过程和路径。

第三阶段：人民公社体制下的集体所有、统一经营阶段(1958—1978年)

“互助合作还不能阻止农民卖地，要合作社，要大合作社才行。”人民公社运动就直接来源于毛泽东办大社的思想及其实践。1958年3月20日，成都会议通过了《中国中央把小型的农业合作社适当地合并为大社的意见》，4月8日经政治局批准下发后，全国开始了小社并大社的工作。同年8月，毛泽东的“还是办人民公社好，它的好处是把工、农、商、学、兵合在一起，便于领导”掀起了全国遍地的人民公社化运动。

人民公社体制下实行农村土地三级所有。其做法是：原属于各农业合作社的土地和社员的自留地、坟地、宅基地等一切土地，连同耕畜、农具等生产资料以及一切公共财产都无偿收归人民公社三级所有。公社对土地进行统一规划、统一生产、统一管理，实行平均主义的"按劳分配"。但要指出，公社体制是在长达25年的运行过程中不断整顿和完善的，从"整顿和巩固公社的组织"，到纠正"一平、二调、三收款"的错误，到要求"各地人民公社实行三级管理、三级核算"，再到颁布《农村人民公社工作条例修正草案》(即人民公社60条)，标志着农村人民公社所有制关系，先后经历了"人民公社所有"到"人民公社、生产大队、生产队三级所有以生产大队所有为基础"再到"人民公社、生产大队、生产队三级所有以生产队所有为基础"的三个阶段，并逐渐走向成熟和定型。人民公社60条最终将土地、劳力、牲畜、农具"四固定"到生产队，分配核算也以生产队为单位，形成分别以生产大队和生产队为基本单元的社区性全员共同所有、共同经营的农村经济管理格局。

第四阶段:家庭联产承包责任制阶段(1978年至今)

由于实行的农村土地制度过高地估计了生产关系的能动反作用，忽视了中国生产力的低水平、不平衡等国情特点，加上分配上的平均主义、吃大锅饭、十年"文化大革命"等原因，1977年农村生产力水平基本和1958年相似，农民人均收入增长缓慢，农民的积极性没有得到充分发挥，我们认识到人民公社化的破产是历史的必然。

家庭联产承包责任制，作为一种新的农地制度在具体的实施过程中，经历了两大历史时期:第一轮土地承包时期(1978—1993年)，第二轮土地承包时期(1993年至今)。学术界对这一问题的研究大致可以分为四个阶段。

(1)第一阶段(1978—1985年)。这一阶段的改革主题是，围绕调动农民的生产积极性，恢复和拓展农业生产责任制，直至建立起家庭联产承包经营的制度。实质上就是以农村土地制度，尤其是土地使用制度的改革为核心深刻调整农村经济关系。包产到户的历史命运与20世纪50年代到60年代的几次包产到户的命运恰好相反，它以燎原之势很快席卷全国广大的农村。1980年中央在关于进一步加强和完善农业生产责任制的几个问题中初步肯定了包产到户，文件指出，在生产队领导下实行包产到户是依存于社会主义经济，而不会脱离社会主义轨道的，没有什么复辟资本主义的危险，因而并不可怕。在那些边远山区和贫困地区，群众要求包产到户的，应该支持群众的要求，可以包产到户，也可以包干到户，并在一个较长的时期内保持稳定。1982—1984年，在实践过程中，中共中央于1982年1月颁发了全国农村工作会议纲要，正式完全肯定了双包(即包产到户包干到户)的合法地位。1983年1月中共中央颁发了当前农村经济政策若干问题的文件，对以双包为主的家庭联产承包责任制进行了高度评价。文件指出，家庭联产承包责任制是在党的领导下，我国农民的伟大创造，是马克思主义农业合作化理论在我国实践中的新发展。1984年1月1日，中共中央颁发了关于1984年农村工作的通知，把土地承包期延长至15年，并鼓励土地逐步向种田能手集中。这三个中央的1号文件，对于广大农民而言，好似吃了定心丸。在1978—1985年，我国农业发展获得了超常规发展，1984年粮食总产量创历史最高峰，一举解决了长期困扰我国农民的温饱问题。

(2)第二阶段(1986—1991年)。1986年6月25日全国人大常委会第十六次会议通过《中华人民共和国土地管理法》，以法律的形式确立了家庭联产承包责任制:集体所有的土地，全民所有制单位集体所有制单位使用的国有土地，可以由集体或者个人承包经营，从事农林牧渔业生产，土地的承包经营权受法律保护。在家庭联产承包责任制全面实施过程中，我国粮食生产从1984年高峰跌入了1985年低谷，随后农业发展出现了新的徘徊这一背景下，学术界对于调整土地所有制关系主要形成的三种代表性观点，即以国有制取代集体所有制，以私有制取代集体所有制，在坚持集体所有制的基础上完善之。从现实的发展来看，笔者比较赞同第三种观点，即家庭联产承包责任制需要改革，但必须在坚持集体所有制的基础上完善，实践的发展也证明了这一点。

(3)第三阶段(1992—1998 年)。1992 年邓小平同志南方谈话后，进一步解放了人们的思想，我国的改革步伐在明显加快。这一时期，粮食生产突破了徘徊的低谷，开始稳定增长，1996 年突破了 5 万亿吨大关。在 1978 年开始的 15 年期限的第一轮土地承包到了 20 世纪 90 年代已经陆续到期，为了稳定土地承包关系，提高农民的积极性，促进农业发展，1993 年 11 月 5 日，中共中央国务院发布了关于当前农业和农村经济发展的若干政策措施，指出在原定的耕地承包期到期之后，再延期 30 年不变，开垦荒地营造林地治沙改土等从事开发性生产的，承包期可以更长，并且提倡在承包期内实行增人不增地，减人不减地的办法，允许土地使用权依法有偿转让。在中央文件的指引下，农民以及农村土地制度在各地也出现了局部创新，如山东省平度市出现了两田制，在西北黄土高原经济较落后的地区出现了四荒地使用权拍卖，一些经济发达地区出现了股份合作制等多种形式。

(4)第四阶段(1998 年至今)。到了 1998 年，集体所有、家庭经营的农村土地制度已经运行了 20 年，实践充分证明了这一土地制度安排具有广泛的适用性与旺盛的生命力。1998 年 10 月 14 日，中共十五届三中全会通过中共中央关于农业和农村工作若干重大问题的决定，再次指出要坚定不移地贯彻土地承包期再延长 30 年的政策，同时抓紧制定确保农村承包关系长期稳定的法律法规，赋予农民长期而有保障的土地使用权，并且把家庭承包经营为基础，统分结合的双层经营体制确定为我国农业和农村跨世纪发展的重要方针之一。农民以家庭为单位经营土地，是新中国成立以后我国土地制度的又一次重大变革，土地不再集中经营。土地联产承包责任制的做法是：把土地使用经营权发包给农民，实行以农民家庭为单位的分户承包经营，土地所有权仍归集体，农民由于取得了土地的承包经营权成为集体组织内部的一个相对独立的经营主体，从而形成了有统有分、统分结合的双层经营体制，土地的所有权与经营权实现了分离。

三、我国土地制度改革所取得的成就

经过 60 年土地制度改革，特别是在改革开放后的 30 年里，伴随着社会主义经济体制改革的深化，我国土地使用制度和土地管理制度发生了巨大的变化，具体表现在以下几个方面。

(1)巩固了土地公有制，促进了社会主义市场体系的完善。土地使用制度改革明确了国有土地所有者和使用者之间是租赁关系，土地所有者通过收取土地有偿使用费等，使其所有权在经济上得到实现。国家以土地所有者和管理者的双重身份，通过土地供应，保证国家经济政策的有效执行。这是所有实行土地私有制国家所不具备的。另一方面，实行土地有偿使用制度，充分发挥市场配置土地资源的作用，不仅能合理配置土地资源，而且有利于促进我国社会主义市场经济体制的形成和发展。目前全国已有 1308 个市县建立了收购储备制度，1198 个市、县建立了土地有形市场，1142 个市、县建立了信息发布制度。可以说，土地市场的各项制度建设正趋于规范和完善，土地市场管理要实行“阳光作业”已成国土资源管理工作者的共识和行动，这些都完全符合我国市场经济发展的方向。

(2)建立了用地的自我约束机制和依法流动机制。实行土地有偿使用，运用土地价格、地租(表现为收有偿使用费、收税)等经济杠杆直接影响用地者的经济利益。特别是允许土地使用权依法转让和出租这一改革措施，鼓励和促进许多用地者将其闲置和可挖潜的土地转让、出租出去，从而促进了土地的合理流动，调剂了土地的余缺，在一定程度上缓解了城镇用地的紧张状况，并减少了对城郊耕地的占用。由此产生了诸如工厂外迁、利用级差地租进行旧城改造等，符合土地的合理利用，以适应城市发展的好势头。如福州市多年来一直坚持土地使用制度改革与旧城改造相结合，运用级差地租原理改造建设市区的主要干道和旧屋区，建设了大批路、桥、城市绿化、环境保护等项目，旧城改造面积达到三分之二以上，2008 年城市居民人均居住面积达到 29.6 平方米，在全国省会城市和沿海开放城市中处于领先地位。

(3)初步形成了具有多种流通渠道和交易方式的土地市场体系。随着土地有偿使用制度的确立，按照法律规定应当有偿使用的建设用地，都纳入了有偿使用轨道，形成以土地使用权出让和出租为主体的土地一级市场和以土地使用权转让、转租、互换、抵押为主体的土地二级市场。土地一级市场的任务是实现土地资源的初始配置，如确定土地用途，规定土地使用期限，形成土地初始价格等；土地二级市场的形成则有利于土地使用权的横向流动，实现土地资源的再配置。在国有建设用地一级市场中，以招标、拍卖和挂牌方式出让的比例明显提高。特别是随着工业用地招拍挂出让制度的实施，土地招拍挂出让面积逐年扩大，占有偿出让总面积的比例逐年上升。2008 年全国招拍挂出让土地 13.36 万公顷，占出让总面积的 81.9%，比上年提高 32 个百分点。与此同时，土地使用权转让、出租、抵押为主体的土地二级市场也从无到有迅速发展。城市土地一级市场和二级市场的相互衔接，为城市土地这一重要生产要素的合理流动提供了必要的平台，构成纵横交错的土地产权流通网络，提高了土地资源的利用效率。

(4)增加了政府财政收入，为城市基础设施建设提供资金保障。在传统的计划经济体制下，由于实行土地无偿使用制度，造成城市基础建设资金无法形成良性循环，资金匮乏一直是阻碍我国经济发展和城市建设的最大制约因素。土地使用制度改革以后，通过国有土地使用权的有偿出让和转让，产生了巨大的土地资产效益，极大地增加了地方财政收入，为城市基础设施建设筹集了大量基金，加快了城市基础设施建设的发展。据统计，仅 2000—2006 年，全国土地出让总价款达到 2.95 万亿元，2007 年则高达 11947.95 亿元。土地收益成为地方政府推进基础设施建设和城市建设的强大动力。

(5)形成了符合中国国情的土地市场监管体系。在深化城市土地使用制度改革和完善宏观调控体系的背景下，党中央、国务院作出了运用土地政策参与宏观调控的重要决策，从土地的供给、需求、价格管理各环节逐步建立了土地市场监管体系。例如建立了以土地利用总体规划、土地利用年度计划、土地用途管制制度、农用地转用制度、土地储备制度、限制用地目录、禁止用地项目目录和划拨用地目录等为主要内容的土地供给管理制度，对建设用地的供应总量和结构进行调控；建立了以城镇土地使用税、房产税、耕地占用税、新增建设用地有偿使用费等为基本内容的土地需求管理制度；初步形成了以土地价格评估制度，基准地价、标定地价确定和定期更新、公布制度，协议出让国有土地使用权最低价制度，全国工业用地最低出让价控制标准，交易价格申报制度等为主要内容的土地价格管理制度。这些管理制度有效地强化了政府对土地市场的调控能力，对确保城市土地供应的合法性、提高土地利用效率、抑制不合理的用地、促进土地价格市场形成机制的形成、完善土地产权交易规则、规范土地交易行为、保证土地市场的健康发展起了积极的作用。

(6)服务于企业改革，促进了企业战略重组和产业升级。党的十五届四中全会关于国有企业改革和发展的决定，提出要对国有经济布局进行战略调整，对国有企业实行战略改组，实行投资主体多元化，这为我们用市场手段配置城市存量土地，特别是盘活存量工业用地提供了有利时机。我们应该抓住这一机遇，把推进土地使用制度改革和国有企业改革有机结合，有力地支持企业的改革和发展。一是土地资产的注入，有助于增大国有资本总量，壮大国有经济。据不完全统计，1996 年至 2001 年年底，原国家土地局、国土资源部直接为 240 多家国有改制企业处置土地资产 9.7 万多宗，涉及面积 17.42 万多公顷，显化土地资产 1600 亿元。地方各级国土资源管理部门处置的国有土地资产量就更大。浙江省改革开放以来累计为 9038 家国有改制企业处置土地资产 21 万多宗，面积 2600 公顷，显化土地资产 200 多亿元。二是企业土地资产有助于安置职工，维护社会稳定。时任副总理李岚清曾指出：土地资产是国有企业改革的靠山和原动力。近年来，纺织企业压锭重组、破产企业职工安置和企业债权转权转股等，都充分有效地运用土地资产政策。

第三节 我国现行土地制度的问题与发展出路

一、我国现行土地制度存在的问题

尽管城市土地使用制度的改革取得了不可否认的成绩，但是，从目前的情况看，仍与市场经济所要求的目标之间存在系统性的差距，现实中仍有很多不完善之处。而要寻求进一步的改进，首先必须认真地总结、分析现存的问题。

(1)土地产权制度残缺不全。土地产权的核心是土地财产的所有权，相关权利在大陆法系国家一般有：地役权、永佃权、地上权、典权、抵押权、租赁权等。我国土地管理中的一个基础性缺失就是长期以来没有建立有效的现代土地产权制度：①缺乏对土地产权(包含土地财产权及他项权利)的明晰界定和解说；②国有土地所有权主体抽象、虚置，所有人与代理人之间没有厘清界限和责任；③集体土地所有权有多个主体代表，模糊不清；④集体土地所有权处于弱势地位，将集体土地以"所有权"称谓之，实乃名不副实。经济学认为，制度创设的过程，本质上就是各种利益主体矛盾激化与博弈的过程，而产权制度黑洞正是寻租和腐败活动猖獗、农民丧失参与制度创设博弈过程的重要根源。

(2)土地征用制度被滥用。我国的土地征用制度具有征地主体的唯一性、征地行为的强制性、征地条件的补偿性、土地所有权的转移性等特点。可以说，现行征地制度的实质是从农村和农民身上"抽血"来积累工业资金，忽视了农民的土地权利。这是社会矛盾凸显、越级上访不断的症结所在。我国土地征用的有关法律规定缺乏对公益性要件的实质限制，任由各级行政机关自行解释，代理人自由裁量权太大，不仅导致政府滥用征地权，而且容易出现权力腐败。同时，征地程序不透明、不公平，被征地农民知情权被剥夺，公民财产权利被侵犯。在这种制度的笼罩下，集体土地成为政府和开发商敛财的聚宝盆。

(3)征地补偿制度极不合理[①]。中国的征地补偿制度实质上已演变成一种对农民利益

---

① 李峰、任晋秀等：《农村土地制度改革问题研究》，载《吉林农业》2011 年第 12 期。

明目张胆的掠夺行为，主要表现在：①征地补偿标准太低，而且按倍值计算依据不足；②按三年平均产值测算不合理也不科学，它没有综合考虑土地的各种因素；③安置方式简单。对被征地农民习惯上只考虑给予经济上的补偿，而对失地农民的居住安顿、重新就业、生活观念和生活习惯转变等问题却考虑不多；④土地补偿费和土地收益分配不合理，使得原本就严重偏低的征地补偿款最后到了农民手中就少得可怜，这种分配格局难以体现农民的土地权益。

(4)耕地占补平衡制度流于形式。从理论上讲，受耕地后备资源有限、社会经济加快发展、自然灾害频繁的根本制约，从中、长期看，无论是总量动态平衡还是项目耕地占补平衡都将难以维系；在实际操作中，耕地占补平衡制度面临着耕地保有量信息失真、补充耕地质量不达标、资金难以落实到位、耕地后备资源不足、因毁林造地和水土流失引起的生态环境恶化、搞虚假数字平衡、加大企业的投资成本等问题。中央管制部门由于缺乏准确的信息、基本的控制手段与技术、有效的监督和强制执行性措施，致使这一制度安排基本失效。

(5)基本农田保护制度不切实际。基本农田保护制度问题很多，如：①保护数量偏多，全面保护等于什么也没有保护。全国划定基本农田多达16亿亩，超过耕地保有量的80%，实际比重肯定还要高得多，如今不少地方的基本农田数量已大大超过耕地保有量的数量。②为了凑够数字，不少地方的基本农田被划到山坡甚至山顶上、海边滩涂地、黄土高坡、沙漠盐碱地，使基本农田保护失去实际意义。③基本农田保护完全采取行政命令的方式，约束机制与激励机制不匹配，在某种程度上剥夺了农民财产的支配权和使用权。④基本农田保护使地方发展经济的成本急剧上升，地方政府缺乏保护动力。⑤基本农田保护的任务大多由经济相对落后的市、县来完成，进一步拉大了地区之间的差距。总之，基本农田保护制度没有解决为谁保护、为何要保护、谁来保护、如何保护、如何补偿、经费从何而来、各方权利与责任界定等基本问题。

(6)土地审批制度明显失效。我国土地管理的一个重要特点就是建立了土地审批制度，实行严格的计划管制，任何使用土地搞建设的行为都要得到县级以上各级政府的事先批准。现实情况则是，几乎所有需要报批的土地迟早都得到了合法批准，同时，为了逃避应缴的国家有关税费、规避申报过程中繁琐的手续和程序、节约时间成本和租金，被管制者则常常大量违法使用土地。总之，无论是合法还是不合法，土地最终都被使用，土地审批制度大大增加了政府的管制成本和被管制者的时间成本、协调成本、寻租成本等，在某种程度上助长了土地违法行为，租金的创设则造成社会资源分配的极大扭曲。

(7)土地利用总体规划制度失灵。我国《1997—2010年土地利用总体规划》存在诸多先天性不足，如因信息不充分、不完全、滞后甚至扭曲、失真，规划根本不切实际，也缺乏科学性和严肃性；以分配指令性控制指标为特征的规划不符合市场经济的根本要求，缺乏约束力；规划根本没有考虑公众参与，其合法性受到挑战；规划没有建立利益补偿机制和市场激励机制，缺乏合理性；规划跟着领导变，规划跟着项目走，规划可以随意调整，缺乏权威性；规划极少考虑地方的利益，地方政府违法用地的势头无法遏制。规划2010年耕地保有量1.28亿公顷，但规划批准实施才一年，到2000年年底全国就有19个省、市、自治区的耕地少于2010年保有量，提前10年用完规划指标。此后愈演愈烈，因此国土资源部郑振源指出，规划和指令性指标已无任何“权威性和约束力可言”，“指令性的土地利用总体规划和高度集权的审批制度并未奏效，计划配置失灵显而易见”，这就是土地利用总体规划的真实写照。

(8)地籍登记制度不完善。不动产登记制度是物权法律制度中最基础的制度，其目的一是确权，二是保护交易安全。长期以来，受土地产权制度建设滞后的影响，我国的土地登记法制不健全，土地登记代理人制度建设跟不上，地籍管理技术手段落后，基础资料不全不实，对配置土地资源和土地权利流转的保障措施不够，集体土地产权发证缓慢，土地权利私下流转的现象非常严重。这既造成大量社会公共资源的流失，同时也扰乱了正常的土地市场秩序。

(9)土地监察制度难以操作。我国土地违法主体主要有两个：一是农村集体经济组织和个人，违法量大面积小。对这类违法行为，土地执法监察没有法定的强制措施，对于正在进行的违法行为，只能责令停止，若当事人置之不理就无能为力了，必须向法院申请强制执行。不是执行不了，就是时间拖得太久，木已成舟，人为地加大了执法的对抗性和执法难度。二是党政机关违法，“政绩工程”、“形象工程”、“重点工程”等用地往往由领导以言代法，这类违法量小但面积大。据有关统计数字，在土地违法案件中，党政机关违法占总宗数的20%，但违法面积却占违法总面积的80%，“因公违法”、“违法者受惠”在土地问题上极具代表性，因为党政机关违法常常使执法者左右为难，最终大都不了了之。

(10)土地市场制度尚未真正建立。市场是指在一个法律框架确定和实施产权与契约的制度安排下，其中存在一群潜在的买者和潜在的卖者，他们通过交换和相互竞争产生激励，从而寻得一种较优的结果。我国的土地市场与相对完善的市场制度相去甚远。首先，法律框架不确定，《土地管理法》对土地市场问题基本没有涉及。其次，没有建立明晰的土地产权制度和完善的契约制度。第三，土地一级市场完全由政府垄断，缺乏自由竞争氛围。我国大量的土地如行政划拨地、协议出让地、农村集体建设用地、宅基地、违法用地等均游离于土地交易市场之外，导致土地资产的价格与价值严重背离，大量的土地资产价值在人间蒸发。

二、关于完善我国土地制度的几点建议

前面几个部分的讨论显示出我国土地制度面临的各种挑战不仅纷繁复杂，还与财政、户籍、社保等经济、社会乃至行政管理体制多方面问题交织在一起，并构成了我国转型过程中一个非常难解的结。事实上，这个问题的解决在很大程度上取决于政府，尤其是中央政府，能否下决心进行深层次的、配套性的体制改革。因为唯有进行深层次的改革，才能够改变我国当前不可持续的城市发展与经济增长模式；而唯有通过实施一种环环相扣的整体性改革方案，才能够在打破不合理的既有利益格局的情况下，同时兼顾改革中可能被损害群体的利益，并有效降低只进行单项改革时所必然面临的巨大利益调整和改革阻力。

1. 土地产权制度改革

土地产权制度改革主要体现在三个方面。

(1)确立产权主体和产权权利平等原则。确立产权主体与产权性质平等制度，统一建设用地土地市场。产权是经济性质的权利，市场经济是平等交易的经济，而交易的内容又是产权，所以，产权平等是产权制度建设的重要内容。产权平等首先是产权主体的平等，土地产权主体要以平等的身份进入土地市场。在土地产权的交易中，产权主体服从市场规则的约束，而不是服从行政权力的支配，要保证政府、企业和个人进行土地产权交易时处于平等地位。其次是保证产权权利的平等，主要是国有建设用地与农民集体建设用地的产权权利要平等，要赋予农民集体建设用地所有权和产权与国有建设用地同等的权利，将集体建设用地纳入到正常的市场轨道，统一建设用地市场。不同的产权主体和不同的产权，对政府土地管

理的职能具有同等的义务，如服从土地利用总体规划、城市建设规划等，政府对不同的产权主体、产权权利应同等对待。

(2)细分土地产权，扩大土地权利种类。随着市场经济的发展，以土地所有权为基础和"一物一权"的物权体系已经不适应发展的需要，土地产权已经从土地所有为中心向土地利用为中心转变。而物所具有的经济价值(使用价值和交换价值)正好适应资源有效流转的需要。因而，从土地所有权中分离出来的对物的实际占有权、使用权、收益权及土地流转过程中的稳定性用益物权等自然成为可交易的产权。土地权利的细分成为国际趋势。而且，随着社会经济飞速发展，土地资源日益稀缺，人们对土地的利用已经不仅仅限于土地表面的利用，土地利用已经朝着立体化方向发展，地上或地下空间的利用已经成为决定土地价值和使用价值的重要因素，成为土地权利不可分割的一部分。如在美国，政府为了保护耕地，在土地所有权的基础上设置了土地发展权，政府通过购买耕地的发展权，使这些土地不再具有改变其用途的其他发展权利。相比较其他国家而言，我国现行的土地权利种类比较单一，非常有必要对土地权利进行细分，扩大土地产权种类，使土地利用向空间化、立体化方向发展。只有这样，才能促进土地的合理集约利用，促进土地市场的正常发育和城市经济的健康增长。

(3)明晰国家与地方政府之间的土地产权关系。只有在明晰产权的基础上才能实现资源有效配置。通过界定国家和地方政府主体对城市土地的责、权、利关系，配合推进财政体制改革，合理划分地方政府的财权与事权，有利于从根本上遏制地方占地冲动。

2. 土地征地制度改革

必须在严格界定公益和非公益用地范围的基础上，全面改革征地制度。换句话说，征地权必须基于公共用途，征地行为才具有合法性。一个关于界定公共利益的思路，是如果某块土地上生产的产品可以交由市场来解决，那么这块土地也可交由市场解决。只有那些市场提供不了的产品，不论盈利与否，均可视为公益性项目，所需土地可以通过征收解决。这类项目包括：①直接的公共事业用途；②具有公共利益性质的一切其他用途；③为实施上述用途所必需的相关设施和附属设施用地。[①]

上述界定意味着，如果一个项目的主体工程是符合公共利益的，则附属设施用地通过一定程序的公正审核后也可通过征收方式获得。如是，征地就可以排除一般的商、住项目、工业、旅游项目用地等明显属于非公益性的盈利项目。当然，随着经济、社会发展，不排除对"公共利益"含义的认定可以有相应变化，但也需要满足程序公义的要求。在征地制度改革中，可考虑设计一套审核机制，即由第三方机构(比如地方人大或法院)通过严格程序来审核某类或者某项征地项目是否符合公共利益。从目前全国各地出现的情况来看，大部分征地和拆迁矛盾的主要起因，是地方政府对很多有明显盈利性质的项目轻易动用征收权并造成民怨。而在多数国家，征地权行使的合法基础取决于征地目的的公益性和征地补偿公平性。一句话，政府没有义务、也不应通过剥夺一部分公民的财产来满足企业赚钱的需要，更不应该与民争利。

2004 年十届全国人大通过的《宪法修正案》第十条第三款，将"国家为了公共利益的需要，可以依照法律规定对土地实现征用"修改为"国家为了公共利益的需要，可以依照法律规

① 陶然、汪晖：《中国尚未完成之转型中的土地制度改革：挑战与出路》，载《国际经济评论》2010 年第 2 期。

定对土地实现征收或者征用,并给予补偿”。虽然《宪法》已就征地制度作出原则性和方向性规定,但在实践操作层面还未进行相应改革。未来应根据《宪法》的要求推动征地制度进一步改革,严格区分“公益性”与“经营性”用地,并将原有征用区分为征用和征收。通过征地制度改革,逐步提高耕地占用成本,发挥市场机制配置土地资源的基础作用,引导建设发展利用非农用地。其次,在征地补偿上,应充分考虑土地对农民的社会保障功能。

3. **集体建设用地使用制度改革**

十七届三中全会《决定》指出,要逐步扩大集体建设用地的流转范围。但在目前农村建设用地流转的范围问题上,从目前《土地管理法》修订草案来看,立法者的倾向是从空间(即土地利用总体规划确定的城镇建设用地范围外)上或用途上来控制。其主要理由是担心建设用地总量失控、耕地保护压力增大以及土地收益流失。但这些政策的实施效果并不理想,不仅“小产权房”屡禁不止,而且政府也丧失了本来可以从“小产权房”合法化后可获得的税收收入。

允许集体建设用地进行商品住宅开发,不管是不改变集体土地所有权性质的方式,还是允许在村集体和农民与用地者补偿谈判好后再转为国有土地的方式,都有助于保护集体建设用地权利人利益,减少社会矛盾,提高土地利用效率。对面广量大、悬而未决的“小产权房”问题,与其禁止,不如趁《土地管理法》修订的机会加以规范和疏导。只要不损害公共利益,符合土地利用总体规划和城镇总体规划,应当赋予集体建设用地与国有建设用地平等的权利。工业或商住用地应该直接与用地涉及的村集体和农民进行土地交易,使得土地用途转换和相应土地升值潜力较大的村集体及其村民能够保有土地用途转换过程中农地价值和增值部分的主要收益。

允许农村集体土地直接进入城市土地的一级市场的意义,其实远远超过给予失地农民合理补偿本身。唯有如此,才能够缓解目前地方政府垄断供地而导致的商品房地价和相应房价过高的问题,也唯有如此,才能够遏制地方政府低价征地,然后血本出让给制造业用地者来大搞开发区的现象,才能遏制制造业产能过剩带来的一系列宏观经济失衡、生态环境恶化,也才能缓解因目前征地权被滥用所带来的严重社会矛盾。如果能够推动这些改革实现,并配合相应的规划措施,恰恰有助于改善而不是恶化政府担心的(放开集体建设用地流转后)耕地保护不力以及城市建设用地过度扩张的问题。

4. **配套财税体制改革**

首先是修订《土地增值税暂行条例》,将适用范围扩展到集体土地。设计合理的税率,扩大政府在农村土地使用权的出让、转让和租赁收益上的税源。纳税对象既包括严格限定征地范围后非公益性项目用地和集体非建设用地的出让、租赁收入,也包括集体建设用地流转收益(含宅基地)。

其次,要在试点的基础上,全面开征物业税。物业税的改革研究工作从 2003 年起已正式启动,税务总局与财政部先后批准了北京、江苏、深圳等六个省市作为试点先行单位,进行房地产模拟评税试点。2007 年税务总局与财政部又增加了河南、安徽、福建和大连四个地区部分区域作为房地产模拟评税扩大试点范围。目前这十个省市处于模拟空转阶段,但已有多个城市向国家税务总局和财政部递交了物业税“空转实”的申请方案。如果能够在试点基础上,全面开征物业税,这将是地方政府稳定而持久的税源。

如果能够在土地增值税和物业税这两个税种上进行配套改革,土地增值税和物业税收入完全可以弥补政府在土地出让金上的一部分损失，更重要的是，物业税和土地增值税是稳定的可持续的政府税收收入，完全有别于“寅吃卯粮”不可持续的土地出让金，从而有效抑制地方政府通过征地和低地价策略招商引资的冲动，切实做到保护农民利益，提高土地利用效率，降低耕保压力，实现城乡统筹和经济社会可持续发展。

5. 建立土地发展权区内转移和跨区交易的市场机制

各地在土地发展权区域内转移的几种改革模式，包括天津“宅基地换房”、成都的“三个集中”与嘉兴的“两分两换”模式，特别是宅基地拆迁和农民集中居住，其操作过程本质上都是一种行政区域内地方政府主导的土地发展权转移，即地方政府为获得建设用地指标通过对土地规划确定的城市建设范围外纯农区宅基地复垦来获得建设用地指标，并将这些用地指标转移到城市近郊，用于那里的工业开发区建设和城市扩张。显然，地方政府由此可在城市近郊出让土地并获得土地出让金，其中也包含了这些被转移之土地指标的市场价值。虽然地方政府为获得这些指标而进行宅基地复垦和农民集中居住小区建设也付出了一些成本，但由于整个操作都是行政主导，无论是作为农村集体土地（和宅基地）所有者的村集体，还是土地实际使用者的农民，都基本没有讨价还价的能力，只能被动接受地方政府进行的宅基地复垦、拆迁。因此，如何在土地发展权转移过程中进一步推广市场化模式，保护农民的土地发展权，是未来改革必须要处理的问题。只有解决这个问题，才可以有效避免各类新农村建设和城乡统筹改革中的强制性宅基地拆迁与集中居住现象。也正是从这个意义上说，虽然不能对各地目前进行的农民居住集中改革一棍子打死，但在评价这些改革行动仍需倍加谨慎，尤其要防止这些试点改革在被推广的过程中变样走形，成为一场以新农村建设、城乡统筹为名进行的“宅基地拆迁运动”。

除了区域内土地发展权转移的改革需要进一步探索和完善之外，一个已经具有比较成熟经验，而且值得推广的改革是跨区的土地发展权交易。如前所述，目前我国的建设用地管理体制是集权式的，并以建设占用耕地“规划指标”、“补充耕地量”和“基本农田保护任务”为三个基本要素。但在实践中，由于无法充分考虑不同区域的土地资源禀赋和经济发展水平差异，所实施的一刀切的层层向下分解各种建设用地指标的管理模式必然在跨区分配方案中降低土地利用效率。解决这个问题的根本办法，是全面总结土地发展权交易“浙江模式”并在全国范围内进行推广。

自 19 世纪 20 年代末开始，为打破上述僵局，在广泛调研的基础上，浙江省国土厅创造性地引入了土地发展权跨区交易的市场机制，建立了以“折抵指标有偿调剂”、“基本农田易地代保”、“易地补充耕地”为三个主要内容的“跨区域土地发展权交易”政策体系。从而最终形成了一套我们称之为土地发展权交易“浙江模式”的环环相扣的系统性政策体系。这种“三合一”的整套市场机制，全面实现了土地发展权三个互补性要素的全方位跨区域市场化交易。通过建立“折抵指标（复垦指标）有偿调剂”、“基本农田易地有偿代保”和“耕地易地有偿补充”这三个配套制度体系，把这个整体“权利束”的三个要素分立地实现了跨市、县的交易市场化和省内的优化配置，从而在保证跨区发展权初始分配平等化的基础上，通过市场化机制降低了计划用地管理体制下无法识别土地边际产出区域差异的信息成本，在市场化方式进行建设用地发展权跨区域再配置的同时实现了对传统计划用地管理模式的系统性突破。从发达地区角度看，不仅可通过市场化方式缓解这些地区的用地指标紧张，也可通过城市化来吸纳更多农村与欠发达地区人口入城就业和定居，降低欠发达地区人口对当地耕地压力和这些地区发展本地非农产业占用耕地的压力。而对那些有更多耕地资源禀赋的欠发达地区,则可通过土地发展权交易获得宝贵的耕地保护乃至农业发展资金。这不仅促进了区域之间财力的转移和区际财力平等,也有助于欠发达地区农业比较优势的充分发挥。

在新一轮土地规划过程中,如果上述土地发展权转移和交易的改革措施能够在总结既有经验和教训的基础上在全国范围内推广,不仅将有助于全国耕地资源保护目标的实现,有助于我国正在进行的主体功能区规划目标的实现,而且也将有助于提高我国土地利用、人口、劳动力跨区配置的效率,从而提升我国整体经济发展的效率和平等。

6. 与土地制度改革配套的户籍制度改革

要切实扭转我国的城市化过程中"空间城市化"突进,而"人口城市化"滞后的问题,还需配合户籍改革,通过后者使大量农村迁移劳动力可以在城市中定居下来。实际上,对于我国的可持续增长与和谐社会的建立而言,户籍制度改革和土地制度改革两者不仅都有其自身的重大价值,两者配合还可以相得益彰。比如,通过允许城郊的农村集体建设用地入市,就可以降低城市的地价和房价,有助于解决包括外来流动人口中较高收入群体人口在内所有人口购买产权房的问题,实际上也有助于流动人口在城市的定居。而在城中村改造中通过"区段征收"和"市地重划",并创造性地通过规划限制来将这些地段改造成具有良好生活环境的出租房集中区,将有助于外来流动人口较低收入群体的住房问题,从而在政府不用投入资源建设廉租房的情况下,通过市场机制创造性地解决这些低收入群体的住房问题。这样,通过城郊土地制度的创新就可以有效地解决流动人口在城市的住房问题,带来户籍制度改革的重大突破。反过来看,当户籍制度改革使得越来越多的农村流动人口到城市定居后,也有助于解决人口迁出地区的农村土地问题。当户籍制度改革逐步把现有的"离土不弃土"的农民永久性地迁出农村后,就可以真正有效缓解人口变动对农村内部农地调整带来的压力。因为当农村外出迁移人口可以放弃其承包的农地时,农村就有"余地"用于应对村庄内部人口变动,并实现农地承包权的稳定。同理,户籍制度改革也有助于农村宅基地的闲置和占用耕地问题的解决。当户籍制度改革使得农村流动人口在城市定居后,如果同时改革宅基地的免费分配制度,而代之以农村宅基地市场化配置,一些外迁到城市定居的农民就愿意出售自己的宅基地给农村新增家庭。总之,农村土地制度的改革,不能也不必局限于农村和农地本身,必须要与减少农村人口的户籍制度配套进行。只有通过户籍制度改革实现了农村人口的长期、完全迁移,才可以将这些人口在农村持有的土地释放出来,不仅减少农地调整的需要,也减少农村大量宅基地闲置与新建宅基地大量占用宝贵耕地资源同时存在的不利局面。

【思考题】

1. 我国土地制度由哪几部分构成?
2. 我国土地制度有哪些特点?
3. 我国土地制度改革经历了哪几个阶段?
4. 总结我国土地制度改革中的经验与教训。
5. 简述我国未来土地制度的发展方向与趋势。

第五章 房地产政策

房地产政策与房地产周期关系密切，作为调控房地产市场的手段，主要包括金融政策、信贷政策、税收政策、住房保障政策和土地政策。本章从理论上分析房地产政策对房地产周期的影响，介绍我国房地产政策体系与演变历史，并总结归纳房地产政策的调控思路和具体工具。

第一节 房地产周期与政策的关系：理论分析

一、房地产周期阶段划分与特点

房地产业在实际经济运行中存在较为明显的周期波动现象。与宏观经济周期类似，房地产周期可以分为两个过程，即扩张过程和收缩过程，进一步可细分为四个阶段：复苏与增长阶段、繁荣阶段、危机与衰退阶段和萧条阶段。前两个阶段构成了房地产扩张过程，后两个阶段构成了房地产收缩过程。当扩张过程转为收缩过程时，房地产经济达到繁荣阶段的最高点，即波峰；当收缩过程转为扩张阶段过程时，房地产经济达到萧条阶段的最低点，即波谷。

对房地产经济周期性波动规律的把握，使得人们可以预知房地产市场未来的发展变动趋势，便于投资者掌握投资时机，并使得政府能够相机采取适时且适当的反周期调控。下面我们对房地产经济周期中四个阶段的特点进行简要分析。

1. 复苏与增长阶段

在房地产周期波动过程中，承继萧条（波谷）而出现的复苏与增长阶段，一般会经历较长的时间。这一阶段的主要特征为以下三点。

（1）总体上看交易量不大，价格与租金水平处于较低位置，房价已经明显止跌企稳并开始缓慢上行。这一时期房地产投资量不大，房地产投机者也基本不存在。

（2）经过一段时间的恢复，特别是在宏观经济复苏的影响下，房地产的需求开始上升，房地产供求关系开始逐步改善，购房者逐渐增多，并带动期房的销售；房地产交易量有所增加，同时由于建筑成本的增加，房价有所上升，房地产开发投资逐渐增多。随后由于房地产需求趋旺，进一步刺激房价回升，交易量的增加也推动房地产开发的上升，市场加速复苏，少数房地产投机者开始入市寻找机会。

（3）在宏观经济加速复苏的刺激下，房地产市场进一步回升，人们对日益好转的房地产市场形势充满乐观情绪，金融机构和房地产投资机构加大对房地产的投资，并带动其他行业投资机构进入房地产领域。随着房地产投资者特别是炒家进一步涌入，各类房地产物业，尤其住宅价格上涨，租金飙升，同时房地产空置率大幅下降，房地产市场交易量快速上升，土地市场和三级市场开始活跃，物业开发与建设加速开展。伴随着房地产快速增长，与房地产业具有密切相关的建筑业、建材业等行业也快速发展，带资开发房地产项目的建筑企业数目明显增加，由此推动了房地产业的进一步扩张。

2. 繁荣阶段

继复苏与增长阶段后，房地产周期波动便进入持续时间相对较短的繁荣阶段，并达到周期循环的波峰。这一阶段的主要特征为以下五点。

(1)房地产开发企业对土地及物业的开发项目与建设数量进一步增大，其他行业的企业也因市场极度乐观和高额利润而进入房地产市场，且投资计划大多雄心勃勃。于是大量推出现房和期房，各级、各类市场交易数量激增。

(2)房地产价格越涨越高，二手房市场价格直逼新房市场价格，在房价上升过程中起带头拉动作用。

(3)房地产投机者与自用者均大量增加，市场一片乐观情绪，迅速形成并不断加大房地产泡沫。房地产投机者数量快速增长，结果导致房地产市场炒风日炽，炒楼行为越来越为市场所注目。在此压力下，社会关于限制炒楼行为的呼声也逐渐提高，政府开始出台一系列限制炒楼的政策措施，如提高银行利率、压缩投资规模、实行保值储蓄以及收紧银根等政策手段。

(4)随着房价高涨到市场无力负担的程度，真正自用购房者大多被迫退出市场，而留下炒家的投机资金支撑旺市，形成有价无市的局面，房地产空置率开始增加。在这一时期，股市上的房地产概念股达到顶峰，房地产市场进入繁荣阶段的峰顶，房地产泡沫达到极限。

(5)随着政府出台的收缩政策开始发生作用，房地产投资与交易过程中开始出现因利率提高、运营费用增加及财务压力加大等原因导致的各种违约现象，新增房地产投资数量明显下降，房地产投资总量也开始出现回落。同时，以住宅为代表的各类物业销售市场达到饱和极限，销售难度明显加大，销售价格开始回调，房地产租赁市场交易量与租金水平也有所下降，房地产空置率现象进一步增加。在这一时期，房地产市场的全面乐观情绪逐渐被悲观情绪取代，房地产泡沫面临萎缩甚至破灭的危险。

3. 危机与衰退阶段

当房地产价格高涨到把真正的自用购房者排斥在市场之外，而仅靠投机资金支撑时，房地产周期也由盛转衰，预示着危机与衰退阶段的到来。这一阶段的主要特征为以下三点。

(1)随着房地产紧缩政策效应的进一步显现，房地产市场在交易价格和交易数量两个方面都出现萎缩、衰退的趋势，房地产泡沫破灭的可能性增大。在房地产价格方面，虽然不同楼盘的楼价有升有降，但市场上房地产价格总体水平已经出现下调趋势，特别是现房价格基本停顿不前甚至有所回落，只有个别楼盘价格还在上涨，但上涨的速度明显放慢，大多数只比前一阶段微升。在交易数量方面，随着房地产交易价格停滞不前甚至有所下降，房地产交易数量明显减少，各类房地产物业的空置率进一步加剧，房地产市场日渐停滞萎缩，房地产市场的悲观情绪进一步加强。在政策层面和投资回报率下降、投资风险加大的多种因素影响下，房地产投资额明显下降，特别是新开工的房地产项目急剧减少，已投资建设的房地产项目风险加大。

(2)受一些突发性利空消息或事件影响，房地产价格开始急剧下挫，有价无市的现象被打破，房地产泡沫开始破灭。在购房自用者被高价排斥出市场、炒家因转手困难而纷纷恐慌抛售的双重打击下，房地产价格出现暴跌。但暴跌的价格又势必阻止用家及炒家进入市场，从而又加剧了房地产价格的下跌速度和深度，房地产投资量大幅缩减。仍然处于开发建设的房地产项目出现转手、停建等现象，房地产交易在大幅度回调的低价格水平和低交易数量的基础上维持。

（3）由于房价大幅下降，交易数量锐减，房地产企业的利润大幅下调，投资风险增加，为争夺市场而追加的营运费用上涨，结果一些实力较差、抗风险能力较弱的开发商因资金债务等问题而宣告破产，房地产企业破产率也在逐渐增加。同时，由于房地产投资项目减少，使得房地产业就业水平下降，失业人数增加，进而带动相关行业特别是建筑业失业人数增加。

4. 萧条阶段

经过急速而痛苦的危机和衰退之后，房地产周期便进入了持续时间相对较长的萧条阶段。这一阶段的主要特征为以下四点。

（1）房地产销售价格和租金水平继续维持衰退期以来的跌势下降，大多只跌难升，个别楼盘价格甚至跌破物业原值或建造成本，房地产泡沫完全破灭。

（2）伴随房价的大幅下跌，房地产交易量进一步减少，空置率居高不下成为市场的普遍现象。

（3）在价格暴跌和交易数量萎缩的双重打击下，房地产泡沫破灭，房地产纠纷大量出现，房地产商破产现象更为普遍，由此慢慢达到波谷位置。

（4）在房地产业总体水平加剧下滑之后，特别是房地产泡沫成分被挤出以后，由于受到房地产开发成本以及房地产正常需求水平的双重支持，房地产市场从急剧下降转变为波动相对平稳的阶段。同时政府也逐渐减少对房地产的限制性政策干预，部分放宽对房地产投资、交易等方面的限制，以期待房地产市场有所稳定或回升。

二、房地产政策对房地产周期运行的影响

房地产周期波动主要是供求关系的运动造成的，而供给和需求是由投资者和消费者的行为完成的，不同的政策导向会营造不同的投资和消费环境，由此会影响投资者和消费者的行为，进而影响房地产周期波动。

1. 财政政策

财政政策分为财政收入政策和财政支出政策。财政收入政策主要是通过税率的调整来调节国家、企业和个人收入的分配关系。财政支出政策主要是确定国家预算支出的总量和支出结构。在财政支出政策方面，政府作为房地产市场的参与者，以自身的支出总量和结构影响房地产市场的总量和结构，主要包括：①土地一级市场的供应者（地价、地块、容积率）；②政策性住宅的开发者（经济适用房）；③房地产市场上的购买者；④部分物业的建设者；⑤城市基础设施建设。

在财政收入政策方面，政府作为房地产市场的监督者，通过税率的调节，影响市场参与者的总量和结构，进而调节房地产市场的结构和供求状况。除与房地产直接相关的税种外，国外还特别注重从需求角度设置税率，调节房地产市场的运行。例如，为了帮助房地产业从1974—1975年的衰退中复苏，美国国会制定了刺激个人购买房地产的特别税率。即凡在1975年3月26日前购买新完工或未完工住宅的任何个人，其个人所得税均可按购买房价

的5%给予优惠，最多不超过2000美元。在我国与房地产经济活动直接相关的税种主要包括土地增值税、房产税、契税等。

2．金融政策

对房地产而言，由于所需资金投入规模较大，仅靠自有资金难以完成房地产的开发，因此金融政策直接影响着房地产的供给变化。这里主要从货币供应变动和利率变动来分析。

当货币供应量增加时，利率下降，银行贷款可供量增加，开发商增加开发贷款需求，住房供应增加，购房者购房活跃。随着房地产需求上涨，受短期房地产供给刚性影响，房价上涨，交易量增加，房地产市场进入扩张期。随后价格上升导致货币贬值，在房地产保值升值效应带动下，会加快房地产经济进入通货膨胀阶段。如果货币供应增长低于房地产商品流通对货币的需求限度，就会出现有效需求不足，导致商品房积压，房地产经济处于萎缩阶段。

利率对房地产市场的直接影响表现在供应和需求两个方面：在供给方面，开发商融资成本的高低和借贷资金的取得与资金市场息息相关，通常当资金市场宽松时，利率下降，开发商融资较易，融资成本较低，房地产的价格较低，从而促进房地产的供给和市场的繁荣；反之，在资金市场银根趋紧时，利率上升，则开发商利息负担沉重，开发成本居高不下，对房地产市场不利。这个特征也为政府干预房地产市场提供了机会，政府可借助货币政策的调整影响房地产市场的短期景气状况。在需求方面，相对于其他商品，房地产价值高昂是它的重要商品特征之一，昂贵的价格使得许多人无法进入房地产市场。就住宅而言，大部分得以进入住宅市场的购屋者，必须依赖长期负债以取得住房。这就牵涉两个问题，即长期融资的取得与长期融资的成本。因此房地产需求深受融资成本高低与房地产抵押贷款取得难易程度的影响。利率高则加大银行按揭成本，从而抑制了房地产的需求；反之，利率降低则会促进人们的投资意愿，加大房地产的投资需求和使用需求。根据上述分析，利率变动与房地产市场波动一般呈反方向变化。

3．产业政策

在房地产业发展初期，产业政策对市场的波动具有至关重要的影响，它对房地产周期的影响主要体现在产业结构和产业技术进步与创新两个方面。政府调节房地产业的产业政策工具包括：建设项目结构控制、政策性资金控制、上市政策、外资投向指引等。

三、房地产调控政策的国际经验

下面对美国的市场化调控、日本的分阶层供应体制和新加坡的政府主导型调控进行介绍。

1．美国的市场化调控

美国住房政策的主要指导思想是刺激房地产业和经济的发展，鼓励公民买房，进一步提高个人拥有住房的比例，改善住房结构，资助低收入居民租房。主要包括以下几方面内容：一是政府成立专门的机构来实施抵押贷款证券化，降低银行的流动性风险，鼓励银行为居民提供购房的资金来源。二是对购房者实行优惠的税收政策。凡贷款买房者，其所付的贷款利息均可抵冲个人收入，从而少交所得税。三是政府参与建造一定的经济适用房。四是实施公平住房政策，严禁在租房、买房以及申请贷款时歧视有色人种或穷人。

美国房地产政策的主要特点是充分依赖市场原理运行，是相当彻底的民间投资主导型住宅供应政策。住宅政策的展开过程是低、中、高收入阶层住宅援助政策的市场原理的渗透过程，推行的"小政府、大市场"的经济理念，是政府作用最小化、限定化过程。政府在住宅开发中推行和鼓励私人机构参与中低收入家庭的住房建设与经营管理。

美国保持着很高的私有房拥有率，只拥有极微小部分的公营住宅。美国住宅政策最大的成功是带来了市场繁荣，促进了经济发展，房地产业成为支撑美国经济发展的三大支柱产业之一。同时，美国的房地产市场也是世界各国中经济规模容量最大的市场。这一政策取得成功的关键是以健康有序的市场机制作保障，这也是我国房地产政策与制度建设最应借鉴的地方。

但美国的房地产政策也存在明显的缺陷：从整个住宅政策发展的历史来看，没有一次能充分提供低收入阶层的住宅供给。民间主导市场在发展过程中时刻伴随着阶层市场化问题、低收入阶层居住环境恶化问题、住宅市场的不安定问题。彻底的市场化带来了住宅市场的阶级差别和不安定发展的社会问题，这是我国最应吸取教训的地方。

2. 日本的分阶层供应体制

二战后，日本住宅供应量严重不足，居住环境恶劣，又在20～30年内基本实现了都市化转变，这迫使政府采取经济措施解决住宅供应量不足问题。政府在短期内确立了分阶层住宅供应体制，即为中等收入以上阶层提供私有房市场，为中等收入阶层提供市场租赁住宅，为低收入阶层提供政府保障性住宅。制定"住宅金融公库法"、"公营住宅法"、"日本住宅公团法"，确立了日本独特的住宅供给制度。

住宅金融公库的作用之一是为购房或建房的个人提供低息、长期的住宅贷款，它为支持社会中高收入阶层购买自有住宅作出了很大贡献。公营住宅法的制定主要是为了解决社会底层的住宅难问题，它为确保社会低收入阶层有房可住，维护社会安定发挥了积极的作用。住宅公团加速产业振兴，开始大面积住宅地开发和住宅团地建设，满足中等收入阶层的住宅需求。

由于住宅投资主要依靠公共金融来拉动民间投资，所以形成了日本独特的政府金融模式住宅政策。总的来说，日本政府在房地产行业的参与程度相当深，政府工作一是体现在立法上，颁布了《住宅建设规划法》、《公营住宅法》、《地方住宿供给公社法》等，明确了中央政府和地方政府在住宅供应方面的责任。二是体现在财政、金融的支持上。创造了住宅金融公库模式，向普通居民提供长期低息的住宅资金，为解决日本国民的住房问题，特别是对稳定金融市场的利率和资金，发挥了巨大作用。在日本，凡是居民建造或购买的住宅在国家规定的标准内，均可向住宅金融公库申请低息贷款，平均利率比商业银行贷款低30%左右，而地方政府和民营企业也可以通过公库的中长期低息贷款进行各种项目的住宅建设。三是体现在税收的支持上。日本规定国民购建符合国有政策及技术规范要求的住宅，在还贷期内的数额可在个人所得中扣除，个人住宅所得的定期收益免征所得税，对住宅交易征收的税进行减税优惠。

以公库、公营、公团为三大支柱的日本住宅政策，加上积极的财政投融资政策，有效解决了战后严重的住宅供应短缺问题，还为安定社会和推动经济发展作出了贡献，在解决广大民众的基本住宅需求方面取得了很大成功。

但这种急进性发展也给日本带来了前所未有的高地价、高房价问题。尤其是在20世纪80年代，日本对美国的贸易收支出现了大幅度的顺差，为了减少经济摩擦，政府开始重视内需主导型经济的扶持和发展，在此背景下房地产业作为扩大内需的支柱型产业得以快速发展，战后日本住宅建设在国民生产总值中所占比例达到6%～8%。同时也导致了土地、房屋价格飞涨，房地产的恶性投机引发了世上罕见的房地产泡沫的产生。到1990年，日本的房地产业经历了一个极大的发展过程而达到了鼎盛，地产的总价值约为20万亿美元，相当于当时全球股市总价值的2倍，单东京的地价总值就相当于当时整个美国的地价总值。日本出现了狂热的地产投机风潮，地产价格不断上扬，泡沫越吹越大。最终金融环节断裂，致使股市、房产泡沫破灭，国民经济开始了长达八九年的低速和萧条，其阴影一直延续至今。

日本分阶层的住宅供应体制，以及有效解决住宅供应短缺的政策，值得我国借鉴。同时，由于我国仍然是投资拉动型经济增长方式，加上地方政府的利益驱动，房地产投资过热现象并未得到根本改变，我国应吸取日本的教训，提前防范房地产泡沫的产生。

3. 新加坡的政府主导型调控

新加坡主要依赖于三大房地产政策措施：一是实施"居者有其屋"计划，二是建立中央公积金制度，三是构建一个完整的住房金融机构体系。

历史上的新加坡，曾是一个殖民地国家。1959年脱离英联邦自治时，还有40%的人口拥挤在破旧、肮脏的棚户区内。1960年，新加坡成立建屋发展局，负责建造公共组屋，以解决广大中低收入居民的住宅问题，开始大规模兴建住宅。1964年，政府宣布"居者有其屋"计划，鼓励中低收入阶层购买政府建造的组屋，使人民都拥有自己的住房。到20世纪90年代中期，建屋发展局共兴建了70万套国民住宅，已有87%左右的人口在该计划的支持下购买了组屋。在新加坡的住宅中，有85%以上是政府兴建的公共组屋。居民购买组屋可用低息贷款支付80%的组屋售价，也可用公积金购买，对低收入家庭，可享受高额低息贷款等优惠政策。建屋局严格管制组屋的转售，防止居民通过转售牟利，只允许居民在住满5年后可将组屋转售他人，但从须付给建屋局相当于转售价10%～20%的附加费，或在下次分配组屋时加付10%的售价。

新加坡住房融资主要采取的是中央公积金制度，这项制度于1955年开始实施，至今已经过了40多次的修改和完善。它的实质是政府为维护劳工和受薪者福利而推行的一种强制性储蓄制度，也是一种全民性的社会保障制度，它使政府积累了大量的住房建设资金，从而成为政府支持住房发展的主要资金来源，也是"居者有其屋"计划能够顺利实施的主要内容。主要做法是：任何一名雇员或受薪者每月必须按一定比例扣除工资；作为雇主的私人企业或政府部门也必须按一定比例逐月拿出一定款项，分别记在雇员名下，两者统一存到中央公积金局，作为雇员的公积金存款。公积金缴交率基本维持在20%的水平。中央公积金局收取公积金后不存入银行，直接购买国债，国家则将这些资金投入住房和城市基础设施建设。公积金的适用范围明确并且广泛，缴纳人可利用公积金买房、买保险、住院、养老等，中央公积金局除向会员贷款外，还向公共建筑承包商提供建造贷款。

新加坡有一个完整的住房金融机构体系，它包括专业性住房金融机构——新加坡中央公积金局，以及非专业性住房金融机构——商业银行。住房金融担保和保险中介公司在住房融资中提供担保。除此以外，新加坡还有一个完善的公积金保险体系，包括公积金最低贷款计划、填补最低存款计划、家庭保障计划、家属保障计划、保健双重计划、公积金教育计划、公共住屋计划、住宅产业计划。借助于发达的金融业的支持，新加坡的房地产业发展很快，住房问题得到了较好的解决。

新加坡是世界上住房问题解决得比较好的国家，政府十分重视房地产业对整个经济发展的调节作用。当经济出现衰退时，政府便组织大量建房，通过发展房地产业来带动经济的发展。可见新加坡房地产业的整个行业是由政府主导的。由于新加坡的国情与我国差别太大，我国作为13亿人口的大国，地区发展又不平衡，新加坡的房地产发展模式不能照搬照抄，但应借鉴实现“居者有其屋”目标的成功做法，学习它的中央公积金制度和完善的住房金融机构体系。

第二节　我国房地产政策体系与演变

1998年《国务院关于进一步深化城镇住房制度改革加快住房建设的通知》明确了深化城镇住房制度改革的目标，我国开始逐步实行住房分配货币化，这标志着我国房地产市场真正意义上的发育已经开始。随之，各项不断调整和完善的房地产业相关政策陆续颁布，以规范和促进房地产市场的健康发展。政府从金融政策、税收政策、信贷政策、保障房政策、土地政策多种层面对房地产市场运行进行宏观调控，调控效果的关键在于其是否能把握市场运行的周期性规律，把握调控的方向与时机，并针对复杂多样的市场采取有针对性的政策。因此，对房地产政策周期规律系统性的把握，可以协助政府适时适当地干预市场，确保房地产市场健康平稳地发展。

按照我国房地产市场的发展状况和宏观调控的目标，可将1998—2010年政府出台的针对房地产业的政策分为五个阶段：即1998—2002年的初始市场化阶段、2002—2004年的严控土地和贷款的供应紧缩阶段、2005—2007年的需求控制阶段、2008—2009年的需求全面刺激阶段、2010年的政策突转、供扬需抑阶段。

政府的政策调整立足于信贷政策、金融政策、税收政策、保障住房政策和土地政策，不同阶段的政策重点见表5-1。

表5-1　1998—2010年房地产主要政策

阶段	信贷政策	金融政策	税收政策	保障住房政策	土地政策
起步阶段 1998—2002年	2000年开始实施按揭政策	1998年停止住房实物分配，住房分配货币化	1999年规定对积压空置房的销售收入在2000年年底前减免营业税和契税		
供应调整阶段 2002—2004年	“121文件”严格开发商贷款和个人住房贷款； 2004年9月银监会规定：建筑商不得为开发商垫资，开发商自有资金不低于35%，购房者月供不超过50%	2004年10月上调金融机构存贷款基准利率，放宽贷款利率浮动区间，允许存款利率下浮	自2001年1月1日起，减免住房租赁市场税费	《经济适用房管理办法》规定，经济适用房中小户型为主，让利中低收入群众	国土部11号令：叫停土地协议出让，以招拍挂公开土地交易 2004年8月底前各地政府解决历史遗留问题土地，否则国家有权收回土地

续表

阶段	信贷政策	金融政策	税收政策	保障住房政策	土地政策
需求抑制阶段 2005—2007 年	2006 年 9 月规定，第二套房贷首付不低于 40%，贷款不低于基准利率 1.1 倍；以家庭为单位认定房贷次数，改善型二套房仍按首次购房优惠	央行 6 次加息	2005 年 5 月规定个人买房 2 年内转让，全额征收营业税；2006 年 6 月其时限变更为 5 年；2006 年 8 月起，二手房转让征收 20% 个税；2007 年 2 月起，征收 30%～60% 不等的房地产增值税	70/90 政策：新建住房中 90 平方米以下占 70% 以上；明确廉租房资金来源、面向对象和保障方式；明确经济适用房面向对象和面积	1 年未动工征收土地闲置费，2 年未动工无偿收回土地使用权
刺激需求阶段 2008—2009 年	改善型二套房按首次购房优惠；支持开发商融资和信贷支持：普通住房的最低资本金下降到 20%	央行 5 次减息	减免营业税期限从 5 年降为 2 年；各地减免契税、营业税、印花税、土地增值税、所得税	今后 3 年，全国将建 400 万套经济适用房	放宽地价款支付期限和比例
供给扩大、需求抑制阶段 2010 年	房价过高地区暂停三套房贷款，停止为外地居民发放房贷；二套房利率不低于基准利率 1.1 倍；首套 90 平方米以下住房首付至三成，二套房首付不低于 5 成；不得为土地闲置及炒地的房企发放新开发项目贷款		营业税征免时限由 2 年恢复到 5 年；降低或减免税收优惠政策	保障性住房、棚户区改造和中小户型不低于土地供应总量的 70%	开发商支付土地款首次缴纳比例不低于全部价款的 50%

一、市场化起步阶段(1998—2002 年)

自 1998 年开始，我国经济面临了较强的内外冲击。从国际经济环境来看，1997 年爆发的亚洲金融危机，造成了国内需求不足严重；从国内经济环境来看，1998 年以前经济连续 5 年下滑，刚刚实现软着陆，且面临下滑的危险。与此同时，过去几年紧缩的财政货币政策严重压抑着国内的消费和投资，因此这个时期的政策更注重通过培育商品房市场拉动住房需求，从而推动房地产行业发展及国内经济增长。

1998 年 7 月 3 日，国务院颁发《国务院关于进一步深化城镇住房制度改革加快住房建设的通知》(国发〔1998〕23 号)，正式宣布自 1998 年下半年开始停止住房实物分配，逐步实行住房分配货币化。房改四项政策——“住房分配货币化政策、经济适用住房政策、开放住房二级市场政策和发展住房个人抵押贷款政策"同时启动,持续释放了居民购房需求,将中国渐进式的房改推进到了一个新的阶段,实现了住房商品化,其直接效应是自此正式启动了商品房市场。同年,央行出台了《关于加大住房信贷投入支持住房建设与消费的通知》,是住房改革后第一个明确支持房地产发展的金融政策。紧接着央行出台《个人住房贷款管理办法》,明确了个人购房贷款条件及方式,以辅助住房市场化的实施。

1998 年全面推行住房分配货币化的住房体制改革和 2000 年按揭政策的开始实施,为房地产业真正走向市场化拉开了序幕,房地产业自此进入了快速发展阶段。

而为了进一步刺激住房消费,推动我国房地产市场的快速发展,国家出台了相关政策对相关税费进行减免:1999 年 7 月《国家税务总局关于调整房地产市场若干税收政策问题的通知》(国税发〔1999〕21 号)规定对个人购买并居住超过一年的普通住宅,销售时免征营业税;个人购买并居住不足一年的普通住宅,销售时营业税按销售价减去购入原价后的差额计征;个人自建自住用住房,销售时免征营业税;个人购买自用普通住宅,暂减半征收契税。对居民个人拥有的普通住宅,在其转让时暂征收土地增值税。1999 年 12 月,财政部、国家税务总局、建设部发布《关于个人出售住房所得征收个人所得税有关问题的通知》(财税字〔1999〕278 号),规定了个人出售自有住房的应纳税所得额及减免条件。并规定对企业,行政事业单位按房改成本价、标准价出售住房的收入,暂免征收营业税。对积压空置的商品住房销售应缴纳的营业税、契税在 2000 年年底前予以免税优惠。2001 年 4 月,经国务院批准,财政部、国家税务总局发布《关于对消化空置商品房有关税费政策的通知》,规定了符合条件的空置商品房税费减免,旨在消化积压空置商品房,促进房地产市场的健康发展,积极防范金融风险。

伴随着商品房市场的启动,处于产业上游的国有土地使用权急需实现商品化、市场化,因此此阶段的宏观政策重视规范国有土地使用权有偿使用,并探索多种国有土地使用权入市方式,逐步培育土地市场。1998 年 8 月,重新修订的《土地管理法》确认了国有土地有偿使用制度、土地用途制度、土地利用规划制度、耕地保护制度、建设用地制度等内容。同年 12 月 27 日,《中华人民共和国土地管理法实施条例》(国务院令〔1998〕256 号)依据新的《土地管理法》进行修订,第一次明确规定国有土地有偿使用的方式包括:国有土地使用权出让、国有土地租赁、国有土地使用权作价出资或入股,增加了国有土地使用权租赁的方式,进一步明确了国有土地使用权有偿使用。

二、严控土地和贷款的供给紧缩阶段(2002—2004 年)

2002 年下半年开始,我国一些地区房地产投资增长、价格快速上扬等现象不断暴露,政府开始严控土地供应和开发商信贷,造成随后几年的商品房供应相对需求增速放缓,推动了房价的后期上涨。

住房市场化让各级政府看到了房地产业的发展对各个行业的巨大带动作用,出现了多批和乱批土地的现象,同时由于国有土地使用权市场化体制尚未成形,90%甚至 95%的土地使用权采取了协议出让办法,其中的暗箱操作滋生了腐败,造成了国有土地资源的流失,形成不公平的交易,大量的耕地被圈占和破坏,因此从政策层面对土地市场进行规范和调整具有很强的实践意义。

2002 年 4 月 3 日,国土资源部发布《招标拍卖挂牌出让国有土地使用权规定》(国土资发〔2002〕11 号)，被业界称为“新一轮土地革命”的开始。文件叫停了已沿用多年的土地协议出让方式，要求从 7 月 1 日起，商业、旅游、娱乐和商品住宅等各类经营性用地，必须以招标、拍卖或者挂牌方式进行公开交易。旨在规范国有土地使用权出让行为，优化土地资源配置，建立公开、公平、公正的土地使用制度，建立和规范土地有形市场。

2003 年 2 月发布的《关于清理各类园区用地加强土地供应调控的紧急通知》要求严格控制土地总量，停止别墅用地供应，普通住宅上涨过快的地方可适当增加。同年 9 月的《关于加强土地供应管理促进房地产市场持续健康发展的通知》(国土资发〔2003〕356 号)，指出需要加强土地供应调控、完善土地供应政策、加强土地市场监管检测。

2004 年 3 月 31 日，国土资源部、监察部联合下发了《关于继续开展经营性土地使用权招标拍卖挂牌出让情况执法监察工作的通知》(71 号令)，要求从即日起就“开展经营性土地使用权招标拍卖挂牌出让情况”进行全国范围内的执法监察，各地要在同年 8 月 31 日前将历史遗留问题处理完毕，否则国家土地管理部门有权收回土地，纳入国家土地储备体系。人称“8.31 大限”，对土地供应市场化意义重大。2004 年 10 月，《关于深化改革严格土地管理的决定》进一步要求必须严格控制建设用地增量，努力盘活土地存量，强化节约利用土地，深化改革，健全法制，统筹兼顾，标本兼治，努力完善符合我国国情的最严格的土地管理制度。

房地产业与金融业具有相当高的依存度，房地产开发商的开发贷款和居民的个人住房贷款都依赖于银行贷款，而在该阶段政府严格控制信贷风险，出台了第一次抑制市场过热的“121”文件，该文件拉响宏观调控警报。121 号文件调控范围涵盖所有房地产金融业务，旨在提高房地产开发企业的经营门槛，并试图限制消费需求。

121 号文件对房地产开发企业门槛的提高主要体现在对房地产开发企业申请贷款条件上的严格限制。文件要求房地产企业申请贷款自有资金不低于开发项目总投资的 30%；严格跨区使用；银行不得向房地产开发企业发放缴交土地出让金的贷款；对土地储备价格发放的抵押贷款不得超过土地评估价值的 70%，期限不得超过 2 年；承建房地产建设的建筑企业获得的流动贷款不能垫资房地产开发项目。

121 号文件对消费需求的限制主要体现在个人住房贷款方面的要求。文件指出银行只能对购买主体已封顶住房的个人发放贷款；商业用房贷款的抵借比不得低于 60%，期限不得超过 10 年；购买第二套以上(含二套)住房的，适当提高首付比例，不再执行优惠住房利率；等等。

2004 年 8 月出台的《商业银行房地产贷款风险指引》明确指出要加强房地产贷款监管，针对土地储备贷款、房地产开发贷款和个人住房贷款等房地产贷款的风险管理作了详细规定：申请贷款的企业自由资金不得低于总投资的 35%；每笔住房贷款的月房产支出与收入比控制在 50%以下，月所有债务支出与收入比控制在 55%以下，这是继央行 121 文件后金融监管部门发出的又一次加强房地产贷款监管的重要信号。

三、信贷紧缩、需求抑制阶段(2005—2007 年)

2005 年新一轮的宏观调控立足于多层面的政策调整，涵盖了信贷、金融、税收、保障性住房和土地政策等方面，继续上一阶段的供给严控政策，并实施需求抑制政策。

供给方面主要集中于控制土地总量，通过控制开发商自有资金比例和土地增值税的清缴，并首次引进加大中小户型和保障性住房供应量的政策。需求方面主要着手于信贷、金融和税收政策:提高首付款比例,营业税免征时限从2年变为5年,2007年的中央银行6次加息等。

2005年3月杭州市人民政府发布《关于积极鼓励盘活存量土地促进土地节约和集约利用的意见(试行)》(杭政〔2005〕2号),旨在落实国务院及浙江省政府相关土地政策,推行土地节约和集约利用。2006年的17号文件也规定了控制建设用地规模及新增建设用地。2005年8月,国土资源部《关于印发查处'土地违法行为立案标准'的通知》(国土资发〔2005〕176号),详细规定了土地违法行为的立案标准,以强化土地监察,规范土地管理秩序。

2006年5月国土资源部下发《关于当前进一步从严土地管理的紧急通知》(国土资发〔2006〕17号),主要强调了严格执行土地利用总体规划和年度计划,控制建设用地规模;有保有压、从严从紧控制新增建设用地;坚决执行停止别墅类房地产开发项目土地供应的规定;加大查处土地违法违规案件的力度;提高国土资源管理部门参与宏观调控的能力。

2006年的"国土资发17号文件"分别规定了停止别墅用地供应和严格控制高档房和别墅用地。2006年8月,国土资源部制定的《招标拍卖挂牌出让国有土地使用权规范》和《协议出让国有土地使用权规范》正式施行,对招标拍卖挂牌或协议出让国有土地使用权的范围作了细化,进一步明确供应商业、旅游、娱乐和商品住宅等各类经营性用地及有竞争要求的工业用地等必须纳入招标拍卖挂牌出让国有土地范围,并建立国有土地出让的协调决策机构和价格争议裁决机制。但当现实的房价不断上升时,土地投放变动很难改变消费者的短期预期,而且土地供应政策对房价的调控则受制于开发商的土地囤积行为和购房者的"追涨杀跌"心理,调控效果存在时滞,不能迅速显现出来。

总的来说,此阶段的土地政策对用地秩序进行了全面整顿,取得了一定效果。但对开发商来说,由于土地审批的难度加大,他们的首要目标就是从相对有限的土地资源获取更大的收益,因此走住宅高端路线,增加房屋的附加值,借以提高利润率便是他们的共同选择。结果,土地供应越紧,房产价格就越下不来,土地调控政策没有达到遏制房价的效果。

在住房金融政策上,主要特点是"紧缩银根",在开发商贷款和个人住房贷款方面都作出严格规定,从而控制了商品房市场的"供"和"需"两方面。2005年3月,针对房地产价格涨幅持续高位运行、潜在金融风险增大的形势,中国人民银行加大需求调控力度,开始调整商业银行自营性个人住房贷款政策。其中对商业银行个人住房贷款利率定价机制进行了市场化调整,将自营性个人住房贷款利率回归到相同期限的贷款利率水平。同时,上调个人住房公积金贷款利率0.18个百分点;对房地产价格上涨过快的城市或地区,个人住房贷款最低首付款比例可由20%提高到30%;对个人住房贷款逾期执行商业性贷款的罚息利率,由现行按每日万分之二点一计收罚息改为在借款合同载明的贷款利率水平加收30%～50%。

2005年9月初,中国银监会下发了《加强信托投资公司部分业务风险提示的通知》(212号文件),对房地产信托发行门槛进行了严格限制。文件指出,必须同时满足四证齐全、自有资金超过35%及资质在二级以上这三项条件的开发商才能通过房地产信托融资。

2006年8月,随着楼市持续高温,为防范金融风险,银监会再次发布《关于进一步加强房地产信贷管理的通知》,重申严禁向项目资本金比例达不到35%、"四证"不齐等不符合贷款条件的房地产开发企业发放贷款。

2004年10月29日,一年期人民币贷款利率上调0.27%至5.58%,开始进入上调周期。此后持续上调贷款利率，到2007年12月21日，央行先后上调了9次人民币贷款利率，共上调1.89个百分点，其中2007年共上调6次。2007年12月21日，一年期人民币贷款利率达7.47％。2007年9月央行、银监会出台《关于加强商业性房地产信贷管理的通知》（银发〔2007〕359号，以下简称二套房贷款政策）。二套房贷款政策规定第二套住房贷款首付不得低于40％、利率执行基准利率的1.1倍。这在一定程度上打击了房地产市场的投资与投机，但也不可否认地抑制了正常的消费性需求。

但值得一提的是，2007年的前5次加息对商业贷款的加息幅度基本在0.27或0.18个百分点，但12月21日的最后一次加息只提高了短期和五年期以下中长期贷款的利率，五年期商业贷款利率没有作任何调整。一方面显示加息周期见底，再度加息的操作回旋空间不大，另一方面表明政府即使在宏观压力很大的环境下对居民住房消费还是在刻意保护。

此外，2005年在其他利率没变的情况下，住房公积金贷款利率上调了0.18个百分点，提高了购房者公积金贷款成本。贷款利率的持续上调增加了房地产企业的资金成本，也增加了需要贷款帮助的购房者的经济负担。

同时在该阶段，宏观政策通过提高房地产税费的手段来提高商品房交易的成本，试图以此控制商品房购买需求，但效果不是很理想。

2005年5月17日至30日，国家税务总局、财政部、建设部发布《关于进一步加强房地产税收管理的通知》（国税发〔2005〕82号），要求对房地产税收实施一体化管理。即以“先税后证”为把手，实现房地产产业诸税种间的有机衔接，加强税收管理。5月27日《关于加强房地产税收管理的通知》（国税发〔2005〕89号）各地要公布本地区享受优惠政策的普通住房标准，普通住房的平均交易价格，每半年公布一次。6月1日以后，国家将调整住房转让营业税税收，禁止期房转售。

2006年5月国家税务总局发出《关于加强住房营业税征收管理有关问题的通知》（国税发〔2006〕74号），就严格执行调整后的个人住房营业税政策提出具体要求。《国家税务总局关于调整房地产营业税有关政策的通知》（财税〔2006〕75号）对个人购买住房进行投机的行为在营业税方面进行严厉打击。

该阶段的保障性住房政策调控主要通过限套型、限房价，竞地价、竞房价的办法，保证中低价位、普通住房供给。

2006年5月《关于调整住房供应结构稳定住房价格意见》（国办发〔2006〕37号）提出了促进房地产业健康发展的六项措施，即“国六条”，其中包括调整住房供应结构、进一步发挥税收、信贷、土地政策的调节作用、合理控制城市拆迁规模和进度、减缓被动性住房需求过快增长、进一步整顿和规范房地产市场秩序、加快城镇廉租房制度建设和完善城市房地产统计和信息披露制度等方面。5月29日，国务院办公厅出台《关于调整住房供应结构稳定住房价格的意见》（国办发〔2006〕37号），即九部委“十五条”，对“国六条”进一步细化，而且在套型面积、小户型所占比率、新房首付款等方面作出了量化规定，特别是提出了自2006年6月1日起，凡新审批、新开工的商品住房建设，套型建筑面积90平方米以下住房（含经济适用住房）面积所占比重，必须达到开发建设总面积的70％以上。直辖市、计划单列市、省会城市因特殊情况需要调整上述比例的，必须报建设部批准，并且居住用地供应量七成用于中低价位中小套型。考虑到中低收入群众的住房需求，对购买自住房且套型建筑面积90平方米以下的仍执行首付款比例20％的规定。7月6日，建设部颁发165号文件《关于落实新建住房结构比例要求的若干意见》，提出年度土地供应计划中已明确用于中低价位、中小套型普通商品住房用地和依法收回土地使用权的居住用地，应当主要用于安排90平方米以下的住房建设。

2007年8月《国务院关于解决城市低收入家庭住房困难的若干意见》（国发〔2007〕24号），进一步要求"重点发展中低价位、中小套型普通商品住房，增加住房有效供应"。10月8日，国土资源部下发《关于进一步加强土地供应调控的通知》（国土资发〔2007〕236号），明确要优先安排用于解决城市低收入家庭住房困难的住房用地，廉租住房、经济适用住房和中低价位、中小套型普通商品住房建设用地，其年度供应总量不得低于住宅供应总量的70%。

从房地产相关税费政策上来看，2006年7月国家税务总局发布《关于个人住房转让所得征收个人所得税有关问题的通知》（国税发〔2006〕108号）对8月1日后的二手房转让个人所得税问题作了明确规定。从8月1日起，各地税局将在全国范围内统一强制性征收二手房转让20%的个人所得税。9月，《国家税务总局关于加强房地产交易个人无偿赠与不动产税收管理有关问题的通知》（国税发〔2006〕144号）加强无偿赠与行为、受赠房屋销售、赠与行为后续管理的税收征管，是国家对二手房行业漏洞的补充，显示了国家规范二手房行业的决心。

总之，在这一阶段的调控政策下，房地产信贷和开发投资增速持续下降，居民买房意愿明显回落，商品房成交量和居民贷款大幅减少，炒房者的投机行为受到遏制，商品房销售价格的过快增长得到控制，达到了一定的调控效果，但这也是抑制正常市场需求的结果，房地产市场存在的供求总量矛盾、供求结构矛盾、土地囤积现象、房地产金融创新不足以及对境外资金监控不够，都削弱了宏观政策的调控效果。并且该阶段的政策走向在2008年金融风暴爆发之际未及时转向，造成2008年房地产市场量价齐跌，房价自1999年首次下跌。

四、需求全面刺激阶段（2008—2009年）

面对2008年汹涌而至的金融风暴，国内经济压力已经由过热和通胀转向对经济下滑的担忧，宏观经济政策由"防过热、防通胀"转向"保增长"。在这种情况下，中央迅速调整宏观经济政策，希望以此来改变经济增长方式，希望以扩大内需来减少经济下行的风险，保证我国经济的增长。政府出台一系列的房地产政策希望重新启动市场，发挥房地产扩大内需的作用，从而使得刚刚走向调整之路的房地产市场又重新回转。

2009年1月，住房与城乡建设部部长姜伟新的《落实科学发展观，做好今年住房和城乡建设工作》的讲话，要求住房与城乡建设系统在2009年要做好9个方面的工作。其中全面推进保障性住房建设和促进房地产市场健康稳定发展，这两条被普遍认为是2009年我国房地产政策发展的主线，也是2008年房地产调控政策的延续和深化。

从金融、税收等方面大力扩展需求，如中央银行的5次减息，地方政府减免房地产交易中的契税、营业税、印花税、土地增值税等多种税率；并将房贷利率下调，改善型二套房开始按照首套房的优惠政策执行等。

对于房地产开发商而言，政府对其进行信贷支持和放宽：自有资金要求由35%下降到20%，并放宽地价款的支付期限和比例。

在中国经济复苏和政府宽松的政策环境下，2008年积累的消费需求在2009年第二季度释放，成交量和房价齐升。

受金融危机影响，2008年下半年，国家宏观调控政策指出维持房地产市场的稳定，上半年还紧收银根，下半年国家和地方各类降息和补贴的宽松货币政策不断出台。

2008 年 9 月 16 日起央行开始降息，至 2008 年年底最后一次调息即 12 月 23 日的调息，共降息 5 次，下调了 2.16 个百分点，降回到 2002 年 2 月 21 日的利率水平。此外，9 月 25 日起开始下调存款准备金率，至 2008 年 12 月 25 日的最后一次下调，共下调了 4 次，大型金融机构下调到 14.5%，中小金融机构下调到 13.5%。此后，中央提出 40000 亿元的投资计划，住房和城乡建设部也随之启动了 9000 亿元的保障性住房投资计划。

同年 10 月 22 日，央行出台相关政策规定：金融机构对居民首次购买普通自住房和改善性普通自住房提供贷款，其贷款利率下限可扩大为贷款基准利率的 0.7 倍，最低首付款比例调整为 20%。同时，下调个人住房公积金贷款利率。

2008 年 12 月国务院办公厅下发了《关于促进房地产市场健康发展的若干意见》（国办发〔2008〕131 号），其中放宽二套房贷限制、取消城市房地产税、下浮廉租房贷款利率、购房超两年转让免营业税等 4 项新政对保障性住房、二手房市场和房地产开发商都有涉及，全方位刺激楼市。是进一步扩大内需，促进经济平稳较快增长，房地产市场健康发展至关重要的部署，重申了房地产业的“重要支柱产业地位”。

2009 年 3 月，发布《关于进一步加强信贷结构调整促进国民经济平稳较快发展的指导意见》（银发〔2009〕92 号），要求进一步加大对中低价位、中小套型普通商品住房建设，特别是在建项目的信贷支持力度。做好对有实力、有信誉的房地产开发企业兼并重组有关企业或项目的融资支持和配套金融服务。支持资信条件较好的房地产企业发行企业债券和开展房地产投资信托基金试点，拓宽房地产企业融资渠道。加大对自住型和改善型住房消费的信贷支持力度，鼓励普通商品住房消费。

2009 年 5 月，国务院发布《国务院关于调整固定资产投资项目资本金比例的通知》（国发〔2009〕27 号），调整了 11 类固定资产投资项目资本金比例，这也是国务院 13 年来首次下调商品房项目资本金比例。其中保障性住房和普通商品住房项目的最低自有资金比例从 35%调低至 20%，而其他房地产开发项目的最低自有资金比例只下调了 5 个百分点，从 35%降为 30%。很明显，这表明国家是鼓励保障性住房和普通商品住房的开发投资的。这一决定被房地产界称之为开发项目资本金松绑，迅速激发了开发商推动项目入市的信心。

2009 年 5 月，住房和城乡建设部与监察部将对 2007 年至 2009 年 3 月底期间领取规划许可证的所有房地产项目进行清理，重点对大中城市涉及提高容积率及改变土地性质的房地产项目逐一清理检查。为了预防地方政府为推动土地交易、确保开复工面积放宽条件，产生新的违纪。

2009 年 9 月 1 日，国土资源部发布《关于严格建设用地管理促进批而未用土地利用的通知》强调，对取得土地后满 2 年未动工的建设项目用地，应依照闲置土地的处置政策依法处置，促进尽快利用。通知强调，严肃查处违反土地管理法律法规新建“小产权房”和高尔夫球场项目用地。通知要求，对在建在售的以新农村建设、村庄改造、农民新居建设和设施农业、观光农业等名义占用农村集体土地兴建商品住宅，必须采取强力措施，坚决叫停管住并予以严肃查处。

五、政策突转、供扬需抑阶段（2010 年）

2010 年房地产业最显著的特点是政策调控的力度、强度大大高于以往年份，中央政府平抑房价的决心十分大，密集型出台大量涵盖面广、打击力度强的房地产调控政策，从金融、贷款、税收、保障性住房和土地政策等诸多方面进行严厉调控，并迅速取得成效：成交量在系列新政出台一周后连续两周跌幅达20%以上，房价跌幅略滞后于成交量的萎缩，三周后下跌10%左右。

此次调控不但房贷利率和首付比例均上调，更要求暂停发三套房房贷，及严控为外地居民提供房贷；并首次明确提出增加住房有效供给，加大土地供给，特别是保障性住房的供给力度。

2010年1月7日，国务院办公厅《关于促进房地产市场平稳健康发展的通知》(国十一条)，提出增加保障性住房和普通商品住房有效供给、合理引导住房消费、抑制投资投机性购房需求、加强风险防范和市场监管、加快推进保障性安居工程建设、落实地方各级人民政府责任等十一条措施。

2010年1月12日，中国人民银行决定，从2010年1月18日起，上调存款类金融机构人民币存款准备金率0.5个百分点。为增强支农资金实力，支持春耕备耕，农村信用社等小型金融机构暂不上调。

2010年2月11日，银监会关于加强信托公司房地产信托业务监管有关问题的通知提出，商业银行个人理财资金投资于房地产信托产品的，理财客户应符合《信托公司集合资金信托计划管理办法》中有关合格投资者的规定；信托公司以结构化方式设计房地产集合资金信托计划的，其优先和劣后受益权配比比例不得高于3∶1。

2010年2月12日中国人民银行决定，从2010年2月25日起，上调存款类金融机构人民币存款准备金率0.5个百分点。

全国两会在民生的迫切期盼下，于三月隆重召开，有半数以上的提案与房地产行业有关，关于房价的问题始终是最受关注的。

2010年4月13日，住房和城乡建设部下发《关于进一步加强房地产市场监管完善商品住房预售制度有关问题的通知》，要求各地切实负起责任，加大查处力度，强化房地产市场监管；进一步加强房地产市场监管；完善商品住房预售制度；加强预售商品住房交付和质量管理；健全房地产市场监督管理机制；在全国范围内开展预售商品住房项目清理。

2010年4月14日，国务院常务会议提出，坚决遏制住房价格过快上涨，实行更加严格的差别化住房信贷政策，对购买首套自住房且套型建筑面积在90平方米以上的家庭，贷款首付款比例不得低于30%；对贷款购买第二套住房的家庭，贷款首付款比例不得低于50%，贷款利率不得低于基准利率的1.1倍；对贷款购买第三套及以上住房的，大幅度提高首付款比例和利率水平。地方政府可根据实际，在一定时期内采取临时性措施，严格限制各种名目的炒房和投机性购房。

2010年4月17日，《国务院关于坚决遏制部分城市房价过快上涨的通知》(新国十条)提出，要严格限制各种名目的炒房和投机性购房。商品住房价格过高、上涨过快、供应紧张的地区，商业银行可根据风险状况，暂停发放购买第三套及以上住房贷款；对不能提供1年以上当地纳税证明或社会保险缴纳证明的非本地居民暂停发放购买住房贷款。地方政府可根据实际情况，采取临时性措施，在一定时期内限定购房套数。

2010年4月22日，住房和城乡建设部发布《关于加强经济适用住房管理有关问题的通知》，要求相关部门严格建设管理，规范准入审核，强化使用监督，加强交易管理，完善监督机制。

2010年5月2日，中国人民银行宣布，从5月10日起，上调存款类金融机构人民币存款准备金率 0.5 个百分点，农村信用社、村镇银行暂不上调。

2010 年 5 月 4 日，住房和城乡建设部、民政部、财政部下发《关于加强廉租住房管理有关问题的通知》，强调对骗取廉租住房保障、恶意欠租、无正当理由长期空置，违规转租、出借、调换和转让廉租住房等行为，住房保障部门要按照有关规定或合同约定严肃处理，直至收回廉租住房，并取消该家庭在一定时间内再次申请廉租住房保障的资格。

2010 年 6 月 4 日，住建部、中国人民银行、中国银行业监督管理委员会发出通知，对于二套房的认定不仅要以家庭为单位，同时执行认房又认贷的严厉政策。按照通知规定，不能提供 1 年以上当地纳税证明或社会保险缴纳证明的非本地居民申请住房贷款的，贷款人按第二套（及以上）的差别化住房信贷政策执行；商品住房价格过高、上涨过快、供应紧张的地区，商业银行可根据风险状况和地方政府有关政策规定，对其暂停发放住房贷款。

2010 年 1—5 月份，城镇固定资产投资 67358 亿元，同比增长 25.9%，比 1—4 月份回落了 0.2 个百分点。主要原因是受 4 月份以来国家房地产调控和过剩行业调整政策的影响，致使投资增幅放缓。5 月份，商品房销售面积 6777 万平方米，比上月减少 1274 万平方米，下降 15.8%；商品房销售额 3335 亿元，比上月减少 1113 亿元，下降 25.0%。相比 4 月份，商品房销售面积环比下降 2.04%；商品房销售额环比下降 2.42%。5 月份成交量加速下滑，这主要是受"新国十条"政策的影响，以及各部委、各地方政府出台相关配套政策和细则，使得市场观望气氛越加浓重，若未来地方政府严格执行差别化信贷政策，则市场成交量将进一步大幅下滑。全国 70 个大中城市房屋销售价格继续惯性上涨，但涨幅回落。5 月份，全国 70 个大中城市房屋销售价格同比上涨 12.4%，涨幅比 4 月份缩小 0.4 个百分点；环比上涨 0.2%，涨幅比 4 月份缩小 1.2 个百分点。新建住宅销售价格同比上涨 15.1%，涨幅比 4 月份缩小 0.3 个百分点；环比上涨 0.4%，涨幅比 4 月份缩小 1.0 个百分点。二手住宅销售价格同比上涨 9.2%，涨幅比 4 月份缩小 1.3 个百分点；环比下降 0.4%，比 4 月份涨幅低 2.1 个百分点。

房屋销售价格涨幅回落，说明"新国十条"的效果正在逐步显现，而二手住宅相对新建住宅比，已经出现销售价格环比下降，新政对二手住宅的影响大于新建住宅的影响。

第三节　我国房地产政策与周期转换：实证分析

一、我国房地产周期波动的基本特征

我国房地产周期波动的基本特征可以归纳为以下几个时期。

1. 1987 年以来我国房地产经历了两个完整的长周期

与宏观经济周期波动一样，房地产周期波动也是通过一系列经济活动来传递和扩散的，任何一个经济变量本身的波动过程并不足以代表全部经济的波动过程。因此在正确测定房地产周期波动时，必须综合考虑不同过程、不同经济指标的变动及其相互影响。为此，可以采用经济周期理论的扩散指数方法（Diffusion Index，DI），来分析我国房地产市场的周期波动。按照扩散指数理论，当经济繁荣时，各种经济活动向上，大部分经济指标持续上升；当景气达到顶点时，部分指标开始改变方向，转而向下的指标逐渐增多；当保持上升的指标与转为下降的指标均等时，表明进入扩张与收缩的转折点；随后当下降的指标占上风，经济开始进入

萧条阶段。这样，根据反映经济活动的各类指标的变动情况，可以计算出扩散指数，用以综合反映在各项经济活动交叉作用、相互影响下的整体经济波动状况。扩散指数的计算公式为：

$$DI = \text{扩张指标数}/\text{选用总指标数} \times 100\% \qquad (5\text{-}1)$$

综合考虑指标的代表性和数据的可得性，从 1988 年至 1998 年，选取房地产生产总值增长率、房地产生产总值占 GDP 比重、房地产投资额增长率、房地产投资占固定资产投资比重、商品房竣工面积增长率、商品房销售面积增长率、商品住宅销售面积增长率和商品房均价增长率 8 个指标来计算房地产的扩散指标值。从 1999 年至 2008 年，则增选了土地购置面积增长率、土地开发面积增长率、商品房施工面积增长率、房地产开发企业国内贷款增长率、自由资金增长率、商品住宅价格指数、租赁价格指数和土地交易价格指数 8 个指标，共用 16 个指标来计算扩散指标值。根据所选的反映我国房地产周期的指标，可以相应计算出 1988 年以来我国房地产的扩散指数。我国房地产周期波动的趋势如图 5-1 所示。

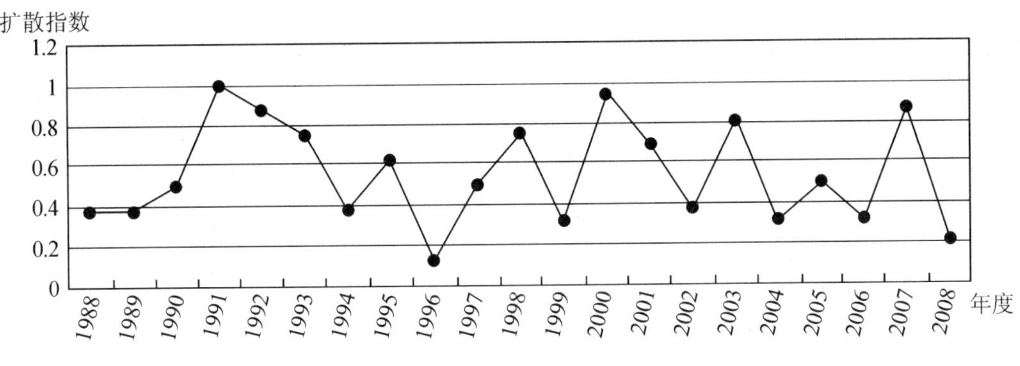

图 5-1　我国房地产周期波动趋势

根据用扩散指数编制的我国房地产周期波动曲线，可以明显看到自 1987 年以来我国房地产已经经历了两个较为完整的长周期(长周期可能包含了数个短周期)。

(1)第一个长周期：1987—1997 年。

在 1987 年深圳率先开展土地使用权招标、拍卖的基础上，1988 年全国第七届人民代表大会通过《中华人民共和国宪法修正案》，明确规定土地使用权可以依照法律进行转让，从而突破了土地不能转让的禁区，为房地产进入市场进行出让、转让提供了法律保证，因而成为这一时期房地产业复苏和发展的重要推动力量。在这一时期内，房地产投资与交易规模有较大幅度增加，但仍然远未达到成熟的程度，房地产企业数量仍然较少；房地产市场运行方式单一，存在大量的不规范行为，房地产法规很不健全；地区发展严重不平衡，房地产业发展相对较快的地方集中在东部沿海城市和经济特区内，其他地区的发展明显滞后。

在 1992 年邓小平南方重要谈话和十四大召开的推动下，随着社会主义市场经济理论的确立，与各行各业加快发展速度的宏观形势相适应，由其先导性和基础性的产业性质所决定，我国房地产业迅速成为国民经济的热点产业，形成 1992—1993 年以全国性房地产热为特点的产业急速增长与繁荣阶段。其主要表现是：房地产开发投资高速增长，土地出让量迅猛增加，房地产开发公司大幅增加，房地产价格快速上涨，房地产交易额明显增大，房地产业快速发展成为我国经济的重要产业，并开始随着宏观经济周期波动而相应波动。与此同时，由于对迅速增温的房地产热缺少有效的监控、规范和管理，也使房地产市场一度呈现混乱现象，暴露出产业急剧发展中存在的不少问题，特别是房地产业发展过程中存在的深层次问题也开始显现。如投资在短期内增长过快，投资结构不尽合理，土地出让数量增长过多，开发区建设失控，新成立房地产开发公司过滥，市场行为不规范，以炒土地为主的房地产投机活动过多，房地产价格上涨过快，在个别地区出现较为明显的房地产泡沫。因此，伴随紧接而来的宏观经济调控和“软着陆”，全国房地产业在经历短暂繁荣后，从 1994 年开始增长率普遍回落，市场投资结构出现调整，产业发展进入巩固、停顿和消化阶段。

从 1994 年开始，我国房地产市场进入相对稳定的发展阶段，开始新一轮的发展周期。但随着 1997 年亚洲金融危机的爆发，很快房地产市场又进入萧条期。

(2)第二个长周期：1998—2008 年。

为刺激内需，推动住房制度改革，1998 年 7 月，国务院颁布 23 号文件，即《国务院关于进一步深化住房制度改革加快住房建设的通知》，提出从 1998 年下半年开始，停止住房实物分配，逐步实行住房分配货币化，在此利好消息的作用下，房地产开始快速回升，到 1998 年年底，国房指数升到景气线以上，且继续呈上升趋势。从 1999 年开始，中央继续坚持积极的财政政策，在扩大内需、调整经济结构、深化经济体制改革的基础上，我国经济逐渐摆脱了持续回落的状态，进入全面回升阶段。同时国家提出把住宅建设培育成国民经济新的增长点，启动了经济适用房建设计划，城镇住房制度改革取得实质性进展，房地产市场也开始了全面的复苏。全国的房地产投资额开始以 20%以上的速度增长，房地产投资占 GDP 的比重也快速上升到 15%以上，土地购置和开发量，以及商品房的施工、竣工面积都开始了高速的增长。直至 2002 年六部委发出有关房地产调控的通知，各项指标开始回落。

中国的房地产市场在 2002 年有短暂的回落以后，2003 年开始又进入了快速发展的轨道，特别是在 2003 年 8 月国务院出台了《关于促进房地产市场持续健康发展的通知》(简称“18 号文件”)，充分肯定了中国房地产业对社会经济发展的贡献，明确作出了“房地产业关联度高，带动力强，已经成为国民经济的支柱产业”的判断，房地产市场的 2003 年是在“过热”或“价格泡沫”的一系列争议中度过的。然而突然降临的“非典”，使房地产业界随着 SARS 肆虐有所降温，再加上国家出台的一系列调控政策，如 2003 年 4 月央行发布的《关于进一步加强房地产信贷业务管理的通知》，使 2004 年年土地购置和开发面积等一些指标的增幅都有所降低，房地产市场开始小幅回落。

从 2004 年开始，中国的房地产市场规模不断扩大，市场成熟度不断提高，但也出现了一系列问题：需求旺盛，住宅结构供应不合理，供需矛盾突出，投机炒房现象严重，房价(特别是商品住宅价格)快速飙升，房价租售比严重脱离正常水平……为建设稳定健康的房地产市场，自 2005 年开始，国家宏观调控政策相继出台，对供应和需求进行双向调控。4 月份取消房产按揭贷款优惠政策，5 月份出台“国八条”稳定房价，6 月份七部委意见里提出了普通住宅与非普通住宅地标准，对消费普通住宅提高契税，对交付两年内交易地二手房增收综合税。国家连续的宏观调控直接后果是降低了开发商的投资热情，房地产开发建设规模减小，使供求矛盾进一步突出，最终使房价在前几年快速上涨的基础上进一步加速飙升。

2007 年全国房地产市场形成了空前的供需两旺、量价齐升的状况，为此国家通过收缩银根等一连串方式加大了调控力度。最终，房地产市场于 2008 年在世界性金融危机和宏观调控的双重作用下，快速回落进入萧条期。从 2008 年 9 月份开始，随着各级政府各类“救市”政策措施的密集出台，房地产市场政策拐点已经出现。

2. 2009—2010 年中国房地产市场步入新周期

房地产业是国民经济中的支柱地位，对国家“保增长、扩内需”有着重要作用。1998 年以来，中国房地产市场经过连续 9 年高速增长，至 2008 年下半年进入萧条期，完成了一个完整的周期循环。2009 年，《政府工作报告》中明确提出：“要采取更加积极的措施稳定房地产市场，稳定房地产投资。”在一系列利好政策的作用下，房地产市场在经历了一年的萧条之后，又开始有小幅回暖的迹象。

2008 年以来，房地产开发投资、土地购置面积、完成土地开发面积、房屋施工面积、房屋新开工面积和房屋竣工面积等先行指标明显下降，表明当时中国房地产市场仍处于萧条后期，之后 1～2 年房地产市场供应有所下降，供求关系向“供不应求”转移。

2009 年上半年，商品住宅销售面积和销售额、房地产景气指数等指标已经表现出较为明显的复苏迹象，表明 2010 年前后，中国房地产市场步入了新的周期(尽管短期仍可能出现波动)。因此，已经到了房地产企业考虑新一轮周期发展布局的关键时期。

3. 2010—2030 年中国房地产业仍将有一个产业增长期

中国经济社会发展阶段赋予房地产业不可替代的历史使命。随着我国经济转轨市场化、社会转型城市化、消费升级非农化、财富积累资产化和本币升值国际化的“五化”推动，我国房地产业 2010—2030 年仍有很大的发展空间。

对于我国房地产市场的基本走势，我们在 2007 年曾经提出过双 S 假说(见图 5-2)，就是说在 2005 年以前有过 15 年的增长，2005—2010 年是调整期，2010 年以后仍会有一个产业增长期。基于此假说，我们认为从 2010 年开始，整个国家的房地产长周期又将进入新一轮的景气回升。从中周期来看，第三个 10 年的经济周期俨然已经开始，虽然现在防通胀被提上日程，但整体上仍属于经济周期的复苏期。这两个叠加在一起，从 15 年的长期战略规划来看，现在是一个比较好的房地产投资时期。

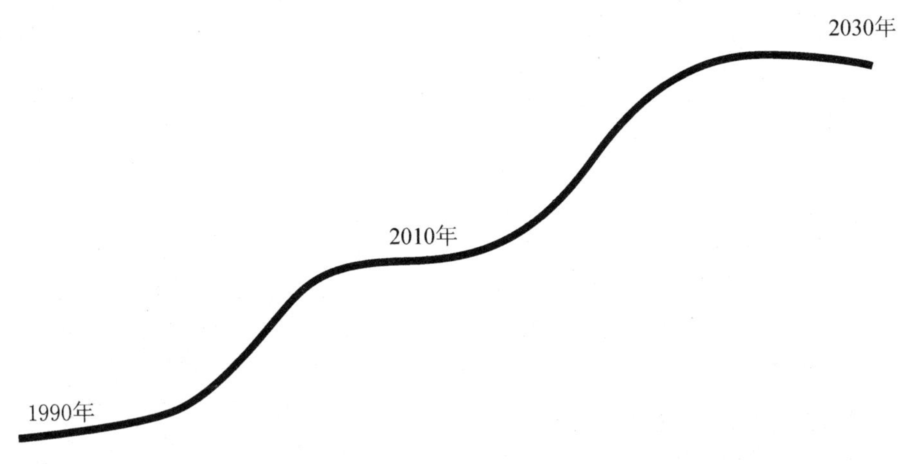

图 5-2　我国房地产业发展趋势(双 S 假说)

二、房地产政策对长周期波动的影响

根据表 5-2，比较房地产波动与相应的房地产政策，经济扩张和经济紧缩与房地产周期波动基本一致。扩张性政策与紧缩性政策交替变动，构成了特有的“政策周期”。这段发展历程可以划分为两个阶段(或周期):第一个周期为1991—1997年,第二个周期为1998年至今。两个周期显著不同:周期长度在增加,波动幅度在变小,衰退与扩张的时间在变化等。而这些变动与相应政策周期的调节特点密切相关。

表5-2　我国房地产波动周期及政策周期的比较(1987—2010年)

年份	波动周期的特征	周期阶段	政策周期的内容	周期阶段
1987—1991年	1987—1990年房地产投资增长率逐年下降,1991年开始反弹,房地产开发投资和商品房销售数量分别比上年增长33%和18%,表明新一轮增长已经开始	经济复苏	治理整顿;房地产市场建设全面起步;房改开始在全国范围内全面推行	启动房市
1992—1993年	房地产成为新的投资热点。1992年房地产投资增幅117%,房地产开发企业数增加了3倍,商品房价格增幅29%。1993年投资增幅165%,商品房销售增幅102%,均达到历史最高水平	经济高涨,于1993年达到高峰	引进外资;宣布"治理整顿"结束;发布《关于加快发展第三产业的决定》;放开房地产价格;扩大市场调控范围;下放权力;发放开发消费贷款	扩张性政策
1993—1997年	1994年土地开发面积及房屋新开工面积均呈负增长,房地产开发投资增长32%。1995年房地产投资增长23%,但供应规模仍然偏大,有效需求萎缩,商品房空置严重。1996年新开工项目得到有效控制,空置面积增加。房地产投资和销售额增长幅度分别为2%、13%,发展速度明显放缓。1997年房地产开发投资比上年同期负增长1.93%,投资结构以住宅为主,空置商品房仍困扰着房地产市场,商品房价格增幅继续下降	经济衰退,于1997年年初降至最低谷	宏观调控:1993年发布《关于加强房地产市场宏观管理,促进房地产业健康持续发展的意见》、《关于开展房地产开发经营机构全面检查的通知》,控制投资规模。1994年发布《国务院关于继续加强固定资产投资宏观调控的通知》、《国务院关于深化城镇住房制度改革的决定》,整顿金融秩序。1995年颁布《房地产管理法》、《增值税法》,开始实施安居工程。继1996年、1997年全面推行住房公积金制度;政策性抵押贷款制度开始建立;安居工程顺利推进	以紧缩性政策为主
1998年	房地产开发投资增长14%,扩大内需,加大基础设施建设,拉动经济增长的措施初见成效;商品房的销售形势良好,销售额增长40%;个人购买力增强,房地产业发展速度保持平稳	经济复苏	发布《城市房地产开发经营管理条例》和《关于进一步深化城镇住房制度改革,加快住房建设的通知》,逐步实行住房分配货币化;启动住房消费,深化住房分配货币化改革	房市复苏
1999—2002年	积极性宏观政策初见成效,房地产开发投资增幅分别为14%、21%、25%和22.8%;商品房销售增长幅度分别为19%、32%、24%和24%。商品房平均售价总体上保持平稳,同比分别为-0.5%、2.9%、2.7%和3.7%	经济持续高涨,处于扩张期	启动住房消费,促进房地产业发展,对住房消费采用扶持政策,积极促进房地产业发展;加大房地产开发投资的力度,拉动经济增长。2002年发布《关于整顿和规范市场秩序的通知》	以扩张性政策为主

续表

年份	波动周期的特征	周期阶段	政策周期的内容	周期阶段
2003—2007年	2003、2004年房地产开发投资增幅分别为30.3%、29.6%；商品房销售额同比增长32%、30%；商品房平均销售价格比上年增长5%、15%。2005年房地产相关指标增幅有所回落，开发投资为19.8%，房价增幅6.68%，但2006年后部分城市开发投资、价格等指标又出现反弹	经济处于繁荣阶段	2003年4月，央行发布《关于进一步加强房地产信贷业务管理的通知》，提高拿地"门槛"。2005年3月，房贷优惠政策取消，调控涉及消费层面，税制改革触及交易环节；5月，七部委发布《关于做好稳定住房价格工作的意见》，加强调控。2006年4月28日房贷利率再次上调；5月17日国六条出台，开启新一轮调控。2006年7月26日国税总局发布《征收个人二手房转让所得税通知》，调控力度加大	以紧缩性政策为主
2008—2009年	经过多年连续的宏观调控，我国房地产市场刚刚步入调整期，却被严峻的国际形势所打断，国家宏观调控政策一夜之间转向，调控重点从稳定房价转移到保持经济增长。房地产价格波动非常剧烈，由于次贷危机的影响，房价首次出现一定幅度的下降，但由于政策的转变，导致2009年出现大幅度回升	经济处于波动阶段	2008年10月，财政部、国家税务总局出台《关于调整房地产交易环节税收政策的通知》，降低住房交易税费。住房贷款利率下限扩大为贷款基准利率的0.7倍；最低首付款比例调整为20%。12月20日，国务院办公厅出台《关于促进房地产市场健康发展的若干意见》，发布了国家层面的针对房地产市场的救市政策。2009年5月27日，国务院发布《国务院关于调整固定资产投资项目资本金比例的通知》，房地产开发项目最低资本金比例调低	以扩张性政策为主
2010年	由于2009年房地产价格出现快速反弹，中央政府从金融、贷款、税收、保障性住房和土地政策等诸多方面进行严厉调控，并迅速取得成效：成交量在系列新政出台一周后连续两周跌幅达20%以上，房价跌幅略滞后于成交量的萎缩，三周后下跌10%左右	经济步入调整阶段	2010年1月7日，国务院《关于促进房地产市场平稳健康发展的通知》（国十一条），提出抑制投资投机性购房需求、加强风险防范和市场监管。4月14日，国务院常务会议提出，坚决遏制住房价格过快上涨，实行更加严格的差别化住房信贷政策，4月17日，《国务院关于坚决遏制部分城市房价过快上涨的通知》（新国十条）提出，要严格限制各种名目的炒房和投机性购房。2010年6月4日，住建部、中国人民银行、中国银行业监督管理委员会发出通知，对于二套房的认定不仅要以家庭为单位，同时执行认房又认贷的严厉政策	以紧缩性政策为主

1. 扩张性调控政策的比较分析

我国1989—1991年三年的治理整顿，1993年8月开始的紧缩性调控以及1997年的东南亚金融危机，使得房地产业在确定市场经济体制改革方向的前后，分别处于各自发展阶段的最低谷。由于房地产业在国民经济中的基础性、先导性及高度关联性的重要地位，使得政府十分重视房地产业，采取了积极的产业政策来促进房地产市场的发展。下面比较这一时期两轮政策特点的异同及其调节效果的差异。

第一，启动的背景不同。在首轮房地产市场的启动之际，转轨初期的国有企业是市场供给主体的主要部分，存在政府对企业干预过多、权责不清的现象，土地供应、市场管理等制度极不健全，融资渠道单一，个人还没有成为市场的需求主体。1998 年前后的再次启动，市场经济体制已日趋完善，土地市场逐渐规范，房地产管理法等法律、法规逐一出台，资金来源渠道呈现多元化，房地产商与个人逐渐成为市场供需主体。

第二，启动的动力不同。第一次启动来源于政府的行政职能，将房地产业列于“投资少，收效快，效益好，就业容量大，与经济发展和人民生活密切相关”的重点发展行业，房市的启动带有较强的计划色彩。第二次房市的启动来源于促使居民形成对住房有效需求的政策实施。1998 年开始逐步实行住房分配货币化、个人住房按揭等，上海等地还推出调低契税、购房退税等利好性诱导措施，有效启动了住宅消费市场，推动房市稳步发展。

第三，启动后的效果不同。从房地产周期波动来看，第一次启动后达到顶峰，历时不足两年，第二次启动到 2003 年国家正式采取紧缩性调控，时间则长达 6 年之久。从房地产开发投资增幅来看，1992、1993 年的增幅均超过 100%，实践证明短时间的大起之后必有大落；第二次启动后投资平均增幅维持在 30%左右，表明第二次启动后的投资热度较前次低得多，成为市场真正主体的开发商开始趋向理性，具有了一定的风险意识。

2. 紧缩性调控政策的比较分析

下面对紧缩性调控政策的调控特点与效果进行比较分析。

(1)调控特点的比较分析。

第一，调控对象与目标不同。房地产市场的首轮全面调控是通过规范房地产投资主体行为、改变房地产投资计划以及金融整顿等措施直接针对房地产投资增幅达到降低房价的目的，而 2003 年后房地产市场连续几年的系统调控，则是以金融政策等控制投资增幅和区分住房真实消费需求，以城市规划、土地政策等控制投资结构、产品供给结构，以税收政策控制市场交易环节挤出投机需求，达到稳定房价的目的。调控对象明显由比较单一的房地产投资增幅，仅调节市场中的供给方面，转向房地产投资增幅与结构、产品市场供给规模与结构、市场的真实需求与投机需求等多维对象，综合调节市场的供给与需求，而宏观调控目标由以前调控投资增速达到降低房价转向房屋供给与需求并重的宏观调控，以达到稳定房价的目的。

第二，调控时机与作用方式的差异。1993 年，房地产市场处于发展的初期，市场机制极不健全，调控方式是通过改变企业投资计划、控制信贷规模等直接作用于当时比较单一的市场供给主体——国有企业，是典型的“事后调控”、直接的刚性调控。而自 2003 年起的调控是在房地产市场出现过热迹象，为防止出现房地产市场泡沫而采取的具有预见性的主动调控；在调控过程中，有通过土地政策等直接作用于供给主体，也有通过信贷利率政策、税收政策等间接作用于市场的供给主体和需求主体，是直接和间接方式相结合的混合调控。

第三，调控的节奏与力度不同。在 1993—1994 年的首轮调控中，直接作用于市场供给主体，迅速止住了过猛的房地产投资，使得房价增幅持续下降，是一次调控节奏快、力度强的宏观调控，为新一轮经济的发展创造了条件，但也导致了房地产业较长时间处于萧条状态。而当时我国连续四年房地产业的宏观调控，先通过信贷利率的调整等适度作用于市场主体，然后再通过较严厉的金融政策等调控市场，到2005、2006年通过营业税、个人所得税的开征以及规定市场产品供给结构比例来强化调控效果，调控的力度是由适度微调到逐渐加强，再到加大力度，采取果断有力的措施，达到适时稳定市场房价的目的。

第四，调控实施工具与实施原则的差异。1993年开始的全面调控主要采用“重新核定投资信贷计划”、“信贷限额管理”等带有较强计划色彩的金融工具和行政手段相结合，在全国范围普遍实施宏观调控，是“一刀切”的全方位控制房地产投资规模、降低房价的紧缩性调控政策。2003年的调控充分利用信贷政策、信贷优惠条件、土地供给限制、企业资质等政策，深入调控市场的有效供给，通过产品供给结构、期房限转、税收政策等调控产品市场的有效需求，大体保证市场供需总量平衡，是一次金融工具、财政工具与行政手段等相互结合的灵活应用；在调控范围与调控人群上“有保有压”，是一次贯彻“区别对待”的宏观调控。

(2)调控效果的比较分析。

第一，从既定目标的实现程度来看调控的效果。根据以上比较分析，首轮宏观调控目标直指增速超快的房地产投资，取得了预期控制投资规模、降低房价的效果，由此来看，首轮调控无疑是成功的。而从2003年开始连续4年的调控，利用多种手段综合调节市场的供给与需求来稳定房价，尽管调控期间部分地区的某些指标不尽如人意，但成功多于失败，基本上稳定了房价，整体上讲调控效果得到了市场的肯定。

第二，从全局性目标的实现来看调控的效果。由于1993年8月开始的调控，房地产市场已经处于过热后的“事后调控”，调控对象比较单一，作用方式直接，调控手段计划色彩浓，加之节奏快、力度强，使得已全面过热的房地产市场迅速冷却下来，由1993年的投资增幅165%急促下降到1997年的－1.93%，充分验证了“大起之后必有大落”，导致我国房地产业较长时间处于萧条状态。从全局来看，第一次房地产宏观调控不尽如人意。而在2003年之后连续4年的系统调控中，不仅注重调控对象的多样化、各种调节工具的优势互补和调控工具的作用方式和作用力度，而且充分利用市场规律开展有预见性的主动调控，把握市场供需结构，实施有保有压、区别对待的调控原则，使得全国房地产投资增幅基本控制在有效范围内，且房价基本在可控范围内小幅波动，产业经济呈现增长型波动，避免了区域过热问题酿成全局性问题，也未导致全国房地产业周期波动的大起大落。

第三，从房地产周期波动特征来看宏观调控的效果。首轮房地产周期波动特征为：周期波动历时6～7年；扩张期短，扩张程度深；衰退时间长，程度深；周期振幅大；周期波动剧烈，大起大落十分明显。而第二轮周期波动特征显示：周期波动时间大于10年；扩张时间长，增长呈现波浪式上升；衰退迹象并不明显；振幅较小，波动平缓。比较两轮周期波动的特征，整体上第二轮宏观调控的成效显著好于第一轮宏观调控。

三、房地产政策对短周期波动的影响

1998年以来，我国房地产市场经过连续9年高速增长，至2008年下半年进入萧条期，完成了一个完整的周期循环。2009年4月以来，在一系列利好政策的作用下，房地产市场从萧条中逐渐走出来，开始明显复苏。就2007—2010年而言，中国房地产市场的短周期波动也十分明显，具体可以分为以下几个阶段。

1. 2007年年初—2007年11月：繁荣上升期

众所周知，为建设稳定健康的房地产市场，自2005年开始，国家宏观调控政策相继出台，对供应和需求进行双向调控。4月份取消房产按揭贷款优惠政策，5月份出台“国八条”稳定房价，6月份七部委意见里提出了普通住宅与非普通住宅的标准，对消费普通住宅提高契税，对交付两年内交易地二手房增收综合税，等等。

国家连续宏观调控的直接后果是降低了开发商的投资热情，房地产开发建设规模减小，使供求矛盾进一步突出，最终使2007年房价在前几年快速上涨的基础上进一步加速飙升。2007年，全国房地产市场形成了空前的供需两旺、量价齐升的状况。从统计局发布的国房景气指数趋势图可以看到，国房景气指数从2007年3月起至11月，实现连续8个月环比上升(从2007年12月开始出现环比连续回落)。全国70个大中城市房屋销售价格指数也从2007年4月的105.4上升到11月的110.5，实现了连续7个月的环比上升。

2. 2007年12月—2008年6月：政策调整期

针对2007年全国房地产市场的有些过热，国家通过收缩银根等一连串方式加大了调控力度。2007年，国家连续6次上调中国人民银行存款利率，并连续10次调高人民银行存款准备金率。2007年年底中央经济工作会议对2008年我国经济进行了规划，其中“好字优先”(“坚持好字优先，推动科学发展”)、宏观调控由“一防”增加为“两防(防止经济增长由偏快转为过热，防止价格由结构性上涨变为明显通货膨胀)”、货币政策从“适度从紧”调整为“从紧”等政策全新亮相。2008年上半年，金融政策方面继续6次上调存款准备金率(源自“从紧的货币政策”和居高不下的通货膨胀率，也是2007年各项政策的延续)。这些都使得我国的房地产形势逐渐趋紧。具体表现在，国房景气指数从2007年12月的106.5开始出现环比连续回落，至2008年6月的103.8已连续7个月回落，但仍处于景气区间。国家发改委、国家统计局公布的数据显示，全国70个大中城市房屋销售价格指数，从2008年1月的111.3环比持续回落，至2008年6月为108.2。

3. 2008年7月—2009年3月：市场萧条期

2008年下半年，在世界性金融危机和宏观调控的双重作用下，我国房地产市场快速回落进入萧条期。国房景气指数从2007年12月以来出现环比连续回落，至2008年10月跌入不景气区间(景气指数为99.68)，10年来首次进入不景气区间，至2009年3月，国房景气指数出现连续6个月回落，形成一条比较明显的倒“U”形曲线。同时，全国70个大中城市房屋价格指数从2008年1月的同比增幅为11.3%(历史最高位)，到2008年8月的房屋价格指数环比增幅为－0.1%，出现近年来房价首次环比下降。随后，9－11月房价环比增幅依次为－0.1%、－0.3%、－0.5%，房价下跌呈加速趋势。至12月，房屋销售价格同比下降0.4%，是近年来房屋销售价格首次同比下降。

从2008年9月份开始，随着各级政府各类“救市”政策措施的密集出台，房地产市场政策拐点已经出现。①宏观经济政策由“紧”变“松”。面对次贷危机不断加剧，我国经济周期性质正在发生变化。2008年7月份，中央已将下半年经济工作的大政方针确定为“一保一控”。从央行的货币政策来看，自1月25日起的存款准备金率连续5次上调，转变到9月16日开始接连5次降息。积极的财政政策和适度宽松的货币政策，将改变宏观调控对房地产业的政策态度。②地方政府纷纷出台救市政策。在全国房地产市场低迷的情况下，2008年9－10月上海、南京、杭州等城市相继推出促进房地产市场稳定发展的政策，具体措施包括发放购房补贴、延长还款期限、减免相关税费、调高住房公积金贷款额度等，地方政府对房地产市场的扶持力度不断加大。③中央出台政策支持居民购房。2008 年 10 月 17 日和 22 日，国务院和财政部等分别出台政策鼓励居民购房，这标志着中央政府房地产市场的政策取向从“抑制”转向“扶持”。12 月 20 日，国务院办公厅《关于促进房地产市场健康发展的若干意见》(国办发〔2008〕131 号)文件的出台，标志系统性的房地产政策拐点全面形成。这也为我国房地产市场的复苏，提供了强有力的政策支撑。

4. 2009 年 4 月—2010 年 3 月：新复苏周期

随着宏观经济的好转和房地产宏观政策效应的逐渐显现，2009 年 4 月份，国房景气指数为 94.76，比 3 月份提高 0.02 点，比 2008 年同期回落 9.31 点。国房景气指数已经由 3 月份(比 2 月份回落 0.12 点)的环比跌幅逐步下降变为 4 月的环比小幅上升。至 8 月，全国房地产开发景气指数为 100.08，是继 2008 年 10 月份指数跌破 100 以来的首次超过临界值(转入“景气区间”)。9 月份，国房景气指数为 101.08，比 8 月份提高 1.00 点，该指数连续 6 个月保持回升态势。这恰好切合了房地产行业的景气周期，从 2007 年 10 月到 2009 年 3 月，整个行业渐入低迷期，4 月之后房地产市场回暖迹象明显。同时，2009 年 3 月全国 70 个大中城市房屋销售价格同比下降 1.3%(降幅比上月增加 0.1 个百分点)，但环比上涨 0.4%，释放出积极的信号。6 月份，全国 70 个大中城市房屋销售价格由上月的同比下降 0.6%变化为同比上涨 0.2%。此后，房屋销售价格持续上扬。至 9 月，全国 70 个大中城市房屋销售价格同比上涨 2.8%，涨幅比上月扩大 0.8 个百分点；环比上涨 0.7%，这也是从 2009 年 4 月开始，连续 6 个月环比回升。这些都表明，2009 年 4 月以来，我国房地产市场已经步入了新的复苏周期。

第四节　房地产政策跟踪与周期把握

一、房地产政策的周期性

虽然存在一定的领先或滞后关系，总体上房地产周期与整个宏观经济运行的经济周期较为一致。由于我国政府对经济活动干预和控制能力强，因而政策因素对经济波动影响甚大。近 10 年来，我国房地产经济政策存在明显的周期性特点，经济扩张政策和经济紧缩政策交替变动，构成我国特有的政策周期。

按照我国房地产市场的发展状况和宏观调控的目标，大致可将 1998—2010 年政府出台的针对房地产业的政策分为五个阶段：即 1998 年开始的初始市场化阶段、2002—2004 年的严控土地和贷款的供应紧缩阶段、2005—2007 年的需求控制阶段、2008—2009 年的需求全面刺激阶段、2010 年的政策突转、供扬需抑阶段。

二、房地产政策的调控思路：反周期性

反周期对策的思路是，当经济周期波动可能出现大起大落的异常波动时，通过制定有效的经济政策，采用反周期政策工具，抑制周期波动的负效应出现，从而保持经济的持续稳定增长。也就是说，当房地产经济处于扩张阶段时，政府应当采取必要的措施，抑制房地产经济过热；而当房地产经济处于衰退阶段时，政府则采取相应的扩张政策，刺激经济增长。

房地产反周期经济政策可分为两类：与房地产周期波动相关的宏观经济政策和直接针对房地产经济运行的微观政策。在宏观政策方面，政府依据货币理论和财政理论制定具体

的财政政策和货币政策。一般来说，货币政策侧重调节总量指标，但它一视同仁的效果和解决问题需要适当倾斜的灵活性存在矛盾，因此在调整结构目标时有一定的局限性；在微观政策方面，主要指对房地产开发资源的控制政策，如对土地资源的控制、规划限制条件、税费政策和融资条件等。与货币政策相比，财政政策调节的重点是结构，它既有引导资源配置、促进经济增长的作用，也有转移支付、调节收入再分配的职能。由于房地产市场的区域性和土地资源的垄断性，微观政策的效果往往更直接和及时。

三、房地产政策工具与分类

房地产的调控政策可以分为两种：刺激型房地产政策和抑制型房地产政策，而每一具体的房地产政策的实施都会有正负两方面效应。所谓正效应顾名思义也就是能够促进房地产开发、投资、销售等；而负效应也就是能够从某种程度上抑制房地产市场的某种活动，比如过度开发、投资过热、提高房地产交易成本等。

房地产政策作为一个调控房地产市场的手段，在市场低迷时，政府会出台鼓励性政策来刺激房地产市场的发展；但是在市场过热时也会出台相应的政策来进行适当调控。具体而言，房地产政策可以分为五类：金融政策、信贷政策、税收政策、住房保障政策和土地政策，2002—2010 年我国不同阶段的房地产政策重点见表 5-3。

表 5-3　2002—2010 年我国房地产政策分类与内容

类别	政策工具	具体内容			
		2002—2004 年	2005—2007 年	2008—2009 年	2010 年
金融政策	利率调整		央行 6 次加息	央行 5 次减息	
信贷政策	房贷利率		实行差异化贷款利率，取消一刀切的优惠利率，引入利率下限。房贷利率由之前的 9 折下降为 85 折。二套房贷款利率提高为基准利率的 1.1 倍	房贷利率由之前的 85 折下降为 7 折；改善型二套房按首次购房优惠政策	房价过高地区可暂停第三套房贷款；停止为非本地居民发放房贷；房贷利率由 7 折提高至 8 折以上；二套房贷款利率不得低于基准利率的 1.1 倍
	房贷首付	第一套房首付 20%，二套房适度提高	首套 90 平方米以下住房首付 20%，其他首付由 20%提高到 30%；二套房贷款首付 40%	改善型二套房按首次购房优惠政策	首套 90 平方米以下住房首付提高至 30%；二套房首付比例不低于 50%
	二套房认定		以家庭为单位认定房贷次数，但改善型二套房按首次购房优惠	是否利用贷款购买住房，且贷款是否已还清	既认房又认贷：原有的以贷款次数为准的认定方式继续有效，同时加入以房屋持有量的认定标准
	开发商	对土地储备和流动资金贷款严格管理；自有资金不低于开发项目总投资的 30%	自有资金不低于开发项目总投资的 35%	支持开发商融资和信贷支持：放宽开、竣工期限；普通住房的最低资本金比例下降到 20%	不得为土地闲置及炒地的房企发放新开发项目贷款

续表

类别	政策工具	具体内容			
		2002—2004年	2005—2007年	2008—2009年	2010年
税收政策	土地增值税		清缴销售85%以上的竣工项目和取得预售证满3年的项目		细化土地增值税的征收法规，加强征管力度，各地上调预征率
	营业税		购买后2年内转让住房，按全额征收营业税，两年以上不征税；一年后该时限由两年变更为五年	减免营业税期限从5年降为2年	营业税征免时限由2年恢复到5年营业税
	其他税种			各地减免契税、营业税、印花税、土地增值税、所得税	各地降低或减免税收的优惠政策终止执行
土地政策	土地出让	以招拍挂方式来公开出让土地使用权	土地出让实行“收支两条线”管理	放宽地价款支付期限和比例	开发商支付土地款首次缴纳比例不得低于全部价款的50%
	打击囤地		1年未动工征收土地闲置费；2年未动工无偿收回土地使用权；“净地”出让		“三不贷”、“三挂钩”
	土地使用费		新增土地使用费征收标准提高一倍		
住房保障政策	经济适用房		经济适用房明确经济适用房的面向对象和面积	今后三年，全国将建设400万套经济适用房	
	廉租房		明确廉租住房保障资金来源的八大渠道；明确廉租住房的保障对象和保障方式		
	中小户型		70/90政策（新建住房中90平方米以下所占比重达70%以上）		保障性住房、棚户区改造和中小户型不低于住房用地供应总量70%；2010年建设保障性住房300万套、改造各类棚户区280万套

【思考题】

1. 房地产周期波动分为哪几个阶段？
2. 我国房地产周期可分为哪几个阶段？
3. 我国房地产调控主要采用哪些政策工具？

第二部分

开发流程与实务

第六章　房地产开发用地的获取

房地产开发项目获取土地主要有三种方式：出让、转让和划拨。其中出让和划拨属于土地一级市场行为，转让属于土地二级市场行为。本章详细介绍各种获取方式的含义、范围和程序，并讨论土地征用和房屋拆迁。

第一节　土地使用权出让

一、土地使用权出让概述

下面介绍土地使用权出让的概念与基本特征。

1. 土地使用权出让的概念

土地使用权出让是指国家以土地所有者的身份将国有土地使用权在一定年限内让与土地使用者，并由土地使用者向国家支付土地使用权出让金的行为。根据《城镇国有土地使用权出让和转让暂行条例》有关规定，土地使用权出让合同应当按照平等、自愿、有偿的原则，由土地所在地政府与土地使用者签订。

2. 土地使用权出让的基本特征

（1）法律关系的主体身份具有特定性。土地使用权出让的主体是土地的所有者——国家，土地使用权出让合同由市、县人民政府土地管理部门与土地使用者签订，即市、县人民政府有权作为国有土地所有者的代表出让土地使用权。土地使用权出让中的受让方是指土地使用者，包括中华人民共和国境内外的公司、企业、其他组织和个人。

（2）以土地所有权与土地使用权的分离为基础。土地使用权出让的客体是国有土地使用权，而不是国有土地所有权。根据《中华人民共和国宪法》相关规定，我国实行土地公有制，只有两种土地所有权形式：国有土地所有权和农村集体土地所有权，任何组织和个人不得侵占、买卖或者以其他形式非法转让土地。但土地使用权可以依照法律的规定转让。需要说明的是，出让土地使用权的范围不包括该幅出让土地的地下资源、埋藏物和市政公用设施。

（3）土地使用权出让具有期限性。根据《中华人民共和国城镇国有土地使用权出让和转让暂行条例》，土地使用权出让最高年限按下列用途确定：居住用地 70 年，工业用地 50 年，教育、科技、文化、卫生、体育用地 50 年，商业、旅游、娱乐用地 40 年，综合或其他用地 50 年。土地使用权年限届满时，土地使用者可以申请续期，具体由出让方和受让方在签订合同时确定，但不能高于法律规定的最高年限。

（4）土地使用权出让的有偿性。土地使用者取得一定年限内的土地使用权须向土地所有者支付土地使用权出让金为代价。出让金的本质，是土地所有者（国家）凭借土地所有权取得的土地的经济利益，表现为一定年限内的地租。

(5)土地使用权出让是要式法律行为。土地使用权出让,应当签订书面出让合同,同时向县级以上地方人民政府土地管理部门申请登记。如果不签订书面出让合同并办理土地使用权登记,则土地使用权出让行为无效。

二、协议出让土地使用权

下面介绍协议出让土地使用权的含义、特点、范围以及特点。

1. 协议出让的含义

协议出让土地使用权,是指国家以协议方式将国有土地使用权在一定年限内出让给土地使用者,由土地使用者向国家支付土地使用权出让金的行为。由土地使用权受让申请人直接向市、县人民政府土地行政主管部门(出让人)提出用地申请,并就土地的用途、范围、价格等谈判、协商,达成一致并签订土地使用权出让合同。

2. 协议出让的特点

协议出让主要有三个特点。

(1)非市场出让,没有竞争者。协议出让方式的基本特点是在受让方没有第三者参与竞争的条件下,通过双方协商,达到出让土地使用权的目的。因此,该方式缺乏竞争机制,市场透明度不高,主观随意性较大。

(2)政府对土地的控制力度大。政府对地价较易控制,灵活性大,适用于工业仓储、市政公益事业项目、非营利项目及政府为调整经济结构、实施产业政策需要给予优惠、扶持的建设项目。

(3)价格和使用范围受到限制。以协议方式出让土地使用权的出让金不得低于国家规定所确定的最低价。在公布的地段上,同一地块只有一个意向用地者的,市、县人民政府国土资源行政主管部门方可采取协议方式出让,但商业、旅游、娱乐和商品住宅等经营性用地除外。

3. 协议出让国有土地使用权范围

出让国有土地使用权,除依照法律、法规和规章的规定应当采用招标、拍卖或者挂牌方式外,方可采取协议方式,主要包括以下情况。

(1)供应商业、旅游、娱乐和商品住宅等各类经营性用地以外用途的土地,其供地计划公布后同一宗地只有一个意向用地者的;

(2)原划拨、承租土地使用权人申请办理协议出让,经依法批准,可以采取协议方式,但《国有土地划拨决定书》、《国有土地租赁合同》、法律、法规、行政规定等明确应当收回土地使用权重新公开出让的除外;

(3)划拨土地使用权转让申请办理协议出让,经依法批准,可以采取协议方式;

(4)出让土地使用权人申请续期,经审查准予续期的,可以采用协议方式;

(5)法律、法规、行政规定明确可以协议出让的其他情形。

4. 协议出让土地使用权的申请

下面介绍用地申请书的内容、申请协议出让土地使用权应提交的材料,以及协议出让土地使用权获取的一般程序。

(1)用地申请书的内容包括以下几点。

①申请出让宗地的基本情况,即坐落、四至、面积、规划用途;

②申请出让宗地的权属情况;

③是否已取得计划、规划部门批准文件;

④是否已审定地价水平或是否进行了地价评估;

⑤地上物现状;

⑥开发建设情况;

⑦申请土地使用权出让的理由;

⑧提出申请出让的请求。

(2)申请人申请协议出让国有建设用地使用权,应向土地行政主管部门提供以下材料。①

①土地出让申请。

②关于地价方面的文件,主要包括:已审定地价水平的提交地价水平通知单和1份地价评估报告;未审定地价水平的提交3份地价评估报告。

③项目建议书批复及可行性研究报告批复。

④有关规划方面的文件,主要包括:规划意见书及附图;建设用地规划许可证及附件、附图;审定设计方案通知书及附图;设计单位出具的地上、地下及规划用途建筑面积的说明;钉桩成果通知单。

⑤关于土地权属及权属来源的文件,主要包括:房屋所有权证;国有建设用地使用权证;征地批复、划拨批复、建设用地批准书;与原用地单位的协议书;原用地单位同意申请用地单位出让手续的证明。

⑥关于申请用地单位的文件,主要包括:申请人法人资格证书或执照(加盖发证部门审核专用章);属合资、合作公司的,提交合资、合作公司的合同、章程、经贸委批准成立公司的批复、批准证书。

⑦已取得建设工程规划许可证、施工许可证、建设工程规划验收申请表、竣工核验单、房地产部门的测绘成果等文件的,提交相应文件。

⑧已由公安部审定门牌号的,提交公安部门的审定文件。

⑨其他需要提交的文件。

(3)协议出让土地使用权获取的一般程序如下。

①公开出让信息,接受用地申请,确定供地方式。市、县国土资源管理部门将经批准的国有土地使用权出让计划向社会公布,同时公布国有土地使用权出让计划、细化的地段、地块信息,并明确用地者申请用地的途径和方式,公开接受用地申请。

②编制协议出让方案。市、县国土资源管理部门应当会同规划等部门,依据国有土地使用出让计划、城市规划和意向用地者申请的用地类型、规模等,编制国有土地使用权协议出让方案。协议出让方案应当包括:拟出让地块的位置、四至、用途、面积、年限、土地使用条件、供地时间、供地方式等。

③地价评估,确定底价。市、县国土资源管理部门应当根据拟出让地块的条件和土地市场情况,按照《城镇土地估价规程》,组织对拟出让地块的正常土地市场价格进行评估。市、县国土资源管理部门或国有土地使用权出让协调决策机构应当根据土地估价结果、产业政策和土地市场情况等,集体决策,综合确定协议出让底价。

① 杨家学:《房地产开发流程》,北京:法律出版社,2010年版。

④协议出让方案、底价报批。市、县国土资源管理部门应当按规定将协议出让方案、底价报有批准权的人民政府批准。

⑤协商，签订意向书。市、县国土资源管理部门依据经批准的协议出让方案和底价，与意向用地者就土地出让价格等进行充分协商、谈判。双方协商、谈判达成一致，并且议定的出让价格不低于底价的，市、县国土资源管理部门应当与意向用地者签订《国有土地使用权出让意向书》。

⑥公示。《国有土地使用权出让意向书》签订后，市、县国土资源管理部门将意向出让地块的位置、用途、面积、出让年限、土地使用条件、意向用地者、拟出让价格等内容在当地有形市场等指定场所以及中国土地市场网进行公示，并注明意见反馈途径和方式。公示时间不得少于五日。

⑦签订出让合同，公布出让结果。公示期满，无异议或虽有异议但经市、县国土资源管理部门审查没有发现存在违反法律法规行为的，市、县国土资源管理部门应当按照《国有土地使用权出让意向书》约定，与意向用地者签订《国有土地使用权出让合同》。

⑧核发《建设用地批准书》，交付土地。市、县国土资源管理部门向受让人核发《建设用地批准书》，并按照《国有土地使用权出让合同》、《建设用地批准书》约定的时间和条件将出让土地交付给受让人。

⑨办理土地登记。受让人按照《国有土地使用权出让合同》的约定付清全部国有土地使用权出让金，依法申请办理土地登记手续，领取《国有土地使用证》，取得土地使用权。

⑩资料归档。协议出让手续全部办结后，市、县国土资源管理部门应当对宗地出让过程中的出让信息公布、用地申请、批准、谈判、公示、签订合同等各环节相关资料、文件进行整理，并按规定归档。

三、招标出让土地使用权

下面介绍招标出让土地使用权的含义、特点以及基本流程。

1. 招标出让的含义

招标出让是指市、县国土资源管理部门发布招标公告或者发出投标邀请书，邀请特定或者不特定的法人、自然人和其他组织参加国有土地使用权投标，根据投标结果确定土地使用者的行为。

2. 招标出让土地使用权的特点

招标出让土地使用权有以下几个特点。

(1)充分的竞争性。招标方式引入了市场竞争机制，体现了土地使用权者商品性竞争的原则。

(2)全方位开放，透明度高。招标的目的是在尽可能大的范围内寻找合乎要求的中标者，招标投标整个程序都在公开情况下进行，公开发布投标邀请，公开开标，公布中标结果，投标商资格审查标准和最佳投标商评选标准要事先公布。活动置于公开的社会监督之下，可以防止不正当的交易行为。

(3)过程的公平、客观性。招投标全过程自始至终按照事先规定的程序和条件，本着公平竞争的原则进行。在招标公告或投标邀请书发出后，任何有能力或资格的投标者均可参加投标。招标方不得有任何歧视某一个投标者的行为。同时，从发布公告起，投标全过程具有保密性，投标人之间不知道竞争对手的标底，招标人也对标底保密。

(4)评判的综合性。投标者只能应邀进行一次性报价，并以合理的价格定标。价格不是唯一的评判标准，而是由多个指标比较的综合结果，例如投标人以往的业绩、规划设计方案和企业资质等。

3. **招标基本流程**[①]

招标基本流程如下。

(1)招标。首先由出让人(市、县人民政府土地行政主管部门)在投标截止日前 20 日向社会发出招标公告或邀请招标通知，由要求使用土地者向其提出申领招标文件，投标人按照招标文件的规定报名并提供有关资料；然后由评标小组按照招标文件的要求对投标人的投标资格进行审查，经审查合格的，确认其投标资格，并由其缴纳投标保证金。

(2)投标。投标者在规定的投标截止日期前，到出让方指定的地点，将密封后的投标书投入指定的专用标箱。投标书一经投入标箱，即不得从标箱中取出。投标者在招标截止日期前如需修改标书，可以另投修改标，原标书无效。

(3)开标、评标和决标。招标方邀请建设、规划、法律等方面的专家或专业人员组成评标委员会。开标、评标和决标工作由评标委员会主持。评标委员会对投标书实行公开评标，决定中标者。

(4)签约。中标者持中标通知书在规定的日期内与土地行政主管部门签订《国有土地使用权出让合同书》，实行净地出让的，中标人还应与土地储备机构签订《土地开发补偿协议书》。签订协议时中标人应向土地行政主管部门支付不低于成交价总额 20%的定金，其缴纳的保证金可抵作定金。

(5)领证。中标人按《国有土地使用权出让合同书》和《土地开发协议书》的约定全部缴付土地使用权出让金和土地开发补偿费后，依法办理土地登记手续，领取《国有土地使用证》。

四、拍卖出让土地使用权

下面介绍拍卖出让土地所有权的含义、特点以及基本流程。

1. **拍卖出让的含义**

拍卖出让是指市、县国土资源管理部门发布拍卖公告，由竞买人在指定时间、地点进行公开竞价，根据出让结果确定土地使用者的行为。

2. **拍卖出让土地使用权的特点**

拍卖土地使用权有以下几个特点。

(1)完全竞争性。从拍卖公告的公布，到拍卖时的叫价、应价以及最终成交价格，都是在公开的场合进行，并且拍卖现场都有工商行政主管部门的现场监督。

(2)价格的决定性。拍卖出让土地使用权除了参加竞买人主体资格必须合格外，拍卖成交的唯一一决定因素就是价格，即价高者得。

---

① 吕萍:《房地产开发与经营》，北京：中国人民大学出版社，2011 年版。

(3)报价的多次性。拍卖时,竞买人有多次报价的机会。在拍卖过程中,每个竞买人都可以在其他竞买者出价后,根据自己评估的心理价格决定是否跟进价格竞买。

3. 拍卖出让基本流程

拍卖出让土地使用权的基本流程如下。

(1)发布拍卖公告。与招标出让相同,出让人应当至少在拍卖开始日前20日发布拍卖公告,公布拍卖出让宗地的基本情况和拍卖的时间、地点等。拍卖公告的内容与招标公告的内容基本相同。

(2)资格审查及缴纳保证金。竞买人应在拍卖公告规定的时限内,向土地管理部门提出竞买申请,并提交下列文件:竞买申请书;营业执照副本;法定代表人证明书、法定代表人身份证复印件,委托竞买的,应提交授权委托书;资信证明等。同时按要求缴纳竞买保证金,如竞买不成,该保证金在拍卖结束后如数退还。

(3)组织拍卖会。市、县国土资源管理部门应当按照出让公告规定的时间、地点组织拍卖活动。拍卖活动应当由土地招标拍卖挂牌主持人主持进行。拍卖会按下列程序进行。

①拍卖主持人宣布拍卖会开始。

②拍卖主持人宣布竞买人到场情况。设有底价的,出让人应当现场将密封的拍卖底价交给拍卖主持人,拍卖主持人现场开启密封件。

③拍卖主持人介绍拍卖地块的位置、面积、用途、使用年限、规划指标要求、建设时间等。

④拍卖主持人宣布竞价规则。拍卖主持人宣布拍卖宗地的起叫价、增价规则和增价幅度,并明确提示是否设有底价。在拍卖过程中,拍卖主持人可根据现场情况调整增加幅度。

⑤拍卖主持人报出起价,宣布竞价开始。

⑥竞买人举牌应价或者报价。

⑦拍卖主持人确认该竞买人应价或者报价后继续报价。

⑧拍卖主持人连续三次宣布同一应价或报价而没有人再应价或出价,且该价格不低于底价的,拍卖主持人落槌表示拍卖成交,拍卖主持人宣布最高应价者为竞得人。成交结果对拍卖人、竞得人和出让人均具有法律效力。最高应价或报价低于底价的,拍卖主持人宣布拍卖终止。

(4)签约。以拍卖方式确定竞得人后,与招标方式相同,出让人应当与竞得人签订成交确认书。竞得人按照成交确认书约定的时间,与出让人签订《国有土地使用权出让合同》。

(5)登记、领证。受让人依照《国有土地使用权出让合同》的约定付清全部国有土地使用权出让金后(竞得人支付的竞买保证金可抵作国有土地使用权出让金,其他竞买人支付的竞买保证金,出让人必须在拍卖活动结束后5个工作日内予以退还,不计利息),应当依法申请办理土地登记,领取国有土地使用权证书。

五、挂牌出让土地使用权

下面介绍挂牌出让土地使用权的含义、特点以及基本流程。

1. 挂牌出让的含义

挂牌出让国有土地使用权,是指市、县国土资源管理部门发布挂牌公告,按公告规定的期限将拟出让宗地的交易条件在指定的土地交易场所挂牌公布,接受竞买人的报价申请并更新挂牌价格，根据挂牌截止时的出价结果或现场竞价结果确定土地使用者的行为。

2. 挂牌出让的特点

挂牌出让综合体现了招标、拍卖和协议方式的优点，同样是具有公开、公平、公正特点的国有土地使用权出让的重要方式，尤其适用于当前土地市场现状。具有招标、拍卖不具备的优势：①透明度高；②挂牌时间长，且允许多次报价，有利于投资者理性决策和竞争；③操作简便，节省组织等费用成本；④充分体现价高者得，不受竞买人数限制。

3. 挂牌出让基本流程

市、县国土资源管理部门应当按照出让公告规定的时间、地点组织挂牌活动。挂牌活动应当由土地招标拍卖挂牌主持人主持进行。

(1)公布挂牌信息。在挂牌公告规定的挂牌起始日，挂牌人将挂牌宗地的位置、面积、用途、使用年期、规划指标要求、起始价、增价规则及增加幅度等，在挂牌公告规定的土地交易地点挂牌公布。挂牌时间不得少于10个工作日。

(2)竞买人报价。符合条件的竞买人应当填写报价单报价。有条件的地方，可以采用计算机系统报价。

(3)确认报价。挂牌主持人确认该报价后，更新显示挂牌价格，继续接受新的报价。有两个或两个以上竞买人报价相同的，先提交报价单者为该挂牌价格的出价人。

(4)挂牌截止。挂牌截止应当由挂牌主持人主持确定。设有底价的，出让人应当在挂牌截止前将密封的挂牌底价交给挂牌主持人，挂牌主持人现场打开密封件。在公告规定的挂牌截止时间，竞买人应当出席挂牌现场，挂牌主持人宣布最高报价及其报价者，并询问竞买人是否愿意继续竞价。

(5)现场竞价。现场竞价应当由土地招标拍卖挂牌主持人主持进行，取得该宗地挂牌竞买资格的竞买人都可参加现场竞价。

(6)签订《成交确认书》。确定竞得人后，挂牌人与竞得人当场签订《成交确认书》。挂牌人或竞得人不按规定签订《成交确认书》的，应当承担法律责任。竞得人拒绝签订《成交确认书》也不能对抗挂牌成交结果的法律效力。

(7)竞得人支付的保证金可抵作土地使用权出让金。其他竞买人缴纳的保证金在挂牌活动结束后3个工作日内全额退还(不计息)。

(8)竞得人有下列行为之一的，竞得结果无效。所收保证金不予退还，给当事人造成损失的，依法承担赔偿责任：①竞得人反悔，拒绝签订成交确认书或土地使用权出让合同的；②竞买人、竞得人提供虚假文件隐瞒事实的；③竞买人、竞得人采取行贿、恶意串通等非法手段竞得的；④法律、法规规定的其他违约情形。

第二节　土地使用权转让

一、土地使用权转让的含义

土地使用权转让是指土地使用者将土地使用权再转移的行为，包括出售、交换和赠与。土地使用权的转让是在土地使用权出让的基础上，土地使用权在土地使用者之间的横向流动。

对于开发企业而言，这种土地使用权间的横向流动就是土地交易的二级市场；对于未按土地使用权出让合同规定的期限和条件投资开发、利用土地的，土地使用权不能转让。在转让土地的同时，转让土地的地上建筑物及其附着物，并应当依照规定办理过户手续。

二、土地使用权转让的法律条件

土地使用权转让的具体条件由地方政府确定，转让必须符合土地使用权出让合同规定的期限和投资开发及利用条件，否则土地使用权不得转让。

《城市房地产管理法》规定，以出让方式取得土地使用权的，转让土地使用权时应当满足以下条件：①土地使用权转让只能在原土地使用权出让合同规定的权利义务范围内进行，权利人不得扩张其权利的内容；②按照出让合同约定已经支付全部土地使用权出让金，并取得土地使用权证书；③按照出让合同进行投资开发，属于房屋建设工程的，要完成开发投资总额的25%以上，属于成片开发土地的，形成工业用地或者其他建设用地条件。

《城市房地产管理法》还规定了土地使用权不得转让的条件。土地使用权转让时，土地使用权出让合同载明的权利义务随之转移，转让人不能保留一部分权能而只转让其他权能。国家虽然不参与土地使用权转让双方之间的法律关系，但新的受让人使用土地必须按照国家与原受让人之间订立的合同进行，不得随意变更土地使用权的使用年限、用途及其他限定规则。

三、土地使用权转让的形式

土地使用权转让的类型主要有三种：出售、交换和赠与。在实际的经济活动中，土地使用权转让还存在其他转让方式，如土地使用权作价入股，企业被收购、兼并或合并等经营性土地使用权转让方式，这些方式的实质都是土地使用权的有偿转移。

1. 土地使用权出售

土地使用权出售是指现有土地使用者将其土地使用权依法转移给受让人，并由受让人向其支付地价款的行为。土地使用权出售是土地使用权转让最常见的形式，也是土地使用权转让的主要方式。土地使用权出售除具有土地使用权转让的一般法律特征外，还具有自身的一些特殊法律要点，主要有以下三点。

(1)土地使用权出售是买卖双方当事人的等价有偿行为。这也是土地使用权出售与土地使用权转让其他方式的显著差别，买卖双方遵循平等自愿、等价有偿和诚实信用的民事活动原则，买卖双方必须都是真实意愿的表达，卖方向买方转让土地使用权，买方向卖方支付地价款。

(2)合同的标的是国有土地使用权。土地使用权是一种限制性的标的，它与其他买卖的标的有显著的差别，城镇土地的所有权是国家所有。此外，转让合同的标的必须清楚、明确和具体，所涉及地块必须按出让合同的规定写明具体位置、面积、使用年限、规划用途等详细情况，另外附带转让的地上建筑物、附着物也是合同标的的组成部分。

(3)土地使用权的转移以登记为要件。土地使用权买卖是诺成合同行为，这与一般买卖合同相同，所不同的是土地使用权买卖合同除经过双方当事人意愿真实表达以外，还需要经过土地使用权登记为要件，未经登记的土地使用权买卖不具有法律效力。

2. 土地使用权交换

土地使用权交换是指双方当事人约定相互转移土地使用权，其本质是一种权利交易。

多数情况下，交换的双方都是为了更好地满足自己的经济需要。其特殊的法律要点主要表现在以下三点。

(1)本质是权利交易。土地使用权交换其本质是以权利交换权利，这与出售显然不同，出售是以货币形式转让使用权，而交换是双方权利的交易，无需货币这个中介。

(2)标的的双重性。土地使用权交换权利交易的本质，决定了合同标的的双重性，即双方交易的土地使用权，这与土地使用权出售也有所差别，出售合同的标的为原土地使用者的土地使用权，而交换的标的是双方的土地使用权。

(3)双方的权利和义务具有相同性。交换并登记生效后，双方当事人都有交付土地使用权的义务，以及享有获得对方土地使用权的权利。因此，交换中当事人的权利和义务具有相同性。

3. 土地使用权赠予

土地使用权赠予是指赠予人自愿将土地使用权无偿转移给受赠人的行为。土地使用权赠予是土地使用权转让的方式之一，因而，在赠予转移土地使用权的过程中，其地上建筑物和附着物必须同时赠予转移。赠予行为与出售和交换行为的显著差别在于，赠予是一种无偿、单方的行为，它不需要货币补偿或是权利补偿，它是赠予人无条件对受赠人的转移。当然赠予人可以对赠送的土地使用权设置附加条件，指明受赠人享有土地使用权的目的和范围等。

四、土地使用权转让的程序

我国土地使用权转让程序一般如下。

(1)转让申请。由原受让人向出让人提出转让土地使用权的申请，出让人(土地管理部门)就转让情况对再受让人的资信、转让合同草案、转让金标准进行审查。如果审查无异议，则向原受让人发同意转让的通知书，若不同意转让，则应指出原因和改进建议。在审查申请时，土地管理部门应对拟转让地价进行评审，若发现转让价过低，政府可优先收购。价格过高的，可采取必要调控措施。

(2)签订转让合同。原受让人通过招标、拍卖或协议方式确定新的受让人后，要与新受让人签订转让合同，明确双方当事人的权利义务，另外转让合同的内容必须符合出让合同的要求。《城市房地产管理法》第 41 条规定：房地产转让，应当签订书面转让合同，合同中应当载明土地使用权取得的方式。

(3)转让合同公证。转让合同公证就是由公证机关证明转让合同的真实性与合法性的非诉讼活动。由于转让合同属经济合同的性质，虽然《城镇国有土地使用权出让和转让暂行条例》并没有作出转让合同要进行公证的规定，但是各地方政府法规基本上都规定了土地使用权转让合同必须进行公证。有些地方规定，公证是转让合同生效的必要条件，而转让合同经过公证后具有强制执行的效力。

(4)缴纳土地转让费和土地增值税。转让合同签订后，再受让人应按合同要求及时向转让人支付土地转让费，同时转让人要在合同签订后的七日内到税务部门缴纳土地增值税。由于国家建设投资等原因而使土地增值，使得转让方在转让时获得增值收益，国家要对这部分收益征税，这就是土地增值税。征收土地增值税是防止土地投机和规范房地产交易市场的有效措施之一。

(5)土地使用权变更登记。双方当事人共同到所在地市、县人民政府土地管理部门办理土地变更登记手续，换领土地使用证。办理变更登记时，必须提交转让登记申请书、土地使用证和房产证、土地转让合同、付款凭证、受让人资信证明、法人代表证书等。同时,也应就地上建筑物所有权转让合同向房地产管理部门办理过户登记。

第三节　土地使用权行政划拨

一、土地使用权行政划拨的含义

土地使用权行政划拨是指经县级以上人民政府依法批准,在土地使用者缴纳补偿、安置等费用后,将该幅土地交付其使用,或者将土地使用权无偿交付给土地使用者使用的行为。

在传统的计划经济体制下,土地资源的使用和分配,主要依赖于政府的无偿划拨。对于开发企业而言,也可以通过无偿划拨形式取得开发用地,但主要是用于经济适用房建设。根据划拨土地使用权人的不同,可以将划拨土地使用权分为两种类型:

(1)国家机关、军事机关等公法人享有划拨土地使用权。这些机关属于国家机构的组成部分,其本身是国家的代表,使用划拨土地的目的是为了实现国家的公法职能。根据国家法人说,这种划拨土地使用权应当认为是土地所有人自己占有、使用,在性质上属于未分离出去的所有权的使用权能。

(2)企业、事业单位等私法人、自然人或其他组织享有的划拨土地使用权。这些划拨土地使用权人属于私法上的主体,不是国家的代表,其对划拨土地的占有、使用是非所有人的占有、使用。

二、土地使用权行政划拨的主要特征

土地使用权行政划拨的主要有以下特征。

(1)划拨土地使用权的取得具有行政性。对土地使用权进行划拨的只能是县级以上人民政府,行使的是行政权力,由国家行政主管部门单方面决定是否划拨,不需征求用地人的意见,用地人只能消极地申请;并且划拨建设用地使用权的适用范围受到法律限制。

(2)划拨土地使用权具有无偿性。相对于土地使用权出让而言,以行政划拨方式取得的土地使用权无需支付土地使用权出让金。

(3)划拨土地使用权使用具有无期限性。目前,我国对划拨土地使用权使用年限没有明确的规定,《城市房地产管理法》第 23 条第 2 款规定:"依照本法规定以划拨方式取得土地使用权的,除法律、法规另行规定外,没有使用期限的限制。"国家可按需要依法收回划拨的土地使用权。

(4)划拨土地使用权的流转具有限制性。通过划拨方式取得的土地使用权,除符合法律规定的条件外,不得转让、出租和抵押。如果要转让、出租和抵押,应首先经市、县人民政府土地管理部门和房产管理部门的批准,并向当地人民政府补交土地使用权出让金,签订土地使用权出让合同。

三、划拨土地使用权的适用范围

根据国土资源部《划拨用地目录》规定,下列建设用地,经县级以上人民政府依法批准,可以划拨方式取得。

(1)国家机关和军事用地,包括党政机关和人民团体用地以及军事用地。

(2)城市基础设施用地和公益事业用地,包括城市基础设施用地、非营利性邮政设施用地、非营利性教育设施用地、公益性科研机构用地、非营利性体育设施用地、非营利性公共文化设施用地、非营利性医疗卫生设施用地、非营利性社会福利设施用地。

(3)国家重点扶持的能源、交通、水利等基础设施用地,包括石油天然气设施用地、煤炭设施用地、电力设施用地、水利设施用地、铁路交通设施用地、公路交通设施用地、水路交通设施用地、民用机场设施用地。

(4)法律、行政法规规定的其他用地。《划拨用地目录》规定,对国家重点扶持的能源、交通、水利等基础设施用地项目,可以划拨方式提供土地使用权,对以营利为目的,非国家重点扶持的能源、交通、水利等基础设施用地项目,应当以有偿方式提供土地使用权;以划拨方式取得土地使用权,因企业改制、土地使用权转让或者改变土地用途等不再符合本目录的,应当实行有偿使用。

四、划拨土地使用权获取的主要步骤

根据《土地管理法》及其实施条例的规定,具体建设项目需要占用土地利用总体规划确定的城市建设用地范围内的国有建设用地的,取得划拨土地使用权的步骤如下。

(1)预审。用地申请前,在建设项目可行性研究论证时,应当由土地管理部门对建设项目用地有关事项进行审查,提出建设项目用地预审意见;可行性研究报告报批时,必须附土地管理部门出具的建设项目用地预审意见。

(2)申请。具体建设项目需要使用土地的,由建设单位持建设项目的有关批准文件,向市、县人民政府土地管理部门提出建设用地申请。建设单位应当根据建设项目的总体设计一次申请,办理建设用地审批手续;分期建设的项目,可以根据可行性研究报告确定的方案分期申请建设用地,分期办理建设用地有关审批手续。

(3)审查。建设单位的用地申请由市、县人民政府土地管理部门审查,拟订供地方案,即划定用地范围,并组织建设单位与被征地单位及有关单位商定补偿、安置方案。然后,报市、县人民政府批注;需要上级人民政府批准的,应当报上级人民政府批准。

(4)批准。供地方案等经批准后,由市、县人民政府向建设单位颁发建设用地批准书。划拨使用国有土地的,由市、县人民政府土地管理部门向土地使用者核发国有土地划拨决定书。

(5)登记发证。用地申请批准后,建设单位应当依法向市、县人民政府土地管理部门申请土地登记,并由市、县人民政府颁发《国有土地使用证》。土地登记时划拨土地使用权的公示方法,《国有土地使用证》是取得划拨土地使用权的唯一证明。

五、划拨土地使用权获取的补偿费用

划拨土地使用权获取过程中的主要成本和税费,主要是指划拨土地使用者给予原土地使用者的补偿和安置费用。《土地管理法》规定,建设占用土地,涉及农用地转为建设用地的,应当办理农用地专用审批手续。其中,经国务院批准,或经省、自治区、直辖市人民政府在征地批准权限内批准农用地转用的,同时办理征地审批手续。征收土地的,按照被征收土地的原用途给予补偿。征收耕地的补偿费用包括土地补偿费、安置补助费以及地上附着物和青苗的补偿费。土地上有建筑物的,还要承担拆迁补偿费。

(1)土地补偿费。土地补偿费是指国家征收集体所有的土地时直接对土地支付的补偿费用,其实质是对土地收益的补偿。土地收益是农业集体经济组织通过占有、经营土地而获得的经济利益。国家征用集体所有的土地时,必须对农业集体经济组织失去土地后所损失的土地收益给予补偿。根据我国《土地管理法》的规定,征收耕地的土地补偿费按该块耕地被征收前三年平均年产值的3～6倍计算。

(2)安置补助费。征收耕地的安置补助费,按照需要安置的农业人口数计算。需要安置的农业人口数,按照被征收的耕地数量除以征地前被征收单位平均每人占有耕地的数量计算。每一个需要安置的农业人口的安置补助费标准,为该耕地被征收前三年平均年产值的4～6倍。但是,每公顷被征收耕地的安置补助费,最高不得超过被征收前三年平均年产值的15倍。土地补偿费和安置补助费,尚不能使需要安置的农民保持原有生活水平的,经省、自治区直辖市人民政府批准,可以增加安置补助费。但是,土地补偿费和安置补助费的总和不得超过土地被征收前三年的平均年产值的30倍。国务院根据社会、经济发展水平,在特殊情况下,可以提高征收耕地的土地补偿费和安置补助费的标准。在城市建设用地上取得划拨土地,也需要对原土地使用者,如国有企业职工进行一定的安置。

(3)地上附着物及青苗补偿费。地上附着物补偿费包括地上的各种建筑物、构筑物,如房屋、水井、道路、管线、水渠等的拆迁和恢复费用及被征用土地上林木的补偿或砍伐费等。其具体标准由各省、自治区、直辖市规定。青苗补偿费是指农作物正处于生长期未能收获,因征用土地需要及时出让土地,致使农作物不能收获而使农民造成损失,所给予土地承包经营者或土地使用者的经济补偿。青苗补偿费的标准一般农作物最高按一季产值计算,如果是播种不久或投入较少,也可以按一季产值的一定比例计算。

(4)拆迁补偿费。拆迁补偿费是拆建单位依照规定标准向被拆迁房屋的所有权人或使用人支付的各种补偿金。一般有:房屋补偿费,用于补偿被拆迁房屋所有权人的损失,以被拆迁房屋的结构和折旧程度划档,按平方米单价计算;周转补偿费,用于补偿拆迁房屋住户临时居住房或自找临时住处的不便,以临时居住条件划档,按被拆迁房屋住户的人口每月予以补贴;奖励性补偿费,用于鼓励被拆迁房屋住户积极协助房屋拆迁或主动放弃一些权力如自愿迁往郊区或不要求拆迁单位安置住房。房屋拆迁补偿费的各项标准由当地人民政府根据本地的实际情况和国家有关法律政策加以确定,拆建单位必须严格执行,不得任意更改。

(5)其他费用。征收集体土地过程中发生的税费还包括耕地占用税、新增建设用地有偿使用费、耕地开垦费、征地管理费等,征收城市郊区的菜地,用地单位还应当按照国家有关规定缴纳新菜地开发建设基金。对地面建筑物进行拆迁的,应缴纳房屋拆迁管理费。

第四节 土地征用与房屋拆迁

一、土地征用的含义

土地征用是指国家为公共需要或公共用途,行使其最高(终极)土地所有权,强制取得私人土地,给予补偿而取消其所有权,并支配使用土地的一项政策或制度。在美国法律上称之为最高土地权,意指“最高统治者在没有所有者同意的情况下,将财产用于公共目的的权利”,故又称为征用权。国家为此常在社会中扮演着重要角色,以便于获得公路、街道、公共设施和其他公共设施所需要的土地。倘若没有这一权力，单个财产所有者通过拒绝出售为公共开发所需要的土地就可以妨碍公众愿望的实现。

土地征用与一般土地所有权转移行为的区别是：①土地征用是强制取得，一般土地所有权转移是基于一定法定原因取得；②土地征用是行政处分的一种，一般土地所有权转移是市场或契约行为；③土地征用的主体是国家，一般土地所有权转移是发生于平等的利益主体之间；④土地征用是基于公共需要，实施国家经济政策等公共性目的；⑤土地征用是消灭原土地所有权，从而也一并消灭他项权利，一般土地所有权转移则是所有权转移，但他项权利则视不同情况而定；⑥土地征用取得的土地所有权属原始取得，而一般土地所有权转移属于非原始取得或继承取得。

《土地管理法》第四十五条规定，征用下列土地的，由国务院批准：①基本农田；②基本农田以外的耕地超过35公顷的；③其他土地超过70公顷的。征用上述以外土地的，应依照《土地管理法》第四十四条的规定先行办理农用地转用审批。其中，经国务院批准农用地转用的，同时办理征地审批手续。

二、土地征用的原则

为防止土地的滥征滥用，在征用土地时，必须遵循以下原则。

(1)节约用地、合理用地的原则。国家建设征用土地，要注意节约用地。各级人民政府和土地管理部门应当严格掌握用地控制指标，应当根据建设项目的性质和规模，确定征用土地的面积，不得多征、早征。国家建设征用土地，应当依据土地利用总体规划和城市规划，合理确定建设用地的位置。凡是有荒地可以利用的，不得占用耕地；在确定占用耕地时，凡是有可能利用劣地的，不得占用好地。

(2)兼顾国家、集体和个人三者利益的原则。在征用土地时，要注意处理好各方面的关系。首先，被征用土地的集体组织要维护国家利益，服从国家建设需要，协助国家顺利实现土地征用，而不能乘机漫天要价，延误国家建设的正常进行。同时，国家也要给予被征用土地的集体组织适当补偿，对因征用土地而受损失的个人给予妥善安置和补助。

(3)谁使用土地谁补偿的原则。土地征用的补偿，不是由国家支付，而是由用地单位支付。这是因为，国家并不直接使用所征用的土地，也不是该被征土地的建设项目的直接受益者；而用地单位则兼具这两个因素，由其支付征用土地补偿是合理的。用地单位的补偿是一项法定义务，承担此项义务是使用被征土地的必要条件。用地单位必须按法定的标准，向被征用土地的集体组织给予补偿。

(4)妥善安置被征地单位和农民的原则。集体土地征用意味着农民集体土地所有权的丧失，意味着农民对土地的使用收益的丧失，故用地单位应当根据国家法律规定，妥善安排被征地单位和农民的生产和生活：一是对被征用土地的生产单位要妥善安排生产；二是对征地范围内的拆迁户要妥善安置；三是征用的耕地要适当补充；四是征地给农民造成的损失要适当补助。

(5)保证国家建设用地的原则。国家建设征用土地，被征地单位必须无条件服从，这不但因为征用土地是国家政治权力的行使，而且因为国家权力的行使是为了维护社会的公共利益。社会公共利益是一国的最高利益，是全体人民的共同利益体现，私人行使权力不得违背社会公共利益，而且在与社会公共利益相抵触时就得对私人利益加以限制以维护社会公共利益。国家建设即社会公共利益的体现，因此应在贯彻节约土地、保护土地的前提下保证国家建设用地。

(6)十分珍惜、合理利用土地和切实保护耕地的原则。我国人口多，耕地少，并且在某些地区耕地又浪费严重。土地管理法规定：十分珍惜、合理利用土地和切实保护耕地是我国的基本政策。各级人民政府应当采取措施，全面规划，严格管理，保护开发土地资源，制止非法占用土地的行为。

三、土地征用的程序

目前，我国征用土地的一般程序如下①。

(1)拟定征用土地方案。征用土地方案由拟征用土地所在地市、县人民政府或其土地行政主管部门拟定。城市建设用地区外能源、交通、水利、军事设施等按建设项目实施征地的，由市、县人民政府土地行政主管部门根据建设单位或建设主管部门的建设用地申请拟定。征用土地方案包括征用土地的目的及用途，征用土地的范围、地类、面积，地上附着物的种类及数量，征用土地及地上附着物和青苗的补偿，劳动力安置途径，原土地的所有权人及使用权人情况等。

(2)审查报批。征用土地方案拟定后，由市、县人民政府按照《土地管理法》规定的批准权限，经土地行政主管部门审查后，报人民政府批准。其中征用专用批准权属国务院的农用地，由国务院批准农用地转用时批准征用土地；农用地转用和征用批准权属于省级人民政府的，省级人民政府同时批准农用地转用和征用土地；农用地转用批准权属于省级人民政府，而征用土地审批权属于国务院的，先办理农用地转用审批，后报国务院批准征用土地。

(3)征用土地方案公告。征用土地依法定程序批准后，由县级以上人民政府在当地予以公告。被征用土地的所有权人和使用权人应当在公告规定期限内，持土地权属证书到当地人民政府土地行政主管部门办理征地补偿登记。

(4)制定征地补偿、安置方案。市、县人民政府土地行政主管部门根据批准的征用土地方案对土地所有权人、使用权人及地上附着物等进行进一步核实，制定征地补偿、人员安置及地上附着物拆迁等具体的方案。

(5)公告征地补偿安置方案并组织实施。征用土地的补偿和人员安置方案确定后，有关地方人民政府应当予以公告，并听取被征地的农村集体经济组织和农民的意见，对征地补偿和人员安置方案进行修改和补充，并向被征地单位和农民支付有关费用，落实人员安置及地上附着物拆迁方案。

(6)清理土地和实施征用土地。征用土地补偿和人员安置方案实施后，市、县人民政府土地行政主管部门组织有关单位对被征用土地进行清理，并组织实施征用土地和供地。

四、土地征用的补偿及安置途径

土地征用的合理补偿是指按照土地价值与拆分损失按公平正义和权益保障的原则，国家对征地而受损失的人负有货币给付或其他方式补偿的义务。对征用土地进行科学的价格评估后给予所有者合理的补偿，是整个土地征用过程的关键环节。土地征用补偿的安置途

① 卢新海：《城市土地管理与经营》，北京：科学出版社，2006年版。

径有如下几种。

(1)征地补偿费入股安置。在农民个人和所有者愿意的前提下,将部分或全部征地补偿费入股,集体经济组织和农民个人作为股东参与用地单位的生产经营,享有经营利润并承担风险,其收入按股份合作制企业分配办法分配。

(2)社会保险安置。经农民本人申请,国土资源行政主管部门可将农民个人应得征地补偿费部分或全部给付保险公司,由保险公司按有关规定办理医疗、养老等各种保险。

(3)留底安置。在城郊结合部,根据城市建设规划,在规定区域按照用途划出一块土地给被征地的农村集体经济组织,从事开发经营,发展生产。

(4)债券安置。在农村金融或基金信用较好的县、区(乡、镇),在农民个人和集体同意的前提下,可以采用发行土地债券的办法进行安置。

(5)货币安置。农村集体经济组织成员需要由农村集体经济组织安置的,安置补助费支付给农村集体经济组织。

不需要统一安置的,由集体经济组织分配到户和个人。不论采取哪种安置方式安置,都必须经村民大会或村民代表大会讨论决定。农村集体经济组织被征地后,为解决村民的生产生活,需要建设用地的,由被征地的农村集体经济组织提出申请,经计划、规划、国土等行政主管部门批准,优先安排。

五、城市房屋拆迁程序

一般而言,拆迁是指国家按有关法定程序收回土地使用权或改变土地使用性质时,按照有关法律、法规和规章的规定转移他人所有的房地产权益的行为过程。

(1)房屋拆迁申请。无论单位或个人因从事建设项目需要进行房屋拆迁的,均需要向被拆除房屋所在地的市、县人民政府房屋拆迁管理部门提出拆迁申请,并同时提交下列材料,具体包括建设项目批准文件、建设用地规划许可证、国有土地使用权批准文件、拆迁计划或拆迁方案、金融机构出具的拆迁补偿安置资金证明。

拆迁计划和拆迁方案是拆迁申请的组成部分,其内容必须确切地说明拆迁的范围,拆迁的对象,拆迁的实施步骤,对拆迁范围内的被拆迁居民、机关、团体、企事业单位的补偿安置方案,安置房和临时安置周转房的房源情况,涉及拆迁的各项补偿费、安置费的预算情况,以及拆迁期限、具体时间安排等。

(2)房屋拆迁审批。市、县人民政府房屋拆迁管理部门应当自收到拆迁申请之日起30日内,对申请事项进行审查。经审查符合条件的,房屋拆迁主管部门发给拆迁申请人房屋拆迁许可证。

房屋拆迁管理部门在发放房屋拆迁许可证的同时,应当将房屋拆迁许可证中载明的拆迁人、拆迁范围、拆迁期限等事项,以房屋拆迁公告的形式予以公布。房屋拆迁管理部门和拆迁人应当及时向被拆迁人做好宣传和解释工作。

(3)签订拆迁补偿和安置协议。在房地产主管部门审查、审批拆迁并发放房屋拆迁许可证后,房屋拆迁人应与被拆迁人按照规定就补偿、安置等问题签订书面协议。拆迁租赁房屋的,拆迁人应当与被拆迁人、房屋承租人订立拆迁补偿安置协议。补偿安置协议应当规定补偿方式和补偿金额,安置用房面积和安置地点,搬迁期限,搬迁过渡方式和过渡期限以及违约责任等事项。

拆迁补偿安置协议的主要内容包括:被拆除房屋的坐落地点、面积和用途,补偿方式,补偿金额,安置用房面积和安置地点,搬迁过渡方式及期限,违约责任,解决争议的方式。

房屋拆迁补偿安置协议的主要特征包括:协议当事人是特定主体,即拆迁人必须是经过有关部门批准的单位和个人;被拆迁人必须是列入拆迁范围的房屋所有人或使用人;协议签订有严格的时间限制;协议签订有相对的强制性。

补偿、安置协议订立后,可以向公证机关办理公证,并送房屋拆迁主管部门备案。拆迁依法代管的房屋,代管人是房屋拆迁主管部门的,补偿、安置协议必须经公证机关公证,并办理证据保全。

(4)实施拆迁。拆迁人必须在拆迁许可证规定的拆迁范围和拆迁期限内进行拆迁,不得超越拆迁范围和拆迁期限。拆迁人可以自行拆迁,也可以委托具有拆迁资格的单位实施拆迁。房屋拆迁管理部门不得作为拆迁人,不得接受拆迁委托。

拆迁人委托拆迁的,应当向被委托的拆迁单位出具委托书,并订立拆迁委托合同。拆迁人应当自拆迁委托合同订立之日起15日内,将拆迁委托合同报房屋拆迁管理部门备案。被委托的拆迁单位不得转让拆迁业务。

(5)监督检查。《城市房屋拆迁管理条例》第十七条规定:"房屋拆迁主管部门应对房屋拆迁活动进行检查。被检查者应如实提供情况和资料,检查者有责任为被检查者保守技术和业务秘密。"因此,在房屋拆迁具体实施过程中,行政主管部门应对拆迁人的实施情况进行监督和检查。此外,房屋拆迁行政主管部门应对批准的拆迁项目有关资料,按要求进行归档保存。

六、城市房屋拆迁补偿与安置

房屋拆迁补偿关系到当事人的经济利益,根据我国《宪法》规定,国家、全民、集体所有的财产受法律保护,国家保护公民的合法收入、储蓄、房屋等合法财产的所有权。房屋被拆除,给被拆迁房屋的所有人造成了一定的财产损失。为保护被拆除房屋所有人的合法权益,拆迁人应当对被拆除房屋及其附属物的所有人(包括代言人、国家授权的国有房屋及其附属物的管理人)给予补偿。应当明确的是,补偿的对象是被拆迁房屋及其附属物的所有人,而不是使用权人。所有人既包括公民,也包括法人。此外,还应对被拆除房屋的使用人给予安置,以切实保障被拆除房屋使用人的使用权。因此,安置的对象是被拆除房屋的使用人,而不是所有人。

1. 房屋拆迁补偿形式

房屋拆迁的补偿形式有以下几种。

(1)货币补偿。货币补偿是指拆迁人将被拆迁房屋按照房地产市场评估价格,以货币结算方式补偿给被拆除房屋的所有人。货币补偿的金额,根据被拆迁房屋的区位、用途、建筑面积等因素,以房地产市场评估价格确定。

(2)房屋产权调换。房屋产权调换指拆迁人用自己建造或购买的产权房屋与被拆迁房屋进行调换产权,并按拆迁房屋的评估价和调换房屋的市场价进行结算调换差价的行为。

(3)特殊情况下的房屋拆迁补偿。

①出租房屋的拆迁补偿。拆迁租赁房屋,被拆迁人与房屋承租人解除租赁关系的,或者被拆迁人对房屋承租人进行安置的,拆迁人对被拆迁人给予补偿。被拆迁人与房屋承租人对解除租赁关系达不成协议的,拆迁人应当对被拆迁人实行房屋产权调换。产权调换的房

屋由原房屋承租人承租，被拆迁人应当与原房屋承租人重新订立房屋租赁合同。

②产权房屋的拆迁补偿。拆迁产权不明确的房屋，拆迁人应当提出补偿安置方案，报房屋拆迁管理部门审核同意后实施拆迁，拆迁前拆迁人应当就被拆迁房屋的有关事项向公证机关办理证据保全。

③设有抵押权房屋的拆迁补偿。《城市房屋拆迁管理条例》规定，拆迁设有抵押权的房屋，依照国家有关担保的法律执行。抵押当事人无法达成协议的，按照法律规定的清偿顺序进行清偿，不足清偿抵押权人的，抵押权人按照有关担保的法律规定，可向抵押人进行追偿，抵押权因房屋灭失而消失。

④公益事业房屋及其附属物的拆迁补偿。公益事业一般指文教、卫生及社会公共福利方面的非生产性事业，拆迁公益事业用房的，拆迁人应当依照有关法律、法规的规定和城市规划的要求予以重建，或者给予货币补偿。

⑤临时建筑、违章建筑的拆迁补偿。临时建筑必须在批准的使用期限内拆除。因此，拆除已超过批准使用期限的临时建筑，不给予补偿。对于尚没有超过批准使用年限的临时建筑，可考虑临时建筑在使用期内的残值和剩余合法试用期的长短，给予适当补偿。违章建筑的存在是不合法的，拆除违章建筑坚决不予补偿。

2. 城市房屋拆迁安置

下面介绍城市房屋拆迁安置的相关规定和城市房屋拆迁纠纷的处理。

*(1)城市房屋拆迁安置的相关规定。*根据《城市房屋拆迁管理条例》规定，拆迁人应当提供符合国家质量安全标准的房屋，用于拆迁安置，其主要规定如下：拆迁人应当对被拆迁人或者房屋承租人支付搬迁补助费；在过渡期限内，被拆迁人或者房屋承租人自行安排住处的，拆迁人应当支付临时安置补助费；被拆迁人或者房屋承租人使用拆迁人提供的周转房的，拆迁人不支付临时安置补助费；搬迁补助费和临时安置补助费的标准，由省、自治区、直辖市人民政府规定；拆迁人不得擅自延长过渡期限，周转房的使用人应当按时腾退周转房；因拆迁人的责任延长过渡期限的，对自行安排住处的被拆迁人或者房屋承租人，应当自逾期之月起增加临时安置补助费；对周转房的使用人，应当自逾期之月起付给临时安置补助费；因拆迁非住宅房屋造成停产、停业的，拆迁人应当给予适当补偿。

*(2)城市房屋拆迁纠纷的处理。*拆迁人与被拆迁人对拆迁形式和补偿金额、安置用房面积和安置地点、搬迁过渡方式和过渡期限，经协商达不成协议的，经拆迁当事人提出申请，由批准拆迁的房屋主管部门裁决。被拆迁人是批准的房屋拆迁主管部门的，由同级人民政府裁决。《城市房屋拆迁行政裁决工作规程》对行政裁决的程序和要求作出了明确规定，行政裁决应当以事实为依据、以法律为准绳，坚持公平、公正、及时的原则。

当事人对行政裁决不服的，可以依法申请行政复议或者向人民法院起诉。为了不影响拆迁工作的顺利进行，当拆迁人已根据规定对被拆迁人给予货币补偿或者提供拆迁安置用房、周转用房的，诉讼期间不停止拆迁的执行。

被拆迁人或者房屋承租人在裁决规定的搬迁期限内未搬迁的，由市、县人民政府责成有关部门行政强制拆迁，或者由房屋拆迁管理部门依法申请人民法院强制拆迁。根据《城市房屋拆迁行政裁决公正规程》规定，房屋拆迁管理部门申请行政强制拆迁前，应当邀请有关管理部门、拆迁当事人代表以及具有社会公信力的代表等，对行政强制拆迁的依据、程序、补偿安置标准的测算依据等内容进行听证。

房屋拆迁管理部门申请行政强制拆迁，必须经领导班子集体讨论决定后，方可向政府提出行政强制拆迁申请。未经行政裁决，不得实施行政强制拆迁。拆迁人未按裁决意见向被拆迁人提供拆迁补偿资金或者符合国家质量安全标准的安置用房、周转用房的，不得实施强制拆迁。

【思考题】

1. 房地产项目用地获取的方式有哪些？
2. 简述土地使用权出让的基本特征。
3. 简述出让土地使用权的类型及含义。
4. 土地使用权转让的形式有哪些？
5. 简述土地使用权划拨的含义及特征。
6. 划拨土地使用权的使用范围是什么？
7. 简述土地征用的含义及原则。
8. 简述城市房屋拆迁的程序。

第七章　房地产市场分析

市场分析是房地产项目定位、市场营销的基础，是开发商进行决策的重要依据。本章对房地产市场分析的基本思路、调查程序和方法进行详细的阐述，介绍房地产项目可行性研究的步骤和内容，并辅以相关案例分析。

第一节　房地产市场分析概述

一、房地产市场调查的含义

市场调查是运用科学的方法，有目的、有计划地搜集、整理与企业市场有关的各种情报、信息和资料，在调查的基础上对搜集的数据和汇总的情报进行分析、判断，对企业决策提供依据的信息管理活动。市场调查是一种管理工具，其基本任务就是为管理层提供解决营销问题的信息。市场调查也是确定顾客和潜在顾客需要的关键管理工具，是企业用来建立长期关系的手段，好的市场调查有助于保证企业未来的生存和发展。

房地产的市场调查是指以房地产为特定的商品对象，对相关的市场信息进行系统的搜集、整理、记录和分析，进而对房地产市场进行研究和预测，并最终为决策服务的专业方法。房地产的市场调查具有专业性强、针对性强和技术性强的特点。项目前期进行市场调查是房地产开发商确定潜在需求人群和潜在需求量的重要管理工具，全面细致的市场调查有助于房地产企业的长远健康发展。

二、房地产市场的分析框架①

由于资料的限制，市场研究往往要看资料的条件进行，所以不可能有完全统一和周延的思路，但是构建这样的一个思路是必要的。按尽可能周延的思路，分析框架包括资料和信息框架、流程框架，可设计为如表 7-1 所示的表格。

表 7-1 中的市场信息包括三个层次（地区市场、专业物业市场和项目物业市场）、两个方面（供给和需求）、三个时段（过去、现在和未来）和五个基本影响因素（经济、人口、区位、地点和心理），共 90 个单元，具体说明如下。

(1)*三个层次*。地区市场是影响所有类型市场房地产行情的市场环境，它包括所有类型的物业，因而也叫作地区房地产市场。如果把地区房地产市场作为研究对象的话，那么影响因素就不只限于房地产业范围，还要考虑人口的增长、收入的增长及就业等方面的影响。

专业物业市场是指按照物业的基本类型分类的市场环境，如写字楼市场、住宅物业市场、商业物业市场等。那些只对某个类型的房地产市场行情有影响的条件和因素，构成专业

① 郑华:《房地产市场分析方法》,北京:电子工业出版社,2003 年版。

物业市场环境。如房改政策可能直接影响住宅的供给和需求；城市的功能规划也可能使城市某个地段的写字楼成片开发。

表 7-1　房地产市场分析所需的基本信息

	地区市场						专业市场						项目物业市场					
	供给			需求			供给			需求			供给			需求		
	过去	现在	未来	过去	现在	未来	过去	现在	未来	过去	现在	未来	过去	现在	未来	过去	现在	未来
经济																		
人口																		
区位																		
地点																		
心理																		

项目物业市场是指委托顾问进行研究的具体物业市场环境，多数情况下是开发商准备开发的项目，或准备投资的一块土地等。个案项目是市场分析的最终目标层，要以上述分析作为依据，再加上对项目个案有直接影响的因素分析，如项目所在地点的自然环境和条件等。

（2）两个方面。市场分析的主要任务就是分析供给和需求，分层次地分析各种影响因素，实质上就是要分析供给的变化。所以每个层次的分析都应该包括两个方面。任何影响因素都会直接和间接地影响房地产的供给和需求。例如在地区市场上，第三产业的增长，外资企业的增加，显然会有利于写字楼市场上需求的增长。再如，项目的所在区域，有无重要的道路建设规划，也会直接影响项目的吸引力范围和客流的数量。

（3）三个时段。对一个项目的市场分析，看起来是对市场的某个时点的状况进行判断，但它必须是在对市场进行长期跟踪的基础上进行判断。所以在进行市场分析时，一定要有历史的概念。了解市场发展的来龙去脉，才能正确判断每一变动的影响力。

（4）五个影响因素。严格地说，对房地产市场造成影响的因素，可能来自各个方面，但主要是来自经济方面、人口方面、区位环境条件、地点的自然条件及法律的、人文心理方面的因素。各个方面的因素，构成项目物业所在地市场环境。因此要认识项目物业所在市场环境，就要考察五个方面的变动及其影响。

可见，以上的框架大体上覆盖了市场分析时所要关注的各种信息。每个单元格里的某种信息的分析都可以认为是一个整体思路中的一个步骤。当然并不是说每个步骤都必须由房地产市场分析人员亲自去做，也并非每个项目都要自始至终地完成每一步的分析。

三、房地产市场分析的思路

房地产市场分析的思路主要有三个步骤，如图 7-1 所示。

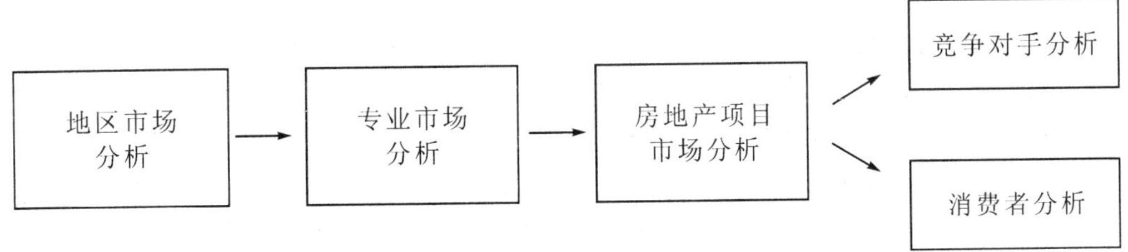

图 7-1　房地产市场分析的基本思路

第一步，地区市场分析。确定项目物业所在的地区和专业市场，把它们放在整个地区经济中，考察它们的地位和状况，找到影响这个市场变化的主要因素。并通过直接的或间接的资料分析，对地区经济发展进行预测，从而发现它对专业物业及子市场的影响，例如通过人口、就业、收入等资料，推算对专业物业的需求增量。

第二步，专业市场分析。在专业市场的层次上，首先要进行市场细分，再将各子市场的物业供给量和需求量进行对比预测，从而发现各子市场的需求潜力和分布状况。

第三步，房地产项目市场分析。在房地产项目市场的层次上，根据以前对市场潜力的估计，对竞争对手进行分析，估计目标物业的市场占有率；同时进行消费者的研究，以确定本项目的竞争特点。

通过以上分析步骤，就可以完成一个全面的市场分析。完善的市场分析不仅要在时间上跨越过去、现在、未来，在空间上覆盖整个地区市场（国内市场、国际市场）和项目所在地点，而且分析的每一个环节都应是相互联系的，上一个步骤得出的结论应作为下一个步骤的开始。

例如，通过对地区市场的分析，我们可以得到地区经济增长、人均收入提高、购买力提高的结论。通过对以往人均收入和购买力的研究，对需要的零售业的增长速度即水平进行预计，零售物业的需求增量将作为一个输入变量，在下一个分析中成为一个基础数据；在专业市场分析中，通过对零售物业市场的细分，同时通过对各自市场的发展速度及历史上的出售率、出租率即租金、售价，进行总结、预测，就可以估计总的零售物业市场潜力及需求增量。通过每个子市场的需求增量和供给预测的对比，就可以得到市场的供求缺口。供求缺口是这一步骤的结论，又是下一步项目物业市场分析的基础数据。在项目所在子市场供求缺口已知时，各竞争物业的分析就可以将未被满足的需求，按照各竞争对手的市场占有率进行分配，从而估计项目的市场占有率及可能的收入。同时通过对比，也可以估计其租金和售价，估计的租金和售价又成为可行性研究的基础数据。

四、房地产市场分析的原则

房地产市场调查是一项复杂而精致的工作，涉及众多的市场信息，为完成好这项工作，房地产市场调查时必须遵循以下原则。

(1)真实性原则。真实、准确是调查研究的根本。科学的决策建立在准确的预测基础之上，而准确预测又依据真实的市场调查资料。只有在真实的市场调查资料基础上尊重客观事实，实事求是地进行分析，才能看准市场，看清问题，作出正确的决策。数据的真实性取决于市场调查人员的水平、市场调查人员的敬业态度、资料提供者的客观态度等。要组织好市场调查工作，应当采用科学的方法设计方案、定义问题、采集数据和分析数据，对所搜集信息的真实性和可行度进行认真鉴别，力求从原始资料中提取真实的、准确的、可靠的数据资料。

(2)时效性原则。一份好的调研资料应该是最新的，因为只有最新的调查资料，才能反映市场的现实状况，并成为企业制定市场经营策略的客观依据。在市场调查工作开始后，要充分利用有限的时间，尽可能在短时间里搜集更多的所需资料和信息，避免调查工作的拖延。否则不但会增加费用支出，而且会使决策滞后，贻误时机。因此，市场调查应反映瞬息万变的市场形势，及时反馈信息，以满足各方面的需要。

(3)全面性原则。全面性是指根据调查目的，全面系统地搜集有关市场经济信息资料。市场环境的影响因素很多，各个因素之间的变动互为因果，如果单纯就事论事调查，而不考虑周围环境等因素的影响，就难以抓到关键因素得出正确结论。这一点在房地产市场调查中显得尤为突出。但是需要注意的是，调查工作要避免"大杂烩"，无关于当时当地的资料没有必要赘述，这是由房地产市场营销环境的关联性所决定的。因此，在进行房地产调查时，既要全面了解影响房地产市场的各种宏观环境，又要了解当地房地产市场的发展状况和特点，同时还要对调查获得的信息资料进行认真整理、分析，做到系统化、经常化、条理化。

(4)针对性原则。要求房地产调查必须首先设定一个目标，然后根据目标的要求开展调查活动。在市场信息多如牛毛的今天，进行房地产市场调查时，不可能面面俱到，否则可能陷入大海捞针的境地。只有围绕某个特定目标搜集信息，才能达到事半功倍的效果。

(5)计划性原则。在调查前要列出详细计划，有针对性地对目标进行调查，做到有的放矢。在调查方案的设计或策划过程中，要制定整个调查工作完成的期限以及各个阶段的进程，即必须有详细的进度计划安排，以便督促或检查各个阶段的工作，保证按时完成调查工作。进度安排一般包括如下几个方面：①总体方案的论证、设计；②抽样方案的设计，调查实施的各种具体细节的制定；③问卷的设计、测试、修改和最后的定稿；④问卷的印刷，调查员的挑选和培训；⑤调查实施；⑥调查数据的计算机录入和统计分析；⑦调查报告的撰写。可以详细地列出完成每一步骤所需的天数以及起始和终止时间。计划要稍稍留有余地，但也不能把时间拖得太长。

第二节　房地产调查的程序

房地产市场调查的程序，是指从调查准备阶段到调查结束全过程中依次进行的步骤。在房地产市场调查中，建立一套系统的科学程序，有助于提高调查工作的效率和质量。房地产市场调查的程序有 4 个阶段、包括 13 个方面的内容：准备阶段、调查阶段、分析研究阶段、整理归档阶段。

一、准备阶段

对于房地产调查来说，准备阶段是整个调查工作的起始阶段，对后续工作起着导向作用，也决定了后续工作的繁简难易，因此，该阶段是房地产调查非常关键的一个阶段。工作重点包括提出问题并明确目标、初步分析、制订调查计划等。

(1)提出问题并明确目标。市场调查人员必须明确调查是为营销服务的，目的是为了解决营销中存在的问题。尽管营销中存在的问题很多，但营销的某个阶段总有需要解决的问题,例如,“当地市场如何?”“规划什么产品才能符合当地市场的需求?”“如何划分分期开发规模?”“怎样才能降低市场风险?”等关键性问题,是开发商最为关注的问题,也是市场调查需要重点解决的问题。

只有当研究的问题被仔细、准确地定义之后,才能设计研究计划,获取切合实际的信息。每一个项目应有一个或多个目标,在这些目标未被确定之前,是无法进行下一步研究的。

(2)分析初步情况。调查人员对初步提出来需要调查的问题,要搜集有关资料作进一步分析研究,必要时还可以组织非正式的探测性调查,以判明问题的症结所在,弄清究竟应当调查什么。初步情况调查的目的是了解自身问题的一些原因,通常有如下三个过程:①研究搜集的信息资料,包括研究企业外部材料和分析内部材料;②与企业有关领导进行非正式谈话,从领导谈话中寻找市场占有率变化等原因;③了解市场情况,分析消费者对本公司所开发经营的房产的态度等。

(3)设计调查方案。根据前面信息资料搜集以及初步调查结果,可以提出调查的命题,确定调查方法,制订并实施调查计划。房地产市场调查方案是某项调查本身的设计,是为了使调查有秩序、有目的地进行,是指导调查实施的依据,对于大型的市场调查显得更为重要。调查方案设计的内容如下:①为完成调查需要搜集哪些信息资料;②怎样运用数据分析问题;③明确获得答案及证实答案的方法;④信息资料从哪里获得,用什么方法获得;⑤评价方案设计的可行性及核算费用的说明;⑥方案进一步实施的准备工作。

(4)确定资料来源。房地产市场调查所需的资料,可以分为原始资料和二手资料两大类。原始资料是指需要通过实地调查才能取得的资料。取得这部分资料所花的时间较长,费用较大。二手资料是指企业内部记录或已出版的外部记录。取得这部分资料比较容易,花费较少。在实际调查中,应当根据调查方案提出的内容,尽可能组织调查人员搜集二手资料。同时,为了解决问题,所需的资料并不能完全从二手资料中获得,研究必须以原始资料为基础,原始资料是专门为研究而搜集的。搜集资料,必须保证资料的时效性、准确性和可靠性。

(5)确定资料搜集方法。原始资料的搜集方法包括访问法、观察法和试验法等。原始资料的搜集过程中,必须对调查样本进行设计和采集。在房地产市场调查中,广泛采用抽样调查法获得原始资料。研究人员在样本获取过程中必须考虑调查总体、样本单位、抽样框、抽样设计和样本规模等。二手资料的搜集可以由调查人员从企业内部或外部搜集或购买。

(6)设计调查问卷。调查问卷是市场调查的一种常用工具。调查问卷设计是否科学、合理,直接关系到调查结果的质量,决定着市场调查的成效。调查问卷应当主体突出,紧凑关联;形式多样,易读易懂;设计严密,用语标准;编码规范,便于整理。问题是问卷的核心,必须对问题作精心的设计。提问和作答方式的设计,关系到调查人员与被调查者之间信息的相关传递是否明确。调查问卷应注意,提问要具体、客观、准确,备选答案要完整并互斥。

二、调查阶段

调查阶段主要包括试调查和调查实施等内容。

(1)试调查。试调查是任何一类实质性研究的一个至关重要的部分,是一个真正调查项目的缩影。试调查常采用小规模问卷调查的形式,用来检验问卷设计中始料未及的缺漏,以便修正,并同时与客户讨论再修改后,才可定下正式问卷。有时,为了设计一个适用于大范围调查的问卷，需要好几次试调查。试调查的另一个意义是训练没有经验的调查员，使调查员对实际调查工作有一个初步的准备(包括心理上的)，有一个熟悉过程。

一项研究的试调查应能回答以下几个问题：问卷是否已经涵盖了所有需检验或了解的问题？这些问题能诱导出的答案是否完全预料到了？研究者的目的是否充分传达给了被访问者？如果不是，是否应该采取一些调整措施或替换为新问题？问卷的语言是否能被访问者完全理解？问题的表述是否与当地或被访问者所属的亚文化的用法一致？在没有进一步解释或者重述的情况下，问题是否能被清楚地理解和回答？问题有没有其他一些不妥之处，比如在一个单独的问题中有歧义，或者暗示了多个主题？最后，访谈的导言是否有助于激发被访问者参与这项研究？

(2)调查实施。实施阶段是市场调查的主要阶段，是市场调查的中心工作。这一阶段的任务是实施调查计划，通过对市场信息的搜集和分析，得出调查结论。首先，在进行现场实施工作之前，要在人员、文件、物品上有充分的准备。这是现场实施中最难控制也是最容易出问题的阶段，这就需要实施人员在充分准备的同时还应具备处理各种突发问题的能力。其次，监控调查活动的整个过程，把握项目进度，给予访问人员从始至终的指导和鼓励。这一阶段不仅需要项目人员和访问人员的精诚合作，还需要项目人员有丰富的实践经验和足够的调控全局的能力。最后，实施后工作，主要包括数据的回收(比如问卷)，访问工作的复核及总结，访问员工工作记录单、卡片、抽样图、入户情况登记表等各种文件及测试样品的收回，访问员劳务单的制作，项目经验总结等。

三、分析研究阶段

分析研究阶段主要包括调查资料的整理与甄别验证、调查数据的统计与分析、撰写调查报告，以及修订并提交调查成果等内容。

(1)调查资料的整理与甄别验证。对市场调查的两类资料进行整理分析，有助于了解整个市场的宏观信息。其中一手资料的整理相对更为繁冗。如何将一大堆原始资料变成有条理的信息，需要经过整理和甄别验证。资料的校验即调查问卷回收后，可先进行检查，确定是否可接受作为有效的资料。这是第一道程序，具体包括三项内容：①检验所有问卷的完整性；②检验访问工作的质量；③检验有效问卷的份数是否符合调查方案要求达到的比例。对于有遗漏的资料，如果遗漏项太多或者漏选关键项太多，可作废卷处理；还可用时，一般讲漏项用空白表示或以其他代号表示；对含义模糊的答复，根据情况，要么作废卷处理，要么参考前后几个问题的回答来判断。

(2)调查数据的统计与分析。进行资料分析，可以使用的方法很多，从现在的分析方法来看，数据分析的领域是宽广的。调查研究人员必须先选择分析方法，才能对调查结果作出正确的分析和解释。数据分析包括对采用的抽样方法进行统计检验，以及对数据的编辑、编码和制表。编辑就是对问卷进行纵览的过程，以保证问卷的完整、连续；编码就是对问卷加以编号，以使资料更好地发挥分析作用；制表就是根据某种指标对观察得到的数据进行交叉分类。大多数研究过程中，都要设以上三个步骤。而统计检验作为一种独特的抽样过程和数据搜集工具，往往仅应用在某些特殊的研究。在可能的情况下，统计检验一般都在数据搜集和分析前就进行了，以保证所得到的数据和意欲研究的问题密切相关。

(3)撰写调查报告。调查报告是对整个调查工作，包括计划、实施、搜集、整理等一系列过程的总结，是调查人员劳动与智慧的结晶，也是最重要的书面结果之一。它是一种沟通、交流形式，其目的是将调查结果、战略性的建议以及其他结果传递给管理人员或者其他担任专门职务的人员。因此，认真撰写调查报告，准确分析调查结果，明确给出调查结论，是撰写报告者的责任。调查报告的主要内容包括：①调查目的、方法、步骤、时间等说明；②调查对象的基本情况；③所调查问题的实际材料和分析说明；④对调查对象的基本认识，得出结论；⑤提出建设性的意见和建议；⑥统计资料、图表等必要附件。

房地产市场调查报告的结构多样，没有固定格式，一般由导言、主体、建议与附件组成。导言部分介绍调查的基本情况，是对调查目的的简单而基本的说明；主体部分应概述调查的目的，说明调查所运用的方法及必要性，对调查结果进行分析并作详细说明；附件部分用来验证、说明主体部分有关情况。

(4)修订并提交调查成果。调查报告要如实反映市场情况和问题，对报告中引用的事例和数据资料，要反复核实，必须确凿可靠。调查结论切忌模棱两可，不着边际，要善于发现问题，敢于提出建议，以供决策参考，结论和建议可归纳为要点。调查报告经过修订和完善后，可以装订整齐、印刷清晰后提交。

四、整理归档阶段

房地市场调查全过程结束后，应该对调查过程中形成的各种原始资料、二手资料、整理资料和调查报告等成果进行归档，为以后的调查工作总结经验，同时完善同一类型市场的资料库，方便以后的信息查找。

第二节 房地产市场调查的方法

一、调查方法

房地产市场调查可以采用多种方法，房地产企业必须依据自身的实际情况，正确地选择市场调查的类型和方法。调查方法是科学研究中最常用的方法之一。它是有目的、有计划、系统地搜集有关研究对象现实或历史状况材料的方法。通过综合运用历史法、观察法等方法以及谈话、问卷、个案调查等科学方式，对调查对象进行有计划的、周密的和系统的了解，并对调查搜集到的大量资料进行分析、综合、比较、归纳、从而为人们提供规律性的知识。按照调查范围和对象划分，可以分为全面调查法、重点调查法和抽样调查法。

1. 全面调查法

全面调查法是指对调查对象总体所包含的全部单位无一例外地逐个进行调查。对市场进行全面普查，可以获得全面的数据，正确反映客观实际，效果明显。如果对一个城市的人口、年龄、家庭结构、职业、收入分布情况进行全面的调查了解，对房地产开发是十分有利的。但是，普查工作量巨大，耗费大量人力财力，调查周期长，一般只在较小范围内采用。另外，有些资料可借用国家权威部门发布的普查结果。

2. 重点调查法

重点调查法是在调查对象中选取一部分对全局有决定性作用的重点单位所进行的调

查。重点单位数量较小，但其标志值在总体中占有很大比例，能够大致反映被调查现象的基本情况。重点调查常用于产品需求调查，如调查高档住宅需求情况，可选择一些购买大户作为调查对象，往往这些大户对高档住宅的需求量占到了整个市场需求量的绝大多数，同时对高档住宅功能的要求也具有较强的代表性。此外，市场调查中有关竞争楼盘、竞争对手问题的调查也可运用此法。

3. 抽样调查法

抽样调查法就是从调查总体中选择部分具有代表性的个体组成样本，对样本进行调查，然后根据调查结果推断总体情况的调查方法。抽样调查大体上可以分为两类。

(1)随机抽样，其最主要的特征是从母体中任意抽取样本，每一个样本有相同的机会，这样的事件发生的概率是相等的，可以根据调查的样本空间的结果来推断母体的情况。随机抽样又可以分为三种。

①普通随机抽样，即不作任何处理，直接从总体中随机选取样本，整体中所有个体有相同的机会选作样本。

②分层随机抽样，即对总体按某种特征(如职业、年龄等)分组(分层)，然后从各组中随机抽取一部分作为样本。

③分群随机抽样，即将总体按一定特征分成若干群，随机抽取其中一部分作为样本。

分群抽样和分层抽样的区别是：分群抽样是将总体划分为若干相似的群体，这些群体间的性质相同，之后再对每个群体进行抽样，这样每个群体内部存在不同性质的样本。而分层抽样是将样本总体划分为几大类，这几大类之间是有差别的，每一类则是由具有某相同性质的样本构成的。

(2)非随机抽样，是指市场调查人员在选取样本时并不是随机抽取，而是先确定某个标准，然后再选取样本数，因而每个样本被选择的机会并不是相等的。非随机抽样也分为三种具体方法。

①就便抽样，也称为随意抽样调查法，即市场调查人员根据最方便的时间、地点任意选取样本。这在商圈调查中是常用的方法。

②判断抽样，即通过市场调查人员，根据自己以往的调查经验判断由哪些个体作为样本的一种方法。当样本数量不多，样本之间的差异又较为明显时，采用此法能起到一定效果。

③配额抽样，即市场调查人员通过确定一些控制特征，对样本空间进行分类，然后由调查人员从各组任意抽取一定数量的样本。

二、资料搜集方法

资料搜集是房地产市场调查的主要工作，也是房地产开发投资决策依据的基础。房地产市场调查资料搜集内容包括原始资料和二手资料的搜集。研究策划人员在考虑是否有必要耗用资料、进行原料搜集前，应先评估是否有现成的二手资料可利用，并尽可能优先利用二手资料，因为利用二手资料成本更低廉。

1. 原始资料的搜集方法

原始资料的搜集是依据特定目的，遵循完整的研究设计即调查设计，并通过调查执行、资料处理与分析，以得到所需的资料。原始资料的搜集方法包括访问法、观察法和试验法等。

(1)访问法,是最常用的市场调查方法。访问法成功的关键是科学地设计调查问卷和有效地运用个人访问技巧。

(2)观察法,是指调查人员不与被调查人员正面接触,而是在旁边观察的调查方法。这样被调查者无压力,表现自然,因而调查效果也更理想。观察法还可以包括直接观察法、实际痕迹测量法和行为记录法。直接观察法是派人在现场对调查对象进行观察;实际测量痕迹测量法是调查人员不亲自观察购买者的行为,而是观察行为后发生的痕迹;行为记录法是在取得被调查者同意后,用一定装置记录调查对象的某一行为。

(3)试验法,是指将调查范围缩小到一个比较小的规模上,进行试验后得出一定结果,然后推断出样本总体可能结果的调查方法。

2. 二手资料的搜集方法

二手资料的来源包括内部来源和外部来源。

(1)内部来源:个人资料库、企业档案(会计记录、销售报告、其他数据资料)、企业内部专家。

(2)外部来源:组织机构,包括图书馆、国际组织、本国政府机构、商会或贸易促进机构、行业工会、出版社、研究所、银行、消费者组织、其他公司;文献资料,包括文献目录、贸易统计资料、报纸和期刊、综合性工具书;电脑数据库,互联网;企业外部专家;营销调查公司等。

二手资料的搜集程序如下:第一步应确定需要什么资料;第二步是从企业内部搜寻二手资料;第三步是从企业外部进行搜寻;第四步是对拟搜集或已搜集的二手资料进行评估,即评估资料的可用程度;第五步是确定需要搜集的原始资料。只有决策所必需的,但又无法从二手资料中获取的信息才有必要去搜集原始资料。

3. 商业资料的获取方法

房地产市场上存在专业的市场调查公司,它们作为中间商,具有促进交易行为的作用,在房地产市场上十分活跃。一般而言,它们对于地方市场相当了解,具备专业的市场调查知识,能够提供资料给买卖双方参考,以促进交易成功。因此,企业市场调查人员可以向市场调查公司购买资料,增加市场调查的深度和广度。

三、调查问卷的设计

调查问卷就是为了完成研究项目,围绕研究主体搜集相应的原始数据而预先设计好的一系列问题。这些问题完整地展现了研究主题的各种特征,可以说问卷是研究主题以问题形式的细化。

当研究人员确定了研究主题,明确地界定了研究的主要问题后,接下来的工作就是确定采取什么样的方式获得被访问者对研究主题的看法。设计一份有效的调查问卷是达成这一目标的主要工具。问卷设计是一个科学的过程,要求拟定者对研究主题有深刻的认识,有参与市场研究的丰富经验,同时也需要问卷的拟定者掌握足够的语言技巧、语言艺术,否则将影响整个问卷的调查结果。

(一)问卷问题的类型

一般可以从不同的角度将问卷中的的问题划分为不同的类型。

1. 从问题的作用来划分

如果从问题在问卷中起的作用来划分，可以将其分为过滤性问题、背景性问题、实质性问题等类型。

(1)过滤性问题。这类问题用于甄别被调查者。适合回答这类问题的被调查者将继续回答，不适合回答这类问题的被调查者将跳过这些问题，转而回答其他问题或者结束调查。例如，某房地产开发商想在第五大道开发一个节能型住宅小区，希望通过调查了解购房者在购买这类住宅时所考虑的因素。在设计调查问卷时，可以以下面的方式询问：

① 请问您在购买住宅时，是否会考虑房屋的节能性？

A. 是　　　　B. 否

被调查者选择A，则继续回答其他问题；被调查者选择B，则结束调查转而寻找其他的被调查者。

(2)背景性问题。这类问题常用于询问被调查者个人的基本情况，例如，性别、年龄、住址、职业、文化水平、收入等问题。一般情况下，不便直接询问对方的年龄、收入、职位等问题。而是变换一种方式。例如，不直接问："您今年多大？"而是以下面的方式询问：

② 您的年龄是：

A. 25岁以下　B. 25～35岁　C. 36～40岁　D. 41～50岁　E. 51岁以上

(3)实质性问题。这类问题是整个调查问卷的核心问题，反映了调查的全部事实或信息。例如，地段、产品、配套等方面的问题。

2. 从问题间的联系来划分

如果根据问题间是否存在一定的联系来划分，可将其分为系列性问题和非系列性问题。

(1)系列问题。即围绕同一个调查项目逐步深入展开的一组问题。例如，下面三个问题即属于系列问题。

③ 您是否购买了第五大道项目中的住宅？(如果回答"是"，则继续回答下列问题，否则停止调查)

A. 是　　　　B. 否

④ 您是通过什么渠道知道"第五大道"的？(最多可选3项)

A. 通过朋友介绍　　　B. 通过报纸、杂志上刊登的广告

C. 通过网络查找的　　　D. 路过售楼处时偶然知道的

E. 通过户外广告　　　F. 其他方式

⑤ 您购买第五大道的住宅是出于什么原因？(最多可选3项)

A. 价格便宜　B. 地理位置好　C. 交通便利　D. 环境优美

E. 质量好　F. 学区好　G. 其他

(2)非系列性问题。是问卷中无递进关系的问题，这些问题相互之间是一种平行关系的问题。例如，问题⑥与问题①即属于非系列性问题。

⑥ 您计划购买的房型是？(单选)

A. 平层　B. 错层　C. 复式　D. 其他

3. 从提出问题的方式来划分

如果以问卷提出问题的基本方式来划分，可以将问题划分为封闭式问题和开放式问题

两种。

(1)封闭式问题。即预先给定答案,请被调查者在给定的备选答案中选择合适自己的答案。封闭式问题可以分为单项选择题和多项选择题。

单项选择题是指在给定的多个备选答案中,被调查者只选择其中的一个。例如,上述例子中①②③⑥即属于单项选择题。单项选择题的各个备选答案之间是相互独立和排斥的。当需要询问被调查者对某种问题的主观看法时,采用单项选择题形式时要极为慎重,否则可能造成重要信息的遗漏。

多项选择题是指在给定的多个备选答案中,被调查者可以选择两个或更多作为答案。例如上述例子中,④⑤即属于多项选择题。一般为突出优先顺序,问卷中常常会限制可选答案的数量。多项选择题常用于需要从多个角度反映被调查者主观看法的情况中。多项选择题遇到的主要问题是给定的备选答案没能覆盖所有可能的情况,且可选数量限制不合理,由此得出的调查结果就会存在偏差。

(2)开放式问题。不预先给定备选答案,只给出问题,被调查者可以就该问题自由作答,问题之下留出足够的回答空间。例如:

⑦ 您认为我们开发的这个楼盘最吸引您的是什么?

____

____

从上述几个例子可以看出,在封闭式问题中,标准化的答案易于被调查者回答,更主要的是便于后期资料的整理、统计和分析;不足之处在于标准化的答案限制了被调查者的思维,尤其是当设计的答案不完备时,极有可能屏蔽掉重要信息。而开放式问题刚好相反,它的优点是不具有限制性,被调查者可以自由回答,调查人员也可以据此获得丰富的信息,弥补了封闭性问题的不足;开放式问题的缺陷也是比较明显的,它可能因受限于被调查者的个性特征、理解能力、文化水平的影响,不能得到预期的效果,而且给后期资料的整理、统计和分析带来一定的困难。

(二)调查问卷的基本结构

一份理想的调查问卷,在结构上应包含卷首语、正文和结束语三个部分。

(1)卷首语,位于问卷的开头,通常包括问候语、填表说明和问卷编号。①在问候语中,要说明调查的目的和意义,以引起被调查者的重视,激发他们的参与热情;要承诺对调查结果保密,以消除他们的顾虑,请他们放心填写。为此,问候语的语气要诚恳、亲切、礼貌,文字要简洁、准确。②填写说明用于指导被调查者正确填写问卷。这部分内容有时可以集中在卷首语中统一说明,有时分散到各个问题前面。填表说明要详细清楚,避免因误解题意而引起回答错误或偏差。③问卷编号主要用于识别问卷,以便于后期对资料的整理、统计和分析处理。

(2)正文,是问卷的主体,由问题和备选答案组成。这部分内容在设计问卷时应仔细推敲,根据不同的调查目的,决定哪些内容应当保留,那些内容应当去掉。整个问卷的内容往往不能一次就定下来,需要问卷设计人员即市场调查人员反复磋商修改才能确定。

(3)结束语,放在问卷的最后。一方面,向被调查者的协助表示诚挚的感谢;另一方面,还可以就问卷的有关内容征询被调查者的建议和看法,有利于以后改进。

(三)调查问卷设计中应注意的事项

调查问卷设计中应注意以下事项。

(1)避免笼统抽象的问题。笼统抽象的问题往往使被调查者难以回答,或者因理解上的偏差,难达到预期的效果。例如,下面的开放式问题就过于笼统,使被调查者难以回答:

您对XX楼盘的物业管理印象如何?

可以改成更为具体的问法:

您认为XX楼盘的物业管理收费是否合理?服务项目齐全吗?您满意他们的服务态度吗?

像这样具体的问题直接凸显主体,更方便被调查者回答。

(2)避免不确切的词语。人们对“普通”、“经常”、“美丽”、“著名”等不确切的词语往往会有不同的理解,因此,在问卷设计中应尽量避免使用。例如,面对下面这个开放式问题,被调查者不知这里的“经常”是指多长时间:

如果您打算买房,会经常去售楼部吗?

可以改为封闭式的问题:

如果打算买房,您去售楼部的时间间隔是________。

A. 一周一次　　B. 两周一次　　C. 一月一次　　D. 其他

(3)避免诱导性问题。如果问卷中的问题带有倾向性,旨在引导被调查者跟着这种倾向回答,那么这种问题就具有“诱导性”。例如:

人们普遍认为,房地产开发商广告投入量越大,说明越有实力。您的看法如何?

这种诱导性的问题容易使被调查者产生从众心理,或者引起反感——既然大家都是这种看法,你还做什么调查?因此,诱导性问题是调查中的大忌,常常会因此得出与事实相反的结论。

(4)处理好敏感性问题。这类问题是被调查者不愿意被别人知道答案的问题,常常涉及个人隐私、禁忌。尽管在问卷说明中,调查者已经承诺会保守秘密,但对于这类问题,被调查者可能会拒绝回答,或者即使回答也是胡乱填写,敷衍了事。因此,问卷中应尽量避免提出一些敏感性问题。但像年龄、收入、住房情况等敏感性问题,是房地产市场调查中所无法避免的。在设计问卷时,应尽量考虑被调查者的心理承受能力,以比较委婉的方式提出,位置处于问卷的中间或靠后部位。

(5)问卷的排列问题。在问卷的设计中,问题的顺序安排是非常重要的。同样的问题,常常因为顺序不同,效果就不同。一般来说,前面几个问题要简单有趣,以引起被调查者的兴趣;容易回答的问题排在前面,慢慢引入比较难回答的问题;开放式问题通常放在最后。另外,问题的排列还应该注意逻辑性。把同一性质和同类别的问题排列在一起,同时问题间的衔接要合理而自然,避免因主体的改变而造成被调查者理解上的困惑。

(6)问题的答案要穷尽。是指问题将所有可能的答案都要列出来,不要有遗漏,以供被调查者选择。例如:

您打算买哪种户型的住房?

A. 一室一厅　　B. 两室一厅　　C. 三室一厅　　D. 四室一厅

以上这个问题,就没有将所有答案穷尽。事实上,许多问题都难以做到这一点。为此,设计问卷时,最常用的办法就是将主要答案列出来,最后以“其他”来表示没有涉及或没有想到的答案,但“其他”不能过于宽泛,否则将失去问题存在的意义。

(7)问题的答案要互斥。是指同一问题的各个备选答案之间应相互排斥，不能有交叉、重叠或包含的情况。例如：

您所从事的职业是________。

A. 公司管理者　　B. 财务人员　　C. 教师　　D. 医生　　E. 其他

在这个例子中，“公司管理者”和“财务人员”可能存在交叉的情况。

第四节　可行性研究

一、可行性研究的概念

可行性研究报告是在建设或科研项目之前，对该项目实施的可能性、有效性、技术方案及技术政策进行具体、深入、细致的技术论证和经济评价，从而确定一个在技术上合理、经济上合算的最优方案和最佳时机而写的书面报告。

可行性研究是确定建设项目前具有决定性意义的工作，是在投资决策之前，对拟建项目进行全面技术经济分析论证的科学方法，在投资管理中，可行性研究是指对拟建项目有关的自然、社会、经济、技术等进行调查、分析比较以及预测建成后的社会经济效益。在此基础上，综合论证项目建设的必要性、财务的盈利性、经济上的合理性、技术上的先进性和适应性以及建设条件的可能性和可行性，从而为投资决策提供科学依据。

可行性研究是投资前期工作的重要内容，在确定建设项目前具有决定性的意义。它一方面充分研究建设条件，提出建设的可能性。另一方面进行经济分析评估，提出建设的合理性。它既是项目工作的起点，也是以后一系列工作的基础。

二、可行性研究报告的编制要求

可行性研究报告的编制要求如下。

(1)内容真实。可行性研究报告涉及的内容以及反映情况的数据，必须真实可靠，不允许有任何偏差及失误。其中所运用的资料、数据，都要经过反复核实，以确保内容的真实性。

(2)预测准确。可行性研究报告是投资决策前的活动，具有预测性及前瞻性。它是在事件没有发生之前的研究，也是对事务未来发展的情况、可能遇到的问题和结果的估计。因此，必须进行深入的调查研究，充分地利用资料，运用切合实际的预测方法，科学地预测未来前景。

(3)论证严密。论证性是可行性研究报告的一个显著特点。要使其有论证性，必须做到运用系统的分析方法，围绕影响项目的各种因素进行全面、系统的分析，包括宏观分析和微观分析两方面。

三、房地产可行性研究的步骤

可行性研究是在投资项目前期所做的工作，按照由浅到深、由先到后的顺序，可以分为四个工作阶段①。

---

① 俞明轩：《房地产投资分析》，北京：首都经济贸易大学出版社，2004年版。

(1)投资机会研究。投资机会研究也称投资机会鉴定，是房地产投资可行性研究的第一阶段，其主要任务是寻找投资机会，为项目投资方向提出建议，即在一定的地区和部门内，以自然资源和对市场的未来研究预测为出发点，寻找最有利的投资机会。

投资机会研究可以分为一般投资机会和特定项目的投资机会研究两种类型。前者是针对一个地区、一种行业或一种资源为对象进行研究的，以识别投资机会，对投资方向(地点、行业)进行研究。后者是在前者的基础上，对已选定投资地点和行业的投资项目所进行的机会研究。

投资机会研究主要涉及的内容包括：地区情况、经济政策、资源条件、劳动力状况、社会条件、地理环境、国内外市场情况、工程建成后对社会的影响等。

相对于其他几个阶段而言，投资机会研究是一个相对粗略笼统的过程，它更多地依靠主观估计，而不是靠详细的研究分析。在分析项目所需投入资金以及项目建设成本的时候，一般是按照市场上大致的投资项目实际投入额和成本估算出来，税费的多少也只使用大致的比例估算出来。该阶段对项目投资的开发成本、预期收益、净利润的估算精度较低，误差可高达30%左右。但该阶段投入的费用较少，约占项目总投资额的0.2%～0.8%；所需时间较短，大约1～2个月。

(2)初步可行性研究。如果投资机会研究证明是可行的，就可进入初步可行性研究阶段。许多大型的投资项目消耗的人力和资金是相当多的，为了避免时间、金钱和人力资源方面的浪费，投资者往往需要在对项目进行正式的可行性研究之前，在机会研究的基础上提前对项目的可行性作出初步的研究分析。因此，初步可行性研究是介于投资机会研究和详细可行性投资之间的一种过渡研究，它是对机会研究得出的结论作出进一步的研究，从而为详细可行性研究做好充分的准备。初步可行性研究与详细可行性研究的区别主要体现在获得资料的详细程度不同、研究的深入程度不同、进度不同三个方面。对于一些小型开发项目的可行性研究，可以跨越该阶段，直接进入详细可行性研究阶段。

这一阶段需要解决的问题有：①分析投资机会研究的结论，在较详细资料的基础上作出是否投资的决定；②是否有进行详细可行性研究的必要；③有哪些关键问题需要进行专门的特殊研究。

在初步可行性研究阶段需要对以下内容进行粗略的审查：市场供需、建筑原材料的供应、项目所在地的社会经济状况、项目选址及周边环境、规划设计方案、进度安排、投资收益、成本估算、财务分析等。

初步可行性研究阶段估算的精度比投资机会研究要高一些，误差大致在20%范围内；所需的费用约占总投资额的0.25%～1.5%；占用时间大约2～4个月。

(3)详细可行性研究。这一阶段是项目可行性研究过程中的最重要的组成部分，是开发建设项目投资决策的基础，是在分析项目技术、经济可行性后作出投资与否决策的关键步骤。在该阶段，投资者将拥有更多更详细的原始资料与数据，借此对拟投资项目进行全面的经济技术分析和论证。这一阶段的研究范围更广、程度更深、精度更高，分析方法已经不再是那种主观行为占主导地位的估算，而主要通过运用更为客观、科学的各种理论模型以及各种复杂的指标比较等对拟建项目进行评价。

这一阶段进行投资估算的精度在10%左右，大型项目所需费用约为投资总额的0.2%～1%，小型项目约为1%～3%；占用时间较长，一般项目需几个月时间，大型项目有可能需要一年左右或更长时间。

(4)可行性研究的评价。详细可行性研究报告完成后，可行性研究工作并没结束，可行性研究的评价(又称项目评估阶段)是整个研究过程的最后一个阶段，是由决策部门组织或授权有关专家对上报的建设项目可行性研究报告进行全面审查和再评估的阶段。

按照国家有关规定，对大中型和限额以上的项目及重要的小型项目，必须经有权审批单位委托有资格的资源评估单位就项目可行性研究报告进行评估论证。未经评估的建设项目，任何单位不准审评，更不准组织建设。

四、房地产可行性研究的内容

房地产可行性研究的内容因项目的复杂程度、环境状况和具体情况不同而有所不同，但一般包括三个方面的必需内容，即项目的必要性分析、项目实施的可行性分析及项目的技术和经济评价。就具体内容而言，房地产开发项目可行性研究都应该包含的内容如下。

(1)项目概况，主要包括项目名称及其背景，开发项目所具备的自然、经济、水文地质等基本条件，开发对象的社会经济发展前景以及项目开发的宗旨、规模、功能和主要技术经济指标等。

(2)市场分析和需求预测，指在深入调查和充分掌握各类资料的基础上，对拟开发项目的市场需求及市场供给状况进行科学的分析并作出客观的预测，包括开发成本、市场售价、销售对象及开发周期、销售期等的预测。

(3)规划方案的优选，指对可供选择的规划方案进行分析，在比较的基础上优选最为合理、可行的方案作为最后方案，并对其进行详细描述，包括选定方案的建筑物布局、功能分区、市政基础分布、建筑物及项目的主要技术参数、技术经济指标和控制性规划技术指标等。

(4)开发进度安排，这里主要指对开发的进度进行合理的时间安排。一般按照前期工程、主体工程、附属工程、交工验收等阶段安排好开发项目的进度。作为大型开发项目，由于建设期长、投资大，一般需要进行分期开发，这就需要对各期开发的内容同时做出统筹安排。

(5)项目投资估算，就是对开发项目所涉及的成本费用进行分析估算。房地产开发涉及的成本费用主要有土地费用、前期工程费、建筑安装工程费、市政基础费用、公共配套设施费用、期间费用及各种税费。需要说明费用估算依据和估算范围。就估算的精度而言，没有必要像预算那样要求精确，但应充分注意到各项费用在不同建设期的变化情况，力争和未来事实相符，提高评价的准确性。

(6)资金的筹措方案和筹资成本估算，指根据项目的投资进度安排，合理估算资金需求量，拟定筹资方案，并对筹资成本进行计算和分析。房地产项目投资额巨大，开发商务必在投资前做好对资金的安排，通过不同的方式筹措资金，保证项目的正常运行。

(7)财务评价，是依据国家现行财税制度、现行价格和有关法规，从项目角度对项目的盈利能力、偿债能力和外汇平衡能力等财务状况进行分析，并借以考察项目财务可行性的一种方法。具体包括在项目的销售预测、成本预测基础上进行预计损益表、资产负债表以及预计现金流量表、预计债务偿还表、预计资金来源表和运用表的编制，以及进行财务指标和偿还指标的计算，如财务净现值、财务内部收益率、投资回收期、债务偿还期、资产负债率等，据以分析投资的效果。

(8)风险分析，是可行性研究的一项重要内容，包括盈亏平衡分析、敏感性分析和概率分析等内容。风险分析通过对影响投资效果的社会、经济、环境、政策、市场等因素的分析，了解各因素对项目影响的性质和程度，为项目运作过程中对关键因素进行控制提供可靠依据。同时根据风险的可能性为投资者了解项目的风险大小及风险来源提供参考。

(9)国民经济评价，是按照资源合理配置的原则，从国民经济的角度出发，用一套参数(包括影子价格、影子公司、影子汇率和社会折现率等)计算、分析项目对国民经济的净贡献，以评价项目经济合理性的经济评价方法。国民经济评价是项目评价的重要组成部分，也是投资决策的重要依据。国民经济评价包括社会效益评价和环境效益评价。社会效益是指项目为满足社会需求所作的贡献大小，如对社会经济增长、对提高居住水平、对城市经济发展及其关联企业的发展、对国家财政税收所作的贡献等。环境效益是指项目开发给城市环境改善带来的效益，如项目对美化居住环境、改善居住条件和投资环境、美化城市及消除污染等所作的贡献。

(10)结论，指根据对相关因素的分析和各项评价指标，对项目的可行与否作出明确结论，针对本项目存在的问题提出建议，并对建议的效果作出评估。

第五节　案例分析

案例一:2011 年舟山市区房地产市场发展报告①

(一)社会经济发展

1. 城市区位独特

舟山是全国第一个以群岛设市的地级行政区划，舟山市由星罗棋布的 1390 个岛屿组成，据第六次全国人口普查，住人的岛屿共有 103 个，其中万人以上岛屿 11 个，全市常住人口为 112.13 万人。舟山市背靠长江三角洲地区，北与上海、南与宁波等大中城市隔海相望；东接太平洋，是我国对外开放的主要海上门户和中外船舶南来北往的必经之地。舟山市下辖 2 区 2 县(定海区、普陀区、岱山县和嵊泗县)，舟山市政府设在临城新区。

《舟山市城市总体规划(2000—2020 年)》将舟山定位为我国重要的海洋渔业基地和海洋开发基地、现代化的港口和海岛旅游城市。舟山拥有渔业、港口、旅游三大优势产业。舟山海洋资源极其丰富，是我国最大的海水产品生产、加工、销售基地；是我国屈指可数的天然深水良港；是著名的佛教圣地和海岛休闲旅游度假胜地，拥有普陀山、桃花岛等驰名中外的风景名胜。

2011 年 6 月 30 日，浙江省舟山市获国务院批准设立浙江舟山群岛新区，这一国内首个群岛新区，是继上海浦东新区、天津滨海新区和重庆两江新区之后，中国政府批准设立的第四个国家级新区。舟山群岛新区是国务院批准的我国首个以海洋经济为主题的国家战略层面新区。根据国务院批复，舟山群岛新区的功能定位是浙江海洋经济发展的先导区、海洋综合开发试验区、长江三角洲地区经济发展的重要增长极。基于这一功能定位设立的舟山群岛新区的发展目标是：逐步建成我国大宗商品储运中转加工交易中心、东部地区重要的海上开放门户、海洋海岛综合保护开发示范区、重要的现代海洋产业基地、陆海统筹发展先行区。

① 案例来源：浙江大学房地产研究中心，《2011 年浙江省房地产市场城市报告》，2011 年。

从行政区划的角度来看，舟山市的发展中心聚焦在定海区以及普陀区。其中定海区新划分出临城新区，并将舟山市政府迁往这一新城区，是未来的舟山经济和行政中心。考虑到舟山市的规模较小，结合舟山的城市规划以及住房的销售情况，基本上可以从住宅板块的角度将舟山全市的房地产市场分为：定海区（不含临城新区）、临城新区、普陀区、岱山县四大板块。

（1）定海板块。作为舟山的中心区域，定海区长期受到购房者的关注。定海板块的房价远高于其他城区的销售均价，显示了定海区在舟山购房者心目中的不可替代性。完善的基础配套设施、便利的交通、深厚的人文底蕴和发达的商业环境，使得板块内楼盘的身价也随之倍增。买房在定海，不仅可以大大满足生活品质的需求，也是投资回报较为稳健的区域选择。

（2）新城板块。临城新区是目前舟山新一轮城市规划中的新城。在政府和社会各界的见证下，一座新兴的现代化城市应运而生。交通、环境、规划等优势让开发商也认识到了新区的发展潜力，知名开发商纷至沓来，房产投资聚集，居住环境愈加成熟，俨然已成为刚需族首选购房"热地"。

（3）普陀板块。沈家门老城区土地资源的日益饱和，造就东港的潜在资源被充分挖掘；而朱家尖、鲁家峙，双"岛"合璧，又引发普陀新一轮的角逐；除此之外还有宜居的浦西，令所有重视优质生活的人向往。

（4）岱山板块。凭借秀丽的海景，岱山板块脱颖而出，赢得了开发商的青睐，成为舟山楼市的闪耀之星。舟山的海景房主要分两类：小户型海景度假公寓和海景别墅。

2. 经济快速提升

近年来，舟山市大力发展港口经济以及房地产业，经济实力快速提升。

2011 年全年舟山市实现地区生产总值 765.3 亿元，同比增长 20.8%，"十一五"期间年均增长 14.3%，连续 12 年保持两位数增长，经济增速连续多年名列全省和长三角前列。按常住人口计算，人均地区生产总值达到 67657 元。2001—2011 年舟山市地区生产总值情况如图 7-2 所示。

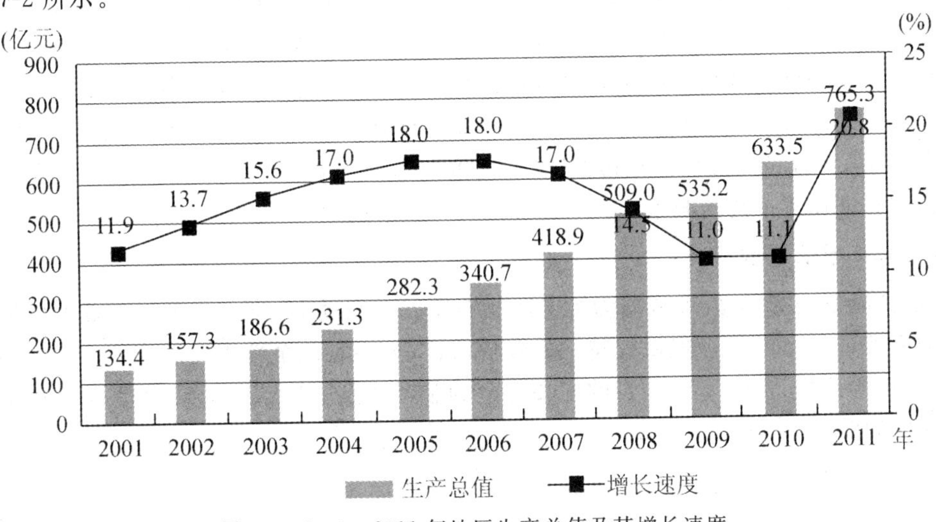

图 7-2　2001—2011 年地区生产总值及其增长速度

得益于经济的快速发展，居民收入稳步增长。2011 年，舟山城区城镇居民人均可支配收入 30496 元，比 2010 年增长 16.2%；全市渔农村居民人均纯收入 16608 元，比 2010 年增长 16.4%。城乡居民收入差距进一步缩小，城乡居民收入比由 2010 年的 1.88：1 缩小至 1.84：1。2001—2011 年舟山地区人民收入及增长速度如表 7-2 所示。

表 7-2　2002—2011 年舟山市地区人民收入及其增长速度

年份	城镇居民人均可支配收入(元)	增长速度(%)	渔农村居民人均纯收入(元)	增长速度(%)
2002	10985	8.1	4659	5.4
2003	12213	11.2	5150	10.5
2004	13747	12.6	6232	21.0
2005	15824	12.9	7190	15.4
2006	17525	12.9	8333	15.9
2007	19856	13.3	9725	16.7
2008	22257	12.1	11367	16.9
2009	24082	8.2	12612	11.0
2010	26242	9.0	14265	13.1
2011	30496	16.2	16608	16.4

3. 海洋经济发达

作为全国第一个以群岛设市的地级行政区划，舟山在早期并没有充分利用得天独厚的海洋资源。20 世纪 90 年代以来，舟山大力发展海洋旅游业和海洋房地产业，并以此为突破点扶持第三产业。进入 21 世纪后，舟山市不断优化产业结构，全市初步形成了以临港工业、港口物流、海洋旅游、现代渔业为支柱的开放性海洋经济体系，经济结构初步实现了由单一的传统渔业向综合的现代海洋经济转变。2011 年海洋经济总产出 1758 亿元，比 2010 年增长 15.6%；海洋经济增加值占全市 GDP 的比重为 68.6%，比 2010 年提高 0.6 个百分点，是中国海洋经济比重最高的城市。

4. 工业增长较快

依托“港口经济”的发展战略为第二产业的发展带来动力，舟山市第二产业的发展出现了新的突破，2011 年，工业经济保持平稳较快增长，全年实现全部工业总产值 1440.6 亿元，比 2010 年增长 20.4%，其中增长的主要部分为临港工业。2001—2010 年工业总产值及其增长速度如图 7-3 所示。

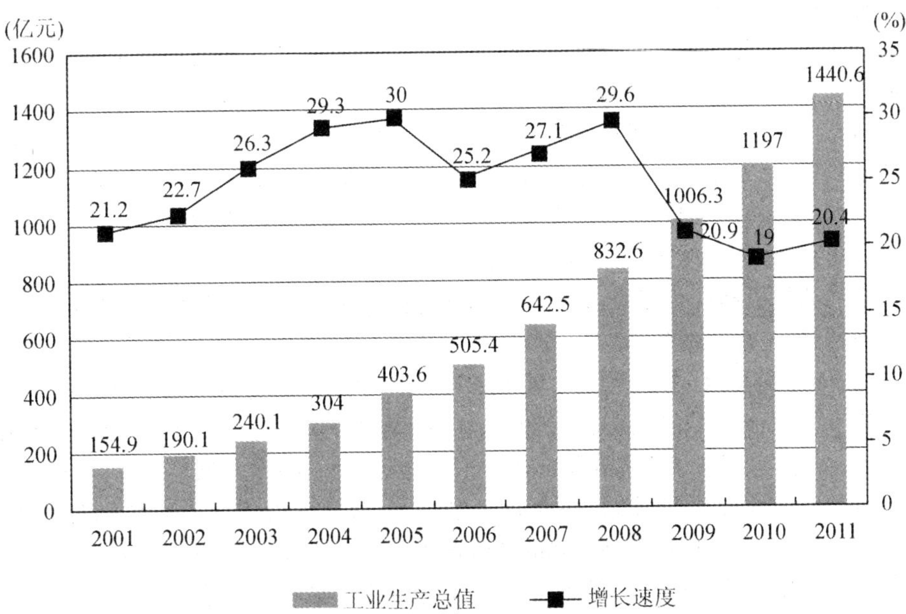

图 7-3　2001—2010 年工业总产值及其增长速度

(二)房地产业发展

1. 中央调控政策

2011 年宏观政策密集出台,调控密度之大,覆盖范围之广,皆为近几年之最。

1 月 26 日,国务院总理温家宝主持召开国务院常务会议,发布房地产市场调控"新国八条"。相对于前几轮的调控,"新国八条"被市场认为是最具杀伤力的政策,随着政策的实施,各地房价稳步回落,效果持续至今。"新国八条"对保障性住房建设、住房信贷政策、土地市场等都作了一系列的调控,包括全国建设保障性住房和棚户区改造住房 1000 万套,对贷款购买第二套住房的家庭,首付款比例不低于 60%,贷款利率不低于基准利率的 1.1 倍,增加土地供应,确保保障性住房、棚户区改造住房和中小套型普通商品住房用地不低于住房用地供应总量的 70%等。

1 月 28 日,国务院宣布,同意在部分城市进行对个人住房征收房产税改革试点。上海、重庆随即宣布,28 日起开征房产税,并公布了征收的详细方案。

3 月 16 日,国家发改委发布了《商品房销售明码标价规定》,明令商品房销售要明码标价,实行一套一标价,并明确公示代收代办收费和物业服务收费,商品房经营者要在规定时间内一次性公开全部销售房源。

7 月 12 日,国务院召开会议部署房地产调控,提出房价上涨过快的二、三线城市也要采取必要的限购措施;8 月 17 日,住房城乡建设部公布列入新增限购城市名单的 5 项建议标准。

10 月 27 日住建部部长姜伟新表示,随着个人信息全国联网,限购等行政调控措施将退出。全国 40 座大中城市被要求将房地产纸质档案全部转化为电子数据,并于 12 月 31 日前实行联网,计划于 2013 年覆盖全国 256 个地级市。此后,个人住房信息系统全国联网的政策开始引起人们的广泛关注。

2011 年年底,住建部知会地方政府,对于限购政策将于年底到期的城市,地方政府需在到期之后对限购政策进行延续。

12月9日的中央经济工作会议上，中央再次重申坚持房地产调控政策不动摇，促进房价合理回归。

2011年全年央行三度上调存贷款利率，央行7次调整存款准备金率。第1次加息于2月9日开始执行，4月央行进行了第2次加息，第7次加息发生在7月。与此同时，公积金贷款利率也随之上调。2011年前6次“升准”使大型金融机构的存准率在6月14日达到了21.5%的历史高位，而后12月5日首度下降0.5%。

这一系列调控措施产生了较大反响，住宅价格开始出现松动，各界关于“拐点即将到来或已经到来的”舆论此起彼伏。

国家统计局数据显示，在70个大中城市新建商品住宅方面，价格环比下降的城市有52个，持平的城市有16个，环比价格上涨的2个城市中，涨幅均为0.1%；与2010年12月份相比，价格下降的城市有9个，涨幅回落的城市有55个。二手住宅价格同样反映回落态势。70个大中城市中，价格环比下降的城市有51个，持平的城市有16个，环比价格上涨的城市中，涨幅均未超过0.2%；与2010年12月份相比，价格下降的城市有29个，同比涨幅回落的城市有33个。

住宅销售市场的重重迷雾加重了房地产商的观望情绪，首先反映在一级市场——土地出让市场。2011年全国130个城市土地出让金总额为18634.4亿元，同比减少13%。其中住宅类用地(含住宅用地及包含住宅用地的综合性用地)12391.3亿元，同比减少24%。其中上海土地出让金1260亿元，位居全国第一，但与2010年相比减少16.7%；北京位列第二，同比减少37.9%，降幅非常明显。开发商资金链紧张，整体拿地热情不高，全国各大中心城市成交量、成交单价下跌，各地缓拍、流拍现象屡见不鲜，土地市场进入名副其实的“寒冬期”。

一系列全方位的调控措施使得依靠财务杠杆的房地产商资金紧张，尤其是向国有大型银行直接贷款的融资途径被严格控制后，足够的现金流成为各大房企的制胜法宝。为缓解资金压力，狠抓销售成为房地产公司的普遍策略。与此同时，融资困难加上前景的不明朗因素促使全国的房地产新增项目减少。房地产开发投资增速明显放缓，2011年全年投资61740亿元，同比上涨27.9%，比2010年回落5.3个百分点。

住宅市场因受到限购等调控政策的影响，促使众多开发企业转战商业地产，一时间楼市商业地产无限繁荣。2011年下半年以来，不少房源的持有者均保持一个相对较高的心理价位，而购房者也不愿意轻易出手，导致二手房市场价格保持在以往的水平，而成交量却严重下滑。二手房价格持续“坚挺”导致的一、二手房价格倒挂，也开始促使一些购房者彻底放弃二手房转投一手房。

2. 舟山调控政策

为响应国家号召，遏制房价过快上涨，舟山市也出台了一系列政策，如表7-3所示。

舟山市政府2011年2月21号出台了《关于加快公共租赁住房发展的若干意见》。明确提出至2015年年底，全市新增公共租赁住房55万平方米以上。新建公共租赁住房的建设标准以满足基本居住需求为原则，每套建筑面积控制在25～50平方米，高层建筑和针对引进的高层次、紧缺急需人才，建设标准可适度放宽。公共租赁住房主要通过政府投资筹集、项目配建、企业自建、社会自己投资建设等方式筹集。

2011年3月19日，舟山市政府公布《关于进一步做好房地产市场调控工作的通知》，要求共有五点：切实承担房地产市场调控职责，促进房地产市场健康、平稳发展；继续加大保障性住房建设力度，努力解决城市低收入群体住房困难；严格执行差别化信贷税收政策，有效遏制不合理购房需求；继续增加住房建设用地有效供应，严格规范土地供应管理；不断完善房地产市场监管模式，严肃查处违法违规行为。

表 7-3 舟山市 2011 年具体调控措施

序号	调控措施
1	2011 年新建住宅价格同比增幅控制在舟山市当年地区生产总值增速以内，商品住房销售价格超过政府控制目标的，不予预售
2	全年全市新开工保障性住房 13.36 万平方米
3	第二套住房贷款首付款比例不低于 60%，贷款利率不低于基准利率的 1.1 倍。不足 5 年的住房转手交易的，统一按销售收入全额征收营业税
4	继续执行舟山市 2010 年有关住房限购政策，房产信息年内实现全市联网
5	保障房和中小套型普通商品住房用地不低于住房建设用地供应总量的 70%
6	加强对企业土地市场准入资格和资金来源的审查。对房地产开发建设投资达不到 25%以上的（不含土地价款），不得转让
7	严格新建商品房明码标价制度，新开楼盘 6 个月内不得任意提价

舟山的调控措施取得了一定的效果，商品房用地出让略减，成交量明显下降，但房地产投资规模持续扩大。

3. 舟山房地产市场发展历程

从舟山市的房地产业投资增长情况来看（见图 7-4），仅 2003 年中央政府首次出台措施应对房地产过热和 2008 年金融危机的影响导致投资额有小幅下降。其他年份房地产投资均出现增长，其中尤以 2011 年增长最快。2011 年舟山市房地产开发投资额达到 119.5 亿元，增速 101.6%，为十年来最高速度。总体来说，2001—2010 年舟山市的房地产投资均以一种稳步上升的方式发展，增长速度虽有一定变化，但仍在可控范围之内。2011 年的高速增长部分或得益于舟山群岛新区的划定和政府对保障房的大力支持。

根据图 7-4 和图 7-5 所反映出的信息，结合近年房地产市场的一些宏观信息，可以得出舟山市房地产发展基本遵循如下的轨迹：

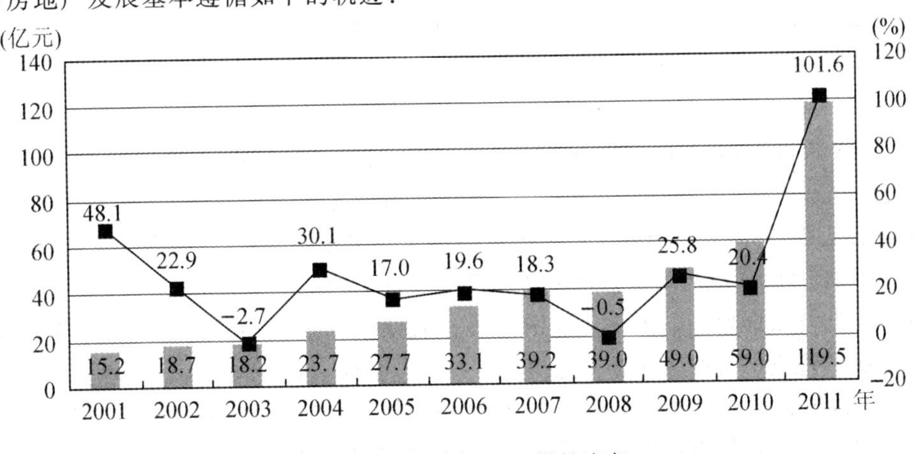

图 7-4 2001—2010 年舟山市房地产投资及其增长速度

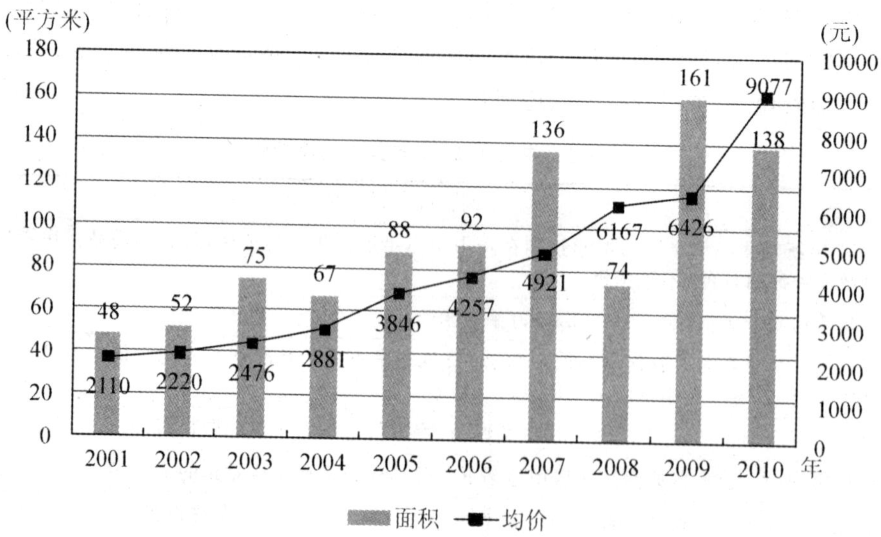

图 7-5　2001—2010 年舟山市商品房销售面积和销售均价趋势

(1)2001 年以来，随着住房消费信贷、房地产开发投资信贷政策的进一步宽松，加上 2002 年 7 月 1 日开始实行的土地招投标制度，使原本平稳增长的房地产市场出现了高速增长的态势。2001 年和 2002 年，舟山房地产开发投资额分别以 48.1%和 22.9%的速度增长。进而，舟山房地产市场出现了明显的卖方市场，炒作迹象明显，消费者心理恐慌，出现追涨购房的现象。2001—2005 年，舟山市商品房竣工面积与销售面积之比均大于 1(仅 2004 年略显供不应求，比值为 0.94：1)。这一期间，商品房空置率持续维持在一个较低的水平，连最高的 2004 年也仅为 7.5%，远远低于警戒线标准。也正是在这段时期，舟山的房价出现了快速上涨。舟山市房地产市场的繁荣发展，一方面由于政府的住房制度改革，而且也已将住宅产业作为新的经济增长点；另一方面也与舟山经济持续快速发展，居民收入水平稳步上涨，居民住宅需求得到有效释放密不可分。

(2)从 2007 年下半年开始，房贷利率连续加息、存款准备金率连续上调、第二套房的贷款从紧等一系列宏观调控政策的陆续出台，给购房者的购房心理造成了一定的影响，部分购房者出现观望态势。再加上受 2007 年下半年股市低迷、物价攀升等因素的影响，部分开发商也持观望姿态，整个楼市状态低迷，全市商品房成交量也逐渐回落。这一时期的住宅交易均价仍然维持了一段时间以来的增长速度，并未受到较大的影响。

(3)2008 年以后，商品房销售下降趋势逐步扩大，商品房销售面积 1－3 月增长 0.8%，1－6月下降 40.1%，1－9 月下降 44.6%。房地产市场逐步回归理性，全市房屋销售价格涨幅呈前高后低的走势，前 9 个月房屋销售价格比较平稳增长，后 3 个月稳定，同比涨幅主要回落。2008 年舟山全市房屋销售价格却逆势上涨，比 2007 年上涨了 25.32%。

这一时期舟山房地产市场成交量相对低迷，随着各项宏观调控房地产政策的相继落实，加上美国次贷危机引发的全球金融危机等多种因素影响，舟山市房地产投资增速明显放缓。2008 年以来，随着国家宏观调控房地产市场政策措施的到位，特别是第二套房首付比例的提高以及第二套房贷款界定以家庭为单位等政策的实施，在一定程度上抑制了投机性和投资性的购房需求，延缓了部分自主性购房需求，这是销售量回落的主因。2007 年销售火爆，交易量超过竣工量，导致2008年上半年的库存短缺可能是商品房价格稍有上涨的原因。2008年下半年金融危机正式爆发，价格涨幅才趋于平稳。

(4)2009年，房地产市场迅速回暖。住宅销售价格小幅上涨，住宅成交持续放量，销售屡创新高，出现了销售火爆的局面。2009年，全市房地产开发投资48.99亿元，比2008年增长25.8%。全年商品房销售面积161.37万平方米，比2008年增长1.2倍，超过历史上销售面积最高的年份2007年(136.50万平方米)。全年商品房销售14519套，比2008年增长1.5倍。全年房屋销售价格同比上涨4.2%。

随着市场上供大于求的局面逐渐显现，商品房价格缓慢攀升。2008年尤其是下半年积累的存货在2009年得到消化。金融危机中大量一线城市商品房价格保持平稳或下降，但舟山逆势上扬。因此即使在市场信心恢复和市场销售火爆的2009年，舟山商品房价格稳步上涨。由于金融危机尚未完全消除，实体经济仍未彻底复苏，而房地产业在扩大内需和拉动经济增长方面起到了重要作用，所以国家对于过热的房地产市场采取了宽容的态度，这使得房地产投资性需求在一段时间内持续增长。

(5)2010年舟山房地产投资仍不断增加，但商品房销售市场却出现了罕有的“量跌价涨”的局面。全年房地产投资增长20.4%，达到了近60亿元的历史新高。商品房销售面积虽达到了138万平方米，仍比2009年下降14.3%。与此形成显著对比的是，2010全年商品房价格上涨明显，达到了9077万元每平方米，创造了41%的十年来最大增幅。平均价格的上涨部分归因于办公用房和商业营业用房74.2%和67.5%的大幅投资加速。

舟山房地产市场经历了前一年的繁荣后略显疲软。2009年商品房销售面积达到了所有房屋竣工面积的2.28倍，房地产开发商的存货销售殆尽。2010年竣工量虽达到了135万平方米，仍不能满足刚需族的住房要求。再加上2009年高价购得的土地遭遇2010年调控政策的密集出台，这在推高新建商品房的销售价格的同时又促使开发商减缓新楼盘的入市。因此，舟山市场上的需求过剩而供给不足的局面导致部分区域的商品房价出现了快速上涨。

总的来说，舟山市住宅销售价格在2001—2008年呈稳定上涨态势，其中2001年增速仅5.2%，后逐步缓慢提升。仅在2006年增长速度稍有下滑。2008年受全球经济的影响，房价增速明显减缓，2009年相对2008年房价增长4.2%，而2010年在中国4万亿经济复苏计划的刺激下，舟山商品房均价上涨41%，达到9077元，直逼万元关口。这是近十年来的最大涨幅，一定程度上促成了2011年舟山政府紧跟中央政府脚步，出台相应措施抑制房价过快上涨。

(三)房地产市场动态

1. 房地产投资

如图7-6所示，2011年各月舟山市房地产累计投资额与2010年同期相比都有较大幅度的上升，其中1—2月累计房地产投资同比增长最小，为31.2%。3月和4月投资额分别达到了18.16亿元和13.16亿元，如此全年单月最高和第二的投资额使得累计投资迅速拉升，1—4月房地产投资同比增长96.1%，达到2011年的第一个峰值，随后缓降缓升，1—12月达到102.6%的最高增幅。虽然后3个季度出现一定的波动，但累计房地产投资同比增幅始终保持在70%以上。单月房地产投资在3月达到全年高峰后一路下滑，直到9月和10月才有所回升，11、12月又有小幅波动。

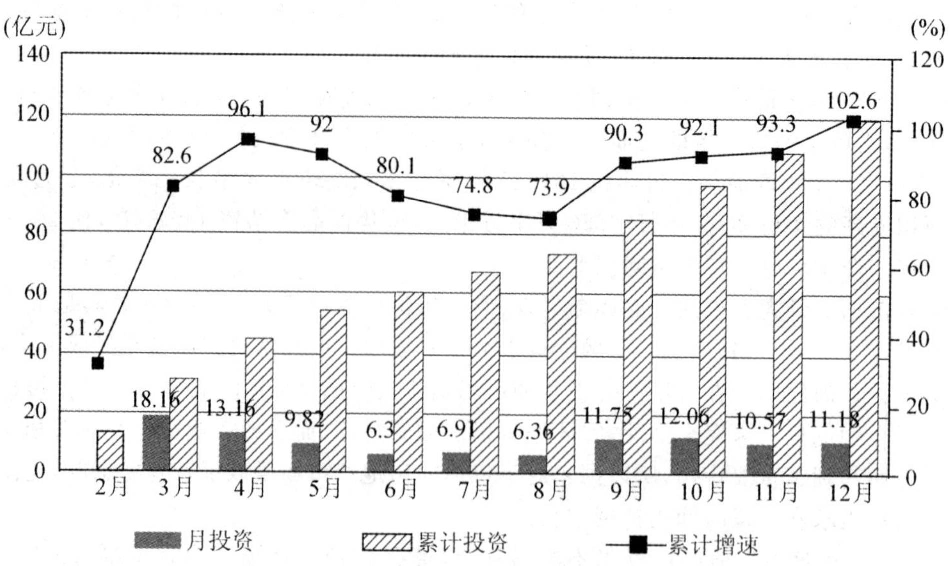

图 7-6 2011 年舟山各月房地产投资

如图 7-7 所示，浙江省其他各市中，杭州的房地产投资额以 1302 亿元居首，其次是宁波和温州，分别为 757 亿元和 681 亿元。相比之下，舟山市 119 亿元的规模和上述城市差别明显。舟山的房地产投资额在浙江省 11 个地级市中排名第 9，占全省房地产投资总和的 2.65%。造成这一现象的原因大致有三个：①舟山的人口较少，常住人口仅 112 万，占浙江省常住人口的 2%，较少的人口数量所能提供的需求有限；②舟山市陆地面积有限（仅占全省总面积的 1.41%），土地紧张，必须合理有序开发；③舟山一直将海洋产业作为重点发展方向，未将房地产业列为该市支柱产业。

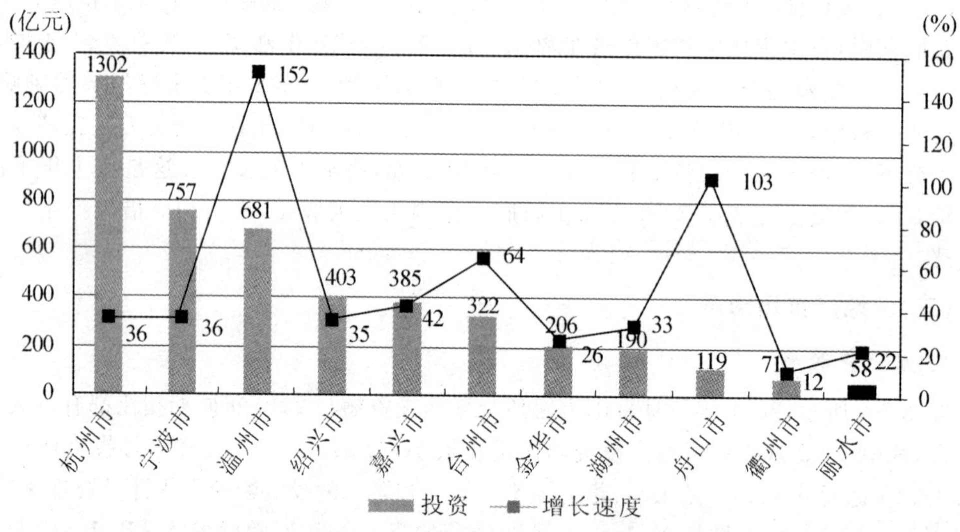

图 7-7 2011 年浙江省各市房地产投资额及增长速度

虽然舟山房地产投资规模在浙江省还不大，但投资增速却以 103% 的优异表现取得了全省第 2 的成绩，高于全省 64.5 个百分点。这充分说明了舟山房地产的成长潜力和发展实力，作为全国第一个以群岛建市的城市，独特的海洋资源可以为旅游地产提供得天独厚的先天条件。尤其是在获批成为我国首个海洋经济新区后，持续的经济发展动力将提供房地产需求，舟山房地产业的前景值得期待。

2. 土地市场

2011 年，舟山市全市挂牌成交地块共计 137 块，其中定海区 38 块，普陀区 63 块，岱山县 35 块，嵊泗县 1 块；累计成交面积约 370 公顷，其中定海共出让 174 公顷占比最大。137 个地块中，住宅（商品住宅）用地仅仅 18 块，商业及公共服务用地 52 块，工业仓储及其他用地 67 块。土地出让金定海区 77.6 亿元，普陀区 25.5 亿元，岱山县 5.1 亿元，嵊泗县 0.5 亿元。

住宅用地成交量相比 2010 年有所减少，并且地块集中在临城、朱家尖和六横；而 2010 年成交的住宅用地集中在定海城北、东港二期开发区和鲁家峙岛。由此不难看出，热点区域住宅用地保有量逐渐减少，未来几年将会通过继续拆迁等手段增加新的住宅用地；通过土地出让情况，还能进一步看出临城、东港两大开发区的建设规划和进程，2010 年，尽管房地产市场渐渐冷淡，但是舟山新城的建设继续向前迈进了一步。同时，舟山市 3 月份开始出台了居民"限购"政策的细则，住宅市场前景不被看好。但商业、服务业和工业房地产开发并没有受到限制，加上 2011 年 6 月 30 日中央正式批准舟山建立"新区"的利好消息刺激，进一步印证了非住宅地产在舟山的乐观前景。因此，住宅用地出让仅占 13%，这也可能正是房地产投资在 2011 年下半年逐步上升的原因。

3. 商品住宅市场

2011 年 1 月受到信贷优惠政策可能被取消的信息影响，很多人选择在春节前出手，新年伊始，舟山楼市并非典型淡季。受春节大假和"新国八条"出台的影响，2 月的楼市推盘量低迷，3 月楼市回暖，成交量逐渐上升，之后的 3 个月市场持续升温。由于个别楼盘火爆的表现，5 月份的成交量继续上升，成交量达到上半年最高点。迈入 6 月，成交面积、成交量环比纷纷"跳水"，成交量跌幅达 41%，楼市大幅降温。

上半年的调控政策并未像之前的历次调控越调越涨，中央不断发出"楼市政策短期不会松动"的信号。7 月的加息使得 5 年以上购房贷款升至历史高位。降价呼声和降价预期日趋高涨，部分一线城市的市场价格已经出现下行预期。全国整体的变化也让本地的购房者和开发商对舟山楼市的预期发生变化。到第三季度，舟山以及全国各大城市的房地产市场基本都并未出现以往年份"金九银十"的火爆局面，"拐点"论的声音日渐响亮。另一方面，面对资金和库存双重压力的房地产企业并未在新楼盘入市时给予松动。互不让步造成商品房成交陷入深度博弈中。5—12 月的商品房交易量涨跌交替，在不断地波动中下降。2011 下半年全市商品住宅交易 6222 套，较上半年下降 10.07%，比 2010 年下半年下降 12.55%。

(四)房地产运行指标

为更进一步地了解舟山市区 2011 年房地产市场的运行情况，把握舟山房地产脉搏，报告选取了房价收入比、房租收入比和房价房租比三个国际通用指标测算舟山房地产业 2011 年年末的最新动态。为实时检测上述三个指标的准确值，浙江大学房地产研究中心于 2011 年 12 月底在舟山搜房网、嘉城搜房网和舟山房途网选取了 301 个二手房挂牌交易样本和 206 个租赁样本，样本基本情况如表 7-4 所示。

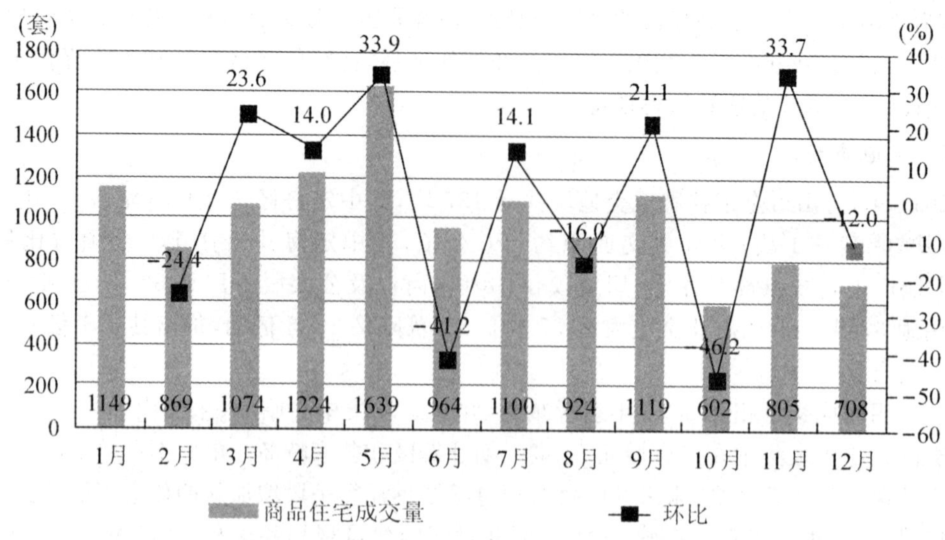

图 7-8　2011 年舟山商品住宅成交量情况

通过对表 7-4 的样本挂牌数据分析，可以看出舟山市各区块中定海区的二手房交易和普陀区的租赁均价分别是最高的，分别达到了 13541 元/平方米和每月 34.6 元/平方米。这也反映了定海和普陀区块作为老行政中心和商业中心的地块价值。值得注意的是，作为未来城市中心的临城新区二手房租赁均价低于全市交易均价，而交易的均价却高于市平均水平，甚至高于普陀区。这是因为临城区是新区，而且是未来的行政、商业中心，其投机性需求相对较高，地块升值潜力较大。但由于目前相关的配套设施还无法与老城区相比，故反映住宅实际价值的租赁价格则显得相对较低。但值得注意的是，临城新区的租赁均价和交易均价都和市区均价最为接近，样本量也分别达到了第一和第二的位置，这说明了经过十年的建设，临城新区的价格已经能代表整个市区的房价水平。

表 7-4　舟山市 2010 年 12 月挂牌交易和租赁均价统计表

区块	交易样本数（套）	租赁样本数（套）	交易均价（元/平方米）	租赁均价（元/平方米/月）
定海	104	88	13541	22.3
临城	112	67	12884	25.6
普陀	85	51	11622	34.6
总计	301	206	12753	26.4

1. 房价收入比

房价收入比是国际上广泛使用的反映居民购房能力情况的一个指标，其比值越大，说明居民购房能力越弱。通常而言，国际上对“合理住房价格”的房价收入比应为 3～6，大部分亚洲国家的房价收入比值会高于这个数值。而考虑到我国具体国情，比如特殊的住房体制、住房需求长期受到压抑等原因，我国部分学者认为，对于我国 8～10 的房价收入比仍然属于正常范围，但如果超过 10，则表明居民购房能力较弱。

根据三口之家购买60平方米、75平方米和90平方米住宅的标准，使用二手房挂牌数据进行分析计算得到的结果如表7-5所示。

表7-5　舟山市2010—2011年挂牌房价收入比

标准＼时间	2010年6月	2010年12月	2011年6月	2011年12月	平均值
60平方米标准	7.1	9.0	9.2	7.5	8.2
75平方米标准	8.8	11.3	11.5	9.4	10.1
90平方米标准	10.6	13.5	13.8	11.3	12.3

由表7-5中信息可知，根据舟山市二手房挂牌交易均价计算得到的2011年12月房价收入比为11.3，继2010年12月和2011年6月房价收入比超过13后开始下降，这主要是因为2011年城镇居民人均可支配收入出现可较大幅度的增加。2年内4次测算的平均值为12.3，说明若舟山三口之家购买90平方米的二手商品住宅，住宅价格已经超过了居民的支付能力。当然，这一比较并未考虑二手房挂牌价格普遍高于市场价的现实情况，故是对房价收入比的高估，仅起参考作用。

若以75平方米住宅为标准得到的最新房价收入比为9.4，平均值为10.1；若以60平方米住宅为标准得到的最新房价收入比为7.5，平均值为8.2。以60～75平方米的住宅计算得出的2年内房价收入比基本和合理取值区间吻合，但60～75平方米的家庭住房面积是否达到舟山的人均水平还有待证实。

2. 房租收入比

根据目前的国际经验，房租收入比的合理区间应小于25%，而居民租房压力承受临界点为30%，如果比重超过30%，则对居民造成较大的租房压力。

表7-6是根据舟山三口之家租赁90平方米住宅计算得到的舟山市的房租收入比。如表7-6所示，2010年12月房租收入比稍有下降，2011年呈现小幅上升。2011年12月房租收入比为18.7，这一比例相对较低，说明舟山市的房屋租赁市场相对稳定，房屋租赁价格较低，租房者的压力较小。这一现象的主要原因是舟山市外来常住人口和购房者比例都较低，而且多集中在高档海景房市场，故房屋租赁市场的有效需求不足，购买市场显得相对冷淡。因舟山居民租赁90平方米的住宅不会带来经济压力，故未在表中列出的60平方米和75平方米标准的房租收入，舟山居民没必要租赁过于小的住宅，

表7-6　舟山市区2010－2011年房租收入比

时间	2010年6月	2010年12月	2011年6月	2011年12月
房租收入比	18	17	18.3	18.7

3. 房价房租比

根据国际经验，房价房租比处于200～300属于合理范围，假若超出300，说明该区域房产被市场高估，投资价值会缩小，房地产市场存在“过热”现象；若低于200，则说明该区域住宅市场投资潜力较大。因为国情不同，我国住宅买卖市场较租赁市场发达很多，因此，将房

价房租比以 300 和 500 为界限,若超过 500,则市场被高估,若低于 300,则被低估。

如表 7-7 所示,舟山市区住宅市场 12 月份挂牌房价租金比为 483,从这一指标可以看出舟山市区房地产的价值逐渐趋于合理。据统计,舟山市约有 25%城镇住户拥有两套及以上房屋,渔农村居民进城购房者也已占相当大的比例,表明了舟山市的房地产市场存在部分泡沫,且住宅价格对 2010 年和 2011 年上半年的市场调控反映不是很明显。另一方面,两年内舟山的房租房价比走势为典型的倒"U"形。房租房价比从 600 以上降至 500 以下,按照我国惯用标准,住宅的价值从被高估逐渐回归合理。2011 年的调控效果在舟山市区范围内开始显现,限购、加息等措施已将部分泡沫挤出舟山商品住宅市场。但这一比值仍处于"过热"边缘,依然需要警惕房地产泡沫的形成,以打击投机为目的的调控仍需继续。

表 7-7　舟山市 2010—2011 年房租房价比

时间	2010 年 6 月	2010 年 12 月	2011 年 6 月	2011 年 12 月
房租房价比	483	626	604	483

案例二:西溪湿地游客问卷调查报告①

杭州西溪湿地的开发不仅为游客提供了良好的休闲去处,更是湿地资源、历史人文景观以及生态环境保护的需要。为了更好地了解广大游客对于西溪湿地的意见,为西溪湿地二期工程旅游功能定位提供充分的实际依据,我们在西溪湿地一期公园进行了相应的问卷调查。本次调查总共发放问卷 510 份,回收 496 份,其中有效问卷为 432 份,有效回收率为 84.7%。下面是我们对问卷结果进行的统计分析。

1. 被调查游客的性别构成

在这份有效问卷中,男性为 201 人,占被调查总数的 46.53%;女性为 231 人,占被调查总数的 53.47%,略高于男性。参见表 7-8 和图 7-9。

表 7-8　游客性别构成表

性别	男	女	总计
人数(人)	201	231	432
占比(%)	46.53	53.47	100

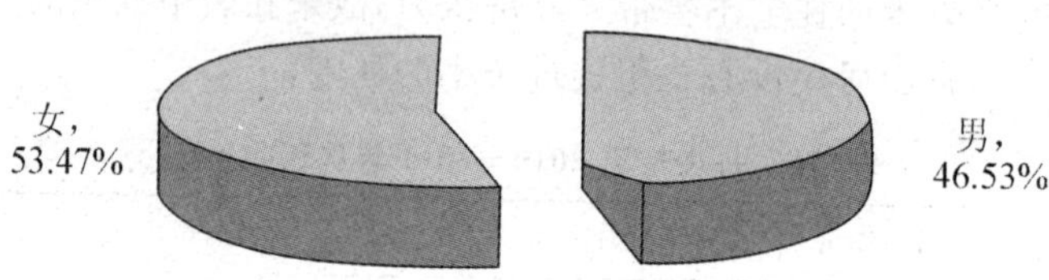

图 7-9　游客性别构成图

2. 被调查游客的年龄结构层次

在这 432 份有效问卷中,年龄小于 18 周岁的青少年只有 18 人,占问卷调查总数的

① 案例来源:浙大土木工程管理研究所,《西溪湿地二期业态定位与规划》,2007 年。

4.17%，相对最少；年龄在18～29周岁有164人，占问卷调查总数的37.96%，相对最多；年龄在30～40周岁有77人，占问卷调查总数的17.82%，年龄在41～51周岁的有52人，占问卷调查总数的12.04%，而年龄超过51周岁的游客有121人，占总数的28.01%。参见表7-9和图7-10。

表7-9　游客年龄结构层次分布表

年龄(岁)	<18	18～29	30～40	41～50	>51	总计
人数(人)	18	164	77	52	121	432
占比(%)	4.17	37.96	17.82	12.04	28.01	100

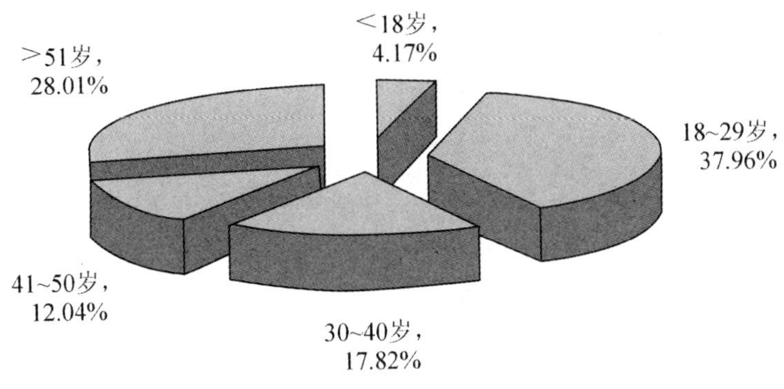

图7-10　游客年龄结构层次分布图

3. 被调查游客的职业分布

在接受问卷调查的游客中，学生96人，占总数的22.22%，相对最多；其次为工人72人，占总数的16.67%；商业服务业职员、企业管理者、专业技术人员、公务员、教师分别为64人、53人、36人、36人和31人，占被调查总数的14.81%、12.27%、8.33%、8.33%、7.18%；其他职业的44人，占总数的10.19%。参见表7-10和图7-11。

表7-10　游客职业分布表

职业	学生	工人	商业服务业职员	企业管理者	专业技术人员	公务员	教师	其他	总计
人数(人)	96	72	64	53	36	36	31	44	432
占比(%)	22.22	16.67	14.81	12.27	8.33	8.33	7.18	10.19	100

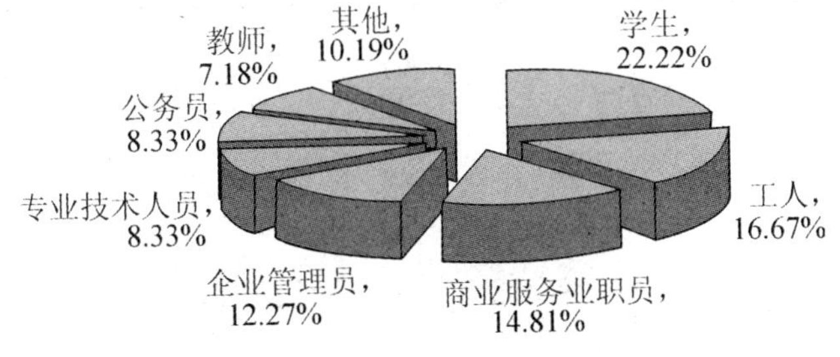

图7-11　游客职业分布图

4. **游客居住地分布**

接受本次问卷调查的游客,以杭州和上海为主,其中杭州市民有 191 人,占被调查总数的 44.21%;上海市游客有 122 人,占 28.24%;来自浙江省其他城市的有 92 人,占 21.30%。还有来自北京、南京、深圳、希腊等其他地区的游客 27 人,占 6.25%。参见表 7-11 和图 7-12。

表 7-11 游客居住地分布表

居住地	杭州市	浙江省其他城市	上海市	其他	总计
人数(人)	191	92	122	27	432
占比(%)	44.21	21.30	28.24	6.25	100

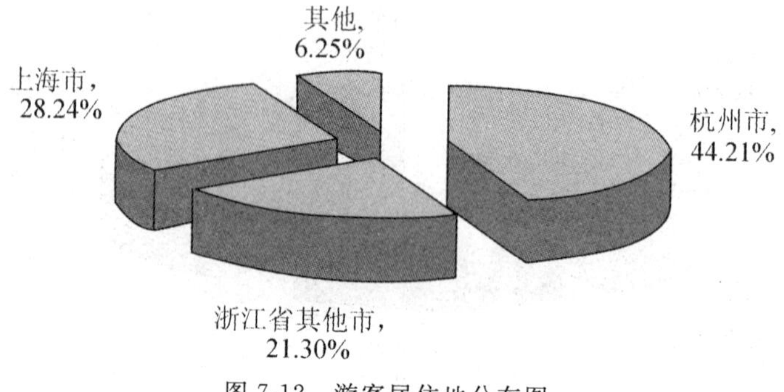

图 7-12 游客居住地分布图

5. **游客每年用于休闲、旅游的花费**

在问卷中,我们将游客用于休闲旅游的花费分为 500 元以下、500～1000 元、1000～2000 元、2000～5000 元以及 5000 元以上这五个分段。接受问卷调查的游客大多集中于 500～2000 元,占 57.87%,其中 500～1000 元的有 129 人,占有效问卷总数的 29.86%;1000～2000 元的有 121 人,占总数的 28.01%。该花费小于 500 元的有 89 人,占 20.60%;在 2000～5000 元的有 72 人,大于 5000 元的有 21 人,分别占总数的 16.67%和 4.86%。参见表 7-12 和图 7-13。这表明目前到西溪湿地游玩的游客每年用于旅游的花费相对较多,因此有较强的购买力。

表 7-12 游客每年用于旅游的花费表

花费(元)	<500	500～1000	1000～2000	2000～5000	>5000	总计
人数(人)	89	129	121	72	21	432
占比(%)	20.60	29.86	28.01	16.67	4.86	100

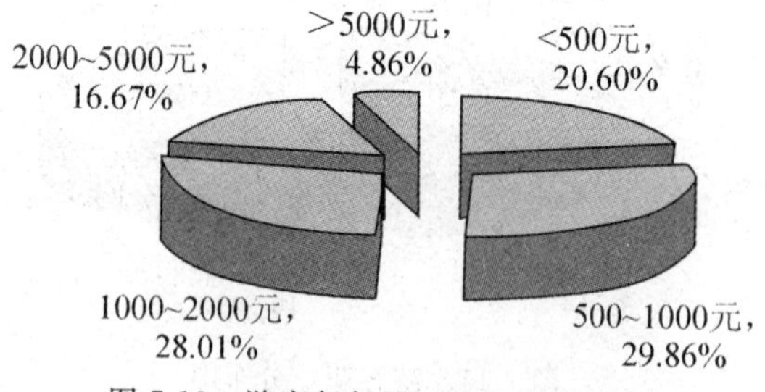

图 7-13 游客每年用于旅游的花费图

6. 游客到西溪湿地游玩的次数

接受调查的游客到西溪湿地游玩都不太频繁，大多数为每年一两次，占被调查总数的46.53%，其次为第一次到西溪湿地游玩的有93人，占21.53%。每周一次和每月一次的仅为47人，占10.88%。参见表7-13和图7-14。这说明西溪湿地缺少让游客流连的吸引力，尤其是对杭州游客，不像西湖那样能经常走走逛逛。

表 7-13 游客游玩的次数分布表

次数	每周一次	每月一次	每年一两次	第一次	其他	总计
人数(人)	9	38	201	93	91	432
占比(%)	2.08	8.80	46.53	21.53	21.06	100

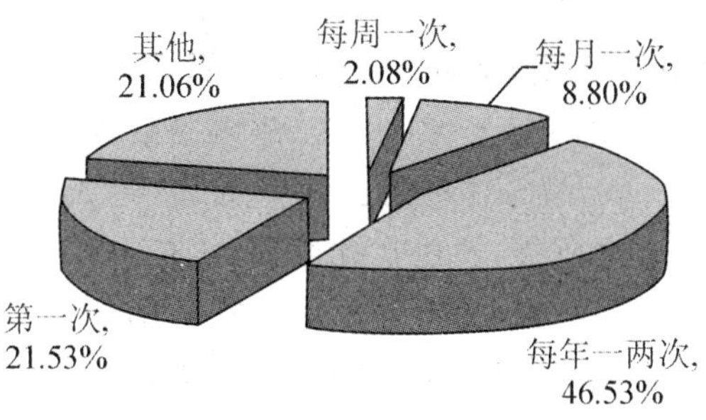

图 7-14 游客游玩的次数分布图

7. 本次旅游同行的人数及相互关系

接受问卷调查的游客同行人数多集中于2～4人以及7人以上这两个选项，分别占43.06%和42.59%。同行的以同事、家庭、朋友为主，分别占被调查总数的28.01%、22.92%和22.22%。说明西溪湿地目前的游客以旅行团和家庭式散客为主。具体旅游人数及关系分布参见表7-14和图7-15、7-16。

表 7-14 游客同行人数分布表

同行人数(人)	1	2～4	5～7	>7	总计
人数(人)	9	186	53	184	432
占比(%)	2.08	43.06	12.27	42.59	100

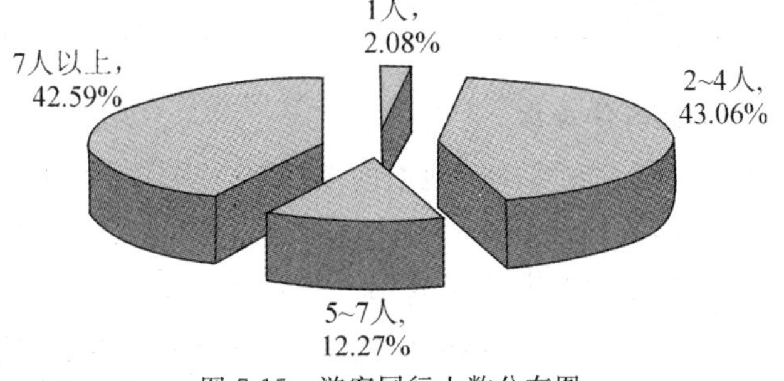

图 7-15 游客同行人数分布图

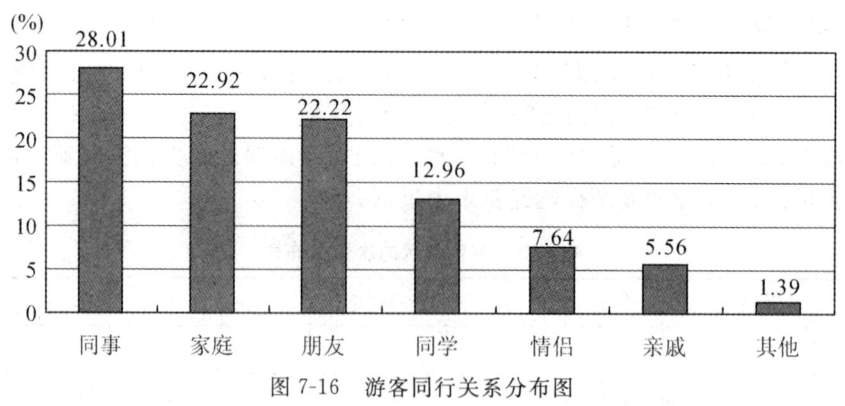

图 7-16 游客同行关系分布图

8. 游客的住宿需求

432 份有效问卷中共有 402 份回答了是否需要住宿服务这个问题，认为需要的游客有 197 人，占 49.00%，认为不需要的游客有 205 人，略多于前者，占 51.00%。在选择提供住宿服务的游客中，有 31.47%认为公园太大，景点太多，一天游不完，所以需要住宿；有 43.15%认为是因为公园内景色优美，希望在此度假；还有 15.23%是由于写生、绘画、拓展等工作需要住宿。在选择不需要提供住宿服务的游客中，有 36.59%认为家住杭州，来去方便不需要住宿；有 30.24%认为简单走走，看看即可，无需住宿；有 20.98%是因为对公园的环境、设施、景点不满意不愿在此住宿；还有少部分游客认为在湿地内住宿会对环境产生破坏，因此不应在景区内提供住宿服务。参见表 7-15。

表 7-15 游客住宿需求及原因

是否需要提供住宿服务	原　　因	人数(人)	占比(%)
需要	A. 公园太大，一天游不完	62	31.47
	B. 园内景色宜人，希望在此度假	85	43.15
	C. 写生、绘画、拓展等工作需要	30	15.23
	D. 其他	20	10.15
不需要	A. 家住杭州，来去方便	75	36.59
	B. 简单走走，看看即可	62	30.24
	C. 对公园环境、设施、景点不满意	43	20.98
	D. 其他	25	12.19

9. 住宿天数及能接受的住房价

对于住宿的天数，389 位游客给出了他们的选择，集中于 1～3 天，其中选择 1 天的有 188 人，2～3 天的有 168 人，分别占 48.33%和 43.19%。仅 33 人选择住宿 4 天以上(包括 4 天)，参见表 7-16。432 份有效问卷中，390 份对住房价进行了选择，42.31%的游客认为一晚的价格应该在 100 元以下，46.41%的认为 100～200 元较为合适，只有 44 人，即 11.28%认为能接受的价格在 200～500 元，无人能接受 500 元以上的房价，参见表 7-17。

表 7-16　住宿天数选择

住宿天数(天)	1	2～3	4～5	6～7	>7	总计
人数(人)	188	168	20	5	8	389
占比(%)	48.33	43.19	5.14	1.29	2.05	100

表 7-17　游客能接受的旅游住房价(一晚)

住房价(元/一晚)	<100	100～200	200～500	>500	总计
人数(人)	165	181	44	0	390
占比(%)	42.31	46.41	11.28	0	100

10. 目前在西溪湿地游玩的最大不便

为了解游客在游玩西溪湿地公园之后对景点、设施、服务等方面的意见,我们设置了已开发景点太少、进入口不明确、缺少休闲娱乐场所、缺乏服务设施、湿地内道路不完善、没有安全感、标志太少等选项。其中缺乏娱乐设施、已开发景点太少、缺乏服务设施这三项占前三位,分别有 42.82%、41.67%和 39.58%游客认为这三点是目前在西溪湿地游玩的最大不便。在 423 份有效问卷中,各选项游客选择的人数及所占百分比如表 7-18 和图 7-17 所示。这说明已开放的西溪湿地公园在休闲娱乐场所的设置、景点的连贯性、配套设施方面还不完善,给游客的游玩带来了不便。因此在西溪湿地二期建设中要增添一些休闲娱乐场所以及相关的服务设施,并使景点的设置在区域上形成一定的连贯性,便于游客观光。

表 7-18　游客游玩的不便

选项	开发景点太少	进入口不明确	缺乏休闲娱乐场所	缺乏服务设施	湿地内道路不完	没有安全感	标志太少	其他
人数(人)	180	68	185	171	76	64	126	17
占比(%)	41.67	15.74	42.82	39.58	17.59	14.81	29.17	3.94

11. 旅游设施需求

在 432 份有效问卷中,有 177 位即 37.96%的旅客认为在西溪湿地应当设立民居式旅馆;有 176 位游客认为茶楼餐厅是应当布置的设施,比重为 40.74%。另外各有 38.19%、37.96%和 35.88%的游客认为在西溪湿地内要设置休憩场所、观光车和农趣体验区。以上五种设施以及公共厕所和露营地,游客的意见相对集中,也有不少游客提出应当在西溪湿地内设置其他设施,如 22.69%和 19.44%的游客认为观鸟台和购物区是必需的。总之,游客对于西溪湿地内旅游设施的需求是多种多样和全方位的,主要集中于茶楼餐厅、农趣体验区等休闲设施。因此在西溪湿地二期工程中应充分考虑游客的需求,设立相应的休闲娱乐以及餐饮住宿的设施。

游客对各旅游设施的需求如表 7-19 和图 7-18 所示。

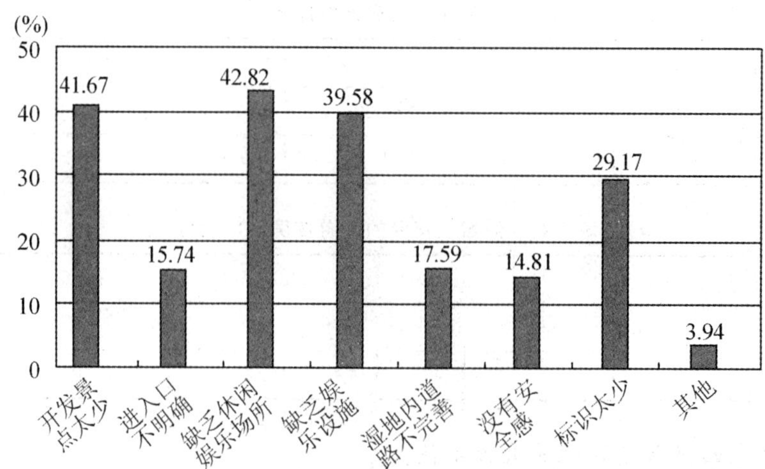

图 7-17　游客游玩的最大不便分布图

表 7-19　旅游设施需求表

设施	观光车	茶楼餐厅	民居式旅店	高级宾馆	停车场	报警点	路牌	购物区
人数(人)	164	176	177	13	34	69	109	84
占比(%)	37.96	40.74	40.97	3.01	7.87	15.97	25.23	19.44

设施	露营地	博物展馆	农趣体验区	观鸟台	码头	休憩场所	公共厕所
人数(人)	140	71	155	98	66	165	159
占比(%)	32.41	16.44	35.88	22.69	15.28	38.19	36.81

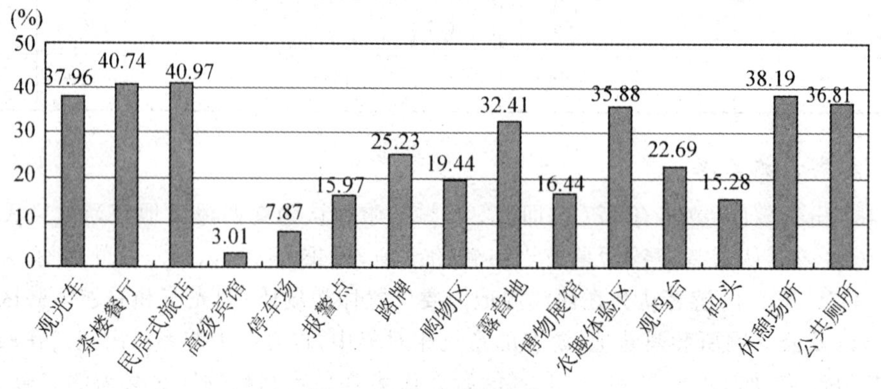

图 7-18　旅游设施需求图

12. 休闲娱乐项目的需求

游客对休闲娱乐项目的需求较为广泛，十个选项中有六项，选择的游客超过了有效问卷的30%。在432份有效问卷中，其中有187人即43.29%认为民俗活动对其有吸引力；有168人和167人即38.89%和38.66%的游客认为垂钓、烧烤会吸引他们参与；有152人，即占总数35.19%的游客认为如果西溪湿地二期设置水上休闲活动，他们将会参与；还有135

人即31.25%的游客赞同设立水上集市，如表7-20和图7-19所示。由此可以看出，游客对于休闲娱乐项目的参与热情比较高，尤其是民俗和水上活动对游客具有很大的吸引力。因此在二期规划中，可以利用西溪湿地原有的民俗资源和水乡文化，加大这两方面项目的比重，吸引游客的同时，传承西溪的历史文脉。

表7-20　休闲娱乐项目需求表

项目	垂钓	诗画展示	戏曲表演	民俗活动	街市购物	水上集市	烧烤
人数(人)	168	66	115	187	43	135	167
占比(%)	38.89	15.28	26.62	43.29	9.95	31.25	38.66

项目	家庭度假会所	水上休闲活动	企业培训度假中心	其他
人数(个)	139	152	35	3
占比(%)	32.18	35.19	8.10	0.69

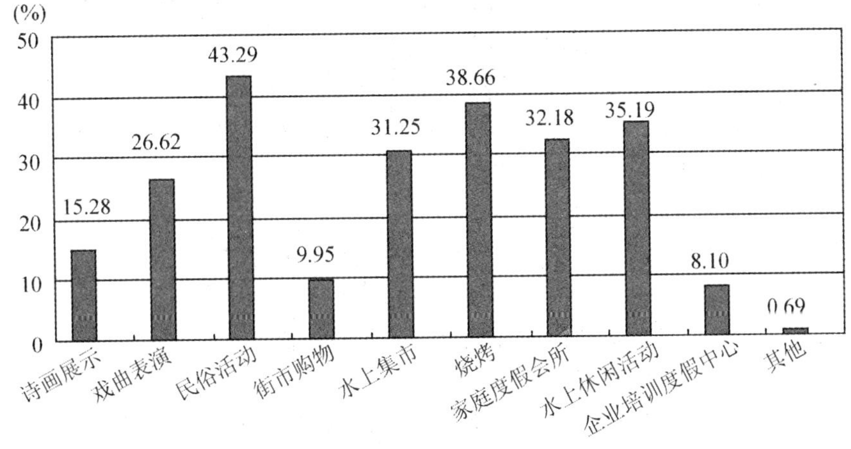

图7-19　休闲娱乐项目需求图

13. 其他意见和建议

在调查的过程中，很多游客热心地完成了问卷，还提出了不少意见和建议，对二期的开发规划具有一定的借鉴意义。例如，有游客提出湿地内缺少特色区域，缺少纪念品，公共交通不够便捷等；还有游客建议充分利用湿地的空间，建立人文景观展点，种植经济植物等，以增加收入；以及提供自助式游船、自行车租借等设施；建立植物标本馆；借鉴乌镇，保留原住民；在文二西路设出口等。

附表：西溪湿地游客问卷调查表

尊敬的游客朋友，您好：

杭州西溪湿地的开发不仅为市民提供了休闲去处，更是湿地资源、历史人文景观以及生态环境保护的需要。我们正在进行一项关于西溪湿地二期工程旅游功能定位的调查，为了能使二期工程更好地满足您的需求或反映您的愿望，请为我们提供一些确凿的信息，感谢您的帮助！

(1)您的性别:A. 男　B. 女

(2)您的年龄:A. 18岁以下　B. 18～29岁　C. 30～40岁　D. 41～50岁　E. 51岁以上

(3)您的职业:A. 公务员　B. 学生　C. 教师　D. 商业、服务业职员　E. 企业管理者　F. 专业技术人员　G. 工人　H. 其他:________

(4)您的居住地:A. 杭州市　B. 浙江省其他城市　C. 上海市　D. 其他:________

(5)您通常每年用于休闲、旅游的花费:

A. <500元　B. 500～1000元　C. 1000～2000元　D. 2000～5000元　E. 5000元以上

(6)您目前到西溪湿地游玩的次数:

A. 每周一次　B. 每月一次　C. 每年一两次　D. 其他:________

(7)本次旅游同行人数(含自己):A. 1人　B. 2～4人　C. 5～7人　D. 7人以上

(8)本次旅游和您同行的是您的(可多选):

A. 朋友　B. 家庭　C. 亲戚　D. 同学　E. 情侣　F. 同事　G. 其他:________

(9)您觉得西溪湿地内需要提供住宿服务吗?

A. 需要　原因:A. 公园太大,景点太多,一天游不完

B. 园内环境优美,景色宜人,希望在此度假

C. 写生、绘画、拓展等工作需要

D. 其他:____________

B. 不需要　原因:A. 家住杭州,来去方便,平时可以多来

B. 简单走走,看看即可,没有住宿的想法

C. 对公园的环境、设施、景点不满意

D. 其他:____________

(10)如果在西溪湿地内住宿,您愿意选择:A. 高级宾馆　B. 民居式旅店

(11)如果您打算在西溪湿地内住宿,您认为会在此住宿的天数:

A. 1天　B. 2～3天　C. 4～5天　D. 6～7天　E. 7天以上

(12)您能够接受的旅游住房价(一晚价格):A. 100元以下　B. 100～200元　C. 200～500元　D. 500元以上

(13)您觉得到西溪湿地目前游玩最大的不便有哪些(可多选):

A. 已开发的景点太少　B. 进入口不明确　C. 缺乏休闲娱乐场所　D. 缺乏服务设施　E. 湿地内道路不完善　F. 没有安全感　G. 标志太少　其他:________

(14)您认为规划中应当考虑布置的设施(可多选):

A. 观光车　B. 茶楼餐厅　C. 民居式旅店　D. 高级宾馆　E. 停车场　F. 报警点　G. 路牌　H. 购物区　I. 露营地　J. 博物展馆　K. 农趣体验区　L. 观鸟台　M. 码头　N. 休憩场所　O. 公共厕所　其他:________

(15)如果园内将兴建如下休闲娱乐项目,您觉得哪些是对您有吸引力的(可多选):

A. 垂钓　B. 诗画展示　C. 戏曲表演　D. 民俗活动　E. 街市购物　F. 水上集市　G. 烧烤　H. 家庭度假会所　I. 水上休闲活动　J. 企业培训度假中心　其他:__________

(16)其他意见和建议：

____

____

【思考题】

1. 房地产市场分析的思路是什么?
2. 房地产市场调查有些方法?
3. 房地产市场调查的步骤有哪些?
4. 可行性主要包括哪些内容?

第八章　房地产项目定位

房地产项目投资规模大、回收周期长、风险高，项目开发前必须准确地进行项目定位，才能实现企业发展目标。本章阐述房地产项目定位的含义、流程和方法，提出市场细分的标准和步骤，并着重介绍项目定位的内容，最后以具体案例进行说明。

第一节　房地产项目定位概述

一、房地产项目定位的含义

房地产项目定位是指房地产开发策划及经营者通过研究市场、技术前期和资金状况等一系列有关前提条件，采用科学的方法，确定目标市场，构思房地产产品方案，明确项目在目标客户中的形象、地位，制定项目推广策略和方法及其他有关内容的过程。项目定位的主要内容包括项目的产品定位、市场定位、功能定位及主题定位四部分。

房地产项目定位在市场调研和细分的基础上研究和分析潜在消费者，是对消费者使用方式和使用心理进行分析研究基础上的产品定位，是将产品按消费者的理解和偏好方式传达出去的形象定位。房地产项目定位的目的是通过准确的定位形成项目的市场竞争优势。

项目定位在房地产策划中起到非常关键的作用，不仅决定了项目的规划设计思路，而且是项目可行性研究和影响策划的基础。同时，正确的项目定位能提高企业的市场占有率和品牌价值。

二、房地产项目定位的作用与原则

1. 房地产项目定位的作用

房地产项目定位的作用主要有以下几点。

(1)有利于开发商把握市场脉搏，锁定目标市场。项目定位可以使开发商及时了解市场状况、消费者消费倾向、市场供需状况、竞争对手情况，从而预测市场走势，为企业确定今后经营方向、制定发展战略、获取潜在市场份额提供可靠依据。

(2)有利于开发商评估市场风险与收益。面对风云多变的市场状况及日趋激烈的市场竞争，众多开发企业都迫切想了解在开发过程中可能遇到的市场风险、政策风险、金融风险，以及项目收益情况。前期策划有助于开发企业在开发前期对风险与收益作出评估，从而制定正确的开发战略。

(3)增强开发项目的竞争能力，有利于形成企业核心竞争力量。通过项目定位，开发企业在对自身及市场有充分了解的基础上，发挥自己专长，迎合消费者需求，并更容易得到市场认可，同时也有利于企业文化及价值观念的形成，增强企业的核心竞争优势。

(4)有利于各专业协同合作。房地产专业分工越来越细，项目开发涉及工程、设计、营销、物业管理等不同专业，是一个典型的多专业协同合作的系统工程。前期项目定位的重要作用之一就是为各专业协同合作提供平台，便于设计工作及与其他专业的沟通与交流。

2. 房地产开发项目定位的原则

房地产开发项目定位的原则主要体现在以下四个方面。

(1)受众导向原则，是指房地产项目定位应与目标客户的需求相一致。房地产企业只有确保项目定位信息能有效地传递给投资者、消费者，且定位信息与其需求相吻合，使之产生亲切感、认同感，才能将定位信息进驻其心灵，并最终使之接受房地产产品，产生购买欲望。

(2)差别化原则，是指房地产项目定位应能凸显项目的特定信息并满足目标客户的需求。随着房地产商品的日益增加，唯有差别化，才能在林立的房地产商品中引起投资者、消费者的关注。而当这种差别与投资者、消费者的需求相吻合时，就易被接受。

(3)个性化原则，是指房地产项目定位既应体现项目的独有个性，又应满足客户的个性化需求。因此，房地产项目的定位应有创新性和超前性。但片面强调个性化，忽视区域房地产市场的物业特点、生活习惯、收入水平，往往会导致定位失败。

(4)符合城市规划原则，城市规划是城市建设和发展的蓝图，是调控城乡建设保护与管制各类空间资源的法定依据，是国家宏观调控的重要手段之一。城市规划对房地产开发起指导和调控作用。城市规划与房地产开发是宏观与微观、整体与局部、长期与短期的关系，后者应服从前者，前者应兼顾后者。以城市规划引导房地产开发，发挥土地供应规划对房地产市场的调控作用，有利于房地产项目更好地适应经济社会发展的需要。[①]

三、房地产项目定位的流程

房地产开发项目的定位包含项目区位的分析与选择、开发内容和规模的分析与选择、开发项目租售价格的分析与选择等。其流程如图 8-1 所示。

四、房地产项目定位的方法

房地产项目定位的方法主要以下几种。

(1)房地产市场分析方法，是指运用市场调查方法，对房地产项目市场环境进行数据搜集、归纳和整理，形成项目可能的产品定位方向，然后对数据进行竞争分析，利用普通逻辑的排除、类比、补缺等方法形成项目的产品定位。市场分析法中的市场调查方法包括实地调查法、问卷访问法、座谈会等。

(2)SWOT 分析方法，是优势(Strength)、劣势(Weakness)、机会(Opportunity)和威胁(Threat)的合称。SWOT 分析方法即对项目面临的内、外部各方面条件进行概括和总结，分析项目自身具备的优势和劣势、面临的外部发展机会和存在威胁等因素，将调查得出的各种因素根据轻重缓急或影响程度等用排序方式，构造 SWOT 矩阵，以此为基础，提出项目解决方案。

---

① 兰峰:《房地产开发与经营》，北京:中国建筑工业出版社，2008 年版。

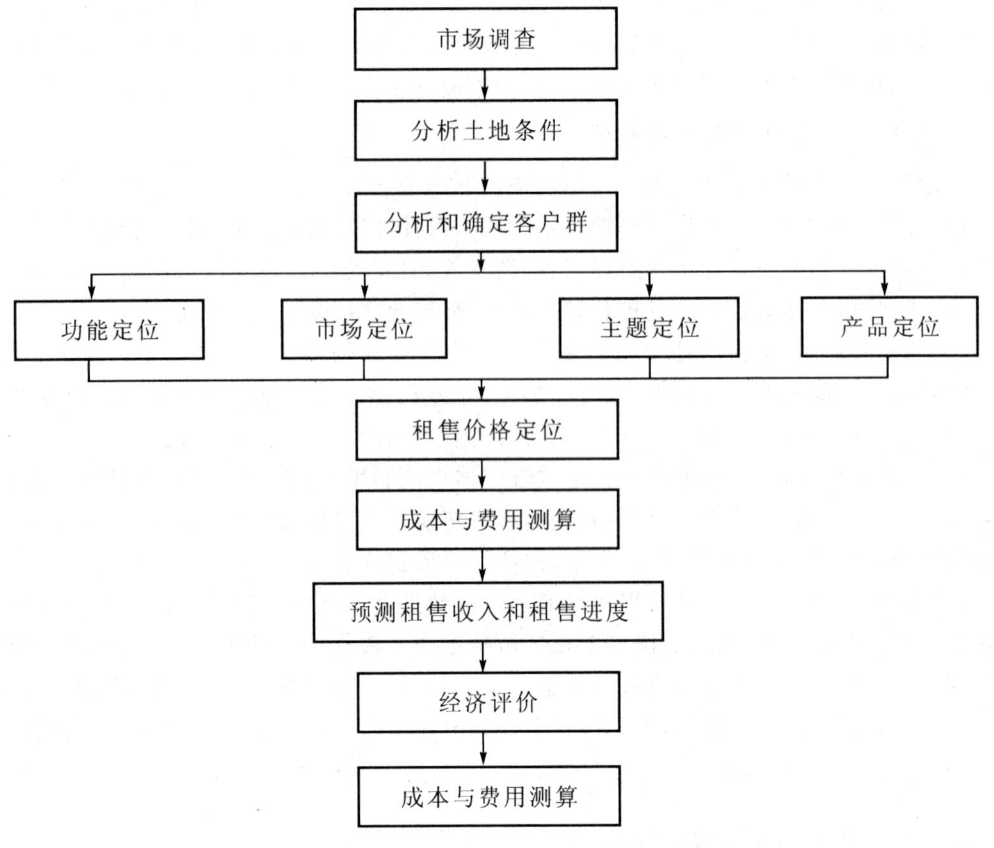

图 8-1　项目定位基本流程

(3)建筑策划方法，是指根据总体规划的目标，从建筑学的角度出发，依据相关经验和规范，以实态调查为基础，经过客观分析，最终得出实现既定目标所应遵循的方法和程序。建筑策划中，人在建筑环境中的活动及使用的实态调查和分析是关键。

(4)目标客户需求定位法，是指房地产开发商在物业产品定位时，根据所选定目标市场的实际需求，开发建设出能满足他们个性化需求的产品。

(5)头脑风暴法，可以分为直接头脑风暴法和质疑头脑风暴法。直接头脑风暴法是指房地产专家群体决策尽可能激发创造性，产生尽可能多的设想的方法；质疑头脑风暴法是对直接头脑风暴法提出的设想和方案逐一质疑，分析其现实可能性的方法。

第二节　市场细分与目标市场选择

一、房地产市场细分

1. 房地产市场细分的概念

房地产市场细分是指将整个房地产市场按照购买者的需求特性，划分为若干个具有相同需要的消费者群体组成的子市场。市场细分的目的是将需求类似的消费者加以分类，以便于企业了解顾客需求的差异，发现市场机会。房地产市场细分是发现和了解市场机会、制定与执行有效的营销方案的关键和核心。房地产市场营销者通过房地产市场细分能针对目标市场制定适当的开发与营销组合方案，从而把有限的资源集中投入到目标市场上来，及时觉察和正确估计客户的反应，适时调整营销策略，实现企业房地产开发经营的可持续发展。

2. 房地产市场细分的原则

房地产市场细分的原则主要以下几点。

(1)可测量性，指各个细分市场的现实或潜在购买力和市场规模大小是可以识别、可以衡量的。即细分市场的划分应该有明确的界限，并且市场的规模大小和购买力是可以判断的。

(2)可进入性，指房地产企业所选定的细分市场必须与企业自身状况相匹配，企业有优势占领这一市场。可进入性具体表现在信息进入、产品进入和竞争进入。

(3)可盈利性，指房地产企业新选定的细分市场容量足以使企业获利。

(4)差异性，指细分市场在观念上能被区别并且对不同的营销组合因素和方案有不同的市场反应。

3. 房地产市场细分的依据

房地产市场的依据主要有以下几种。

(1)地理因素，房地产市场可以按照消费者所在的地理位置、地形、气候等地理因素进行细分。细分的地理因素通常包括国界、区域、城市、片区、地质、水文、地形、地貌、气候等。例如，按区位地段划分，可以细分为城市 CBD、城市郊区等。

(2)人口因素。房地产市场可以按照人口的一系列性质因素进行划分，通常考虑的因素主要包括国籍、种族、民族、宗教信仰、年龄、性别、职业、收入水平、受教育程度、家庭规模。例如，按人口年龄可以将房地产市场分为青年住宅市场、中年住宅市场、老年住宅市场等；按收入水平可以将市场细分为经济适用房市场、普通商品房市场、中档商品房市场及高档商品房市场等。

(3)心理因素。房地产市场细分的心理因素主要包括兴趣、态度、情感、思维气质、性格及社会交往活动方式等。例如，以兴趣和性格为细分依据，可以开发运动主题小区、自然景观主题小区等。

(4)行为因素。房地产市场细分的行为因素主要包括购买动机、生活方式、使用频率等。例如，按购买动机可以将市场细分为自用房地产市场、投资房地产市场，按购房率分为初次购房、第二次购房、多次购房等。

4. 房地产市场细分的方法

房地产市场细分的方法主要有以下几点。

(1)单维因素法，指通过一个细分变量的变化对市场进行细分。单维因素法细分市场主要是对市场的基本认识和基本划分，以下根据房地产用途、客户身份、客户购买力、地理区域及销售方式等变量细分市场，如表 8-1 所示。

表 8-1　房地产市场细分的基本类型

<table>
<tr><th>细分因素</th><th colspan="2">细分市场</th></tr>
<tr><td rowspan="6">用途</td><td rowspan="2">住宅</td><td>低档住宅、中档住宅、高档住宅、别墅等</td></tr>
<tr><td>一室一厅、两室一厅、三室两厅等</td></tr>
<tr><td>商业用房</td><td>商店、餐馆、购物中心、超市等</td></tr>
<tr><td>写字楼</td><td>A 级、B 级、C 级</td></tr>
<tr><td>厂房</td><td>标准厂房、专用厂房</td></tr>
<tr><td>其他</td><td>商住楼、综合楼等</td></tr>
<tr><td>消费者职业</td><td colspan="2">公务员、教师、公司职员等</td></tr>
<tr><td>购买力</td><td colspan="2">高收入者、中等收入者</td></tr>
<tr><td rowspan="2">地理区域</td><td>当地开发市场</td><td>旧城区、新区、城郊结合部、郊区</td></tr>
<tr><td>异地开发市场</td><td>旧城区、新区、城郊结合部、郊区</td></tr>
<tr><td rowspan="2">销售方式</td><td>出售</td><td>预售、现售</td></tr>
<tr><td>租赁</td><td>长期、短期</td></tr>
<tr><td rowspan="2">消费者偏好</td><td colspan="2">低层建筑、小高层建筑、高层建筑</td></tr>
<tr><td colspan="2">绿化、物业管理、建筑风格、建筑名词</td></tr>
</table>

（2）二维因素法，指通过两个细分变量的变化对市场进行细分，主要是以相对于开发项目的两个重要细分变量先分别划分市场，再进行排列组合，得到若干个较有吸引力的细分市场。例如，对于开发某写字楼项目，以档次为细分变量，将市场划分为普通写字楼（A）、公寓写字楼（B）、酒店式写字楼（C）、高档智能化写字楼（D）；以企业事业单位类别，将市场划分为国有单位（1）、民营单位（2）、涉外单位（3）。通过组合，可以形成 12 个细分市场（A－1，A－2，A－3，…，D－3），如 A－1 表示国有单位普通写字楼市场等，然后对每个细分市场进行研究。

（3）变量组合法，指综合考虑多个变量细分市场。房地产企业变量组合法细分市场将房地产产品、消费者等相关变量列出进行综合分析，细分出房地产企业能够达到的目标市场。变量组合法的技术方法很多，常用的简便方法是路线寻找法，具体步骤为：列出主要细分变量；根据每一个细分变量，分别列出尽可能多的细分市场；选择第一个细分变量的一个最有吸引力细分市场，从此出发；寻找并到达第二个细分变量的最有吸引力细分市场；以此类推，寻找到达最后一个细分变量的最有吸引力细分市场，这样，形成多变量细分市场的一个具有吸引力的组合细分市场；如此这般，从第三步骤循环，可以获得具有吸引力的若干个组合细分市场，然后对每个细分市场进行研究。

如表 8-2 所示，细分市场的诸多变量，是选取年龄、性别、文化程度、职业、收入、住地、心理等变量组合划分的细分市场，其中任何一个变量的改变，都能够形成一个新的细分市场。房地产企业为有效地满足客户的需求，细分市场的标准和方法是动态的、综合的，伴随着房地产市场需求的变化而变化，而市场变化的信息必须通过市场调查获得。

表 8-2　市场细分变量组合

地理区域	建筑类别	功能	租售方式	付款方式	价格
市中心区域	多层建筑	商业用房	出售	优惠折扣	昂贵
市郊结合部	小高层建筑	写字楼	租赁	分期付款	高
新开发区域	高层建筑	厂房		组合贷款	中
城镇		住宅			低

年龄	性别	文化	职业	收入	婚姻	住地	兴趣	利益
10～20 岁	男	文盲	学生	低	已	大城市	运动	改善
20～30 岁	女	小学	公务员	中	未	中城市	艺术	工作
30～40 岁		中学	医生	中上		小城市	文学	保值
40～50 岁		大学	个体户	高		郊区	园艺	投资
50 岁以上						农村	其他	实用

5. 房地产市场细分的程序

房地产市场细分一般遵循以下程序。

(1)依据市场调查的资料进行分析,把握房地产市场需求供给状况和发展趋势,选择和确定房地产市场的产品范围。

(2)依据市场细分变量排列出消费者的需求(包括潜在需求)。

(3)依据消费者需求的具体因素,初步确定细分市场的数量。

(4)对初步确定的细分市场进行研究,从中选择有利于企业经营的细分市场作为目标市场。

(5)考虑可供利用的广告媒体、销售渠道、运输等费用的高低,目标市场的特征和企业期望利润大小。

(6)计算目标市场给企业带来的效益,从而确定企业产品投向目标市场的风险程度。

(7)针对确定的目标市场特性,制定进入目标市场的项目定位。

二、房地产目标市场选择

房地产目标市场是指房地产开发企业选定的作为其主要服务对象的细分市场。开发商针对目标市场,通过制定和实施适当的营销组合策略,满足目标市场消费者的特定需求,进而达到盈利目标

1. 细分市场的评估

细分市场的评估主要考虑以下几个方面。

(1)细分市场的规模。房地产开发公司在选择细分市场时,应分析市场是否具有相对于本公司来说的适度规模。一般地,大型公司宜选取销售量大的细分市场,规模过小,往往效率太低,甚至达不到盈利要求;而小型公司宜选取特定的细分市场,避免进入大的细分市场与大型公司竞争。

(2)细分市场的发展潜力。细分市场应具有良好的发展潜力,能够为企业扩大销售额和

增加利润带来机会。如果一个细分市场经过发展阶段已有衰落迹象，则缺乏吸引力。当前房地产开发中，许多创新的房型一度从南到北流行，但对于追随者，尤其是当本地区已推出类似楼盘时需要衡量这种新房型的市场潜力。

(3)细分市场结构的吸引力。进行细分市场结构吸引力的分析，需要考虑细分市场已有竞争者、可能的新竞争者、购买者、资源供应者、替代产品等方面的因素。通常，细分市场出现下列情况，则会削弱市场吸引力：细分市场内已有强大或竞争意识浓厚的众多开发商；细分市场可能吸引实力强大的开发商进入；购买者对房地产产品的质量、环境等要求更高，并且议价能力较强；缺乏金融机构等资源供应者的有力支持；已出现替代房地产产品或潜在替代房地产产品等。

(4)开发企业的目标与能力。选择细分市场，除评估上述因素外，还要考虑选择该细分市场是否符合开发企业的长远发展目标。如果不符合，不但不能推动企业完成设定的目标，而且会分散企业人力、物力和财力，对完成主要目标造成影响，因此，这时开发企业应放弃这些细分市场。

另外，选择细分市场，还应考虑开发企业是否具有相应的能力。在任何一个细分市场中取得成功，都必须具备一定能力条件，如资源、技术、经验等。如果开发企业缺乏必要的能力，并且通过各种途径无法获得，则应放弃该细分市场。否则，贸然进入，将使企业陷入困境。

2. 确定目标市场的方式

经过评估，开发企业可以选择细分市场进入，从而进行开发。通常，选择细分市场作为目标市场的具体方式有以下几种。

(1)选择单一细分市场。开发企业选择一个细分市场集中进行开发经营，可以深入了解细分市场的需求。同时，通过密集营销可以树立企业在目标客户中的形象地位。如果企业选择细分市场合适，经过有效的经营运作，通常可以获得很高的回报。但是，单一细分市场的选择也意味着较高的风险。如果该细分市场发生变化，如需求产生低迷、其他实力竞争者决定进入等，则企业会面临较大的困难，甚至有亏损的可能。

(2)选择多个细分市场。采用这种方法，是指开发企业可以选择多个细分市场进入，并且各个细分市场很少或根本没有联系。这样，即使某个细分市场发生变化，失去市场吸引力，开发企业还可以在其他细分市场继续盈利。选择多个细分市场的方式具有分散风险的作用。但是，同样实力的开发企业多细分市场经营较之单一的市场经营有精力分散的缺陷。

(3)选择专门化细分市场。这是选择单一细分市场方式的衍生，主要包括选择产品专门化细分市场和选择客户专门化细分市场。产品专门化是指开发公司集中开发一种房地产产品，通过开发经营的专门化以及经验的积累，降低成本，增强销售能力，提高利润，如经济适用房产品专门化细分市场；客户专门化是指开发企业专门为满足某个顾客群体的各种需要进行开发服务，并且努力在其中建立良好的声誉，如某类型的高档用房客户专门化细分市场。

(4)选择完全细分市场。大型房地产企业可以采用完全市场覆盖策略，开发各种房地产产品来满足各种顾客群体的需求。完全覆盖市场的方法通常有无差异市场营销和差异市场营销。无差异市场营销是指开发企业对各细分市场之间的差异忽略不计，只提供一种房地产产品在整体市场上销售。差异市场营销是指开发企业在大多数细分市场上进行开发经营，并且为每个有明显差异的细分市场设计不同的营销方案。差异市场营销往往会获得更大的总销售额，但同时也会增加经营成本，如产品改进成本、建筑成本、促销成本等。

第三节　房地产项目定位的主要内容

一、房地产开发项目的产品定位

下面介绍房地产产品定位的概念、内容和限制条件。

1. 产品定位的概念

房地产项目的产品定位，是指以满足用户的需要及社会的总体利益为出发点，以产品的整体概念为指引，根据宏观经济环境和企业自身的条件和特点，将房地产开发企业内外的资源进行有效整合和利用，研究、开发出具有核心、形式、延伸诸要素有机结合的房地产产品的全过程。

房地产项目产品定位是建立在客户需求的基础之上，以客户为先导，以"需求为导向"的定位；是开发商针对一个或几个目标市场的需求并结合企业差异化优势，在目标客户群体的心目中占有特定位置的过程。

房地产产品定位是一项科学的策划过程，通过这种策划确定土地的用途和产品规划的方向。以往的开发商往往凭直觉或主观判断来进行产品定位，这种方式风险较大，也无法真正体会到科学的产品定位带来的益处。

2. 产品定位的内容

(1)产品结构。产品结构的定位包含两方面：一是从建筑结构分类来表述；二是从产品设计规范的高度分类来表述。

①建筑结构分类。以组成建筑结构的结构形式来划分，分为：墙体结构、框架结构、深梁结构、简体结构、拱结构、网架结构、空间薄壁结构、悬索结构、舱体结构等。

②设计规范的高度分类。

a. 住宅建筑按照层数划分为：1～3 层为低层；4～8 层为多层；9～11 层为小高层；12 层以上为高层。

b. 公共建筑及综合性建筑总高度超过 24 米者为高层(不包括高度超过 24 米的单层主体建筑)。

c. 建筑高度超过 100 米时，不论住宅还是公共建筑都属于超高层。

d. 国际上通行划分：

第一类：层数 8～16 层，房屋高度在 25～50 米，称为小高层建筑；

第二类：层数 17～25 层，高度在 20～75 米，称为中高层建筑；

第三类：层数 26～40 层，高度在 75～100 米，称为高层建筑；

第四类：层数在 40 层以上，高度超过 100 米，称为超高层建筑。

(2)产品布局。产品布局是指总体平面规划设计的空间布局。一般有围合、半围合、行列等几种空间布局。也可以认为是功能分区或组团规划。

(3)建筑风格。建筑风格必须高度结合主题定位来综合表现，必须与形象定位相辅相成。建筑定位内容一般包括总体风格、外立面色彩、组团规划设计、个别单体风格、不同结构产品的外立面设计、局部细节设计、无障碍设计等。

(4)户型定位。住宅户型定位必须考虑空间概念。空间决定生活的品质,同时也界定出业主的身份和性格。户型定位的空间概念主要有:柔性空间、灰空间、无障碍空间、私密空间、趋光空间、对流空间、立体空间等。住宅户型定位内容主要包括户型结构,套数、面积比例,主力户型设计,户型内部结构面积设计等四个方面。

(5)环境设计定位。环境设计包括:绿化面积的确定、景观的主题提炼、景观的特色营造。成功的环境设计对房地产项目价值起着不可估量的提升作用。环境设计包括总体环境设计、公共广场概念设计、各景区概念设计、建筑小品概念设计、绿化植物、灯光设计与背景音乐设计等。总体设计理念必须符合产品主题定位和项目实际情况。

(6)交通组织定位。交通组织定位包括组织原则、动态与静态的交通设计等。交通设计包括小区内交通道路设计和小区连接外部道路设计,无论是商业还是住宅项目,交通组织一般都要遵循人车分流的原则,确保交通的有序和人身的安全。同时为了确保节省交通时间,进行科学合理的设计,还要体现人性化原则,做到无障碍,保障弱势群体的正常通行。动态交通设计是指人、车运动状态的交通设计,涉及出入口、方向知识、运行网络等。静态交通包括主要停车场、车行道、人行道、消防通道、电梯口等设施设计,涉及位置、面积、数量、类型、扩容性等。

(7)智能化系统设计。坚持"适度先进"、"控制成本"及"特色营造"三个原则,提出智能化系统设计建议。[①]

3. 产品定位的限制条件

房地产产品定位要求在各种限制条件(地形地貌、户型配比、容积率、绿地率、限高、朝向、楼间距、日照间距、单套面积等)下寻求最佳方案,还要求考虑产品是否满足市场和客户需求,因此房地产项目的产品定位存在很多限制因素。

房地产产品定位的限制条件是指对产品的性质、档次、价格等起到决定作用的客观和主观条件,主要包括以下几个方面。

(1)土地。土地方面主要考虑:土地的自然条件,如地块的面积、周边的自然景观等;土地的使用条件,如土地的规划要求、地理位置和其他限制条件;土地周围的使用现状和发展趋势;土地开发的条件等。

(2)城市规划。城市规划方面主要考虑相关城市规划的限制,例如容积率、覆盖率、建筑物高度、用途及环境等。城市中心地块的规划要求一般比较严格,在用地范围、容积率、建筑物高度甚至建筑物的外观、外墙颜色和装饰材料等方面的限制条件较为苛刻,使得房地产产品的定位受到较大限制。

(3)顾客需求。顾客需求方面主要考虑客户需求的地理位置、价格区间和产品种类等。

(4)资金供应。资金供应方面主要考虑是自有资金还是借贷资金,采用何种融资方式,即是采用独资、招商、集资还是贷款等手段,不同资金来源会影响房地产产品成本的不同,会造成产品定位空间的不同。

---

① 任宏:《房地产开发经营与管理》,北京:中国电力出版社,2008年版。

(5)市场条件。市场条件方面主要考虑房地产市场的发展阶段、发展水平和发展趋势例如市场的供需情况、是否良性等。

(6)开发商思维。房地产产品定位很容易受到开发商思维的限制,开发商对市场的把握、创新性或对项目的理解深度的不同,会在很大程度上影响房地产项目的产品定位,特别是在项目的创新性等方面。

二、房地产开发项目的功能定位

房地产开发项目的功能定位是指在目标市场选择和市场定位的基础上,根据潜在的目标消费者使用要求的特征,结合房地产特定产品类型的特点,对拟提供的房地产产品应具有的基本综合和辅助功能作出规定的过程。

功能定位的目的就是为市场提供适销对路、有较高性能价格的产品。因此,功能定位的准确与否,在很大程度上决定了房地产商所提供的产品能否被市场所接受,能否按照房地产商所期望的价格被接受,这对房地产商投资目标的实现有着重要影响。随着房地产市场的不断发展,人们对房屋空间的认识和购买观念也不断地变化,使房屋的平面布局及功能设计成为房地产项目市场策划的一个重要内容。

房地产产品由内到外依次由三个层次组成:核心层、形式层、附加层。核心层是指产品能给购买者带来的基本利益和效用,即产品的实用价值,是构成产品最本质的核心部分;形式层是指消费者需要的产品实体外观,是核心产品的表现形式,向市场提供识别实体的面貌特征,如房地产产品质量标准、样式、名称、价格等;附加层是指消费者购买产品时所能得到的附加服务与附加利益总和。如物业管理服务等。功能定位就是对产品核心层的纲领性总结。

以未来潜在使用者对功能需求的特征为导向,站在使用者的立场上精打细算,体现以人为本和人文关怀,是进行房地产功能定位应遵循的根本原则。对房地产产品精心定位的具体原则如下:①明确目标使用者群体。任何房地产产品,都是为满足某一种特定类型的使用者设计生产的。②分析研究目标使用者的需要特征、消费偏好和可支付能力。每一类目标使用者群体,其需求特征、消费偏好和可支付能力都有很大差异。③针对目标使用者群体设计。房地产商或其市场分析、市场营销人员想要对目标使用者群体特征的把握真正体现在房地产产品设计的图纸上,还要与建筑师建立良好的沟通渠道,以便使设计师领会房地产商的意图。当然,为了占领市场,越来越多的建筑师也开始注重对市场需求的分析研究。[①]

三、房地产开发项目的市场定位

市场定位就是开发商为自己的项目确定、确认潜在客户的过程,确定房地产项目的目标消费群体和他们的特征。对于开发商而言,开发建设的产品通常不止是卖给一个客户,而是卖给一个客户群,这群客户都是由于对房地产产品的认可并实施了购买行为而成为业主,所以开发商的产品一般不是仅满足某单一的客户,而是满足某一范围的客户群,而寻找、发掘这类主力客户群就是开发商进行客户定位的过程。

市场定位需要研究消费者的消费行为、消费动机以及消费方式,同时研究消费者自身的

---

① 张建坤、周虞康:《房地产开发与管理》,南京:东南大学出版社,2006年版。

人格、观念、所处的阶层、环境、文化背景、偏好和生活方式等。房地产开发商应当结合项目自身特点展开目标客户群的研究，主要包括：①客户群年龄结构；②客户群职业特征；③客户群区域结构；④客户群的商品房消费能力；⑤客户群对商品房特征的需求；⑥客户群对环境及配套的需求；⑦客户群对物业管理的需求；⑧客户群购买商品房的目的。市场定位过程是通过市场调查、市场细分、细分市场评估及选择，最终选定一个、几个或完全细分市场作为目标市场。详见第二节。

四、房地产开发项目的主题定位

下面对房地产开发项目主题定位的含义、步骤，以及核心价值体系确立进行介绍。

1. 主题定位的含义

主题定位是指把项目的特殊优势和独特的思想理念通过房地产产品的规划设计和建筑设计集中表达出来，并把这种创新理念和产品通过包装准确地表达给消费者，树立一种特定形象的过程。主题定位是一个成功策划的灵魂，统率着整个房地产项目策划的创意、构想、方案、形象等要素。

要在产品定位、市场定位、功能定位的基础上，选择最佳差异性主题，进行主题定位。项目开发主题定位主要是为项目建立领先的、策略型的市场主题概念体系。该体系不仅是一个主题概念的提出，还要紧扣项目于当地房地产市场的发展趋势与机会点，立足于该项目的资源优势与开发商自身优势之上，充分发掘、兑现项目的最大价值、包容项目的核心优势与一系列卖点，保证这些卖点能够为项目及开发公司积累领先的市场声望，保证大型项目的持续旺销热度，并为战略扩张埋下伏笔，并且能够与项目的建设、分期开发节奏、开发商的开发和推广相匹配，实现脉动状的市场推广功能。

策划主题的来源可以从以下几个方面获取：一是从该项目区域的文化内涵中抽象出来；二是从竞争性项目对比中挖掘出来；三是从项目自身内在素质中分析出来；四是从顾客需求中选择出来。主题定位诉求语也一般应用于项目标志(Logo)设计及其他宣传渠道。主题定位的结果是要总结出主广告语，即总推广主题(广告传播主题)。

主题定位的常见类型主要有以下几种。

(1)地段价值主题：CBD、CLD、会展物业等。

(2)景观价值主题：山、河、湖、海、标志性建筑等。

(3)未来开发价值主题：地铁概念、城市规划新区等。

(4)项目功能价值主题：智能化、生态、园林等。

(5)风格品位价值主题：澳洲风情式、纯现代式的建筑风格等。

(6)品牌整合价值主题：景观或建筑设计单位的名声、全程精深设计组织的声誉、强强联手等。

(7)个性价值主题：教育、健康、运动、社区文化等。

2. 主题定位的步骤

主题定位的步骤如下。

(1)确定生活蓝本的引入范围。对项目狭义消费群——目标客户的深层次分析，掌握目标客户的生活形态、阶层性格、对接产品的需求，从而初步了解目标客户的性格和品位，以及为之追求的生活方式，也就是确定生活蓝本的引入范围。

（2）选择生活蓝本。这种生活蓝本可以是借鉴成熟优越的现实生活蓝本，也可以结合客户性格和追求。

（3）确定项目开发主题。主要考虑两大层次：一是基于消费市场的针对性深度研究；二是针对生活蓝本的范畴，与生活蓝本的定位同步。项目开发主题应使目标客户的最直接需求、成熟优越的生活蓝本得到体现，使项目资源达到与目标客户的需求及理想居住环境和生活对接。

3. 核心价值体系确立

认识与分析项目的核心价值体系，对后期营销推广的主题侧重点选择起到指导作用。要从市场时机、自身条件及区域价值等方面入手，挖掘项目先天的最大价值，并且赋予其适当且最大化的后天价值。房地产核心价值体系一般由地产、房产、文化三大价值构成。

（1）地产价值。体现地块的地理位置价值。项目地段位置决定地块升值空间。从营销角度看，地产价值可通过策略性手段，炒作地段商务、商业或居住价值，最重要的是要在购房者心理图像中实现四阶段（存在区、认知区、优势区、忠诚区）跨越，得到政府部门、媒介、竞争对手和消费者一致认可。

（2）房产价值。体现建筑、户型、园林、社区配套等方面的物理品质。过硬的项目质量是品牌价值存在的基础和前提，房产价值可以通过强强联合的方式得以提升，力求实现房产价值最大化。

（3）文化价值。体现消费者精神上的感性享受和价值体验。文化价值目前成为地产项目重点挖掘的内容，文化价值可以给目标客户精神上的享受，提升项目的品牌价值。文化概念个性化、差异化的内涵，是项目最根本的个性所在。因此建立项目个性化视觉形象，构筑文化精装社区，显得非常重要。文化价值要以代表美好的事物，代表新的思想、新的理念、新的生活方式的形象入市，给购房者带来新境界或一种真实而贴切的生活方式。文化价值的特征在于：①排他性。提炼文化的概念，要有“特产”的特征，即具有不可复制的特征，这是项目差异性的最大体现。②执行力。所倡导的文化价值贯穿始终，在项目的整体运作中，必须通过全方位推广策略和强有力的执行手段，逐步消除目标客户的疑虑，达到对项目文化的认可、忠诚与维护。③感召力。体现对消费者的终极关怀，引发利益的共鸣。每一个成功的品牌，无不具有巨大的感召力。如龙湖采取的人性化关怀，其中包括产品人性化概念的提出，同时提供一系列不同的产品来满足不同层次的消费者，引发并迎合不同层次消费者的需求。

第四节　案例分析：黄山市屯溪新城项目定位[①]

一、背景和项目条件

黄山市屯溪新城的项目背景和条件主要有以下几点。

（1）项目地址与地形地貌。本项目位于黄山市政府所在的屯溪区，坐落在黄山旅游度假

① 案例来源：浙江大学房地产研究中心，《黄山市屯溪新城项目策划与投资分析》，2002 年。

区的西区，与老城区隔江相望，是屯溪中心城区的扩展和延伸。项目地块北邻新安江，南靠中华大道，西接佩琅河，总占地面积约1000亩，前后分四次交付土地。项目周围已建的主要建筑有丽园大酒店、红塔酒店，项目建设场地现为一片农地，地势较平坦，场地内无任何管线穿过，地质条件良好。

(2)项目所在地城市规划方向。屯溪区是黄山市的政治、经济、文化中心，同时是黄山市最高级别的旅游服务中心。屯溪过去几年的城市发展方向主要是向东发展，由于受到新安江和山体的限制，目前往东几乎没有较完整的建设用地，用地范围较狭窄。往西发展必然受到机场的净空限制，机场的噪音污染对城市的发展有较大的制约作用。往南是旅游度假区，有较为宽阔的空间尚未开发，并且徽杭高速公路的出入口在这个区域内，因此城市往南发展有较好的用地条件和交通条件。黄山市最新的城市规划中将南片区定位为教育区、多种类型的度假区、新居住区，因此，本项目的开发，符合城市发展的规划方向。

(3)项目交通情况。该项目与老街隔江相望，广宇集团将投资2500万元人民币建设新安江大桥，将项目所在区域与中心城区紧密连接起来，与市内的交通将非常便利。距黄山机场约5公里，与徽杭高速公路很近，在项目所在区域有一个入口。总体而言，项目所在地的交通情况良好。

(4)给排水、供电情况。①给水：项目所在的旅游度假区已敷设了中心城区至黄口大桥的供水管道，本项目所需用水量，可从相近输水管引出，接入项目区块使用。②排水：项目地块东南角规划有污水管，雨水则由规划雨水管导出排入新安江。③供电：黄山旅游度假区已建成西区百鸟亭110/10千伏变电站，本项目所需的用电不存在问题。

(5)防洪、消防情况。按照黄山市城市规划，新安江两岸将建造防洪大堤，近期为20年一遇标准，远期防洪标准为70～75年一遇标准，可以满足本项目的抗洪要求。项目建设时消防设施应配合市政规划，严格按要求安装，可满足消防要求。

(6)环保情况。项目所在区块为二类大气保护区。本项目生活垃圾定期由垃圾车运到垃圾中转站，送往垃圾处理厂处理。本项目燃料主要采用轻柴油和燃气，燃气可从规划中的燃气干管接入。

二、项目的SWOT分析

下面对黄山屯溪新城项目进行SWOT分析。

1. 项目优势

该项目的优势主要体现在以下几方面。

(1)开发商综合实力雄厚。项目开发商杭州广宇房地产集团有限公司是以房地产开发为龙头的省级集团公司。1994年经国家建设部审核为房地产开发一级资质企业；1995年被授予“浙江省最大房地产企业”荣誉称号；1996年被评为“浙江省省级文明单位”；1997年被列为建设部企业集团试点单位；1998年被评为当年浙江省诚信经营企业。企业资信连续十年达AAA级。和屯溪区域内现有的房地产开发企业相比，广宇集团的综合实力明显高出一个档次。

(2)开发经营理念先进。广宇集团自成立以来，以“立足浙江、面向全国、跻身世界”为宗旨，已在浙江省杭州市开发建设了大学路、华藏寺巷、金钱巷、金隆花园、之江花园(一期)、华顺公寓、景华小区、建国南苑、胭脂新村、元华广场、河滨公寓等十余个房产项目。经历了杭州房地产市场竞争洗礼的广宇集团，已经积累了丰富的实践经验，若能把杭州先进的开发经营理念成功地嫁接到屯溪新城的开发经营上，其开发经营理念优势是毋庸置疑的。

(3)项目规模比较优势显著。该项目的规模比较情况如表 8-3 所示。

表 8-3　黄山市屯溪新城项目规模比较情况

项目名称	开发商	占地面积(亩)	总建筑面积(平方米)	开发类型	备注
三华精品街	三华园、 黎阳房产	13.2	2000 多	商铺、住宅	
维多利亚广场	新湖房产	172 (一期 53)	25 万 (一期 7.3 万)	商铺、住宅	
时代广场	温岭城市房产		约 2 万	商铺、住宅	
城市花园	西园置业		约 12 万	商铺、住宅	
苹果山庄	海南富林、 黄山星霸	27	12000	住宅、别墅	
惠东花园	黄山屯光		11410	别墅	
世纪花园		50～60			尚未动工

(4)土地购价相对低廉。屯溪新城的取得土地价格十分优惠，综合地价约为 12 万元/亩，折算成单位地价为 180 元/平方米，其地价优势十分明显，折算成楼面地价则优势更加突出。

(5)地理位置运作概念丰富。项目地块北邻新安江，南靠中华大道，西接佩琅河，地势平坦，地质条件良好，有利于项目水景房的营造，对提升本地块项目开发的档次十分有利。和老城区房产项目主要以旧城改造为主，项目开发容易受到现有城市面貌和规划的制约不同，本项目所在地块为一片农地，地势开阔，可以说是白纸一张，更有利于开发商在此描绘新的城市篇章，开发商完全可以在此营造一份完全有别于老城区项目的诱人开发前景，更容易营造项目的独特优势。

(6)交通条件改善预期良好。尽管目前项目所在地块交通条件欠佳，但交通条件将会得到很大的改善。广宇集团将投资 2500 万元建设新安江大桥，这就使得项目所在区域与中心城区紧密相连，到市内的交通非常便捷。再加上徽杭高速公路在此区域内有一个出入口，交通情况良好。

2. 项目劣势

该项目的劣势主要体现在以下几方面。

(1)现有配套不足、交通不便。由于该项目所在地块目前仍为一片农地，周围的居住配套及建设施基本上是一片空白，在新安江大桥建成以前和徽杭公路开通以前，本项目地块对外交通并不便利。

(2)防洪堤建设尚具不确定性。项目地块北邻新安江，西靠佩琅河，而目前这两处均未建有防洪堤，尽管黄山旅游度假区已将防洪堤的建设列入“十五”项目中，但政府是否有财力如期完成该项目，存在一定的不确定性。从该地块所处的位置来看，防洪堤的建设与否对本项目顺利运作和安全有着至关重要的作用。

(3)季节性河流特性制约了项目水景房的营造。该项目地块与新安江和佩琅河相邻，为项目营造水景房提供了便利的地理条件，但由于新安江、佩琅河均属于季节性河流，河流的丰、枯特性在年际间分布十分明显，特别是河流的枯水期要明显比丰水期长得多，这就不利于营造风景宜人的水景画面。在黄山市 2001—2020 年城市总体规划中明确将在湖边、柘林、妹滩三处建三个梯级枢纽，以达到增加蓄水量，抬高水位的目的。但对于本项目来说，面临着如下三个问题：一是枢纽建设的时间问题；二是枢纽建设的顺序问题；三是三个梯级枢纽建好以后能抬高多深的水位问题。如果建坝完成后水位仍达不到理想位置，则水景房的建设将会受到极大制约，此时，本项目将不得不考虑是否要自行建设拦河堰坝以达到营造水景房所需要拦蓄的水位问题。

(4)项目规模巨大带来的资金和政策等因素的制约。由于该项目规模巨大，对开发商的资金实力是一个巨大的考验，分期滚动开发就成了一个必然的选择，但这也牵涉开发商对市场趋势判断正确与否的考验。

同时，由于本地市场容量有限而项目规模又十分巨大，在运作过程中必然会涉及招商引资问题，这需要当地政府在政策上给予优惠条件，以利于与其他企业进行合作，无论是政府的招商还是开发商直接与其他企业进行商业合作，都存在一定的风险，制约着本项目的顺利发展。

3. 项目机会

该项目的机会主要体现在以下几方面。

(1)黄山城市发展定位转变带来的机遇——城市品位提升。随着当地社会经济文化条件的不断改善，黄山市城市功能定位发生了较大的变化，即由原来的“国家重要的国际性风景、文化旅游城市，安徽省发展旅游经济的基地，皖南山区的经济文化中心”转变为“国际性风景与文化旅游城市，华东地区休闲度假中心，皖南山区区域中心城市”。屯溪区的城市发展定位于：黄山市市域中心旅游服务基地，区域内休闲度假胜地，黄山市行政文化商贸中心，旅游业客运中转中心，旅游度假区，黄山市会议中心，旅游产品加工基地，黄山市教育培训基地等。黄山城市功能定位的转变，中心城市职能的强化对本项目而言是一个值得利用的机会，也是本项目的基本立足点，尤其是屯溪区政府规划搬迁到项目所在区域，为本项目建设成为黄山市的大型社区中心乃至城市次中心提供了难得的发展机遇。

(2)黄山经济发展带来的机遇——购买力增强。黄山市行业内部结构趋向合理，邮电通信、金融保险、房地产和社会服务业占第三产业的比重逐年提高，旅游占第三产业的比重近50%。随着经济的持续快速发展，经济总量得到不断加大，人均收入逐渐提高，对居住的需求逐渐加大。从现有的经济运行情况来看，旅游业作为黄山的支柱产业还有很大的潜力可挖，因此，对于本项目而言，存在一定的可资利用的机遇，尤其是黄山旅游业的发展，旅游业的升级，为本项目中的宾馆、餐饮、休闲、娱乐等项目的开发提供了较好的发展机遇。

(3)居民生活质量提高和高档旅游接待设施缺乏带来的机遇——中高端需求形成。黄山市中低档的宾馆、饭店已呈过量状态，但据实地调查，黄山市对高档次的宾馆、饭店的需求还是很旺。加之目前屯溪区休闲娱乐设施较为缺乏，像茶馆、咖啡吧、酒吧等，除星级宾馆内设外，几乎没有单独经营的场所。因此，如能通过本项目的运作，设置五星级宾馆、高档饭店、主题公园、休闲街区，使本项目成为未来屯溪乃至整个黄山市的休闲、娱乐中心并非是一个梦想。

(4)交通条件改善带来的机遇——进入障碍逐渐消除。由于黄山市特殊的地理位置,不但黄山市内部的交通情况较差,而且与外部的通达性也远远滞后于发展的需要,这使得黄山市的交通一直是黄山市制约经济发展的重要因素。随着大交通网络的建设,现以黄山为核心的对外交通体系正显现出很大的变化,徽杭高速公路于2006年12月25日全线通车;黄山机场顺利实现升级,南北向的合—铜—黄高速公路和东西向的芜—黄高速公路已建成通车,这为黄山市的交通瓶颈问题带来了极大的缓解。

交通条件的改善,将为黄山市带来源源不断的人流、物流、资金流、信息流,不仅为黄山市的经济社会发展和旅游定位产生很大的影响,也为本项目的建设发展提供了极大的发展机会。

(5)黄山品牌和高质生态环境带来的机遇——产品概念蕴涵丰厚。黄山作为世界文化和自然双遗产,在世界上具有相当的知名度,加之皖南古村落申请世界文化遗产的成功,黄山市已成为拥有两处遗产的城市,这具有世界意义的品牌效应是无法估量的,在今后的发展中,黄山市必定会吸引世人更多的目光。

由于自然条件、地理环境和经济发展等方面的原因,黄山市的生态环境质量较高。改革开放以来,伴随着我国工业化的不断推进,许多城市污染严重,生态环境急剧恶化,人们越来越渴望居住、生活在没有污染的旅游环境中,这对于黄山市和本项目来说是一个不可多得的机遇。

(6)城市景观风貌缺乏带来的机遇——城市景观改良要求迫切。黄山市屯溪区临江靠山,自然山水条件上佳,原有徽派建筑独具特色,但伴随着城市的扩大,新建筑风格各异,分布散乱,不仅与徽派风貌街区格格不入,也破坏了城市的轮廓线,街道环境的“脏、乱、差”现象更是直接降低了城市品质。从城市公园、绿地情况来看,屯溪区公园数量少,与旅游城市差距较大,公共绿地也不便于居民使用,像儿童公园、文化公园等主题公园、街头小游园、滨江绿化带均缺乏,既不能满足市民日常休闲活动的需要,也无法形成旅游城市绿树成荫的绿化环境。

对于本项目而言,屯溪区城市景观风貌的缺乏,公园绿地较少的现状正好为本项目的发展提供了一个展现自身特色、建立有别于老城区的新的城市中心的独特机遇,通过本项目的建设,必然会提升黄山市的城市知名度和城市综合实力,弥补“黄山很美但城市不美”的遗憾。

(7)黄山市房地产市场发育程度较低带来的机遇——优质新产品引入较为容易。从黄山市房地产市场的发育程度来看,其房地产市场明显处于刚刚启动的阶段,其开发水平、经营理念、营销策划均比较原始,这就为本项目的运作提供了直接介入的机遇。

①产品雷同、结构单一。从现有房产品开发的情况来看,主要两大类:一类是多层住宅,另一类是别墅。商铺的现状是以“马路经济”——沿街小商铺为主,即沿街多层住宅的第一、二层基本为商铺,第三层至第六层为住宅,别墅的开发水平也很低。而且各个楼盘开发的产品较为雷同,明显缺乏特色。像高品质的商业服务设施尚有不足,而小商铺的发展已经呈过量状态,同时还存在购物环境较差、沿街商业较多而且不规范的现象。

②既有市场房地产品牌不明显。从现状来看,黄山市本地开发商开发水平较低,经营理念较为原始,当地居民也普遍认为,从浙江省过去的几家开发商给黄山房地产市场带来了新的经营理念和较高的开发水平。但目前各开发商的品牌优势并不明显,这就为本项目的开发在当地树立特色和卖点、创建品牌打下了基础。

③住宅小区物业管理缺乏。在黄山市现有住宅小区中,物业管理基本没有,住宅小区基本以传统的街道管理为主,因此本项目完全可以由小区的物业管理和小区配套着手开始形成表率,显现自身的优势和特色,构建优美的居住和生活环境,引导和培育当地居民的居住、

生活新理念，以引起消费者的充分注意和诱发消费者的购买欲望。

从以上三个方面的分析来看，正是由于黄山市房地产市场发育程度不高的现状，使得本项目的建设有了一个得以启动和立足的直接切入点，为项目开发商树立品牌、引导和培育当地居民的居住、生活、消费新观念的形成提供了一个直接可资利用的机会。

4. 项目威胁

该项目的威胁主要体现在以下几方面。

(1)居民消费能力有限。黄山市职工平均工资水平低于全国平均水平，与周边经济发达地区的差距也较大。从居民的工资收入水平来看，平均收入水平偏低，消费能力有限，这对于屯溪新城这样一个规模庞大的项目而言，当地的消费能力要撑起这样一个市场供给还是有相当难度的，必须从外地寻找支撑点。

(2)城市人口增长相对缓慢，城市吸引力不高。从黄山市人口的历史资料来看，黄山市人口增长相对缓慢，人口增长率较低，没有大的起伏，比较稳定。人口机械增长方面，迁入人口与迁出人口相差不大，这表明黄山市的城市吸引力还不高。根据黄山市2001—2020年城市总体规划的预测，人口增长的速度依然很慢。因此，对于本项目而言，这是一个很难在短时间内改变的客观限制条件。

(3)区域潜在土地供应量增加。屯溪区域房地产市场规模较小，市场消费力有限，潜在土地供应量的增加则意味着本项目目标市场容量的减少，因此，项目开发商应采取措施说服当地政府暂停或减少区域内土地的未来供应量，减少项目开发的市场风险。

(4)房地产市场竞争日趋激烈。由于屯溪区房地产市场规模较小，大规模的项目开发必然会加剧现有的市场竞争程度。从竞争态势来看，屯溪区房地产市场主要还是在几个浙江省过来的开发商之间竞争，这些开发商之间可谓是知根知底，要想在开发水平和经营理念上取得明显优势还是有一定难度的。

(5)居民固有的居住观念和生活习惯改变尚需时日。从项目所在的地域来看，目前仍是一片农地，在当地人心目中仍属于农村范畴，加上居民固有的居住和生活习惯的制约，要使老城区的居民接受本项目还需要有一个过程。通过对当地人的了解可以得知，他们还难以接受居住和生活在新安江南的现实，因此，本项目的消费引导工作相当繁重，消费引导的成效直接关系到本项目成功与否。

(6)异地相关旅游需求很难快速放大。从目前黄山市国内外旅客的平均逗留时间来看，基本仍处于观光旅游的阶段，离休闲度假旅游的理想结果还有一段距离，预示着游客对住、购、娱的需求并不能很快放大，这对本项目主要针对旅游客人和外地休闲度假者的住、购、娱项目的开发带来了一定程度的风险。

5. 对项目优劣势的总体思路

对项目优劣势的总体思路是：扬长避短，强化优势，淡化劣势。

(1)强化优势要做到以下几点。

①强化开发商的渊源，体现开发商拥有很强的房地产开发经历。重点把握开发商以往的作品和业绩，在项目的准备期、酝酿期的软性广告和广播中加以渲染，并通过派发开发商的简介强化开发商综合实力和开发经验。

②突出开发商先进的开发经营理念。重点把有别于周边竞争楼盘的先进理念，以目标

客户喜欢的语言，对理论加以提炼，通过特定的活动和场所把开发商的理念传播给本项目的目标客户群。

③利用好项目的规模和地价优势。首先利用项目的规模体现开发商的实力，通过广告、媒体加以渲染；其次，利用项目规模优势所带来的成本节约与地价优势相结合，通过房价加以体现，以达到和竞争对手相比具有更高的性能价格比的效应，以吸引目标客户群的目光，并激发目标客户群的购买欲望。

④展现项目的交通条件优势和地理位置优势。重点在于充分体现项目与主城区之间的交通便捷优势和项目地块地理位置优势，主要通过贯穿于整个项目开发期的软性广告、报章广告、广播等传播手段来表现项目的交通、区位优势，尤其是新安江大桥的建设和完工应严格按照计划进行。

(2)淡化劣势要做到以下几点。

①现有交通和配套不足。解决办法为：尽快完成新安江大桥的建设和目标区域的配套，利用当地政府的权威性引导和媒体对大桥的建设和配套提供进行追踪报道或系列报道，给目标客户群以信心保证。

②防洪堤建设的不确定性。解决办法为：开发商利用和当地政府良好的关系，敦促防洪堤的尽快完成。

③新安江和佩琅河的季节性河流特性。解决办法为：尽快弄清新安江三个梯级枢纽确切的建设地点、建设时间和预期达到的效果，如果水位仍达不到预定要求或是建设滞缓，开发商可以在规划许可的前提下自行建设拦河堰坝。

④资金、政策等因素的制约。解决办法为：一是实行分期开发；二是采取与其他企业合作开发的方式以缓解资金压力；三是通过政府公关，使当地政府在招商引资政策上给予优惠条件。

三、竞争态势分析

下面对黄山市屯溪新城项目进行竞争态势分析。

1. 屯溪区主要竞争性物业状况

详见《黄山市屯溪区住宅及商铺调研报告》、《黄山市屯溪区宾馆及餐饮业调研报告》。

2. 市场细分缺口分析

尽管从总体来看，黄山市房地产市场仍处于比较冷静的状态，商铺和宾馆总量已成过剩状态，但商品房投资销售趋势已有升温的迹象。从本项目区位条件、SWOT 分析及实地调研的结果来看，黄山市房地产市场还是存在缺口的，主要有以下五大类缺口。

(1)居住类缺口：综合品质较高的楼盘。目前屯溪区域内房地产开发商开发水平较低，缺乏经营理论和营销策划观念，缺少特色和卖点，再加上沿街小商铺的过度供给和物业管理的缺乏，使得现有住宅小区呈现品位和档次不高的状况，一些收入较高，容易接受新事物、新观念的居民对现有居住状况不满，而现有市场供给又明显缺乏环境优美、综合配套齐全、物业管理规范的高品质楼盘。伴随着区域经济的发展、居民收入的提高以及外部信息的交流与传播，对高品质楼盘的需求会在市场中得到体现的。

(2)宾馆餐饮类缺口：五星级宾馆及高档饭店。从实际调研结果来看，虽然从总量上看屯溪区域内中低次的宾馆和饭店已呈过量状态，但游客对高档次的四、五星级宾馆和饭店的市场需求还是很大。本项目完全可以在借鉴现有竞争对手优劣势的基础之上，根据项目自身的特色营造出比竞争对手更胜一筹、更具特色的宾馆和饭店。

（3）商业服务类缺口：大型商场（购物中心）和大型超市。从旅游城市的角度来看，屯溪的商业服务设施较为齐备，现有的商业布局基本能够满足居民生活需求，但从屯溪区域中心城市的地位来看，高品质的商业服务设施不足，购物环境较差，提供的商品也主要以农副产品、小百货和土特产为主，超市也基本以经营副食品和日用百货为主，明显缺乏购物环境优良、经营商品有特色和上档次的特色大商场（购物中心），以及经营规模齐全、宏大的大型超市。因此，在商业服务类上，这两大类型是本项目在商业服务类上的一个很好的切入口。

（4）文化、休闲、娱乐类缺口：主题公园、茶馆、酒吧和咖啡吧等。屯溪区目前明显缺乏城市主题公园和茶馆、酒吧和咖啡吧等休闲娱乐场所，而游客也往往把屯溪作为一个临时的落脚地，这是和屯溪区作为旅游城市中心城区的地位是不相称的。伴随着黄山旅游业的快速发展、屯溪中心城市地位的加强和人们旅游观念的转变，游客对城市的景观风貌和文化休闲娱乐的要求会越来越高。本项目的建设可以正好满足这种不断涌现的需求。

（5）办公商务类缺口：办公楼和写字楼。在规划中，屯溪区政府将南迁到项目所在区域，这意味着屯溪区行政中心将转移到项目所在区域，而行政中心独特的集聚效应的存在，必然会促使一些行政、企事业单位办公场所和商务活动向行政中心周围转移，而一个有别于原有老城区的办公商务环境会促使这一转移过程的加快，这正好为本项目的进一步发展和树立项目形象与品牌提供机遇。

四、市场定位

下面对黄山市屯溪新城项目进行市场定位分析。

1. 黄山市房地产市场趋势

详见《黄山市城市发展战略定位与房地产市场趋势分析》。

2. 项目市场总定位

根据前面三大部分的分析，我们把黄山市屯溪新城总体定位为：黄山市城市次中心，集高尚居住、旅游度假、办公商务、商业服务、文化休闲娱乐为一体的城市次中心。

3. 屯溪新城的构架设想

既然屯溪新城定位于城市次中心，则作为城市的基本功能都应具备。从功能来看，主要应具备高尚居住、旅游度假、办公商务、商业服务、文化休闲娱乐五大功能，但整个项目的创意点应该是统一的，给消费者的印象就是一个项目，一种各项功能浑然一体的新感觉。因此，建筑上的和谐、浑然一体、功能上的合理分工和交叉，包括市场形象以及营销推广的统一都是必然的要求。

在区域分布上，屯溪新城主要分成五大区域：

第一区域：高尚居住区。主要由两大组团组成，西组团位于新安江大桥以西，新安江以南，佩琅河以东；东组团位于新安江大桥以东，新安江以南。高尚居住区主要由多层住宅、沿江小高层江景住宅、排屋和别墅组成，总占地面积约为600亩，其中西组团为500亩，东组团为100亩。

第二区域：旅游度假区。主要由五星级宾馆组成，位于地块的东南部，占地约100亩。

第三区域:商业服务区。主要由大型商场、大型超市及高档饭店组成,位于高尚居住区东组团以南,占地面积约为50亩。

第四区域:办公商务区。主要由办公楼和写字楼组成,位于旅游度假区和商业服务区之间,占地面积约100亩。

第五区域:文化休闲娱乐区。主要由徽文化主题区、中心广场和休闲娱乐区所组成,位于地块中心,占地面积约150亩。中心广场和徽文化主题区合二为一,休闲娱乐区则围绕中心广场和徽文化主题区布置。

各区域具体示意图如图8-2所示:

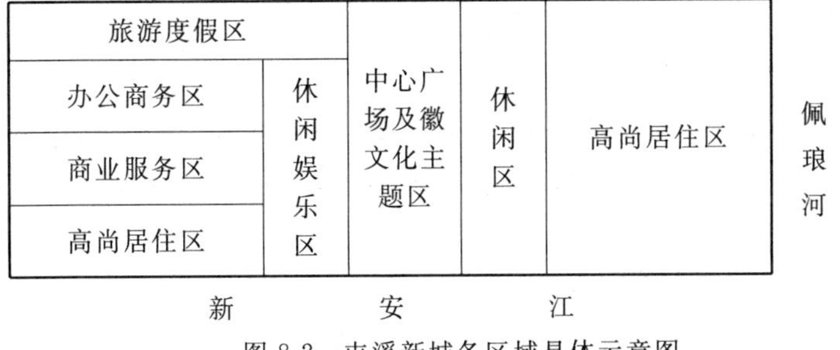

图8-2 屯溪新城各区域具体示意图

4. 市场定位

(1)高档居住区。总体原则为:楼盘定位应能体现楼盘品质高、环境优美、配套齐备而价格不高,即"高贵而不贵"的特色。

①多层住宅

a. 户型定位如表8-4所示。

表8-4 多层住宅的户型定位

面积(平方米)	总价(万元)	户型	比率(%)	小计面积(平方米)
90～110	10～12	三室二厅一卫	25	120000
110～130	12～14	三室二厅二卫	50	240000
130～150	14～16	三室二厅二卫	20	96000
150以上	16以上	四室二厅二卫	5	24000
合计			100	480000

b. 目标客户群为黄山市(屯溪区)中高收入群体,主要包括:政府公务员、银行、保险等金融机构职员、邮电、通信、IT业从业人员、外地在黄山事业有成的小企业主、屯溪区域外对本地块有偏好的离、退休人员等。

该目标客户群的基本特征为:收入稳定,有一定积蓄,对现有居住状况不满意,年龄层次在26～45岁,支付能力在10万～16万元的消费群体。

②小高层住宅

a. 户型定位如表8-5所示。

表 8-5　小高层住宅的户型定位

面积(平方米)	总价(万元)	户型	比率(%)	小计面积(平方米)
100～120	12～15	三室二厅一卫	25	25000
120～140	15～17	三室二厅二卫	50	50000
140～160	17～20	三室二厅二卫	20	20000
160 以上	20 以上	四室二厅二卫	5	5000
合计			100	100000

b. 目标客户群为黄山市(屯溪区)中高收入群体,主要包括:政府公务员、银行、保险等金融机构职员、邮电、通信、IT 业从业人员、外地在黄山事业有成的小企业主、屯溪区域外对本地块有偏好的离、退休人员等。

该目标客户群的基本特征为:收入稳定,有一定积蓄,对现有居住状况不满意,对居住景观要求较高,年龄层次在 26～45 岁,支付能力在 12 万～20 万元,比较容易接受新观念的消费群体。

③排屋

a. 户型定位如表 8-6 所示。

表 8-6　排屋的户型定位

面积(平方米)	总价(万元)	户型	比率(%)	小计面积(平方米)
150～180	20～25		25	15000
180～220	25～30		50	30000
220～240	30～35		20	12000
240 以上	35 以上		5	3000
合计			100	60000

b. 目标客户群为黄山市(屯溪区)高收入群体及部分外地消费者(如江、浙、沪及安徽本地人士)。

该目标客户群的基本特征为:本地消费者收入高,对居住的要求也较高,但尚无能力购置别墅;外地消费者有充足的资金实力,向往居住的自然、生态和文化环境,特别是对黄山的自然风光和徽文化有浓厚兴趣,对休闲度假要求较高,投资理财意识比较强烈。

④别墅

a. 户型定位如表 8-7 所示。

表 8-7　别墅的户型定位

面积(平方米)	总价(万元)	户型	比率(%)	小计面积(平方米)
150～180	25～30		20	20000
180～220	30～35		30	30000
220～240	35～40		30	30000
240～280	40～50		15	15000
280 以上	50 以上		5	5000
合计			100	100000

b. 目标客户群为外地消费者(如江、浙、沪等经济发达地区的消费者)和少量本地高收入消费者。

该目标客户群的基本特征为:有自己的产业,资金实力雄厚,往往已是第二、三次置业,拥有不止一处的住房,对居住的自然、生态和文化环境十分看重,对休闲、旅游、度假有着强烈的要求。

(2)办公商务区。主要由机关办公楼和写字楼组成。

①办公楼

a. 户型定位如表 8-8 所示。

表 8-8 办公楼的户型定位

面积(平方米)	户型	小计面积(平方米)	备注
20 的倍数	一室或一室一卫	120000	框架结构,可自由合成

b. 目标客户群为屯溪区所属党政机关,包括:区级部、委、办、局等党政机关及部分企事业单位,邮政、通信、银行、保险、证券、电力等窗口单位服务机构的分支机构。

②写字楼

a. 户型定位如表 8-9 所示。

表 8-9 写字楼的户型定位

面积(平方米)	户型	小计面积(平方米)	备注
80 的倍数	一室一卫	120000	可自由合成

b. 目标客户群为广告公司、社会中介机构、文化传播公司、图片加工公司、旅行社、个人工作室、外地企业在黄山办事处、外地政府机构在黄山办事处、金融机构、事业有成的企业主等。

c. 行业特征:以对外交流、服务为主要特征;对工作环境要求较高;办公环境要能体现企业和个人的身份、地位和实力。

(3)商业服务区。主要由大型商场(购物中心)、大型超市及高档饭店等组成。

①大型商场(购物中心)。面积约 10000 平方米,目标客户为本市及外地的大型商业集团,其经营的范围要求能体现档次和特色。

②大型超市。面积约 10000 平方米,目标客户主要为国内外大型的连锁商业机构。

③高档饭店。面积约为 5000 平方米,目标客户为安徽省内外经营各大菜系的餐饮企业,重点关注浙江、江苏、上海、广东、四川及安徽本地的餐饮企业。

(4)文化休闲娱乐区。主要由中心广场、徽文化主题区和休闲娱乐区等组成。

①中心广场。占地约 20 亩,设城市雕塑、喷泉、广场和公共绿地等。

②徽文化主题区。占地约 100 亩,主要由能反映徽商、徽文化的建筑、陈列、雕塑等组成。

③休闲娱乐区。占地约 30 亩,总建筑面积约 3 万平方米,围绕徽文化主题区而建,建议采用步行街的形式,建筑层高以超过三层为宜。休闲娱乐区主要由茶馆、咖啡吧、酒吧、特色小商铺及休闲会所等组成,建筑风格要能体现徽派特色,经营范围既要能体现特色、品位,又要能融现代气息与古典文化于一体。

a. 商铺户型定位如表 8-10 所示。

表 8-10 商铺的户型定位

面积(平方米)	总价(万元)	小计面积(平方米)	套数(套)
40	20	30000	750

b. 商铺目标客户群为商铺投资商或来黄山做生意的商业经营户。

(5)旅游度假区。主要由五星级宾馆组成,占地面积约 100 亩,总建筑面积约 2 万平方米。

5. 价格定位

下面对屯溪新成的价格定位进行分析。

(1)定价策略。鉴于本项目位于新安江南岸,当地居民对此认可程度并不高,因此在定价策略上建议实行低起价、低总价入市的价格策略。低起价、低总价入市首先能够吸引目标客户的注意力,而楼盘综合品质较高显现出的较高性能价格比更能够激起目标客户的购买欲望。

(2)居住区产品价格制定。下面介绍成本加成定价法、市场比较法和阶段性涨价策略。

①成本加成定价法。本项目地价较低,而项目规模宏大又能带来规模效应,因此,为保证开发商的利润,在参考市场定价的基础之上,可以考虑采用成本加成定价法。

②市场比较法。主要参考楼盘三华精品街、维多利亚广场、时代广场、城市花园、苹果山庄、惠东花园等(见表 8-11)。

表 8-11 周边楼盘均价及面积

楼盘名称	房产类型	均价(元/平方米)	面积(平方米)
三华精品街	住宅/商铺	1060/6000	18000/2000
维多利亚广场	住宅/商铺	1300/5800	
时代广场	住宅/商铺	1080/7850	
城市花园	住宅/商铺	1238/9580	21000
苹果山庄	住宅/别墅	900/1500	
惠东花园	别墅	1415	11410

根据项目的区位条件及目标客户群对项目的认可程度,现暂定楼盘均价如表 8-12 所示。

表 8-12 楼盘暂定均价

房产类型	入市均价(元/平方米)	目标均价(元/平方米)	备注
多层住宅	1000	1200	首期定价暂依此而定,其后各期开发视市场发育程度及经济发展情况而定
小高层住宅	1200	1400	
排屋	1400	1600	
别墅	1500	1700	
商铺	5000	6000	

③阶段性涨价策略。项目以低单价、低总价入市，之后视开发程度和市场的接受程度可以采用阶段性涨价的策略，可以形成一种买早不买迟，买涨不买跌的市场效果，尤其是要达到一种让迟来的消费者感到后悔，而先前购买的消费者感到财富增加的效果。当然，涨价计划必须与销售情况相结合。

(3)营销总思路。以低单价、低总价的形象入市，有助于吸引目标客户群体的注意力，与竞争楼盘相比较高的性能价格比能够激发客户的购买欲望，而阶段性涨价的实施可以提起投资者的兴趣，更能激发客户的购买热情。

6. 项目配套设施设想

本项目的配套设施要能体现项目的特色定位，集中体现在以人为本的理念以及区域自然、文化和景观特色方面。目前屯溪区建筑风格各异，与徽派景观格格不入，城市景观风貌十分缺乏，因此项目的整体定位与配套就是要改变屯溪区现有的城市面貌，体现屯溪作为旅游中心城市的本来面貌，使项目所在区域成为屯溪区非常值得停留的场所，并且希望本区域能成为黄山市的城市新形象，是时尚生活、新型生活和休闲生活的云集之地。在配套上，屯溪新城要务求品位较高、格调高雅、配套齐备，能体现黄山市的自然风貌和文化内涵。

(1)高尚居住区配套设想：

①生活配套，包括美容美发、制衣洗衣、鲜花水果、礼品店、糕点店、家政服务、书店、书报亭等；

②管道煤气；

③卫星电视；

④智能化配套；包括网上社区、门禁系统、红外线监控系统、宽带网入户等；

⑤信报箱；

⑥车库；

⑦教育配套，包括幼儿园、小学、中学等；

⑧医疗配套，包括医院、社区卫生机构等；

⑨体育设施配套，包括健身房、游泳池、篮球场等；

⑩娱乐配套，包括儿童娱乐区等。

(2)办公商务区：

①电梯；

②会议室；

③大堂；

④公用卫生间；

⑤车库。

五、主题定位

黄山市屯溪新城项目的总体思路为：既要能体现黄山的自然、文化特色，又要具备现代气息；既要能体现绿色、生态、景观的居住新潮流，又要能体现目标客户的身份、地位和品位。根据上述总体思路，并结合项目的具体情况，建议项目的主题定位为：自然、文化、绿色、生态、休闲、景观。在项目的不同开发阶段，其阶段性主题定位应在项目主题定位的基础上，结合项目的开发阶段、开发类型及目标客户的需求具体制定。

(1)高尚居住区主题定位。包括多层住宅和小高层住宅的主题定位,以及排屋和别墅的主题定位。

①多层住宅和小高层住宅的主题定位。因为多层住宅和小高层住宅的目标客户群体基本为黄山市(屯溪区)的消费者,因此其主题定位应达到与目标客户群体的需求产生共鸣的效果。鉴于此,其主题定位基本可以确定为:绿色、生态、景观、品位、身份。绿色、生态、景观首先能引起目标客户群体的注意力;其次,全新的居住新理念、新方式可以激起目标客户群的购买欲望;最后,以品位、身份的体现满足目标客户群体的心理优越感。

②排屋和别墅的主题定位。排屋和别墅的目标客户群体主要是外地的消费者,他们对区域的自然景观、文化内涵和休闲度假的要求比较强烈,尤其是生活在大都市的消费者更是向往美好的自然、文化环境。因此,其主题定位应主要确定在:自然、文化、休闲的诉求上。

(2)办公商务区的主题定位。办公商务区的目标客户群体主要是党政机关、企事业单位,他们对工作环境是否优美、交通是否便利比较看重,因此,其主题定位应集中在绿色、生态、品位和便捷上。

(3)商业服务区的主题定位。商业服务区的目标群体主要是外地大型商业企业,他们对自己在黄山市(屯溪区)的发展前景十分看重,因此,其主题定位应集中于给目标客户群体一个良好预期上。

(4)文化休闲娱乐区和旅游度假区的主题定位。文化休闲娱乐区和旅游度假区的目标群体主要集中在来黄山旅游、度假、休闲的旅客上,他们对黄山的自然风光和徽文化内涵十分向往,对休闲娱乐也有相当的需求,因此,主题定位应集中于自然、文化、休闲、景观方面的体现。

六、分期开发设想

由于项目规模宏大,而本地房地产市场容量又相对偏小,分期开发就成了一种必然的选择。项目要投入开发,新安江大桥的建设和新安江、佩琅河防洪堤的修建是一个前提条件,否则项目的风险太大。

根据规划,项目地块前后分四次交付,因此,我们在此把项目的开发划分为四个阶段。

第一阶段:以住宅和小区配套为主。目标群体主要是针对黄山市(屯溪区)中高收入家庭及外地到黄山投资、经商的消费者。通过第一阶段的开发,基本要达到一种给项目造势、树项目形象、初创房地产品牌和凝聚人气的目标。

第二阶段:以公建建设和商业服务设施建设为主。利用屯溪区政府搬入本区域为契机,兴建办公楼和写字楼及相应配套的商业服务设施。这一阶段要完成为商业服务区招商的任务和中心广场的建设。通过这一阶段的开发引资,基本要达到提升人气,带动周边项目的升值,尤其是居住区的升值的目标,为居住区的真正进一步开发奠定基础。

第三阶段:以住宅、排屋及小区配套为主,结合休闲、娱乐区的初步建设。主要是高尚居住区西组团的开发。通过这一阶段的开发,要达到进一步激发居住区的人气和市场需求,初步形成区域社区中心的目标。

第四阶段:以徽文化主题区、休闲娱乐区和五星级宾馆的建设为标志。其中五星级宾馆的建设一般应在徽文化主题区和休闲娱乐区建设完成之后进行。通过这一阶段的开发,要达到基本完善项目所在区域的城市功能,在本区域基本完成城市次中心所需的各项建设任务。

七、首期开发建议

由于项目目前的接受度并不高，老城区居民要接受这一区域还需要有一个过程，因此，首期开发应立足于试探市场、凝聚人气、初步树立项目所包含的品位、身份、地位内涵和居民居住新观念的形成和引导上。

(1)首期开发选址问题。项目首期开发的选址不能太偏，相反，为提高居民的接受程度，首期的选址应处于交通条件比较便利且与老城区距离较近的地块。因此，首期的地块安排应放在接近新安江大桥的地块上，即项目东北角区域，新安江大桥以东部分。

(2)首期开发规模问题。根据黄山市"十五"规划的有关要求，屯溪区人均居住面积到2005年年末要达到20平方米，换算成建筑面积每年新增加的住房需求量约为48万平方米。考虑到目前的市场供给较多而需求并不旺盛的情况，项目目前接受程度也还较低，市场尚有待开拓，再加之首期开发主要是为了试探市场、凝聚人气和树项目形象的目的，因此，首期开发的规模不应过大，建议开发2万～4万平方米。

(3)首期开发产品构想。首期开发的产品应以多层住宅为主，沿新安江部分可以考虑设置小高层的江景房，但应做好市场需求分析，确定居住者的需求情况以及对小高层住宅的市场接受度。

【思考题】

1. 房地产项目定位的含义及原则是什么？
2. 房地产项目定位的主要流程是什么？
3. 房地产市场细分的含义及依据是什么？
4. 简述房地产市场细分的方法。
5. 简述房地产目标市场选择的方法。
6. 房地产产品定位的含义及内容是什么？
7. 房地产主题定位的常见类型有哪些？
8. 房地产功能定位的原则是什么？
9. 简述房地产项目后期策划的内容。

第九章　房地产市场营销

房地产市场营销是连接产品与顾客的桥梁，是开发商能否实现预期收益的关键环节，具有较强的综合性和系统性。本章从市场营销的概念入手，阐述房地产营销的基本理论，详细讨论产品、价格、渠道、促销四大营销策略，最后结合具体案例进行分析。

第一节　房地产营销概述

一、房地产营销的概念与特征

1. 房地产营销的概念

房地产市场营销是指房地产开发经营企业开展的创造性、适应动态变化的房地产市场的活动，以及由这些活动综合形成的房地产商品、服务和信息，从房地产开发经营者流向房地产购买者的社会活动和管理过程，目的是满足顾客对土地或房屋的需求。

房地产市场营销的目标和核心是通过运用既定的程序以及技巧，使房地产交易迅速达成，最终实现房地产商品的价值。房地产营销是沟通和连接房地产开发、房地产流通以及房地产消费和使用的重要手段。

2. 房地产营销的特征

房地产自身的特点决定了房地产营销具有不同于普通消费品营销的特征，具体表现在以下几个方面。

(1)复杂性。房地产营销包含了市场调研、地段选择、房地产产品设计与定价、销售渠道的选择、促销等一系列复杂的过程。房地产市场营销涉及领域多、部门多、法律多，需要很多专业人员的参与，还容易受外部环境的影响。法律法规的变动、金融风暴、股市波动等都会对房地产营销活动产生不确定的影响。

(2)风险性。房地产开发周期长，从项目可行性研究到最终推出楼盘销售，一般需要1年以上的时间。在长周期的开发过程中，企业面临的外部环境都会发生变化，甚至会发生意想不到的事情，加大了房地产营销的风险。

(3)差异性。房地产商品由于区位、设计等因素的不同而具有独一无二的特征，不能像普通商品那样进行大批量的复制和生产。房地产价值大、使用期限长，购房者会慎重考虑后才作出决策。因此，购房者的购买行为以复杂的购买模式为主。房地产营销人员面对的顾客都是全新的，是典型的一对一营销，推销产生的作用往往会很大。

(4)协同性。房地产营销需要建筑业、金融业、通信业等的配合，涉及投资咨询、市场调研、建筑设计、工程监理、销售推广、物业管理等，需要不同的专业人员通力合作才能做好。房地产企业仅凭自己企业的人员从事相关工作是不够的，应组建行业专家、政府部门官员、高校学者、律师等组成的智囊团，为营销活动献计献策。

二、房地产营销的基本理论

房地产营销的基本理论主要有以下几个。

1. 4P 理论

4P 理论又称为营销组合理论，指在特定时期向特定市场以特定的方式销售特定产品的营销决策优化组合。4P 是最传统、最经典的房地产营销理论。市场营销的四个基本要素：产品（Product）、价格（Price）、销售渠道（Place）、促销（Promotion）的组合的优劣程度，很大程度上决定了企业在目标市场上的竞争地位与经营特色。如果企业按正确的价格，以适宜的促销方式在正确的地点销售正确的产品，那么市场营销计划是有效的。

（1）产品（Product），即目标市场提供的商品和服务。营销大师菲利普・科特勒将产品定义为五个层次：核心利益、基础产品、期望产品、附加产品、潜在产品。房地产产品的五个层次表述如图 9-1 所示。

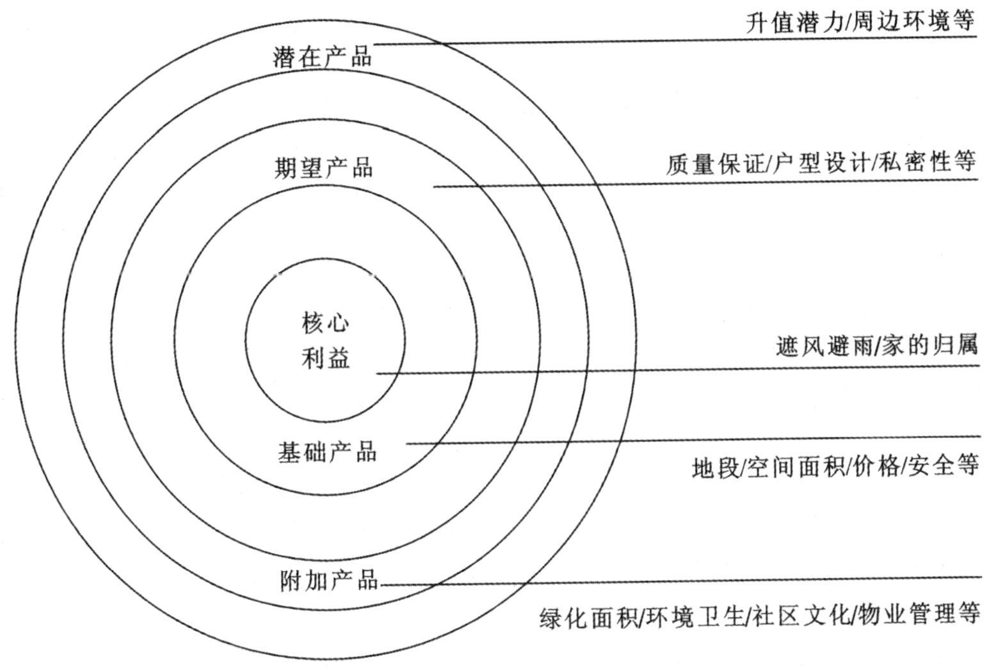

图 9-1　房地产产品的五个层次

购房者绝不会只考虑其中一个或某几个特性，他们通常会非常全面、认真地对商品房的位置、设计、价格、质量、交通、绿化、物业管理、升值潜力等各方面反复比较斟酌，最后才作出决策。

（2）价格（Price），是购房者为获得产品而支付的货币数量，是交换过程中备受关注的焦点问题。价格仍然是购房者决策的主导因素，在销售过程中最为购房者感兴趣，同时也确定了房地产开发商的盈利利润。双方买卖达成协议的最根本问题就是价格问题。定价是房地产营销过程的核心和关键，一切操作均以此为主轴。

（3）销售渠道（Place），可分为直接渠道和间接渠道。直接渠道是指通过个人联系，以信件、电话、电子手段、交流往来等方式将产品从公司出售给潜在客户。间接渠道是指通过第三方中间人(如代理或经纪人代表)出售产品。房地产企业主要采用直接销售的渠道。因为房地产产品的关键信息,如楼盘质量保障、企业信誉、支付承诺等,只有通过面对面的交流才能有所了解。

(4)促销(Promotion),包括广告、人员推销、营业推广和公共关系活动四种方式,目的是对消费者或使用者传递产品和企业信息,唤起顾客对商品的需求,以开拓市场,树立产品和企业形象。在实际促销过程中,选择四种方式组合应用,构成促销的组合策略。

2. 4C 理论

4C 理论又称整合营销理论,强调购房者的愿望和需求(Consumer)、购房者的便利性(Convenience)、购房者可接受的价格(Cost)以及企业与顾客之间的有效沟通(Communication)。房地产整合营销的实施主要包括市场细分、项目优化、渠道多样化且双向性、服务延伸四个环节。

(1)市场细分。房地产市场上的各个细分市场已发展形成,各个细分市场的差异正在逐步扩大。首次购房者收入相对较低,主要考虑的是满足基本的住房需求,如一定的面积保证,购物、上学和就业方面的便利程度等;换房群体的收入相对较高,除了以上的基本需求之外,更多地考虑到住房的舒适程度,有足够的空间、优雅的环境等。

(2)项目优化。房地产开发的整个过程需要 2～3 年的时间,目标市场的分析实际上是一个预期、动态的分析。国内房地产市场发展迅速,产品更新速度快,因此项目优化始终贯穿于整个项目的全过程,从房型设计、平面规划到总价区间、购买力分析,营销人员参与整个过程。

(3)渠道多样化且双向性。随着传播媒体技术的发展和房地产市场的不断成熟,借助各种不同媒体的力量,利用媒体交错使用达到预期的销售目标将成为更合理的选择。由于沟通是双向互动的,利用平面、立体和网络渠道等信息传播方式的组合,才能使这种变化得到充分的体现和及时的反映。

(4)服务延伸。房地产营销进入立体结合阶段,服务的内涵已覆盖了项目前期的选择、项目中期的施工和项目后期的竣工交房,还包括售后的中介服务。服务的外延包括房地产一级、二级和三级市场,让购房者享受全过程的服务。

3. 5S 规则

房地产营销中的 5S 规则是房地产营销人员通过长期实践活动总结出来的规律,在实际中具有重要的指导意义。5S 是指速度(Speed)、微笑(Smile)、真诚(Sincerity)、机敏(Smart)、研学(Study)。

(1)速度(Speed),强调在房地产营销活动中要注重办事速度和效率。处理业务的时候要快捷,办事安排要程序化,注重沟通技巧和协调能力等。在接听电话、通知变化事项、预约和赴约、交款、倾谈等具体事项中能够快速、准确、无误地操作。

(2)微笑(Smile),在与客户交往中要提倡微笑服务,强调通过外表健康的、体贴的微笑体现出对客户的理解和宽容,以获取客户的信任和认可,但要把握适当的程度。

(3)真诚(Sincerity),一方面努力做到真诚待客,另一方面也要通过恰当的表现让顾客感受到你的真诚。房地产营销是通过为人服务创造业绩的,树立形象应从真诚开始。

(4)机敏(Smart),即精明、整洁、利落,强调房地产营销活动中要做事情清楚,好而快,以灵活巧妙的工作态度来获得顾客的信赖。

(5)研学(Study),房地产营销人员需要持续不断地研究顾客心理、接待技术、房地产知识和市场资讯。累积足够的专业和实践知识才能为顾客提供高质量的服务。

三、房地产营销的理念创新

房地产营销的理念创新表现在以下几个方面。

1. 品牌营销

房地产品牌是由房地产开发商在进行房地产产品开发经营的同时,有计划、有目的地设计、塑造,并由社会公众通过房地产产品的品质和价值的认识而确定的企业标志或商标,是公众对房地产产品理性认识和感性认识的总和,房地产品牌是一个多维网络结构的动态系统。房地产品牌可以分为项目(楼盘)品牌和企业品牌,其中项目品牌是企业品牌的基础。房地产品牌的树立比较困难,但树立后则比较稳定,要凸显出企业品牌而不是项目品牌,因为项目品牌的生命周期比较短且受到地域的限制。

品牌具有特定的属性,这种属性需要转化成功能和情感利益,顾客购买的不是属性而是利益。品牌往往象征了一定的文化,体现了企业的价值感,还代表着鲜明的个性特征,体现了购买和使用该产品的与众不同。

房地产企业之间的竞争已逐渐从价格竞争、规模竞争、质量竞争、功能竞争发展到品牌竞争。品牌对开发商和购房者的意义重大,房地产企业不能形成垄断地位,但品牌可以形成垄断优势;购房者为满足受尊重和自我实现的需要,会更加注重品牌。打造品牌楼盘,树立品牌形象,走品牌化发展道路,将成为房地产企业的主要营销策略。①

房地产品牌运营可以分为以下十大步骤。

(1)建立房地产品牌管理组织。房地产开发企业内部的品牌管理组织,一般由副总、品牌委员会、品牌经理等人员组成。必要时聘请外部品牌管理的专业机构参与企业的品牌规划和建设以提高企业的品牌管理水平。

(2)制订房地产品牌创造的计划与预算。房地产品牌创造设计包括品牌战略宗旨、目标、进度、具体措施、参与品牌建设人员的职责、激励及整个过程的预算等。

(3)房地产品牌定位。通过市场调研与目标市场的细分,找到合适的细分购房群,并分析这一群体心目中共同的关键购买诱因。同时了解清楚目前市场上有没有相应的强势品牌,分析其他品牌的优劣势。

(4)实现企业观念的转变,从重视实体质量转向认识质量。观念的创新是营销创新中最重要的。要实现从实物营销转变为品牌营销的观念就必须对产品、市场、资本、管理制度和企业文化的各个层次进行系统有机的整合。房地产产品的质量应包括建筑质量、服务质量、环境质量等多个维度。

(5)房地产品牌设计。房地产品牌设计包括品牌视听识别体系、品牌个性定义、品牌核心概念、品牌延伸概念等四大内容。

---

①　刘文婷:《论房地产营销策略创新》,载《科技创业月刊》2006 年第 9 期。

(6)以文化的建立与管理制度的创新作为品牌建立的基础。通过分配、激励和约束机制等在内的制度创新为品牌建设提供保障。

(7)品牌整合营销传播。首先设计出符合某一特定时期购房者购买动机的品牌定义，将此作为阶段性的品牌形象。然后制作各种传播品设计、改善和调整产品、服务、价格、销售渠道，表现出统一的品牌定位与形象。其次与购房者进行互动式的沟通。最后对传播情况进行跟踪监测，根据监测到的问题及时调整传播方式，为下一轮传播提供调整依据和建议。

(8)实施持续与扩大的整合传播。企业要有长期战斗的准备，而且要随着市场环境的不断变化对细分市场和潜在购房者进行个性与共性重组，建立以购房者为核心的主要利益关联方的数据库，与顾客建立起长期互动的信赖关系，通过产品个性化设计、建造、销售和售后服务，逐步培养购房者对企业产品的高满意度与高忠诚度。

(9)形成广泛认同的房地产品牌形象。房地产品牌运营的目的是使特定的房地产品牌设计能够为广大购房者所接受，并在购房者心中形成高度认同的房地产品牌印象。

(10)房地产品牌评估。通过外部权威机构对房地产企业品牌的无形资产进行评估，确定为企业量化的资本财富，这是将房地产品牌资产运作和资本运作相结合的必要手段。

2. 关系营销

关系营销强调通过企业与购房者的双向沟通，建立长期稳定的对应关系，在市场上树立企业和品牌的竞争优势。营销理念的核心是让顾客满意，主张重视购房者导向。对于购房者来说，在发生交易之前，都会对开发商提供的产品和服务有所期待，在获得产品和服务之后，自然会对产品和服务进行评价。开发商能否站在购房者的角度思考问题，向购房者提供达到或超过购房者心理预期的产品和服务，是建立和维持与购房者良好关系并取得营销成功的关键。例如在销售渠道上，开发商应尽可能地考虑如何给购房者以最大的方便，设立便捷的销售网点或通过互联网进行双向式交流，提供免费看房直通车、进行全程服务代理等。

3. 文化营销

房地产文化营销就是房地产营销过程中注入文化的精髓。随着人们生活水平的提高，对住房的要求已不再是遮风挡雨那么简单。开发商在实施文化营销以满足购房者居住文化需要时，可以更好地提升建筑的品位与魅力，改善建筑的社会文化环境，增加房地产的附加值，从而达到企业、购房者和社会的“三赢”。

购房者对住房的选择体现了其生活品位和生活态度。购房者选择住房时已不限于质量、造型、配套等有形产品，对居住小区文化设施的要求越来越高：不仅关心周围文教单位的数量、配置和距离，而且愈来愈重视小区文化设施的数量、品位、小区内其他住户的文化层次。开发商不仅要注意在建筑风格上尽量体现文化内涵，还要通过富有特色的主题创意，提升住宅小区的文化价值，展现出一种高品位的美好生活蓝图。同时要注意通过高品位会所、藏书丰富的图书馆、温馨祥和的邻里中心、设施齐全的幼儿园与中小学来营造小区的文化氛围。①

4. 绿色营销

实施绿色营销首先应将绿色理念融入到设计中，绿色住宅要避免粗放、浪费的模式，以

① 陆宵虹、李家俊:《房地产文化营销理念初探》，载《商业研究》2006年第3期。

最低的能源和资源成本去获得最高的效益。其次要通过绿色认证，增加社会的可信度。实施绿色营销的房地产企业获得地产联合会和环保总局的绿色认证是非常重要的，这样可以增加企业的信誉和可信度。开发商还应将设计、开发、建筑、装修的全过程透明化，包括使用的各种绿色建材、绿色家居等都披露给购房者。通过公益广告宣传，让人们了解绿色住宅的优势和对身体健康的重要性。在促销方面，也要强调绿色环保的理念。企业的环保支出应纳入产品的成本核算，因为增加了房地产产品的成本，绿色定价也相应较高，因而降低经营成本制定合理的绿色价格是绿色营销能够成功的关键因素。

5. **全程营销**

房地产开发是一项复杂的综合工程，房地产营销的实施应起始于项目可行性研究阶段，贯穿于项目设计、建造、销售、物业管理等整合过程。在项目前期介入的目的是在于了解、熟悉目标市场，为产品的市场定位提供帮助，并作出房地产投资决策，为市场推广做好准备。售后服务是项目成功的重要保证，否则购房者会怨声载道，损害企业形象。全程营销强调房地产企业既要注重使营销观念体现在整个房地产开发过程中，也要注意与地方政府、金融机构、物业公司和其他社会组织的合作。

6. **网络营销**

随着互联网的快速发展、网民数量的急剧增加，电子商务融入了人们的日常生活中。房地产销售也可以搬到互联网上进行，网上售房大量节省了房地产销售人员的工作强度，不仅提高了房地产开发商的服务水准，同时节省了管理成本。顾客也可以在网上发出提问，且可以获得及时的反馈和响应。最近出现了房地产商和电子商务相结合的营销模式，通过强强联合、优势互补，公开透明的销售方式达成交易，受到了一定的青睐。甚至随着微博应用的推广，在微博上发布及时的房地产信息，促成交易，这些都是最新的营销模式。

但是，目前网络营销还存在着局限，主要是法律保护和网络安全技术方面，渠道的安全性对于房地产这样的大宗商品交易来说仍然不够；另外还有购房者消费观念上还比较难于接受在互联网上进行房地产产品的交易，来自心理层面的压力也是不容忽视的。

房地产网络营销目前虽然受到一些限制，无法占据房地产营销的主流位置，但这一模式能促使交易更便利、更及时、更节约，随着网络交易法律法规的完善、技术进步和购房者心理层面压力的减少，房地产网络营销很可能占据主导地位。

第二节　房地产营销的产品策略

一、产品定位的方法

从实际的产品定位活动来看，两阶段产品定位策略和三层次定位策略运用得最为广泛。

(1)两阶段产品定位法。该方法主要包括两个阶段：第一阶段，确定房地产产品的基本用途和开发周期；第二阶段，确定房地产产品的规划设计、开发形态与开发方式。第一阶段房地产企业首先必须深入了解土地自然条件，一般来说，土地面积越大、形状越方正规则，价值和发展空间就越大。其次还应研究土地使用的条件、总体规划情况、是否有用途管制或其他限制、周边土地的使用情况。一般来讲，单独通过批租转让或转让取得的土地使用权比通过合建取得的土地使用权的产品定位空间和自由度大，因为在合作开发下，提供土地的一方会提出一些附加条件。第二阶段房地产企业的定位目标是使企业创造和增加产品附加值。需要考虑如下因素：相关的城建法规和政府政策限制，比如容积率的分配、楼层高度限制和用途管制等；市场需求特征，比如潜在购房者价格可接受区间和需求偏好等；相对报酬及其风险，比较不同楼盘设计的成本收益等的差异性。

(2)三层次产品定位法。该方法是指依据影响项目所在地的环境范围大小来划分的市区级层次的一般因素、商圈层次因素的区域因素、项目所在地层次的个别因素，实质是由整体到局部、由表及里、由外至内地对房地产产品进行分析研究。划分三个层次的目的是帮助房地产企业掌握环境分析与评估范围，能够帮助策划人员系统全面地分析评估自然地理与社会人文环境。另外，三层次定位法的运用也必须围绕产品的性质来实施。

二、产品生命周期策略

产品的生命周期策略是指房地产企业根据产品所处的不同生命周期采取不同的策略行为。房地产开发企业除了把精力投入到产品质量上，还应注意不同时段的销售策略。房地产产品的生命周期阶段划分与对应策略如下。

1. 引入阶段

房地产产品引入阶段时，销售额不大，市场狭小，利润增长极为缓慢。产品的内在价值还没有完全展现出来，目标顾客的消费观念还没来得及转变，这样使得房地产价格标准很难确定下来。广告和其他推销费用数额巨大，这时利润很少，企业面临的市场风险较大，市场预测失误或产品定位不准都会严重影响企业的生存。这一阶段，企业必须尽快告知潜在购房者该产品的独特价值和内在功能。

(1)快速夺取战略。房地产开发企业实施高价格、高促销费用的策略来迅速实现扩大市场占有率的目标。该策略需要一些辅助条件来配合，市场中大部分潜在购房者不清楚产品特点、了解产品的潜在购房者又不急于购买、企业面临严峻的市场威胁等，可以迅速吸引潜在购房者的注意力是该策略最大的优势。

(2)缓慢夺取战略。如果房地产开发企业面临的市场比较小，大多数潜在购房者已经对本产品有了深入的了解。同时，企业的竞争压力不是很大，可以采取高价格、低促销费用的策略来缓慢实现市场销售目标。

(3)快速渗透策略。快速渗透策略是指房地产开发企业实行低价格、高促销费用的销售策略，应用范围比较普遍。该策略实施的前提是目标市场容量很大。潜在购房者对价格的变动趋势非常敏感，市场竞争程度又很激烈。该策略的主要目的是快速夺取市场份额。

2. 市场成长阶段

产品销售量急剧上升，市场中的潜在购房者已经对该产品有了非常深刻的了解，市场份额不断扩大，利润量也急剧增加是成长阶段的主要特征。对于房地产企业来说，市场成长期是最为有利的销售阶段。企业要抓住这一机会，执行正确的市场策略，推动产品市场竞争能力的上升。该阶段企业应把宣传的重点从扩大产品认知度转移到努力促成现实购买上来，同时根据市场形势的发展变化，适当地使用价格策略吸引潜在购房者，扩大市场占有率。

3. 市场成熟阶段

成熟阶段的市场销售量主要依靠已购房者带动潜在购房者的购买来维持，所以买房的后续服务应跟上，销售量不可避免地会下降。企业的应对策略主要有适当改进产品功能与不足、重新确定细分市场扩大潜在购房者群体、争取声誉传播来促成购买等。

4. 市场衰退阶段

产品出现滞销、利润下降是该阶段的主要特征。房地产开发企业应着手总结该产品的开发销售经验，逐步退出原有的细分市场，并集中资金和技术为新产品的上市做好准备。

三、产品差异化策略

产品差异化是指在房地产产品的设计、开发、服务过程中形成的各种特点，从而使企业为市场提供的房地产产品与竞争者能够有效地区别开来的过程。差异化策略的基础在于不同购房群体的需求存在差异性。差异化的优点是不但满足了目标市场购房者的需求，而且能为潜在竞争者设置进入障碍，并给开发商带来丰厚的边际利润。在采取差异化策略时，应避免不了解购房者真实需求偏好而主观臆断地开发差异化产品，差异化程度太高而导致市场容量过小等问题。差异化可从四个方面实施。

(1)特色差异化。特色就是指房地产产品基本功能的增加和补充，例如设置大型草坪提高住宅小区的生态环境水平。特色差异化要求房地产企业经常与潜在购房者进行沟通与交流，进行广泛的市场调查，切实把握市场发展趋势。

(2)性能质量差异化。性能质量是指房地产产品的主要功能和特色在实际使用时体现出来的水准，主要体现在楼盘区位、环境、布局、物业服务等环节上。房地产产品质量、价格、利润之间有不可分割的关系，因此在产品定位时要谨慎地选择与产品档次规模相符的质量性能水平。

(3)建筑风格差异化。房地产消费者对于房地产产品的视觉效果和直观印象是非常重视的，房地产产品是工程技术、文化等诸因素的完美结合。越来越多的房地产开发商意识到建筑风格的重要性。在实践中，将民族特色融入产品的开发设计是最大的挑战。

(4)设计差异化。房地产企业的产品设计是市场营销战略中的关键环节。设计方案的选择和确定直接关系到产品的市场竞争力。产品的设计工作展示出企业整体的形象和品牌优势，同时是一项专业性很强的技术工作，房地产开发企业在考虑设计艺术性、美观性的同时，不能忽略房地产产品最基本的实用性。

四、产品组合策略

房地产产品组合是指一个房地产企业生产销售的全部产品结构。产品组合包括深度、广度和关联度三个层面的内容。产品组合策略能有效化解经营风险，房地产企业大都实施产品组合策略。常见的产品组合策略有以下四种。

(1)综合发展策略。资金实力非常雄厚，经营管理能力强的大型房地产集团采用综合发展最为合适，效果也最明显。因为大型房地产集团能够拓展产品的深度和广度，为不同购房者提供不同类型的房地产产品。这样的策略可以较好地分散经营风险，扩大市场占有率，提升企业品牌的知名度。

(2)广度扩展策略。中小规模的房地产开发企业适合采取扩大产品宽度的战略,如把目光瞄准住宅市场、商业用房、写字楼等市场,这样可以有效地利用资金、技术以及销售渠道,分散经营风险。同时应把握宽度战略的程度,避免企业的产品开发管理陷入混乱,缺乏重点。

(3)深度扩展策略。小型的房地产开发商适合通过扩展产品深度来参与市场竞争。例如企业集中资金、技术和管理经验投入到住宅市场,开发出既适合普通工薪阶层的经济适用房,又有适合都市白领居住的高档商品房,还有适合特别富裕群体的花园别墅等。深度扩展战略可以使产品实现系列化、标准化、通用化,加快新产品开发速度,尽快确立目标市场的局部竞争优势。

(4)产品细分化战略。房地产企业在市场细分活动的基础上,选择某一批购房者的特定需求未被满足的细分市场作为目标市场。

五、产品创新策略

房地产企业的创新活动有利于促进企业的成长,维护市场中的竞争优势。开发新产品可以减少因原有产品滞销造成的经济损失,可以提高资源使用的效率,降低开发成本,维护企业竞争优势,争取更多的市场份额,有利于企业提高自身适应环境的能力,帮助企业度过经济萧条或市场不景气的难关。房地产企业在开发新产品的过程中,应坚持适销原则、特色原则、客观原则和效益原则。

房地产新产品可以分为以下几类。

(1)全新产品,是指房地产企业采用新技术、新材料、新原理制造的在性能结构造型上都有独到之处的产品。从房地产开发实践来看,这样的新产品开发成本高,一般很少出现。

(2)替代新产品,其特点是将新功能和原有的产品相结合,使产品具有新的功效。替代产品保留了原产品的基本功能,但是增加了新的使用价值。由于开发成本低、效果好,再加上原有的开发经验,其新功能比较容易被广大消费者接受。

(3)改良新产品,这种新产品的实质与原有产品基本没什么不同,只不过将原有产品的外观、造型、式样进行了适度的改良。

(4)模仿新产品,由于房地产行业产品的保密性很低,户型等相关技术的模仿就很容易。模仿新产品也是不错的产品创新策略,模仿新产品的好处是可以降低开发成本,减少市场调查等工作环节,可以迅速参与到市场竞争中去。

第三节　房地产营销的价格策略

一、房地产价格策略及影响因素

房地产价格策略是指房地产开发企业根据房地产商品的生产成本和使用价值,应对市场的反应,而对房地产商品在价格的决定和变动方面所采取的各种措施,使得企业利润实现和利润控制在一个合理的范围内。

除了购房者的价格意识和对房地产商品的价值判断会影响企业实施的价格策略之外,房地产价格策略还会受到以下三个因素的影响。

（1）企业的整体营销战略与策略。房地产企业在从事市场营销活动的过程中，需要考虑各方面因素，制定整体营销战略。价格策略作为市场营销决策体系的重要组成部分，既要服从于市场营销战略目标的实现，又要配合与其紧密相连的其他策略（如产品策略、渠道策略和促销策略）。从营销渠道看，选用不同的营销渠道就会有不同的价格；此外，促销手段与方式也往往要和价格策略配合使用才能收到预期的效果。因此，价格策略要受到整体营销策略的影响。

（2）企业所处的市场竞争环境。房地产企业所处的市场结构及其在该环境中所处的地位也会影响企业的价格策略。价格策略需根据市场结构、企业在市场结构中的地位、竞争对手的价格策略来确定。不同类型的市场有不同的运行机制和特点，对企业行为具有不同的约束力，企业必须根据其所处市场的市场结构作出不同的价格决策。市场领导者首先考虑的是稳定价格，并保持市场领导者的地位；市场追随者则会由于自我实力的原因根据市场领导者的行动作出决策；市场挑战者则会为了在市场站稳脚跟或提高自己的竞争地位并成为市场领导者而发起价格挑战。竞争对手的价格水平及价格变动会直接影响房地产开发企业产品的销路以及竞争地位。

（3）企业追求的营销效果。营销效果可以分为短期营销效果和长期营销效果。一般来说，在各个时期有不同的侧重点，短期效果以增加收入为主；长期效果则主要是为了提升企业形象。如果是以追求短期效果则经常使用高价策略，而如果是追求长期效果则不能着眼于眼前的利益，甚至在必要的时候还得牺牲一些眼前利益。

二、房地产价格的定价目标

房地产价格的定价目标服从于企业的经营目标，是房地产商品定价运作中定价方法和价格制定策略的依据，企业的定价目标主要包括以下四种。

1. 以获取利润为目标

以获取利润为目标主要分为两类。

（1）获取最大利润目标。商品房的价格一般介于与成本基本持平的最低销售价和市场可能接受的最高销售价。最大利润目标会导致高价策略，但价格高到什么程度，才能既保证企业利润的最大化，又能使购买者承受得了，是企业需要周密考虑的着眼点。

（2）获取平均利润目标。房地产商获取平均利润，其价格定位可以有两种参照：一种是把价格定位于上述最低销售价和最高销售价之间；另一种是把价格定位于同行中大多数企业的一般利润水平。

2. 以市场份额为目标

刚刚进入房地产业的企业，其定价目标是大幅度增加销售量，为了提高市场占有率，而不惜放弃利润目标，甚至可能是轻微的亏损。从长期来看，能提高市场份额的低价策略既可以排除竞争，又能提高利润率。当需求对价格比较敏感时，企业要有规模效应，较低价格策略才能生效。

3. 以回笼资金为目标

房地产业与其他产业不同，它投资大、周期长，企业大都是高负债经营。因此，为了降低投资风险，减少贷款利息支出，许多房地产开发企业，尤其是中小型的开发企业，往往以回笼投资资金为目标,薄利多销。

4. **以维持企业生存为目标**

如果企业由于市场需求发生变化,导致建成的商品房积压滞销,就会造成企业在资金周转上的困难。在这种情况下,企业就不得不以维持生存作为首要目标。以生存为目标的产品价格的最低极限就是变动成本,只要定价能大于变动成本,就意味着除了能收回变动成本之外,还能收回部分的固定成本,这样企业就能够继续维持营业。当然以维持企业生存为目标只能是作为企业的短期目标,渡过难关后必须提高价格。

三、房地产价格的确定方法

房地产价格的确定方法有成本导向的定价法、需求导向的定价法和竞争导向的定价法。

1. **成本导向的定价法**

成本导向定价法是一种以成本为中心,按卖方意图进行定价的方法。在定价时,首先考虑收回企业在生产经营中投入的全部成本,然后再考虑获得一定的利润。以成本为导向的定价方法主要有以下三种。

(1)*成本加成定价法*,是在单位产品成本上附加一定的加成金额作为企业预期利润的定价方法,确定一个合理的加成率是问题的关键。没有考虑市场需求和竞争因素的影响,是一种卖方市场条件下的定价方式。

(2)*目标收益定价法*,是在总成本的基础上,按照目标收益率的高低计算产品价格的定价方法。目标收益率定价法和成本加成定价法的区别在于前者着眼于产品的总成本,而后者则着眼于产品的单位成本。只有在预测的总成本和预计的销售量都比较准确的情况下,才能制定出合理的目标收益价格。对于需求比较稳定的产品、供不应求的产品、需求价格弹性比较小的产品和一些公用事业、劳务工程项目等,目标收益定价法是一种有效的定价方法。

(3)*盈亏平衡定价法*,在销售量既定的条件下,企业产品的价格必须达到一定的水平才能做到盈亏平衡、收支相抵,这个既定的销售量就是企业的盈亏平衡点。准确地预测销售量和固定成本、变动成本是盈亏平衡定价的前提。盈亏平衡定价法的缺点在于要先预测产品销售量,由销量来决定价格,但现实情况却是价格的高低对销售量有很大影响。这种定价方法只在企业产品销售遇到困难,或市场竞争激烈时,才将保本经营作为定价目标。

2. **需求导向的定价法**

以需求为导向的定价方法主要有以下两种。

(1)*需求差异定价法*,是指在给产品定价时可根据不同需求强度、不同购买力水平、不同购买地点和不同购买时间等因素,采取不同的价格。它区分各种差异情况,然后再在基础价格上决定加价或减价。主要有以顾客为基础的差别定价、以产品为基础的差别定价和以时间为基础的差别定价。

对房地产商品而言,最主要是以产品为基础的差别定价。根据房屋的层次、朝向、位置等因素的不同,房地产商品的价格具有很大的区别,具体来说有以下六种情况的房价差异:楼层差价、朝向差价、边间差价、面积差价、视野差价、材料和设计结构的差异。例如:高层、小高层由低往高趋贵,因为越往高层景观越好,但最后一层由于隔热不好或由于房顶有通信设施而使价格比倒数第二层来得便宜;房屋朝南是最佳的朝向,其他朝向中,东次于南,西再次,朝北的最差,房价也相应依此变化。

(2)价值认知定价法,是以消费者对本企业产品的认知价值而不是以该产品的成本作为定价基础。消费者对房地产商品价值的判断不同,就会形成不同的价格限度。因此,企业首先要通过市场研究确定其产品由于质量、服务、广告宣传等因素在顾客心目中所形成的认知价值,据以确定产品的售价。企业如果过高估计消费者对产品的认知价值,就可能定出过高的价格,影响销售;若是低估了消费者对产品的认知价值,就会使其定价低于应有的水平,减少企业的收入。

3. 竞争导向的定价法

以竞争为导向的定价法主要有以下两种。

(1)随行入市定价法,是指企业根据同行业相互竞争的同类商品的价格作为定价依据对本企业的产品进行定价。当产品成本的测定较为困难,竞争对手的价格策略不易把握,以及企业希望得到公平的报酬,而又不愿意打乱现行的市场格局时,企业往往采用这种定价方法。企业可以根据市场的结构而决定是采用追随市场领导者定价还是采用市场一般价格水平定价。房地产开发企业在采取随行就市定价时,要着重把握其中的降价策略。当竞争对手采取降价策略时,企业要慎重考虑是部分追随降价还是全部追随降价,或者是保持原有价格水平。

(2)主动竞争定价法,指根据本企业房地产产品与竞争对手产品的差异以及自身的实力水平来确定价格。企业要在对比分析自身房地产商品的区位、质量、设计与竞争对手区别的基础上,确定本企业产品的特色和优势并确定价格。主动竞争定价法一般被实力雄厚以及产品独具特色的企业所采用。

四、房地产价格的制定策略

房地产价格的制定策略有新产品定价策略、心理定价策略、声望定价策略、分级定价策略和招徕定价策略。

1. 新产品定价策略

房地产新产品定价策略主要有以下三种。

(1)撇脂定价策略,是一种高价策略,是指房地产开发商为了在短期内收回投资并获取较大利润,对新开发的楼盘在刚刚导入市场时制定较高的价格。在这种策略下,房地产商品的主要销售对象是那些高收入的购房者或猎奇者。当企业设计某种新房型或使用新材料的产品进入市场的时候,竞争对手尚未进入,消费者对新产品尚无理性的认识,这时候产品的需求弹性小,利用消费者求新、求异的心理,以较高的价格刺激消费,开拓早期市场。但是当新产品声誉还未建立起来的时候,高价不利于打开市场、增加销量,容易导致新产品开发的失败,甚至有可能招致公众的反对和消费者的抵制,不利于企业的公共形象。

(2)渗透定价策略,是一种低价格策略,即将新楼盘以比较低的价格投放市场,以吸引消费者、增加销售量从而占有较大的市场份额。这种策略的优点是:企业可以利用低价迅速打开销路,占有较大的市场份额,薄利多销。如果企业生产具有规模效应的话,还可以降低成本。较低的价格有助于排斥竞争者的进入,使企业在较长时间内都能处于稳定的领先地位。

缺点是延长企业的投资回收期，给企业带来较大的财务风险。另外，一开始就把价格定得比较低，一旦发现定价有误，企业就会处于被动的地位，很难调高产品的价格。

(3)满意定价策略，介于撇脂定价策略和渗透定价策略之间，能兼顾企业和消费者的利益，使双方都比较满意。满意价格策略的优点是价格比较稳定，产品能较快地为市场所接受，成功的可能性比较大，而且不大会引起竞争对手的对抗，可适当延长产品的生命周期。缺点是利润率和产品市场占有率都不大。

对于房地产企业来说，应该根据市场需求、竞争程度、价格弹性和企业的发展战略等因素，因地制宜地选定最合适的策略来制定企业新产品的价格。

2. 心理定价策略

心理定价策略是为适应和满足消费者的购买心理而采用的价格制定策略。企业在制定价格时运用心理学原理，依据不同类型的消费者在购买商品时不同的心理要求来制定价格，以诱导消费者购买更多的产品，扩大企业销售量。具体有以下两种策略。

(1)整数定价策略。房地产商品在定价时往往把其价格定成整数，而不带尾数，使消费者产生一种“一分钱一分货”的心理感觉。这样会使价格上升到一个比较高的档次，以满足消费者的某种心理需求。例如，某高档住宅小区定价为30000元/平方米，而不是29900元/平方米。能使消费者觉得购买该商品房与其社会地位、收入相一致，从而作出最终的购买决定。

(2)尾数定价策略。该策略利用消费者在购买商品时求廉的心理，定成有尾数的价格。例如，某项目楼盘将房价定为5990元/平方米，而不是6000元/平方米，虽然只相差10元，消费者会产生一种得到便宜的感觉。

3. 声望定价策略

针对消费者“价高质必优”的心理，利用本企业的声誉及消费者对品牌的忠诚度对产品进行定价。在长期的市场经营中，有些企业的产品在消费者心目中有了一定的威望，形成了品牌效应。消费者认为其产品质量高、服务优，愿意支付较高的价格。

4. 分级定价策略

把同类商品分为几个等级，不同等级的商品具有不同的价格。这种定价策略能使消费者产生货真价实、按质论价的感觉，容易被消费者接受。例如，企业将开发的楼盘分成小区绿地广场周围的中心区域、副中心区域等，再对不同区域的商品房制定不同的价格。但应注意划分的等级要适当，级差不能太大或太小。

5. 招徕定价策略

经营多种产品的企业，对某些产品定价定得很低以吸引顾客，目的是招徕顾客购买低价商品时，也购买其他产品，从而带动其他商品的销售。“低开高走”的方案就属于招徕定价策略。例如，某房地产开发企业为了凝聚购买人气，不惜以低于市场价格500元每平方米的价格开盘招徕人气，然后逐渐提高价格。

五、房地产价格的修订策略

房地产企业为了提高竞争力和实现经营战略的需要，经常会给价格规定一个浮动范围和幅度，再根据不同的销售环境，灵活地修订价格，使价格与市场营销组合中的其他因素更加紧密地配合，以促进和扩大销售。主要目的是吸引顾客，扩大销售而给予购房者折扣和折让，主要有以下四种修订策略。

(1)现金折扣策略。现金折扣是房地产企业经常使用的一种价格折扣与折让策略。它是指房地产企业为了加速资金周转，减少坏账损失或收账费用，减少财务风险，而给予用现金付款或在规定期限内付款的购房者在价格方面的优惠。现金折扣一般按照约定的期限来确定不同的折扣比例。例如，若购房者在10天内付款则可享受2%折扣，20天内付款可享受1%的折扣。

(2)数量折扣策略。房地产开发企业为鼓励顾客大量购买和集中购买而给予顾客的一种价格优惠。折扣数额可以按购买产品数量计算，也可以按照购买金额计算。采取这种策略，主要是鼓励顾客和本企业建立长期稳定的关系。

(3)功能折扣策略。房地产开发企业根据中间商所处的不同地位和所起的不同作用，而给予中间商的折扣。功能折扣的比例根据中间商在销售渠道中的地位、对企业产品销售的重要性、承担的风险以及产品在分销中所经历的层次和在市场上的最终售价确定。功能折扣的目的是对中间商经营的有关产品的成本和费用进行补偿，并让中间商有一定的盈利。

(4)推广折扣策略。房地产开发企业向为其项目楼盘进行广告宣传、展销、促销等活动的房地产代理商或经销商所提供的价格折扣，作为其推广活动的报酬，以鼓励代理商和经销商积极为房地产开发企业进行宣传。

六、市场竞争中的价格调整策略

产品价格确定以后，由于外部情况突然发生变化，因而需要对确定的价格进行调整。例如：市场供求环境发生了变化、企业的生产成本发生了变化、竞争对手的策略发生了改变、国家政策或行政法规发生变更等。

1. 价格调整应考虑的因素

(1)潜在购房者对价格调整的反应。潜在购房者对价格调整的反应是检验调价是否成功的重要标准。主要是研究潜在购房者如何理解这次调价的以及消费者心理的变化，从而采取有效的措施。对于调高价格，潜在购房者可能会认为：该房地产商品质量优越；房地产开发企业想多获利；产品供不应求，销售情况与市场反应都很好等。对于降价，潜在购房者则会认为：房地产产品的质量可能有问题，想降价以尽快出手；房地产开发企业资金周转可能有困难，想回收资金；房型或朝向不好的剩余房地产商品作促销；价格可能还会再降，不妨等一等。

(2)竞争者对本方价格调整的反应。房地产开发企业在调整价格时，不仅要考虑购房者的反应，还要认真对待竞争者的反应，竞争者有可能会采取意想不到的行动。调价前，企业必须了解竞争者的财务状况、近年来的开发建设和销售情况、消费者的忠实度、竞争者的企业目标以及竞争对手的优势和劣势等情况。如果房地产开发企业掌握的历史资料比较丰富，则可以运用统计分析方法，分析竞争者应付价格变动的策略。

2. 价格调高的策略

当企业不管是因为内部因素还是外部因素的原因而需要调高价格时，需要运用一定的技巧和方法，主要有：企业通过公共关系、广告宣传等手段，在购房者认知的范围内，告知产品各组成部分价格上涨的真实情况，争取获得理解，减缓或消除消费者对价格上涨的抵触情绪；为了减少消费者涨价而感受到的压力，企业可以在产品质量上多下工夫。

3. 价格调低的策略

为了适应市场环境或内部情况的变化，有时需要下调价格。调低价格的方法与技巧有：在价格不变的情况下，改善产品的质量、增加产品的功能；增加折扣，或者在原有折扣的基础上，扩大各种折扣或折让比例。

第四节　房地产营销的渠道策略

一、房地产营销的渠道与特点

房地产营销的渠道是指房地产商品由房地产开发企业流向最终用户的方式，主要由经销商和代理商组成，有直接渠道和间接渠道两种方式。直接渠道是指是指房地产开发企业通过自己的营销人员直接销售其房地产产品的行为，简称为直销或自销。间接营销渠道，是指房地产开发企业通过中间商将产品销售给消费者的一种营销方式。其中，房地产中间商是指处在房地产生产者和消费者之间，参与房地产商品流通业务，促进买卖行为发生和实现的机构或个人。房地产中间商的类型有两种，即按其是否拥有房地产商品所有权可分为房地产经销商和房地产代理商，由于房地产产权转移涉及巨额资金，间接营销渠道一般以代理商为主。

房地产营销直接渠道的适用范围：大型房地产开发企业往往拥有自己专门的市场营销队伍和世界或地区性的销售网络，他们提供的自我服务有时比委托代理更为有效。因为本企业的人员更可能全力地为企业促销产品，从而可以对促销进行很好的控制。当市场为卖方市场时，由于市场供不应求，只要有楼盘推出就会有很丰厚的利润，房地产开发企业往往不需要专业的销售队伍，更不必委托他人销售。自身素质优良、市场反应非常好的项目，有时不需要房地产代理机构也能很快地租售出去。当企业所开发的房地产项目已有比较明确甚至固定的买家时，也无需再委托房地产代理机构。例如，房地产项目在开发前就已经预售给某些业主了，甚至是业主已支付部分或全部建设费用。

房地产营销直接渠道的优点：房地产开发企业直接面向市场，了解购房者的需求、购买特点以及变化趋势，可以及时作出相应的经营决策，更好地满足消费者的需求；可以缩短房地产商品的流通环节，减少流通费用，降低营销成本；为消费者提供特殊的服务，比如消费者对物业形态、结构、色彩以及室内装修等的不同要求，进而有利于企业扩大市场影响力、提高企业声誉以及树立企业品牌形象。

房地产营销直接渠道的缺点：房地产直接营销会占用企业一定的人力、物力和财力，分散企业经营决策层的精力，搞不好会使企业顾此失彼，开发建设和营销两方面都受影响；独立承担全部风险，因而风险较高；营销网络、营销能力以及对市场信息的了解程度毕竟不如专业的中间商，有时会影响营销速度，延长项目周期，不利于企业的资金周转。

房地产营销间接渠道的优点：可以集中人力、财力和物力，专心于房地产项目的开发，同时，中间商的介入加快了房地产商品的流通速度和企业资金的周转速度，可以提高房地产开发企业的经营效益；房地产经销商的介入，提高了资金回收的速度；房地产代理商的介入，加快了房地产产品的营销速度，也间接起到了分散房地产开发企业经营风险的作用。中间商通常都会为消费者提供交易流程的相关服务，大大简化交易手续，节约了购房者的时间和精力。

房地产营销间接渠道的缺点：由于中间商会收取商品的中介费用，因此增加了商品的成本，转嫁到购房者身上就会提高产品价格；房地产产品在使用过程中离不开各项服务，尤其是物业管理服务，中间商在这方面的服务往往不如房地产开发企业那样及时和周到；产品信息是由中间商“转达”的，因此信息质量会有所下降；开发商无法及时了解购房者需求以及竞争对手的最新信息，不容易把握市场变化趋势。

房地产中间商的主要经营目标就是推销房地产，把房地产产品的所有权或使用权尽快传送到消费者手中，实现房地产商品的价值和使用价值。中间商在承揽房地产营销任务后，通常会实施各种促销手段，从而保证房地产开发企业尽快完成资金回收。中间商对于价值评估、合同签订、产权登记、变更登记、工商税务以及金融保险等各个专业领域都有较为丰富的专业知识和经验积累，可以为房地产生产者和消费者提供相关的咨询服务。中间商可以利用自身的资质、商业信誉和特殊渠道，从中做大量的协调、融通工作，帮助房地产开发企业向银行争取建设贷款，或帮助广大购房者争取住房抵押贷款。房地产开发经营必须建立在市场调查和预测的基础之上，由于中间商处于市场的第一线，对于市场需求状况、消费者心理以及市场供求的变化和发展趋势掌握最为直接和准确，因此通过中间商来进行市场调查和预测，可靠程度高。

二、房地产营销的渠道选择

影响房地产营销渠道选择因素主要有三个。

(1)市场因素。市场因素主要表现在潜在顾客数量、顾客购买习惯和销售的阶段性三方面。潜在购买者越多，则市场范围越大，越需要中间商来提供服务；若潜在顾客极少，则房地产开发企业可以利用自身的营销力量直接销售。顾客的消费偏好、意愿价格以及对销售人员的要求，都会影响营销渠道的选择。房地产产品从预售阶段到工程竣工阶段需要一定的时间，通常预售阶段是房地产开发企业充分利用代理商的阶段，而竣工后则可以直接营销。

(2)公司因素。房地产开发企业的规模大，资金雄厚，则较能任意选择营销渠道，可不依赖中间商的服务，自己建立销售网；但实力较差的企业则必须依赖中间商的服务。房地产开发企业在营销方面的管理能力与经验影响营销渠道的选择。房地产开发企业提供的服务愈多愈完善，能够吸引越多的中间商争取销售权。

(3)产品因素。房地产商品本身的特性也会对营销渠道选择产生影响，主要体现在房地产产品价值上。例如推出的高档公寓和别墅，目标市场比较明确，可以直接派自己的营销人员推销，而不必采用间接营销渠道；而对于一些中低价位的楼盘，由于目标客户分散，采用直销方式显得成本过高。

三、房地产营销的渠道管理

房地产营销的渠道管理主要包括渠道控制、渠道合作和渠道决定管理三方面内容。

1. 房地产营销渠道控制

房地产营销渠道的控制是指营销过程中房地产开发企业以各种标准制约营销渠道中各

成员行为的活动过程，营销渠道控制应当贯穿于整个营销渠道管理过程。营销渠道控制的最终目的很明确，就是以本企业和产品为核心，实现企业经济效益最大化。

(1)制定渠道控制标准。渠道控制标准是指评估中间商各种工作绩效的具体标准，如销售目标任务、市场份额指标、广告宣传效果、信息反馈水平等。指标的制定应切实可行，以中间商经过努力即可达到为宜，指标定得过低或过高均不利。

(2)检查与修正控制标准。渠道控制标准应保持相对稳定，但市场发生较大变化时，则应适时修正。对于已经确定的标准，应充分做好沟通工作，使中间商心悦诚服地接受。此外，企业应按期及时以既定标准评估中间商的工作绩效。对达标者给予规定的激励，而对绩效较差者，应帮助其分析失误原因，不应轻易中止合作合同，更换中间商。

(3)强化对中间商的监督。这样做主要是为了防止中间商在营销过程中有违反法律法规和商业道德的行为。例如协助政府有关行政部门加强对房地产经纪人的管理，促使经纪人奉公守法，合法经销。

(4)对营销渠道进行评估。房地产开发企业应定期对营销渠道作整体性的评估。当营销渠道的运作较大地偏离控制目标并难以纠正时，应当考虑及时修正和调整营销渠道结构。

2. 房地产营销渠道合作

房地产营销渠道合作包括了解中间商的需求和对中间商的激励。

(1)了解中间商的需求。中间商会根据市场需要决定自己需要选择什么样的房地产开发企业。合作管理的第一步是开发商去了解中间商的要求，然后在保持独立性的基础上尽量满足中间商的要求，使产品适销对路，并调动中间商的积极性。房地产开发企业一般要考虑中间商需要的是什么样的适销产品。房地产开发企业在注重产品质量的同时应注意产品功能和式样的创新，以符合市场需求的潮流。房地产开发企业要为中间商提供必要的人力、财力、物力的支持，才能更好地实现既定销售目标，例如提供营销人员的培训、专业技术的支持等。

(2)对中间商的激励。为了使整个营销系统能够有效运作，合作双方的良好关系能够维持长久，渠道管理中的一个关键点就是如何增强维系双方关系的利益纽带。因此，对中间商的激励机制就显得相当重要。特别要注意的是，房地产开发企业建设营销渠道不是一蹴而就的，也不是一劳永逸的。对中间商的激励机制，不管是手段还是效果，都应当注意其持续性。

3. 房地产营销渠道冲突管理

中间商与房地产开发企业的利益目标是有所差异的，所以不管营销渠道选择得多好，控制和管理得多好，在两者之间总是会存在或大或小的冲突。营销渠道冲突是指渠道成员的某一方或几方利用某些优势和机会对其他成员所采取的敌意行为，这种敌意行为会阻挠或伤害其他成员的利益，但可以使本方得益。

房地产营销渠道冲突管理是指房地产开发企业通过建立一些特定的机制来发现并解决营销渠道的现有冲突和潜在冲突的行为。其目的在于消除渠道成员间的敌意行为，保证营销活动的顺利进行，树立企业在消费者心目中的整体形象。冲突管理的解决方法主要有以下几种。

(1)设立共同目标。共同目标是指通过渠道成员共同努力，以达到单个成员所不能实现的目标，其内容包括市场份额、顾客满意度等。这种情况经常发生在该渠道系统面临外部威胁时，如新竞争者的出现或购房者要求的改变，这时房地产开发企业可通过设立共同目标，联合排除威胁。

(2)加强沟通。房地产开发企业应通过加强渠道成员的沟通来消除冲突或潜在冲突，具体的方式包括渠道之间的人员互换、定期召开协调会等。

(3)劝说。房地产开发企业利用自己的权力或主导地位来化解问题，这是一种垂直方向的沟通方式。劝说实际上就是提醒渠道成员履行自己的职责，因此也是最常用的化解冲突的方法。

(4)谈判。谈判是当冲突升级到一定程度，一般的沟通已无法起到作用时采用的方法，目的在于双方互相陈述利害关系，说服对方作出让步。

(5)调解或仲裁。调解或仲裁是当冲突很尖锐并长期存在、无法通过渠道内部沟通时，借助外在的力量来解决问题的方法。调解与仲裁的区别在于前者借助的第三方是双方都认可的或者都有亲密关系的企业或人员，而后者则常常是行业协会或其他专业仲裁机构。

第五节　房地产营销的促销策略

促销策略是指企业为了开展与消费者之间的全方位沟通，尽快销售自己的产品，实现整体营销目标而制定的具体的促销手段和促销活动。促销策略主要由广告策略、公共关系策略、销售推广策略和人员推广策略构成，具有吸引顾客、刺激消费、稳定销售、树立品牌等作用。

一、房地产促销策略的实施步骤

房地产促销策略的实施步骤如下。

(1)确定促销对象。房地产促销策略的实施对象就是房地产开发企业及其产品相关的信息的传播对象。传播对象可以是本企业的已有客户，也可以是目前尚未购买本企业产品，但有可能购买产品的潜在客户，还包括那些会对产品购买决策过程产生影响的其他个人、团体或特定公众。

(2)选择促销目标。在确定促销对象以后，房地产开发企业应该确定促销目标。由于房地产产品金额巨大、涉及层面广泛，购房者购买产品的决策是一个相当复杂的过程，包含了多个阶段，因此促销目标应当根据消费者在购买产品的不同阶段来选择不同的具体促销目标。

购房者从接收信息到最终购买过程大致可以分为：知晓—认识—喜爱—偏爱—确信—购买六个阶段。房地产开发企业首先要让大众知晓企业的产品，运用报纸杂志或电视等大众传播媒体进行宣传，制造声势，扩大产品影响范围。其次，制作一些精美的宣传手册、海报和传单等，激发消费者的好奇心和购买欲，吸引消费者主动向销售人员询问该产品，或者到售楼现场进行参观。然后，在提供品质优良的产品的基础上进行促销，促使顾客喜欢。接着，给潜在购房者展示产品独特的优势。当产品获得顾客喜爱后，让消费者确信自己的选择，产生购买的冲动。最后，请顾客到售楼现场，在布置充满亲切感的接待中心、精美的样板房里，配上经验丰富、熟悉消费者心理的销售代表进行合适的销售推广，采用一定的销售折扣或赠送礼品辅助，把消费者的购买冲动转化为最终的购买行为。

(3)设计促销信息。房地产开发企业针对促销对象和具体促销目标，设计和制作出能传递一定信息的宣传产品，让促销对象产生企业所期望的那种反应。制作促销信息宣传产品的要点在于以合理的成本引起消费者的注意、提起消费者的兴趣进而唤起消费者的购买欲望。

(4)安排促销预算。促销费用的多少是房地产开发企业所面临的困难决策之一，其目标当然是较小的或者合理的投入获得最好的促销效果。可以借鉴以下四种方法：量入为出法，按企业实际承受能力安排促销费用；销售额比例法，按照企业以往或预计的销售额来安排促销费用；竞争对手法，按企业竞争对手的促销费用来安排自己的促销费用；促销目标法，按企业所需要达到的促销目标安排促销费用。每个方法各有利弊，企业应凭借经验、咨询专业机构做出合适的促销预算。

(5)决定促销组合。根据不同的促销对象、促销目标和促销信息，结合企业促销预算，就可以决定广告、公共关系、销售推广和人员推销四种促销策略的组合。一般来说，房地产开发企业要实现整体营销目标必须利用每一种促销策略，但是侧重点可以有所不同，同一种促销策略中的具体促销手段也要有所选择。

(6)协调促销过程。主要是指根据促销效果对偏离促销目标的各种促销活动纠正协调的过程。协调过程贯穿于整个营销策划的实施中。

二、房地产广告促销策略

房地产广告是房地产促销策略中最为有效的一种手段，是联系房地产开发企业和潜在购房者的一条重要纽带。房地产广告策略是指由房地产企业出资，制作并通过不同媒介传播与房地产产品和服务相关联的信息产品，以达到营销目的的一种促销手段。开展房地产广告促销策略的作用在于：传递房地产信息，沟通供求双方；刺激市场需求，增加销售；介绍房地产行情，指导消费者购买；树立房地产企业信誉，建立品牌等。

房地产广告促销策略的要点主要有以下几个。

(1)房地产广告的基调把握。必须来自于明晰的客户定位，还必须来自于对产品特征的理解，有时候还需要考虑竞争产品的应对问题。房地产广告基调得以正确贯彻的关键是选择统一的匹配表达方式，需要一定的时间延续性。在突出所处地域特征的同时，企划人员的创意风格也非常关键。

(2)房地产广告语的撰写。通常广告语由两部分组成，分别是房地产企业、产品的有关介绍说明和广告宣传语。每个房地产项目都有自己的相对优势，突出宣传这些优势说服潜在购房者购买是房地产广告语创作构思的主要目的。房地产广告语的诉求大致有以下几点：产品性价比、区位卓越、交通方便、学区优秀、环境优美、配套设施齐全、公司信誉和优秀的物业管理等。

(3)撰写房地产广告语的原则。好的广告语可以“刺激”潜在购房者，达到引起注意(Attention)、引起兴趣(Interest)、创造欲望(Desire)、诱导行动(Action)的心理效果，即AIDA模式。这样才能把潜在购房者从当前等待的状态转变为实施购买的状态。要撰写成功的广告语，一般需要满足五个I原则：新颖的创意(Idea)、直接的撞击(Immediate Impact)、连续的兴趣(Interest)、消息资料(Information)、冲动的意念(Impulsion)。

(4)撰写房地产广告语的实践要求。一个优秀的房地产广告撰文员必须有观察感受与分析瞻望房地产市场变化发展的能力，从繁复的事件里理出焦点与创意，把物业优点彻底展现出来。撰写的主要步骤为：首先需要查看与观察现场，其次搜集有关资料、过滤资料，然后必须深入了解物业的优缺点，找出可能的销售卖点，最后需要把握潜在购房者的心理趋向与所处背景。

(5)房地产广告媒体的选择。广告媒体是房地产企业所采用的各种商业信息的载体。常用的房地产广告媒体大致有九类：报纸与杂志、广播、电视、户外广告、夹报、海报、说明书广告、接待中心、样品房等。实践中需要根据各种媒体的特征来选择合适的宣传方式。

(6)影响广告媒体选择的因素。广告的种类和形式繁多，又各有其优越性和局限性。要想得到预期的广告宣传效果，就必须进行正确的选择。广告媒体选择目的在于以最低的广告费用取得最大的经济效益。正确地选择广告媒体，一般需要考虑以下七个要素：媒体的性质、广告商品的特性、消费者的习惯、广告目标的要求、市场竞争状况、国家法律规定和广告费用支出等。对于同一广告主题，电视、报纸和杂志三种媒体各接触一次的效果要比仅从其中一种媒体中获得三次的效果更大；两种以上的广告媒体传播同一产品的广告信息，传播到同一个人时，广告效果上是相互补充的。因此企业在实施广告时，可以使用多个广告媒体。

三、房地产人员推销策略[①]

下面介绍房地产人员推销策略的实施过程、激励机制和推销技巧。

1. 房地产人员推销策略的实施过程

房地产人员推销策略的实施过程如下。

(1)过滤潜在购房者。潜在顾客的出现可有数种来源：一是顾客看到或听到企业在不同媒体上的广告，主要包括报纸、广播、电视或海报等；二是来自推销人员及企业其他相关人员的主动发掘，如请已购屋者介绍其亲朋好友来洽谈，附近街坊人士的穿针引线以及某些组织内的挖掘或直接拜访消费者等方式。推销员对于人数众多的顾客群应审慎过滤，按其能力、意愿、需求分成若干等级，从最有可能的顾客入手。

(2)事前计划。一名合格的推销员在约见顾客前必须进行详细计划。根据前阶段对顾客身份、地位和收入状况等背景资料的详细研究，事先推测此次推销顾客可能的反应及其他问题，想好应该采用的沟通态度和方式，以及对不同情况的应对之策，并决定接触的方式，选择电话联络、登门造访、信函通知或其他方式。

(3)接近。接近是推销员会见顾客、进入洽谈阶段的必经步骤。洽谈能否成功，必须先看接近是否顺利。接近的关键是形成良好的第一印象，因此销售人员的仪表风范及开场白须慎重而得体，积极而亲切，千万不能疏忽。

(4)推进介绍。该阶段的关键是找到合适的切入点。要将产品的特色与购房者的实际利益相结合，才能满足顾客的需要与期望。

(5)处理顾客异议。一般而言，顾客产生异议的原因可能是：提出自己的看法，澄清疑点；希望对产品及企业有更多的深入了解；尚不想或无力购买，仅是推托之词等。在推销过

---

① 袁野等：《房地产营销学》，上海：复旦大学出版社，2005年版。

程中,顾客常有不同的看法而对推销员作出否定或拒绝的表示,这种异议会立即使推销员陷于不利的处境。推销员必须随时巧妙地化解顾客的抗拒,否则将无法达到推销的目的。

(6)成交。这一阶段是推销的最后阶段,也是最关键的阶段。成交的过程也是一个谈判的过程,因此提高推销人员的谈判能力在该阶段显得至关重要。谈判的内容通常是价格和条件,推销员应注意技巧,不能操之过急,误断或疏忽顾客心理。推销员还必须密切注意顾客的成交信号,包括身体动作、言辞、意见等,同时保持坦率诚恳的态度以及从容和悦的表情,使顾客能产生共鸣,觉得签订单确是恰如其时。

2. 房地产人员推销的激励机制

企业的报酬制度不仅能直接激励推销人员,而且能吸引其他企业的卓越推销人员。制定报酬制度应注意以下七个原则:底薪与奖金的分配;简明扼要,易于执行;弹性大,能配合商业变动;管理方便,符合经济原则;公平合理,有激励作用;在同业间有竞争力;适时修正,掌握潮流。

报酬的付给方式一般有三种:固定薪金制、佣金制和混合制。①固定薪金制有底薪保障,起码能维持最低所得,推销人员生活最有保障,人员流动率最低,与顾客的关系较能保持常态。但最大缺点是不具奖励性。②佣金制无底薪保障,其收入完全由业绩而定,业绩高者薪资高,业绩低者甚至没有薪资。奖励大,刺激性强,"危机意识"强。但无底薪,公司在管理上较为不易,较难掌握人员流动。有些推销员为了达到成绩,甚至不择手段,严重影响公司的信誉。③混合制将固定薪金制与佣金制混合运用,能够取两者之优点而消除其缺点。

3. 房地产人员推销技巧

房地产人员推销技巧主要有以下几种。

(1)电话接听。开头时热情、有礼,用心听顾客的询问,语调要亲切。中间要耐心解释,主动介绍。多数顾客不是房地产行家,他们该从何处问起,问些什么并不是很清楚。作为一个有经验的推销人员应引导顾客询问问题、循序渐进。在电话结尾时应尽可能约好看房时间,如果顾客还没看房的意思,推销人员应该请顾客留下电话号码,以便经常给顾客提供房产信息,找到合适的机会再约顾客看房。

(2)了解顾客置业的目的。顾客置业的目的有使用、保值或增值。推销人员在向顾客推销房子时,只有明确顾客的置业目的,才能做到有的放矢。

(3)赞美顾客。人是有感情的,喜欢听赞美的话是人的本性。赞美得自然、得体会消除彼此的陌生感,但矫揉造作或言过其实,则会让顾客感到别扭、反感。赞美最好在与顾客闲聊中不知不觉让对方感受到。

(4)语言合适。针对不同类型的顾客分别用不同的合适语言。

(5)态度始终如一。对顾客应做到买与不买一个样,买前买后一个样。推销人员做到这一点并不难,而且这是最起码的一种态度。

(6)不要随意贬低他人楼盘。随意贬低他人楼盘在房地产推销中很难取信于顾客。相反,推销人员掌握较多的房源资料,用比较手法来强调自己的楼盘特点,顾客可能更容易接受。

四、房地产公共关系策略

房地产企业的公共关系是指企业与公众之间的各种联系。公众既包括房地产开发企业的股东、员工等内部公众，也包括消费者、新闻媒介、金融机构、政府管理部门、竞争者、供应商以及中间商等外部公众。

房地产公共关系策略是指房地产开发企业为了提高企业形象，增强企业的竞争和发展能力，优化企业经营管理的内部环境，加强与企业的内部公众和外部公众进行双向沟通而采取的所有策略手段。公共关系策略的最终目标是为了增加企业的销售，实现企业的经营目标和营销目标，因而也是房地产营销促销策略的一种。但是公共关系策略与其他三种促销策略的最大不同在于，实施该策略的直接目的不是为了促进房地产产品的销售，而是通过树立和改善企业在公众心中的形象间接实现销售目标。

1. 房地产公共关系策略的工具

房地产公共关系策略的工具主要有以下几种。

(1)新闻。公关人员的主要任务是发现或创造对本企业有利的新闻。新闻的编写要求善于构想故事的概念，并广泛开展调研活动，其做法类似记者。争取与宣传媒体多接触是每个房地产企业都应当主动去做的，以更好地树立企业形象。

(2)演讲。演讲是创造产品及企业知名度的另一项工具。企业负责人应经常通过宣传工具介绍企业状况，传播企业精神，圆满地回应来自公众的各种问题，这样可以拉近企业同公众的距离，有利于相互沟通。例如，企业总经理抓住房地产论坛、交流会、促销会开幕式等机会，发表公众演说，可以大大提高企业知名度。

(3)事件。房地产开发企业可以安排一些特殊的事件来吸引媒体的关心与注意，其目的在于让广大的公众知道自己企业的存在。有的时候企业在经营过程中会有一些不利的突发事件，善于公关的企业常常会积极应对，巧妙地消除不利因素，反而利用它来扩大企业的知名度。利用事件营销属于比较高级的营销手段，需要公关人员具有敏锐的感觉和高超的技巧，才可以妙手点睛，而不至于弄巧成拙。

(4)公益服务活动。企业可通过投入一定金钱和时间在有益的公共事业方面，以提高其公众信誉。例如赞助希望小学、资助贫困在校大学生、突发事件捐款等，目的是博得公众对企业的好感。

(5)主题活动。企业还可以开展一些主题活动，增进与同行、媒体以及消费者之间的交流，从而扩大企业的影响力，例如发起召开“长三角地产与金融国际论坛”、在“世界华人不动产学会”上组织专题讨论等。

(6)宣传性材料。企业可以借助宣传性材料来联系和影响目标市场，主要包括书面材料和视听材料两种。常用的书面材料有年度报告、公司业务通讯和公共刊物等，目的在于让目标顾客知道并了解企业；常用的视听材料有短片、幻灯、录影带和录音带等，其成本往往高于书面材料，但影响也比书面材料的大。

(7)企业身份媒体。企业身份媒体指企业的标志、招牌、企业模型、业务名片、建筑物、制服和车辆等。一般来说，仅仅依靠企业的文字资料公众很难获得对企业清晰的印象，而通过这些有吸引力、有企业文化特色的身份媒体可以带给公众与众不同的深刻印象。

2. 房地产公共关系策略的实施过程

房地产公共关系策略的实施过程如下。

(1)进行公众认识调查。房地产开发企业开展公共关系调查的目的在于了解企业在公众心中留下的印象。企业形象主要通过知名度和美誉度两个指标来衡量。知名度衡量的是公众对该企业或其产品的知晓程度,可以用被调查人数中知晓该企业或其产品的人数与被调查人数之比来计算。美誉度衡量的是公众对该企业或其产品的信任程度或好感程度,它包含公众的个人感情,可以用被调查人数中对该企业或其产品抱有好感的人数与被调查人数之比来计算。在进行公众认知调查的同时,也可以在一定程度上考虑企业内部人员所反映的意见。

(2)*明确公共关系策略的目标*。要与前面所调查的结果联系起来,根据调查获得的知名度和美誉度的衡量值与企业预期值的差距以及两个衡量值的比值来制定企业的目标。公共关系策略的目标应该与整体营销目标相协调,并可以具体化、可操作化。同时,具体目标的安排应分清轻重缓急,按重点依次排列。公关活动目标绝不能模糊不清,否则就是浪费金钱。

(3)*确定公共关系策略的对象*。公共关系策略的对象是所有与企业相关联的组织和个人的总和,包括组织公众和个人公众,要比房地产产品营销涉及面更广。

(4)*制订公共关系活动的计划*。根据已经确定的公共关系策略的目标和对象,制订开展公共关系活动的计划。同时还要考虑预算开支、所需人力以及各种可控和不可控因素等,做好充分的准备。

(5)*开展具体的公共关系活动*。按前一阶段制订的计划开展公关活动。在进行时,需要充分利用企业及相关人员的社会关系网。特别要注意的是,当进行的公关活动具有较大的社会影响时,必须密切注意控制事态的发展变化,一旦出现不利变化时,就必须作出及时的反应,诚信又不失灵活地处理突发事件,保证公关目标的实现。

(6)*评估公共关系策略的效果*。公共关系策略通常与其他促销策略一起使用。因此,其使用效果的衡量有一定难度,可以采用参与观察法、目标比较法、舆论调查法以及销售额和利润贡献法来定性地衡量其效果。参与观察法指房地产企业的主要负责人亲自参加公共关系活动,观察实际情况并估计效果,然后与公关人员所提供的工作报告进行比较。目标比较法将公共关系策略的目标具体化,用可以度量的方法明确下来,在活动结束后,再将测算结果和原定目标相比较,并进一步进行评估。舆论调查法是指在公共关系策略实施的前后分别对公众进行一次舆论调查,然后根据有关舆论情况及其变化评估公共关系策略的效果。利润贡献法在估计公共关系活动对增加总销售额的贡献比例的基础上,结合开展公关活动所用的成本,计算公共关系策略的收益率。

五、房地产销售推广策略

房地产销售推广策略是指房地产开发企业运用短期诱因来鼓励潜在购房者购买本企业产品的策略。这种短期诱因通常是一些折扣或奖励形式的经济利益诱导,也包括其他可以激起消费者购买欲望的非经济因素。

1. 房地产销售推广策略的类型与促销手段

房地产销售推广策略的类型主要有两类。

(1)*购房者策略*,面向消费者的销售推广策略要从消费者的需求出发,刺激消费者的购买欲望,以达到使消费者满意为准。根据销售的不同阶段、物业的不同特点、购房者的不同特点,可以灵活地采用各种形式。房地产开发企业在开盘时,为了烘托现场气氛,营造一种热销场面，通常会给到现场来看房咨询的消费者赠送礼品，以吸引消费者光顾。对在促销期间购房者按一定的比例抽奖，中奖率依据奖品的价值和促销预算决定，奖品可以是旅游机会、家用电器等。在促销期间，给购房者优惠一定的金额或价格折扣。根据物业的特点，在购房者买楼时赠送阁楼、空中花园；针对一些高档客户，赠送车位；对购房者免收一定的物业管理费或由房地产开发企业代为承担有关交易费用。房地产开发企业可以与金融机构、装潢公司和建材供应商等联合进行促销：与金融机构联合，可在住房抵押贷款上推出一系列的促销措施，如除住房抵押贷款外，给予办理住房装修贷款和汽车贷款；与装潢公司和建材供应商联合，可在住房装修与建材采购等方面解决购房者的后顾之忧。房地产企业可以根据实际情况，针对不同人群考虑以上不同的实施方案。

（2）中间商策略，面向中间商的销售推广策略是紧紧围绕中间商展开的。房地产开发企业运用这一策略是为了让自己的产品尽快进入中间商的营销网络，顺利地把产品分销出去。中间商策略也有很多形式可以采用。例如房地产行业协会一般都组织年度集会和展览会，房地产开发企业借机可以吸引实力雄厚的中间商帮助自己推销楼盘；为了感谢中间商而给予的推广津贴，实际上也是给中间商推销自己产品的一种报酬；在中间商开展促销活动时，房地产开发企业提供一定的协作和帮助，是一种共同参与的行为，通过提供现金、物品或劳务的方式，实际上降低了中间商的营运成本，提高了中间商的利润；给予提前或超额完成代销目标的中间商一定的现金奖励，也可以开展销售竞赛，给予完成销售情况最好的中间商和相关员工以物质奖励。

2. 房地产销售推广策略的主要内容

房地产销售推广策略的主要内容如下。

（1）销售推广目标。不同类型的销售推广策略目标有所不同。对于消费者策略，主要的目标在于从企业的竞争者手中夺取客户，征得客户的好感，刺激客户的购买；而对于中间商策略，主要的目标在于鼓励优秀中间商来经销或代理自己的产品，同时提高已有中间商的忠诚度和信任度，扩大营销范围，增加营销网点，增强营销力度。

（2）销售推广手段。房地产开发企业应当根据不同的营销情况确定需要提供诱因的程度，并选择合适的促销手段。而不同的促销手段其刺激效果也有所不同。一般而言，面向中间商的销售推广手段实现效果的持续时间比较长，而对消费者的刺激只是阶段性的、一次性的。

（3）销售推广费用预算和规模。首先，房地产开发企业在实施销售推广策略前需要做费用预算，既可以参照以前做过的费用制订预算，也可以从总促销费用中提取一定比例。其次，根据费用预算确定推广规模。考虑在实施每一种销售推广手段时，是向所有的还是经过挑选的消费者或中间商提供，以及提供的具体费用。

（4）销售推广时间。房地产开发企业进行销售推广活动的持续时间应适当。持续时间太短，消费者或中间商还来不及调整自己的决策，促销作用就无法发挥；持续时间太长，对消费者或中间商的诱导作用逐步减弱，使得促销作用失效。理想的促销时机和促销周期要根据房地产产品的种类以及具体产品的特征来确定。

第六节　新城清水湾二期房地产营销策划案例[①]

一、项目介绍

新城清水湾楼盘位于常州市新北区，东临武夷山路，南临老藻江河，西临长江北路，北临新四路。从整体的发展趋势来讲，规划、拆迁、开发不断加强，小区周边居住区的增多、人口密度加大，将使地块周边的居住环境和各项生活、商业配套设施不断完善，从而带动该区的商业发展；再加上市政规划的诸多利好，带动本区的整体房价，使其稳步上升。但目前来说，尚存在交通不便、周围社区配套设施不健全等劣势。

二、市场环境分析

在常州构建现代化大城市的蓝图下，新区和老城区之间的真空地带逐渐消失，达到两个区域的融合，未来中心城区的范围必将目前新区和传统地区包含在内，本区域将是未来常州的“第二个市中心”。新北区的房地产商正在为打造常州住宅开发新纪元而努力，未来的新北区将成为常州市高品质生活区的典范。

三、消费者行为调查分析

根据市场调研了解消费者的购房心理和对住宅的需求情况。

(1)环境规划一定要好，各种生活配套要齐全，各种活动场地、场所要足够。在规划时，一定要有超前的思想，使小区更具现代化气息。

(2)高绿化率，现在消费者对住宅环境的要求已经越来越高。

(3)小区及其周围配套设施的基本要求为学校、幼儿园、菜市场、超市、医院等便民设施。

(4)消费者对物业管理的要求越来越高，直接影响满意度。

四、项目的SWOT分析

1. 项目优势

(1)环境：规划中近3000亩的森林公园近在咫尺，地理位置得天独厚。

(2)地段：位于常州市新北区新桥镇，周边生活配套设施齐全，交通便捷。

(3)交通：附近有四条公交线路，连接火车站、红梅公园公交中心站等。京沪高速铁路常州北站、BRT4号线的开通使得交通将四通八达。

(4)物管：江苏新城物业管理有限公司是江苏新城实业集团有限公司(2008年华东最具实力的房地产公司之一)下属专业从事物业管理的独立法人企业，为江苏省常州市首家国家物业管理一级资质企业。智能化管理，保证了业主的现代化要求，符合本案的定位主题。

(5)小区设计建设：小区的设计以花园洋房为主题，更有大面积景观绿化，幽雅自然，打造生活新境界。

---

① 案例来源：包洪洁，浙大土木工程管理研究所房地产课程作业，2011年。

(6)小区设施齐全:有游泳池、高档会所、银行、超市、停车场、幼儿园、亲子乐园、运动场所等。

(7)偏离工业区:远离工业污染区,噪音低,空气好。

2. 项目劣势

(1)该小区外部的大环境不是很好,房屋杂乱,市政建设差。没有大型购物、休闲场所,缺乏相应的教育设施、医疗设施、娱乐设施。虽有商业街,但商业氛围短时间很难形成。

(2)附近的一条大沟尚在治理,让水变得非常清澈一时难以实现。

(3)户型单一,只有小洋房,没有小高层、高层等多种形式提供给顾客选择。

(4)价格相对周边楼盘较高。

3. 存在的机会

市场中的客户多数为首次置业,以刚性需求为主,对产品、规划、周边配套有一定的要求。从价位上看,本区域的房地产市场价格一直处于稳定上升中,相对上半年小幅上涨。

从清水湾自身来看,依托于新城地产的品牌优势及地理优势,在市场上消费者有一定的认可度。物业公司是新城的,可以为业主提供优质的服务,用这一软实力来吸引顾客。

4. 存在的威胁

竞争楼盘很多。周围正在开发或将要开发的楼盘共有 10 个。其中,一级竞争个案有 4 个;二级竞争个案有 4 个;三级竞争个案有 2 个。

五、强势竞争对手个案分析

1. 销售价格

其平均价格要比周边楼盘低 500~700 元/平方米,楼层差价在 30~50 元/平方米,朝向差价在 250 元/平方米左右,是周边楼盘中最高的。还会有一定的房型差价和楼栋差价,而周边楼盘则基本没有。

2. 销售采取策略

(1)购房者买房即打 97 折,再送维修基金 35 元/平方米,老客户介绍的还送半年物业费;团购的视面积大小而定,优惠幅度有 20 元/平方米、30 元/平方米、40 元/平方米。

(2)购房者购买指定房源的房子,可享受为期一年的 1 元月供。打折幅度大概在 18000~25000 元。

3. 广告媒介选择

该项目的媒体发布渠道主要是户外广告、横幅和 DM,其中又以 DM 和户外为主,而且户外广告针对性较强,市区的户外基本不做,主要针对项目周边的客源进行户外广告的投放。

4. 竞争对手项目的优势与劣势

竞争对手项目的优势有:①规划较大,总建有 100 万平方米;②容积率是 1.6;③楼间距最大达到 100 多米,最小也达到 40 米左右;④大面积采光玻璃、弧形阳台、观景窗的设置,纳更多的阳光入室;⑤小区自身配有商业街、菜市场、超市、幼儿园等;⑥有三个不同的主题院落式景观,分别是墨尔本印象、蓝山公园和悉尼帆影,具有异域风情。

竞争对手项目的劣势有：①开发商实力一般；②交通不便利，现只有一专线车可直达；③户型较普通，创新不够；④虽有商业街，但商业氛围短时间很难形成。

5. **主要客源**

项目周边乡镇的居民为主，其中有一部分是拆迁户，分到两套后卖掉一套再买一套商品房。另外就是有意向定居城市的外籍人口。

六、确定项目定位及目标客户

1. **核心价值分析**

(1)"清水湾"二期核心定位是"时尚花园小洋房"，营造舒适生活概念。打品位牌，人文概念具体化。"清水湾"花园洋房是优雅自然，格调生活的完美境界。

(2)风雨人生，不变的是对高品质生活的追求。"清水湾"花园洋房承载起人们对高品质生活的憧憬和追求。

(3)"清水湾"二期花园洋房以其亲近土地、亲近自然以及质朴的优雅风度，增添人与自然和谐相融的生活空间。

2. **项目定价策略**

价格应定位为"中等偏上"。高开低走，保证品牌支撑，预留楼盘销售力。视销售进度让价应是本案的基本策略。确定"高开"的基础价格时，除考虑南区几大楼盘的售价，亦应考虑楼盘定位价。根据周边竞争对手的价格情况，以及自身的优劣势，采取不低于竞争对手的价格策略。

3. **目标客户定位**

根据市场调查结果：家庭收入在5万～10万元的占32.3%，10万～15万元的占13.4%，15万～20万元的占11.6%，即家庭收入在5万～20万元之间的占总体样本的57.3%。小洋房的价位在100万元左右。非常吻合这57.3%被调查者的购房需要。

目标客户是那些城市购房人群中，追求一步到位的终极置业者，或者是为提升原有住房品质而进行再投资的二次置业者。

七、广告营销策略

1. **广告总体战略**

(1)不要过于强调"人文"概念，回避其他楼盘都在渲染的那种所谓的"人文关怀"，而要树立项目富有个性的格调生活概念；

(2)与竞争对手相区别，不直接、简单地卖环境，而是挖掘环境能给予买家的利益点，使公众形成对"天然绿色"生活的认同；

(3)要通过广告本身蕴涵的文化气息来塑造项目的文化品位，使项目具有既沉静又不呆板，既现代又不张扬的气质，同时又体现发展商稳健而又内敛的大家风范；

(4)要体现周到细致，处处为业主着想的专业理念。

2. **广告宣传的最大卖点界定**

(1)赠送超值露台，个性化生活空间，超高得房率，零缺陷户型典范。

(2)绝佳采光,非常阳光。

(3)零距离接触花园景观,环境优美。

(4)70～90 平方米小洋房,新城首创,享受新城物业优质服务。

(5)交通便捷,京沪高铁、轻轨 1 号线和高铁常州站落户。

(6)升值空间大。

3. 分期广告的整合策略

(1)引导试销期:广告原则——给信息。通过活动与立体广告媒介和网络告知广大市民,特别是目标消费者,以“格调生活”为设计目的的“清水湾”正在建设,即将推出。转移公众对其他楼盘的注意力,形成对“清水湾”的期待心理。并可进行内部销售,引导目标客户对楼盘的态度与看法。

(2)公开发售期:广告原则——给感觉。以活动与广告塑造项目的文化品位,完成形象沉淀。通过公关及促销活动,使公众对项目形成新的认知,为楼盘销售积蓄形象资源。加深和巩固公众的注意集中度,制造“火热”事件,开发潜在消费者。

(3)公开发售中期:广告原则——给实体。通过对“清水湾”二期项目的卖点细节的挖掘和渲染,进一步突显发展商“为业主创造价值”的服务观念和专业、超前的操作程序,给予公众“让幸福变得简单”的绝版印象,形成物超所值的感觉。

4. 广告主题

一个好的广告语若能切合实际地描述楼盘状况的话,市场会迅速打开。广告主题设定为:自然、优雅、幸福。理由如下。

(1)自然:既代表了现代人的追求潮流,又在各众多楼盘中诉求的人造绿色、景观中脱颖而出,“清水湾”二期的河流、草地、树木是天然的,还符合楼盘在工业城市中无污染区的优越位置。使用“自然”能使买主有超越时髦、舒适和谐、广阔自如的空间的感觉。

(2)优雅:优雅是高品质的象征,拥有优雅艺术才是真正的品位。优雅又体现了人成功后一种高级、高尚的愉悦享受,正是优雅给了业主优越感、满足感。

(3)幸福:不是人人都能在充满竞争的社会中享受幸福,正是因为成功,才能拥有幸福,这能给予业主一种成熟、自豪的感觉。“幸福”亦道出了物业周到、安全放心的服务。

5. 广告口号与广告创意原则

广告口号是:让幸福变得简单。理由如下。

(1)“让幸福变得简单”既是对“清水湾”从设计理念到硬件设施等综合素质的定位确认,又是对业主的内心需求的直接表达。

(2)“让幸福变得简单”具有超前的韵味,超越了竞争对手众说一词的空洞无物的“人文”概念炒作,与“清水湾”的形象定位十分契合。

(3)广告口号与广告主题一脉相承,有利于相互照应。

(4)“让幸福变得简单”进一步核心化了项目诉求,有利于诉求的目标性。

创意原则必须充分体现广告传播主题,即自然、优雅、幸福。电视、报纸、广播、户外、车体的视听设计要大胆前卫,不落俗套,以突出表现艺术性。楼书、直邮手册等设计要充分体现楼盘的本质属性(幽雅的自然环境、高品质的物业管理)。

6. 广告媒介策略

(1)销售准备期。该时期主要进行所有制作类的设计和制作、工地围墙和户外看板等销售的准备工作。可以采用平面媒体广告,用于公交站台、主要干道的十字路口等。

(2)引导试销期。以报纸广告为主,预告楼盘进行内部认购的日期及进行前期形象宣传;邀请报社、电视台、电台的新闻记者发布软性新闻,重点围绕"清水湾"的定位——"自然、优雅、幸福"为重点进行宣传,配合硬性广告形象宣传;针对既有的目标客户和潜在客户寄发DM广告。

(3)公开强销期。以报纸广告和电视广告为主要媒体,配合电台、DM广告、促销活动和现场广告,形成强烈的宣传攻势,增加与目标客户的接触频次;在销售的同时,利用软性广告,用新闻炒作形式即时宣传销售情况,以形成一种新闻热点;适当使用户外媒体,以保持宣传的持久性;定期检讨既定的媒介策略和组合,根据客户的反映以及竞争对手的做法,即时调整与更换媒介组合;在网络、售楼店堂、广告大屏幕播放视频。

(4)销售冲刺期。根据前期销售情况及客户反馈意见,对广告诉求及表现形式作调整,继续以报纸广告为主的广告攻势,并对已购买的客户进行跟踪服务,挖掘潜在客户;以媒体新闻炒作为销售辅助。

八、营销推广活动

1. 策划活动名称:新城,爱的<龙>卷风

(1)活动主题:幸福生活,从这里开始。

(2)活动目的:增加品牌曝光率和业主对商品的好感度。这是更加广泛地宣传清水湾二期洋房的一个广告平台,利用清水湾优美的环境和便利的条件让业主们在入住伊始便展开一段幸福生活。本活动紧密贴合了新城房产的宗旨,将更方便更幸福的生活带给广大业主,从家庭生活的第一步启程,完成新一代美好的婚姻梦想。

(3)客户对象:购房者中的年轻未婚夫妇。

(4)活动内容:①集体宣誓活动——在广场上,所有新人都将与他们的证婚人一起,进行爱的宣誓。②集体放飞活动——所有新人在宣誓结束之后,在特别的卡片上写下自己的愿望系在气球上,在同一时间一同让大家的心愿飞向天空!③集体观礼活动——所有新人的亲朋好友都可以到场给予祝福,会场将提供足够的位置和餐饮让众人欢聚一堂,见证这一幸福时刻!

(5)活动经费:由新城房产与专业婚庆公司联合承办,电视台给予媒体支持。做好经费预算。

2. 策划活动名称:新城,幸福旅行包

(1)活动主题:幸福生活,从这里延续。

(2)活动目的:增加品牌曝光率和业主对商品的好感度。积极的活动为塑造良好的品牌形象提供了途径,提高常州人民对于清水湾楼盘的了解度。完成业主们渴望旅行又久久不能实现的心愿,为新城房产的业主提供更为幸福的生活,在提高物质生活的同时,也提供精神满足。

(3)客户对象:从购买的业主中通过抽奖形式产生一定数量的旅行名额。

(4)活动内容:①前期——所有购买清水湾二期洋房的业主可以填写一份调查表格,即写出自己心目中的旅行圣地,第一批允许境外旅游,第二批和第三批仅限境内旅行。②中期——用抽奖的方式随机选出数名幸运的业主,提供一次免费旅行的机会。期限可以保留半年,由业主自行安排活动时间。③后期——活动总结。

(5)活动经费:由新城房产与旅行社谈判后确定相关事宜,电视台新闻炒作给予媒体支持。做好经费预算。

九、营销策划活动的总预算

根据以往开发楼盘的经验,广告总额应是总销售额的5%左右。其中,80%为计划广告投入,20%为机动费用。媒体费用为计划广告投入总额的60%,包括报纸50%,电视30%,户外10%,广播5%,车体5%;表现制作类为计划广告投入总额的6%;销售促销活动及公关计划广告投入总额为30%;礼品制作为计划广告投入总额的4%。

【思考题】

1. 房地产营销的特点有哪些?
2. 4P理论的内容是什么?
3. 品牌营销的运营步骤是什么?
4. 房地产产品生命周期各阶段的策略有哪些?
5. 房地产产品策略的影响因素有哪些?
6. 房地产价格制定的策略有哪些?
7. 房地产营销渠道选择的影响因素有哪些?
8. 房地产促销的实施步骤是什么?
9. 房地产销售推广策略的主要内容是什么?

第十章　物业管理

物业管理是房地产开发的延续，是使房地产保值和增值的重要手段。本章从物业管理的概念出发，阐述物业管理的内容、特点和实施步骤，分析物业管理的相关理论和法律关系，总结物业管理的国内外模式与发展趋势。

第一节　物业及物业管理概述

一、物业及物业管理的起源与定义

1. 物业的起源与定义

“物业”一词原出自中国香港及东南亚一带的国家和地区。房地产由于其位置固定、不可移动，通常又被称之为不动产，英文名称为 Real Estate 或 Real Property。在英语中，Real Estate 一词具体是指土地及附着在土地上的人工构筑物和房屋；Real Property 一词具体是指 Real Estate 及其附带的各种权益，其含义为财产、资产、地产、房地产、产业等，包括所有权在内的，以及与此相关的保有权、享用权、管理权、处分权等。一般认为有关物业的含义应该是指 Real Property。

对于“物业”而言，处于不同的阶段其概念也有所不同。处于生产环节称作建筑产品，仅仅具备一般生产产品的自然属性，即使用价值；当它进入流通环节时，则被称作房地产商品，此时既具备了商品的使用价值，同时也具备了商品的价值；进入消费环节后，则被称作物业，此时的最大特征，是具备了产权特征和权属关系特征。

我国的《物业管理条例》规定了物业的范围。《条例》第二条规定：“本条例所称物业管理，是指业主通过选聘物业管理企业，由业主和物业管理企业按照物业服务合同约定，对房屋及配套的设施设备和相关场地进行维修、养护、管理，维护相关区域内的环境卫生和秩序的活动。”因此，从物业管理的角度来说，“物业”是指各类房屋及与之相配套的设施、设备和相关场地。根据《中华人民共和国城市房地产管理法》第二条规定，“房屋”，是指“土地上的房屋等建筑物及构筑物”，即指能够遮风避雨并供人们居住、工作、娱乐、储藏物品、纪念和进行其他活动的空间场所，包括住宅房屋，如居民楼、公寓、别墅；也包括非住宅房屋，如工业厂房、仓库、商店、饭店、宾馆、教学楼、医院、体育场馆、公共建筑、办公楼等。各类房屋可以是一个建筑群，如住宅小区、工业区等；也可以是单位建筑，如一幢高层或者多层住宅楼、停车场等。同时，物业也是单元房地产的称谓，如一个住宅单元。同一宗物业，往往会分别属于一个或者多个产权所有者。《条例》中所称“房屋及配套的设施设备和相关场地”，是指与上述建筑物相配套或者为建筑物使用者服务的室内外各类设备、市政公用设施（包括水塔、锅炉房、配电室等）和与之相邻的场地、庭院、雨路、干道等。

2. 物业管理的起源与定义

物业管理于19世纪60年代起源于英国。当时英国正值工业革命时期，大批农村人口涌入城市，居住就成为一个严峻的问题。当时有一位奥克维娅希尔女士(Octavia Hill)为自己出租的物业制定了一套行之有效的管理办法，要求租户严格遵守，从而改善了居住环境。这被认为是现代物业管理的最早起源。我国内地的"物业管理"概念是从我国香港地区舶来的，在我国内地只有20多年的历史，所以不管是实践还是理论都还处于比较落后的阶段。自从有人类建筑以来，就存在物业管理了，只不过随着社会的进步和科技的发展，物业管理的方式和手段具有其历史特征。但是，不论何种历史时期，其本质只能是由业主的物权衍生的一种活动，其主体永远只能是业主。计划经济时期以及现在的国有经济体制范围内，业主是国家或集体，物业管理由国家或集体来实施。私有经济范围内，业主是个人或小集团，这种物业管理就只能由所有作为区分所有权人的业主来共同实施，形式上就表现为业主(管理)委员会，而物业公司只能是接受业主委员会委托具体实施管理的一种形式，而且这种形式对于物业管理来讲不能也不该是唯一的，尽管它是一种非常有效的方式。

目前对于物业管理的含义存在不同的理解，以下列举其中几种观点。既然物业是与房屋住宅的所有和使用相关的概念，那么，"物业管理"的第一层意思即指物业管理企业所进行的房屋住宅管理，它包括房屋的保养、维修、住宅小区的清洁绿化以及小区内的各类服务(包括搬家、维修、装饰、治安等)。住房制度改革的推行和大量现代住宅小区的建设造成了大量公有房屋产权的私有化，物业管理实际上是采用专业化的物业管理公司对属于不同产权的私人业主的共有财产和共有物品(住宅以及住宅小区的各类相关配套设施)进行维护和管理。其基本运作模式是将有关房产的租赁、出售、维修、维护以及居住小区内治安环保交给专业的市场化运作的物业管理企业，向住户提供有偿服务，其管理手段主要为法律和经济手段，管理范围覆盖与房产相关的方方面面。同传统的以行政手段为主的房屋管理模式相比，物业管理既可以避免作为政府委派机构的房管部门因为长期提供无偿服务而造成的严重费用不足，也可以摆脱过去那种自建自管的分散的房屋管理方式的弊端，特别是可以克服各自为政、多头管理、互相扯皮的现象。这好比给"多个产权单位和多个产权人找到了一个总管家"，使其在契约规定的范围内实施各项房产管理内容。[①]

物业管理，也可指专门的机构受物业所有人的委托，按照国家法律以及合同和契约行使管理权，运用现代管理科学和先进的技术对已投入使用的物业以经营的方式进行管理，同时对物业周围的环境、清洁卫生、安全保卫、公共绿化、道路养护等统一实施专业化管理，并向业主或租户提供全方位、多方面的综合性服务。物业管理企业与房地产开发企业是房地产业的两个重要组成部分，两者既有区别，又有联系。房地产开发企业的职责是生产建筑物和销售房地产商品，物业管理企业的职责则是围绕物业经过销售环节进入消费领域后，为物业的保值增值目的而制定的，其对象是物业，服务对象则是物业所有人，是以住户为中心的热情服务。现代化物业管理的范畴已经远远地超出了管理房屋、供水、供电、打扫卫生等传统的服务管理内容，它可归纳为六大服务：保洁服务、维修养护服务、安全救助服务、绿化美化服务、社区文化服务、其他需要服务，包括物质文明和精神文明两个方面。

---

① 贺学良、Albert Lo[美]、王子润：《中国物业管理》，上海：文汇出版社，1999年版。

我国《房地产业基本术语标准》中将物业管理定义为“物业产权人对物业负责区域内共同利益进行维护的行为”。根据这种理解，物业管理是由物业产权，特别是建筑物区分所有权所派生出的内容，解决产权人拥有何种权利以及如何行使自己权利的问题。在这个层面，物业管理具有以区分所有建筑物的“物”的管理和以业主共同事物为目标的“人与秩序”的管理双重法律属性。前者反映物业管理的私权性质，后者反映物业管理的公共属性。2007 年颁布的《物权法》虽未对物业管理作出定义，但对物业管理的范围作出了明确界定，也基本认可了物业管理的这种定义。

根据《物业管理条例》规定，物业管理“是指业主通过选聘物业服务企业，由业主和物业服务企业按照物业服务合同约定，对房屋及配套的设施设备和相关场地进行维修、养护、管理，维护物业管理区域内的环境卫生和相关秩序的活动”。具体而言，就是物业管理企业接受业主或者业主大会的委托，并与之签订物业服务合同，按照物业服务合同的约定，对房屋及配套的设施设备以及相关场地进行专业化维修、养护和管理，以及维护相关区域内的道路交通、消防安全、环境卫生和秩序的活动。这种物业管理活动具有委托和有偿服务两个最基本的特征，即委托方与受委托方双方应当签订物业服务合同；有偿服务就是应当按照有关规定缴纳费用。这是一种狭义的、从行业管理和专业服务活动角度对物业管理内涵的解释。它界定了具有社会化、市场化、专业化特点的物业管理的具体运作模式和内容。根据这一定义，物业管理是由物业服务企业向业主提供的专业服务活动。在这个层面上，虽然还存在“物业管理”与“物业服务”的概念之争，但在《物权法》实施后，《物业管理条例》将“物业管理企业”修改为“物业服务企业”，进一步厘清了物业管理作为法律属性和行业活动方面的不同含义。出于习惯和管理特点，由物业服务企业提供的这种专业服务活动仍然称为“物业管理”。①

二、物业管理与物业服务的内涵

根据《物业管理条例》的规定，物业管理的概念包含以下四层含义。

(1)“从事物业管理活动的企业应当具有独立的法人资格”(《条例》第三十二条第一款)。

(2)物业管理企业必须按照物业服务合同的约定，依法实施物业管理和服务。

(3)物业管理的对象是物业，物业服务的对象是人，因此，物业管理是一种有偿的劳动。

(4)物业管理是一种社会化、专业化和市场化的管理活动，实质上是一种综合的经营性管理服务，融管理、服务、经营于一体，在服务中完善经营与管理，在管理与经营中为人服务，三者相互联系、相互促进。其最终目的是实现社会效益、经济效益和环境效益的统一和同步增长。

我国的物业管理起步很晚，但在短短 20 多年的时间内，发展非常迅速。这种发展速度得益于政府部门特别是房管部门应对体制转轨而采取的积极的适应性策略。但是，在体制转轨过程中，中国传统社会结构的惯性使得作为新兴事物的物业管理的产生和发展从一开始就困难重重，原有的社区制度结构变迁的“路径依赖”特征十分明显。这种“路径依赖”特征首先表现在物业管理企业在不同类型住宅小区内发展的不平衡，名义上的“物业管理机构”在这些不同类型的社区内都或多或少保留原有制度结构中的特征。从房屋产权所有来

① 孙峻、刘于鑫等：《物业管理与资产管理—物业服务企业发展模式的选择》，载《企业经营管理》2009 年第 8 期。

看，在我国城市社会住宅小区内公私房所占比例不尽相同。既有纯私人房产的住宅小区，又有公私并存的混合小区，还有以“单位房”和“系统房”为主的公房小区。不同类型的住宅小区内的物业管理机构，无论从来源、构成或运作模式来说都存在很大差别，许多机构虽名为“物业管理”，但与真正现代意义的物业管理相去甚远。

根据《中华人民共和国物权法》的有关规定，新的《物业管理条例》将“物业管理企业”修改为“物业服务企业”，界定物业管理是指业主通过选聘物业服务企业，由业主和物业服务企业按照物业服务合同约定，对房屋及配套的设施设备和相关场地进行维修、养护、管理，维护物业管理区域内的环境卫生和相关秩序的活动。

物业管理是对物业进行计划、组织、控制等活动，对已建成并投入使用的物业而言，这项工作应是以业主（物权人、使用权人）为主体的活动，是以维护正常生活秩序和财产保值、增值为目的的管理，是业主对物业的管理，它体现业主的基本观念、思想和目标，因此这种物业管理准确地说应该是业主方对物业的管理。

按现行法规，业主委员会代表全体业主从事物业管理活动，而物业服务公司应在合同和授权范围内为业主提供服务，完成本应由业主共同完成的工作并获得利润，所从事的是物业服务活动，只能为业主的物业管理提出建议，而不能代替业主作物业管理决策，只能在授权范围内和合同范围内对自己负责的工作决策，因此物业服务与物业管理是有本质区别的。从业主角度的物业管理来看，如果业主将自己应进行的部分物业管理职能授权给物业公司，则其提供的是物业管理服务，是代替业主从事物业管理活动，确保物业的保值增值，维护业主（使用权人）的权益，这些工作与聘用提供基本物业服务和增值服务的物业服务公司不同，其工作重点是物业的管理工作，即计划、组织、协调和控制工作，进行的是业主方物业管理。一般情况下，物业服务公司在物业项目上所从事的活动，既包括为业主提供物业管理方面的服务，又包括为业主提供基本和增值服务，故可称其为物业管理与服务。[①]

三、物业管理的基本内容

物业管理的基本内容按照其服务性质和提供的方式一般分为三大类，即常规性的公共服务、针对性的专项服务和委托性的特约服务。[②]

1. 常规性的公共服务

常规性的公共服务是指物业管理中公共性的管理和服务工作，是物业管理企业面向所有业主、物业使用人提供的最基本的管理和服务，其目的是确保物业的完好与正常使用，维持人们正常的生活、工作秩序和良好的环境。下面，仅以住宅小区管理为例，介绍公共服务的主要内容。

（1）*房屋共用部位的维护与管理*。房屋的维修管理包括：房屋外观完好、整洁；小区内组团及栋号有明显标志及引路方向平面图；房屋完好率达98%以上；无违反城市规划的违章建筑；房屋零修及时率达98%以上，零修合格率达100%，并建立回访制度和回访记录；房屋资料档案齐全、管理完善，并建立住户档案等。

（2）*房屋共用设施设备及其运行的维护和管理*。设备管理包括：小区内所有公共设备图

① 谢爱国、踪程、董肇君：《房地产开发建设中的物业管理与服务》，载《现代物业·新业主》，2008年第8期。

② 步延胜：《城市物业管理组织体系研究》，哈尔滨工程大学博士学位论文，2006年。

纸、资料档案齐全，管理完善；设备良好，运行正常，无事故隐患，保养、检修制度完备；有每日运行记录，运行人员严格遵守操作规程及保养规范；电梯按照规定时间运行；居民生活用水、高压水泵、水池、水箱有严密的管理措施；二次供水卫生许可证、水质化验单、操作人员健康合格证齐全；消防体系设备完好无损，可以随时启用；锅炉供暖、煤气、燃气运行正常，北方地区冬季供暖室内温度不低于16摄氏度。市政公用设施管理包括：小区内所有公共配套设施完好，不得擅自改变用途；供水、供电、通信、照明设备齐全，工作正常；道路畅通，路面平坦，污水排放通畅等。

(3)环境卫生、绿化管理服务。环境卫生管理包括：小区内环境卫生设施完备，设有垃圾箱、果皮箱、垃圾中转站等保洁设备；实行标准化的清扫保洁，垃圾日产日消；不得违反规定饲养家禽、家畜及宠物；房屋的公共楼梯、扶栏、走道、地下室等部位保持清洁，不得堆放杂物；居民日常生活所需商业网点管理有序，无乱设摊点、广告牌，乱贴、乱画现象等。绿化管理包括：小区公共绿地、庭院绿地和道路两侧绿地合理分布，花坛、树木、建筑小品配置得当；新建小区、旧区改造小区的公共人均绿地面积应当符合国家规定的指标：绿地管理及养护措施落实，无破坏、践踏和随意占用现象等。

(4)小区内交通、消防和公共秩序等协助管理事项的服务。协助有关部门做好以下工作：保证小区内道路通畅，交通车辆管理运行有序，无乱停、乱放机动车、非机动车；小区基本实行封闭式管理；实行24小时保安制度；保安人员有明显标志，工作规范，作风严谨；危及住户安全处有明显标志和防范措施；小区内无重大火灾、刑事犯罪和交通事故等。搞好小区内的公共秩序，还要积极开展社区文化活动，如，小区制定居民精神文明建设公约，居民能自觉遵守小区的各项管理制度；居民邻里团结互助，文明居住，关心孤寡老人、残疾人；管理单位定期组织开展健康有益的社区文化活动等。

(5)物业管理装饰装修管理服务，包括房屋装饰装修的申请与批准，以及对房屋装饰装修和设计、安全等各项管理工作。

(6)房屋共用部位、共用设施设备专项维修资金的代管服务，即物业管理企业接受业主、业主委员会委托，对专项维修资金的管理工作。

(7)物业档案资料的管理工作。

(8)代收代缴收费服务。

2. 针对性的专项服务

针对性的专项服务是指物业管理企业面向广大业主、物业使用人，为满足其中部分住户、群体和单位的一定需要而提供的各项服务工作。其特点是，物业管理企业事先设立服务项目，并将服务内容、质量与收费标准公布于众，当业主、物业使用人需要这种服务时，可以自行选择。专项服务实质上是一种代理业务服务，专为业主、物业使用人提供生活、工作的方便。专项服务是物业管理企业开展多种经营的主要渠道之一。专项服务的主要内容有日常生活、商业服务、文教卫生、社会福利以及各类中介服务五大类。其中，各类中介服务是指物业管理企业接受业主委托，开展代办各类保险，代理市场营销、租赁，进行房地产评估及其他中介代理工作。当然，从事各类中介代理工作的机构和人员，必须依照国家法律法规的规定，依法取得相应的资质和资格。

3. 委托性的特约服务

委托性的特约服务是指物业管理企业为了满足业主、物业使用人的个别需求受其委托而提供的服务。通常是指在物业服务合同中未约定、物业管理企业在专项服务中也未设立，而业主、物业使用人又提出该方面需求的服务项目。特约服务实际上是专项服务的补充和完善。而当有较多的业主和物业使用人有某种需求时，物业管理企业可以将此项特约服务纳入专项服务。

综上所述，常规性的公共服务、针对性的专项服务和委托性的特约服务构成物业管理的基本内容。物业管理企业首先要做好常规性的公共服务，同时确定针对性的专项服务、委托性的特约服务中的具体服务项目与内容，采取灵活多样的经营机制和服务方式，坚持以人为本、业主至上的原则，努力做好物业管理的各项管理与服务工作，并不断地拓展其广度和深度。

四、物业管理的性质与特点

下面介绍物业管理的性质与特点。

1. 物业管理的性质

物业管理不同于工业和农业，它同第三产业的其他部门一样，不直接生产有形的物质产品。物业管理作为房地产业的消费环节，实际是房地产综合开发的延伸和完善，提供给业主和租户的是专业化的管理和服务，进而参加国民收入的再分配。物业管理可以使物业保值、增值，节约社会财富。因此，物业管理是集服务、管理、经营于一体并寓管理、经营于服务之中的产业。

2. 物业管理的特点

我国物业管理是伴随建立社会主义市场经济的要求诞生的，它是一种与现代化房地产综合开发方式相配套，与产权多元化格局相衔接的综合性管理。物业管理具有社会化、专业化、企业化、市场化四个基本特点。

(1)物业管理的社会化。物业的所有权、使用权与物业的经营管理权相分离是物业管理社会化的必要前提，现代化大生产的专业分工则是实现物业管理社会化的必要条件。物业管理的社会化是指物业管理将原来分散的社会服务分工汇集在一起统一进行管理，如房屋、水电、清洁、保安、绿化等。业主只需面对物业管理企业一家就能将所有关于房屋和居住(工作)境的日常事宜办妥，而不必分别面对不同部门。对于物业使用者而言，物业管理犹如为业主找到了一个“总管家”，对于政府部门来说，则犹如找到了一个“总代理”。业主只需根据物业管理部门批准的收费标准按时缴纳管理费和服务费，就可以获得周到的服务，既方便业主又便于统一管理，大大提高了城市管理的社会化程度。

(2)物业管理的专业化。物业管理是由专业的机构——物业管理公司对物业实施统一管理的。它将有关物业的各专业管理都纳入企业业务范畴之内，通过设置分专业管理部门从事相应的管理业务。随着社会的发展，社会分工日趋专业化，有些物业管理企业也开始将一些专业管理、服务业务以经济合同的方式转包给相应的专业经营或服务公司。这种转向有利于提高城市管理的专业化和社会化程度，促进城市管理的现代化。

(3)物业管理的企业化。物业管理公司作为一个独立的法人，按照国家颁布的企业法、公司法等法律法规的规定运作，不受任何干扰，政、事、企完全分离。因此，物业管理企业必须依照物业管理市场的运行规则参与市场竞争，依靠自己的经营能力和优质的服务在物业管理市场上争取自己的位置并拓展业务,用管理的业绩去赢得商业信誉。

(4)物业管理的市场化。物业管理公司必须遵循市场经济规律,实行有偿服务,按照谁享用、谁受益、谁负担的原则分担物业管理费用。作为经济实体的物业管理公司,是否实现利润是衡量其管理成效的重要标志之一,而实现利润要依靠企业自身的经营素质,积极地参与市场竞争,遵循市场经济的一般做法,实行管理招投标制,以优质的服务和合理的收费,在物业管理市场中争取位置、扩展业务。

物业管理的指导思想是:以服务为宗旨,以经营为手段,以效益为目的。以服务为宗旨,就是要在物业管理的全过程中突出"服务"两个字,管理也是一种服务;以经营为手段,就是在物业管理的全过程中实行有偿服务,并通过多种经营活动,解决物业管理中各项经费开支;以效益为目的,就是以经济效益、社会效益、环境效益、心理效益为最终目标。物业管理企业的经营方针是"以业养业"、"一业为主、多种经营"、"保本微利、服务社会",不以牟取高额利润为目的。以经济效益、社会效益、环境效益、心理效益为最终目标,是物业管理的性质所决定的。这既是物业管理价值的具体体现,同时也是有别于有形产品和一般性服务产品的本质属性。集四个效益于一体,充分显现了物业管理这一新兴产业的独特性和优势。围绕这一目标,建立物业管理服务产品的价值形式和表达方式,既是建立物业管理企业的战略服务观的基础,又是物业管理服务链战略的根基。

第二节　物业管理的基础理论

一、物权理论

根据传统民法物权理论,物权的客体必须是独立的、特定化的物,而且一个物之上只能存在一个所有权。因此,一幢房屋或一幢楼房只能成立一个所有权。一个所有权可以由一个主体享有,也可以由两个以上的主体享有。于是便形成了两种所有权形态:单独所有与共同所有。单独所有是指一幢房屋归一个所有权人所有的所有权形式。共同所有是指一幢房屋由两个或两个以上的人享有的所有权形式。

但是共有制度存在先天缺陷。首先,共有关系的形成需要共同购买、合建或其他形式共有,这对于多层楼宇来说,有时因人多而不可能。其次,由于每个人不享有独立的权利,共有人之间必然存在相互牵制,例如每个人对于其份额的处分要受其他共有人意思的左右,比如共有人的优先购买权就是对共有份额转让的限制。因此,在共有关系中,共有人的"进入"和"退出"都很困难。共有制度不能有效地解决多人拥有同一幢物业的问题,于是就有了建筑物区分所有制度。

建筑物区分所有突破了传统的一物一权主义的限制,认为一物上可以存在多个所有权。当然,区分所有并没有改变物权的独立性、特定性规则。这是因为区分所有是把一个物区分为若干独立的、特定的部分,在这些独立、特定的部分上成立独立的所有权。而由于区分各个单元的房屋,仍然构成一个整体,而且每一单元房屋及其使用都离不开整个房屋公用部位和公用设施的支撑,只是将这些公用部分归入区分所有人共有权的客体。因此,建筑物的区分单元(专有部分)具有相对性,区分所有权也具有相对性。区分所有是既承认房屋作为一种整体(一个物)存在的事实,又承认这个整体可以划分为相互独立的部分,各个部分成立相对独立的所有权。由此形成独特的对独立的单元享有单独所有权与对共有或共用部分享有共有权相结合的一种复合型所有权形式。现代物业管理产生于业主不仅独立享有专有空间,还存在共有或共用部分,产生于物业之间相结合成为一个相互关联的整体。建筑物区分所有是一种既有自用部分,又有共有部分或共用部分的物业归属。这种物业归属是一种复合型的所有权,它既区别于独有,又区别于共有。在每一个业主均拥有特定建筑空间的所有权意义上,业主享有独立的所有权,但同时,因建筑物和土地不可分割及其共有设施的存在使得每一个业主必须负担共有部分的维护。

在这个意义上,区分所有权人的义务要比一般独立所有权人的义务更加复杂。因为业主共同维护和管理就需要协商谈判,形成共同意志,并且贯彻落实各项措施。而所有这些不仅有一个组织问题,还有一个人力、物力和财力的投入问题。显然,这里即使我们承认单个业主对于这些共有部分享有共同所有权,民法上的共有规则也难以解决共有部分及整个物业的管理和利用问题。因此,现代物业管理体制是在单个业主所有权及共同所有权均难以解决的物业管理问题的情形下,产生的一种特殊的法律制度安排。在某种意义上可以说,现代物业管理制度是建筑物区分所有权的一个必要组成部分或必然结果,两者是相伴而生、密不可分的。在建筑物区分所有的情形下,没有将各业主组织起来共同解决物业管理的机制,各业主就不可能建立起共同物业利用秩序,就会诱发大量的"搭便车"行为——争相享用而将责任或负担转嫁给他人。因此,建筑物区分所有权人能够充分实现自己权利的前提是具备良好的物业管理制度。

当然,单独所有也并不是绝对地不产生现代物业管理。在商用楼宇的情况下,有时候业主可能只有一个,但是使用人(即承租人)可能有多个。在这种情形下,物业的维护和管理也要通过专业化、社会化的物业管理企业来完成。

二、委托代理理论

下面介绍委托代理的法律意义、委托代理的经济意义,以及经济学意义上的物业管理委托代理问题。

1. 委托代理的法律意义

一方(代理人)以他方(被代理人)的名义,在授权范围内与第三人进行法律行为,其法律后果直接归属他方的,就是代理。委托代理是指代理人依照被代理人的委托而进行的代理,有人称之为意定代理,也就是说这个代理是根据当事人的合意产生的。委托时被代理人授予代理人以代理权是一种单方法律行为,但是委托代理还是应当以一定的法律关系如委托合同作为基础。委托合同是一种双方法律行为,委托人与受托人双方要有一致的意思表示。

2. 委托代理的经济学意义

在经济学的"委托代理"理论中,委托人与代理人的概念比法律意义上的概念松散得多,这是信息不对称所引起的。当信息不对称影响到双方的利益分配时,就会出现经济学意义上的委托代理关系:对某项任务的完成拥有相对完善信息的一方为代理人,而占有信息较少的一方是委托人。在这种情况下,合约是不完备的,所以以合约直接控制的方式是行不通的,这时就出现一个"控制"与"激励"的侧重问题。经济学上的委托代理理论就是解决信息不完备的情况下的激励问题的,也称为激励理论。

3. 经济学意义上的物业管理委托代理问题

从以上委托代理的经济学含义中可以知道,经济学上的委托代理是信息不对称引起的,而这种不对称的问题将导致委托人制定的合约不完备,也就是说,企图完全用制定详细的合同条款来控制代理人是不可行的。在这种情况下,就必须使用激励原则。这种情况同样发生在物业管理的代理事务中。

(1)物业管理委托代理的特点。

首先,物业管理委托代理的实现是由若干个连续合约、连续委托完成的。如前面所述,物业管理委托代理的实现是经过若干个连续合约,如业主委托业主委员会,业主委员会委托物业管理公司,物业管理公司将管理任务委托给工作人员或者外包给专业服务公司,其中通过了委托合同、业主公约、业主委员会章程、分包合同、劳动合同等各种形式的合约和委托。这一特性会使得最初的委托人一直在长距离、多层次的委托过程中得不到完全的体现。甚至监督和激励的措施,也会因为这种特性而使实际的效力打折扣。

其次,物业管理委托代理的实现有一个较长的持续期。物业管理的委托不是一件事的委托,而是一定时期内整个物业管理事务的委托。而且,物业管理从接管到走上正常的运行轨道,是需要一段时间的,物业管理公司在初期的投入,也需要通过一定时期才能得到回报。因此,一般物业管理委托合同的签约期都比较长,这就使物业管理委托代理的实现有一个较长的持续期。这种特性,使得物业管理公司的管理有相对的稳定性、长远性,但也会带来一定的弊病,即负激励的措施难以及时施行。如果一个物业管理公司工作不积极,但也没有大的违反合同的错误,经过多次督促也依然如旧,则业主很难及时实施终止合同而另行聘用新的物业管理公司,因为这需要花很多的精力和财力。因此,如果聘请的物业管理公司不好,业主在多数情况下需要在合约期内忍受不佳服务。

再次,物业管理委托人的监督和激励的有效性,决定着代理人的工作动机和行为。由于上述两个特征,要求物业管理委托人实行有效的监督和激励手段,克服连续委托、长期续期带来的负面影响,使得最初委托人的意志、目的、利益得以有效的实现,这里,监督和激励手段是否有力、有效,将极大地决定着代理人的工作动机和行为。

最后,最终代理人的工作动机和行为,决定物业管理的实际成效。物业管理提供的产品是服务,不管这种服务是面对物还是面对人,这些服务绝大多数是由最终代理人——具体操作的人员完成的。因此,不管“委托链”上各环节人员的思想认识、工作态度、努力水平有多好,但最终都要体现在最终代理人的工作动机和行为上。如果最终代理人出了问题,前面所有的好处都落空。因此,很多物业管理公司非常重视对员工的全面、全员的培训,并从精神到物质,重视对员工的激励,不仅包括正激励,还包括负激励如开除等,以保证优质高效的物业管理。

(2)涉及物业管理效率和效益的几个问题。

第一,产权利益上“搭便车”的问题。在委托代理关系中,对代理人进行监督或激励的原动力来自委托人对产权利益的追求,包括业主自用时对使用效益的追求,在经营时对租金受益的追求,在出让时对增值价值的追求。在物业管理中,如果委托人是多元产权所构成的利益共同体,由于每个个体在其中所占的份额很少,“搭便车”的倾向就会出现。委托人监督的积极性就会下降。

第二,监督距离过长造成监督力度缩水的问题。从上述物业管理的特性来看,由于委托代理是一个连续性的委托及合约，因此，从初始委托人到最终代理人有一个很长的监督距离，致使初始委托人基于产权利益的监督积极性和力度每经过一个中间层就会有一次“缩水”。监督的距离越长，中间层越多，监督的积极性和力度的缩水量就越大[①]。

第三，激励手段上的乏力。由于信息不对称所造成的物业管理合同的不完备，使得物业管理委托人完全依靠合同实施对物业管理公司提供的物业管理服务的质量控制是难以做到的，因而必须使用激励手段。激励作为心理学术语，指的是持续激发人的动机的心理过程。人的行为是由动机支配的，而动机则是由需要引起的。因此如何针对物业管理公司的需要，采取相应的措施，以激励物业管理公司不断提高自己的物业管理服务水平，是物业管理委托人应当关注的。物业管理公司最大的需要是通过提供服务获得企业的最大利益，既包括物质利益，也包括精神利益，如荣誉称号等。物业管理委托人，就是要通过激励手段，刺激代理人的工作动机，从而获得自己最大的产权利益。激励手段有两种：正激励和负激励。正激励在心理学上又称为正强化，物业管理中合约期满后的续约、评定优秀管理小区等都属于正强化；而终止合约等潜在威胁，则属于负激励。

三、公共选择理论

物业管理是对属于不同产权的私人业主的共有财产和共有物品（住宅以及社区的各类相关配套设施）进行维护和管理。而筹措费用、管好环境、约束居民的不道德行为就要求有一定的权威性。然而，物业管理公司是企业，必须借助政府法令和规章制度，借助基层政府和社区组织才能实现。一种物品如果供给一个人而其他人能够不花额外成本加以利用，这种物品就是公共物品。一种公共物品一旦被生产出来，可以同时供一个以上的个人联合消费，要排除其他人的消费是不可能的或成本很高，无论其他人对这种物品是否支付了费用。这便是公共物品消费的非排他性。公共物品的第二个特性是非竞争性。即一个人对某种物品的消费不减少或不影响其他人对这种物品的消费。公共物品不限于物质产品（如花草、路灯、卫生、道路等），一些由社区物业管理公司提供的非物质产品和服务也是公共物品，如规章、邻里关系、治安状况，甚至聘用到良好的物业管理公司过程本身，以及建立选择、聘任、监督物业公司服务质量的体制、制度也被视为一种公共物品。社区居民可能都有享受良好物业环境的愿望，但往往不愿花费时间和精力等私人资源参与这一公共物品的生产[②]。

对于社区的居民个人来说，公共物品的供给是必要的。但是，供给公共物品需要成本，这些成本需要社区的受益居民共同分担；而公共物品一旦提供出来，又无法排除那些没有分担成本的居民对其进行消费。由于消费者无论对公共物品的供给是否支付了代价，他都可以从公共物品的消费中获益，这个事实就提供了一种刺激，使消费者对公共物品的贡献小于其从公共物品中的获益，甚至想只享受公共物品。消费者总是希望别人贡献的足够多，以便把公共物品生产出来，然后来免费享用。

公共选择学派认为，从国家来讲，政府最初就是为了提供法律、国防、治安等公共物品的目的而由社会成员共同协议建立起来的。由于公共物品不能像私人物品那样通过市场过程有效率地提供出来，因此就需要通过集体选择，来决定公共物品生产什么、如何生产以及为

① 齐坚：《物业管理教程》，上海：同济大学出版社，2004年版。

② 肖娟娟：《公共选择理论在社区物业管理中的应用》，载《商业时代》2011年第3期。

谁生产的问题，以及决定每个社会成员为公共物品的供给所必须承担的份额问题。

第三节　物业管理的基本环节与业务

物业管理是房地产综合开发的延续和完善，是一个复杂完整的系统工程。物业管理的运作既是管理思想的体现，又是管理理论的实践，是全部物业管理活动的总和。为保证物业管理有条不紊地顺利启动和正常进行，从规划设计开始到管理工作的全面运作有若干环节不容忽视。根据物业管理在房地产开发、建设和使用过程中不同时期的地位、作用、特点及工作内容按先后顺序可分为四个阶段：物业管理的早期介入，物业管理的前期准备工作，物业管理的全面正式启动和物业管理的日常运作。

一、物业管理的早期参与

这一阶段的物业管理工作包括以下三个基本环节。

(1)物业管理的早期介入，是指物业管理企业在按物业委托管理合同行使物业管理权之前，从物业管理的角度，对物业规划设计、建设和验收等工作的参与。即物业管理企业在接管物业之前，就参与物业的规划设计和建设的过程。从业主(使用人)及物业管理的角度，提出一些合理化建议，以减少或避免物业投入使用后暴露缺陷和漏洞情况的发生，以使开发出的物业最大限度地满足业主的需求和物业管理的需要，为以后的管理创造条件。

物业管理早期介入的工作内容有两个方面：一是参与设计、施工监理和竣工验收；二是为物业管理的全面实施做准备。早期介入并不是整个物业管理公司的介入，而只要物业管理公司的主要负责人和主要技术人员参加即可，或者邀请社会上物业管理专家参加，倾听他们的意见。

(2)制定物业管理方案。在早期介入的同时，就应着手制定物业管理方案。由于这时物业管理公司还没到位，物业管理方案的制定由房地产开发企业完成。房地产开发企业可聘请物业管理公司为其代做物业管理方案。

(3)选聘或组建物业管理公司。在开发项目全面竣工交付使用之前，房地产开发企业是业主。因此，首次选聘物业管理公司由房地产开发企业进行。如有条件，房地产开发企业可自行组建物业管理公司。具有良好信誉和丰富的物业管理经验是选择物业管理公司最重要的标准。选择时，要了解物业管理公司的背景、过去的业绩及目前的经验服务状况。主要从业人员的素质包括：专业人员配置与工作人员形象；社会信誉；收费是否合理；对该物业管理公司以往的管理业绩几个方面进行考察与了解。在确定物业管理公司之后，应签订书面委托管理合同。

上述三个环节的特点是均由房地产开发企业来主持进行。这三个环节是物业管理全面启动和运作的必要先决条件，房地产开发企业对此应给予足够的重视。物业管理公司确定之后，以下的各基本环节就由物业管理公司来主持进行。

二、物业管理的前期准备工作

物业管理的前期准备工作包括以下三个基本环节。

(1)物业管理公司内部部门的设置。物业管理公司机构一般有两种管理形式：一是实体性的物业管理公司，内部分为两个层次：即管理层和作业层。管理层由有经营头脑的人员组成，作业层由与服务内容相关的操作人员组成。二是纯粹由管理人员组成的精干的物业管理公司，而无作业层。这类公司不带工人队伍，而是通过合同形式与社会上各类专业服务公司合作，需要时，以合同方式招之即来。在物业正式接管前，只需组织成立管理层；临近物业正式接管时，则要考虑安排作业层人员到位。

(2)物业管理人员的选聘与培训。物业管理所涉及的各岗位工作人员应达到一定的水平并对其上岗资格进行确认，这也是物业管理专业化和现代化的要求。

(3)规章制度的制定。必要的规章制度是物业管理顺利运行的保证。规章制度的制定应依据国家和政府有关部门的法律、法令、文件和示范文本，结合本物业的实际情况，制定一些必要的、适用的制度和管理细则。

三、物业管理的全面正式启动

物业管理的全面正式启动以物业的接管验收为标志，以物业的接管验收开始到业主委员会的正式成立，包括以下四个基本环节。

1. 物业的接管验收

物业的承接验收，是物业管理公司从管理和运行的角度对工程施工、设备安装的质量进行全面监控，及早发现和解决问题，避免物业建成后给使用和管理服务带来缺憾的一项重要的保证措施。此外，接管验收使物业管理公司能够对物业的每一座机站房、每一个建筑单元、每一项公共配套设施逐一检查验收，建立工程设备档案，为业主日后装修、使用、维修提供了极大的方便。[①]

物业的接管验收包括新建物业的接管验收和原有物业的接管验收。新建物业的接管验收是在政府有关部门和开发建设单位对施工单位竣工验收的基础上进行的再验收(也可一并进行)。接管验收一旦完成，由开发商或建设单位向物业管理公司办理物业的交换手续，物业管理即应全面启动。

2. 用户入住

用户入住是指住宅小区的居民入住，或商贸楼宇中业主和租户的迁入。

3. 产权登记和档案资料的建立

(1)产权登记。房地产产权的权属登记是物业管理中十分重要的一个环节。根据国家规定，产权应按照城市房地产行政主管部门核发的所有权证规定的范围行使权利，并承担相应的义务。物业中的公关设施和房屋公共部位，是多个产权人共有的财产，其维修养护费用应由共有人按产权份额比例分担。这都要求准确界定每个产权人拥有产权的范围和比例，并进行产权登记。

(2)档案资料的建立。档案资料包括业主或租户的资料和物业的资料。物业档案资料是对前期建设开发成果的记录，是以后实施物业管理时工程维修、配套、改造必不可少的依据，是更换物业管理单位时必须移交的内容之一。

---

① 赵云星：《物业管理前期介入与物业承接》，载《中国物业管理》2005年第1期。

4. 首次业主大会的召开和业主委员会的正式成立

当物业销售和用户入住达到一定比例时，应适时召开首次业主大会，制定和通过有关公共契约，选举产生业主委员会。至此，物业管理工作就从全面启动转向日常运作。

四、物业管理的日常运作

物业管理的日常运作是物业管理最主要的工作内容，包括以下两个基本环节。

(1)日常维修养护与管理服务，是指用户入住后到搬出前，物业管理公司在实施物业管理中所做的全部工作。这是物业管理公司最经常、最持久、最基本的工作内容。例如，房屋管理、消防安全、空调设备、电梯正常运转、供电系统、供排水系统、庭院绿化、道路完好、车辆保管、环境卫生、治安保卫、配套设施的进一步完善、开展多种经营及提供各类服务等。

(2)系统的协调。物业管理的社会化、专业化、企业化特征决定了其具有特定的复杂的系统内、外部环境条件。系统内部环境条件主要是物业管理公司与业主、业主大会、业主委员会的相互关系的协调；系统外部环境条件是与相关部门相互关系的协调。例如，自来水公司、供电局、煤气公司、通信部门、环卫局等有关政府主管部门。

第四节　物业管理的法律关系

物业管理的法律关系是一种具体的法律关系，是当事人在物业管理活动中形成的具体的权利和义务关系。其"权利"，是指物业管理关系中，当事人享有实现某种行为的可能性；其"义务"，是指物业管理关系中，当事人所负有的职责。这种权利和义务关系是依法而形成的，是法律调整物业管理关系的结果。任何一方所履行的义务，也恰恰是另一方所享有的权利，反之亦然。

物业管理法律关系也是现实物业管理社会关系的法律形式，是受国家强制力保护的人与人之间社会关系的一种，体现物业管理关系当事人、参与者的行为目的的主观意志与国家意志的结合程度，在形式上表现为特定物业管理关系系统中居于各地位并以特定社会角色身份存在的主体享受权利和承担义务的法定状态，是按照物业管理法律规范建立的法律关系。物业管理法律关系在我国是随着改革开放后房地产市场经济发展和物业管理事业于1981年开始起步推进而出现的一种崭新的法律关系。

物业管理的法律关系依据法律规范的不同形式形成以下四种不同的物业管理法律关系[①]：①依据我国民法的物权法的建筑物区分所有权法律制度，业主、业主委员会与物业管理公司构成建筑物区分所有权人、区分所有建筑物管理人与区分所有建筑物管理服务人之间平等的法律关系；②依据合同法的法律规定，按照物业管理服务合同构成合同当事人之间平等的法律关系；③依据消费者权益保护法的法律规定，构成消费者与经营者之间的平等的法律关系；④依据经济服务法的相关法律规定，构成服务者与被服务者之间的平等的法律关系。

① 许敏华:《我国物业管理法律问题的思考》，载《法制与社会》2008年第3期。

一、物业管理法律关系的主体

法律关系主体是法律关系的参加者，即在法律关系中一定权利的享有者和一定义务的承担者。在实践中，物业管理法律关系中涉及的主体包括业主、业主大会、业主委员会、建设单位、物业管理企业、专业性服务企业、物业使用人以及“其他管理人”等。本书主要分析物业管理法律关系中业主、业主团体，以及物业管理人三个主体。

1. 业主

业主是指物业的主人，通常意义上是指商品房的主人，他拥有该商品房的所有权，其所有权表现在他对该商品房的占有、使用、收益和处分的权利，表现载体为房产证上标明房产地址和业主姓名。通常意义（可以说是狭义层次上）的“业主”是指购房者，而从广义上来看还包括开发商，因为会存在房屋未售完的情况。各个业主不是互不相干的，因为业主们是共同生活在同一商品房小区，或同一栋商品房内。他们之间的法律关系为区分所有权关系。区分所有权由单独所有权、区分共有权和成员权组成。单独所有权是指各业主对其屋内的房产拥有独立、排他的所有权，具体范围可根据房产证所标明的范围；区分共有权是指各业主对楼道、小区内的草地、水电等基础设施、楼层外墙等各单元房以外并且已由各业主在支付购房款时一同支付对价的房产所拥有的共同所有权；成员权是指各业主是全体业主的一员，拥有参加会议权、投票权和收益权。

业主是物业管理法律关系的主体之一，对业主的法律地位的定位成为房地产物业管理中的关键环节。另外，业主不等同于物业使用权人。物业使用权人是指物业的承租人、借用人或其他实际使用物业的人。他们对物业仅享有占有、使用和特定条件下的收益权，不具有处分权。而业主是物业的所有权人，对物业依法享有占有、使用、收益和处分的权利。明确二者的界限限定可知，在物业管理中，只涉及业主和物业管理公司之间的权利和义务，而不直接涉及物业的使用人。

根据《物业管理条例》和《中华人民共和国物权法》的相关规定，房屋的所有权人为业主。也就是说，在我国，业主仅指物业的所有权人。而在法律上，只有办理了产权过户手续，被登记为产权人的买受人才可称为业主；已经办理了商品房预售或者出售合同登记，并不能称为业主。

一般的小区物业内居住的人主要是业主以及业主的家庭成员。在实践中小区内实际居住的人除了业主和业主家庭成员外，很多情况下还有物业承租人和物业借用人。因此，非业主使用人应包括除业主以外所有实际使用物业的民事主体。关于非业主使用人的法律地位，学界的观点还存在很多争议。同时，根据我国各个地方自己制定的地方性法规，仅享有使用权的公房使用人不能称为业主；业主为国家或者单位。①

2. 业主团体

业主团体是由全体业主组成的群众自治性组织，体现在《中华人民共和国物业管理条例》和《中华人民共和国物权法》上的是业主大会与业主委员会。

业主大会是指业主在物业管理过程中主要是通过业主大会根据少数服从多数的原则来

① 彭旭：《浅谈物业管理法律关系》，载《法制与经济》2009年第6期。

行使自己的权利。因此,从性质上讲,业主大会是业主团体的权力机关,是一种自治性组织。业主委员会是指由业主大会选举产生,作为业主大会的执行机构,代表业主实行自治管理的组织。在一些规模较小的小区内,由于业主人数少没有设立业主委员会的必要,可以直接选举业主代表,职能相当于业主委员会。

我国一直认为业主团体(业主大会)是没有法人资格的,即使是诉讼上的主体资格也有颇多争议。一般把业主团体归类为民法上的"其他组织",主要原因是业主团体没有自己独立的财产,不能独立承担法律责任。但随着小区业主与其他民事主体联系越来越密切,物业管理民事诉讼越来越多,实践中小区业主作为一个法律意义上的整体,意义更加重大。因此,承认部分业主团体完整的独立法人地位是物业管理法律制度发展的必然趋势。

《物业管理条例》第八条规定,物业管理区域内全体业主组成业主大会,业主大会应当代表和维护物业管理区域内全体业主在物业管理活动中的合法权益。《物业管理条例》第十条还规定了一种特殊情况,即物业区域内只有一个业主或业主较少,经全体业主一致同意的情况下,可以不成立业主大会,由业主共同履行业主大会和业主委员会的职责。业主委员会是依据业主公约或者法律规定,在房地产行政主管部门的指导下成立的业主大会选择产生的,由业主代表组成的代表业主利益、监督物业管理公司工作和广大业主履行业主公约的组织,是业主大会的执行机构。[①]

3. 物业管理人和物业公司

《中华人民共和国物业管理条例》未规定物业管理人的概念,只规定了具有独立法人地位的物业管理公司一种类型。但显然物业管理公司不能囊括物业管理人的所有类型。新的《中华人民共和国物权法》在一定程度上进行了完善,出现了"其他管理人"的概念。间接承认了自然人和不具有独立法人地位的其他组织作为物业管理人的法律地位。

物业管理公司是依据委托管理合同在新建住宅区或物业中履行管理职责的。一般情况下,委托管理合同首先是由发展商代表广大业主与物业管理公司签订,即前期物业管理;等召开业主大会,业主物业管理委员会成立后,再由物业管理委员会代表全体业主正式与物业管理公司续签物业管理合同。早期有的情况下,发展商并没有选聘物业管理公司,而由自己本身来承担起管理者的重任。如果是发展商自己充当管理者的话,也要经过房地局的批准,并取得《物业管理资质合格证书》。即使是发展商作为管理者,当管理委员会成立后,也需要由管理委员会与其签订委托管理合同。

物业管理公司符合法律规定的企业法人的一般特征,亦即拥有自己独立的财产,能够以自己的名义享有民事权利和承担民事责任,因而物业管理公司属于企业法人,在市场经济中应当遵循追求利润、讲求信誉等市场法则。具体而言,物业管理公司属于服务性企业,它与业主或使用人之间的关系,是平等的主体之间的关系,不存在以往带有行政色彩的管与被管的关系。

物业管理公司是提供物业服务的公司法人,可以为有限责任公司或股份有限公司,目前大多数物业公司都是小规模的,多为有限责任公司。物业公司为小区提供保安服务、保洁服务、代收代缴服务、基础设施维护和运营服务。因为物业公司有着专业的服务队伍、一定的

---

① 许敏华:《我国物业管理法律问题的思考》,载《法制与社会》2008 年第 3 期。

规模和社会关系，同时物业公司所提供的服务是单个业主无法完成或做起来十分麻烦的事项，所以物业公司有着广阔的市场。

目前我国的物业管理企业可以分为三种类型：一种形态主要来源于政府和国营企事业单位直属下的房屋管理部门，这种类型对住宅区的管理基本上还是采取行政手段；另一种类型的物业管理公司实际上是房地产开发企业的附属机构，其经费来源、经营运作都受房地产开发商的支配，由于开发商对资源的垄断，其所属物业管理机构也不能为住区提供满意的服务；还有一种类型则具有专业化物业管理企业的特征，它具有独立的经营自主权，进行市场化运作方式。

二、物业管理法律关系的客体

法律关系客体是指法律关系主体之间权利和义务所指向的对象，其中包括“物、人身、精神产品和行为结果”。在物业管理法律关系中，业主与物业公司之间法律关系的客体是业主支付的物业费用和物业公司提供的物业服务；业主与业主委员会之间法律关系的客体是业主的授权和业主委员会在授权范围内行使权利的行为。

各种不同的具体物业管理法律关系，其客体有所不同。按利益载现形式的不同，可划分为物业、权利、行为效果三类。[①]

(1)物业。现代意义的物业属物类客体范畴，它包括传统法律规定的不动产或房地产之实物及其围括的空间和环境。物业既是设置于物业上的物权法律关系的客体，又是物业所有权、共有权、自治共管权、使用权、共用空间权、共享环境权等物权关系的客体，还是物业管理公司代管物业权的客体。

(2)权利。权利作为物业法律关系的客体，主要是指基于法律规定或当事人约定所设定的债权，与物业所有权相关的场地使用权、物业相邻权、公共秩序维护权、物业代管权、与物业管理行为相关的一些人身性或精神性权利(如人身自由权、人格尊严权、住宅安全权、精神文明建设参与和享受权等)。

(3)行为效果。行为是权利义务本身的构成形式，行为效果体现出利益状态(增进了或损害了主体的利益)。行为效果作为物业管理法律关系的客体主要包括国家机关在对物业管理方面提供管理性行政服务之行为效果、物业管理公司按委托管理服务公司提供有偿服务之行为效果、业主缴纳物业维修金而建立和补充物业维修基金之行为效果等。

三、物业管理法律关系的内容

法律关系内容是指主体享有的权利和义务。物业管理法律关系的内容是指主体在物业管理法律关系中所享有的权利和负担的义务。权利是指国家通过法律规定对法律关系主体可以自主决定做出某种行为的许可和保障手段。义务是在下列几种意思上使用：第一，它是指义务人必要行为的尺度(或范围)；第二，它是指人们必须履行一定作为或不作为之法律约束；第三，它是指人们实施某种行为的必要性。任何法律关系都包含权利和义务两方面的内容，权利内容是通过相应的义务来表现的，义务内容又用相应的权利来限定。权利和义务相互对应地存在于同一个法律关系中，同时约束着物业管理法律关系的当事人双方。

---

① 许敏华：《我国物业管理法律问题的思考》，载《法制与社会》2008年第3期。

物业管理关系的权利种类是多样的，主要包括民事权利、商事权利和政事权利三大类。民事权利可以按是否以财产利益为直接内容划分为财产权、人身权、兼有财产权与人身权双重性质的权利(包括知识产权、社员权、继承权等)三类；商事权利主要包括商事组织方面的权利和商事交易方面的权利两类；政事权利主要包括抽象行政职权、具体行政职权和行政相对人权利三类。

物业管理法律关系的义务种类是多样的，主要包括民事义务、商事义务和政事义务三类。根据义务与义务主体间的关系，义务可分为专属义务和非专属义务两类。物业管理关系中财产性义务(如各业主自己缴纳物业管理费的义务)一般属于非专属义务，人身性义务(由人格、身份发生的义务，如业主委员会委员和物业管理公司的职责性义务)一般属于专属义务。法律确立了物业管理社会关系，就是为了使法律规定的物业管理法律关系的内容在现实生活中实现，使得权利人能够享有权利带来的利益，使义务人做出服务权利的必为行为，并通过各种途径和方式保障这种目的的实现。

在物业管理法律关系中，业主大会(业主代表大会)是全体业主的议事会议，表达业主意愿；业主委员会是业主大会(业主代表大会)的常设机关，执行业主大会(业主代表大会)的决定；业主大会(业主代表大会)和业主委员会都是在全体业主的授权之下，为全体业主利益，代表全体业主行使权利，其中业主委员会的成员必定是业主。而物业公司是向全体业主提供物业服务，与全体业主(而不是与业主委员会)形成服务合同关系，是平等主体之间的合同关系，不存在管理与被管理的关系。物业公司进入小区提供物业服务，当物业公司没有履行其在物业服务合同内的义务时，全体业主有权解除与物业公司的物业服务合同并且要求赔偿相应的损失，物业公司也有义务退出小区，主要的权利由业主委员会行使。当然，物业公司也有权在全体业主违约时取得救济的权利。所以业主、业主大会(业主代表大会)、业主委员会及物业公司之间的法律关系并不复杂，简单地说就是内部的代理关系和对外的合同关系。

物业管理法律关系是物业管理法律规范调整人们在物业管理过程中形成的权利与义务关系，涉及的法律关系主要有三种[①]。

(1)*物业管理中的民事法律关系*，指依据物权法的建筑物区分所有权法律制度，业主与物业管理公司构成建筑物区分所有权人、区分所有建筑物管理服务人之间平等的法律关系，并按照物业管理服务合同构成合同当事人之间平等的法律关系。这是物业管理中最基本的一种法律关系。

(2)*物业管理中的行政管理法律关系*，指行政机关对物业管理活动或物业管理公司、业主委员会、业主大会等主体相互间的法律关系进行的法律控制或调节。如对前期物业管理活动、业主委员会的成立、物业管理收费、物业管理企业资质等的法律调节。

(3)*业主间的民事法律关系*，主要指业主之间通过民主协商，制定本物业的业主公约、业主委员会章程等，共同实现物业小区的自治管理。物业管理法律关系是由多重关系共同组成的统一体，并非仅指某一对主体之间的关系，而是人们在取得、利用、经营和管理物业的过程中形成的多重关系的组合。

① 殷宏:《物业管理法律关系辨析》，载《南阳师范学院学报》2006年第5期。

四、物业管理的法律关系分析

物业管理中纠纷层出不穷，业主、业主委员会、物业管理公司之间关系混乱、紧张，对物业管理立法乃至整个行业的发展提出了严峻的挑战。究其原因，大多数纠纷的产生是由于物业管理企业或开发商对物业管理中的法律关系不清楚，许多业主不明确自己享有的权利和应承担的责任。①

(1)业主与业主的关系。业主是建筑物区分所有权的权利主体，其对建筑物享有的权利包括对建筑物内的专有部分享有所有权及对共有部分享有共有和共同管理的权利。每位业主在行使权利时与其他业主发生的法律关系是《中华人民共和国物权法》重点规定的内容。《物权法》第七十三条规定，建筑区划内的道路，属于业主共有，但属于城镇公共道路的除外。建筑区划内的绿地，属于业主共有，但属于城镇公共绿地或者明示属于个人的除外。建筑区划内的其他公共场所、公用设施和物业服务用房，属于业主共有。立法首次明确了业主对建筑区划内的绿地、道路以及物业服务用房等公共设施的权益，不可由其他单位或个人私自处置。这就意味着，开发商、物业公司不能将车位收费所得据为己有，如果有车的业主无偿占据了小区的公共道路，则损害了无车业主的利益，因此只有让全体业主共同分享停车利益才是公平的。建筑区划内车位、车库的归属问题涉及广大业主切身利益，引起社会普遍关注。有的开发商将车位、车库高价出售给小区外的人停放；不少小区没有车位、车库或者车位、车库严重不足，占用共有的道路或者其他场地作为车位。针对现实生活中的这些情况，《物权法》第七十四条明确规定：建筑区划内，规划用于停放汽车的车位、车库应当首先满足业主的需要，其归属由当事人通过出售、附赠或者出租等方式约定。占用业主共有的道路或者其他场地用于停放汽车的车位，属于业主共有。

(2)业主与业主团体的关系。业主通过行使作为业主团体成员的权利，来行使对小区共有部分的共有财产权利，并通过履行作为业主团体成员的义务，来履行对小区共有部分的共有财产义务(其中最为重要的义务，是缴纳管理费的义务)。因此，在业主与业主团体之间，存在一种权利和义务的法律关系，即业主团体作为小区业主的自治组织，有代表小区全体业主行使对小区共用部分进行维护管理及向业主收取管理费的权利，也有接受业主监督的义务。与此相对应，业主作为业主团体的成员，在业主团体享有对重大问题决策的权利和对业主团体进行监督的权利，同时承担向业主团体缴纳管理费和大修准备金的义务，以及遵守业主团体各种有关规定的义务。新颁布的物权法对业主和业主委员会的相关权利和义务作了规定，有利于缓解物业管理中双方的矛盾。《物权法》第七十八条明确规定，业主大会或者业主委员会的决定，对业主具有约束力。但是，当业主大会或者业主委员会作出的决定侵害业主合法权益时，第七十八条第二款亦规定，受侵害的业主可以请求人民法院予以撤销。以前发生这类问题，一般由行政主管部门出面责令改正或者予以撤销，给小区业主提供的是一种行政救济的途径，而《物权法》则首次提供了一种司法救济的途径。《物权法》在规定业主享有权利的同时，第八十三条规定了业主负有遵守法律、法规以及管理规约的义务。《物权法》第八十三条规定：业主应当遵守法律、法规以及管理规约。业主大会和业主委员会，对任意弃置垃圾、排放污染物或者噪声、违反规定饲养动物、违章搭建、侵占通道、拒付物业费等损

① 彭旭：《浅谈物业管理法律关系》，载《法制与经济》2009年第6期。

害他人合法权益的行为，有权依照法律、法规以及管理规约，要求行为人停止侵害、消除危险、排除妨害、赔偿损失。

(3)业主委员会与物业管理公司的关系。由于绝大多数物业小区的业主委员会都聘请物业管理公司提供对物业小区进行管理的专业服务，因而物业管理一般都涉及业主委员会与物业管理公司之间的法律关系。物业管理公司根据物业服务合同的规定，提供管理服务的义务，同时享有从业主委员会获得提供管理服务的报酬(即物业管理费)的权利。业主委员会享有获得物业服务合同所规定的管理服务的权利，同时负有按物业服务合同的规定向物业管理公司支付物业管理费的义务。物业管理公司与业主委员会之间的关系，除了是一种服务与被服务的合同关系之外，也是一种代理与被代理的关系，因为物业管理公司在提供管理服务的过程中，必然要行使一些日常管理物业小区的权力，而这些权力都来源于业主大会和业主委员会的授权。因此，物业管理公司物业管理权的范围不应超出业主委员会的职权范围。《物权法》第八十一条对业主和物业服务机构之间的关系作出了明确规定:业主可以自行管理建筑物及其附属设施，也可以委托物业服务企业或者其他管理人管理。对建设单位聘请的物业服务企业或者其他管理人，业主有权依法更换。根据《物权法》第七十六条规定，选聘和解聘物业服务企业或者其他管理人应经专有部分占建筑物总面积过半数的业主且占总人数过半数的业主同意。

第五节　物业管理的模式与发展趋势

一、我国主要的物业管理模式

物业管理模式又称物业服务模式，是指社会上的一定组织开展物业服务活动的组织形式和运行机制。我国现代物业管理是伴随着城市住房制度改革、土地使用制度改革和房地产开发制度改革而发展起来的。1994 年建设部颁布了《城市新建住宅小区管理办法》，明确提出“住宅小区应当逐步推行社会化、专业化的管理模式，由物业管理公司统一实施专业化管理”。2003 年国务院颁布的《物业管理条例》也规定“一个物业管理区域由一个物业管理企业实施管理，从事物业管理活动的企业应当具有独立的法人资格”。自 20 世纪 90 年代以来，我国城市的存量和增量房屋主要由三部分构成，即由独立的房地产开发企业开发的商品房、政府房屋管理部门为解决政府行政管理人员住房而建设的房屋和企事业单位为解决单位职工住房而建设的房屋组成，由此决定了我国物业服务企业的构成。

从组织形式上来看，提供物业服务的企业主要有房地产开发企业建立的物业服务企业、社会上独立的物业服务企业、政府房屋管理机构转制建立的物业服务企业和企事业单位转制成立的物业服务企业几种形式。从物业服务企业的运行机制上来看，以上这些不同类型的物业服务企业，在较长的时间内，所采用的物业管理模式大多属于“一体化”物业管理模式。[①]

“一体化”物业管理模式是指专业化的物业服务企业，作为管理服务的提供方，按照市场化要求，接受物业委托方的选聘，对特定的物业区域实行统一管理，并对业主提供常规性的以房

① 王筝:《我国物业管理模式转变及其动因分析》，载《经济问题探索》2010 年第 12 期。

屋维修、保安、保洁、绿化为基础的综合服务。这种物业管理模式最早出现在深圳、上海等发达地区，随后逐步辐射至全国各地，又按照自身的规律不断地发展与完善，具有典型的本土化特征，是目前我国物业管理市场中主流形态的一种物业管理模式。

由于我国各地居住性物业管理发展的不平衡，管理模式也存在着多样性。各种模式产生的背景、优劣势均不相同。目前，我国由于住宅类型和管理方式的差异而分化出来的物业管理模式如下。①

模式一：建设单位主导的物业管理

管理主体：专业物业管理企业（物业管理有限责任公司）。

管理方式：由房地产开发企业将住宅物业管理项目委托物业管理企业（有时候该物业管理企业属于房地产开发企业的下属公司），再由物业管理企业与住宅购买人分别签署由物业管理企业起草的《前期物业管理协议》，履行管理合约；在合约到期以后，可能因为业主组织的缺位，或者业主没有提出明确主张进行合约变更而按既有惯性延续管理。因业主与管理公司产生分歧，而导致业主成立业主大会（相当于我国香港地区的业主立案法团，我国台湾地区的建筑物区分所有权人组织）并选举业主委员会，提出提前终止或变更合同；此后的物业管理事务失去与房地产开发商之间形式上的纽带，由业主委员会与物业管理企业按新的合约进行管理。

费用：①包干制：由企业提出预算交业主大会审议，业主以综合物业管理费的形式，按单位建筑面积分别支付企业包干使用的物业服务费。物业费使用后的盈利与亏损由企业自行享有和承受。②酬金制：由企业提出预算交业主大会，业主以单项物业管理项目成本进行审议，并商定物业管理服务酬金。除管理者酬金以外企业不产生盈利，亦不享有可能发生的物业经营收入，同时若有追加的物业管理支出，由业主大会组织业主分摊，企业亦不承受亏损。

物业类型：商品房住宅小区、公寓式大厦、别墅等。

模式二：社区物业管理

管理主体：社区居民委员会。

管理方式：由居民委员会出面组织，由业主或居民构成管理者和服务人员。

费用：以单项物业管理服务成本为基本服务费，人工费则从建筑区划内停车费等收入中进行补贴，通常也能从政府（如街道办事处）获得一定补贴。

物业类型：20 世纪 90 年代国有企事业单位"房改"房屋，俗称"老旧小区"。通常包括了计划经济时代的国有企业和公共事业单位的部分私有产权住房，以及这些单位将划拨土地与房地产开发企业的资金联合开发后，一部分自用，一部分向社会其他人士销售后的混居型住宅。

模式三：后勤物业管理

管理主体：政府机关、大型国有企业及公共事业管理部门，在国家补贴形式下开发的住宅，通常由职工集资、单位出资和国家补助三方出资开发。因机关、企业、部门自有庞大而同时相对完善的后勤保障建制，所以通常这类住宅亦委托单位内部的后勤部门进行管理。

管理方式：在政府机关和公共事业管理部门，通常有"机关事务部"成建制的统筹物业管理事务，在其辖制下成立由其控股的独立法人物业管理企业。这类物业管理企业开展服务

① 宋有兴：《中国内地住宅物业管理模式的多样化》，载《现代物业·新业主》2010 年第 10 期。

时，合同的契约性质相对较弱，更需要在上司意志下接受指令，开展体制内自我服务型的物业管理。

费用：部分独立核算的收费方式。其特点体现在物业管理企业的主要领导人及管理骨干属于上级任命，酬金按事业或机关建制拨款；而其他技术和服务人员来自社会招聘，酬金取自向业主收取的物业服务费。这类物业的综合服务费中通常在共用设施设备方面能够得到上级补贴，物业管理企业的服务水平亦更多取决于上级考核而非业主评价。

物业类型："政府小区"、"电力小区"、"电信小区"、"油田小区"等，包括政府及其他垄断行业、特种经营行业、业主职业集中度极高的住宅小区。

模式四：业主大会主导型物业管理

管理主体：由业主大会选举业主委员会为执行机构，并选派执行委员（通常是业主委员会主任）与专业物业管理企业的上层管理人联合组成管理委员会，协调并监督业主和物业管理企业的相互关系，配合物业公司开展工作。通常这类管理模式中业主大会聘请了专职秘书，有时亦需要聘请临时性的审计师、估价师、会计师等。

管理方式：①业主大会制。业主大会决定其重要事务并由业主委员会委托物业管理企业执行。在《物业管理条例》（建设部 2003 年颁布、2007 年修订）和《业主大会和业主委员会指导规则》（住房和城乡建设部 2009 年颁布，同时 2003 年颁布之《业主大会规程》宣布废止）中对其作用进行规制。②业主代表大会制。鉴于我国住宅小区的特性，单一的、独栋的或小规模联排的住宅较为罕见，而几千户、上万户的住宅小区比比皆是，甚至数万户以上的超级社区在大型城市中也越来越多，因此"业主大会"的组织议事形式在这类社区中通常难以实现，其决定事项因难以达至法定票数而只得无奈保持既有。③物业管理权信托制。在庞大社区中单一的业主向物业企业伸张权利时，通常涉及的是业主共有权利因而难以独立成诉，而在庞大社区中启动业主大会提出动议却有空间和时间上的诸多障碍。

费用：①向业主个人收取。就目前的现实状况，依然由物业管理企业向业主个人按合同收取综合物业管理费。（《物业服务收费管理办法》国家发展和改革委员会、建设部 2003 年）。②由业主委员会代为收取。由业主委员会向业主个人收取后，转交物业管理企业。

物业类型：商品房住宅。

模式五：业主股份制企业物业管理

管理主体：业主组织或业主以股份制成立物业管理公司。

管理方式：业主自行成立物业管理企业，或者以业主委员会代表业主大会招聘专业的物业管理职业经理人，全面执行住宅物业管理事务，将物业管理各专项业务向其他专业服务商进行招标、统筹和协调。目前我国内地习惯将此称之为"业主自治"。（后者类似于加拿大共管公寓公司、美国业主协会、中国香港业主立案法团等）。

费用：由业主股份制公司或业主委员会聘用专职人员收取。

物业类型：业主身份多元的商品住宅小区。

模式六："三位一体"物业管理

管理主体：由居民委员会、业主委员会、物业管理企业"三位"联合组成的管理委员会，实施社区服务性质的物业管理。

管理方式：将社区服务（如城市管理治安联防等）与专项物业管理相结合，将居民、业主、其他社会成员的社区关系和共用财产进行统一管理。

费用：向居民和业主收取的物业管理费、垃圾清运费及其他专项服务的相关费用，亦包括政府用于城市综合治理的支出。

物业类型：住宅与商业混用、商品住宅与老旧小区混杂的大型综合物业。

模式七：政府主导的福利性物业管理

管理主体：物业管理企业。

管理方式：政府采购。

费用：向租户或业主收取基本服务费，公共设施设备维护等获得政府补贴。

物业类型：经济适用房、廉租房、公租房。

二、国外的物业管理模式

1. 美、日、德物业管理服务模式的比较

美、日、德的住宅物业相似，居住区全都为开放式，物业管理实施业主自治（通过所有权界定，以明确共有所有权人的权利、义务）或者委托物业管理公司进行管理，但是物业管理的主体仍然是业主大会。[①] 三国物业管理服务的主要提供者分别为：物业管理公司、业主及各专业型服务公司。其中，委托式管理、即物业管理服务由物业管理公司提供的模式在美、日、德三国占据了主导地位，而由业主自行管理的自我管理模式较少被采用。不同的国家，物业管理服务体系不同，提供物业管理的模式也不同。

（1）美国。其物业管理模式主要分为业主自我管理和委托物业公司管理两种模式。

①业主自我管理模式。全体业主大会选举产生业主管理委员会，代表全体业主管理物业，负责人事、财务、设备三大块具体职责的政策研讨、决定以及修正；实行小区公寓经理责任制，小区公寓经理负责执行业委会制定的各项规定。

②委托物业公司管理模式。物业管理公司在实施管理时，通常委派房产经理负责日常管理。房产经理的职责主要是制订管理计划、编制预算、制订保养计划、负责租金收取和营销活动等，并由各职能部门实施具体管理。物业管理公司一般只负责整个住宅小区的整体管理，具体业务则聘请专业的服务公司承担。物业管理公司接管后将管理内容细化后再发包给清洁、保安、设备维修等专业单位。美国设立了各种行业协会，包括国际物业管理协会（IFMA）、全国物业管理人员协会（IREM）、房地产经纪人协会物业管理学会（IREM）等整理和搜集物业管理经验，接受并处理物业管理方面的投诉等。

（2）日本。其物业管理与美国类似，物业管理服务模式以委托物业公司管理为主。物业管理公司设置一定的专职人员，负责小区的基本管理。其物业管理也具备专业化特征，即聘用专业管理公司对小区各方面进行日常维护：对小区共用部位的卫生、水电、绿化、维修等进行专业化管理。同时，专业管理公司也接受个人的委托提供服务。根据有关法律，日本还设立了住宅管理协会、高层建筑管理协会以及促进物业规范化管理中心等机构，专门负责搜集和研究物业管理方面的经验、技术和方法，指导物业管理公司从事物业的科学化、人性化、低成本管理，并处理有关物业管理方面的问题和业主的投诉等。物业管理公司作为协会的会员接受协会的指导、监督和管理。

---

① 张年：《转型期物业管理的社会政策分析——以上海为例》，复旦大学博士学位论文，2009年。

(3)德国。其物业管理模式与美国、日本相似,也采用委托物业公司提供物业服务的方式。德国物业管理公司直接受雇于房东,是雇主利益的维护者和代理人,这一点在房屋租赁关系中表现得尤为突出。一旦房屋租赁合同生效,物业管理公司就成了租赁双方的纽带,但凡租房中出现任何与房产质量和设备有关的问题,物业管理公司都有义务替雇主出面解决,如果房客违约或做出不利于房东的事,公司更会出面干涉、阻止;租赁双方出现纠纷可通过物业管理公司做中间人进行调解;当双方租赁合同终止时,物业管理公司还有代为验收的任务,因此房地产商一般无需与房客直接打交道。

为了加强对多层住宅的有效管理,德国物业管理公司在接受委托后,一般采取责任到人的办法,划出专人分管区域,减少因分工不明造成的扯皮现象,住户遇到问题时,也清楚该找谁帮助解决。按德国《租房法》规定,房屋质量缺损或配套设备出现自然损坏,房主都有义务提供免费维修和更换服务,这样物管人员在接到住户电话后,就有义务及时找到相关的技术人员前来修理,否则即为失职。因此,为保证管理任务的顺利执行,公司一般都会与水暖电等专业维修公司签订长期合作合同,以确保管辖区的物业不论何时出现意外情况,都能及时找到维修人员。德国人对楼道和小区内的卫生要求很高,物业管理公司一般委托专业保洁公司负责清洁卫生。

2. 新加坡共管式物业管理

新加坡的公共住宅物业管理模式基本上是以建屋发展局为中心,吸引居民与社会参与的共管式物业管理。共管式物业管理将小区内所有的公共设施让全体业主共同所有、共同管理,同时实现免费使用,由物业管理公司代表业主行使权利。这一方式较普通的小区配套有偿使用的物业管理方式更受欢迎,对于完善、提高居住小区物业管理质量,是一种有益的创新。①

(1)健全的物业管理组织体系。新加坡的物业管理统一归新加坡建屋发展局负责,下设:①市镇理事会。市镇理事会负责管理公共住宅,主要职责是管制管理、维持及改善辖区内的公共产业,业务上接受建屋发展局的指导,又具备相对的独立性,目的在于加强居民和政府的合作,让更多的居民参加该区的管理工作。②私人住宅的管理理事会。新加坡的私人业主都拥有个别的分层地契;每个单位的购买者对于共有产业都有分享权;法令规定分层单位业主必须依法组建管理理事会,其目的是为了更有系统及有规划地负责大楼的保养与管理工作。③物业管理公司。无论是市镇理事会,还是私人住宅的管理理事会,都通过委托的物业管理公司来负责住宅的日常工作。新加坡的物业管理公司根据管理范围设若干业务组,同时设监督部门,以监督各类法规的执行情况和接受住户的投诉。

(2)优质的物业管理服务。新加坡物业管理范围很广,除购房和转销直接放在建屋发展局申请外,其他业务都可以在物业管理公司办理,其业务范围包括:房屋维修养护、商业房屋的租赁管理;出租住宅的租金缴纳与售房期款的收取;公共场所的出租服务及管理;居住小区内停车场的管理;居住小区的环境清洁、园艺绿化管理等。此外,还负责介绍居民就业、配合治安部门搞好治安工作。

(3)强化法制管理。新加坡政府强调对居住小区进行法制化管理。物业管理部门编写

---

① 李哲:《物业管理模式分析与借鉴》,载《现代物业》,2007 年 15 期。

了《住户手册》、《住户公约》、《防火须知》等章程，同时制定了公共住房室内外装修、室外设施保养等规定，以明确物业管理公司和业主之间的权利和义务关系，为物业管理法制化奠定了基础。建设资金和管理资金的来源，一是政府发展贷款，二是居民购房贷款。而物业管理的奖金主要来源于政府津贴、建屋发展局利润留成、管理费用等。

三、我国香港、台湾地区的物业管理模式

1. 我国香港地区法团式物业管理

香港地区地狭人多，要解决好市民的住房问题是件不容易的事。然而，由于香港地区物业管理做得比较好，矛盾和冲突也减少许多。香港地区的物业管理是在多年的实践中得到不断改善的，使得业主和管理公司等各方依法相互有所制约，而且利益都能兼顾，已经形成一套比较成熟的做法，为业主和住户提供一个安全、良好、舒适的居住环境。

(1)政府制度法律。就我国香港地区的物业管理而论，公屋的管理目前均由香港特区政府负责。至于私人楼宇和居屋则遵照由发展商制定、受政府审批同意的大厦公共契约，以及政府制定的法律文件《建筑物管理条例》(下面简称《条例》,《条例》以法律形式清楚地向市民阐述业主组织立案法团及管理大厦的职责)。政府的政策是尽量鼓励和协助业主参与大厦管理工作，使业主可以根据《条例》成立业主立案法团(简称法团)，在共同参与的理念下，自行管理其物业。

(2)业主有权选择大厦管理人。根据《条例》，业主可通过业主大会选出大厦管委会委员并委任主席、副主席、秘书、司库及其他职位。管委会成立后必须到政府的土地注册处登记，取得注册证明书后，法团便可依法运作。民政事务总署对法团的成立及其以后的运作都提供协助和支援服务。法团的责任是，代表业主执行有关大厦走廊、楼梯、草地、运动场等公用部分的控制、管理及行政事宜。法团的职权由管委会执行，职责内容包括：执行公共契约、遵办政府工程指令、雇用管理人员、大厦维修保养、财力管理、投购保险、防火安全、防盗及保安、保持环境卫生等。

(3)严格财务管理。财务管理是楼宇管理的主要部分。良好的制度和严格的监察，是财务管理中重要的一环，不但可确保经费运用合理及维持大厦良好的财政状况，还可减少贪污舞弊及其他不当行为的发生。为此，香港廉政公署、民政事务总署及香港会计公会根据《条例》规定，联合协助法团有效地管理财务，包括制订财政预算、支付款项及处理账目所应采取的步骤及监控措施。法团作为一个自负盈亏的独立团体应审慎理财，小心监察收入和开支，避免赤字，以保障业主的利益。

(4)政府具体协助。为使香港市民能安居乐业，香港特区政府的民政事务总署非常重视大厦管理，在香港各区的民政事务处设立“大厦管理联络小组”，和法团保持联络，应邀出席会议，并就大厦管理问题提供意见和协助。此外，市政事务总署在香港岛、九龙和新界都设立了大厦管理资源中心，为大厦业主、住户和法团等就一般大厦管理问题提供各类资料，如法例、小册子、录像带、电脑互动信息等。资源中心职员会就大厦管理上出现的纠纷提供初步调解服务，举办各类大厦管理的宣传活动，向市民灌输大厦管理的正确观念，以及协助他们提高楼宇管理、安全和维修保养的水平。该署还邀请香港律师会、香港会计师公会、香港测量师学会、香港物业管理公司协会、香港工程师学会、香港房屋经理学会及香港建筑师学会等专业团体派员到大厦管理资源中心为市民免费提供有关的专业意见。

2. 我国台湾地区自营式物业管理

我国台湾地区主要采用业主自营式物业管理。所谓业主自营式物业管理，就是住宅小区(台湾地区称社区)的物业管理，既不由房地产开发公司负责，也不聘请社会上专门的物业管理公司负责，而是由楼房业主自己打理。这种方式在台湾地区的城市中比较普遍。整个社区的建筑物分为两部分：一部分是私产(即居民的套房)，由业主自己打理；另一部分是公产，包括庭院、各种公共活动场所和临街的配套建筑物。公共社区由全体成员所有，由他们自己管理，即所谓业主自营式物业管理。他们自己选出一个比较精干的管理委员会，全权负责管理，纯属义务，没有任何报酬。委员一般任期一年，每月开会一次，讨论决定社区物业管理的重大问题。

我国台湾地区的物业管理队伍非常精干，专职人员只有两位，一位是干事，另一位是守门员兼监控员(对公产部分进行 24 小时电子监控录像)，另外有少量的临时工如保洁员、修理工等，由干事根据需要聘请，他们的工资、资金等从出租房屋收取的管理费中支出。工作人员尽职、敬业，加上文明程度较高、设备先进、通信发达，所以其物业管理成本不算高，水平和效率却很高。业主自营式物业管理最大的特点是，可以从出租的房屋中收取管理费，所收的管理费在支付了人员费、设备费、公产运作费、卫生费，以及其他费用(如 6 年一次的楼面清洗费等)等公共开支以后，一般还有节余，无需再向住户收取费用，从而减轻了业主的经济负担，也避免了不少我们常见的纠纷，保障了社区生活的安定和有序。此外，台湾地区的社区均实行住户公约制度，公约中明确规定，所有住户都要爱护使用房屋及设施，维护环境卫生和整洁，要求大家自觉遵守，如有人违反了公约，就会受到本楼其他住户的谴责，从而为搞好自营式物业管理创造了有利条件。值得一提的是，在我国台湾地区，各大城市的经济发展、居民收入和消费水平，均高于我国大陆很多城市，但他们却实行运营成本较低的自营式物业管理模式。相比较而言，我国大陆城市却普遍推行公司经营式的物业管理，其结果是许多中低收入者交不起管理费，拒绝物业公司的管理，而物业管理公司由于收入减少，出现经营困难，使小区物业管理难以开展。因此，我们必须对现行的物业管理体制进行改革，由单一的物业公司管理模式，改为物业管理公司与业主自营式管理并用的模式。

四、我国物业管理模式的发展趋势

随着我国物业管理市场化向纵深发展，特别是《物权法》的颁布实施和物业管理师制度的推行，物业管理行业以业主自治为核心，以专业化服务为方向，以物业管理职业经理人为主导的物业管理新格局已开始显现，并逐渐成为时代发展的趋势。《物权法》第八十一条就明确规定“业主可以自行管理建筑物及其附属设施，也可以委托物业服务企业或者其他管理人管理；对建设单位聘请的物业服务企业或者其他管理人，业主有权依法更换”。在这些因素的共同作用下，我国物业管理行业正面临重大的战略转型，其基本发展趋势为：①物业管理行业正在与房地产业实行分业经营，从早期的建管合一向建管分离转变。一个突出的表现就是部分房地产开发企业正在积极探索新型物业服务模式，或者让隶属的物业服务企业彻底市场化，逐步减少补贴直至不再给予补贴，以提高物业服务企业的生存能力；或者剥离物业服务业务，将下属的物业服务企业出售或转让，完全通过市场化为其开发的物业项目选聘独立的物业服务企业。②物业管理模式正逐步改变传统“一体化”物业管理模式一统天下的局面，而是根据受托物业的类型、建筑规模和建筑等级的差异选择实行不同的物业管理模式。[1]

“一体化”物业管理模式虽然是我国物业服务企业普遍采用的一种管理模式，但在多年的实施过程中存在诸多问题：①这种管理模式仅仅把物业服务作为房地产开发的售后服务环节，没有体现自身的价值。由房地产开发企业组建的物业服务企业，物业服务价格的制定从先天开始多是着眼于房地产项目的销售，而不是着眼于体现物业管理的价值。由于不能体现物业服务的价值，造成物业管理行业几乎全行业亏损，“物业管理低价运行、成本不足由地产补贴”也就成了行业流行的模式。这也是大多数物业服务企业依附于房地产开发企业的主要原因，独立的物业服务企业在市场上很难生存下去。②形成了同质化的物业服务形式和内容。物业管理从它的发展初期就被定位为微利行业，强调为业主服务，尤其是在住宅物业的管理方面，在价格的制定上从业主角度考虑的较多，而忽视了物业服务本身的价值，并把物业管理日常运作成本作为服务定价的唯一依据，物业服务企业之间的竞争集中于物业管理项目硬件的好坏和日常作业的频次。不同等级的物业项目在物业服务内容和形式上出现了同质化的现象。③物业服务成本居高不下，物业服务企业举步维艰。实行“一体化”经营模式的物业服务企业管理与作业并举，人员包袱沉重，经营举步维艰。据业界统计，在新《劳动合同法》实施后，企业人工成本大约占到总成本的70%左右。因此，减少人员负担，发挥企业自身的管理与人才优势，是物业服务企业的必然选择。但从发展的眼光来看，在今后的一段时间内，这种管理模式仍然是我国大多数物业服务企业可能选择的一种运行模式，短时间内不会发生大的变化。考虑到物业服务企业的规模效益和运行成本，今后只有规模较大的物业服务企业，以及规模较大的物业项目才会选择这种管理模式，中小型物业服务企业由于自身条件的限制，所管理的受托物业面积有限，将会充分运用市场化机制，选择“管理型”物业管理模式。最近几年在我国的一些城市，已经有多个物业服务企业由于入不敷出而从规模较小的物业项目撤离，也印证了这种发展趋势。

“管理型”物业管理模式已在我国物业管理市场比较发达的地区出现。其突出的特点为：①物业服务企业在经营模式上实行管理与作业分开，只承担管理职能，物业服务企业本身并不提供具体的作业活动，而是通过分包的方式把具体的作业项目外包给专业服务公司。②企业拥有职业化的物业管理专业人才队伍，团队成员具有较高的职业水准，具有显著的管理与人才优势，能够根据业主的要求提供项目的咨询服务、帮助业主拟定管理计划、接受业主的委托选聘专业公司提供专业服务、对专业公司进行监督评估等。

我国《物权法》虽然赋予了业主选择多种物业管理模式的权利，但在现实中还没有出现其他类型的物业管理模式，并且现有的行业法律法规也禁止专业服务公司（保安、保洁、绿化、维修等企业）承接整体物业项目，只能转接物业服务企业外包的服务项目或者承接单项服务项目，因此目前其他类型物业管理模式还不具有广泛的可操作性，一些地方也正在进行积极的探索。业主自主管理模式就是未来将会出现的一种物业管理模式。

所谓业主自主管理模式就是指针对一些规模较小或物业设施相对比较陈旧的住宅物业，由全体业主在协商一致的基础上共同承担物业管理事务，而不是把它交给物业服务企业去完成。比如全体业主可以召开业主大会选举出一个管理委员会，代表业主实施管理，也可

① 王筝：《我国物业管理模式转变及其动因分析》，载《经济问题探索》2010年第12期。

以由业主轮流坐庄实施管理(在我国北京等城市的四合院,过去曾实行过这种管理模式)。管委会在运作时可以考虑根据项目的规模、工作量的大小适当聘请1～2名专职物业管理专家或职业经理人担任物业管理顾问,帮助管委会制订物业管理计划、进行物业管理费用概算、选择专业服务公司并对其实施监督等。管委会委员一般任期1～3年,定期召开会议讨论决定社区物业管理的重大问题。

除了以上几种物业管理模式外,目前我国物业管理市场上还出现了其他一些探索型的物业管理模式,是否具有普遍意义,需要业界进行深入的研究。一种是业主自主经营管理模式。业主自主经营管理模式是指业主通过个人入股,建立经济实体,对全体业主共有的物业进行经营管理。目前我国已经有一些物业项目在探索实施这种管理模式。比如,北京的"Naga上院"物业项目。另一种是信托物业管理模式。信托式物业管理模式是指基于《信托法》,由小区业主大会、业主与物业服务企业之间建立的契约模式。比如,2007年北京朗琴园住宅小区就出现了我国第一个信托式物业管理模式。

总之,我国物业管理模式的转变,是物业管理行业法律环境和市场环境共同催生的结果。多种物业管理模式的存在,将会为广大业主提供更多的市场选择空间,这既有利于提高物业服务企业的经营管理水平,增强物业服务企业的市场竞争力,也有利于提升我国物业管理行业的整体发展水平。

【思考题】

1. 目前我国主要的物业管理模式有哪些?
2. 物业管理法律关系内容主要包括哪几个部分?
3. 简述物业管理的基础理论。
4. 讨论我国物业管理的发展趋势。

第三部分

开发模式与经营

第十一章　房地产融资

房地产项目资金需求量大，项目成功与否，很大程度上取决于房地产企业筹集资金和利用资金的能力。本章介绍房地产融资的特点、类型和方式，探讨房地产融资的主要模式，分析我国房地产融资的创新途径。

第一节　房地产融资的特点与分类

房地产融资是指房地产企业在房地产开发过程中，借助于金融机构和资本市场筹措开发资金而进行的资金融通行为。随着我国房地产业的发展和金融行业的逐渐开放，企业发展战略与融资策略的配合、融资路径的选择逐渐成为房地产企业最重要的核心竞争能力。

一、房地产融资的特点

房地产开发经营有规模大、投资多、周期长、风险高等特性，这决定了房地产融资具有类似的特点。

1. 融资规模大

房地产开发经营由于投资价值大而产生了大量的资金需求，并且，房地产企业的资金存在使用支出上的集中性和来源积累上的分散性、长期性的矛盾。因此，房地产企业必须综合运用多种融资方式，充分发掘内部潜力并进行大规模的外部资金融通。

国务院《关于调整固定资产投资项目资本金比例通知》（国发〔2009〕27 号）规定“保障性住房和普通商品住房项目的最低资本金比例为 20%，其他房地产开发项目的最低资本金比例为 30%”。也就是说，房地产企业的自有资金最低比例要求为 20%～30%，最高 70%～80%的资金可以来自于各种途径的融资。

国家统计局统计数据显示，2011 年全国房地产开发企业资金来源 83245.9 亿元，其中企业自有资金 17683.8 亿元，占资金来源的 21.2%，其余 78.8%的资金约为人民币 65562.1 亿元来自于国内贷款等其他融资渠道。而在此之前的各年，房地产企业自有资金的比例甚至更低，根据《中国发展报告 2011》，2007—2010 年的四年里，房地产开发资金来源中自有资金的比例分别只有 18.6%、22.3%、17.1%和 19.6%。仅就北京市而言，2011 年房地产开发投资的资金来源总共 5358.1 亿元，其中 67.4%需要通过国内贷款、利用外资和其他资金等方式融通资金。以万科企业股份有限公司为例，根据其 2011 年 12 月 31 日的财务报表，总资产金额为 2962.08 亿元，负债总额为 2283.76 亿元，资产负债率为 77%。无论从全国或一个城市的房地产行业角度，还是从单个企业的角度，都可见房地产融资资金量之大。

2. 资金回收期长

由于房地产开发经营的周期长，一个项目从策划、建设、竣工验收到出售（或出租）一般需要3～5年时间，最终收回全部开发投资需要相当长的时间，而靠出租获得租金来收回投资则需要更长时间。因此，房地产开发经营的资金周转慢、回收期长，所以各种融通资金的回收期(或偿还期)也长。

资金回收期长，意味着风险因素更多，加大了房地产融资的难度。特别是在我国房地产市场发展尚不成熟的背景下，房地产项目可能面临的市场风险、政策风险、利率风险等不确定因素较多，一旦投资失败，资金不能按期收回，房地产企业往往会出现资金流动枯竭，不能按时偿还银行贷款的本息，甚至直接影响企业的生存和发展。

3. 受政策影响大

房地产融资深受货币政策、土地政策、房地产市场调控政策等相关政策的影响。当实施宽松的货币政策，利率下降会直接降低房地产融资成本，另一方面，购买房产的成本降低，房地产需求增大，社会的总需求增加。宽松货币政策下的货币供应量增加使得信贷量增加，房地产融资更加容易获得，同时居民购房贷款的可获得性增加，房产需求随之增加。而房价上升使得企业和居民被抵押的房产价值上升，企业和居民因此可以获得更多的贷款。当紧缩性的货币政策实施后，利率上升和货币供应量减少将发生相反的效应，房价的下降同样会导致信贷的进一步紧缩。

与财政政策和货币政策一样，土地政策也有“松”、“紧”之分。“松”的政策就是扩张性政策，通过增加土地供应总量，提高土地要素对宏观经济的支撑度；而“紧”的政策是指紧缩性政策，通过减少土地供应量，压缩经济过快增长对土地的过度需求。土地政策通过与财政货币政策相配合参与宏观调控，以2004年为例，土地政策表现出两大特点：一是总量紧缩性，建设用地停止审批，土地供应总量总体水平下降；二是结构调整性，实行土地政策与产业政策和货币政策的配合联动，对能源、交通、水利等关系国计民生的重大基础设施项目，通过供应土地、减免税收和提供贷款，实行宽松的土地、财税和信贷政策。为优化房地产开发结构，一方面，在货币政策上，严控高档房地产开发项目贷款，扩大中低档房投资；在土地政策上，停止供应别墅类用地，严格控制高档商品房用地，对经济适用住房项目实行划拨用地政策；在财政政策上，在总体上继续实行扩大内需的积极财政政策的同时，对经济适用住房实行税费减免等优惠措施。土地政策的松紧程度直接影响房地产融资的难易。

2010年年初开始的这一轮宏观调控政策更是对房地产融资产生深刻影响。限购、限贷、加息、预收款监管、暂停上市房企资本市场融资和并购重组、叫停银信合作等一系列政策，无不在收紧开发商的资金链，房地产融资遇到空前的阻力，资金杠杆率上升，融资成本大幅提高。银行贷款越来越难，资本市场似乎也不看好房地产行业。即使对于万科、保利这样的优质公司，传统的融资——商业银行开发贷款也不再容易获取。

4. 随市场行情起落

随着房地产市场行情的起落，房地产融资表现出很大差异。自从1998年我国房地产市场迅速启动并逐渐升温，房地产融资一直比较容易，银行甚至把房地产贷款视为优质贷款。但随着房价的快速上涨，2002年以后一些地方出现房地产市场过热，关于房地产泡沫的争论十分热烈，在此背景下，2003年6月5日，央行出台《关于进一步加强房地产信贷业务管理的通知》，该通知因其发文编号“银发〔2003〕121号”而得名。121文件对房地产信贷提出了一套规范性措施，央行表明此举是为了防止因房地产信贷波动而导致经济大起大落。虽然

121 文件最终没有出台计划中的实施细则，但银行方面对房地产贷款还是保持着较高的警惕，房地产企业以银行为主渠道的融资方式受到限制，不少开发商开始尝试新的融资渠道。

又如，2005 年重庆市房地产市场受到宏观调控影响一度低迷，重庆市各银行普遍提高房贷门槛，贷款重点投向全市前 20 强企业，其余中小房地产企业被排除在大门之外。而按照重庆市建委的统计数据，重庆当时有房地产开发三级资质的企业已经接近 1917 家，这意味着重庆绝大多数房地产开发商无法从银行贷款。由于融资渠道狭窄，一些房地产企业只能通过民间方式融资。但楼市不景气、销售回款不利，开发商的资金链条存在断裂的危险，为了规避风险，这些民间融资公司也对开发商失去了往日的热情。看到国内的民间资本收紧，部分重庆房地产商开始把目光放到海外资本市场去。但效果并不理想，主要原因是海外资金介入的门槛比较高，而重庆绝大多数房地产开发商对国际资本市场并不熟悉，达不到海外资本的各项要求。[①]

可见，房地产融资随市场行情起落遭受不同境遇，市场行情越不好时企业融资越困难，对于财务风险大的企业就可能面临资金链断裂的危险。

二、房地产融资的分类

1. 按资本流向分类

从房地产融资的资本流向看，可以分为融出资本和融入资本。融出资本者是房地产资本的供给方，融入资本者是房地产资本的需求方。房地产资本的供求关系构成了房地产融资的主要矛盾，是房地产融资经济分析的基本要素。

2. 按融资对象分类

房地产融资还可依照融资对象分为内部融资和外部融资，其中，外部融资又可以分为主权性融资方式和债务性融资方式。

主权性融资方式是指融资者以出让一部分利润为条件而向出资者融资的行为。主权性融资方式的共同特点是：①所融入资本是企业永久性资本，其资本使用方向不受限制；②出资者与融资者共同承担风险；③出资者参与利润分配；④融资程序较复杂，融资成本较高，如发行房地产企业股票就属于这种房地产融资方式。

债务性融资方式是指融资者以还本付息为条件而向出资者融资的行为，又可以分为直接债务融资和间接债务融资。直接债务融资是指企业直接与债权人确定债权债务关系而获取资本的行为，商业信用、金融租赁、发行房地产债券等就属于此类方式；间接债务融资是指房地产企业通过各种房地产融资机构而融入资本的行为，如从房地产融资机构凭信用借款或通过抵押、担保等形式借款等。

债务性融资方式的共同特点是：①所融入资本不能永久使用，均要还本付息；②债权人不参与企业利润分配；③所融资本的使用方向上大多是受债权人限制的；④融资程序较简便，融资成本较低。

3. 按融资主体分类

根据融资主体的不同，房地产融资可以分为公司融资和项目融资两类。

---

① 李星辰：《民间融资年息摸高　重庆中小房企面临"出局"》，2005 年 12 月 5 日《中国房地产报》。

(1)公司融资是指由现有企业筹集资金并完成项目的投资建设,项目建成之前或之后,都不出现新的独立法人。此类项目的特点是:公司作为投资者,承担投资风险,也承担决策责任。贷款和其他债务资金虽然实际上是用于项目投资,但债务方是公司而不是项目,整个公司的现金流量和资产都可用于偿还债务、提供担保;也就是说债权人对债务有完全的追索权——即使项目失败也必须由公司还贷,因而贷款的风险程度相对较低。

以公司融资的方式进行项目开发建设,一般情况下有两类参与方:一是公司作为投资者,要作出房地产开发项目的投资决策;二是当需要债务资金支持时,银行(及其他债务资金提供者)要作出信贷决策。当项目规模较大,或者投资对公司发展有重大影响,或者要改变股权结构来筹集权益资本时,公司的股东会作为第三参与方,对项目的投融资提出意见。

(2)项目融资是指房地产投资商和开发商为一个特定的房地产项目安排的融资,以项目未来的净现金流量和项目本身的资产价值为偿还借款的资金来源。也就是说,项目融资是以被融资项目本身的经济强度为是否提供资金的首要考虑因素的融资方式。作为整个社会融资系统中的重要组成部分之一,房地产开发项目融资的资金占用量和投资回收期比普通商品的项目融资要大和长,但又比传统的项目融资类项目(如大型能源、交通、基础设施等)要小和短,因此,在投资结构、资金结构、融资结构和信用保证结构方面都具有一定的特殊性。

就目前我国的房地产开发市场情况而言,公司融资是主要融资方式。但是随着银行对房地产开发项目贷款的限制要求越来越严,房地产开发市场竞争的激烈化,很多开发商没有足够的资金能力独自开发一个大型的房地产项目。随着开发规模的逐步扩大,越来越多的房地产项目被具有互利目标、能力和资源的多个投资者组成的合资集团所开发、拥有和控制。

4. 按融资渠道分类

按照融资渠道划分,房地产融资有直接融资和间接融资两类。

(1)直接融资是指资金供给者与资金需求者通过一定的金融工具直接形成债权债务关系的金融行为。在直接融资过程中,金融媒介的作用是帮助资金供给者与需求者形成债权债务关系,但金融媒介并不因此与资金供给者或者资金需求者之间形成债权债务关系。

直接融资的优势是资金供求双方联系紧密,有利于合理配置资金,提高资源使用效率;筹资成本较低而投资收益较大。但它的局限在于:直接融资的双方在资金数量、期限、利率等方面受到较多限制;直接融资工具的流动性和变现能力受金融市场的发育程度的限制,一般低于间接融资工具;资金供给方所承担的风险和责任较大。

(2)间接融资是指资金供给者与资金需求者通过金融中介机构间接实现资金融通的行为。在间接融资过程中,资金的供求双方不直接形成债权债务关系,而是由金融中介机构分别与资金供求双方形成两个各自独立的债权债务关系。

间接融资的优势在于多样化的融资工具可以灵活方便地满足资金供需双方的融资需求;金融机构可以通过多样化的策略降低风险,安全性较高;有利于提高金融活动的规模效益,提高全社会资金的使用效率。而间接融资的局限是:资金的供需双方的直接联系被割断,不利于供给方监督和约束资金的使用;对需求方来说,增加了筹资成本,对供给方来说,降低了收益。

在美国,直接融资在整个社会当中占的比重比间接融资要大,这是整个资本市场发达的重要表现。而我国由于直接融资的发展比较晚,虽然在2003年121文件之后,政府官员、发展商、专家、投资公司的看法颇为一致：开拓融资渠道，从间接融资向直接融资转化，但在短时期内仍然难以改变以间接融资为主的融资格局。

第二节 房地产融资的主要方式

一、银行贷款

银行贷款是我国房地产融资的主要方式。与房地产相关的贷款是指与房产或地产的开发、经营、消费等活动有关的贷款，主要包括土地储备贷款、房地产开发贷款、个人住房贷款、商业用房贷款等。尽管对于房地产开发商来说，贷款受到国家宏观政策，特别是利率政策的影响很大，但是目前仍是房地产融资的主渠道。

从2007年至2011年，我国房地产开发资金来源中，国内贷款的比例分别为18.7%、19.2%、19.7%、17.3%和17.3%。虽然从表面上看，银行贷款占房地产开发资金来源的比重并不太大，但实际上，房地产开发企业的自筹资金主要由商品房销售收入转变而来，大部分来自购房者的银行按揭贷款。其他资金来源中的"定金和预收款"也有部分资金来自银行贷款。

2010年，主要金融机构以及农村合作金融机构与城市信用社房地产人民币贷款新增额2.02万亿元，年末余额与2009年同期同比增长27.5%，比2009年年末降低了10.6%。其中地产开发贷款额新增1647亿元，年末余额与2009年同期同比增长24.7%，与2009年年末相比降低79.5%；房产开发贷款新增额为4269亿元，年末余额同比增长23%，增速与上年相比提高7.2%；个人购房贷款新增额1.40万亿元，年末余额同比增长将近29.4%，增速与2009年相比下降12.27%。

国家对银行信贷政策的调整，主要通过两大工具进行：一是调整金融机构的银行存款准备金率，二是调整银行存贷款基准利率。2008年以来银行存款准备金率具有不断上升的趋势，这也间接提高了银行贷款利率，使房地产企业负担的利息加重，增加了融资成本。2010年10月20日上调金融机构贷款基准利率为5.56%，这是两年来首次对该比率的调整，至2010年年末该比率调整至5.81%。2011年4月26日这一比率已上升至6.31%。房地产业不能对银行信贷过于依赖，主动拓宽除银行信贷以外的其他融资渠道是当务之急。

二、上市融资

下面介绍上市融资的概念及我国房地产上市融资的发展。

1. 上市融资的概念

房地产企业上市融资是指房地产企业通过发行上市获得资金或者借壳上市后再进行增发或者配股从而获得资金的一种方式，它是房地产企业和资本结合的理想方式，是国际房地产企业通行的一种房地产融资方式。具体来说，前一种就是直接上市融资，也就是首次发行上市，即通过首次公开募股(Initial Public Offering, IPO)直接上市获得资金，其中又分为境内A股上市和境外上市两种。第二种是间接上市融资，也就是人们常说的买壳上市，即购买上市公司的股权做大股东，然后通过优良资产和有良好收益预期的资产的注入和置换，彻底改变上市公司的经营业绩，从而达到证监会规定的增发和配股的要求，实现从证券市场融资的目的。买壳上市的方式又有两种：一种是场内交易即在二级市场公开收购，但这种方式通常成本很高,因为中国证券市场上市的公司绝大部分都是国企改制和国家控股的,而且无法流通的国有股和法人股占60%以上;另一种是场外交易即协议转让,这种方式的收购价格和成本低,转让基准是每股净资产和净资产收益率,而且国家和地方政府鼓励国有股逐渐退出也有利于协议的完成。多数情况下卖出壳资源的公司资质一般不太好,房地产企业买壳上市有利于提高整个证券市场的公司质量。而增发是指上市公司为了再融资而再次发行股票的行为,配股是向原股东发行新股、筹集资金的行为,《证券法》、《公司法》,以及中国证监会对于股票增发和配股有相应的规定,上市公司增发股票必须在组织机构、盈利能力、财务状况、募集资金数额等方面具备一定的条件才可以增发或配股。

2. 我国房地产上市融资的发展①

从1991年我国股票市场起步以来,证券监管部门对房地产企业上市的发行审核政策经历了"松一紧一趋松"的过程,房地产企业上市政策经历了三个主要阶段:第一阶段是1991—1993年,对房地产企业上市持鼓励支持态度。这一阶段,房地产企业不仅上市数量多,而且市值比重大,深市以深万科、深金田、深宝安、深振业、深长城等为代表,沪市以外高桥、浦东金桥、陆家嘴等为代表。第二阶段是1994—2001年,继国务院在1993年年底颁布《禁止房地产企业上市》禁令后,1995年7月,证监会文件提出,房地产上市企业不得将配股后所得融资用于高档房地产项目的开发。1996年和1997年又发了两个通知文件,均明确规定,金融、地产行业的企业申请上市"暂不考虑"或"暂停受理"。第三阶段是2001年后,以天鸿宝业、金地集团发行上市为标志,房地产企业国内IPO之路解禁。证券监管部门对房地产企业上市持审慎支持态度,即有意扶持、培植一批实力雄厚、运作规范的大型国有房地产企业作为行业龙头,同时对房地产企业IPO设置了较高的审核标准,只有少量"财务状况优良、股东官方背景深厚"的房地产企业可以通过IPO直接上市。

从上述三个阶段看,房地产企业上市融资并不容易,在《关于进一步规范股票市场首次发行上市》中有规定,"自2004年1月1日起,除国有企业集体改制、有限公司整体变更和国务院批准豁免的情况外,股份公司必须设立满三年才能申请上市,而且企业上市前必须经过一年的辅导期"。虽然后来的上市条例中将一年辅导期这一硬性规定去掉了,但企业实现上市的时间至少也得三年(房地产企业很少能够整体变更,特别是民企),这无形中拉长了企业实现上市的时间。另外,关于资产负债率小于70%的规定对于我国大多数房地产企业也是很难达到的。因此,通过IPO上市的企业数量很少。

目前,我国股票市场中有大批上市公司涉足房地产行业,房地产企业买壳上市日益成为房地产公司股票融资的重要途径。

三、发行债券

房地产债券是政府、金融机构或房地产企业为了筹措房地产开发资金而向社会发行的借款信用凭证。债券持有人有权按照约定的期限和利率获得利息,并到期收回本金,但无权参加房地产企业的管理,也不对其经营状况承担责任或享受权益。

以债券发行主体不同来分类,房地产债券可以分为政府债券、金融债券和企业债券三

① 魏塞:《房地产融资方式比较与选择——以重庆地区为例》,西南财经大学硕士学位论文,2007年。

种。由中央政府或地方政府向社会发行的债券称为房地产政府债券。由房地产企业发行的债券称为房地产企业债券,企业债券由于其用途、本息支付方式、发行条件等不同而分为许多种类别。[①]

在西方大多数发达国家,债权融资一般是股权融资的3~10倍,债权融资占各种融资方式筹资总额的比重一般在25%~30%。据统计,美国1999年企业债券发行额达到2500亿美元,是股票发行额的5.8倍。2000年美国共有1592家上市公司发行公司债券融资,而通过发行股票融资的上市公司仅有199家。在我国现行制度下,公司债券的发行受到严格的管制。再加上我国企业债券市场运作机制不完善和企业债券本身的一些缺陷,房地产债券的发行规模还很小。

尽管如此,房地产企业纷纷积极尝试债券融资。2007年,万科、金地集团、保利地产、北辰实业、中粮地产、新湖中宝6家房地产上市公司相继启动债券再融资程序,债券融资金额上限合计达157亿元。另据标准普尔的报告称,2011年上半年,拥有市场评级的中国内地房企已通过离岸市场发行债券融资共计80亿美元,而上半年房企境外发债88亿美元。2011年,恒大地产(3333.HK)、碧桂园(2007.HK)、中骏置业(1966.HK)、佳兆业集团(1638.HK)、华南城(1668.HK)、龙湖地产(0960.HK)、盛高置地(0337.HK)、世茂房地产(0813.HK)等多家在港上市的内地房企通过境外债券市场融资。[②]

当前,政府对用于保障房建设的债券融资持支持和鼓励态度。2011年6月4日,首开股份(600376.SH)董事会对外公告,公司将向银行间市场发行不超过43亿元的中期票据,所募集资金全部用于保障性住房项目的建设。同年3月,四川乐山市市级投融资平台发行的两品种7年期固息公司债券总计10亿元,票面年利率为6.99%,其投资标的包括5个保障房项目。栖霞建设(600533.SH)也公布了17亿元的中期票据,资金将全部用于保障房项目配套。6月27日,国家发改委在其官方网站公布《关于利用债券融资支持保障性住房建设有关问题的通知》。对于参与保障房建设的房地产企业、地方政府专门针对保障房建设而设立的融资平台以及一些相关产业的企业,在其债务融资时,都给予适当鼓励,但是要做到严格用途,严控风险[③]。

第三节 国外及我国香港地区的房地产融资模式

一、美国房地产投资信托基金

自美国1960年创立房地产投资信托基金(Real Estate Investment Trusts, REITs)以来,REITs市场的市值已占全球市场的一半以上。这几十年来美国创造了许多信托投资基金产品并建立和完善了相应的法律制度,目前美国的REITs市场拥有全世界最大的资产量以及完备的管理和法律体系。

1. 美国REITs运作结构

尽管REITs的组织形式一般为公司形式,但在实际运作过程中,往往与其他房地产企

① 刘旦:《我国房地产开发企业债券融资研究》,载《中国房地产》2011年第9期。

② 李鹏:《内房企海外发债受限》,2011年8月22日《中国房地产报》。

③ 张晓森:《首开保障房融资试温债券市场》,2011年6月13日《中国房地产报》。

业或房地产所有者组成合伙企业，持有和管理房地产资产。一般 REITs 采取三种基本的结构形式：传统结构、伞形合伙结构（Up-REITs）和 Down-REITs 结构。Up-REITs 中的“Up”是伞形合伙 Umbrella Partnership 的英文缩写。Down-REITs 中的“Down”与“Up”相对，无实际意义。

（1）传统 REITs 的运作结构。1986 年以前，传统 REITs 的资产管理和运作、REITs 房地产租赁服务、向承租人收取租金等活动一般外包给独立的管理机构进行。这时，REITs 和管理机构属于两个不同的市场主体，如图 11-1 所示。传统 REITs 被要求分配其应纳税收入的绝大部分，REITs 与有限公司结构的公司模式经常会发生相互转化。当公司从有限公司转变为 REITs 时，税收优惠通常是驱动力。当有大量现金要作为红利支付时，应该选择 REITs 以规避所得税。

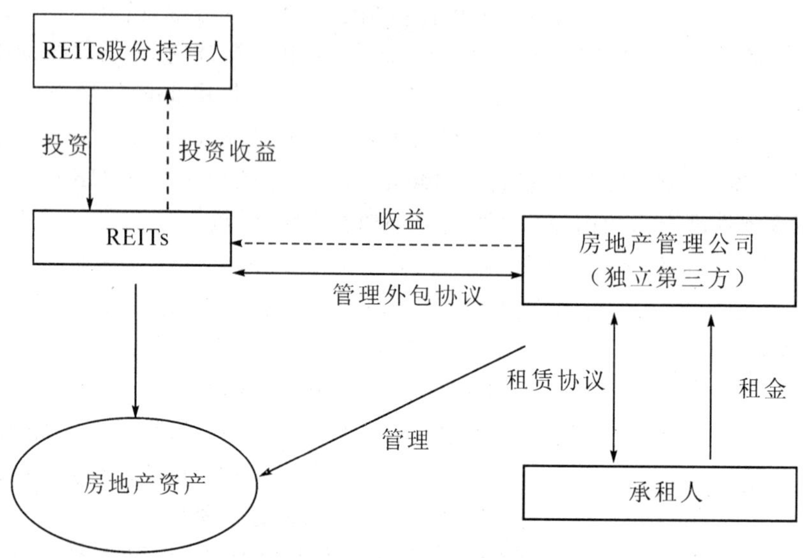

图 11-1　传统 REITs 的运作结构①

（2）伞形 REITs 运作结构。一种新的房地产企业运营结构形式于 1992 年出现，即伞形合伙结构的 REITs（Up-REITs）。自创设以来，Up-REITs 在所有新设立的 REITs 中占了近 1/3。伞形合伙结构的运作过程如图 11-2 所示。首先，数个合伙人共同设立一个经营性合伙企业（Operating Partnership, OP），然后转让自有房地产，以获取代表有限合伙权益的凭证——OP 单位，成为有限合伙人。在设立经营性合伙企业的同时，公开募集成立一个 REITs，REITs 以融得资金向经营型合伙企业出资，成为后者的普通合伙人，即无限责任合伙人。最后，有限合伙人持有 OP 单位一段时间后（通常是一年），合伙人可以把 OP 单位转换成 REITs 股份或现金，从而获得流动性。融资所得资金交给合伙企业后，后者用于减少债务、购买其他房地产等用途。这种结构能够使新建立的 REITs 迅速达到公开上市融资的规模。

（3）Down-REITs 运作结构。Down-REITs 结构最早出现于 1994 年，主要是 1992 年以前设立的“老”REITs 为了获得与伞形结构 REITs 类似的优点，创造出来的一种结构形式。Down-REITs 的运作结构与伞形的类似，都是 REITs 直接拥有和经营大部分房地产，经营

① 葛红玲：《房地产投融资模式创新——基于 REITs 视角的分析》，北京：知识产权出版社，2009 年版。

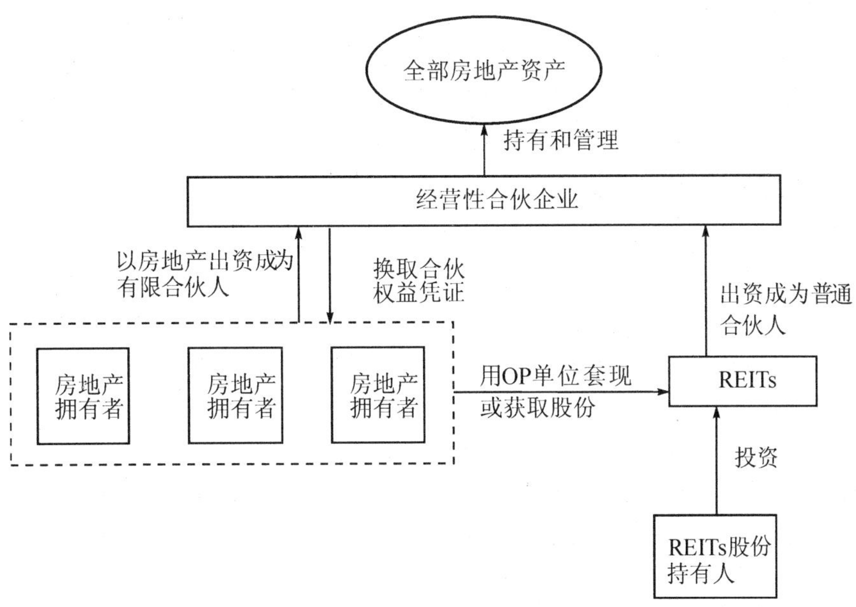

图 11-2 伞形 REITs 运作结构

性合伙企业拥有和管理其余房地产(一般是新收购或有限责任合伙人出资形成的房地产),如图 11-3所示。在 Down-REITs 房地产投资信托结构中,REITs 作为合伙企业的普通合伙人,可以控制多个经营性合伙企业。在这种结构中,它一般是上市的 REITs。

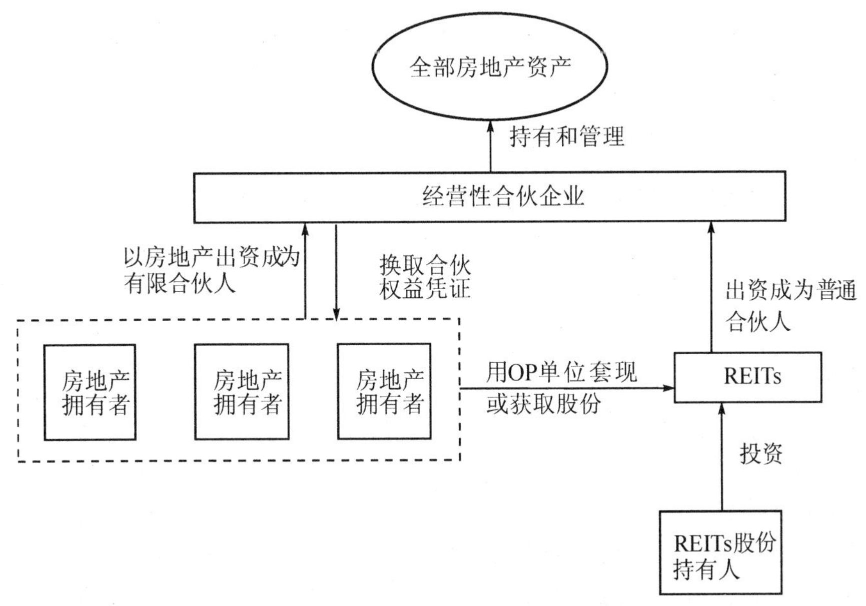

图 11-3 Down-REITs 运作结构

(4)合股和纸夹型运作结构。合股结构 REITs 在 20 世纪七八十年代设立,到 1984 年被禁止新设这类结构,但允许已存在的此类 REITs 继续运营。在这种结构中,REITs 公司股份与房地产运营公司的股份被"合订"或"配对"在一起,因此两公司的所有权人相同。REITs 通过募集设立。纸夹结构是在合股结构受到限制以后出现的一种 REITs 结构模式。

运营公司向 REITs 租借房地产进行运营，收购和运营 REITs 不能投资的房地产，扩大投资范围。REITs 和运营公司是两个不同的公司，只是像纸夹一样通过公司协议"夹"在一起。该协议规定"优先权条款"，REITs 收购房地产后要优先出租给运营公司，运营公司发现收购房地产的机会也要优先转让给 REITs，由后者负责收购。

2. 美国 REITs 的设立要求

在美国，REITs 的设立必须满足一些必备要求。

(1)对组织结构的要求：①由一个或多个受托人或董事管理；②其所有权益是由可以转让的股票或受益凭证来体现的；③征税时视作国内公司法人；④不能是以下任何形式的金融机构(如银行、互助储蓄银行、合作银行、国内建筑与信托协会以及其他储蓄机构)或保险公司；⑤股东或受益人不得少于 100 人；⑥在一个纳税年度的后半年，5 个或 5 个以下的个人持有的 REITs 股份不得超过总股份的 50%。

(2)对 REITs 资产的要求：①REITs 资产价值的 75%以上必须由房地产资产、现金和政府发行的有价证券构成；②投资于证券的总资产不得超过 25%；③不符合第①项要求的证券资产中，持有单个发行人的证券不得超过总资产价值的 5%；④持有单个发行人的证券不得超过发行在外证券总价值的 10%。

(3)对 REITs 的收入要求：①该组织的总收入的 95%以上必须由股息、利息、房地产租金或销售特定资产的收益构成；②至少 75%以上总收入必须来源于房地产租金、房地产抵押贷款的利息、销售特定资产的收益或其他投资所获得的收入；③持有期在 1 年以内的股票或证券，以及持有期在 4 年以内的房地产销售收入，不得超过该实体总收入的 30%。

(4)对 REITs 收益分配的要求：分配给股东的金额必须等于或超过 REITs 总收入的 90%，2001 年之前是 95%。

二、亚洲房地产投资信托基金

自 2000 年起，REITs 在亚洲有了突破性进展。在鼓励 REITs 发展方面，新加坡是最为积极的国家。它允许 REITs 获得比其他亚洲不动产投资信托机构更为广阔的经营领域，并且对 REITs 获得的红利实行零税率。日本自 2001 年出现第一个 REITs 之后，市场发展迅猛，市场份额为亚洲之首。

1. 日本 REITs

日本 REITs 可以分为公司型和契约型两种，根据是否有基金经理人参与，契约型 REITs可以进一步划分为间接型和直接型两种。目前，所有在东京 REITs 市场上市交易的 REITs 都采用公司型。

REITs 管理的资产要求：管理的房地产资产占总资产的比例至少为 75%；资产限于房地产、现金或具有高度流动性的现金等价物；至少 50%的资产必须产生收益，并且在 1 年内不会出售。

财务要求：净资产值至少为 10 亿日元；总资产值至少为 50 亿日元；每交易单位的净资产值至少为 5 万日元。

股权结构：上市股份不少于 4000 股；至少有 1000 位股东。大股东持有受益凭证或投资凭证不得超过总额的 75%。

2. 新加坡 REITs

自2001年正式引入 REITs 后，新加坡的本土资本即开始运用这一新型工具进行房地产投资，并迅速扩张，尤其是在大型商业地产运作中表现出极强的竞争力。

REITs 向投资者发行信托单位，然后运用所融资金购买房地产或者相关资产(例如房地产抵押贷款支持证券等)。REITs 没有独立的法人资格，必须聘任信托管理人管理 REITs，同时聘任房地产管理公司管理所购房地产及相关资产。REITs 委托一位受托人持有资产，并代表投资者(信托单位持有人)的利益。

REITs 持有、管理的房地产及相关资产的收入，扣除支付给受托人、信托管理人、房地产管理人的费用之后，全部作为股利形式支付给投资者。

3. 中国香港 REITs

2003年7月中国香港证监会正式公布《REITs 守则》，2005年6月对其进行修改，其中撤销香港 REITs 投资海外房地产的限制，允许房地产基金投资于全球各地的不动产，从而为中国内地不动产通过中国香港和国际资本市场接轨开辟了途径。

中国香港 REITs 在很大程度上借鉴美国 REITs 的结构，以信托方式设立，由房地产管理公司和信托管理人提供专业服务。通过专项的立法，对 REITs 结构、投资目标、收入分配等方面制定硬性的规定。按《房地产投资信托基金守则》规定，REITs 每年必须将不低于90%的净利润以红利形式分配给信托单位持有人。该《守则》还对 REITs 结构中各参与方的资格和责任等作了明确的规定，这对控制 REITs 这类新产品的风险有积极作用，但是在一定程度上也限制了 REITs 的发展速度。①

三、住房抵押贷款证券化

住房抵押贷款证券化(Mortgage-Baked Securitization，MBS)是资产证券化的一种。它是指相关金融机构将自己所持有的流动性差，但具有较稳定的可预期现金流的住房抵押贷款汇集重组为抵押贷款群组，由特殊机构(Special Purpose Vehicle，SPV)购入，经过担保、信用增级等技术处理后以证券的形式出售给投资者的融资过程。其实质就是将原先不易被投资者接受的缺乏流动性的但能够产生可预见现金流的资产转换为可以自由流通的、能够为广大投资者所接受的证券。由于住房抵押贷款证券化增强了金融机构的资产流动性，从而有助于金融机构贷款向个人购房者倾斜，形成以买方贷款为重心的融资格局，促进住房有效需求形成，加快住房商品的流通。

1. 美国模式——政府主导的市场化运作模式

住房抵押贷款证券化是资产证券化发展史上最早出现的证券化类型，诞生于20世纪70年代的美国。美国模式是在政府的全方面参与下、按市场化方式运作的，政府主导型的 SPV 的运作方式。这种政府调控的市场型证券化模式的形成基于其发达完备的住房金融体系。主要特点可以归纳为：①私人信用占住房抵押市场的主导地位；②各种金融机构以其独特的业务活动形成住房金融市场的完整网络；③美国住房金融市场具有充分的竞争机制以及体系完备的内在运行机制；④政府金融活动构成住房抵押市场的重要组成部分，在住房

① 刘李胜、高翔：《REITs 运作与管理：房地产企业融资上市图景》，北京：中国时代经济出版社，2009年版。

金融机制的主要环节都有政府参与。

总之，它是在政府机构的充分参与下，以市场金融机构投资者为经营主体，多种信用形式相互配合的住房抵押两级市场充分发育的模式。

2. 中国香港模式——政府主导的半市场型证券化模式

中国香港模式是由政府介入，通过银行和投资人之间建立一个关系，中间特设一个机构，通过政府结算体系和证券的托管进行管理约束，与市场上有实力的保险公司联合发起保险计划，由市场上的服务商和托管商对其运作加以支持，然后发行证券。中国香港的这种半市场型证券化模式以及其分阶段实施的方式对于金融体系较落后的发展中国家有借鉴意义。

3. 欧洲模式——完全市场型证券化模式

由于欧洲各国抵押贷款证券的推出没有得到政府强有力的支持，多是金融机构以自己持有住房贷款为基础发行抵押贷款证券。而各金融机构的资本实力、资信等级相差很大，为了提高证券的信用等级以赢得投资者，在没有政府信用担保的情况下，发行者不得不依赖信用增强机制。

这种完全市场型证券化模式是在发达的房地产市场和金融市场基础上发展起来的，能充分运用各种金融机构的功能、各种金融衍生工具的交易，实现证券化运作。

4. 日本模式——政府参与的信托型证券化模式

日本的住房金融机构体系是由私营金融机构兼营住房金融业务和政府专营住房金融机构互为补充的混合模式。其住房资金的解决是利用基金的形式筹集住房信贷资金，同时私人金融机构动用金融手段广泛融资，公积金金融活动混合，从而形成了日本独特的市场型与基金型结合的混合房地产金融模式。①

从住房抵押贷款证券化不同模式的发展情形分析，尽管它们对政府的依赖程度不同，效果也存在差异，但都建立在发达的金融市场、完整的法律框架基础上。

第四节　我国房地产融资的创新途径

一、房地产信托

信托是一项重要的现代金融业务，是金融市场的重要组成部分。所谓房地产信托是指货币所有者或者房地产所有者基于对金融机构的信任，委托其代理购、建、租赁、经营房地产及其证券的经济行为。这是一种以房地产财产为核心，以信任为基础，以委托为方式的财产经营和管理制度。在信托关系中，把货币或房地产委托给他人管理和处置的一方称为“委托方”，接受委托的金融机构称“受托方”，被委托的房地产和证券称为“委托标的物”，享受信托利益的人叫“受益人”，可以是自然人，也可以是法人。

房地产信托融资具有资金成本低、资金操作风险小、产品操作方式比较灵活以及满足广大投资者需求的特点。

① 侯飞：《住房抵押贷款证券化模式的国际比较及启示》，载《经营管理者》2011 年第 2 期。

1. 我国房地产信托发展现状

2001 年出台的《信托法》、《信托投资公司管理办法》和《资金信托管理办法》，对信托公司经营范围进行了定位，标志着我国开始了规范的信托业务。从 2002 年 11 月开始，信托公司掀起了一轮开发房地产信托产品的热潮。经过一段时间在局部地区的试探之后，2003 年年底在全国范围内实现爆发性增长，2003 年和 2004 年分别发行房地产信托产品 42 个和 98 个。2004 年下半年，由于监管加强，“井喷”势头有所遏制。

已经发行的信托项目，基本采取四种模式进行开发运作：直接对房地产项目进行投资、直接给房地产商贷款、对成熟房地产物业进行处置、土地开发整理。这四种模式基本涵盖了房地产开发的各个阶段，具有代表性、针对性和可操作性，是目前我国房地产信托业务的主要方向。相对于其他融资方式，信托融资具有以下优势。

(1)信托资金缓解银行严格房地产信贷后的房地产业资金紧张问题。按照人民银行规定，商业银行发放房地产开发贷款时，企业自有资金应不低于开发项目总投资的 30%，而通过信托公司融资可以不受此限制。

(2)信托产品设计灵活，能根据不同房地产项目对资金的不同需求“量身定制”。信托计划可以从房地产开发资金需求的不同阶段介入，信托平台可以针对不同房地产公司、不同项目特定的风险、收益及现金流的状况，设计出有针对性的信托产品。

(3)信托方式可降低融资成本和操作成本。从已发行的信托产品看，房地产企业的融资成本一般低于银行中长期的贷款利率。而且发行信托产品的手续、复杂程度以及资金到位时间比起发行债券、IPO、增发或配股等其他融资方式更具优势，并且期限灵活、设计多样。

(4)信托融资对企业资本结构有改善作用。在不提高公司资产负债率的情况下实现了融资，优化了资产负债结构。同时，作为资产信用的融资方式，具有在会计处理上的表外处理优势，充分发挥资产信用融资的作用。

但由于房地产企业不断增长的负债率，房地产信贷累积的风险也引起监管层的高度重视，房地产信托融资趋于受限制态势。2010 年 2 月 12 日，银监会颁布《关于加强信托公司房地产信托业务监管有关问题的通知》，信托公司发放贷款的房地产开发项目必须“四证”齐全、开发商或其控股股东具备二级资质、项目资本金比例达到国家最低要求等条件。2010 年 12 月 8 日，银监会针对信托公司下发《关于信托公司房地产信托业务风险提示的通知》，要求各信托公司立即对房地产信托业务进行合规性风险自查，逐笔分析业务的规范性和风险状况，并要求各地银监局督促信托公司在开展房地产信托业务时审慎选择交易对手，严控对大型房企集团多头授信、集团成员内部关联风险等。银监会对房地产信托业务规模较大的信托公司实行“窗口指导”，致使中信信托、平安信托、中融信托、中诚信托、北京信托、上海信托等 20 余家信托公司暂停了房地产信托业务。在监管层不支持的背景下，许多信托公司已经调整了 2011 年的资金投放计划，房地产信托热度已有所消退，尤其是多家公司已经明确普通商品住宅将不再作为重点投资领域，而是把重点转向商业地产和国家支持的保障房项目。①

2. 房地产投资信托基金

房地产投资信托基金是由房地产投资信托基金公司公开发行受益凭证(如基金单位、基

---

① 王秀玲、李文兴:《我国房地产融资创新研究》,载《经济论坛》2012 年第 1 期。

金股份等），将投资者的不等额出资汇集成一定规模的信托资产，交由专门的投资管理机构加以管理，获得收益由基金券持有人按出资比例分享，风险共担的一种融资模式。

REITs作为房地产市场的一种金融投资工具，从海外的发展经验看，有其特点和优势，主要体现在：一方面，流动性高、套现能力强。REITs是证券化产业基金，持有者可以将受益凭证在市场上进行转让流通，属于高流动性资产。如果是上市的REITs，可以在证券交易所自由交易，而未上市的REITs的信托凭证通常情况下也可在柜台市场进行交易流通。另一方面，收益稳定、风险较低。由于REITs必须把净收益的90%以上以股利分红的形式返还给投资者，同时，REITs的收入又是以相对稳定的租金收入为主，因此股利较为稳定、波动性较小。同其他固定收益证券相比，REITs抗通货膨胀能力较强。此外，REITs可以通过对不同地区、不同地产项目进行投资，利用组合优势把投资风险有效分散。再加上REITs是由专家进行操作和管理，因而在一定程度上大大降低了REITs的投资风险。

我国现有信托产品与REITs还有很大差别，无法通过投资组合的形式来有效分散投资风险，见表11-1①。与美国等REITs发展较为成熟的国家及地区相比，我国发展REITs的条件还不够成熟，目前还存在一些障碍。

表11-1　国内信托产品与美国REITs的比较

金融工具类型	美国REITs	国内信托产品
募集方式	公募和私募	私募
投资者或合同的份数	对于公募，投资者不少于100人；对于私募，投资者在100人以上可以享有税收优惠。5人及以下的个体不能拥有超过50%的股份	200份合同
购买的最低金额	不限	5万元，有些产品更高
投资者类型	不限	保险公司、银行、证券投资基金、养老基金等被禁止投资于该产品
流通性	较好，2/3在全国的交易所上市	较差，不在交易所上市交易，信托公司提供收益转让的服务
用途	主要通过拥有成熟物业，以收取租金作为主要收入来源；较少部分用于房地产的抵押贷款，以利息作为主要收入来源	主要用于房地产项目的开发建设
投资对象数目	组合投资，对单个项目没有投资比例限制	绝大多数都是单一信托计划针对单一项目
期限	一般较长，每年大部分收益必须分配	一般为1～3年，到期结束

（1）房地产信托投资法律体系不完善。REITs必须孕育于成熟的法律体系当中，特别是需要专项法律法规规定其运行。在进行REITs业务时，会涉及很多不同的主体，如基金管理者、受托人等，同时需要与证券交易所、会计师、估价师等配合，且与房地产相关的权利和义务必须明确，而我国这方面的法律法规缺陷明显，严重制约了国内REITs的发展。

① 王秀玲、李文兴：《我国房地产融资创新研究》，载《经济论坛》2012年第1期。

(2)专业信托机构和专业人才缺乏。国外的专业信托投资机构一般由经验丰富的房地产经营管理专家组成，而我国REITs起步晚，缺乏能识别与挑选成熟的优质物业，对项目的开发与管理都很擅长的专业信托投资机构。另一方面，REITs业务涉及房地产、基金以及法律审计、资产评估等各个方面，符合条件的复合型、专业化人才在我国还非常稀缺。

(3)信息披露制度不健全。国外的REITs是非常标准化的，信息披露要求非常严格，美国REITs的投资计划、财务计划、投资报酬率、管理费用及投资期限均需主管部门——美国证券管理委员会批准，而且其财务必须完全公开化、透明化。我国目前的信息披露制度很不完善，从房地产信托的信息披露来看虽然按照规定需要披露信息，但是操作上变通性强，信托计划发售时的信息披露对项目的收益和风险结构"轻描淡写"，对国家财政政策、货币政策、税收政策等发生变化可能导致的信托计划收益和风险的变动不能予以明示。在这种情况下，从事房地产投资信托基金的运作面临着巨大的障碍。

(4)税收优惠制度缺失。从REITs的产生来看，它是基于信托原理科学规律上的，从其发展看，主要得益于法律结构下的税收优惠。在美国，房地产投资信托可以获得非常有利的税收待遇，房地产投资信托不属于应税财产，且免除公司税项，获免双重纳税。而目前我国法律尚未对信托收益的纳税作出明确规定，房地产信托计划没有税制的安排，相关法律需要明确、健全。

正是因为这诸多障碍，尽管2008年年底国务院明确提出要开展REITs试点，拓宽房地产企业融资渠道，但从2007年提出建议到"债权型"和"股权型"两个版本的出现，再到2009年上海、天津的试点方案报送国务院，REITs仍然没有突破性进展。

二、房地产私募基金

房地产私募基金是指通过非公开方式，面向少数个人或机构投资者募集资金而设立，以房地产为投资对象的投资基金。

1. 房地产私募基金类型

目前，在我国的资本市场上，私募股权房地产投资基金主要有五种类型。

(1)专门的独立投资基金，拥有多元化的资金来源，比如凯雷集团、黑石集团、华平投资等。

(2)大型的多元化金融机构下设的投资基金，比如摩根士丹利亚洲、淡马锡、德意志银行等。

(3)关于中外合资产业投资基金的法规出台后，一些新成立的私募股权投资基金，比如扬子特别情况基金。

(4)大型企业的投资基金，这种基金的投资服务于其集团的发展战略和投资组合，资金来源于集团内部，比如复地、金融街、中国海外、华润地产、金地集团等，均已试水房地产私募投资基金。

(5)民间投资基金，以民间投资者或中小型企业为主要发起人和管理者，募集资金数量不一，从数亿元到数十亿元不等，其资金总额来源十分多样化。典型代表如依托山西煤矿主成立的高和基金。

前两种基金具有信托性质，其投资者包括养老基金、大学和机构、富有的个人、保险公司等。

2. 我国房地产私募基金发展

房地产私募基金具有非金融融资特点，可灵活操作，降低企业金融风险。不但有利于开发商集合社会各个渠道的资源，使原本炒盘炒地的资金流入开发领域，有利于解决社会资金的出路，同时也满足了企业的资金需求。

据清科研究中心私募股权基金统计报告显示，2006 年度，房地产行业共有 31 个私募股权投资案例，占私募股权基金行业投资案例总数的 42.4%，投资金额达 30.37 亿美元，占传统行业总投资金额的 46.6%。2007 年整个年度呈现活跃的状态，相比 2006 年度稳中有升。2008 年度由于受到全球金融危机的影响，房地产私募股权领域的资产配比有所下降，其直接表现就是募集资本大幅紧缩。从 2008 年年底至 2009 年年底仅有一支规模为 4 亿美元的私募房地产基金完成募集。2010 年，房地产私募股权基金规模鉴于政策累积刺激等因素影响又有幅度上的上升，年内共有 10 支基金募集到位 18.59 亿美元。2011 年上半年，共有 7 只房地产基金募集到 11.3 亿美元①。

一些知名房企已经开启房地产私募基金途径进行融资。2009 年 8 月，复地集团发起成立国内首只私募房地产基金，共募集 5.5 亿元人民币。该私募基金的主要管理者来自于复地当年的合作方——荷兰 ING 房地产基金。2010 年 3 月，中海与工银国际投资管理公司成立规模约为 2.5 亿～5 亿美元的房地产基金，主要用于投资中海地产集团的住宅物业。2010 年 4 月，金地与瑞银环球资产管理集团合作发起的房地产基金首期 1 亿美元募集完成，主要投资国内住宅项目。五家投资者分别来自欧洲、中东和亚洲，其管理团队由金地与瑞银共同组成。2011 年，远洋地产对旗下房地产基金 Sino Prosperity Real Estate Fund L. P. 出资 7000 万美元，用作投资内地房地产项目。万通地产与华润深国投信托公司共同发起一只私募股权投资(Private Equity, PE)，基金规模 3.726 亿元。

近年来，各类房地产投资基金在我国非常活跃，其中，成熟物业收购和共同开发房地产项目是房地产投资基金的主要运作模式。然而，现阶段我国的房地产投资基金主要是海外地产基金，国内地产基金起步晚，投资和管理能力较弱。随着法律法规的逐步完善和国内房地产投资基金经验的不断丰富，我国房地产投资基金的地位将与日俱增。

三、资产证券化

下面介绍商业房地产抵押贷款支持证券和住房抵押贷款证券化。

1. 商业房地产抵押贷款支持证券

商业抵押担保证券(Commercial Mortgage Backed Securities, CMBS)是一种不动产证券化的融资方式，将多种商业不动产的抵押贷款重新包装，通过证券化过程，以债券形式向投资者发行。该项产品具有发行价格低、流动性强、充分利用不动产价值等优点。在发行证券时，发行人设立一个商业抵押贷款的基金池，并向投资者发行证券，而发行人保留抵押贷款的所有权，发行的债券由基金池中的贷款予以担保，贷款通常受到第三方受托人的托管，受托人将代表债券所有人确定债券发行的相关规定都可得到严格的遵守。

CMBS 诞生于 1983 年。当时，美国 Fidelity Mutual 人寿保险公司将价值 6000 万美元的商

① 申威：《房地产私募股权基金：新政下房企融资新方向》，2011 年 12 月 5 日《证券时政报》。

业地产抵押贷款以证券的方式出售给另外三家人寿保险公司，从此开始出现了商用房产抵押贷款证券化这一崭新的证券化形式。2005年美国CMBS的发行量猛增到2000多亿美元，2007年发行量更高达3000亿美元，至2007年年底发行在外的未赎回债券金额约为7770亿美元，是目前最大的CMBS交易市场。在欧洲，2005年上半年CMBS额增长149%，达到了212亿欧元，高于2004年全年总额，共有30宗交易。欧洲市场上，英国的份额最大，达到73%，除此之外，荷兰、法国、德国和意大利的CMBS也非常活跃，德国的份额在2005年上半年已经增长到整个欧洲市场的5.1%，较上一年增长了8.5%。在亚洲，表现最为活跃的是新加坡，2004年只有5宗交易，交易额9.7亿美元，而在2005年上半年就有3宗，交易额8.54亿美元。

在CMBS的发行过程中，金融机构的抵押贷款为债券的发行提供担保，为了确保投资者从抵押贷款上获得的收入足以支付债券的利息并在到期日足以偿还本金，债券发行人通常要为债券发行提供"超面值担保"。具体的操作是通过以下途径实现的，将基金池中未偿还的抵押贷款余额保持在高于所发行债券金额的水平上，考虑到一些借款人可能会违约或拖延支付基金池里的抵押贷款，所以发行人会承诺提供超过发行证券的平价，即达到发行证券面值的125%～240%的抵押贷款担保。这样做，可在抵押贷款被拖欠的情况下，确保向证券投资者的利息支付。CMBS与以往的抵押担保证券相比，其优势表现在：基金池里的商业抵押贷款资产的到期时间短(5～15年)，且常常是只付利息的。实际上，商业抵押担保证券的收益来源主要是商业不动产稳定的租金收入，在CMBS的操作中，借款人初期的租金仅用于支付利息，贷款到期时才进行一次性全部本金的偿还。进入基金池的现金流量将只由每月的利息支付构成，因此，房地产的质量、他们所处的地理位置和租户的信誉都要在对债券进行评估时予以考虑。由于证券构成的结构有所不同，优先份额可得到优先的偿付。在CMBS的证券构成结构中，优先份额和次要份额有时也被称为"A档"和"B档"，下面还设有一些子类别，优先份额对进入基金池的所有付款有优先要求权。其次，是次要份额，最后是剩余额类或资产份额持有人。这样，可保障债券持有人的合法权益，也更为公平。流动性好及高收益性也是CMBS吸引投资者的关键因素。2005年9月初，五年期欧洲CMBS AAA级债券利率仅比LIBOR高出25%，在2004年同期，该指标为50%，债券利差的缩小，意味着发起人和借款人的融资成本在降低。同时，债券投资者的回报率却达到了4.16%以上。在CMBS的购买者当中，银行、货币市场基金、对冲基金、保险公司和养老金等机构投资者占了大多数，这非常有助于强化债券的流动性。

2005年中国人民银行、中国银行业监督管理委员会公布的《信贷资产证券化试点管理办法》，以及银监会公布的《金融机构信贷资产证券化监督管理办法》，意味着CMBS作为信贷资产证券化产品，其发行在中国已具备初步的法律框架。2006年，万达集团在澳洲知名银行麦格理银行的帮助下，成功地以CMBS的方式融资近10亿元人民币，开创了国内CMBS成功筹资的先例。

与其他融资方式相比，CMBS的优势在于发行价格低、流动性强、对母公司无追索权、释放商业地产价值的同时保持资产控制权和未来增长潜力，以及资产负债表表外融资等。CMBS可以使投资人和融资方获得双赢，不仅使得融资方获得较低成本的贷款，同时还能使得投资人获得理想的风险和回报。

从国际发展经验看，CMBS在大多数国家证明是成功的。我国的CMBS要成功发展起来，还需要政府、银行、保险公司、评级机构等各方积极培育，大力推动，以及健全的法律制度为金融自由化、金融创新保驾护航。

2. **住房抵押贷款证券化**

近十几年来，关于住房抵押贷款证券化问题，我国学术界已经做了大量的前期研究工作，随着房地产业的发展和住房抵押贷款余额规模的扩大，以及经济金融环境的市场化程度的不断提高，为发展住房抵押贷款证券化提供了一定的前提条件，2005年年底，中国建设银行也启动了住房抵押贷款证券化的试点。但MBS要在我国正式推行，尚存在制度障碍、法律障碍和市场障碍等诸多问题。2007年美国的次贷危机爆发，其中一个重要原因是其房地产抵押贷款证券化市场及其衍生市场发展的不规范，由此也为我国发展MBS提供了警示，必须高度重视住房抵押贷款证券化一级市场发展的规范性和稳健性，从源头上控制MBS的风险。同时制定相关的法律规范，为MBS的运行提供法律保证。

【思考题】

1. 房地产融资受哪些政策因素影响？
2. 房地产间接融资的优势有哪些？
3. 通过查阅资料，分析我国不同时期房地产企业上市融资的要求。
4. 美国REITs有哪几种运作结构，其主要特点分别是什么？
5. 我国当前的房地产信托与REITs的区别主要有哪些？

第十二章　房地产投资

房地产投资的目的就是通过开发与经营等过程获取未来收益，对房地产的各种投资方式进行组合，预测和应对投资风险，以实现预期投资目标。本章介绍房地产投资的特点和类型，并深入阐述房地产投资的决策方法、投资流程和主要模式。

第一节　房地产投资概述

一、房地产投资的特点

投资在经济学中被定义为“将现在的消费，通过某种媒介转移为将来的消费的行为，是为获取利润而进行的资本投入”。房地产投资是指企业以获取期望收益为目的，将资本投入到房地产开发经营中的行为。

2011 年全年我国房地产投资 61739 亿元，占城镇固定资产投资比重 20.44%。事实上从 2000 年以来，随着房地产市场的逐步发展，这个比重始终保持在 20%左右，成为拉动国民经济增长的重要支柱产业之一。

由于房地产商品的特殊属性，房地产投资（主要指房地产开发投资）具有以下特点。

1. 投资成本高

房地产行业是一个资金高度密集性行业，投资一宗房地产，通常需要上千万甚至上亿元的资金。这是由房地产本身特性和房地产经济过程所决定的。①土地开发的高成本性。由于土地的资源稀缺性，它的供给是绝对有限的，而人类对土地的需求却在不断增长，因此土地价格总体呈不断上升的态势。由于土地的固定性，拥有独特景观或位置优势的土地往往会价格更高，而土地市场的价格竞争，如土地的招标、拍卖或挂牌等，往往还会大幅度抬高土地的市场价格。②房屋建筑的高价值性。房屋的建筑、安装要耗费大量材料、人工和机械，需要投入大批工程技术人员和施工管理人员，因此房屋建筑成本较高，再加上房地产开发建设周期长，占用资金大，需要支付大量的贷款利息，也增加了房屋建筑物的成本。

2. 投资回收期长

房地产投资项目从选择地块、筹资、规划、设计、设备采购、建筑施工、竣工验收、直至出售或出租一般需要 3～5 年时间，最终收回全部开发投资需要相当长时间。房地产投资过程要受到房地产市场各个组成部分的制约，即土地投资市场、综合开发市场、建筑施工市场和房产市场 4 个相互联系的市场，一旦资金投入房地产开发项目，就要经过这几个市场的一次完整流通才能获得利润。

3. 投资风险大

房地产投资风险主要表现在以下几个方面。

(1)购买力风险。如果社会经济处于下滑阶段,经济形势出现萧条,通货膨胀上升,人们的购买力水平将直接下降,从而导致房地产市场的有效需求下降,建成的房屋由于滞销而空置。2008年金融危机期间,美国商品房市场遭遇严重的购买力危机,市场上堆积大量待售的住宅,据美国商务部数据显示,2008年11月新房销售量仅为40.7万套,为1991年以来的最低水平。①

(2)经营性风险。房地产投资会受到许多事先难以预测的不确定性因素的影响。房地产经营风险主要是由于房地产市场的特点、开发经营条件的变化、投资者的决策行为和水平、经营者的经营管理才能和水平等所致。因此,房地产投资企业应加强对这一复杂而特殊市场的调查和研究,重视房地产市场信息的掌握,提高投资决策和经营管理水平,加强产品和服务的创新,以减少经营性风险。

(3)政策风险。房地产投资效果受土地供应和土地开发管理政策、货币和信贷政策,以及宏观调控政策影响深远,并受项目所在地区房地产市场管理办法和城市规划的直接约束。因此房地产投资者应审时度势,深入了解房地产的有关政策法规,对其可能产生的影响有充分的估计,增强房地产投资的政策风险意识。

二、房地产投资的类型

1. 按投资形式分类

根据投资形式可将房地产投资分为房地产直接投资和房地产间接投资。

(1)房地产直接投资,是指投资者直接参与房地产开发或购买房地产的过程,参与有关的管理工作,包括从购买土地开始的开发投资和物业建成以后的置业投资。①房地产开发投资是指投资者从获取土地开始,到建造房屋、经营房产,通过销售把房地产商品转让给其他投资者来实现投资收益。房地产开发投资需要的投入一般比较大,投资周期也比较长。本章所讲的房地产投资主要是指房地产开发投资。②房地产置业投资是指投资者购买新建商品房或房地产二、三级市场的房地产商品,通过自用或销售实现消费、保值、增值及收益所带来的利润。

(2)房地产间接投资,是指将资金投入到与房地产相关的证券市场的行为。房地产的间接投资者不需直接参与具体的投资管理工作,投资形式包括购买房地产企业的债券、股票,购买房地产投资信托基金、房地产抵押贷款证券等。

2. 按房地产投资领域分类

根据房地产投资领域可将房地产投资分为住宅房地产投资和商业房地产投资。

(1)住宅房地产投资。随着住房制度的改革和居民购买力水平的提高,居民对住宅的有效需求大大提高。从1998年商品房市场启动以来,居民面临强大的住房需求和较高的投资利润,绝大多数房地产企业一直将住宅房地产投资作为主要业务。但由于住房属于居民的基本消费品,因此住宅供求是一个敏感的社会问题。住房价格、住房的投资收益、住房的标准都成为社会关注的焦点,当它们超出一定的合理范围时,会受到政府的宏观调控,所以住房投资是一种在国家干预下的商品化经营。

① 克伟:《金融危机冷了全球楼市　美国市场尚无回暖迹象》,2008年12月29日《国际金融报》。

(2)商业房地产投资。一般包括商场、超市、购物中心、旅馆和各种服务行业等项目。相对于住宅房地产来说，商业房地产投资具有收益性强、经营方式多样、风险大、经营管理要求高等特点。商业房地产的经营方式多种多样，一般以租赁经营为主，租金收入的高低主要并不在于售出价与建造成本的对比，而受到多种因素的影响。地段的繁华程度、建成后的经营管理、商业企业的品牌商誉都会对租金收入产生影响。在相对更长的投资回收期内，周边经济环境、交通状况、人流状况、政府政策等都可能发生变化，对收益产生较大的影响。因此，商业房地产投资的风险比较大，对经营管理的要求比较高。

三、房地产投资的决策分析方法

投资决策方法主要针对投资项目的经济评价而言，是可量化的投资标准或投资准则，也称为项目评价方法或资本预算方法。

1. 传统的房地产项目投资决策方法

我国房地产企业普遍采用的投资决策方法，主要是以现金流折现模型计算项目的净现值法(NPV)和内部收益率法(IRR)。其决策准则是：当一个项目的净现值大于零时进行投资，或者是当项目的内部收益率大于行业基准收益率时进行投资。

(1)净现值法。在对房地产项目现金流量分析的基础上，计算项目的净现值(NPV)。净现值是对投资项目进行动态评价的最重要指标之一。该指标要求考察项目计算期内各个阶段发生的现金流量，按一定的折现率将各年净现金流量折现到同一时点(通常是期初)的现值累加值就是净现值。净现值的表达式为：

$$NPV = \sum_{t=0}^{n}(CI - CO)_t(1 + i_0)^{-t} \tag{12-1}$$

其中，NPV 表示净现值；CI 表示现金流入额；CO 表示现金流出额；$(CI-CO)_t$ 表示第 t 年的净现金流量；n 表示项目寿命年限；i_0 表示基准折现率。判别准则为：对单一项目方案而言，若 $NPV \geqslant 0$，则项目应予以接受；若 $NPV < 0$，则项目应予以拒绝。多方案比选时，净现值越大的方案相对越优(净现值最大准则)。

计算净现值时采用的折现率，隐含了投资者对项目收益率的要求，它的取值是基于无风险利率、机会成本、资金成本、行业基准收益率，以及要求回报率等的综合考虑。

(2)内部收益率法。内部收益率是反映项目所占有资金的盈利率，是考察项目盈利能力的主要动态指标。内部收益率又称内部报酬率。由净现值函数可知，一个投资方案的净现值与所选贴现率有关，净现值的数值随贴现率的增大而减小。在方案寿命期内，可以使净现值等于0时的折现率称为该方案的内部收益率。其计算公式为：

$$NPV = \sum_{t=0}^{n}(CI - CO)_t(1 + IRR)^{-t} = 0 \tag{12-2}$$

其中，IRR 表示项目内部收益率，其余符号同式(12-1)。设 i_0 为基准折现率，则项目判别准则为：若 $IRR \geqslant i_0$，项目经济效果可行，应予以接受；若 $IRR < i_0$，项目经济效果不可行，应予以拒绝。

这些传统的投资决策方法对于确定型房地产项目的决策是适用的。但是，从房地产投资特点看，项目周期长、规模大，而且市场环境等存在很大的不确定性，大部分房地产项目存在灵活性，什么时候开工，什么时候销售，可以随着市场的变化调整策略，甚至调整产品结构，从而改善项目现金流，净现值法或者内部收益率法无法体现项目的这种柔性价值，也无法量化项目投资对企业发展战略的影响。

2. **实物期权视角的房地产投资决策方法**

实物期权视角的房地产投资决策方法主要有实物期权和扩展净现值。

(1)实物期权。实物期权指的是可在合适时机购买实物资产的机会。当企业决定开展一个投资项目时，由于市场情况不明朗，管理者可掌握投资的时机，其有权选择是立即投资，还是等待市场明朗后延迟至合适时机投资，这就是延迟期权；投资开始后，管理者发现市场不景气，投资项目达不到预期的目标，此时管理者可以选择缩减投资，此为改变规模经营期权。在投资项目实施过程中，随着新信息的不断获得和不确定性状况的变化，管理者有权利改变当初的投资决策，这种弹性对投资项目是有价值的。等待市场明朗化期间，对企业而言如同购买了一项看涨期权，使企业有权利等到对自己有利的情况下才执行此项权利。这种存在于实物资产中且具有选择的权利，即为实物期权。

考虑实物期权的决策方法允许在未来根据获得的最新信息作出灵活决策，因此，当项目具有不确定性，同时企业有一定的选择权时，实物期权分析方法在投资决策中是适合的。

(2)扩展净现值。考虑了期权价值后，项目决策应在净现值基础上考虑由于管理灵活性或选择权带来的期权价值，计算扩展净现值。

扩展净现值＝项目净现值＋管理灵活性或选择权的价值 (12-3)

当净现值小于0而扩展净现值大于0时，期权价值的存在改变了投资决策结果。期权的价值可以通过二叉树模型、布莱克-舒尔茨模型及其扩展模型、蒙特卡洛模拟方法等建立模型估计。影响期权价值的主要因素包括标的资产目前价值、期权执行价格、标的资产价值的波动率、无风险利率、期权有效期等。

3. **投资组合决策**

房地产开发企业在房地产投资时往往不仅投资一个项目、一种产品或一个地区，在房地产投资活动中，将资金分散化可以降低投资风险。房地产投资组合是指依据投资环境、物业形态、实际用途、消费层次和流动形式等因素，对房地产市场细分，通过分析各类房地产投资的风险与收益的关系，评价和选择两个或多个相关性不强的产品或经营方式进行开发投资的过程，通常是指不同类型或不同地区房地产的投资组合。

房地产投资组合决策的基本思路是：以风险和收益为中心变量，确定房地产投资优化组合中各项目的投资比例及规模，从而使组合投资实现收益最大和风险最小的最佳结合。

第二节　房地产投资的流程

房地产投资流程包括投资决策、土地获取与储备、房地产项目开发和房地产销售四个主要阶段。

一、投资决策

投资决策正确与否直接关系整个项目的成败。这一阶段需要对投资项目进行整体策划分析，通过市场调研和预测，设计备选方案，进行投资估算和财务评价，从而对投资项目的可行性进行分析和判断。

1. **市场分析**

市场分析为房地产投资决策提供信息，是土地开发潜力分析、规划方案设计、营销策划、销售规划等的基础。它在房地产决策中的重要性主要体现在两个方面。

(1)识别市场机会，正确判断市场环境的变化。房地产市场环境处于不断变化中。随着收入水平和生活品质的提高，人们的居住需求水平和消费特征发生变化，住宅产品设计不断创新，新型材料和智能建筑得以推广应用。房地产市场的周期变化以及政策因素对房地产市场的影响，更加剧了市场环境的动荡，房地产投资者应适时调整投资方案，及时抓住市场机会，规避风险，这就需要开展全面而深入的市场调研和市场分析。

(2)分析市场潜力，准确定位细分市场。在对房地产市场环境全面分析的基础上，进一步分析市场供给和需求、主要竞争者及其市场份额，结合投资者自身的长期发展战略，寻找细分市场。针对潜在细分客户群的需求特征和规模，进行更细致的调研和分析，制订相应的市场推广计划，以尽可能小的推广成本获得最大的宣传效果，对项目的开发进度、销售时机、销售定价和销售量等进行不同方案的比较。

2. **方案比选**

投资方案比较和选择是寻求合理的经济和技术决策的必要手段，也是房地产投资决策工作的重要组成部分。投资决策的实质，就在于选择最佳方案以取得最好的投资效益，实现利润最大化目标。

房地产开发投资的形式包括住宅(出租性住宅、出售性住宅)、办公楼宇、商场(购物中心等)、酒店、工业厂房、仓储性物业、娱乐场所及设施、休闲性场所及设施等。具体选择哪种形式取决于投资企业的发展战略和投资组合，同时也取决于拟开发地块的用地性质。当有多种土地可供购置，多种类型的楼宇可以建造时，选择哪一块土地建造何种类型楼宇经济效益最高、风险最小是必须认真考虑的问题。需要结合具体地块的区位特征、地形地貌和周边环境，进行方案设计。

(1)区位分析。区位是影响房地产投资价值的重要因素，在选择区位时应该重视以下问题：①注意对区位升值潜力的分析。成熟地块的土地成本相对较大，因此并不一定越接近市中心的投资取得的收益就越高。在选择区位时，要进行各种利弊的权衡比较，全面考虑收益和成本，分析区位的升值潜力。②选择区位要有超前意识，特别是对道路、公交、学校、医院等配套公共设施进行深层次分析。如果投资者能够分辨出哪个区位在不远的将来对买方具有吸引力，他们能在这类信息反映到价格之前，抢先得到该区位的土地开发权，就可以更好地驾驭市场。

(2)产品定位。房地产开发应遵循最高最佳利用原则，就是说，在技术可行、规划许可且财力允许的前提下达到最有效利用。设计应舒适有效，楼群布置与地形、景观达到协调一致。新开发项目应符合时代潮流，建筑设计要具有超前意识，以延长物业经济寿命。产品应有清晰的定位，以满足细分客户群的需求特征，结合经济指标对方案进行比选。

3. **财务分析**

财务分析是通过对投资项目未来现金流量的估计，测算项目的盈利能力和偿债能力，据此判断这项投资在财务上的可行性。并考虑销售时机、价格、销售量和利率等可能的变动，进行敏感性分析和概率分析。

(1)盈利能力分析。盈利能力是考察房地产投资项目的财务效益。在财务分析中,对投资项目建成后是否盈利,盈利水平有多大,盈利能力是否满足项目的投资要求等进行测算和评估。在市场分析和市场预测的基础上,对投资项目计算期内的现金流量进行预测,编制全部投资现金流量表、自有资金现金流量表和利润表等相关财务报表。两张现金流量表分别以全部投资和投资者的出资额为计算基础,分析投资项目现金流入和现金流出,其中现金流入主要包括销售收入、出租收入、其他收入、回收固定资产余值及回收流动资金。全部投资现金流量表的现金流出包括开发建设投资、流动资金、运营费用、修理费用、销售(含出租)税金及附加税、土地增值税、所得税等。自有资金现金流量表的现金流出增加了借款本金偿还和借款利息支出两项。另外,在形成这张报表时,由于全部投资中除了自有资金外的投资都通过债务资金来解决,考虑到这部分债务资金的流入和流出两相抵消后,在现金流入中就不把债务资金作为流入,也不把全部投资作为流出,只有自有资金投资作为流出。根据这两张现金流量表,可以计算全部投资和自有资金的净现值和内部收益率等动态评价指标,判断项目的盈利能力。利润表是反映投资项目计算期内各年的利润总额以及利润分配情况的报表,可以计算投资利润率、投资利税率、资本金利润率和资本金净利润率等静态评价指标。

(2)清偿能力分析。投资项目的清偿能力分析包括两个层次。

一是对项目的财务清偿能力分析,即考察项目收回全部投资的能力。理性的投资者总是期望能够尽早收回全部投资。

二是对债务清偿能力的分析,主要是指项目偿还借款和清偿债务的能力。反映项目清偿能力的指标包括动态投资回收期、借款偿还期、利息备付率、偿债备付率、资产负债率、流动比率和速动比率等。①动态投资回收期是指考虑资金的时间价值,全部投资得以回收的年限,可以根据现金流量表计算。②借款偿还期是指可用于偿还借款的资金来源还清建设投资借款本金所需要的时间。③利息备付率是指项目在借款偿还期内各年可用于支付利息的税前利润与当期利息费用的比值。④偿债备付率是指项目在借款偿还期内,各年可用于还本付息的资金与当期还本付息金额的比值。⑤资产负债率是项目负债总额与资产总额之比,揭示了项目投资者对债权人债务的保障程度。⑥流动比率是项目流动资产与流动负债的比值,描述的是项目流动资产变现后偿还流动负债的能力,其高低反映了项目承受流动资产贬值的能力和偿还中、短期债务能力的强弱。⑦速动比率是指项目速动资产与流动负债之比,速动资产是指能迅速转变为货币资金的资产,扣除了流动资产中存货这类变现能力较差的资产,因而用速动比率评价项目短期偿债能力更精确。第②、③、④个指标分别反映了投资项目的还本付息能力,可以通过借款还本付息表计算得出;第⑤、⑥、⑦个指标分别反映了项目长期和短期的偿债能力,可以根据资产负债表计算得出。

二、土地获取与储备

房地产投资企业从城市规划部门或者市场调查中选中有开发潜力的场地后,还要与当地政府土地管理部门、当前土地使用者进行接触,以获取场地开发的权利。

目前我国获取土地使用权有通过政府土地出让和从当前土地使用者手中转让两种途径。当前我国的土地储备制度实行国家土地统一收购和垄断供应的出让方式,由政府决定城市土地的供应总量,在一级市场上控制房地产用地数量。政府土地出让是房地产开发用地供应的主要途径，目前有招标、拍卖、挂牌等出让方式。

土地的稀缺性决定其对于房地产企业具有战略性意义，土地储备规划是企业实现战略目标的重要手段。然而，过量的土地储备将导致机会成本提高、资金利用率低下以及企业风险增大等问题，且在土地新规实施后所获得的增值部分还需要按规定缴税，这意味着在土地增值税清算后，房地产企业以往所奉行的低价拿地策略，将面临高额的税收补缴代价。因此，房地产企业如何进行土地储备规划，解决储备多少土地、储备什么样的土地和在哪里储备等问题，对企业提高利润、降低风险有着重大的战略意义。

图 12-1 为截至 2006 年 12 月 31 日和 2007 年 12 月 31 日，几个大型房产企业的土地储备建筑面积。如图 12-1 所示，案例公司的土地储备规模庞大，2006 年各案例公司的土地储备众数在 1500 万平方米左右，而 2007 年各案例公司的土地储备众数增加到2000万平方米左右。案例公司的土地储备都足够自身多年发展，可见各案例公司都将土地作为自身的“生产资料”和战略性资源进行储备。因为，土地储备不仅是企业利润的重要保证，而且对企业的持续发展非常重要。

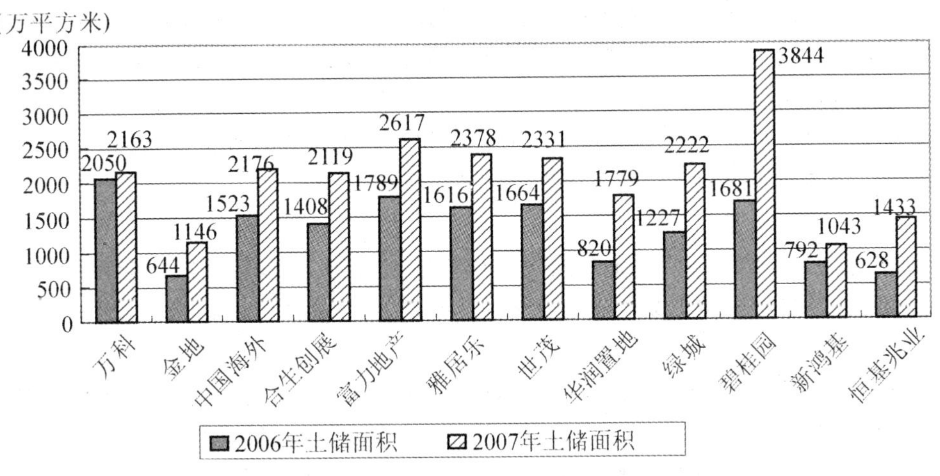

图 12-1　2006—2007 年一些房地产公司的土地储备建筑面积比较

其中的土地储备面积包括企业所获取的可供发展物业、发展中物业和已竣工未出售物业的建筑面积之和。上述企业的土地储备投入如图 12-2 所示。

这里所说的土地储备投入，是指案例公司投入在土地上的总成本，包括已支付的土地款、税收（契税、城镇土地使用税）、开发成本、资本化的融资成本等；从会计分类上划分，土地储备投入包括开发物业、投资物业、固定资产中的楼宇部分、长期股权投资。

其中，开发物业（又称供出售物业、物业存货等）包括拟开发产品（又称土地使用权、土地预付）、在建产品和已完工成品（或物业）；投资物业（又称投资性房地产）包括待发展投资物业（又称土地使用权、土地预付）、在建工程和已完工投资物业；固定资产中的楼宇部分包括酒店、楼宇和在建工程等；长期股权投资包括联营公司投资、共同控制实体投资等。由于对于一些地块面积大的项目，企业往往分期进行开发，以便降低成本、提高利润，有些企业将未开发的几期项目作为可供发展物业，有些企业则作为发展中物业。现为了便于比较，将可供发展物业、发展中物业和已竣工可出售物业三者合在一起，称为开发物业存货，而这里的开发物业存货不包括原材料、消费品及其他。图 12-2显示，各房地产开发企业对土地储备的投入

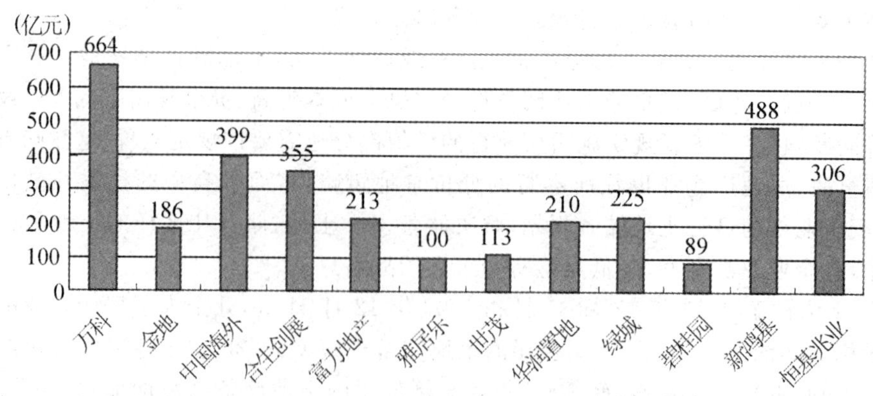

图 12-2　2007 年房地产公司的开发物业投入比较

都是不遗余力的，其中开发物业存货的投入规模都在几十亿元以上。

我国大多数房地产开发企业因某一块土地而发展、壮大，也有企业因为某一块土地而衰落，甚至有企业因为土地储备过量而被兼并。因此，土地储备决策是房地产开发企业日常性的一项工作，也是房地产开发企业一项重要的战略决策，房地产开发企业必须倾其全力进行研究，告别拍脑袋的决策方式。企业进行土地储备，要解决什么时候买、在哪里购地、购什么地和购多少地四个基本问题，科学的土地储备决策流程有助于合理地确定储备土地的价值、规模、结构和布局，从制度上保障企业进行土地储备决策的正确性和准确性。以下是科学进行土地储备决策的流程。

(1)信息搜集。信息搜集不能只局限于几个领导和前期部，应该发动全体员工，甚至是所有利益相关者和土地信息资源者的积极性，对具有商业价值的信息提供者给予相应的奖励。

(2)时机。房地产市场具有周期性，一般会经历复苏、繁荣、衰退和萧条四个阶段，因此企业在拿地和进入一个城市之前，要选择一个好的时机进入，以达到事半功倍。同时，调整自身的战略目标，在时机好的时候多拿地，在时机不好的时候少拿地。根据全国性房地产周期判断应该进入哪些区域，根据区域性房地产周期判断应该进入哪些城市，根据城市房地产周期判断何时购地。

(3)区域。对于那些立志于成为全国性品牌的企业，确立自身在全行业比较超前的领先地位和竞争优势，那就首先应在空间上做好战略布局，哪些区域和城市可进可不进，哪些区域和城市不能进。在发展的同时，也规避了风险。

(4)城市。每个城市的地理位置、人口数量与结构、经济发展水平、房地产市场发展程度、产业政策等差异性很大，造成项目的盈利性和可持续发展性有着很大的差别。企业在选择城市时，不能只关注单个项目的盈利状况，还要考虑企业的战略目标和区域市场周期，考虑企业的长期可持续发展性和市场影响性。

(5)地块。选择地块，不仅需要对土地价值进行清晰的判断，包括对区域规划、周边环境、土地自身条件等，更要明确的是土地未来价值的增值空间，从城市的高度上审视项目，以获得政府的支持或是整合政府资源加以利用，从立意上占据有利地位。此外，选择地块时，不能只关注项目本身能否盈利，还要考虑其是否符合企业的战略目标和战略定位。

(6)获取。在获取时，要根据自身的资源和能力，确定是否购地和购多少地。有多少资金，就买多少地；有什么样的资源和渠道，就买什么样的地；有多少经营运作能力，就买多少地，量力而为。①

三、房地产项目开发

在房地产开发过程中，首先要取得政府立项和规划许可。在房地产整个开发过程中，其与投资决策、土地使用权获得等一起又称为开发前期工作。在这些开发前期工作完成之后，才可进入实质性的建设开发阶段，即设计和施工阶段。

1. 立项和规划许可

(1)立项。立项是投资建设项目领域的通用词汇，特指建设项目已经获得政府投资计划主管机关的行政许可(原称立项批文)，可以进入项目实施阶段。

根据《国务院投资体制改革的决定》(国发〔2004〕20 号文件)，对于企业不使用政府投资建设的项目，一律不再实行审批制，区别不同情况实行核准制和备案制。其中，政府仅对重大项目和限制类项目从维护社会公共利益角度进行核准，其他项目无论规模大小，均改为备案制，项目的市场前景、经济效益、资金来源和产品技术方案等均由企业自主决策、自担风险，并依法办理环境保护、土地使用、资源利用、安全生产、城市规划等许可手续和减免税确认手续。对于企业使用政府补助、转贷、贴息投资建设的项目，政府只审批资金申请报告。因此，一般房地产项目立项实行备案制。

(2)规划许可。开发商首先必须持城市计划部门批准立项文件、开发建设单位或其主管部门申请用地的函件、工程情况简要说明和选址要求、拟建方案、开发项目意向位置的地形图及相关资料，向城市规划管理部门提出开发项目选址、定点申请，由城市规划管理部门审核后向城市土地管理部门发征询意见表。开发商请有关部门填好征询意见表后，持该征询意见表、征地和安置补偿方案及经城市土地管理部门盖章的征地协议、项目初步设计方案、批准的总平面布置图或建设用地图，报城市规划管理部门审核后，由城市规划管理部门下发《选址规划意见通知书》。

①申请建设用地规划许可证。开发商必须持城市计划部门批准征用土地的计划任务书、城市土地管理部门的拆迁安置意见、地形图、《选址规划意见通知书》、要求取得的有关协议及相关资料，向城市规划管理部门提出申请。经城市规划管理部门审核后颁发建设用地规划许可证。建设用地规划许可证主要规定了用地性质、位置和界限。

②规划设计条件审批。开发商持城市计划管理部门批准的计划任务书、开发商对拟建项目的说明、拟建方案示意图、地形图和设计单位提供的控制性规划方案及其他相关资料，向城市规划管理部门提出申请，经城市规划管理部门审核后，下达《规划设计条件通知书》及用地红线图。《规划设计条件通知书》主要规定了征地面积、规划建设用地面积、总建筑面积、容积率、建筑密度、绿化率、建筑后退红线距离、建筑控制高度和停车位个数等。

③设计方案审批。开发商应首先委托有规划设计资格的设计机构完成方案设计，然后持设计方案报审表、项目设计方案的总平面图、各层平立剖面图、街景立面图等、方案说明书及其他相关资料，向城市规划管理部门提出设计方案审批申请，城市规划管理部门接此申请后协同其他有关单位，审查详细规划设计方案并提出修改或调整意见。开发商根据审查意

① 浙江大学房地产研究中心：课题研究报告《房地产上市公司发展模式比较》，2008 年。

见调整方案后，再报城市管理部门审批，审批通过后由城市规划管理部门签发《规划设计方案审批通知书》。

④核发建设工程规划许可证。开发商持由城市建设主管部门下发的年度施工任务批准文件、工程施工图纸、工程档案保证金证明、其他行政主管部门审查意见和要求取得的有关用水、电、煤气等协议，向城市规划管理部门提出申请，城市规划管理部门接此申请后，将负责主持召开市政配合会，组织有关单位进行综合图会签等工作。最后签发建设工程规划许可证。

2. **房地产开发项目规划设计的原则**

不同类型、不同规模的房地产项目，其规划设计各有特点。总体而言，应遵循以下基本原则。

(1)符合城市总体布局，完善城市结构。每一个城市的布局结构都有自己的个性。有些呈圈层结构，内圈层即城市中心区为商业中心和行政中心，交通拥挤，人口密度高，中圈层即城市边缘区，呈半城市、半农村状态，建筑密度较小，外圈层即城市影响区，建筑密度低，但也许会产生城市工业区和新居住区；有些呈放射状布局，以城市交通干线为轴，由市中心向周围辐射，中心区交通比较便捷，人口分布均匀；有些呈带状布局，城市沿河流两岸或矿床带，向两个方向延伸，带状纵向跨度大，横向跨度小；还有很多大城市正在向多中心格局发展，中心城区内部有多核布局，在城区周边的近郊也有更多的新中心承载城市的各种功能。对于不同性质、规模和自然地理条件的城市，所选择的发展布局结构是不可能完全相同的，因此，房地产项目的规划首先要符合这个城市的布局结构的要求和思想意图。

(2)丰富和创造最佳的城市空间环境。房地产项目的规划设计不但要创造自身的优良生活空间，同时还要与城市整体环境相协调，创造一个完整、统一、美好的城市空间环境。房地产项目本身是城市的一个组成部分，项目的建筑形式、外立面等直接影响城市景观。因此房地产项目的空间环境及建筑形象与城市的空间环境是不可分割的整体，在规划设计房地产项目空间环境时必须考虑与城市的关系，并使之为城市面貌的改善起积极作用。

3. **房地产开发项目规划设计的内容**

房地产项目的规划设计内容包括建筑规划设计、道路规划和绿化规划。

(1)建筑类型选择。要在满足城市规划要求的同时，综合考虑项目自身的技术经济条件，决定具体的建筑物类型，如对住宅项目是选择高层、多层还是排屋、别墅类建筑。

(2)建筑布局。在房地产项目规划中，首先应形成合理的功能分区，功能分区就是确定场地或建筑内部各个组成部分的相互关系和相互位置。应根据项目的生产流程、使用的先后顺序、相互之间的联系紧密程度将性质相同、功能接近，并且联系密切，对环境要求一致的建筑物、构筑物及设施分成若干组，结合基地内外条件，形成合理功能分区合理使用土地。一般以道路、河流、绿化带作为边界。

其次是确定符合规范要求的建筑间距和建筑朝向。影响建筑朝向的主要因素是日照和通风。由于我国处于北半球，因此大部分地区最佳的建筑朝向为南向，适宜朝向为东南向。影响建筑间距的主要因素有日照、通风、防火、防噪、卫生、通行通道、工程设施布置、抗震要求。住宅应每户至少有 1 个居室能获得冬至日满窗日照不少于 1 小时。

(3)配套公建。居住区配套公建是否方便合理，是衡量居住区质量的重要标准之一。规划部门在提出拟出让地块的规划设计条件时，会将出让地块必须配套或附加建设的公共设施，包括教育、医疗卫生、文化体育、社区服务、物业管理、环境卫生、停车场、农贸市场等设施一并提出，并提出配套建设的位置、规模。取得土地使用权的开发建设单位，必须严格遵循规划设计条件的各项要求。

在具体的布置上，各级公共建筑应有合理的服务半径，设置在交通方便、人流较集中的地段，符合人流走向，便于居民使用。

(4)*居住区道路规划*。居住区道路是城市道路的延伸，车行道担负着居住区与外界及居住区内部的交通联系；步行道连通居住区内住宅与绿地、公建和户外场所。作为居住空间和居住环境的一部分，居住区道路既是交通空间，又是生活空间，还是居住区环境设计的重要组成部分。影响居住区交通组织的因素是多方面的，而其中主要的是居住区的居住人口规模、规划组织结构类型、规划布局、用地周围的交通条件、居民出行的方式与行为轨迹、本地区的地理气候条件，以及交通设施发展水平等。

根据《城市居住区规划设计规范》，居住区内道路可分为居住区道路、小区路、组团路和宅间小路四级。其中居住区道路红线宽度不宜小于 20 米；小区路的路面宽度 5～8 米，建筑控制线之间的宽度不宜小于 10 米；组团路的路面宽度 3～5 米，建筑控制线之间的宽度不宜小于 8 米；宅间小路的路面宽度不宜小于 2.5 米。居住区的主要道路特别是小区路、组团路既要通顺又要避免外部车辆和行人的穿行。

(5)*绿地规划*。居住区内绿地包括公共绿地、宅旁绿地、配套公建所属绿地和道路绿地。居住区内的绿地规划，应根据居住区的规划布局形式、环境特点及用地的具体条件，采取集中与分散、重点与一般相结合，点、线、面相结合，地面与地上相结合的绿化系统。新区建设的绿地率不应低于 30%，旧区改建不宜低于 25%。

北京市的《居住区绿地设计规范》对居住区开放式绿地、组团绿地和宅间绿地等提出明确要求，比如，居住区开放式绿地应设置在小区游园、组团绿地中，可安排儿童游戏场、老人活动区、健身场地等。组团绿地的面积一般在 1000 平方米以上，宜设置在小区中央，最多有两边与小区主要干道相接。宅间绿地及建筑基础绿地一般应按封闭式绿地进行设计。宅间绿地宽度应在 20 米以上。绿地规划设计的内容包括：绿地布局形式、功能分区、景观分析、竖向设计、地形处理、绿地内各类设施的布局和定位等。

4. 房地产开发项目的设计

设计可以说是一个房地产项目的灵魂。房地产项目的设计包括建筑设计和结构设计。

(1)*建筑设计*。好的建筑设计，既能创造良好的室外空间环境和确保完善的功能配套，又能确保住宅合理的使用功能及较好的建筑立面艺术效果，同时尽可能节约用地，降低工程造价和房屋的经常使用费用。从表面上看，建筑设计即建筑的室内平面布置和建筑外立面的艺术表现，其需要考虑建筑的整体造型、建筑结构、建筑承重、建筑材料及水、电、气、热、光纤等管网线路布置，因而是一个建筑技术问题，完全是建筑设计师的事。其实不然，建筑室内的平面与空间设计是实现消费者居家生活的基本要素，是满足舒适性的首要前提，只有满足了消费者需求的建筑设计才能确保项目销售畅旺。因此，建筑设计应强化市场意识，以最大限度满足顾客需要、保证顾客利益为出发点，使建筑能够最大限度地满足消费者现在与将来的生活需求。

对住宅房地产项目来说，建筑设计环节对项目影响最大的是户型设计。好的户型设计，既要符合细分客户需求，顺应所在区域的地理位置及人们的文化背景、生活习惯、经济发展水平等需求，又要体现出舒适性、合理性、私密性、功能性、经济性、美观性，还要有灵活性、超前性。2006年，国务院发文要求新建项目建筑面积在90平方米以下的户型应占总建筑面积的70%以上，90平方米被界定为刚性需求的合理户型面积，而120～140平方米是目前大部分城市房地产市场认可的改善性住房户型面积，如何在既定的总面积下实现合理的功能区间，并尽可能提高有效使用面积，是建筑设计创新的关键。从整个项目角度看，各种户型的比例配置及其位置分布也是非常重要，应结合目标消费群的收入水平和消费习惯整体定位。

（2）结构设计，是对建筑物的结构构造进行设计。结构设计的合理性和经济性是决定结构工程建造成本的关键因素。研究表明，在满足同样建筑功能的前提下，通过结构设计的优化后，一般可比常规设计降低土建工程造价5%～10%。对于面广量大的房地产开发项目，进行结构设计优化具有很好的经济价值和现实意义。

结构设计应在保证建筑使用功能和建筑总体效果的前提下，通过选用合理的结构体系，优化结构布置，对结构受力进行详细分析计算，使整个结构体系既安全可靠，又经济合理。既要满足现行结构设计规范的要求，又使结构各构件之间达到最合适的比例关系，以提高结构整体的抗震性能、抗风性能等功能。同时，结构设计必须考虑施工的方便性。

5. 房地产开发项目的实施管理

实施阶段是房地产投资项目资金大量消耗，资产逐渐形成的阶段。材料设施采购和工程质量、进度、投资管理是项目实施管理的主要内容。

（1）材料设施采购。主要材料和设施的选型和质量对提升房地产项目的产品价值至关重要，房地产开发企业必须对采购管理加以足够的重视和研究。房地产项目的材料设施采购包括参与制订采购计划、选择供应商、品质管理和成本控制等过程。

在制订采购计划前要考虑项目进度安排和相关制约因素。根据项目的销售计划和工程进度，编制准确的物料清单，分析可能的进度变化对采购计划的影响，对物料价格涨跌幅度、市场景气等加以预测，分析价格变化对采购预算的影响。

在选择供应商时，材料价格、材料质量和供应商的服务是首要的考虑因素，供应商的实力、信誉、地理位置、结算条件等是进一步甄选的依据。根据材料特性、采购成本、采购周期和采购数量等综合考虑，常用的采购方式有招标采购、比价采购和限价采购。

材料品质不仅在很大程度上影响价格，还直接关系工程的质量。品质管理应有事前规划、事中执行和事后考核三个步骤，事前定下品质标准，并和供应商确认规格和验收标准；过程中检查供应商是否按照规范作业，品质控制措施是否落实；事后严格执行验收标准，及时处理有关质量问题，监控材料品质。

采购成本管理对于提高项目利润有直接影响。降低采购成本的方法有：①集中采购，将各项目的需求集中起来，通过较大的采购量获得优惠价格。②价值分析，从功能和成本匹配的角度分析采购的价值，分析替代性材料的功能价值。③供应商管理的总成本原则，借助精心设计的物流活动一体化减少成本开支。

（2）工程质量、进度、投资管理。质量、进度和投资是建设工程项目的三大主要控制内容，对房地产项目的投资效果也会产生直接影响。质量不高或进度延误不仅会影响销售，甚至危及房地产企业的声誉，投资失控则会导致开发成本超支，降低项目的盈利水平。

房地产企业的工程管理人员，以及根据国家有关规定聘用的工程监理单位技术人员，对项目承建商的工程施工进行全面的管理和监督，形成事先的计划审核、事中的过程控制和事后的及时调整机制，确保工程质量达到竣工验收要求，符合施工承包合同约定的质量标准；工程进度遵照施工组织设计中的工程进度计划，并遵守合同约定工期；工程投资在预算范围内，涉及的工程变更和费用调整符合工程项目管理流程。

四、房地产销售

房地产销售是指房地产投资开发企业在开发出各种商品后，通过流通领域将商品房转移给消费者的过程。房地产商品的销售主要有开发商直接销售和代理销售两种类型。

(1)直接销售，是由房地产开发商直接面向消费者出售所开发的产品。通过产品销售环节，开发商可以及时了解购房者的需求及变化，实时调整产品的设计和生产，对购房者的要求作出快速反应。同时减少流通环节，降低销售成本。但这种方式要求开发商具备相应的营销能力，能够承担销售过程中的资金压力。

(2)代理销售，是房地产代理商接受开发商的委托运用自己的营销力量进行商品房销售，并从中获取佣金或手续费。由于分工的细化，房地产开发商专注于项目的开发，委托一家有经验的销售代理公司负责房产的销售工作，对于一些功能复杂的大型综合性房地产开发项目，开发商有时还会委托两家以上的销售代理公司共同承担项目的销售。这种销售方式可以很好地发挥代理公司的专业才能和营销渠道，使开发商将人力和精力集中于产品的开发，但合作能否成功很大程度上取决于开发商和代理商的协调和沟通。代理商应尽早地介入项目的前期和开发过程，从销售视角为产品的设计和开发提出专业建议，开发商也应该汲取有益的提议及时调整项目的规划和开发。

第三节　房地产投资的模式

除传统的自行投资、自行开发、自行销售的投资模式外，房地产企业不断尝试新的投资模式，包括合作开发、项目代建、项目股权投资和企业并购等多种方式。

一、合作开发

近年来由于房地产行业频繁的宏观调控，导致资金和土地资源越来越紧张，房地产合作开发现象大量呈现。合作开发房地产项目的方式，能够有效地整合土地、资金和技术等资源，更好地实现项目的开发。

1. 合作伙伴选择

房地产合作开发战略能否实施，主要还是取决于房地产企业当时所拥有的价值资源。这种互补性的合作，就得从企业价值链的优势环节入手，通过挖掘房地产合作开发主体的核心竞争力，重新构建价值链实现优势互补，以形成更大的合力。

(1)合作开发的价值要素。与房地产开发基本活动对应的价值要素包括：人力资源，房地产行业人才流动性较高，高水平的人才资源将是房地产企业长期处于竞争优势地位的有力保障；专用性资源——土地、技术、资金、业务范围和服务水平，这些资源是房地产开发企业得以生存的命脉，尤其是土地资源具有不可替代性，房地产市场化程度的加深将会体现这些资源的重要性；品牌文化资源，它是房地产企业的无形资产，是企业外部形象和内部因素相互结合的有力象征,能增强企业的竞争优势。房地产企业可以通过对这些价值要素进行一系列的整合,形成自身的核心竞争力,其主要表现为战略规划能力、资源整合能力和创新能力。

房地产合作开发能使各个主体把自身核心竞争力或者核心价值要素结合在一起,大大加快房地产项目的开发进度,避免了在项目开发过程中出现价值要素相对供应不足的矛盾,且能在开发过程中帮助合作开发的主体积累经验,充分发挥它们的资源和技能的竞争优势。

(2)合作开发的参与方式。根据我国当前房地产市场的实践,合作开发的参与方式主要有以下几种。

①一方出地一方出资,共同开发分别销售。拥有土地使用权的一方提供土地资源,其他的合作开发主体提供资金和技术,以双方的名义共同开发项目,依据签订的合同进行实物分配,各自对其名下的房屋进行使用和销售,这种参与方式让各方共同开发经营、风险共担、利润共享且对外具有连带责任。

②一方出地开发,一方出资并受让部分房屋。拥有土地使用权的一方提供土地资源,其他的合作开发主体提供资金和技术,但是以拥有土地使用权的一方名义进行项目开发,项目完成后,按照合同约定把其中一部分房屋和附着的土地使用权一并转让给其他合作开发的主体。

③一方出地,一方出资,有经营权者开发并转让部分房屋。拥有土地使用权的一方提供土地资源,其他合作开发主体提供资金和技术,以其中具有房地产开发经营权的企业名义进行项目开发,待项目完成后,按照合同约定把其中一部分房屋和附着的土地使用权转让给其他合作开发的主体。

④组建项目公司开发销售,分配利润。拥有土地使用权的一方提供土地资源,其他合作开发主体提供资金和技术,各方共同出资组建新项目公司,以房地产开发项目公司的名义进行项目开发,并按照合同约定分配房屋附着的土地使用权或者房屋销售后的利润。

(3)合作开发的主体选择。合作开发主体的选择一般遵循以下几个原则。

①资源互补原则。房地产企业建立合作伙伴关系,往往是由于现实的资金或土地匮乏,或缺乏必要的社会关系和营销网络,难以利用市场机会。选择合作伙伴首先是为了弥补资源缺憾,以实施企业发展战略或及时应对市场变化。

②战略一致性原则。合作企业将共同面临项目的开发和运营风险,战略不一致,势必会在项目开发过程中缺乏工作协同性,从而影响项目开发的整体进程。

③风险分担原则。房地产项目开发和销售过程中面临政策风险、市场风险、自然风险、社会风险等一系列风险,合作开发过程通过资源整合和共同促进,可以有效降低风险,通过合同约定形成一定的风险分担机制。

2. 合作开发的组织模式

为有效整合资源,支撑房地产项目的合作开发,必须设置合理的组织模式。依据合作开发主体的组织目的、相互之间的关系,房地产合作开发组织模式可以划分为三类。

(1)市场驱动型组织模式,是各个合作开发主体为了抓住房地产市场机遇,各自提供相互补充的资源、技术、能力而构建的一种组织模式。在此种组织模式中,合作开发主体之间的地位是相互平等的。这种组织模式可以充分实现资源互补,但也可能因为在项目开发流程中有太多交织而难以统一思想,因此信任和协调沟通很重要。

(2)价值链驱动型组织模式,是建立在房地产产业价值链和项目生命周期基础之上的,由价值链上的资源、技术、设备、品牌、服务等环节作为组织结构模式建立的驱动因素。房地产合作开发中的各个主体都将自身的业务集中在价值链的其中某个部分，通过各个主体间的互相合作来实现房地产产品与服务的增值过程，最终实现合作开发主体的核心能力。这种组织模式中，各个合作开发主体在项目生命周期中只专注其擅长的增值工作业务，不仅优化了房地产的产业价值链，增强了合作开发组织的竞争力，相互之间也更容易协调。

(3)品牌驱动型组织模式，由拥有土地或资金等其他资源但没有房地产品牌优势的企业与房地产名企合作进行房地产项目的开发，由于品牌房企在项目开发运作上经验丰富，没有品牌优势的企业在项目合作过程中以学习者的身份配合品牌房企，由后者主导项目的开发过程。品牌房企在合作中获得的可能是较为便宜的土地或者地方上的关系网络等。

二、项目代建

建设工程的代建制度是国际上通常采用的一种工程项目管理模式。在我国，“代建制”主要是指政府投资主管部门将政府投资项目，通过招投标等方式委托给专业的工程项目管理单位，委托其进行项目建设，建成竣工验收后移交给建设(使用)单位的项目管理制度。从事代建的单位可以是管理咨询类公司、工程施工总包类公司，以及房地产开发公司、投融资公司等。

房地产代建模式是由拥有土地、资金的委托方发起诉求，由拥有项目开发建设经验的专业代建方承接，双方通过平等协商建立合作关系，最终实现共同盈利的一种商业模式。随着近年房地产调控的日益趋紧，土地成本、资金压力逐渐增大，不少大型房地产企业开始涉足代建领域，以规避风险，获取更多的市场机会。

1. 代建模式的分类

基于委托方的不同性质，房地产代建模式可分为政府代建和商业代建两类。

(1)政府代建，由政府相关部门委托，房地产企业承接拆迁安置房、公共租赁房等保障性住房和大型公共服务配套的建设管理与服务，根据项目的投资、销售或利润总额收取佣金的代建模式。政府投资项目的利润虽然不高，但通过参与民生工程建设，代建企业在赢得市场占有量的同时，提升了企业社会形象，也可以获取更多的社会资源，特别是在房地产调控的背景下是一种不错的选择。

(2)商业代建，是由非政府委托方委托，代建企业承接项目开发建设的开发模式。商业代建模式体现了市场经济专业化分工的基本原则，在确定合作关系前，委托方与代建方必须对房地产项目的开发理念达成共识，以保证项目正常有序运转。

2. 代建模式的特点

代建模式主要有两个特点。

(1)品牌优势在代建模式中发挥重要作用。房地产企业的优质品牌在承接代建业务过程中起到重要作用，拥有资金或土地的委托方往往是相信代建企业的品牌效应可以为项目带来增值而产生合作意愿。

(2)代建模式可以减少但并不能完全消除风险。虽然代建方不承担项目的土地成本和工程成本，相应的财务风险可以减少，但仍然存在项目规划条件、土地权属的确定以及委托方的资金支付能力等风险因素。为保障项目开发和销售节奏，确保项目开发按计划推进，在前期管理、规划设计、工程建设、营销策划、竣工交付等阶段，代建企业需要做好风险预控，以免出现项目问题而影响企业声誉。

【案例分析】

绿城代建模式全解读①

绿城建设的代建业务可分为三种模式:项目代建、资本代建和政府代建。

无论是哪种模式,绿城在选择合作对象的时候要求都十分严格。据绿城房产建设管理有限公司总经理曹舟南介绍,绿城在选择合作方的时候,有三个条件:第一,土地的权属证明必须是取得的;第二,对方对房产的开发理念和对产品的要求基本吻合绿城的定位;第三,必须具备非常好的资金条件。

1. 项目代建

项目代建就是与已经取得土地证的企业对接,由合作方承担全部或部分资金,绿城建设承担开发任务,通过管理和品牌输出,为已获得项目的委托方提供房地产全过程的管理。

在这个过程中,委托方负责筹措项目开发所需全部资金,拥有项目开发中的投资决策权、监督权、建议权和知情权,享有项目的投资收益,承担项目投资风险。

绿城建设负责项目管理团队组建,项目总经理及主要专业负责人由绿城建设派遣,财务负责人由委托方派遣。项目管理团队根据合同约定、项目公司董事会的授权,以及项目公司管理制度行使项目运营管理权,履行项目委托管理的职责和义务。

绿城建设负责包括项目前期管理、规划设计管理、工程营造管理、成本管理、营销管理、竣工交付管理等开发环节的全过程管理。绿城建设根据合同约定在受托管理项目使用绿城品牌。履行项目委托开发管理职责和义务,根据合同的约定或委托方的授权行使项目日常经营管理权,努力实现项目管理各项目标,取得合同约定的收益。

委托项目可使用“绿城”品牌字样作为项目推广案名,并在项目推广销售阶段的广告、销售资料和项目现场包装等推广物料中使用“绿城”品牌字样和商标。同为品牌输出,绿城和中体奥园的模式不同之处在于,中体奥园是单纯赚取管理费。而绿城是参与开发全过程,从前期管理、规划设计,一直到工程营造、成本控制、营销策划、竣工交付,以及到最后的物业管理。

委托方筹措项目开发所需全部资金,主要负责项目公司财务管理,绿城建设拥有财务信息知情权。

代建方需要向绿城建设支付的费用包括三个部分:派驻团队基本管理费、委托开发管理费、项目业绩奖励。绿城的收益也来自这三个方面。

绿城建设将根据委托项目规模、物业类型以及开发计划,派驻相应数量的管理团队。管理团队的基本管理费包括工资、社会保险、福利等,一般采用包干制的方式予以约定,由委托方承担,在项目公司列支。

委托开发管理费的取费标准原则为项目总销售额的7%(别墅类项目高于此标准),结合项目物业类型、总销售额、销售去化速度等因素确定。委托开发管理费主要根据项目销售进度节点,并结合部分关键工程节点,分批支付。如果项目分多期开发,以项目每期的销售额为基数,按上述方式分批支付。

项目业绩奖励以双方约定的项目经营指标(如销售总额、利润指标等)作为经营考核目标,当项目经营结果超过考核目标时,按一定标准提取奖励,具体奖励方案根据项目实际情况协商确定。

---

① 案例来源:中国房地产报,陈青蓝,2011年3月28日。

2. 资本代建

根据绿城集团官方网站上的介绍，资本代建的操作模式为：与外部资本对接，提供投资咨询、项目开发管理等一系列服务。

具体说来就是通过成立平台公司募集资金，绿城负责开发建设，并与投资方共享收益。绿城主要是参与和发起成立基金，拓展融资渠道。这被认为是绿城与资金对接的一种方式，如果在“绿建”的大池子里面，既有合作方提供的代建项目，又有希望进入房地产投资的基金，“绿建”这个代建公司生意才会做好。否则，单纯拿钱去做代建，绿城本身紧绷的现金流不能支撑。

3. 政府代建

政府代建就是与政府安置房建设对接，承接安置房、限价房等保障性住房和大型公共服务配套的建设管理，由绿城的专业团队承担项目开发任务。绿城将根据项目的销售额或利润额提取7%～8%的分红。据不完全统计，目前绿城在全国多个城市承建的安置、保障性住房总建筑面积已超过500万平方米。

三、项目股权投资

以股权投资方式介入房地产项目，一般通过对房地产项目公司的股权交易进行。房地产项目公司是指专为开发特定的房地产项目而成立的房地产开发公司，通常拥有待开发或正在开发的房地产项目。部分或者全部收购房地产项目公司股权的动机都是获得土地使用权或在建工程。[①]

1. 房地产项目股权投资的特点

房地产项目股权投资主要有两个特点。

（1）*可以更为灵活地介入房地产项目投资。*与通过项目直接转让方式介入房地产投资相比，通过股权间接转让更为机动灵活。根据《城市房地产转让管理规定》，房地产项目直接转让应符合相关规定：按照合同约定已经支付全部土地使用权出让金，并取得土地使用权证书；按照出让合同约定进行投资开发，属于房屋建设工程的，应完成开发投资总额的25%以上；属于成片开发土地的，依照规划对土地进行开发建设，完成供排水、供电、供热、道路交通、通信等市政基础设施、公用设施的建设，达到场地平整，形成工业用地或者其他建设用地条件。转让房地产时房屋已经建成的，还应当持有房屋所有权证书。股权投资可以不受上述条件的限制。

（2）*房地产股权投资的目的在于房地产项目。*与常规的公司股权交易是为了扩大公司经营规模、提高市场占有率、优化资源等不同，房地产股权投资主要是为了获得土地使用权或在建工程。房地产股权投资转让的标的是房地产项目公司的股权，房地产项目权益作为房地产项目公司的资产随公司投资主体变化而自然转移。因此股权投资不仅要对房地产项目公司的风险进行充分评估和控制，还要对房地产项目本身的可行性进行分析。

2. 房地产股权投资的风险控制

房地产股权投资的风险控制主要有两方面。

（1）*通过专业的管理流程控制投资风险。*成立专业小组，从财务、法律、前期手续、工程、

① 董昕：《以股权转让进行房地产项目转让的风险控制》，载《中国房地产》2009年第4期。

市场等多角度对项目及房地产项目公司进行调研，决策层从战略、发展需要等方面全局考虑，综合评估投资的风险程度。

(2)通过合同明确约定权责划分边界。在股权投资或股权转让合同中明确约定权责的划分边界。特别是对于历史遗留问题，或有债务等，应明确划分债务的时间边界；通过付款节点的安排控制相关的关键风险点，例如土地使用权存在抵押或查封等情况，需将土地使用权解押或解封作为付款的时间节点；还可以通过保证金、担保等方式，控制可能的隐蔽风险，有效的担保形式有银行保函、母公司担保或上市公司担保等。

【案例分析】

兰园等多个豪宅项目易主——绿城四宗项目股权转让[①]

绿城房产官方微博连续披露四宗项目股权转让信息。股权转让涉及兰园、新华造纸厂地块等引人注目的杭州市中心豪宅项目，也包括无锡、上海两地的部分项目。

其中，2011 年 12 月 9 日，绿城集团签订关于出售杭州绿城墅园置业有限公司(以下简称“绿城墅园”)股权转让协议，绿城集团将所持绿城墅园之 35%股权，以注册资本金成本作价人民币 7000 万元出售与一非关联人士。绿城墅园主要持有并开发杭州新华造纸厂项目。

2011 年 12 月 14 日，绿城集团签订关于出售杭州绿城锦玉置业有限公司(以下简称“绿城锦玉”)股权转让协议，绿城集团将所持绿城锦玉之 50%股权，以注册资本金成本作价人民币 12500 万元转让与两家非关联人士。绿城锦玉主要持有并开发杭州兰园项目。

2011 年 12 月 30 日，绿城集团签订关于出售上海静宇置业有限公司(以下简称“上海静宇”)股权转让协议，绿城集团将所持上海静宇之 49%股权，以注册资本金成本作价人民币 4900 万元出售与一非关联人士。上海静宇主要持有并开发上海东海广场项目。

2012 年 1 月 5 日，绿城集团之附属公司无锡绿城湖滨置业有限公司与融创中国控股有限公司之附属公司融创置地签订股权转让协议。无锡绿城将所持湖滨置业之 51%股本权益以人民币 5100 万元转让与融创置地。无锡绿城仍持有湖滨置业之 49%股权。

由于微博披露的信息有限，对四个项目涉及的土地款、工程建设投入和债务关系等并无提及，绿城通过此番腾挪实际可获得的现金流不详。比较引人注目的是，绿城在杭州市中心武林广场附近的三个豪宅项目，已有两个进行了转让，仅有地段最好、地价最低的杭汽发项目仍保持原股权结构。说明绿城短期内对顶级豪宅市场十分悲观，高价地项目成为逃生路上率先丢弃的辎重；当然，也表明楼市极度低迷的情况下，杭州市中心高端项目仍是被资本看好的优质资产。

新华造纸厂地块位于杭州湖墅南路，由绿城集团于 2009 年 9 月取得，楼面价 22361 元/平方米，尚未开盘。绿城·兰园位于杭州环城北路和环城东路交界处，于 2009 年 10 月 10 日由绿城集团以 29.1 亿元的高价拍得，折合楼面价 20963 元/平方米。若剔除其中商业部分，兰园的住宅部分实际楼面价可能已近 25000 元/平方米。2011 年 4 月和 6 月，兰园先后两次开盘，均价为精装修 53800 元/平方米。透明售房网显示，兰园已推出房源 263 套，共售出 95 套。

据了解，新华造纸厂项目原为绿城与西子共同开发，兰园原来的股东则包括绿城、西子和赛丽三家。绿城虽未透露这两个项目股权的新买家，但记者从相关人士处获悉，买家均为某国资背景的大型企业。

---

① 案例来源：杭州网-每日商报，杨广宏，2012 年 01 月 06 日。

四、企业并购

通过房地产企业的并购重组，实现土地开发权获取、整合区域布局也是一种新的投资模式。并购是兼并与收购的简称，兼并是指企业与其他企业合为一体，收购则仅仅是一方对另一方居于控制地位。但在实际过程中，兼并和收购往往交织在一起，很难严格区分，因此通常统称为并购，指一家企业通过获取其他企业的部分或全部产权，从而获得对该企业控制权的投资行为。房地产企业并购的动机大多为扩大市场份额、获取规模效应和增强企业竞争力。

1. 房地产并购的特点

房地产并购的特点主要有三个。

(1)并购在很大程度上是基于土地的资源优化配置过程。土地具有价值性、稀缺性、难以替代等特征，是房地产企业最重要的战略性资源。房地产并购在很大程度上就是基于土地的资源优化配置过程。并购企业通过并购将自身的品牌优势和管理优势转化为竞争优势，而目标企业通过并购实现土地作为战略性资源带来的李嘉图租金。

(2)并购的目标在于提升企业核心竞争力。房地产企业在制定并购决策之前，首先要审视自身现有的战略性资源和核心竞争力，充分考虑如何运用自身现有的核心竞争力的辐射、扩散和协同效应。搜寻并购对象，通过整合以尽快弥补企业现有能力、资源与核心竞争力战略描述之间的差距。并购的目标在于尽快获取对核心竞争力的培育和提升有重要意义的资源和专长，而不是只关注并购的短期财务利益。

(3)并购有利于房地产行业的产业结构调整。从产业发展的角度看，并购重组有利于稳定房地产市场，有利于解决房地产行业集中度过低、地区发展不平衡、产品结构不合理等行业问题，加快产业升级的速度。

2. 房地产企业并购模式

世界范围内的第五次并购浪潮开始将核心竞争力与企业并购战略结合起来进行分析。基于核心竞争力的并购机制就是通过并购培育和提升自身核心竞争力，并且实现核心竞争力拓展和强化的过程。基于核心竞争力的房地产企业并购分为扩张式、拓展式、强化式和创新式四种模式。

(1)扩张式并购(现有能力—现有市场)。扩张式并购是指企业在现有市场(产品)已经具有成熟的核心竞争力，但由于资源的限制使核心竞争力没有最大化地转化为竞争优势，因此通过并购获得更多的资源以扩大在现有市场的竞争优势。在中国，由于市场经济尚未完全建立，资源特别是一些战略资源的稀缺性和不完全交易性显得尤为突出，这也使得扩张式并购成为中国企业并购的主要类型。对房地产企业而言，土地资源就是企业最重要的战略资源，具有稀缺性和不完全交易性的特点。因此，房地产业的扩张式并购大多以获取土地资源为直接表现，这也是目前房地产业并购的主要类型。

(2)拓展式并购(现有能力—新市场)。核心竞争力具有延展性，存在强大的辐射作用和溢出效应，不仅能使企业在现有市场获取竞争优势，而且可以延伸到相关领域，衍生出以核心竞争力为依托的其他业务单元，为企业创造新的竞争优势。拓展式并购就是基于核心竞争力的延展性而进行的一种并购，它是指企业在现有市场(产品)具有成熟的核心竞争力，通过将现有的核心竞争力进行适当的调整、组合，延伸、运用到新的市场和产品中，实现新的竞争优势。

(3)强化式并购(新能力—现有市场)。强化式并购是指企业目前所在的市场前景很好，但由于核心竞争力不足、不够成熟，或者市场的发展对能力提出了新要求，通过并购提升企业核心竞争力以获得更多的市场和竞争优势。

(4)创新式并购(新能力—新市场)。创新式并购是指目前的核心竞争力不能直接运用到新的市场与产品中，通过并购获取核心竞争力要素与原有核心竞争力进行创造性组合以构建新的核心竞争力，或者直接获得新的核心竞争力，进入新的市场。

【案例分析】

万科再出17亿元控股南都房产①

万科在2006年8月3日如愿以偿，以17.65亿元买下了南都房产集团有限公司(南都房产)60%的权益，以及南都集团在上海、江苏剩余地产业务的权益。这是记者今天下午在南都房产举行的万科南都新闻沟通会上获悉的。至此，在不到一年半的时间里，万科斥资36亿元两次收购，获得了南都房产80%的股份，成为南都房产的新控股股东。新一届董事会已通过决议，将南都房产更名为浙江万科南都房地产开发有限公司(万科南都)。

17个月内，万科两度出手，彻底控股长三角的龙头房产企业——南都房产。而南都老板周庆治将在未来三年中，也就是到2009年3月份为止，能够从这次出让股份中，向万科套现36亿元，并仍旧持有浙江南都万科20%的股份，而南都此次出让的主要是一些在建的房产项目：良渚文化村、逸天广场、九堡地块、威尼斯水城(合作项目)、西湖高尔夫(合作项目)、西湖大道项目(合作项目)。

2005年3月，南都集团附属的上海中桥基建公司与万科集团附属的上海万科公司、万科浦东公司、深圳万科公司签署协议，万科受让南都上海和江苏房地产业务70%的权益，以及南都在浙江房地产业务20%的权益。该次交易的总价格为18.5785亿元。

而8月3日的交易，上海万科再次扮演了主角：万科企业股份有限公司(万科集团)及附属上海万科房地产集团有限公司(上海万科)，与南都集团控股有限公司(南都集团)附属上海中桥基建(集团)股份有限公司(上海中桥)、上海南都实业投资有限公司(南都实业)签署系列协议，万科集团以17.6566亿的总价受让南都集团持有的南都房产集团有限公司(南都房产)60%的权益，以及南都集团在上海、江苏剩余地产业务的权益。

本次交易使万科一次性获得项目资源269.2万平方米，其中杭州项目174.1万平方米。至此，万科在上海、江苏、浙江的未来可售资源呈现三足鼎立的局面，其长三角布局基本完成。

【思考题】

1. 房地产投资的特点有哪些？
2. 传统的房地产投资决策方法主要是什么？
3. 什么情况下可以采用实物期权的投资决策方法？
4. 房地产投资项目的盈利能力分析指标有哪些？根据哪些财务报表可以计算得出？
5. 房地产项目的规划设计内容有哪些？
6. 房地产合作开发的参与方式主要有哪几种？
7. 房地产并购的主要特点有哪些？

---

① 案例来源：住在杭州网，沈彬、邵捷，2006年08月06日。

第十三章 房地产企业运营管理

运营管理是指在一定条件下，对企业资源运用过程的计划、组织、监督、控制，以在满足客户价值需求的同时降低产品和服务成本，从而提高企业竞争优势，达到企业经营目标。本章从战略管理角度入手，介绍房地产企业的组织结构，结合翔实的案例分析对房地产企业的发展战略和运营模式进行分析。

第一节 房地产企业的发展战略

企业战略是对企业整体性、长期性、基本性问题的计谋，它需要揭示“企业为什么能够获得回报和如何获得持续回报”这一基本命题，进而回答“做什么？如何做？由谁做？”这三个基本问题。制定发展战略是企业最基本也是最重要的经营大事。

一、企业发展战略的含义与内在结构

狭义的发展战略指的是充分利用外部环境所提供的机会，通过大量投资以求得企业在现有规模的基础上向更高一级期望目标发展的一种战略，如扩大生产规模、为现有产品开拓新的市场、产品和技术创新、联合兼并实现一体化、多元化等。广义的发展战略不仅仅包括“向更高一级期望目标发展”，还包括企业发展定位、目标确立、能力培养、资源安排、组织运营等内容，即关注的是整个经营体系的重大问题，与企业战略的含义比较接近，甚至更重视“如何做”、“依靠什么能力和资源做”等问题。

对房地产企业来说，制定发展战略的过程就是回答以下一连串问题的过程：企业的愿景和战略目标是什么，需要通过什么样的市场定位和产品定位去实现，需要以什么样的商业模式去运作，需要在哪里布局，如何开展外部合作，如何进行品牌运作，以及如何用文化统领企业的发展，等等。这一连串逻辑问题也构成了发展战略的内在结构(见图 13-1)。

二、我国典型房地产企业发展战略与运营举措的比较分析

企业发展战略是企业前瞻性和系统性思考的结果，每个企业的发展战略都是一套问题规划化、答案个性化的逻辑体系。下面对我国典型房地产企业的发展战略进行分析和比较。

1. 关于企业愿景或战略目标的对照分析

在发展战略问题中，“要发展成什么样”是源头性和根本性的问题。表 13-1 对一些案例企业有关发展愿景或战略目标的陈述进行了归纳，从表 13-1 中可以看出，大部分案例企业对“要发展成什么样”作出了比较明确的回答，并且都暗含了“保持或进入国内房地产业第一梯队”的战略诉求。结合各案例企业的发展历程和现实活动可以发现，这样的远景目标和战略诉求一直对案例企业的经营发展发挥着重要的引领和激励作用，由此而展开的竞争活动和竞争结果将影响整个行业的发展速度和发展水平。

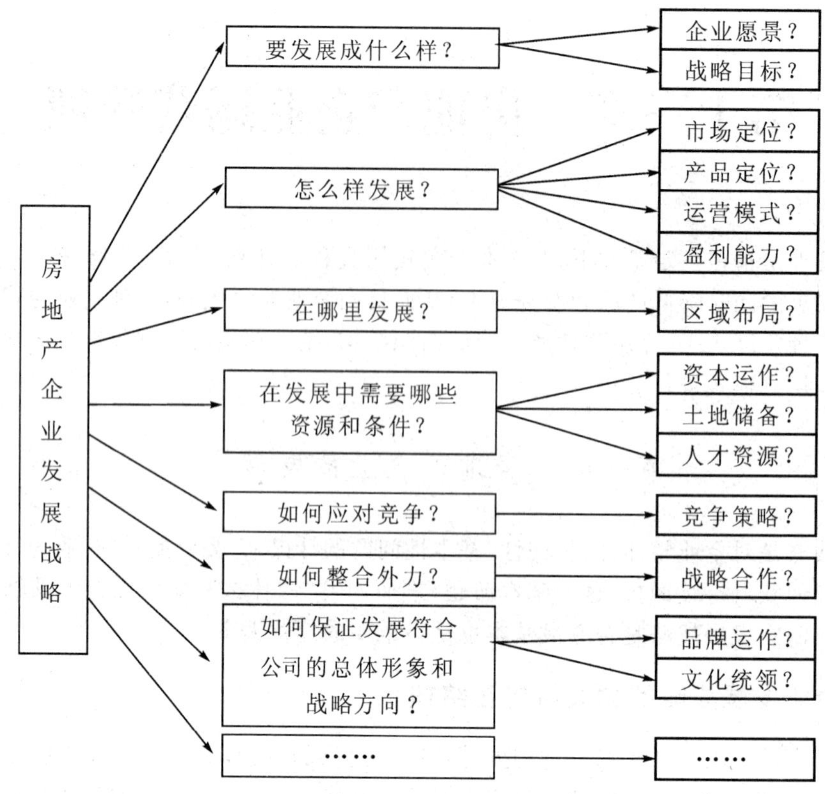

图 13-1　房地产企业发展战略问题树形图

表 13-1　部分案例企业愿景或战略目标陈述

公司名称	愿景或战略目标
万科	成为中国房地产行业的持续领跑者
金地	做中国最有价值的国际化地产企业
绿城	成为中国最有价值的房地产企业
中国海外	保持中国房地产行业的领先地位，引领行业的发展
合生创展	中国最大的地产发展商；地产航母
华润置地	全国性的综合型品牌房地产企业
碧桂园	在中期（2011—2015 年）力争成为中国地产行业的领导者和规则制定者，在远期（2016—2025 年）力争进入国内企业 50 强
富力地产	成为中国最大最好的房地产发展商
世茂房产	成为全国性超大型地产发展及投资领军企业

2. 关于业务组合和价值链的对照分析

在业务组合方面，“住宅＋商业”成为案例企业业务组合的发展趋势，就连一直以住宅开发为核心的地产龙头万科，也在 2009 年 11 月宣布，公司将加大持有型物业储备，并将陆续推出养老物业、酒店及商业配套等多种物业类型（见表 13-2）。

在房地产价值链选择方面，绝大部分案例企业具有“拿地＋设计＋开发＋销售＋物业”

的房地产全价值链覆盖模式。但也有一些企业将销售、设计等环节外包给专业机构。

表 13-2　部分案例企业业务组合情况

公司名称	业　务　形　态
万科	住宅＋商业
金地	住宅＋地产实业投资
绿城	住宅＋酒店＋学校＋医院
中国海外	住宅＋酒店＋写字楼
合生创展	住宅＋酒店＋物流商业
华润置地	住宅＋写字楼＋零售商业
碧桂园	住宅＋酒店＋学校
富力地产	住宅＋酒店＋写字楼
世茂房产	住宅＋酒店＋写字楼
滨江房产	住宅＋酒店

3. 关于区域布局与土地储备的对照分析

在项目区域布局方面，绝大部分案例企业都走向了跨区域开发、全国布局的“全国广布型”阶段，并且主要布局于珠三角、长三角、环渤海、东北及中西部地区的核心城市。不过，富力地产、合生创展等虽然也进行了跨区域发展，但大都聚集于几个城市进行深度开发。部分案例企业区域布局与土地储备区位情况如表 13-3 所示。

表 13-3　部分案例企业项目区域布局与土地储备区位情况

项目	类型	公　　司
项目区域布局	全国广布型	万科、中国海外、华润、金地、世贸、碧桂园、绿城、雅居乐
	聚焦深耕型	富力地产、合生创展、新鸿基、恒基兆业
土地储备区位	成熟城区型	世贸、万科、中海、华润、金地、新鸿基、恒基兆业、绿城
	近郊大盘型	碧桂园、雅居乐、富力地产、合生创展

土地储备是房地产企业的关键性资源，从总体上看，大部分案例企业倾向于在配套成熟的城市市区拿地，但碧桂园、雅居乐、富力地产和合生创展等“华南大盘”开发商更偏好在城市近郊大规模拿地。随着近年各城市中心区土地供应日益减少，在城市近郊、城市新区拿地已成为房地产企业的普遍选择。

4. 关于资本运作的对照分析

在近年房地产调控趋紧的背景下，许多房地产企业愈加意识到融资渠道多样性和资本结构合理性的重要性，纷纷开始尝试新的融资渠道。但总体而言，大部分企业还是通过预售、银行贷款、上市、增发股票等方式获得资金，债券融资、信托融资等新型融资方式仍然处于探索阶段。2007 年，中国海外在香港联合交易所成功发行 5 亿美元可转股债券。2008 年，金地和万科分别发行 12 亿元和 59 亿元的公司债券。2009 年 5 月，龙湖地产成功发行

14亿元公司债，成为首家发行公司债的非上市民营房地产公司。2009年，金地和绿城分别与平安信托签署合作投资战略框架协议，分别获得未来3年100亿元和150亿元的信托融资。由于创新融资方式受到资本市场诸多限制，而与行业内伙伴合作拿地、合作开发在一定程度上也起到融资作用，因此越来越受到房地产企业的重视。

第二节　房地产企业的组织结构

企业的组织结构是战略实施的基础。房地产企业在制定企业发展战略的基础上，必须建立与战略相匹配、与环境相适应的企业组织形式。作为房地产企业来说，项目经营是主要的业务活动，企业经营战略具有项目管理的特征，组织结构应与企业经营战略的项目管理特征相适应。

一、职能式组织结构

层次化的职能式组织机构是较为普遍的组织形式。公司的经营活动按照生产、营销、财务和研究等职能划分部门。房地产项目可以作为公司中某个职能部门的一部分，这个部门应该是对项目的实施最有帮助的或是最有可能使项目成功的部门，比如工程部或者销售部等。职能或组织结构如图13-2所示。

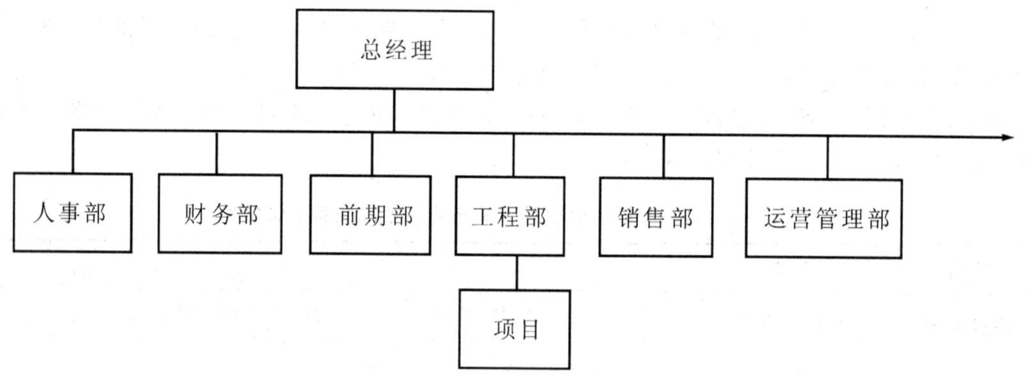

图13-2　职能式组织结构

职能式组织结构中专业化的职能部门可以为房地产项目提供技术支持，保持工作的连续性。但主要缺陷在于当多个职能部门在项目上有交叉时，缺乏协调和指挥机制。

二、项目式组织结构

项目式组织结构中，项目和职能部门一样，直接归总经理领导。有些公司对项目的行政管理、财务、人事及监督等方面作了详细的规定，有些公司在项目的责任范围内给予项目充分的自主权。项目或组织结构如图13-3所示。

项目式组织结构中项目经理对项目负责，向上对总经理报告，向下统一协调项目的各项事宜，结构简单灵活，对项目的质量、进度和成本控制也更容易把握。但是这种直线职能制的形式会造成人员、机构的重复设置，而且项目成员与公司其他部门之间有着较清楚的界限，这种界限不利于项目与外界的沟通，容易引起一些不良竞争，项目成员也缺乏事业的连续性和保障。

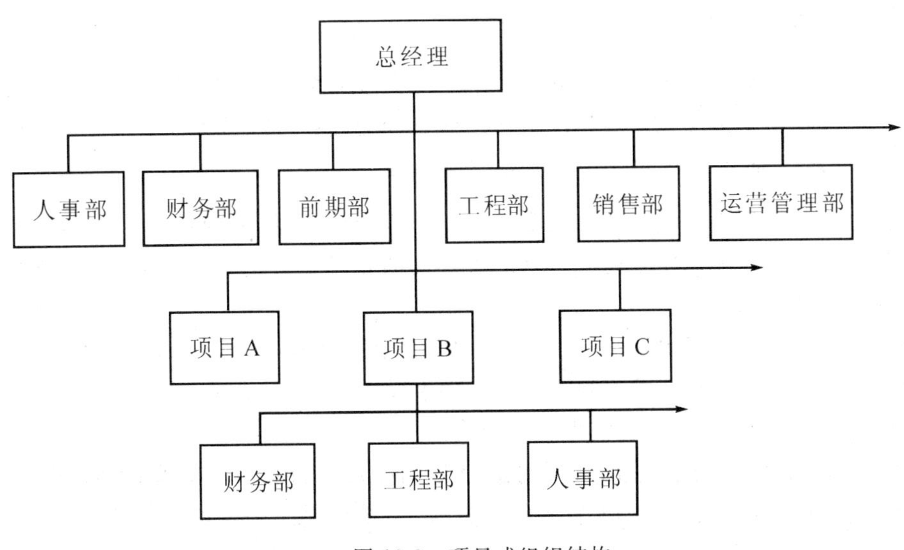

图 13-3　项目式组织结构

三、矩阵式组织结构

矩阵式组织结构中两个系列纵横交错，即职能部门的纵向系列与项目部的横向系列如同矩阵形状相交，构成矩阵式管理机构。矩阵或组织结构如图 13-4 所示。

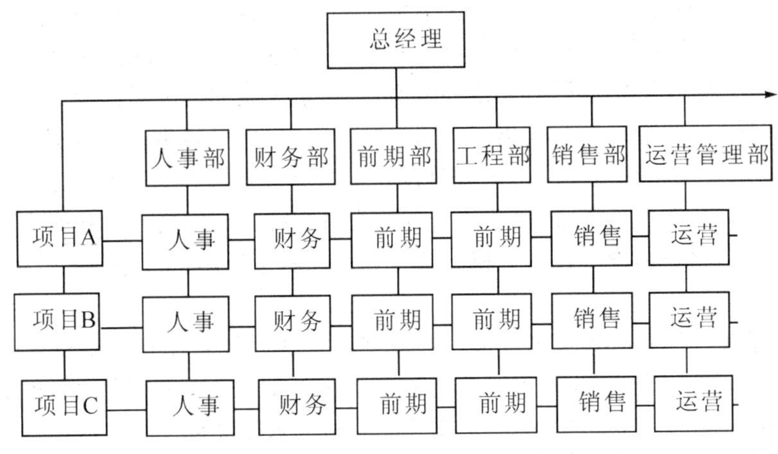

图 13-4　矩阵制组织结构

矩阵式组织结构中项目部成员来自于各职能部门，在项目上统一服从项目经理的安排，项目结束后仍回到原职能部门。既解决了项目式组织结构中资源重复配置的问题，又加强了各职能部门的协作和配合，实现了企业内部横向和纵向的结合，有利于提高工作效率；将各类专业人员集中在一起工作，能充分发挥专业人员的作用，有利于沟通信息，集思广益，激发他们的创造性，增强他们的适应性。

矩阵式组织结构的缺陷在于项目部成员可能会产生“临时性”的态度，影响工作的积极性；被抽调人员的职能部门可能会影响一部分正常工作，由于每个成员受双重领导，可能因意见分歧造成工作矛盾和困难。这种形式一般要求项目经理能力很强。

四、集团化组织结构

随着房地产企业进入大规模经营和跨区域发展阶段，多数优秀房地产企业和部分成长性房地产企业都走上了集团化发展轨道。集团化管理模式还可以分为如下两个层面。

1. 多元化公司对房地产子公司管理的基本模式

多元化公司通常是指同时在两个或更多行业从事经营活动，同时向不同的行业市场提供产品或服务的公司。多元化公司对房地产子公司的管理划分为行政控制型、战略控制型和资本控制型三种模式。

(1)在行政控制型下，集团总部设置相对健全的职能部门，对子公司进行集权管理，采用财务控制、营销控制、新业务开发控制等多种管理手段，确保集团战略和计划的有效实施，子公司仅仅作为一个执行机构，享有较少的经营决策权。

(2)在战略控制型下，集团总部主要借助财务、战略、人力资源等方面的手段管理子公司，掌握战略规划、经营计划、资源配置等的审批权，平衡协调子公司的互动发展，提高集团综合效益；子公司需要制订自己的业务战略规划、经营计划和资源需求计划，并负责具体落实，力求实现经营目标。

(3)在资本控制型下，集团通过投资结构优化、兼并、重组等方式实现企业整体价值最大化，而子公司享有较为充分的战略决策权和经营管理权。

2. 专业房地产企业对项目公司管理的基本模式

基于价值管理的视角，可以将房地产价值创造的基本活动整合为价值定位、价值转化和价值实现三个阶段。根据集团公司和项目公司对这三个阶段的控制权，专业房地产企业对项目公司的管理可以分为全流程型、关键环节型、价值定位型和资本运作型四种基本模式。

(1)全流程型集团化管理模式是集团公司在价值定位、价值转化和价值实现三个环节都占据主导地位。其显著特征是集团公司与项目公司的责权界面清晰。集团公司全权负责决策工作，不负责具体操作性事务，能够集中资源和力量把握公司发展方向和战略走势。项目公司完全是一个执行机构，没有经营主权。这种模式下决策和执行过分分离，往往会导致两个层级之间的过多冲突和推卸责任。

(2)关键环节型集团化管理模式以追求对关键环节的高效监控和战略规划的高效执行为目标，集权程度略低于全流程型，集团公司关注高利润环节——价值定位和价值实现的监管，项目公司发挥工程建设管理功能，并落实集团公司的重要决策。

(3)价值定位型集团化管理模式的显著特征是集团公司在价值定位阶段占据主导地位，项目公司在价值转化和价值实现两个阶段占据主导地位，集权程度略低于关键环节型，强调结果控制与过程控制有机结合，侧重控制前瞻性。

(4)资本运作型集团化管理模式是指集团公司完全以资本为纽带对项目公司进行监控，项目公司在价值决策、价值转化和价值实现三个阶段都占据主导地位，是强调结果控制，集权程度最低的一种管理模式。

3. 专业房地产公司集团化管理的模式演进

随着行业的发展、企业自身的成长以及业务范围的空间拓展，房地产企业的集团化管理模式具有动态演进的特点。

(1)行业逻辑下的模式演进。企业管理模式的变革往往是迫于外部环境的压力,尤其是行业层面的变化,比如行业结构改变、政策变动等。结合行业特性,可以用资源导向、市场导向和能力导向来概括房地产行业逻辑演化,从而产生相应逻辑下的集团化管理模式。资源导向是指借助关系获取土地和资金两大资源成为房地产企业营利和发展的关键,尤其是在行业发展初期。在此逻辑下,大部分企业采用价值定位型管理模式,少数中小型房地产企业被迫采用全流程型。市场导向是指持续关注市场动态,高效满足客户需求成为房地产企业营利和发展的关键,尤其是在行业规范运作和企业激烈竞争时期。在此逻辑下,价值定位型管理模式、关键环节型管理模式和全流程型管理模式并存。这也正是当前我国房地产行业的现状,比如绿城房产、万科地产、大部分小型房地产企业就分别采用价值定位型、关键环节型、全流程型管理模式。能力导向是指资源整合能力成为房地产企业营利和发展的关键,尤其是在行业分工充分时期。未来我国房地产企业可能会倾向于采用此逻辑下的资本运作型管理模式。

(2)成长阶段下的模式演进。房地产企业的成长阶段可以概括为创业期、扩张期和成熟期,集团化管理模式随着企业成长阶段的推进而调整。在创业期,企业往往选择关键环节型或全流程型集团化管理模式,在此阶段,企业还来不及从价值创造的角度审视企业管理模式的有效性。在扩张期,规模效益开始显现,市场开拓能力也迅速加强,通过分权和授权机制,房地产企业可能会采取关键环节型和价值定位型集团化管理模式。在成熟期,集团公司开始由主导价值创造过程转向主导资本运营,即采用资本运作型管理模式。

(3)空间拓展下的模式演进。空间竞争是房地产企业间竞争的最直接表现,在很多大型房地产企业跨区域发展过程中,也就形成了与空间拓展相匹配的集团化管理模式。对于单区域经营的房地产企业,集团公司更有可能主导从价值定位到价值实现的全过程,采用全流程型。对于跨区域经营的企业,则更可能采取价值定位型或关键环节型集团化管理模式。而对于多区域扩张的企业,集团总部倾向于把握市场竞争的核心资源和能力,下放管理运营实务的权限,资本运作型管理模式可能是适合的选择。

总之,专业房地产集团化管理模式的选择是行业发展、企业成长阶段和业务空间拓展共同作用的结果,可能还受高管团队、发展战略等因素的影响。因此,现实中房地产企业的集团化管理模式都具有特定的个性,与企业的发展是一种动态匹配关系。

第三节　房地产企业的运营模式

本节以新鸿基、万科、碧桂园和绿城为例,分析其开发运营模式。其中,新鸿基以业务组合、周期应对和稳健经营见长;万科以产业化发展、专业化开发、重视均好性著称;碧桂园以大盘运作、快速开发、价廉物美称雄;绿城以品质把控、规模化精品开发、品质地产扬名。[①]这四家企业基本上代表了行业中比较通行的四种开发运营模式。

一、优化业务组合,稳健经营

新鸿基地产于1972年成立并上市,是中国香港地区最大的地产发展商之一,以建造优

---

① 贾生华、樊洪、窦军生:《周期波动中房地产企业的发展模式比较与案例研究》,北京:经济科学出版社,2010年版。

质高端的销售住宅以及商业地产见长。

如表13-4所示,新鸿基的愿景是致力成为香港具有领导地位的非银行服务机构,其地产产品定位于高端住宅和优质商业物业,采取快速出售销售物业和长期持有投资物业相结合的商业模式,降低了经营风险,保证了获利的稳定性。基于明确的战略定位,新鸿基长期实施稳健的财务政策,构建了多元化的融资渠道,合理利用市场周期反向操作,以"人弃我取"的策略低成本储地,对内实施"企业公民"计划培育英才,广开言路群策群力,对外与同行及内地的金融公司加强合作,推动企业持续健康发展。新鸿基目前根植香港积极储地并追加物业投资,在内地则聚焦环渤海、长三角、珠三角等区域加速扩张,2011年在内地的土地储备已达947万平方米,比2007年增长88%。

表13-4 新鸿基发展战略摘要

项目	内容
企业愿景	致力成为中国香港地区具领导地位的非银行金融服务机构
战略目标	在内地市场:到2012年资产占比30%,年收租18亿元
市场定位	以中、高等消费顾客为对象
产品定位	高端住宅和优质商业物业
商业模式	相关多元化支持的销售物业与投资物业"黄金组合"
盈利能力	租金收入支撑利润率和派息能力居行业前列
资本运作	财务政策稳健,融资渠道多元
土地储备	"人弃我取"低成本吸纳
人才开发	"企业公民"计划培育英才,广开言路群策群力
区域布局	(1)根植香港:积极储地并追加物业投资; (2)加速内地扩张:聚焦华北环渤海、华东;长三角和华南珠三角
项目合作	与同行共享资源,降低经营风险
金融合作	与内地金融公司合作,长线布局内地投资

资料来源:根据新鸿基主页、历年年报及媒体报道整理。

应该说,新鸿基的发展战略具有相当强的内在逻辑性。首先,新鸿基的发展愿景提示公司要重视非银行服务,这不但对公司的资金实力、资本运营和资本服务提出了要求,而且对于提高资金流动性、降低资金风险提出了很高的要求,与此相对应的是,新鸿基在香港经济、社会、市场、地理等环境起伏变迁中长期尝试、探索所形成的"高端住宅+优质商业物业"业务组合模式,一贯稳健的财务政策,多元化的融资渠道,反周期管理策略等做法,正好满足了这样的要求。其次,高端住宅快速销售获利可以支持公司持有更多优质商业物业和提供金融服务,优质商业物业不但提供稳定的现金流,而且可以提升高端物业的档次和售价,多元化的融资渠道为开发住宅和商业物业进一步提供了资金支持。最后,稳健的财务政策和反周期土地储备策略着眼于总体和长远,从根本上降低了公司的经营运作风险。

新鸿基的发展愿景以自身实力为基础,顺应了我国香港地区经济和地产业的发展阶段及发展趋势,在这一发展愿景的指引下,业务组合、财务政策、融资渠道、反周期管理等策略和做法环环相扣,为发展愿景的实现提供了有力的支持和保障。目前,新鸿基在我国内地市场的开发经营中延续了其在香港的经营理念和成功做法。

现实中，以多业务组合、稳健经营、周期应对见长的企业，除了新鸿基以外，还有恒基兆业、长江实业等。它们的共同特点是：拥有 30 年以上的经营经验，已具有相当规模和实力，横跨多个行业，经历过多次周期考验，并且还处在一个不断波动的市场环境中。它们的一些共同做法是：坚守稳健的财务政策；构建互补性业务组合，进军金融业务；构建多元化的融资渠道；积极开展战略合作；牢记周期波动，积极进行反周期管理。它们这样的战略思维和经营举措，对于中小房地产企业来说，或许是完全不相干的，但对于正在进一步发展壮大的大型和超大型房地产企业，应该引起思考和借鉴。

二、引领行业发展，产业化、专业化经营

万科成立于 1984 年 5 月，在 20 多年的发展历程中，一直保持着中国房地产行业的领跑者和龙头地位，是国内目前人们最为熟悉和最大的专业住宅开发企业。万科发展战略摘要如表 13-5 所示。

表 13-5　万科发展战略摘要

项目	内　　容
企业愿景	成为中国房地产行业持续领跑者
战略目标	“精细化”“有质量增长”在 2014 年实现销售收入 1000 亿元
业务战略	从多元化到专业化再到精细化
业务模式	从“中国香港模式”到“美国模式”
市场定位	聚焦城市圈中产阶级，以顾客价值细分锁定客户终身
产品定位	城乡结合部优质大众住宅，全装修梯度住宅产品体系
商业模式	产业化导向、工厂化生产，在均好中快速开发、加速发展； 从“规模速度型”向“质量效益型”增长转变。
盈利能力	追求合理利润，上市后连续 17 年盈利增长
资本运作	坚持稳健的财务策略，持续创新融资产品和融资渠道
土地储备	“只有项目储备，没有土地储备”
人才开发	内育为主外聘增多，职业线路清晰，系统训练大胆任用
区域布局	“3＋X”。(1)城市圈聚焦策略：聚焦长三角、珠三角、环渤海区域三大城市圈； (2)新兴城市占位策略：在二、三线中心城市有选择地谨慎布局
项目合作	大力开展项目合作，分散开发风险，便于项目拓展和城市进入
业务合作	强强联手优势互补，内部运作专业化，外部业务多元化
资本合作	与不同主体展开多形式合作，获得长期稳定融资保障
企业并购	土地、项目、人才整体购入，实现规模和市场快速扩张
品牌运作	品质为本，文化为“芯”，整合传播开启强势品牌之路
文化引领	20 余年价值观的坚守，持续建设“阳光照亮的体制”

可以看出，万科在过去 20 多年的发展中经历了从多元化到专业化再到精细化的业务战略演化。面对未来，万科将继续保持“中国住宅行业领跑者”的自身定位和发展愿景，努力做到“有质量增长”，继续实施“3＋X”的区域布局，从顾客价值细分的角度出发，在城郊结合部

开发面向城市中产阶级的全装修住宅产品，通过产业化运作、工厂化生产，不断提高住宅的品质和性价比，努力构建起覆盖不同层次和生命周期顾客价值的梯度产品体系，以实现客户的终身锁定。万科坚持稳健的财务政策，不断创新金融产品，构建多元化融资渠道，稳步推进项目储备（而非一味进行土地储备），积极推动业内外的战略合作，把握行业整合的趋势加速企业并购以壮大规模和实力。经历2008—2009年的市场波动之后，万科提出将由“规模速度型”向“质量效益型”增长转变，将提高专业能力和组织效能作为工作重点，严格控制产品质量，发掘规模优势，加强成本控制能力，深入开展对标提升产品竞争力。

万科以引领行业发展为己任，一直在积极尝试各种发展运营模式，始终关注国内外房地产业的发展规律和发展趋势，积极研究和借鉴海内外优秀企业的经验。

(1)在产业认知方面，万科一直认为中国房地产发展空间非常巨大，住宅产业化是国内房地产的发展趋势，所以积极推进开发运营的专业化水平，大力投资成立住宅产业化研发基地，力争走在国内住宅产业化的前沿。

(2)在市场认知方面，万科认为行业健康发展、市场平稳运行是全体房地产企业的福气，作为领跑者对于行业的健康平稳发展负有更多责任，于是在过去几年中积极进行市场运作方面的调整，以期对整个行业形成影响，当然，市场良性健康发展反过来会进一步巩固公司的领跑者地位。

(3)在经营发展方面，万科认为企业经营和市场竞争不是短跑而是长跑，“有质量增长”才是可持续的，要做领跑者就要树立企业“终生”为顾客服务的理念，重视客户价值细分，注重运作管理的均好性，大力开展产品创新，同时积极聚焦城市圈，从而保持业务规模稳定增长并处于行业前列。

(4)在运作管理方面，万科认为作为领跑者要注重均好性，大力提升开发运营的专业化和精细化水平，积极强化管理，为行业提供一个学习标杆。

可以说，作为国内最早从事房地产开发的企业之一，万科身上集中体现了海内外房地产企业的很多特点，同时，长期以来它又是很多企业学习的标杆。尽管也有很多企业并未把万科作为学习的对象，但是，面对相同的市场形态和周期走势，万科提倡的精细化运营、稳健经营，以及提出的从“规模速度型”向“质量效益型”增长转变，相信也会引起身处同一个市场的同行们思考。

三、大规模快速开发，郊区大盘

碧桂园从1992年开始涉足房地产，1997年公司正式成立碧桂园集团，2007年4月20日成功于香港联合交易所有限公司主板上市。在成立初期，碧桂园主要以广东顺德为基地进行开发，随后扩展到华南板块和整个广东省，目前其项目遍布于珠三角及湖南、江苏、辽宁、内蒙古等省市。通过一体化运营、大规模快速开发，碧桂园已在多个城市的郊区以“造城”的气魄开发了数十个大型或超大楼盘，成为国内房产“大盘时代”中“超大型综合社区”开发企业的典型代表。

2007年上市后，碧桂园的市值曾突破2000亿港元，一度超过国内龙头企业万科，逼近香港龙头地产股长江实业和新鸿基地产，其大股东杨惠妍在2007年曾以1350亿港元的身价成为国内首富。在2008—2009年的市场调整期中，碧桂园也曾受到较大冲击，但在短暂的调整之后，碧桂园又恢复了大规模快速开发和迅猛发展的势头。

如表 13-6 所示，碧桂园确立了“以房地产为主业，具有国际竞争力的综合性企业集团”的发展愿景，将自身定位于“大规模、快速生产、价廉物美的房屋工厂”和“新城市的建造者”，并将目标顾客主要定位于中、低收入居民。从中可以看出碧桂园的根本追求是规模做大和竞争力做强，其重点在于价廉物美、快速周转和创新，核心在于价廉物美。要做到价廉物美，就必须要有低于对手的成本和不低于对手的产品（服务）质量。为达到这样的经营要求，公司配套实施了郊区大盘布局策略、复合地产开发策略、一体化生产策略、高速周转经营策略、品牌连锁复制策略、优质服务价值策略，这些策略环环相扣，可以获得低成本拿地、规模化经营、标准化复制、内部关联协同、快速周转和品牌化经营的优势，从而实现住宅产品的价廉物美。反过来看，有了价廉物美，公司就获得了更强的市场竞争能力，可以加快销售和资金回笼速度，同时扩大品牌的市场影响力，这为进一步壮大公司的规模、加速拿地和项目复制提供了有利条件。这样公司就可以实现大规模快速开发的良性循环。

表 13-6　碧桂园发展战略摘要

项目	内　　容
企业愿景	以房地产为主业，具有国际竞争力的综合性企业集团
企业定位	大规模、快速生产、价廉物美的房屋工厂，新城市的建造者
战略目标	“大规模社区建设”领导者，2015 年销售收入 1200 亿元
市场定位	中、低收入居民为代表的主体市场
产品定位	低密度、综合性、社区化的郊区大盘
商业模式	低成本大规模储地＋大规模快速开发销售＋一体化运营
盈利能力	收入与净利润率几何式增长，后续盈利增长潜力巨大
资本运作	上市获得稳定的资金来源，积极拓展新融资渠道
土地储备	集中二、三线城市郊区大规模、低成本拿地
人才开发	以德为本，人尽其才，年轻的新人也能运营几十亿元的项目
品牌建设	以诚信为本，以价廉物美为支撑，以服务提升品牌价值
品牌拓展	以连锁经营进行品牌复制和延伸，实现品牌价值最大化

资料来源：根据碧桂园主页、历年年报及媒体报道整理。

可以说，价廉物美是经营的永恒诀窍。碧桂园凭借以价廉物美为核心的发展模式在过去实现了迅猛发展，创造了几何式的增长。不过，碧桂园的这种大规模快速开发形成价廉物美优势的发展模式，除了对企业资金实力、融资能力、开发运营能力、公关谈判能力等要求较高外，对外部社会市场环境也有较高要求。首先，需要有宽松的土地政策环境和拿地渠道，能够在城市边缘或新区获取大量巨幅土地；其次，要有规模庞大的潜在购买群体，并且主要由具有一定支付能力并对价格较为敏感的客户组成；再次，所在开发城市最好处于快速城市化（或城镇化）的中前期阶段，城市内外人口迅速向城市近郊转移或聚集，城市政府财政实力一般或较弱，非常需要引入外部资金和开发力量。

当前，国家加大了土地调控政策的力度，增加了一次性整体出让土地面积的限制；同时，珠三角以及沿海其他地区的中心城市及大型城市的快速扩张期即将走完，这些变化已经对碧桂园、富力地产、合生创展等进行大盘开发的企业构成了潜在影响。但是，在可以预见的将来，在我国城市化尤其是二、三线城市和中西部地区的快速城市化和城镇化的大环境中，碧桂园在城市新区大规模拿地、大规模快速建造价廉物美的房屋的开发运营模式，仍然具有不可小觑的竞争能力和运营活力。

与碧桂园一样在郊区做大盘的，还有富力地产、合生创展、雅居乐、祈福集团、香江集团、恒大地产等。它们的共同做法是：在城郊拿下数千亩甚至上万亩的土地，通过一体化运营、大规模快速开发、标准化复制，快速"造城"。它们的运营策略都是环环相扣，围绕"价廉物美"做文章。

尽管大盘开发目前在拿地等方面已受到很多限制，但是，对于做大楼盘、大项目的企业来说，以碧桂园为代表的发展运营模式还是值得借鉴；对于立志从二、三线城市深耕和壮大的企业来说，碧桂园的发展战略思维同样值得借鉴。

四、追求精致完美，品质房产

绿城房地产集团成立于 1995 年，2006 年 7 月 13 日在香港联合交易所挂牌上市。绿城专注于高品质物业的开发，是国内"品质房产"的代表之一，综合实力位居行业前列。

如表 13-7 所示，绿城于 2009 年 7 月正式公开以"中国最具有价值的房地产企业"作为自己的发展愿景，而在此之前，除了 1997 年确立建"杭州一流的房地产企业"之外，绿城在过去十余年时间里没有对外清晰阐述过自己的愿景。不过，自创业以来，绿城一直强调"真诚、善意、精致、完美"这一核心价值观，一直致力于做精品房产。

从绿城的发展历程看，自 1995 年成立当年，从杭州城西起步开发丹桂花园、丹桂公寓等最早期的楼盘时，绿城就开始严格把控产品质量。1996 年开发的九溪玫瑰园直到今天仍然堪称中国别墅的经典作品之一。1999 年在杭州桂花城基本售罄时自发追加投资 2000 多万元重新进行环境设计工程；同年年底成为浙江省首家通过 ISO9000 质量管理体系审定的房产企业。可以说，这些事件使得"精品"和"品质房产"两个词，很早就在事实上一直隐含地充当了绿城的工作目标和企业目标，在某种程度上起到了愿景的指引和激励作用。

表 13-7　绿城发展战略摘要

项目	内　　容
企业愿景	中国最有价值的房地产企业(2009 年 7 月正式提出)
市场定位	聚焦城市中、高收入人群
产品定位	高品质物业，房产精品，房地产产品中的"奔驰、宝马"
商业模式	围绕品质构建核心竞争能力，以品质塑品牌，以品牌促合作
资本运作	正在积极创新融资产品和融资渠道
土地储备	聚焦于浙江省、长三角其他城市及北京拿地，重点关注稀缺性地块和景观资源丰富之地块
人才开发	以外聘有经验专业人士为主，在职培训力度大
区域布局	重点开发以杭州、上海、北京为中心的城市群，辅以开发其他区域性城市
战略合作	大力开展合作拿地、合作开发，积极推动品牌输出

围绕建精品房、做品质地产这一目标，绿城一直要求要将自己的产品建成所在城市房地产产品中的高端品牌，也就自然地将自己的顾客群锁定在城市中、高收入人群。为打造高品质和高附加值的房产精品，除了需要资金和专业开发能力的投入，绿城还从拿地开始就选择

那些所谓的稀缺性、绝版型、景观型地块，因为这样的地块更适合建设高档物业，高投入所导致的高售价也容易被市场认可①。

在区域布局上，绿城主要聚焦于长三角尤其是浙江省内，在上市后一度受到外界的质疑，但这一布局形态除了受经营历史惯性、创业大本营、经营团队乡土感情等因素影响以外，还有一个很重要的原因，那就是浙江省活跃的民营经济更需要、也更能消化绿城的高品质物业。一直追随购买绿城产品的所谓“绿迷”，其绝大部分成员都来自浙江省，在2008—2009年市场周期波动中，他们为绿城发挥了“雪中送炭”和“锦上添花”的双重作用。也就是说，绿城的区域布局在根本上是服从“品质地产”的指引的。

通过上述分析，我们看到，绿城形成了“严格自求塑造品质—提升能力扩大优势—规模化发展—品牌崛起—品牌输出”的发展轨迹和经营逻辑。可以说，绿城过去的成功就是这一经营逻辑的成功，绿城在继续快速向前发展。现在值得关注的是，绿城在未来将用什么理念、逻辑和行动去充实“中国最具有价值的房地产企业”这一愿景的内涵，以及如何与国内提出类似发展诉求的企业相比形成自己的特色。

像绿城这样以品质立企的，还有星河湾、中国海外、雅居乐等。其中，星河湾一直是国内“精品房产”的先行者和旗帜，它在广州、北京和上海的三个项目曾吸引了包括绿城在内的大量同行去参观学习，其获得的利润效益和行业地位，很多大规模开发的企业都不能望其项背。

事实上，当认真回顾全国性品牌房地产企业或区域龙头房地产企业的发展历程时，可以发现，当初它们从创业地市场脱颖而出并稳居领导者地位，主要凭借的并不是资本、土地或社会关系，而是比整个竞争群体更过硬的产品品质与服务品质。那些仅仅凭借资本、土地或社会关系而声名鹊起的房地产企业，因为品质无法保证而昙花一现的比比皆是。以绿城为代表的品质路线，或许值得所有房地产企业思考。

【思考题】

1. 企业发展战略的内涵是什么？
2. 职能式组织结构的特点有哪些，与项目式组织结构的区别在哪里？
3. 房地产集团公司对项目公司的管理模式通常有哪几种？
4. 房地产企业在跨区域发展过程中集团化管理模式的演进有何特点？

① 在2010年开始的这一轮限购、限贷调控中，绿城的高端产品销售受到重创，销售不利使得其财务风险加剧，长期来追求高端房产品质而忽视成本控制导致的高负债率问题也进一步突显，面临严重的资金危机。2011年年末，绿城连续转让了5个优质项目的股权来渡过资金难关。

第十四章　房地产评估

房地产价格影响因素众多，形成机制复杂。本章介绍房地产评估的基本原则和程序，深入探讨市场比较法、收益还原法、成本估价法的基本原理和操作步骤，并结合具体案例进行说明。

第一节　房地产价格

一、房地产价格的概念

从现象上定义，房地产价格是为了获得房地产这种特殊的商品所必须支付的货币的数量。按照劳动价值论的观点，房地产价格可表述为：在房地产开发、建设、经营的过程中，所耗费的社会必要劳动所形成的价值与土地所有权价格综合的货币表现。

对于同一宗房地产来讲，房地产价格等于建筑物价格加土地价格，这里的前提条件是该建筑物和它所占用土地的组合是相称的。如果建筑物和土地的组合不相称，房地产价格中的土地价格就必然降低，甚至可能会出现房地产价格低于建筑物成本的情况。如果拆除建筑物后重新建筑一个性质不同的建筑物，相对于目前的房地产来讲是更好的选择，那么该房地产的价格就等于(也可能小于)拆除建筑物后的土地价格加建筑物的净残值。

在现今社会，房地产价格通常用货币来表示，但也可以用实物等非货币形式来偿付，例如，以房地产作价入股换取技术、设备等。从理论上讲，在供给量不变的情况下，需求量的增加会使房地产价格上升，需求量的减少会使房地产价格下降；在需求量不变的情况下，供给量的增加会使房地产价格下降，而供给量的减少又会使房地产价格上升。

二、房地产价格的构成

房地产商品价格是房屋建筑物价格和土地价格的统一，因此，房地产价格具有双重性的内涵。在房地产价格的构成中，一部分来源于土地开发和房屋建造安装所形成的价值，另一部分来源于土地租赁的资本化收入。

房地产价格包括总成本和利润两部分，即：

$$\text{房地产价格}=\text{总成本}+\text{利润}。\tag{14-1}$$

房地产总成本是指企业在开发建设和经营房地产过程中所投入的总费用，一般包括：地价、土地开发费、建筑安装工程造价、税金、利息和其他费用分摊。总成本的大小，主要取决于总成本中所包含项目的多少和每个项目的实际耗费值。总成本在各个地区和各个时期的差异性和可变性极大，房地产价格主要是由总成本决定的。

利润是房地产开发、经营企业的投资收益。利润的高低取决于总成本和社会平均利润率这两个因素。用公式表示为：

利润＝总成本×社会平均利润率 （14-2）

1. 房地产价格的主要构成因素

房地产价格的主要构成因素主要有以下几种。

（1）土地价格。土地价格是由土地原始价值、公共投资与环境改良价值、私人投资改良价值、未来价值四项因素在地理空间上进行组合而表现出来的土地交易货币额。房地产价格中的土地价格所占的比重是一个不确定的变量。它主要取决于土地的地理位置、用途和使用时间、建筑容积率、建筑安装造价、房屋建筑物的折旧状况等因素。通常，地价在房产价格中所占的比重随着地价的上涨和房屋的陈旧而相应地提高，随着容积率和建筑安装造价的增加而下降。

（2）房屋建筑成本。

①基地开发费，包括临时房屋搭建费、自行过渡补贴费、搬迁障碍费、临时接水、接电、接煤气费、平整土地费等。

②勘察设计费，即按各地有关规定支付的居住区规划费、建筑设计费、地质勘察费及施工执照费等。

③动迁用房建筑安装工程费，指为安置建设基地上的居民动迁户而建造的住宅所支付的建筑安装工程费。

④房屋建筑安装工程费，指建筑基地上房屋建设中所支付的建筑安装工程费。

⑤街坊配套费，指在建筑用地街坊范围内，按有关住宅建设市政公用设施配套标准支付的供水、供电、供气、通信、排水、道路、绿化等工程费用。

⑥管理费，指房屋建设中支付的各项管理费用，包括开发公司职工的工资、工资附加费、办公费、差旅交通费、固定资产使用费、车辆使用费、低值易耗品购置费、劳动保护费、职工教育费、广告费、公证费、保险费、股息等。管理费总额一般以上述①～⑤项为基数，按1%～3%计取。

⑦贷款利息，指从银行取得用于该房屋建筑的贷款应付的利息。

（3）建筑房屋的利润。以房屋建筑成本的①～⑤项为基数，按3%～8%的利润率计取利润。

（4）税金。税金包括营业税、城市维护建设费、教育费附加、土地增值税等。

（5）其他附加费。这项费用包括人防费和住宅建设市政基础设施配套投资，即商业网点、幼儿园、托儿所、中小学、文化馆、机关办公室等公共建筑、居住区内城市道路、上下水、煤气、供电等工程建设费。

（6）土地使用税（费）。按土地使用税（费）征收规定，每年按0.5～10元/平方米征收土地使用税（费）。

2. 房地产价格的其他构成因素

房地产价格的其他构成因素主要有以下几种。

（1）房屋装修费。主要指超过正常标准的门、窗、地板、天花板、内墙面等高级装修费用。

（2）房屋设备费用。房屋设备一般指卫生、暖气、厨房设备以及电话等。

（3）建筑地段、楼层和朝向差价（建筑地段差价由政府根据土地级差情况确定；楼层差价＝标准房价×楼层差价率；朝向差价＝标准房价×朝向差价率）。

（4）房屋的折旧。房屋建成后，无论是使用还是闲置，都会发生自然损耗和人为损耗，从而需要考虑折旧。一般地，折旧额随房屋使用时间增长，年代越长，折旧额越高。

(5)房屋的完好程度。房屋在使用年限内各阶段的折旧率，一般只考虑时间因素，而未考虑人为因素。而房屋在具体的使用过程中，由于使用方法的不同，相同房屋会有不等量的磨损。另外，在房屋的保养维修方面，也会不大一致。

三、房地产价格的特征

研究表明，房地产价格是房屋建筑物价格和地产价格的统一，是房地产商品价值和地租资本化的综合价值的货币表现。房地产价格的形成，是房地产的效用、供给的相对稀缺性以及对房地产的有效需求三方面相互作用的结果。房地产价格与一般商品价格相比，具有以下几个显著特征。

(1)房地产价格实体构成具有二元性。房地产价格影响因素众多，形成机制复杂。房地产价格在其内涵上具有双重实体价格的性质，其中一部分来源于土地开发和房屋建筑安装活动所形成的价值，另一部分则来源于资本化了的地租。土地价格反映的主要是作为土地资源和资产的价值，其产生的直接原因是由于土地的所有或使用具有垄断性。土地开发是有成本的，在土地价格中应该得到体现，但这部分开发性价格主要是土地的投资与回收及其应得投资收益。至于房屋价格则与一般商品价格相同，是房屋建筑过程中耗费的活劳动及物化劳动所创造价值的货币表现。这种二元性是房地产价格最重要的特征，以下许多特征都是由此派生的。

(2)房地产价格是关于房地产权属利益的价格。由于房地产的自然地理位置有不可移动性，交易过程中所转移的并非房地产实物本身，而是有关该房地产的所有权、使用权及其他权属利益的价格。由于每种权属利益都能形成价格，同一宗房地产，转移的权属利益不同，就有相应不同的价格。例如，所有权、使用权、抵押权、租赁权、典权等，都有相应不同的价格。

(3)房地产价格一般表示为交换、使用和收益的代价。房地产价格主要表示为交换代价的价格，同时也可以表示为使用和收益代价的租金。房地产价格与租金的关系，犹如本金与利息的关系。若要求其价格，只要能把握纯收益和还原利率，即可根据收益还原法求得。相反，若要求租金时，只要能把握价格和期望利率，就能求得纯租金。因此，在同一房地产市场上，房地产的价格与租金之间是能相互比较的。

(4)房地产价格具有单件性。任何两个房地产品总会有所不同，如地理位置、建造成本、规格和质量等，所以其价格也难以规范统一。因此，一般房地产只能依据某些原则和标准，进行个别估价，而难以像一般产品那样形成统一的规范的市场价格。即使本身没有多大区别的两个房地产品，由于其周围的环境不同也会带来价格的很大差别，而且环境总是不断变化的，所以房地产产品必须逐一定价。

(5)房地产价格具有较强的计划性。土地是国家的重要资产，房屋直接影响国计民生，两者在整个社会经济中具有特殊的重要性。因此，政府必然对房地产价格实行有效的管理和调控，而市场对其价格的自由调节作用则被限制在一定程度之内。例如，政府对土地使用权价格的控制，对经济适用房的政策性限价等，都集中表明房地产价格在较大程度上受到国家政策法规的制约。这一点，即使在西方国家亦然。由于房地产在整个社会经济生活中的重要地位，从而使得各国政府必须从国家、全社会的角度对其价格加以干预。

(6)房地产价格具有明显的区域性。房地产价格受房地产所处地理位置的影响很大。

南方和北方、沿海和内地、城市和乡村、大城市和小城市、市区和郊区因土地条件、环境气候、基础设施以及经济发展水平等方面的不同，房地产价格在市场上表现为同质同量而不同价的区域性特征。即使在同一城市内，建筑结构、标准、形式、年代、用料、装修设备、使用性质完全相同的房屋，只是由于建筑地段与环境条件的不同，房屋的价格往往也有很大差别。

(7)*房地产价格具有多样性*。房地产具有使用期限长、用途广泛、价值量大等特征，决定其价值实现形式的多样化。用于市民居住的房地产，其价值可以随着房屋的出售一次性实现，也可以通过租赁形式经过多年逐步实现。用于企业生产和经营的房地产，均属于固定资产，其价值需要通过折旧的形式摊入产品成本，并随着该企业产品价值的实现而逐年加以实现。房地产价值实现形式的多样性和灵活性，就决定了房地产价格的多样性。

(8)*房地产价格具有趋升性*。这是指同类房地产商品所内含的社会实际购买力的长期时间序列上，呈现递增趋势的一种市场经济现象。在社会物价指数一定时，房地产升值等同于房地产市场价格的上涨。导致城市房地产升值的主要原因有以下几点：首先，土地具有稀缺性、不可替代性、不能再生性等特点，其供给弹性很小。其次，随着城市经济的发展，房地产的环境改良投资不断追加积累，环境质量日益提高，从而造成房地产的相应升值。再次，由于城市经济发展无限性和土地开发供给有限性的矛盾客观存在，建筑地块的容积率会不断上升。此外，房地产使用性质的趋利性改变也会导致房地产价格提高。

四、影响房地产价格的因素

我国房地产价格受众多因素影响，与真实市场价格之间肯定有很大的偏差。从影响因素的性质看，一般可将其分为社会因素、经济因素、政治因素和其他因素。

1. 社会因素

影响房地产价格的社会因素主要有人口状况、社会稳定状况、城市化和房地产投机。

(1)*人口状况*。人口状况是最主要的社会因素之一，对房地产价格的影响具体由人口数量及人口密度、人口素质、家庭人口构成三方面来反映。

①人口数量与城市房地产价格的关系非常密切，显示为正相关。随着外来人口或流动人口的增加，对城市房地产的需求必然加大，从而促进城市房地产价格上涨。在人口数量因素中，反映人口数量的相对指标是人口密度。一般来说，人口高密度地区的城市房地产供给相对匮乏，供不应求，因而城市地产价格水平趋高，反之亦然。

②城市人口素质对房地产价格影响也很大。社会文明与文化程度、人民的教育及生活水平，都足以引起城市房地产价格的高低变化。随着文明的发达、文化的进步，一切公共设施必然日益要求完善和普遍，同时，居住环境也必然力求宽敞舒适。凡此种种都会增加城市房地产的需求，从而导致城市房地产价格水平趋高。如果城市居民素质低，组成复杂，社会秩序欠佳，人们多不愿就居，城市房地产价格必然低落。

③这里所说的城市家庭人口是指社会或某一城市家庭的平均人口数。当家庭人口数量有所变化，即使人口总数不便，也将影响居住单位数的变动，随之导致城市房地产需求的变化，从而影响城市地产价格的高低。一般而言，随着每个家庭人口平均数的下降，即家庭小型化，城市房地产价格必然有上涨的趋势。

(2)*社会稳定状况*。社会稳定，人们乐于生产投资，人民的生活能够持续稳定地改善，经济发展带动房地产价格上涨；政局动荡、社会治安混乱，人心惶惶，甚至可能为活命而四处逃难，无心生产和发展经济，更不要说购田置业了，整个经济崩溃，房地产价格下跌。

(3)城市化。城市化是20世纪世界范围内最强有力、持续时间最长的发展趋势之一，大量的人口在多样化的就业机会和生活方式的吸引下，从农村迁移到城市。随着城市化水平的提高，人口及各种经济活动向城市集聚，对城市土地及房屋的需求增加，房地产价格提高，城市边缘的农地也转化为土地利用强度较高、地价较高的非农业用地。城市基础设施的开发建设也会从供给成本方面推动房地产价格的上涨。但如果城市过于扩张，或城市衰落，也会导致房地产价格的下降。

(4)房地产投机。在经济学上，投机是指一种买或卖的活动，其目的是在价格或汇率变化时，通过买进或卖出赚取利润。由于构成房地产的土地是不同于一般劳动产品的特殊商品，因而，房地产投机不同于一般商品的投机。房地产投机会造成房地产价格畸高，严重的投机会导致泡沫经济，而一旦泡沫破灭又会导致房地产价格的暴跌。

2. 经济因素[①]

影响房地产价格的经济因素主要有国内生产总值(GDP)、物价水平、居民收入、利率、汇率、货币供应量等。各个因素的具体分析如下。

(1)国内生产总值，常被公认为衡量国家经济状况的最佳指标，它不但可反映一个国家的经济表现，更可以反映一国的国力与财富。GDP的增长会带来一国经济的发展和人民生活水平的提高，生活水平的提高体现在各个方面，其中一个就是人们对改善性住房需求的增加，在住房供给不变的情况下，房地产价格的上升也是情理之中。进入21世纪以来，中国经济进一步得到提高，人民的收入也在不断地增加，同时由于我国城市化水平的进展，对住房的需求不断增多，房地产事业得到了长足的发展，房地产价格进一步提高。

(2)物价水平，是衡量一个国家经济发展水平和居民消费水平的一个重要指标，主要通过居民消费价格指数(CPI)体现。在现实生活中，房地产价格和物价水平是相互影响的：房地产价格水平的提高会引起物价水平的提高，而物价水平的提高也会反作用于房地产价格水平，促使房地产价格水平的提高。近年来，由于种种因素的影响，我国的物价水平持续上涨，CPI居高不下，引发高通货膨胀的同时也必然带来房地产价格的进一步上涨。而房地产价格的上涨在某种程度上也进一步加剧了通货膨胀。

(3)居民收入，随着我国经济的发展，居民收入持续不断地增加，必将增强居民的购买能力。在满足基本的吃穿等消费后，他们会有着强烈的购房需求，然而由于短期内房地产价格缺乏弹性，所以短期内需求的增加必定会带来房地产价格的上升。改革开放后，随着经济的发展和收入分配政策的调整，我国居民的人均收入持续增加。同时由于城市化进程的加快，最终导致对住房需求的增加。而由于短期内土地市场和房地产开发市场不能对此作出及时的反应，所以短期内居民收入的增加肯定会使房地产价格上升。

(4)利率，对我国房地产市场的影响主要是通过对贷款利率的调整来实现的。一方面，贷款利率的增加会加大开发商的成本，压缩利润空间，从而使开发商减少投资，这就意味着住房供给的减少，从而导致房地产价格的提高。另一方面，贷款利率的增加会增加购房者的还贷压力，打击他们购房的积极性，造成需求的减少，使房地产价格下降。综合起来，利率的

① 张海城：《影响我国房地产价格的经济因素》，载《中国外资》2012年第2期。

高低对房地产价格的影响取决于对哪一方的影响更大。

（5）汇率，是一国货币兑换另一国货币的比率，是以一种货币表示另一种货币的价格。近年来，由于我国在国际贸易中存在着巨大的贸易顺差，人民币升值压力越来越大。由于受人民币升值的影响，国际上的热钱也开始涌入了中国。同时，由于改革开放后，中国金融市场的逐步开放和国际资本流入的程度加大，吸引了更多的外资进入了中国。外资进入中国实体经济后，首先选择的就是高利润的房地产行业作为他们投资的对象，以获取高额的利润。众多外资的进入都会导致房地产价格的进一步上涨。

（6）货币供应量，应该是与一国实体经济的总量相一致的，货币供应量的多少标志着这个国家实体经济规模的大小。一般来讲，货币供应量单方面的增多会使房地产价格水平上升；货币供应量单方面的减少将会使房地产价格水平下降。近年来，为了维持人民币汇率的相对稳定，面对人民币越来越大的升值压力，央行向社会投放了越来越多的外汇占款，外汇占款已占货币投放总量的绝大部分。货币供应量已完全超过了现实中经济发展所必需的。货币供应量的过多导致的流动性过剩一定程度上也导致了房地产价格的上涨。

3．政治因素

影响房地产价格的政治因素主要有土地政策、税收政策和金融政策。

（1）土地政策。不同的土地政策对地价会产生不同的影响。比如，在我国传统的土地无偿使用的制度下，地租、地价根本不存在；在市场经济条件下，制定科学合理的土地制度及政策，不仅使国家作为土地所有者的利益得到体现，而且通过市场形成的合理的土地使用权价格，促进了土地的有效使用；城市土地归政府所有，因而政府每年的土地供给计划会影响土地市场的土地供给量，从而影响地价的变化。土地利用计划管理、土地用途管制、开征土地增值税、土地行政管理体制的改革等都会影响到地价的变动。近几年来，关于土地出让的政策不断出台，对土地一级市场的出让行为不断加以规范。其共同目的是严格限制土地的非法出让，限制炒地行为和地方政府滥征土地的行为，净化土地一级市场。

（2）税收政策。税收手段是财政政策的主要手段，它是政府根据经济和社会发展的要求而确定的通过税种和税率的变动来调节社会总供求关系。一般来说，住房领域涉及的税种主要有土地使用税、房地产开发税、土地增值税和营业税等。房地产税收政策对房地产市场具有重要的影响，特别是对于遏制投机和房地产泡沫有重要作用。房地产市场上之所以投资投机成风，造成房价过快上涨，一个很重要的原因就在于房产持有成本过低。中国社科院在京发布2011年《房地产蓝皮书》称，今年中国房地产政策调控将面临攻坚战，更严厉的调控政策可能被迫陆续出台。住房持有环节或成为调控重点，预计房价走势会出现分化，中高档房价走高，低档房价走低。

（3）金融政策。地产市场中买卖双方都离不开资金的支持，因此金融政策对住房价格有很大影响。中央银行的房地产调控政策通过多次加息和上调存款准备金率等措施实施。第一，存款利率提高，直接影响房地产投机行为，投机减少带来成交量下降；第二，贷款利率的调高，一方面会提高房地产开发成本，从而会减少房源的供给量，另一方面会增加贷款购房者的购房成本，从而抑制购房需求。[①]

① 赵盛楠：《浅议影响中国房地产价格的基本因素》，载《中国证券期货》2011年第6期。

4. 其他因素

影响房地产价格的其他因素有心理因素和国际因素等。

(1)心理因素。消费者心理因素对城市房地产价格的影响有时是一个不可忽视的因素。消费者对房地产市场充满信心,更多的人投入房地产市场,购买房产,将使房地产业更加繁荣,反之,房地产业的发展将会遇到困难,更容易形成泡沫。影响房地产消费者信心的因素较多,如人均收入、房地产市场的成熟程度和房地产自身的发展状况。收入越高,消费者信心越强,按揭买房和贷款买房的比例将会提高。越成熟的市场,消费者对房地产的信心也越高,将会有更多的资金涌入房地产业,从而影响房地产价格。房地产自身的发展状况良好也容易让消费者更有信心,一个价格波动较大的房地产市场,消费者的信心自然不会高。[①]

(2)国际因素。国际经济、军事、政治等环境,对房地产价格有较大影响。①国际经济发展良好,一般有利于房地产价格上升。②军事冲突。房地产具有不可移动性,当遭受战争或社会动乱时,房地产价格会陡然下跌。③政治对立。若发生政治对立,则不免会出现国与国之间实行经济封锁、冻结贷款、终止往来等政策,这些一般会导致房地产价格下跌。④国际竞争。这主要是指国与国之间为吸引外资而展开的竞争。竞争激烈时,房地产价格一般较低落。

第二节　房地产估价

一、房地产估价的含义

房地产估价是对房地产在某一时点的价值进行估计的行为或过程。具体地讲,房地产估价是指符合国家有关规定的专门机构和人员,接受他人委托,为了特定的目的,遵循公认的原则,按照严谨的程序,依据国家的有关法律、法规和规定,在合理的假设下,运用科学的方法,对特定房地产在特定时间的特定价值进行分析、测算和判断,并提供相关专业意见的活动。

根据全国房地产估价师执业资格考试用书《房地产估价理论和方法》中的说明,从事房地产估价业务的机构和人员,作为房地产估价工作中的主体,必须符合国家在房地产估价方面的有关规定,即具有从事该项业务的行业及执业资格并登记注册。特定目的称为估价目的,是指引起房地产估价业务发生的经济行为,它直接决定和制约房地产估价的价值类型确定和估价方法选择。公认的原则称为估价原则,即房地产估价工作的行为规范,是处理估价业务的行为准则。严谨的程序称为估价程序,有关法律、法规和标准称为房地产估价的依据。合理的假设称为估价假设,科学的方法称为估价方法,特定房地产称为估价对象,特定时间称为估价时点,特定价值类型称为价值类型。上述定义中涉及的估价机构及其人员和估价委托方统称为估价当事人,分析、测算和判断出的特定价值及提供的相关专业意见称为估价结果。因此,估价当事人、估价对象、估价依据、估价时点、估价目的、估价原则、估价假设、价值类型、估价程序、估价方法和估价结果是房地产估价的构成要素。

房地产估价在美国称为“Real Estate Appraisal”;在英国称为“Property Valuation”;在

---

① 刘菁菁:《房地产价格影响因素与房地产调控措施研究》,载《科协论坛》(下半月)2007年第6期。

日本和韩国称为不动产鉴定评价，简称不动产鉴定；在中国台湾地区称为不动产估价、不动产鉴定或不动产鉴价；在中国香港地区称为物业估价或物业估值。

实际上，房地产产品的价值测算比一般商品要复杂得多，因为它的价值不仅同一般商品一样，包含着直接的物化劳动和活劳动的投入，例如土地的征用、房屋的拆迁、项目的勘察设计、建筑施工、设备安装等，而且还包含许多间接因素，如社会环境、区域条件、地理位置、级差收益等。

二、房地产估价的原则

房地产价值评估的原则是评估理论和实务的基础。对此，并不存在绝对统一的、标准化的原则。台湾柯博义著《不动产估价——理论与实务》一书认为，房地产估价的原则是：供给与需求原则、变动原则、最有效使用原则、替代原则、竞争及超额利润原则、适用原则、预测原则、均衡原则、收益递增减原则、贡献原则。美国不动产估价者协会在《不动产评论》中提出了如下的一些原则：预测原则、替代原则、变动原则、竞争原则、收益递增减原则、贡献原则、剩余生产力原则、适合原则、供需原则、最有效使用原则。中国国家土地管理局在《城镇土地定级估价原理与方法》中将下列原则明确为估价的原则：替代原则、预期收益原则、变化原则、竞争和超额利润原则、报酬递增减原则、贡献原则、剩余产品或结余原则、协调原则、供需原则、最高和最佳使用原则。[①]

根据房地产价格形成原理，有关法规和不同估价目的之要求，房地产估价原则可分为两方面内容，即房地产估价的工作原则和经济原则。

1. 房地产估价工作原则

房地产估价的工作原则，是指房地产估价执业中应遵循的一般基本准则，它适合各种不同估价目的和要求，对估价工作具有普遍指导意义。

(1)独立性原则，是指房地产估价机构和估价人员在执业中，不受估价对象——房地产各方当事人利益的影响，与房地产各方当事人没有任何利害关系，不受其他任何因素的干扰和影响，从第三者的角度独立进行操作。当估价机构或估价人员与房地产当事人某一方有利害关系时，应采取回避的态度。房地产价格涉及范围广、影响因素多、价格额度大，房地产估价坚持独立性原则，是客观合理评估房地产价格的基本要求。

(2)客观性原则，是指房地产估价机构和估价人员在执业中，根据房地产的用途、性质、特点、规模、使用状况等，实事求是，从实际出发，认真进行调查研究，掌握全面、翔实、可靠的资料，采用适当标准和方法，通过认真分析、测算之后，得出合理、公正、可靠的估价结论。为体现估价结果的客观性，估价时一是要全面、简要、真实地描述房地产的物质与权益状态，合理界定估价范围；二是估价结果要客观地反映房地产在估价时点的市场价格；三是估价依据、内容和结果要经得起历史检验；四是在估价过程中不受各方当事人主观意志的干扰；五是当委托人提出估价工作和房地产估价报告书确有疏忽、遗漏之处，甚至出现错误时，估价机构应及时予以改正，估价中对委托方提出的疑问，应认真予以解答。

(3)科学性原则，是指在房地产估价过程中，根据特定目的，制定科学的估价方案，采用合理的估价程序和科学的估价方法，估价房地产价格。例如，房地产估价中要按对象房地产

---

① 崔建华、李栋：《房地产经济论》，北京：经济科学出版社，2011年版。

用途和估价目的，运用正确的估价思路，选择合理的估价方法。在同一类估价方法中，应建立科学的数学模型或选用适当的计算公式等，估算中所利用的参数要真实可靠、经得起检验。根据国内外经验，结合估价实践，要使房地产估价具备一定的科学性，应逐步制定和完善各种相应的技术标准，使房地产估价工作和估价报告质量不断得到提高。

(4)合法性原则，是指房地产估价要依法进行，使估价结果具有法律效应。房地产估价的合法性主要表现为：一是要以房地产的合法使用为前提；二是要根据现行相关法律和法规开展估价业务；三是要按现行计量、计费标准、定额和有关规定为依据；四是要具备完整合法的产权证明或证件。比如，房地产的合法使用主要体现在以下几个方面：①估价对象要按城市规划规定的用途确定用地性质，估价中不允许随意改变；②估价对象要符合城市规划中规定的容积率和覆积率，如果城市规划规定某宗商服用地容积率为6，估价时设定的容积率最高值不允许超过6；③估价对象若为土地时，要按有关规定正确确定土地使用权的使用年限或剩余使用年限等。

2. **房地产估价经济原则**

房地产估价的经济原则，是指房地产估价中应遵循的专业性、技术性原则，它是客观、科学、合理估计对象房地产价格的基本保证。

(1)最佳使用原则。最佳使用原则是指房地产估价要以房地产的最佳使用为前提。房地产的最佳使用主要体现为估价对象房地产在自然状态或物理状态的最可能使用，而这种最可能的使用，是估价对象房地产法律上允许、技术上可行、资金上可能前提下，能够使估价对象房地产在当前和未来获得最高价值的使用。同时考虑其他相关因素，房地产的使用被认为的是最佳的使用。由于土地使用权出让年限和建筑物耐用年限较长，最佳使用原则在房地产实际估价中具体运用，可从以下几方面考虑：①一般情况下，当估价对象有几种用途都适合时，应经分析论证后，从中选择出一种最佳使用的用途；②如果估价对象为存量房地产，维持现状进行持续经营为最佳使用时，应按维持现状持续经营进行估价；③如果估价对象为存量房地产，改变目前用途转换为其他某种用途为最佳使用时，应按转换为其他某种用途进行估价；④如果估价对象为存量房地产，按现有用途持续经营，但须通过室内外改造或装修为最佳使用时，应按改造或装修后的使用状况进行估价；⑤如果估价对象为存量房地产，须通过室内外改造或装修并改为其他用途为最佳使用时，应按室内外改造或装修并改变用途进行估价；⑥如果估价对象为旧有房地产，当拆除原有建筑物改为其他用途为最佳使用，应按拆除原有建筑物改为其他用途进行估价。

(2)估价时点原则。估价时点又称估价期日、评估时日或评估基准日，是指确定房地产估价额、估价结论开始成立的特定时日。估价时点通常用某年某月的某日表示，它是一个具体的日期。一般来说，评估房地产的价格是确定对象房地产某一天的市场价格，一宗房地产每次评估只能有一个估价时点，估价时点是在征求委托方基础上，由估价机构确定的。

房地产价格具有很强的时间性，房地产估价中强调估价时点原则，说明房地产估价只是求取某一时点上的价格。房地产市场是不断变化的，构成房地产价格的各种因素也经常处在不断变化之中，所以同一宗房地产，在不同时点会有不同的价格。估价中重视估价时点原则，是把不断变化的房地产价格，相对停止地在某一时点上估价。

估价时点的选择，应有利于使估价结果有效地服务于估价目的，准确划定估价范围，合理选取估价依据，尽量减少和避免估价时点后的调整事项。估价作业日期是指房地产估价人员自接受委托至完成估价报告的评估操作起止日期。估价作业日期一般根据估价对象的规模、复杂和难易程度等，由估价人员与委托单位共同商定。

在房地产估价中，估价时点与估价作业日期是不同的，主要区别为：一是含义不同，估价时点是指确定对象房地产价格额度的具体日期，它指的是某一天，是把不断变化的各种构成房地产价格因素的价值量归集到估价时点上，估价结果是要说明估价对象房地产在这一天的市场价格。而估价作业日期是对象房地产估价操作所需要的时间，它可以是几天或更长的时间；二是目的不同，估价时点是估计对象房地产市场价格的时间界限，比如房地产市场供求状况的变化，房地产法规、标准、税收政策的变更，经济形势的变化等，都会影响房地产的价格。估价作业日期则注重说明，在协议或规定时间内，估价机构和估价人员必须在保证估价质量的前提下，根据委托方的估价时间要求，按时完成估价报告。而委托方应在规定的时间内提供全面、真实、合法有效的资料，并在不同阶段进行必要的配合，以及按规定支付评估费等。

房地产估价时点与估价作业日期在时间上往往是不一致的，估价人员有时将实地勘察的日期确定为估价时点。但是，有时处于某种需要，把估价时点确定为过去或将来。估价中与估价时点联系较紧密的因素主要为房地产市场情况和估价对象房地产状况。估价中考虑估价时点主要有以下几种情况。

①当房地产估价时点为现在时：a. 房地产状况与房地产市场状况均为现在时点。无论新增房地产还是存量房地产，这是估价中遇到的最多的一种情况。如商品房出售时的现在价格、存量旧有建筑物的现在价格、土地使用权出让价格等；b. 房地产状况为过去某时点，房地产市场状况为现在时点。如过去某时点停建的在建工程的现在价格等；c. 房地产状况为未来某时点，房地产市场状况为现在时点。如当前正在开发中尚未完工的商品房的期房价格等。

②当房地产估价时点为过去时：房地产状况及房地产市场情况均为过去某时点时。这属于回顾性估价，如房地产估价目的是为了解决前一年某月某日的民事纠纷等。

③当房地产估价时点为未来时：房地产状况及房地产市场情况均为将来某时点时。这属于预测性估价，如估计在建房地产开发项目在将来某时点完工时的价格，又如根据当前商品住宅价格预测未来某时点同类型房地产的价格等。

(3)供求原则。房地产价格同其他物品一样，具有很强的时间性，直接受房地产市场供求关系的影响。如果供给不变，需求增加时，价格上升，需求减少，价格下降；如果需求不变，供给增加，价格下降，供给减少，价格上升。

强调房地产估价的供求原则，是要在房地产估价中，认真考虑同类房地产的市场供求状况，房地产的供求状况如何，直接影响着房地产价格的变化。运用不同的估价方法，分析房地产供求状况，应侧重不同的内容。如成本法中，要着重分析影响构成房屋实体建材、设备等供求状况与价格，在市场比较法中，应着重分析存量房地产的供求状况与价格。

房地产供求状况，经常与房地产市场上是否出现房屋空置相联系。房屋空置是房地产市场需求较清淡时，已建成商品房因租售受阻较长时间而出现积压现象，或者说空置是房地产市场上房屋的整体或部分未得到使用，处于待售或待租状态的现象。空置房屋包括新建成房屋和旧有房屋没确定新的使用者。衡量房屋空置程度大小的指标是房屋空置率，所谓空置率是指空置房屋面积占全部总存量的比率。可以这样讲，当市场上房屋出现空置且空置率较高时，房屋价格降低；反之，价格上涨。

(4)替代原则。根据经济学原理，在同一个市场中，具有相同使用价值和质量的物品，在同一估价时点，其价格是趋于一致的，进而相互间存在完全替代性。房地产因存在位置的固定性或自身个别性，在同一个市场上几乎不可能存在完全相同的房地产，因此，当估计对象房地产价格时，可利用替代原则，通过市场上已发生交易的相同或相类似房地产价格，在分析比较之后，确定估价对象房地产价格。

替代原则的突出特点是强调估价人员选用的可比实例与估价对象具有相同或相类似性，具体地讲，在用途、结构、价格类型等方面具有相同或相类似性。因此，不管是房地合一的房地产，还是构成房地产价格的某些因素以及估价主要参数，只要市场上条件具备，估价中都可以考虑利用替代原则解决有关问题。

(5)预期收益原则。尽管房地产价格是现在时点上的价格，但估价对象房地产之所以有价格，就是因为将来能够产生收益或效益，因而其价值量的大小主要是由反映将来的总收益、总费用、资本化率等指标所决定。估价中运用预期收益原则，一方面是因为估价对象房地产不仅能够产生收益或效用，而且拥有一定的使用年限。如果估价对象是一幢建筑物，根据其建造质量、结构、已使用年限、使用维修状况等，应尚存在一定的使用寿命年限。如果估价对象是一宗土地，根据用途、原出让规定年限和时间，应尚存在一定的土地使用权年限。另一方面是因为估价对象可以进行持续经营。所谓持续经营，是假设估价对象房地产在未来一段时间内，将依照当前的用途、使用方式、规模、经营状况、环境或在有所改变的基础上进行连续不断的经营。

作为收益性房地产，估价时须结合具体经营方式和情况对预期收益进行合理估算，尤其对规模较大、经营内容较多的收益性房地产，无论按现状持续经营，还是适当改换方式经营，都应当搜集翔实、可靠的资料，以便合理估计对象房地产的价格。

(6)公平原则。公平原则是指对象房地产估价选取的估价依据和估价结论都可在公开市场上存在或成立。公开市场是指一个具有较充分竞争性的房地产市场，交易双方进行交易的唯一目的在于最大限度地追求经济利益。为此，房地产交易各方应掌握必要的市场信息，利用较充分的时间进行调查、分析。所以，在房地产公开市场形成的价格是一个公允的价格。

三、房地产估价的程序

根据我国制定的《房地产估价规范》，估价的基本程序如图 14-1 所示。①

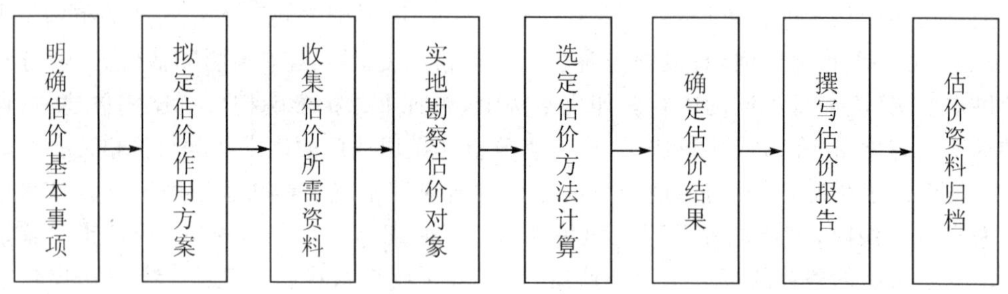

图 14-1 房地产估价程序

① 崔建华、李栋：《房地产经济论》，北京：经济科学出版社，2011 年版。

房地产估价的基本事项主要是要明确估价的原因与目的、估价的对象和估价的时点。在实际的经济生活中，城镇住房制度改革、国家征地、国有土地使用权的出让、房地产的转让、租赁、抵押、出典、保险、房地产的合并与分割、房地产纠纷、房屋拆迁以及企业的各类经济活动(企业的合资、合作、股份制改造、破产、兼并、合并等)均需进行房地产的价值评估。明确估价对象就是要确认所评估的房地产的物质实体状况。房地产的价格与时间有密切关系，评估时间用公历表示，精确到日。

房地产估价所需要的资料主要包括：对房地产价格有普遍影响的资料、对估价对象所在地区的房地产价格有影响的资料、相关房地产交易、成本、收益实例资料、反映估价对象状况的资料。

评估人员可以而且应当对评估对象进行现场勘查。通过现场勘查，确认土地以及建筑物的位置、面积、外观、环境状况、建筑结构与式样、建筑物的装饰装修和设备状况。勘查时可以进行拍照和录像。现场勘查不一定是全新的工作，有一部分工作是核实已有的各项数据和相关资料。现场勘查时评估的委托方应当派人陪同，勘查结果须双方签字认可。

房地产的估计报告要全面、公正、准确。所谓全面，就是要完整地反映估价所涉及的事实、推理过程和结论，正文的内容和附件资料全面、配套。所谓公正，就是评估人员要站在中立的立场上对影响估价对象或价值的因素进行客观的介绍、分析和评论，得出有充分依据的结论。所谓准确，就是在报告中避免使用模棱两可的或容易产生歧义的文字，不写未经查实的事项，对难以确定的事项予以说明并指出其对估价结果可能产生的影响。一个完整的估计报告所要载明的事项主要有：委托方与估价方的名称(或姓名)和住所、估价对象、估价缘由、估价时点、估价原则与依据、估价方法、估价计算过程、估价结果、估价的假设与限制条件、估价作业日期、估价报告应用的有效期、估价人员、附件等。

第三节 市场比较法

一、市场比较法的基本原理

下面对市场比较法的概念、理论依据、适用条件和适用范围进行介绍。

1. 市场比较法的概念和理论依据

市场比较法(Market Comparative Method, MCM)，又称市价比较法、交易实例比较法，是在求取待估房地产的价格时将待估房地产与在近期内已经发生了交易的类似房地产加以比较对照，从已经发生了交易的类似房地产的既知价格，修正得出待估房地产最有可能实现的合理价格的一种估价方法。采用市场比较法得出的价格通常称为比准价格。

市场比较法的理论依据是经济学中的替代原理。市场经济中经济主体的行为普遍遵循理性原则，追求效用最大化。由于商品购买者的行为通常只是为了满足其一定的效用需求，当市场上出现两种或两种以上效用相同或效用可相互替代而价格不等的商品时，购买者将力求选择价格较低的商品；而当价格相同效用不等时，购买者又将选择效用较大的商品。这样，通过市场供求和竞争机制的作用，效用均等的商品之间将产生替代效应，最终使得市场上具有同等效用的商品获得相同的市场价格。这一替代原理作用于房地产市场，便表现为效用相同、条件相近的房地产价格总是相互牵引，趋于一致，因此，估价对象的市场价值可以由近期出售的类似房地产的价格来决定。也就是说，可以利用与估价对象同类型的具有替代性的交易实例的价格，来推测委估房地产可能实现的市场价格。市场比较法的估价思路由此而形成。①

市场比较法的基本概念是通过比较待估房地产与近期售出的类似房地产（即可参照交易房地产）的异同，并据此对类似房地产的市场价格进行调整，从而确定待估房地产价值的估计方法。运用市场比较法的前提条件是：需要有一个比较成熟的房地产交易市场；可以找到与待估房地产相似的可比较参照交易，要求可比较参照交易的交易价格确知，交易情况和交易时间与待估房地产相似，参照交易物在技术参数、功能等方面与待估房地产具有可比性。

市场比较法的基本计算公式为：

评估价格＝市场参照交易价格＋$\sum$待估对象优于参照交易物因素引起的价格差额－$\sum$待估对象劣于参照交易物因素引起的价格差额　（14-3）

或者为：

评估价格＝参照交易价格×修正系数　（14-4）

2. 市场比较法的适用条件

市场比较法的适用条件为：①具备比较发达的房地产市场、房地产交易活动比较活跃；②在同一地区或同一供求范围内的类似地区中，存在许多与被评估房地产相类似的房地产交易实例；③估价对象与交易实例之间的差异因素可以进行量化。②

3. 市场比较法的适用范围

市场比较法适用的对象是具有交易性的房地产，在市场中可以找出若干比较的实例。如房地产开发用地、普通商品住宅、高档公寓、别墅、写字楼、商场、标准工业厂房等。而对于那些很少发生交易的房地产，如特殊工业厂房、学校、古建筑、教堂、寺庙、纪念馆等，则难以采用比较法估价。

二、市场比较法的操作程序

市场比较法的操作程序如下。

1. 搜集交易实例

搜集的交易实例，要保证其内容的真实性与完整性，以提高估价的精度。搜集交易实例时应尽可能搜集较多的内容，一般应包括：①交易双方的基本情况和交易目的；②交易实例房地产的状况，如坐落、用途、土地状况、建筑物状况、周围环境、景观等；③成交日期；④成交价格；⑤付款方式；⑥交易情况，如交易税费的负担方式，有无隐价瞒价、急买急卖、人为哄抬、亲友间的特殊交易情况。为避免在搜集交易实例时遗漏重要的内容及保证所搜集内容的统一性和规范化，应预先针对不同类型的房地产进行分类，如分为商业、办公、旅馆、餐饮、娱乐、工业、农业等，将所需要搜集的内容用“交易实例调查表”表示。为保证所搜集的交易实例及其内容的真实性，对于搜集到的每一个交易实例、每一项内容，都要进行查证核实，以

① 赵明媚：《浅析市场比较法在我国房地产估价中的应用》，载《黑龙江科技信息》2009年第35期。

② 孟凡静：《市场比较法在房地产估价中的应用》，载《理论纵横》2010年第11期。

做到准确无误。

2. 选取可比实例

可比实例是指从搜集的交易实例中选择的符合一定条件作为参照比较的交易实例。可比实例选取是否得当将直接影响运用市场比较法评估价格的准确性。因此，在实际选取时，应满足以下要求：①可比实例所处的地区应与估价对象所处的地区相同或是在同一供求范围的类似地区；②可比实例的用途应与估价对象的用途相同；③可比实例的规模应与估价对象的规模相当；④可比实例的档次应与估价对象的档次相当；⑤可比实例的建筑结构应与估价对象的建筑结构相同；⑥可比实例的权利性质与估价对象的权利性质相同；⑦可比实例的成交日期应与估价时点接近；⑧可比实例的交易类型应与估价目的吻合；⑨可比实例的成交价格应是正常成交价格或可修正为正常成交价格。

3. 建立价格可比基础

建立价格可比基础要做到以下几点。

(1)统一付款方式。在实际中，房地产价格一般采用分期付款支付方式，而分期付款和一次性支付得到的房地产价格不能直接比较，通常又要以一次性支付的价格为准，所以就需将分期付款的可比实例成交价格，运用资金时间价值的方法折算为在其成交日期时一次付清的价格。

(2)统一采用单价。建筑物通常为单位建筑面积或单位使用面积下的价格；土地为单位土地面积下的价格或楼面地价。其他的，如仓库为单位体积价格，停车场为每个车位的价格等。

(3)统一币种和货币单位。通常，不同币种间价格的换算是采用成交日期时的市场汇率。但如果先按原币种的价格进行交易日期影响修正，则对进行了交易日期影响修正后的价格，应采用估价时点时的市场汇率进行换算。在统一货币单位方面，一般使用人民币、美元、港币等，都以“元”为基本单位。

(4)统一面积内涵和面积单位。面积内涵主要指套内建筑面积计价和使用面积计价。它们之间的换算关系如下：

建筑面积下的价格＝使用面积下的价格×(使用面积/建筑面积)　　(14-5)

使用面积下的价格＝建筑面积下的价格×(建筑面积/使用面积)　　(14-6)

在面积单位方面，我国内地通常采用平方米，美国、英国和我国香港地区通常采用平方英尺，日本、韩国和我国台湾地区通常采用坪。

4. 因素修正

因素修正包括以下几个方面。

(1)交易情况的修正，是指将可比实例的不正常成交价格变为正常的可以作为估价对象价格的调整过程。通常能够使房地产成交价格偏离正常价格标准的因素有以下方面：有利害关系人之间的交易；交易时急于脱售或购买；交易双方或某一方对市场行情缺乏了解；交易双方或某一方有特别动机或偏好；特殊交易方式存在；交易税费的非正常负担；相邻房地产的合并交易；受债权债务关系影响的交易。交易情况影响修正的方法主要是百分率法和差额法。

百分率法的公式为：

正常价格＝可比实例的成交价格×交易情况影响修正系数　　(14-7)

差额法的公式为：

正常价格＝可比实例的成交价格±交易情况影响修正额　　(14-8)

其中，交易情况修正系数为 1/(1±s%)或 100/(100±s%)(当可比实例的成交价格比其正常市场价格高时，为+s%；低时，为−s%)。

(2)交易日期影响的修正，是将可比实例在其成交日期时的价格调整为在估价时点时的价格，并将其作为估价对象的价格。这种调整称为交易日期修正。针对可比实例在成交日期至估价时点期间房地产价格可能出现的三种情况为：平稳、上涨、下跌。当房地产价格发展平稳时，不进行交易日期修正；当房地产价格为上涨或下跌时，则要进行交易日期影响修正。一般应以相关的房地产价格指数或变动率将可比实例价格调整为估价时的价格。

利用定基价格指数进行交易日期修正的计算公式为：

在估价时点时的价格＝可比实例在成交日期时的价格×(估价时点时的价格指数/成交日期时的价格指数)　　(14-9)

利用环比价格指数进行交易日期影响修正的公式为：

在估价时点时的价格＝可比实例在成交日期时的价格×成交日期下一期的价格指数×再下一期的价格指数×…×估价时点时的价格指数　　(14-10)

采用逐期递增或递减的价格变动率进行交易日期影响修正的公式为：

在估价时点时的价格＝可比实例在成交日期时的价格×(1±价格变动率)^{期数}　　(14-11)

采用期内平均上升或下降的价格变动率进行交易日期影响修正的公式为：

在估价时点时的价格＝可比实例在成交日期时的价格×(1±价格变动率×期数)　　(14-12)

(3)房地产状况影响的修正，是将可比实例在其房地产状况下的价格，调整为在估价对象房地产状况下的价格。房地产状况影响修正分为区位状况影响修正、权益状况影响修正和实物状况影响修正。其中区位状况比较修正的内容主要包括：繁华程度、交通便捷程度、环境景观、公共设施完备程度、临路状况、朝向、楼层等影响房地产价格的因素。权益状况影响修正的内容为：土地使用年限、城市规划限制条件等影响房地产价格的因素。实物状况修正的内容，对于土地来说，主要包括：面积大小、土地平整程度、基础设施完备程度、地势、地质水文情况等影响房地产价格的因素；对于建筑物来说，主要有：新旧程度、建筑规模、建筑结构、设备、装修、平面布置、工程质量等影响房地产价格的因素。

采用百分率法进行房地产状况影响修正的一般公式为：

在估价对象房地产状况下的价格＝可比实例在其房地产状况下的价格×房地产状况影响修正系数　　(14-13)

房地产状况影响修正系数为 1/(1±R %)或 100/(100±R %)(当可比实例在其房地产状况下的价格比在估价对象房地产状况下的价格高时，为+R%；低时为−R%)。

5. 求取比准价格

求取比准价格包括两种情况。

(1)求取某个与可比实例对应的比准价格。一般采用连乘形式：

估价对象价格＝可比实例价格×交易情况影响修正系数×交易日期影响修正系数×房地产状况影响修正系数　　(14-14)

(2)求取多个可比实例的最终比准价格。首先将每个可比实例的成交价格经过上述三项修正之后，得到的各个比准价格，再利用平均数法、中位数法、众数法、其他方法求得最终的一个比准价格作为评估对象的合理价格。

三、市场比较法的应用举例[①]

［例 14-1］ 为评估某写字楼 2008 年 10 月 1 日的正常市场价格，估价人员在附近地区调查选取了 A、B、C 三宗类似写字楼的交易实例作为可比实例，有关资料如下：

(1)可比实例的成交价格与成交日期：交易情况分析判断中的数据是以正常价格为基准，正值表示可比实例的成交价格高于其正常价格的幅度，正值表示高于其正常价格的幅度。

(2)交易情况分析判断。

(3)调查获知该类写字楼的价格：2007 年 11 月 1 日到 2008 年 6 月 1 日平均每月比上月上涨 1.4%，2008 年 6 月 1 日至 2008 年 10 月 1 日平均每月比上月上涨 1.6%。

(4)房地产状况分析判断：利用上述资料估算该写字楼 2008 年 10 月 1 日的正常市场价格。

［解］ 计算公式：比准价格＝可比实例价格×交易情况修正系数×交易日期修正系数×房地产状况修正系数

由此可得：

$$比准价_A = 6000\times\frac{1}{1+3\%}\times(1+1.4\%)^2\times(1+1.6\%)^4\times\frac{100}{104\times0.60+97\times0.25+105\times0.15}=6233.25(元/平方米)$$

$$比准价_B = 5800\times\frac{1}{1-1\%}\times(1+1.4\%)^4\times(1+1.6\%)^4\times\frac{100}{103\times0.60+99\times0.25+102\times0.15}=6479.88(元/平方米)$$

$$比准价_C = 6120\times\frac{1}{1+2\%}\times(1+1.4\%)^1\times(1+1.6\%)^4\times\frac{100}{100\times0.60+105\times0.25+97\times0.15}=6431.94(元/平方米)$$

最终可得：

评估对象正常市场价＝(6233.25＋6479.88＋6431.94)÷3＝6381.69(元/平方米)

第四节 收益法

一、收益法的基本原理

下面对收益法的概念、理论依据、适用范围和条件进行介绍。

1. 收益法的概念和理论依据

收益法又可称为收益还原法、收益资本化法(Income Capitalization Approach)、收益现

① 孟凡静：《市场比较法在房地产估价中的应用》，载《理论纵横》2010 年第 11 期。

值法(Income Method)、投资法(Investment Method)。它是在估算房地产未来若干年预期纯收益的基础上,以一定的还原利率,将评估对象未来收益还原为评估基准日收益总和的一种方法。用公式表示为:

$$V = \sum A_i / (1+r)^i, i = 1, 2, \cdots, n \tag{14-15}$$

其中,V 表示所估算的收益价格即房地产价值;A_i 表示第 i 年的房地产净现金流;r 表示折现率;n 表示评估对象的收益年限。

可见收益法是运用适当的资本化率,将预期的待估房地产未来各期(通常为年)的正常纯收益折算到估价时点上的现值,求其之和得出待估房地产价格的一种估价方法。收益法的理论依据基于预期原理,即未来收益权利的现在价值。由于房地产的使用寿命相当长久,占用某一收益性房地产,不仅现在能取得一定的纯收益,而且能期待将来继续取得这个纯收益。所以,该宗房地产的价格就相当于这样一个货币额,如果将这个货币额存入银行也会源源不断地带来一种与这个纯收益等量的收入。

收益法的理论依据为效用价值论,其认为房地产的价值在于该房地产所带来的未来收益,未来收益的现值之和就是该房地产的价值,该折现率亦称资本化率。早在1906年,耶鲁大学教授费雪在其专著《资本与收入的性质》中就系统地论述了收入与资本的关系。费雪认为,收入是资本价值的源泉,并把收入分为享用收入、实际收入和货币收入。享用收入指人们在消费中所产生的精神愉悦感受,由实际收入所带来。实际收入是指能给人们带来享用的客观事物,包括人们的衣食住行等一切物品。货币收入是指人们的工资、股利、利息、租金和利润等现金收入。当人们的货币收入大于实际收入时,就会进行储蓄或投资,因为投资能带来未来收入。资本价值就是收入的资本化。1930年费雪所著的《利息理论》完整地提出了利用收益法进行价值评估的框架,认为资产的价值就是未来现金流量的折现值。费雪资本评估理论的不足就是认为未来现金流量是无风险的,所以折现率取无风险的市场利率。20世纪60年代,莫迪格莱尼和米勒又对收益法进行了进一步完善,未来收益不再是确定的,并对资本化率进行了正确的定义和论述。此后,以收益法为核心的现代主流价值评估理论和技术逐渐发展和完善起来。①

2. 收益法的适用范围和条件

运用收益法评估房地产的前提条件,是待评估房地产的预期收益及其风险都是可以量化的,且纯收益为正。因此,该方法适用于有收益或有潜在收益的可正常经营使用的房地产估价,如商业性的土地、房屋等房地产的经营、租赁。但现实情况往往并非如此,实际的条件与模型假设的前提条件相距越远,收益法的运用就越困难,如政府机关、学校、寺庙、公园等公益性或特殊用途房地产的估价,一般不适宜用此法。

收益法考虑的是未来收益(现金流量),与房地产的过去、现在无关。而房地产之所以有价值,归根结底是由于房地产能给持有者带来未来收益,因此未来收益是房地产价值的源泉。未来收益有两个显著特点:一是未来收益是未来年份产生的,而不是过去或现在产生的;二是未来收益一般是不确定的,有的甚至波动性很大,几乎不能正确确定其数值大小。因此,对于能够可靠测定未来收益的房地产项目如酒店、商场、写字楼等商业房产,采用收益

① 胡玄能:《房地产估价方法之比较》,载《财会月刊》2006年第24期。

法比较适当。采用收益法评估房地产价值时，要先依据评估目的确定未来收益口径，再根据未来收益口径及其风险确定折现率。比如酒店企业改制评估房地产价值时，如果从投资者（股东）的角度计算未来现金流量即用营业现金收入减去营业现金支出（包括利息与税费），则折现率取酒店行业的投资者要求的平均投资报酬率或平均权益资本成本率较为妥当。

二、收益法的评估程序

运用收益法进行房地产估价时，一般按照如下步骤进行：①搜集验证房地产的有关经营、财务状况的信息资料；②计算和对比分析有关的收益、费用指标及其变化趋势；③预测房地产的预期资产净现金流，确定适当的折现率；④估算待评估房地产的收益价值。

三、收益法计算常用公式

1. 年资产净现金流（纯收益）不变为 A 时

（1）如果评估对象的收益年限为有限年期，则计算公式为：

$$V=\frac{A}{r}\left[1-\frac{1}{(1+r)^{n}}\right](r>0) \tag{14-16}$$

$$V=A\times n(r=0) \tag{14-17}$$

（2）如果评估对象的收益年限为无限年期（即未来收益年金化），计算公式为：

$$V=\frac{A}{r} \tag{14-18}$$

注：若房地产未来预期收益不完全相等，但相差不大，可用此方法。计算步骤如下：

① 预测该房地产未来若干年（一般为5年左右）的收益额；

② 求取年等值收益额，计算公式为：

$$A=\frac{\sum_{i=1}^{n}\frac{R_i}{(1+r)^{i}}}{\sum_{i=1}^{n}\frac{1}{(1+r)^{i}}} \tag{14-19}$$

③ 将年等值收益额进行本金化计算，即为评估值。

2. 年资产净现金流（纯收益）若干年后保持不变

（1）如果评估对象的收益年限为有限年期，计算公式为：

$$V=\sum_{i=1}^{n}\frac{R_i}{(1+r)^{i}}+\frac{A}{r\,(1+r)^{n}} \tag{14-20}$$

（2）如果评估对象的收益年限为无限年期（即未来收益年金化），计算公式为：

$$V=\sum_{i=1}^{t}\frac{R_i}{(1+r)^{i}}+\frac{A}{r\,(1+r)^{t}}\left[1-\frac{1}{(1+r)^{n-t}}\right] \tag{14-21}$$

3. 年资产净现金流（纯收益）按等差级数变化

（1）年资产净现金流（纯收益）按等差级数递增。

①如果评估对象的收益年限为无限年期（即未来收益年金化），计算公式为：

$$V=\frac{A}{r}+\frac{B}{r^{2}} \tag{14-22}$$

其中，B 为等差。

②如果评估对象的收益年限为有限年期，计算公式为：

$$V=\left(\frac{A}{r}+\frac{B}{r^2}\right)\left[1-\frac{1}{(1+r)^n}\right]-\frac{B}{r}\cdot\frac{n}{(1+r)^n} \quad (14\text{-}23)$$

(2)年资产净现金流(纯收益)按等差级数递减。

①如果评估对象的收益年限为无限年期(即未来收益年金化)，计算公式为：

$$V=\frac{A}{r}-\frac{B}{r^2} \quad (14\text{-}24)$$

②如果评估对象的收益年限为有限年期，计算公式为：

$$V=\left(\frac{A}{r}-\frac{B}{r^2}\right)\left[1-\frac{1}{(1+r)^n}\right]-\frac{B}{r}\cdot\frac{n}{(1+r)^n} \quad (14\text{-}25)$$

4. 年资产净现金流(纯收益)按等比级数变化

(1)年资产净现金流(纯收益)按等比级数递增。

①如果评估对象的收益年限为无限年期(即未来收益年金化)($r>s>0$)，计算公式为：

$$V=\frac{R_1}{r-s} \quad (14\text{-}26)$$

其中，R_1 为评估基准日后第一年纯收益；$1+s$ 为公比。

②如果评估对象的收益年限为有限年期，计算公式为：

$$V=\frac{R_1}{r-s}\left[1-\left(\frac{1+s}{1+r}\right)^n\right] \quad (14\text{-}27)$$

(2)年资产净现金流(纯收益)按等比级数递减。

①如果评估对象的收益年限为无限年期(即未来收益年金化)($r+s>0$)，计算公式为：

$$V=\frac{R_1}{r+s} \quad (14\text{-}28)$$

②如果评估对象的收益年限为有限年期，计算公式为：

$$V=\frac{R_1}{r+s}\left[1-\left(\frac{1+s}{1+r}\right)^n\right] \quad (14\text{-}29)$$

5. 预期房地产将在评估基准日后第 j 年末以价格 vj 出售

$$V=\sum_{i=1}^{j}\frac{R_i}{(1+r)^i}+\frac{V_j}{(1+r)^j} \quad (14\text{-}30)$$

$$V_j=\sum_{x=j+1}^{n}\frac{R_x}{(1+r)^x} \quad (14\text{-}31)$$

四、收益法指标的估算

下面对纯收益、折现率、收益期限和残余法的估算进行介绍。

1. 纯收益

纯收益是指归属房地产的除去各种费用后的收益，一般以年为单位。

(1)总收益，房地产收益可分为实际收益和客观收益。实际收益是指在现状条件下实际取得的收益。由于不同的人或企业的经营能力以及外在不确定因素的影响，经营同样的房地产会有各不相同的实际收益，若以实际收益为基础进行资本化，会得到不一样的结果。因此，不能以实际收益来计算纯收益，不能直接用实际收益来评估。

客观收益是指排除了房地产实际收益中属于特殊的、偶然的要素后所能得到的一般正常收益，即在正常市场条件下的房地产，用于最佳利用方向上的收益值。只有客观收益才能作为评估的依据。此外需要注意的是，房地产收益包括有形收益和无形收益。有形收益是由房地产代理的直接货币收益。无形收益是指由房地产带来的间接利益，如安全感、自豪感、提高个人的声誉和信用、增强企业的融资能力和获得一定的避税能力等。

(2)总费用，指取得该收益所必需的各项支出，即创造总收益所必须投入的正常支出。在估价时总费用也应该是客观费用。总费用所应包含的项目随待估房地产的状态不同而有区别。需要指出的是，学术界关于利息、折旧费和空房损失费是否构成总费用的组成部分有着不同的观点。

(3)纯收益，等于总收益减去总费用。在估计纯收益时，根据纯收益在过去、现在、未来的变动情况，以及估价对象的可获收益年限，确定未来(估价时点以后)的净收益流量。估价对象的未来净收益流量可能是每年基本固定不变的，也可能是每年按某个固定的数额(或比率)递增或递减，还可能按其他方式变化。

2. 折现率

折现率是决定房地产评估价格最关键的因素。这是因为评估价格对折现率最为敏感，折现率的每个微小变动，都会使评估价格发生显著改变。这就要求评估人员确定的折现率的精度要远远高于纯收益的精度，评估人员必须具有较高的评估水平和丰富的经验。

(1)折现率的实质。折现率是将房地产的纯收益还原成房地产价格的利率或比率，其实质是一种资本投资的期望回报率，我们可以将它看做是估价对象投资的机会成本，或者说是资本成本，正确的折现率是投资者能够从一项“相似的”投资中得到的回报率。需要指出的是房地产投资在不同地区、不同时期、不同性质与用途上的投资风险是各不相同的，因此，房地产投资回报率即折现率是一个变量，随市场状况的变化而变化，不存在一个统一不变的折现率。

(2)折现率的种类。运用收益法评估房地产价格，评估对象可以是整个房地产，也可以是其中的某一部分，如土地或建筑物。评估对象不同，所选用的折现率也不同。

①综合折现率，是求取房地产整体价格时所应使用的折现率，此时对应的纯收益是整个房地产所产生的纯收益。

②土地折现率，是求取土地价格时所应使用的折现率，此时所对应的纯收益是土地所带来的纯收益，这个纯收益不应包括其他方面带来的纯收益。

③建筑物折现率，是求取单纯建筑物价格时所应使用的折现率，此时对应的纯收益是建筑物本身所产生的纯收益，不包括土地所产生的纯收益。

综合折现率、土地折现率、建筑物折现率的关系：

$$r=\frac{r_L P_L + r_B P_B}{P_L + P_B} \quad 或者 \quad r = r_L \times L + r_B \times B \tag{14-32}$$

其中，r 为综合折现率；r_L 为土地折现率；r_B 为建筑物折现率；P_L 为土地价格；P_B 为建筑物价格；L 为土地价值占房地产价值的比率；B 为建筑物价值占房地产价值的比率。

(3)折现率的估算，主要有以下五种方法。

①市场提取法(比较法)，是通过在市场上搜集多个(一般为 3 个以上)相同或类似房地

产的纯收益、价格等资料，选用相应的公式，反算求出折现率。通常，为避免偶然性，往往选取多个案例的折现率的平均值，具体可以根据实际情况，求其简单算术平均值或加权算术平均值。这种方法要求市场发育比较充分、交易案例比较多。评估人员必须拥有充裕的资料，并尽可能以与待估房地产情况接近的资料作为参照。

[例 14-2] 选择在近期发生的且种类、等级都与估价对象不动产相似的交易实例，如表 14-1 所示。将其折现率进行简单算术平均即可得到待估不动产的折现率。

表 14-1 可比实例收益价格资料

可比实例	1	2	3	4	5	6
纯收益(万元/年)	12	23	10	65	90	32
价格(万元)	102	190	88	542	720	250
折现率(%)	11.8	12.1	11.4	12	12.5	12.8

[解] $$r=\frac{\sum_{i=1}^{n} r_i}{n}=\frac{11.8\%+12.1\%+11.4\%+12.0\%+12.5\%+12.8\%}{6}=12.1\%$$

②资本资产定价模型法，是通过比较一项资本投资的回报率与投资于整个资本市场的回报率，来衡量该投资的风险补偿。

资产的回报率、无风险利率、资产风险补偿之间的关系可以表示为：

$$\text{资产风险补偿}=\text{期望回报率}-\text{无风险利率} \tag{14-33}$$

将式(14-33)变为：

$$\text{期望回报率}=\text{无风险利率}+\text{资产风险补偿} \tag{14-34}$$

资产风险补偿等于资产市场(平均)风险补偿乘以资产的贝他系数(β)，因而可以将资产的期望回报率表示为：

$$\begin{aligned}\text{资产期望回报率}&=\text{无风险利率}+\text{资产市场风险补偿}\times\beta\\&=\text{无风险利率}+(\text{资产平均回报率}-\text{无风险利率})\times\beta\end{aligned} \tag{14-35}$$

这种将资产的期望回报率同它的不可分散风险联系起来的模型称为资本资产定价模型，其含义是资产的回报率由两部分组成：无风险利率，即衡量无风险投资的回报；投资者因承担风险而要求的期望回报率，等于市场风险补偿乘以 β。

将该模型应用于房地产估价，确定其计算公式为：

$$r=r_f+\beta(r_m-r_f) \tag{14-36}$$

其中，r 为折现率；r_f 为无风险利率；β 为投资估价对象房地产的不可分散(系统)风险系数；r_m 为社会投资平均报酬率或市场利率。

$\beta>1$，说明该投资的风险高于社会投资的平均(系统性)风险；$\beta\leqslant 1$ 说明该投资的风险等于或小于社会投资平均风险。无风险利率在美国通常采用长期国债券利率，我国一般采用银行一年期定期存款利率。风险系数根据估价对象所在地区的经济趋势、估价对象的用途等确定。房地产折现率与投资风险的关系可参照表 14-2。

表 14-2 不同风险下的折现率

风险水平	土地折现率(%)	建筑物折现率(%)
低	7～9	8～11
中	9～12	11～14
高	12～15	14～18
投机	＞15	＞18

③排序插入法，其步骤如下：第一，将社会上各种类型的投资及其收益率找出，包括从各种类型的银行存款、贷款、国库券、债券、股票、保险到各个领域的投资收益率等；第二，将收益率(IRR)按由低到高顺序排列，制成如图 14-2 所示曲线；第三，将估价对象房地产的投资与其他投资进行比较分析，考虑投资的风险性、流动性、管理的难易以及作为资产的安全性，找出同等风险投资，判断资本化率应落的区域范围，从而确定所要求的资本化率。

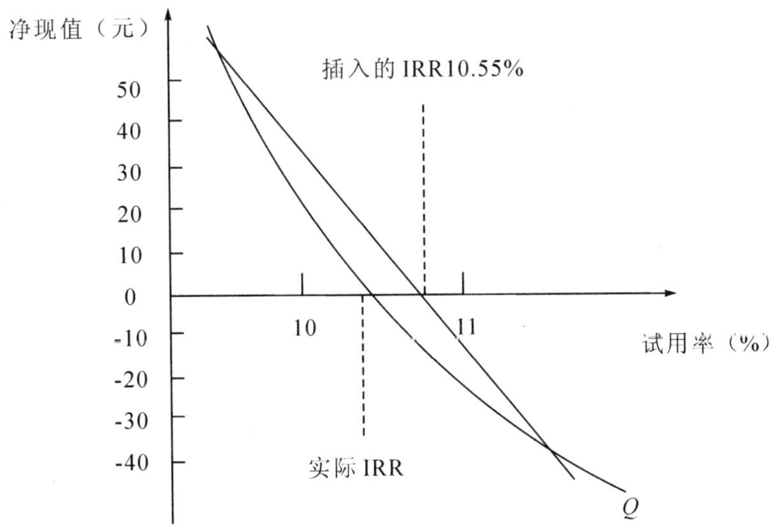

图 14-2 各种投资风险、收益率排序插入法

④投资资本结构组合法，以购买房地产的抵押贷款的利息率与自有资本(或称权益资本)的收益率，按照资金构成比例进行加权平均求得折现率。计算公式如下：

$$r = r_m \times m + r_e \times (1 - m) \tag{14-37}$$

其中，r 表示折现率；r_m 表示抵押贷款利息率；m 表示抵押贷款占房地产价值的比率；r_e 表示自有资本要求的收益率。

投资资本结构组合法将购买房地产看作一种投资行为，投资额为房地产价格，投资来源分为抵押贷款和自有资本，投资房地产纯收益分为抵押贷款收益和自有资本收益两部分。这里的负债比和权益比是按照它们的市场价值而不是会计价值或账面价值来计算的。

[例 14-3] 某房地产纯收益为 2000 元，购买者自有资金 10000 元，要求年收益率为 12%，抵押贷款的年利率为 15%，则

投资者自有资金年收益额＝10000×12%＝1200(元)

银行抵押贷款年收益额＝2000－1200＝800(元)

银行抵押贷款额＝800÷15％＝5333(元)

该房地产价格＝自有资金额＋抵押贷款额＝10000＋5333＝15333(元)

该房地产折现率＝15％×(5333/15333)＋12％×(10000/15333)＝13.04％

⑤债务保证率法(由盖特提出)：

$$r = DCR \times r_m \times m \qquad DCR = NOI / I_m \tag{14-38}$$

其中，DCR 为债务偿还保证率；NOI 为年净收益；I_m 为年债务偿还额；r_m 为抵押贷款利息率；m 为抵押贷款占不动产价值的比率。

3. **收益期限**

房地产收益期限指从评估时点开始，其收益能力延续的时间长度，通常以年为单位，收益期限由评估人员根据房地产未来的获利情况、房地产的损耗情况、法律规定等因素确定，一般以其所占土地的出让年限减去已使用年限获取。

4. **残余法**

纯收益、折现率、收益期限三个指标确定以后，即可根据已知条件，选用收益法中相应计算公式求得房地产价格。若已知估价对象中土地部分或建筑物部分价值，则可以利用土地与地上建筑物共同产生的收益来估算建筑物部分或土地部分的价值，此即残余法(Residual Technique)。

残余法的计算公式如下：

由 $A = V_L r_L + V_B r_B$ 得

$$V_L = \frac{A - V_B r_B}{r_L} \quad 或 \quad V_B = \frac{A - V_L r_L}{r_B} \tag{14-39}$$

其中，A 为土地和地上建筑物共同产生的纯收益；V_L 为土地价值；V_B 为建筑物价值。

从理论上讲，残余法适用于年纯收益持续不变、可获收益无限期的情况。若求建筑物价格，还要求建筑物的用途、使用强度，以及使用状态等与土地的最佳使用不能严重背离。实际上，仅适用于能够取得相关参数的处于最有效使用状态的新建筑物。

五、收益法的应用举例

下面以土地估价师资格考试及相关教材中的例题为例，阐述一下收益法的应用。[①]

[例 14-4]

(1)估对象概况：委估对象为二层楼商场，混合结构，建筑面积 2180 平方米，占地面积 1250 平方米，其中，可出租面积为 1964 平方米。

(2)估价技术思路方法与估价过程：根据委估对象为商场的特点，以及评估目的和市场因素，采用收益法来测算委估对象在评估基准日的价值。

(3)计算总收益：根据商场所处的地理位置及周边相似店铺的租金水平，经市场比较法测算，商场的租金为 4.4 元/平方米/日。商场平均出租率为 75％，每年按 365 天计，则年租金总收入为 1964×4.4×365×75％＝2365638(元)。

(4)计算总费用：

---

① 管高：《房地产收益率及有关房地产估价理论与方法的探讨》，载《中国资产评估》2003 年第 6 期。

①年折旧费。商场为混合结构，使用年限为50年，因此房屋折旧年限取50年，残值率取2%，收益年限取50年。根据工程造价行情，该类房屋造价为900元/平方米，则：

年折旧费＝房屋建筑造价×(1－残值率)/使用年限

＝900×2180×(1－2%)/50＝38455(元)

②年管理费。按年租金3%计提，年管理费为70969元。

③年维修费。按房屋建筑造价的1.5%计提，年维修费为29430元。

④年保险费。按房屋建筑造价的2‰计提，年保险费为3924元。

⑤年缴纳税费。营业税及附加按年租金的5.565%计提，年营业税及附加为131648元；房产税按年租金的12%计提，年房产税为283877元；土地使用税以5元/平方米/年计算，年土地使用税为：5×1250＝6250元。年税费合计为421775元。

⑥年利息。按房屋建筑物造价的6.93%计取，6.93%为一年期的存款利率，设资金在一年建设期内均匀投入，年存款利息67983元。

以上六项费用合计为632536元。

(5)计算年净收益：年净收益为年总收益减去年费用总支出为1733102元。

(6)确定还原利率：还原利率以一年期贷款利率6.93%，加上3%的风险利率取整为10%。

(7)计算房地产价格：房地产价格＝1733102×$(P/A,10\%,50)$＝17183360(元)。

第五节 成本估价法

一、成本估价法的基本原理

下面对成本估价法的概念、理论依据和适用范围进行介绍。

1. 成本估价法的概念和理论依据

成本估价法是从待评估资产在评估基准日的复原重置成本(Reproduction Cost New，也称为重建成本)或更新重置成本(Replacement Cost New，也称为重置成本)中扣减其各项价值损耗，来确定资产价值的方法。

复原重置成本是指在评估基准日，用与估价对象同样的生产材料、生产及设计标准、工艺质量，重新生产一个与估价对象全新状况同样的资产即复制品的成本。更新重置成本是指在评估基准日，运用现代市场材料、生产及设计标准、工艺质量，重新生产一个与估价对象具有同等功能效用的全新资产的成本。成本估价结果接近复原重置成本还是接近更新重置成本，受成本估价方法的影响。总概括性的成本估价方法倾向于更新重置成本；注重估价对象的不同特征的详细成本估价方法(适用于特殊用途资产)倾向于复原重置成本。更新重置成本通常小于复原重置成本，这是因为后者包括过时的设计及生产工艺、原材料的附加成本。在没有出现同类资产的生产材料、技术标准、生产工艺及资产功能的明显变化时，一般估价复原重置成本。

一项资产随着时间的变化，会产生自然形态的损耗、功能的落后或衰退、利用的充分程度降低等情况，从而导致其价值的降低。进行资产评估时，必须充分考虑这些使得资产价值下降的因素对价值产生的不利影响，并从重建成本或重置成本中予以扣减。耗损的价值大体可分为三类：①实体性贬值。是指资产投入使用后，由于使用磨损和自然力的作用，其物理性能不断下降而引起的价值减少。②功能性贬值。是指由于新技术的推广和应用，待评估资产与社会上普遍使用的资产相比，在技术上明显落后、性能降低，因而价值也相应减少。③经济性贬值。是指由于资产以外的外部环境因素的变化，如新政策或法规的发布和实施、战争、政治动荡、市场萧条等情况，限制了资产的充分有效利用，使得资产价值下降。例如，一栋住宅会因其附近的一座污染化工厂的建成和生产运营而降低价值；一辆微型轿车会因当地政府限制其行走线路政策的出台而降低价值。这里需要特别注意的是，资产的价值损耗不同于会计上规定的折旧。这里的价值损耗是通过实地勘察确定的，反映资产价值的实际损耗额，而会计上的折旧时对某类资产的价值损耗从会计处理上所作的统一规定，不一定能够准确反映资产价值变化的实际状况。不过在资产的估价中，也常用“折旧”一词来表达与“损耗”或“贬值”相同的意思。

成本法的理论基础是：一宗改良地块的价格为土地价格和改良物残余价值之和。即：

$$MV = LV + IV \tag{14-40}$$

其中，MV 是市场价格；LV 是土地价格；IV 是改良物残余价值。IV 可分为重置成本 RCN（即建一同等功能建筑物的成本）和折旧 D 两部分。式(14-40)可表示为：

$$MV = LV + (RCN - D) \tag{14-41}$$

成本法要求对土地价格、折旧以及建筑改良物在估价时点的现时成本进行评估。从现时成本中减去折旧得到改良物的评估价格，然后将土地价格加到改良物价格中就得到房地产价格。

替代原则在成本法中体现为，一个房地产买主所付出的价格，绝不会高于他购买一块空地，并在没有造成严重损失的延误工期的情况下，建筑一栋具有同等功能的替代建筑物的总代价。价格的确定遵循合理利润最大化原则，以便包括直接成本和间接成本。市场竞争将利润率限制在合理的水平，这样，当市场处于均衡状态时，新建筑物价格就等于建筑成本（包括相当于资本投资机会成本的合理利润）。

2. 成本估价法的适用范围

就土地使用权估价而言，成本法一般适用于新开发土地的估价，特别适用于土地市场不发育、土地成交实例不多，或无收益等无法利用市场法和收益法等方法进行的估价。但土地的价格大部分取决于它的效用，并非仅仅取决于它所花费的成本。也就是说，由于土地成本的增加并不一定会增加它的使用价值，所以成本法在土地估价中的应用范围受到一定的限制。

就建筑物估价而言，成本法最适合于折旧较少和建筑成本易于估价的新建筑物估价，它也适用于折旧额能够准确估计的旧建筑物估价，以及市场交易数据资料缺乏的房地产类型估价。比如，工业房地产以及特殊用途房地产，就较适宜用此方法。房地产承保价值（房屋保险价值）也适宜用成本法评估。成本法还可用来验证其他估价方法的估价结果。

成本法在房地产估价中有其特殊的用途，特别适用于既无收益又很少交易的房地产的估价，如学校、图书馆、医院、政府办公楼、军队营房、公园等公共建筑和公益设施。单纯建筑物的估价基本上也是采用成本法。另外，独立或狭小市场上无法运用市场比较法估价时也适用成本法。[①]

① 张协奎：《房地产估价方法与应用》，湖南大学博士学位论文，1999 年。

二、成本估价法的操作步骤

成本估价法的一般操作步骤如下：①搜集有关估价对象的邻里环境、宗地特征、建筑改良物成本、税费、开发利润等资料；②估算土地价格；③估算建筑改良物全新状态下的重置成本或重建成本；④估算建筑改良物的折旧；⑤估算附属改良物的重置成本及折旧；⑥求出房地产价格。

三、成本估价法的基本公式

(1)成本法最基本的公式为：

房地产价值＝重新构建价格－折旧　　(14-42)

式(14-42)根据两类估价对象而具体化：新开发的房地产和旧的房地产。

(2)适用于新开发的房地产的基本公式。

新开发的房地产可以分为新开发的房地、新建成的建筑物和新开发的土地三种情况。

①适用于新开发的房地的基本公式。

在新开发的房地如新建商品房的情况下，成本法的基本公式为：

新开发的房地价值＝土地取得成本＋开发成本＋管理费用＋销售费用＋投资利息＋销售税费＋开发利润　　(14-43)

②适用于新建成的建筑物的基本公式。

新建成的建筑物价值为建筑物建设成本及与该建设成本相应的管理费用、销售费用、投资利息、销售税费和开发利润，不应包含土地取得成本、土地开发成本以及与土地取得成本、土地开发成本相应的管理费用、销售费用、投资利息、销售税费和开发利润。因此，测算新建成的建筑物价值的基本公式为：

新建成的建筑物价值＝建筑物建设成本＋管理费用＋销售费用＋投资利息＋销售税费＋开发利润　　(14-44)

③适用于新开发的土地的基本公式。

新开发的土地包括填海造地、开山造地、征收集体土地并进行“三通一平”等基础设施和场地平整后的土地，城市房屋拆迁并进行基础设施改造和场地平整后的土地等。在这些情况下，成本法的基本公式为：

新开发的土地价值＝取得待开发土地的成本＋管理费用＋销售费用＋投资利息＋销售税费＋开发利润　　(14-45)

其中，式(14-45)的管理费用、销售费用、投资利息、销售税费和开发利润是与取得待开发土地的成本、土地开发成本相应的部分。

新开发的房地产采用成本法估价时虽然一般不存在物质折旧，但应考虑其地址是否适当、规划设计是否合理、工程质量的优劣、周围环境和景观的好坏以及该类房地产的供求状况等，全面衡量其功能折旧、外部折旧以及可能的增值因素，予以适当的减价或增价调整。例如，运用成本法评估某个在建工程的市场价值，虽然该在建工程实实在在投入较多费用，或者不管谁来开发建设都需要这么多支出，但在房地产市场不景气时应当予以减价调整。

(3)适用于旧的房地产的基本公式。

成本法的典型估价对象是旧的房地产。旧的房地产可分为旧的房地和旧的建筑物两种情况。

①适用于旧的房地的基本公式。

在旧的房地的情况下，成本法的基本公式为：

旧的房地价值＝房地重新构建价格－建筑物折旧

＝土地重新构建价格＋建筑物重新构建价格－建筑物折旧 (14-46)

②适用于旧的建筑物的基本公式。

在旧的建筑物的情况下，成本法的基本公式为：

旧的建筑物价值＝建筑物重新构建价格－建筑物折旧 (14-47)

四、重新购建价格

1. 重新购建价格的含义

重新购建价格又称重新购建成本，是指假设在估价时点重新取得全新状况的估价对象所必需的支出，或者重新开发建设全新状况的估价对象所必需的支出和应获得的利润。

把握重新购建价格的含义，还应特别注意下列三点。

(1)重新购建价格应当是估价时点时的价格。例如，在重新开发建设的情况下，重新购建价格是在估价时点时的国家财税制度和市场价格体系下，按照估价时点时的房地产价格构成来测算的价格。

(2)重新购建价格应当是客观的价格。具体地说，重新取得的支出或者重新开发建设的支出利润，不是个别单位或个人实际的支出和利润，而是必须付出的成本、费用、税金和应当获得的利润，并且为相同或者相似房地产开发建设活动的平均水平，即客观成本而不是实际成本。

(3)建筑物的重新购建价格应当是在全新状况下的价格，土地的重新购建价格应当是在估价时点状况下的价格。因此，建筑物的重新购建价格中未扣除建筑物折旧，而土地的增价、减价因素一般已考虑在土地的重新购建价格中。

2. 重新购建价格的求取思路

重新购建价格的求取思路主要有以下三类。

(1)房地产重新购建价格的求取思路。求取房地的重新购建价格有两大途径：一是不将该房地分为土地和建筑物两个相对独立的部分，而是模拟房地产开发商的房地产开发过程；二是将该房地分为土地和建筑物两个相对独立的部分，先求取土地的重新购建价格，再求取建筑物的重新购建价格，然后将这两者相加来求取。后一种途径适用于土地市场上以能直接在其上进行房屋建设的小块熟地交易为主的情况，或者有关成本、费用、税金、利润，特别是基础设施建设费、公共配置设施建设费较容易地在土地和建筑物之间进行分配的情况。

(2)土地重新购建价格的求取思路。求取土地的重新购建价格，通常是假设该土地上没有建筑物，除此之外的状况均维持不变，然后采用市场法、基准地价修正法等求取该土地的重新购建价格。这种求取思路特别适用于城市建成区难以求取重新开发成本的土地。求取土地的重新购建价格，也可以采用成本法求取其重新开发成本。因此，土地的重新购建价格可进一步分为重新购建价格和重新开发成本。在求取旧的房地特别是其中建筑物破旧的土地重新购建价格时应注意，有时需要考虑土地上已有的旧建筑物导致的土地价值减损，即此时空地的价值大于有旧的建筑物的土地价值，甚至大于有旧的建筑物的房地价值。

(3)建筑物重新购建价格的求取思路。求取建筑物的重新购建价格，是假设该建筑物占用的土地已经取得，并且该土地为没有该建筑物的空地，但除了没有该建筑物之外，其他状况均维持不变，然后在该土地上建造与该建筑物相同或者具有同等效用的全新建筑物的必要支出及应得利润；也可以设想将该全新建筑物发包给建筑承包商（建筑施工企业）建造，由建筑承包商将能直接使用的全新建筑物移交给发包人，这种情况下发包人应支付给建筑承包商的全部费用（即建设工程价款或工程承包价格），再加上发包人的其他必要支出（如管理费用、销售费用、投资利息、销售税费等）及发包人的应得利润。

3. 建筑物重新购建价格的求取方法

建筑物重新购建价格可以采用市场法、成本法求取，也可以通过政府或者其授权部门、机构公布的房屋重置价格或者房地产市场价格扣除其中可能包含的土地价格来求取。

建筑物重新购建价格相当于在估价时点新建成的建筑物价格，公式为：

$$\text{建筑物重新购建价格}=\text{建筑安装工程费}+\text{专业费用}+\text{管理费用}+\text{销售费用}+\text{投资利息}+\text{销售税费}+\text{开发利润} \quad (14\text{-}48)$$

求取建筑物重新购建价格的具体方法，根据求取其中的建筑安装工程费的方法来区分，有单位比较法、分部分项法、工料测量法和指数调整法。

(1)单位比较法，是以建筑物为整体，选取与建筑物造价密切相关的某种计量单位（如单位建筑面积）为比较单位，通过调查、了解类似建筑物的单位价格或单位成本，并对其作适当的调整、修正来求取建筑物重新购建价格。单位比较法主要有单位面积法和单位体积法。

(2)分部分项法，是先假设将估价对象分解为分部分项的工程，然后测算各工程的数量，再调查、了解估价时点各工程的单位成本，将数量乘以单位成本得出各工程的成本，最后相加求取建筑物重新购建价格。

(3)工料测量法，是先假设将估价对象分解为建筑材料、建筑构配件和建筑设备等几部分，然后测算重新建造该建筑物需要这些物品的种类、数量和人工时数，再调查、了解估价时点相应部分的价格，最后将数量乘以单价后相加，求取建筑物重新购建价格。

(4)指数调整法，是利用有关价格指数或价格变动率，将估价对象建筑物的原始价值调整到估价时点的价值来求取建筑物重新购建价格。

4. 计算重新购建价格应用举例

[例 14-5]　某幢房屋的建筑面积为 300 平方米，该类房屋的建筑安装工程费为 1200 元/平方米，专业费用为建筑安装工程费的 8%，管理费用为建筑安装工程费与专业费用之和的 3%，销售费用为房屋重新购建价格的 4%，建设期为 6 个月，所有费用可视为在建设期内均匀投入，年利率为 6%，开发商成本利润率为 15%，销售税费为重新购建价格的 6%，请计算该房屋的重新购建价格。

[解]　设该房屋重新购建单价为 V，求取 V 如下：

(1)建筑安装工程费＝1200（元/平方米）

(2)专业费用＝1200×8%＝96（元/平方米）

(3)管理费用＝(1200＋96)×3%＝38.88（元/平方米）

(4)销售费用＝V×4%＝0.04V（元/平方米）

(5)投资利息$=(1200+96+38.88+0.04V)\times[(1+6\%)^{0.25}-1]$

$=19.59+0.0006V$(元/平方米)

(6)销售税费$=V\times6\%=0.06V$(元/平方米)

(7)开发利润$=(1200+96+38.88+0.04V+19.59+0.0006V)\times15\%$

$=203.17+0.0061V$(元/平方米)

$V=1200+96+38.88+0.04V+19.59+0.0006V+0.06V+203.17+0.0061V$

重新购建单价 $V=1743.69$(元/平方米)

重新购建总价$=1743.69\times300=52.31$(万元)

五、建筑物折旧

折旧一词源于会计学，是指固定资产在产品成本中的分摊。房地产估价中的折旧，是指各种原因带来的价值上的损失，所以它与折旧一词的原意不尽相同。会计上的折旧注重的是原始取得费用的摊销与回收，估价上的折旧注重的是价值的减损，是一种减价修正。会计中折旧基数为：资产原值(1－残值率)，它不随时间变化而变化，估价中折旧基数为：重置价格或重建价格(1－残值率)，是对应于估价时点上的。因此，估价时点不同，折旧基数不同。在会计上，资产原值与累计折旧额的差称作资产的账面价值(或折余价值、净值)，这种账面价值没必要与市场价值相一致；在估价上，重置价格或重建价格与累计折旧额的差被视为是资产的实际价值，它必须与市场价值相一致。

建筑物在使用过程中，由于物质因素、功能因素或经济因素的影响，会造成价值的损失，利用成本法估价时必须扣除这种损失，称为建筑物折旧。建筑物折旧包括物质折旧、功能折旧和经济折旧。物质折旧是指建筑物在物质实体方面的磨损所造成的建筑物价值的损失。功能折旧是指建筑物在功能上的落后所造成的建筑物价值的损失，是一种由于建筑效用相对损失而引起的折旧，如建筑设计不完善、设备过时或由改良物结构、建筑材料或设计上的缺陷造成的。经济折旧指建筑物本身以外的因素所造成的建筑物价值的损失，又称为位置或环境折旧。①

1. 建筑物的折旧年限

在我国有限期使用土地的制度下，不但建筑物应提折旧，土地使用权价格应提折旧，而且建筑物的折旧年限受土地使用年限的制约。因为在土地有限期使用的情况下，建筑物的所有权也不是一种完全的所有权，土地使用期满，建筑物的所有权无偿收归国家。这样，在房地产估价中，必须注意建筑物的耐用年限与土地使用年限的吻合程度。在计算建筑物折旧时，当建筑物耐用年限短于土地使用权年限，应按建筑物耐用年限计算折旧；当建筑物耐用年限长于土地使用权年限，应按土地使用权年限计算折旧，且建筑物预计净值为零。

2. 建筑物的净残值

建筑物的重置价格是指采用估价时点的建筑材料和建筑技术，按估价时点的价格水平，重新建造与估价对象具有同等功能效用的全新状态的建筑物的正常价格。建筑物的重建价格是指采用估价对象原有的建筑材料和建筑技术，按估价时点的价格水平，重新建造与估价对

① 殷琳：《房地产估价中的折旧问题》，载《西北建筑工程学院学报(自然科学版)》2001年第18期。

象相同的全新状态的建筑物的正常价格。可见，重置价格与重建价格均是估价时点的价格。重置与重建不同，重置只要求建筑物具有同等效用，重建要求建筑物是完全相同的复制品。

建筑物预计净残值（简称残值）是建筑物达到耐用年限，不能继续使用，经拆除后旧料价值减去拆除清理费用。建筑物的残值率是指残值与重置（或重建）价格的比率。

$$R = S/C \tag{14-49}$$

其中，R 为建筑物的残值率；S 为建筑物的预计净残值；C 为建筑物的重置（或重建）价格。

由式(14-49)可得：

建筑物预计的残值＝残值率×建筑物重置（或重建）价格 (14-50)

由上述分析可知，建筑物的重置价格或重建价格对应于估价时点，而建筑物的残值率是由建筑结构决定的，即建筑结构相同的建筑物都存在一个固定的残值率。所以，建筑物预计净残值也对应于估价时点。即在计算建筑物折旧时，建筑物预计净残值应理解为已将发生在建筑物耐用年限的净残值贴现到估价时点。如果明确指出，建筑物的净残值对应的时点为建筑物的耐用年限时，考虑资金的时间价值，则应将其折算为估价时点上。

3. 建筑物折旧的求取方法

估算折旧的方法有很多。按照计算方法的不同可以分为理论数学折旧法和经验折旧法，理论数学折旧法包括直线折旧和罗斯折旧模型。由美国估价师协会编写，中国房地产估价师与房地产经纪人学会翻译的《房地产估价》一书中将估算折旧的方法分为市场提取法、年龄寿命法以及分解法。而由理查·M·贝兹著的《不动产评估基础》中将其归纳为四种方法，即直线法或使用年限法、销售资料法或市场法、更新成本法或情况观察法、资本化收益法或租金损失法。[①]

我国求取建筑物折旧的方法主要有年限法、市场提取法和分解法等。

(1)年限法

①年限法和有关年限的含义。年限法也称为年龄-寿命法，是根据建筑物的经济寿命、有效年龄或剩余经济寿命来求取建筑物折旧的方法。

建筑物的寿命可分为自然寿命和经济寿命。建筑物的自然寿命是指建筑物自竣工日期起至其主要结构构件和设备自然老化或损坏而不能保证建筑物安全使用之日止的时间。建筑物的经济寿命是指建筑物对房地产价值有贡献的时间，具体是建筑物自竣工日期起至其对房地产价值不再有贡献之日止的时间。对于收益性房地产来说，建筑物的经济寿命具体是建筑物自竣工日期起，在正常市场和运营状态下，房地产产生的收入大于运营费用，即净收益大于零的持续时间。

建筑物的经济寿命短于其自然寿命，它是由市场决定的，相同类型的建筑物在不同地区的经济寿命可能不同。经济寿命具体可在建筑物自然寿命、设计寿命的基础上，根据建筑结构、工程质量、用途和维修养护情况，结合市场状况、周围环境、经营收益状况等进行综合分析判断得出。建筑物如果经过了翻修、改造等，其自然寿命和经济寿命都有可能得到延长。建筑物的经济寿命还可以通过后面将要介绍的市场提取法求出的年平均折旧率的倒数来求取。

建筑物的剩余寿命是其寿命减去年龄后的寿命，分为剩余自然寿命和剩余经济寿命。

① 涂利娟：《房地产估价中的折旧模型比较研究》，载《产业与科技论坛》2010年第9期。

建筑物的剩余自然寿命是其自然寿命减去实际年龄后的寿命。建筑物的剩余经济寿命是其经济寿命减去有效年龄后的寿命，即：

$$剩余经济寿命=经济寿命-有效年龄 \tag{14-51}$$

利用年限法求取建筑物的折旧时，建筑物的寿命应为经济寿命，年龄应为有效年龄，剩余寿命应为剩余经济寿命。因为只有这样，求出的建筑物折旧以及求出的建筑物价值，才能符合实际。

②直线法。年限法中最主要的是直线法。直线法是最简单和迄今应用得最普通的一种折旧求取方法，它假设在建筑物的经济寿命期间每年的折旧额相等。直线法的年折旧额计算公式为：

$$D_i = D = \frac{C-S}{N} = \frac{C(1-R)}{N} \tag{14-52}$$

其中，D_i 表示第 i 年的折旧额，或称作第 i 年的折旧，在直线法的情况下，每年的折旧额 D_i 是一个常数 D；C 表示建筑物的重新构建价格；S 表示建筑物的净残值，是建筑物的残值减去清理费用后的余额，建筑物的残值是预计建筑物达到经济寿命后，不宜继续使用时，经拆除后的旧料价值，清理费用是拆除建筑物和搬运废弃物所发生的费用；N 表示建筑物的经济寿命；R 表示建筑物的净残值率，简称残值率，是建筑物的净残值与其重新购建价格的比率，即：

$$R=\frac{S}{C}\times 100\% \tag{14-53}$$

另外，$(C-S)$ 称为折旧基数；年折旧额与重新购建价格的比率称为年折旧率，如果用 d 来表示，即：

$$d=\frac{D}{C}\times 100\%=\frac{C-S}{C\times N}\times 100\%=\frac{1-R}{N}\times 100\% \tag{14-54}$$

有效年龄为 t 年的建筑物折旧总额的计算公式为：

$$E_t = D\times t = (C-S)\frac{t}{N} = C(1-R)\frac{t}{N} = C\times d\times t \tag{14-55}$$

其中，E_t 表示建筑物的折旧总额。

采用直线法折旧下的建筑物现值的计算公式为：

$$V = C-E_t = C-(C-S)\frac{t}{N} = C\left[1-(1-R)\frac{t}{N}\right] = C(1-d\times t) \tag{14-56}$$

式中，V 表示建筑物的现值。

［例 14-6］ 某建筑物的建筑面积为 100 平方米，有效年龄 8 年，重置价格为 500 元/平方米，经济寿命 30 年，残值率为 5%。试用直线法计算该建筑物的年折旧额、折旧总额及其现值。

［解］ $C=500\times 100=50000$(元)，$R=5\%$，$N=30$ 年，$t=8$ 年

$$D=\frac{C(1-R)}{N}=\frac{50000\times(1-5\%)}{30}=1583.33(元)$$

$$E_t = D\times t = 1583.33\times 8 = 12666.64(元)$$

$$V = C-E_t = 50000-12666.64 = 37333.36(元)$$

③成新折扣法。成新折扣法是根据建筑物的建成年代、新旧程度等，确定建筑物的成新

率，直接求取建筑物现值的方法。用公式表示是：

$$\text{建筑物现值} = \text{建筑物重新购建价格} \times \text{建筑物成新度} \tag{14-57}$$

成新折扣法最关键的一步是成新率的计算。成新率的计算可以采用定量与定性相结合的方法进行判定。

首先，用直线法计算成新率，即：

$$q = \left[1 - (1-R)\frac{t}{N}\right] \times 100\% \tag{14-58}$$

其中，q 为成新率；R 为建筑物净残值率；t 为建筑物已使用年限；N 为建筑物的经济寿命。

然后，据建筑物建成年代对计算结果作初步判断。

最后，采用实际观察法判断并对结果作进一步调整。成新折扣法的优点是计算简单，并在直线法的基础上对实际情况进行考察和作进一步调整，结果更为准确和可靠，但需要估价师有非常丰富的经验和认真负责的工作态度，且存在一定的主观性，同时也没有区分可恢复的价值损失和不可恢复的价值损失。

(2) 市场提取法

市场提取法是对市场交易实例的直接比较。市场提取法首先要求市场上有充足的可比实例，搜寻、验证与估价对象有相似折旧额和有类似改良物的房地产交易实例。然后对可比实例的某些特定因素进行适当的调整，从每个可比实例的销售价格中扣减出售当时的土地价值，以求得改良物折旧后的成本。接着估算每个可比实例在出售时的重建成本或重置成本，并从这些成本中减去折旧后的成本，得到总折旧金额。最后用每个总折旧估计值除以成本，得到可比实例的折旧率。如果可比实例的年龄与估价对象的年龄相类似，就可以将可比实例的折旧率调整为适合估价对象的比率。该比率乘以估价对象的成本，就可以得到估价对象总折旧的估计值。

市场提取法的优点是在交易资料充足时，能提供可靠且令人信服的折旧估计值。但当各个可比实例的折旧类型和程度相差很大时，很难应用市场提取法。并且市场提取法考虑的是全部折旧类型的折旧总额，而不是将这个总估计值分解成不同的折旧成分，所以它是对实体、功能和外部折旧因素复杂作用的过度简化。[①]

市场提取法求取建筑物折旧的步骤如下。

①从当地房地产市场上搜集大量的交易实例。

②从所搜集的交易实例中选取三个以上的可比实例。要求所选取的可比实例中的建筑物与估价对象中的建筑物具有类似折旧状况。

③对每个可比实例的成交价格进行付款方式等有关换算、交易情况修正、房地产状况调整（注意不对其中的折旧状况进行调整），但不进行市场状况调整。

④求取每个可比实例在其成交日期时的土地重新购建价格，然后将前面换算、修正和调整后的可比实例成交价格减去土地重新购建价格得出建筑物折旧后价值。

⑤求取每个可比实例在其成交日期时的建筑物重新购建价格，然后将每个可比实例的建筑物重新购建价格减去前面求出的建筑物折旧后价值得出建筑物折旧。

⑥将每个可比实例的建筑物折旧除以建筑物重新购建价格转换为总折旧率。

---

① 涂利娟：《房地产估价中的折旧模型比较研究》，载《产业与科技论坛》2010 年第 9 期。

如果可比实例中的建筑物年龄与估价对象中的建筑物年龄相近，求出的各个可比实例总折旧率的范围较窄，则可以将可比实例总折旧率调整为适用于估价对象的总折旧率。

如果各个可比实例中的建筑物年龄、区位、维修养护程度等之间有较大差异，求出的各个可比实例总折旧率的范围较宽，则应将每个可比实例的总折旧率除以其建筑物年龄转换为年平均折旧率，然后将各个年平均折旧率调整为适用于估价对象的年平均折旧率。

⑦将估价对象建筑物的重新购建价格乘以总折旧率，或者乘以年平均折旧率再乘以建筑物年龄，便可以得到估价对象建筑物折旧，即：

$$建筑物折旧=建筑物重新购建价格\times总折旧率 \tag{14-59}$$

或者，

$$建筑物折旧=建筑物重新购建价格\times年平均折旧率\times建筑物年龄 \tag{14-60}$$

利用市场提取法求出的年平均折旧率，还可以求取年限法所需的建筑物经济寿命。在假设建筑物的残值率为零的情况下：

$$建筑物经济寿命=1/年平均折旧率 \tag{14-61}$$

例如，如果通过市场提取法求出的估价对象建筑物的年平均折旧率为 2%，则可以根据 2%的倒数估计估价对象建筑物的经济寿命为 50 年。

此外，利用总折旧率还可以求出建筑物的成新率：

$$建筑物成新率=1-总折旧率 \tag{14-62}$$

(3)分解法

分解法(Breakdown Method)是先把建筑物折旧分成它的各个组成部分，然后分别测算出各个组成部分，再把测算出的各个组成部分相加来求取建筑物折旧的方法。分解法是求取建筑物折旧的最详细、最复杂的一种方法。分解法认为，建筑物折旧首先可分成物质折旧、功能折旧和外部折旧三大组成部分，而物质折旧、功能折旧和外部折旧又可分成若干个组成部分，并应根据其各自的特点分别采用适当的方法来求取。分解法求取建筑物折旧的步骤如下：一是求取物质折旧。这是先把物质折旧分解为各个项目，然后分别采用适当的方法求取其折旧后相加。二是求取功能折旧。这是先把功能折旧分解为各个项目，然后分别采用适当的方法求取其折旧后相加。三是求取外部折旧。这是先把外部折旧分为不同情况，然后分别采用适当的方法求取其折旧后相加。四是求取建筑物的折旧总额。这是把上述求取的物质折旧、功能折旧和外部折旧相加得到建筑物的折旧总额。下面对物质折旧、功能折旧和外部折旧的求取方法进行介绍。

①物质折旧的求取过程和方法如下。

a. 将物质折旧项目分为可修复项目和不可修复项目两类。修复是指恢复到新的或者相当于新的状况，有的是修理，有的是更换。预计采用最合理的修复方案予以修复的必要费用(包括正常的成本、费用、税金和利润等，以下简称修复费用)小于或者等于修复所能带来的房地产价值增值额的，是可修复的，即：

$$修复的必要费用\leqslant修复后的房地产价值-修复前的房地产价值 \tag{14-63}$$

反之，是不可修复的。

b. 对于可修复项目，估算在估价时点的修复费用作为折旧额。

c. 对于不可修复项目，根据其在估价时点的剩余使用寿命是否短于整体建筑物的剩余经济寿命，将其分为短寿命项目和长寿命项目两类。短寿命项目是剩余使用寿命短于整体建筑物剩余经济寿命的部件、设备、设施等，它们在建筑物剩余经济寿命期间迟早需要更换，甚至需要更换多次。长寿命项目是剩余使用寿命等于或者长于整体建筑物剩余经济寿命的部件、设备、设施等，它们在建筑物剩余经济寿命期间是不需要更换的。

在实际中，短寿命项目与长寿命项目的划分，一般是在其寿命是否短于建筑物经济寿命的基础上作出的，例如，基础、墙体、屋顶、门窗、管网、电梯、空调、卫生设备、装饰装修等的寿命是不同的。短寿命项目分别根据各自的重新购建价格(通常为市场价格、运输费用、安装费用等之和)、年龄、寿命或剩余使用寿命，利用年限法计算其折旧额。长寿命项目是合在一起，根据建筑物重新购建价格减去可修复项目的修复费用和各短寿命项目的重新购建价格后的余额、建筑物的经济寿命、有效年龄或剩余经济寿命，利用年限法计算其折旧额。

d. 把可修复项目的修复费用、短寿命项目的折旧额、长寿命项目的折旧额相加，即为物质折旧额。

[例 14-7] 某建筑物的重置价格为 180 万元，经济寿命为 50 年，有效年龄为 10 年。其中，门窗等损坏的修复费用为 2 万元；装饰装修的重置价格为 30 万元，平均寿命为 5 年，年龄为 3 年；设备的重置价格为 60 万元，平均寿命为 15 年，年龄为 10 年。残值率假设均为零。请计算该建筑物的物质折旧额。

[解] 该建筑物的物质折旧额计算如下：

门窗等损坏的修复费用 ＝2(万元)

装饰装修的折旧额 ＝30×(1/5)×3＝18(万元)

设备的折旧额 ＝60×(1/15)×10＝40(万元)

长寿命项目的折旧额 ＝(180－2－30－60) ×(1/50)×10＝17.6(万元)

该建筑物的物质折旧额 ＝2＋18＋40＋17.6＝77.6(万元)

②功能折旧的求取过程和方法如下。

a. 将功能折旧分为功能缺乏、功能落后和功能过剩引起的三类，并进一步将它们分为可修复的和不可修复的。

b. 对于可修复的功能缺乏引起的折旧，在采用缺乏该功能的“重建价格”下的求取方法是：估算在估价时点在估价对象建筑物上单独增加该功能所必要的费用；估算该功能在估价时点重置建造建筑物时就具有所必要的费用；将在估价时点在估价对象建筑物上单独增加该功能所必要的费用，减去该功能假设在估价时点重置建造建筑物时就具有所必要的费用，即增加该功能所超额的费用为折旧额。

可修复的功能缺乏引起的折旧＝在估价时点在估价对象建筑物上单独增加该功能所必要的费用－该功能假设在估价时点重置建造建筑物时就具有所必要的费用 (14-64)

[例 14-8] 某幢应有电梯而没有电梯的办公楼，重建价格为 2000 万元，现在设电梯需要 120 万元，假设现在建造办公楼时一同安装电梯只需要 100 万元。请计算该办公楼因没有电梯引起的折旧及扣除没有电梯引起的折旧后的价值。

[解] 该办公楼因没有电梯引起的折旧及扣除没有电梯引起的折旧后的价值计算如下：

该办公楼因没有电梯引起的折旧 ＝120－100＝20(万元)

该办公楼扣除没有电梯引起的折旧后的价值 ＝2000－20＝1980(万元)

如果是采用具有该功能的“重置价格”，则减去在估价对象建筑物上单独增加该功能所必要的费用，可直接得到了扣除该功能缺乏引起的折旧后的价值。

对于不可修复的功能缺乏引起的折旧，可以采用下列方法来求取：利用“租金损失资本化法”求取缺乏该功能导致的未来每年损失租金的现值之和；估算该功能在假设估价时点重置建造建筑物时就具有所必要的费用；将未来每年损失租金的现值之和，减去该功能在假设估价时点重置建造建筑物时就具有所必要的费用，即得到折旧额。

c. 功能落后折旧的求取。把功能落后折旧分为可修复的功能落后引起的折旧和不可修复的功能落后引起的折旧。对于可修复的功能落后引起的折旧，以电梯落后为例，其折旧额为该功能落后电梯的重置价格，减去该功能落后电梯已提折旧，加上拆除该功能落后电梯所必要的费用，减去该功能落后电梯可回收的残值，加上安装新的功能先进电梯所必要的费用，减去该新的功能先进电梯在假设估价时点重置建造建筑物时一同安装所必要的费用。如果用公式表示为：

可修复功能落后的折旧额＝功能落后部分的重置价格－功能落后部分的已提折旧＋拆除该功能落后部分的必要的费用－功能落后部分的可回收的残值＋安装新的功能部分所必要的费用－该新的功能先进部分在估价时点重置建造建筑物时一同安装所必要的费用　(14-65)

与可修复的功能缺乏引起的折旧额相比，可修复的功能落后引起的折旧额加上了功能落后电梯尚未折旧的价值(即功能落后电梯的重置价格减去已提折旧。该部分未发挥作用就报废了)，减去了功能落后电梯拆除后的净残值(即拆除后可回收的残值减去拆除费用)，就是多了落后功能的服务期未满而提前报废的损失。

［**例 14-9**］　某幢旧办公楼的电梯已落后，如果将该电梯更换为功能先进的新电梯，估计需要拆除费用 2 万元，可回收残值 3 万元，安装新电梯需要 120 万元(包括购买价款、运输费、安装费等)，要比在建造同类办公楼一同安装多花费 20 万元。估计该旧办公楼的重建价格为 2050 万元，该旧电梯的重置价格为 50 万元，已提折旧 40 万元。请计算该办公楼因电梯落后引起的折旧及扣除电梯落后引起的折旧后的价值。

［**解**］　该办公楼因电梯落后引起的折旧及扣除电梯落后引起的折旧后的价值计算如下：

该办公楼因电梯落后引起的折旧 ＝(50－40)＋(2－3)＋20＝29(万元)

该办公楼扣除电梯落后引起的折旧后的价值 ＝2050－29＝2021(万元)

对于不可修复的功能落后引起的折旧，仍以电梯落后为例，其折旧额是在上述可修复的功能落后引起的折旧额计算中，将安装新的功能先进电梯所必要的费用，替换为利用“租金损失资本化法”求取的功能落后电梯导致的未来每年损失租金的现值之和。

可修复功能落后的折旧额＝功能落后部分的重置价格－功能落后部分的已提折旧＋拆除该功能落后部分的必要的费用－功能落后部分的可回收的残值＋因不可修复功能落后引起的某一年损失/资本化率－该新的功能先进部分在估价时点重置建造建筑物时一同安装所必要的费用　(14-66)

d. 功能过剩折旧的求取。功能过剩一般是不可修复的。功能过剩引起的折旧首先应包括功能过剩所造成的“无效成本”。该无效成本可以通过采用重置价格而自动得到消除，但如果采用重建价格则不能消除。以前面讲过的层高过高的厂房为例，因为重置价格将依据 5 米层高计算，不是依据 6 米层高来估算。而重建价格仍依据 6 米层高来估算。其次，无论是采用重置价格还是采用重建价格，功能过剩引起的折旧还应包括功能过剩所造成的“超额持有成本”。超额持有成本可以利用“超额运营费用资本化法” 即功能过剩导致的未来每年超额运营费用的现值之和来求取。这样，在采用重置价格的情况下：

扣除功能过剩引起的折旧后的价值＝重置价格－超额持有成本　　(14-67)

在采用重建价格的情况下：

扣除功能过剩引起的折旧后的价值＝重建价格－(无效成本＋超额持有成本)　　(14-68)

将功能缺乏引起的折旧额、功能落后引起的折旧额、功能过剩引起的折旧额相加，即为功能折旧额。

③外部折旧的求取方法。外部折旧通常是不可修复的，但它可能是暂时性的，例如供给过度的市场，也可能是永久性的，例如周围环境发生了不可逆的改变。因此，求取外部折旧首先应分清它是暂时性的还是永久性的，然后可以根据收益损失的期限不同，利用"收益损失资本化法"求取未来每年因建筑物以外的各种不利因素所损失的收益的现值之和作为外部折旧额。

【思考题】

1. 简述成本法的评估程序。
2. 如何测算建筑物的重新购建价格？
3. 简述市场提取法求取建筑物折旧的步骤和主要内容。

附录　房地产基本理论与模型

附录介绍房地产研究领域基本的理论与模型，主要包括：地租理论、区位理论、供求理论、四象限模型、特征价格理论与模型、住宅选择模型、向量自回归模型、协整与误差修正模型、Granger 因果关系检验、均值回复模型和空间计量模型。

第一节　地租理论

一、古典经济学地租理论

西方古典经济学创始人威廉·配第，基于他的劳动价值论和工资理论，首次提出了地租理论。他认为，商品的价值由商品中包含的劳动时间决定，工人的工资等于工人最低限度的生活资料的价值；从农产品的价值中扣除掉生产费用，余下的价值部分就成为地租；地租是土地的恩赐，而不是劳动的产物。

法国重农学派的代表杜尔阁在 1766 年发表的《关于财富的形成和分配的考察》一书中指出，由于农业中存在的特殊的自然生产力，所以能使劳动者所生产出来的产品数量，扣除为自己再生产劳动力所必需的数量还有剩余，这是自然恩赐的“纯产品”，也是土地对劳动者的赐予。这种“纯产品”是由农业劳动者用自己的劳动向土地取得的财富，但却为土地所有者占有，这就是地租。土地所有者之所以能不劳而获占有“纯产品”（地租），是由于他们拥有法律保护的土地私有权。杜尔阁初步揭示了地租与土地所有权的关系。

亚当·斯密是最早系统地研究地租问题的人，他在《国富论》一书中指出，“地租是为使用土地而支付的价格”。他认为，资本主义社会有三大阶级：资本家阶级、工人阶级和地主阶级；正如利息是资本的收入、工资是劳动的收入一样，地租是土地所有者的收入；从本质上看，土地是地主的资本，地租是土地资本所带来的利息。

大卫·李嘉图是古典经济学的最后完成者，他提出了级差地租的概念。李嘉图从农业用地的角度来考察地租问题，认为地租的产生有两个前提条件：一是土地的稀缺性，二是土地的差异性。如果土地是无限的、同样肥沃的，那么就不会产生地租。但实际情况不是这样的，种地者愿意到距离近的、肥沃的土地上去耕种，而不愿到远的、贫瘠的土地上去劳作，因此，土地就出现了由于位置不同、肥力不同而形成的等级。如果有三块同样大小但等级不同的土地，投入的资金与劳动相同，而产出分为三等，那么三块土地收入的差额就是级差地租。级差地租不仅存在于超额利润中，还存在于土地的肥沃程度之中。①

① 谢文蕙、邓卫：《城市经济学》，北京：清华大学出版社，1996 年版。

二、庸俗经济学地租理论

法国庸俗经济学的创始人萨伊(J. B. Say)认为，价值是由劳动、资本和土地三个要素“协同创造”的，因此，每个要素都应得到相应的收入，即工人得到工资，资本家得到利润，土地所有者得到地租。

英国庸俗经济学的创始人马尔萨斯(T. R. Malthus)在《人口论》和《关于地租的性质及其进一步的研究》中否认地租是土地所有权垄断的结果，认为地租是“自然对人类的赐予”。他认为劣等土地不能提供地租，因而他根本否认绝对地租的存在。

三、新古典经济学地租理论

新古典经济学地租理论的代表人物主要有克拉克、马歇尔等。克拉克(1847—1939年)提出地租是由土地的边际生产力决定的，并认为地租是总产量扣除工资的金额，即“经济剩余”。在其经济理论中，地租不是一个独立的范畴，它被认为与资本无本质差异，是资本的特殊形式。地租被视为土地资本的利息，是利息的一种特殊形式。

马歇尔(1842—1924年)认为，土地是一种特定形式的资本。地租是由原始价值、私有价值、公有价值三部分所组成。关于地租具体数额的确定，马歇尔认为原则上应依据供求理论。土地与其他生产要素的重要区别是，土地的供给受自然条件的限制，供给量是不变的，它没有生产费用，因而也没有供给价格。地租只受土地需求状况的影响，决定于土地的边际生产率。由于土地报酬受收益递减规律的影响，随着一定数量土地上资本和劳动的不断投入，其边际产量终将出现递减现象。于是，在总产量与边际产量之间便产生了一个余额，即所谓的生产者剩余，马歇尔就将这一剩余称为地租。①

四、马克思主义的地租理论

马克思主义的地租理论是在批判地继承和发展古典经济学地租理论的基础上创立起来的。根据地租形成的条件和原因的不同，马克思主义的地租理论将地租分为级差地租、绝对地租和垄断地租。前两类地租是资本主义地租的普遍形式，第三类地租仅是个别条件下产生的资本主义地租的特殊形式。马克思主义地租理论的主要内容为：①从性质上看，地租是因使用土地而支付的使用费，是土地所有权在经济上的实现形式；②从来源上看，地租是一种超额利润，是由劳动者的劳动所创造的剩余价值在各个资本之间按社会平均利润率分配之后所剩余的部分。它表现的是一种生产关系，是对生产资料的占有关系和对社会产品的分配关系。

第二节　区位理论

区位是指特定地块所处的空间位置及其与相邻地块间的相互关系。区位理论是研究特定区域内关于人类经济活动与社会、自然等其他事物和要素相互之间的内在联系和空间分布规律的理论，经常被用来解释人类经济活动的空间分布及其演变机制。区位理论包括早期的古典区位论以及后来的城市空间结构理论。

---

① 华伟：《房地产经济学》，上海：复旦大学出版社，2004年版。

一、古典区位论

杜能的农业区位论、韦伯的工业区位论与克里斯塔勒的中心地理论被称为古典区位理论的三大经典理论。最早将空间区位和经济活动结合在一起研究的是19世纪20年代的古典区位理论的创始者杜能，他在其代表作《孤立国与农业和国民经济的关系》中，根据农业和市场关系，探索了因运输距离不同而引起的农业分带现象，创立了农业区位论。德国经济学家韦伯使用杜能的研究方法，于1909年出版了著名的《工业区位论》。他的理论中心内容是区位因子决定生产区位，将生产吸引到生产费用最小的地点。继韦伯之后，德国地理学家克里斯塔勒于1933年出版了《南部德国的中心地》一书，提出了中心地理论。他继承了古典经济研究方法，运用抽象的理论演绎方法，得到了一个基于需求边界和市场范围假设的六边形的层级结构，这个层级结构包含了市场中心和次中心。后来在克氏理论的基础上，廖什在其1940年出版的著作《经济的空间分布》中提出了市场区位论，将生产区位和市场区位结合起来，不把最低成本作为工业区位的决定因素，而把与产品销售范围即市场区位联系在一起的利润原则看作企业区位选择的决定因素。

作为区位论的经典理论，它们为后来的区位研究起到了指引方向的作用，特别是从市场的角度用区位因子分析区位选择，依然是人们认识和研究区位的基础，也是认识居住区位的基础理论。但是，古典区位论仍存在一定的局限性。首先，关于孤立区域和内部均质的假设同现实状况相差太远，解释力度有限；其次，社会的发展使得一些区位因子的重要性发生变化，同时又产生一些新的因素影响区位选择，古典理论的区位因子已经无法完全解释当今社会经济活动下的区位选择。

二、城市空间结构理论

城市空间结构理论是在古典区位理论基础上发展起来的，始于20世纪二三十年代的德国，50年代以后获得进一步发展。对空间结构理论有重要影响的理论有伯吉斯(E. W. Burges)的同心圆理论，霍伊特(H. Hoyt)的扇形理论，哈里斯(C. D. Harris)和乌尔曼(E. L. Ullman)的多核心理论，被称为“城市空间结构经典三模型”。

欧尼斯特·伯吉斯(Earnest Burgess)1925年提出的同心圆城市理论(见附图1)是最有名的城市土地空间模型之一。这类城市以不同用途土地围绕单一核心，有规则地向外扩展成圆环状区域为特征。这一核心被称为中心商业区(Central Business District，CBD)。中心商业区是城市内主要商业、办公及零售商店的集中地；围绕商务中心通常是过渡区和低、中、高收入阶层的环形的居住区。随着人口增长和城市发展而产生的持续压力迫使各圈形区域不断外移(这一现象被称为“渗透”)，入侵相邻外环地带，产生土地使用圈层的演替。如果考虑交通轴的作用，则可对同心圆模型进行修正，其相应的圈层沿交通线外延，巴布科克(Babcock)基于此对同心圆理论作了修正。

根据交通轴线对简单同心圆模型的影响，霍伊特(Homer Hoyt)于1939年提出了扇形理论(见附图2)。该理论认为，沿着某些交通线路或自然障碍物最少的方向，土地使用模式由市中心呈扇形向郊区发展。由于特定道路可达性和定向惯性的影响，各类用地逐渐在其两侧形成。随着人口增加，城市将沿特定线路扩大，但相同使用模式的土地，往往从市中心附近呈扇形向外扩张。

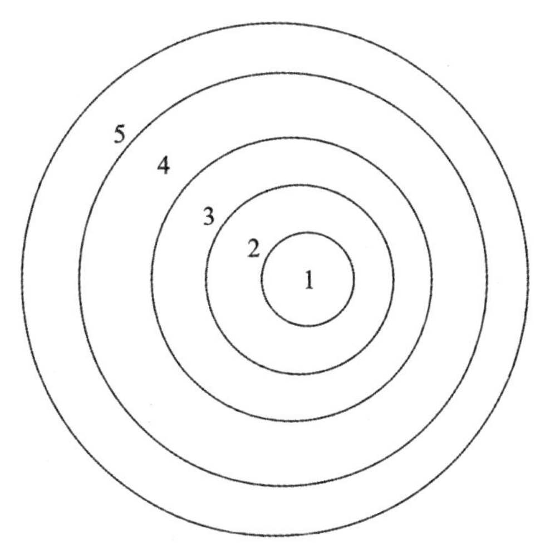

附图 1 同心圆模式

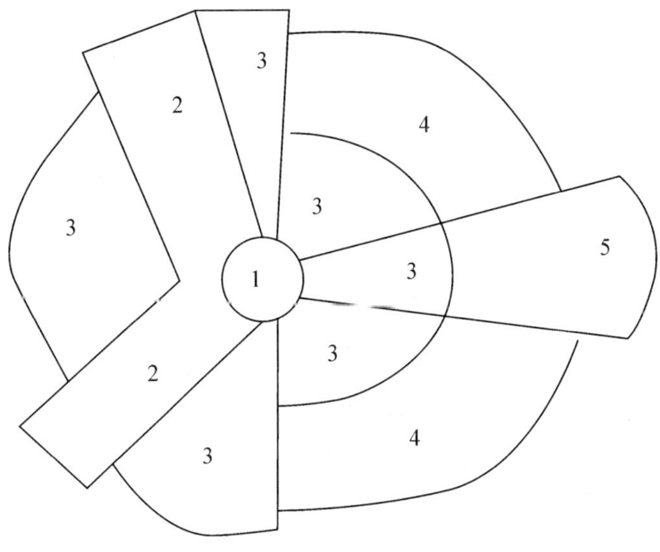

附图 2 扇形模式

哈里斯(Harris)和乌尔曼(Ullman)于 1945 年在后工业化前期城市内部结构调整——多中心化过程的背景下,根据城市居住空间结构的转型而提出了城市土地利用的多核心理论(见附图 3)。该理论认为:许多城市的土地利用形式并非一定在唯一核心(单一的 CBD)周围,可能同时围绕若干个核心展开,其物质空间都是依据社会空间的分化而相互隔离。多核心概念并不排斥同心圆模式的存在,城市内的每个副中心或次级中心区域都可能具有同心圆模式的特质。现在很多大城市都具有多中心的特点,多核心理论反映了城市空间发展的趋势,也为城市空间结构的规划制定提供了理论依据。

在此基础上后来的学者提出了各种组合模式,英国的阿福特·曼(After Mann)提出的同心圆——扇形的空间结构综合模式,迪肯森(Dickinson)提出的三地带学说,埃里克森(Ericksen)提出的折衷理论等,都反映了土地在空间上的利用状况和土地价值在空间上的差异。

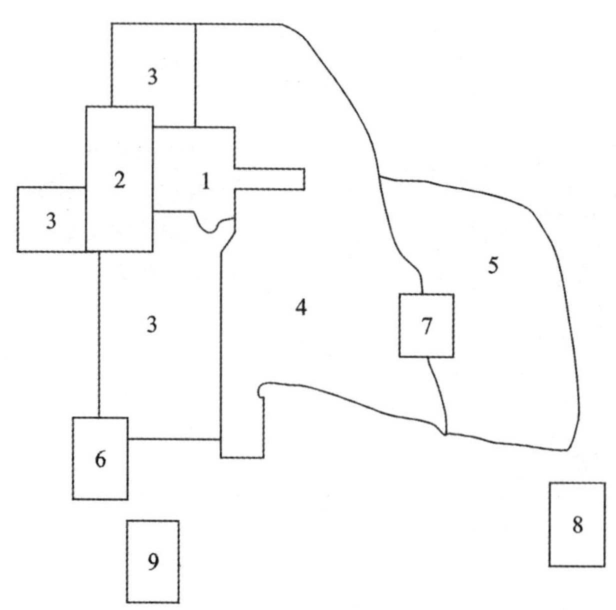

附图 3　多核心模式

城市土地空间结构模型从同心圆模型、扇形模型到多核心模型的演化体现了城市格局对城市土地利用的影响，而住宅价格是对土地价格的一种综合反映，因此城市住宅价格的空间分异遵循着土地空间结构模型的演化规律，也可以说，城市结构的变化深刻地影响了住宅价格的空间结构。随着城市化的深入，住宅价格空间结构特征也会由同心圆模式向扇形模式以及多核心模式转换，其关键因素是城市空间结构分布的特征。

三、竞租理论

19 世纪末到 20 世纪初，西方主要国家经历了快速的城市化，大量农业用地转变为城市用地，城市土地利用问题逐渐成为经济学家关注的热点。马歇尔认为地租只受土地需求的影响，土地需求价格则决定于土地的边际收益产量。胡佛是最早提出用竞价曲线来说明不同土地使用者之间关系的学者。赫德运用区位理论分析了城市土地价值问题，完成了《城市土地价值原理》一书。赫德认为，既然土地价值取决于经济租金，经济租金取决于区位，区位取决于便利度，便利度取决于到城市中心的距离，那么就可以免去中间环节，直接说土地价值取决于到城市中心的距离。

20 世纪 20 年代土地经济学家海格提出了城市土地价值的高低取决于土地的区位条件，进而提出了“空间摩擦”和“摩擦成本”的概念，指出交通可以克服“空间摩擦”。尽管海格的理论与赫德的观点差异不大，但海格的理论创新在于认为地租与交通成本之间具有互补性，城市的空间结构由“摩擦成本最小化”的原则决定。后来温格进一步发展了海格的理论。

(1)单中心城市竞租理论。20 世纪 60 年代 Alonso 提出了单中心竞租模型，后来经 Mills 和 Muth 等学者的发展，逐步得到主流经济学家的认同。Alonso 的竞租模型是在杜能模型的基础上发展起来的，主要体现在其著作《区位与土地利用：关于地租的一般理论》一书中。

Alonso 的竞租模型假设城市是在一个没有任何特征的平原上，所有的就业、商业和服务都在唯一的市中心,区位以到市中心的距离来表示。他通过一系列的假设,分析了各种用地需求对不同区位土地的竞争,最后在城市土地市场形成了均衡的城市土地利用结构。在单中心竞租模型中,Alonso 认为最高地价将产生于城市通达性最好的地块,不同地块的土地价格将随着它到城市中心距离的增加而下降,市中心至郊外的用地功能依次为商业区、工业区、住宅区和农业区。Alonso 的竞租模型可以理解为地租和交通成本之间的"互换"。也就是说,离市中心越近的区位其交通成本就越小,那么就会有更多需求者愿意选址在此处,于是对该处土地的竞标也就越激烈。根据"价高者得"的原则,此处的地租随之上涨,最终由能够出最高价的竞标者获得。由市中心向外所有的土地都依次经过这样的竞标。而商业的收益能力和支付能力最高,制造业次之,住宅再次之,农业最低。最后就形成了如附图 4 所示的城市土地竞租曲线,进而决定了城市土地使用的空间布局。

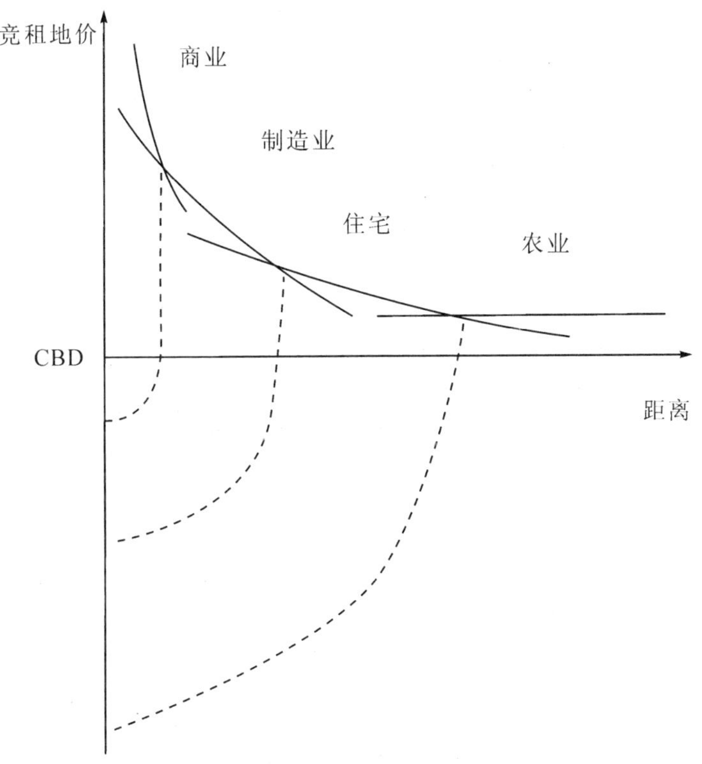

附图 4 阿朗索的竞租地价空间结构模型

在 Alonso 之后,Muth 和 Mills 进一步发展了 Alonso 的城市单中心模型,在效用函数中以住宅代替了土地,发展了住宅选择的"互换论",认为:城市居民通过对住房成本与通勤费用的权衡以确定合适的居住区位。在均衡条件下,住宅价格(或租金)随着到市中心距离的增大而降低。

以 Alonso 为主的城市地租理论,成功地将空间关系和距离因素引进经济学领域中。但该理论有一个重要的缺点,就是假定城市是单中心的,没有考虑多中心城市结构的出现。因此,该理论在后来受到诸多质疑。

(2)多中心城市竞租理论。有一些学者认为单中心模型的一些根本假设条件在现实情况中是不成立的,尤其是对城市单中心的假设。在城市单中心的假设下,一些实证研究没有得到CBD距离变量的显著的负系数。这很可能是由于城市单中心假设被错误地应用到了多中心城市的住宅价格梯度的估计中去。因为随着城市的发展,多中心城市形态开始出现。正是基于此,后来哈里斯和乌尔曼于1945年提出了城市土地利用的多核心理论。Papageorgiou和Casetti在Alonso模型基础上提出了多中心城市竞租曲线。城市内某些土地或住宅,有可能同时受到几个中心的影响。在多中心城市中,每个次中心影响范围内都存在一条负的价格梯度线。如附图5所示,城市由在同一直线上的一个主中心、两个次中心组成,如果住宅价格主要受离它最近的中心决定的话,那么竞价曲线可能会变成附图5所示的形状。也就是说,总体上住宅价格随着到市中心距离的增大而降低,但是在次中心范围内,住宅价格出现小幅回升,然后再逐渐降低。

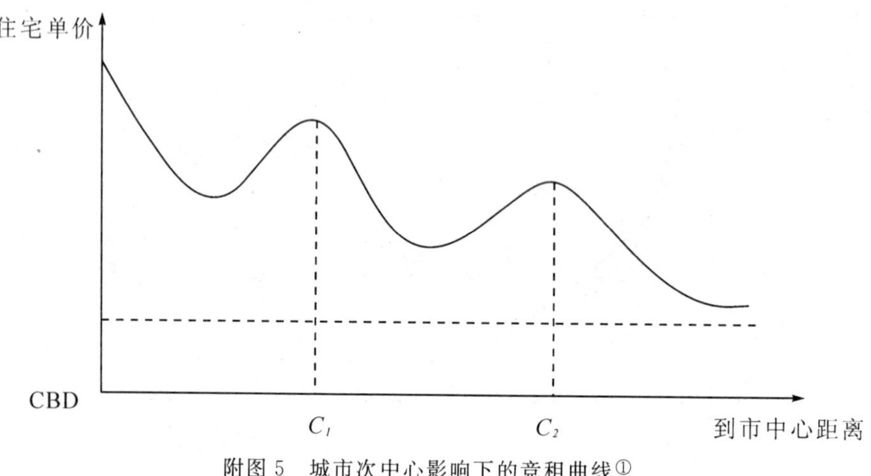

附图5　城市次中心影响下的竞租曲线①

第三节　供求理论

一、需求

下面介绍需求的相关理论。

(1)*需求及其影响因素*。需求是指在某一特定时期内,在各种可能的价格水平下愿意并且能够购买的商品数量。有效的需求必须满足两个条件:一是有购买商品的欲望,二是有购买商品的能力。影响需求的因素很多,主要的因素有商品价格、消费者的收入水平、消费者的偏好、相关商品的价格、消费者对该商品的预期等。

(2)*需求曲线与需求定理*。如果单独研究某商品的价格与其需求量之间的关系,在假定其他因素不变的情况下,可以用式(1)的需求函数来表示:

$$Q_d = f(p) \tag{1}$$

其中,Q_d为对某种商品的需求量,p为该商品自身的价格。

一般地,在其他因素不变时,一种商品的需求量与其价格之间呈反向的变动关系,即商品价格上升,需求量减少;商品价格下降,需求量增加。这在经济学中被称为需求定理。符

① 周伟林、严冀等:《城市经济学》,上海:复旦大学出版社,2004年版。

合需求定理的需求函数可以绘制成如附图 6 所示的需求曲线，附图 6 中 Q 表示需求量，P 表示价格，此时的需求曲线向右下方倾斜，斜率为负。

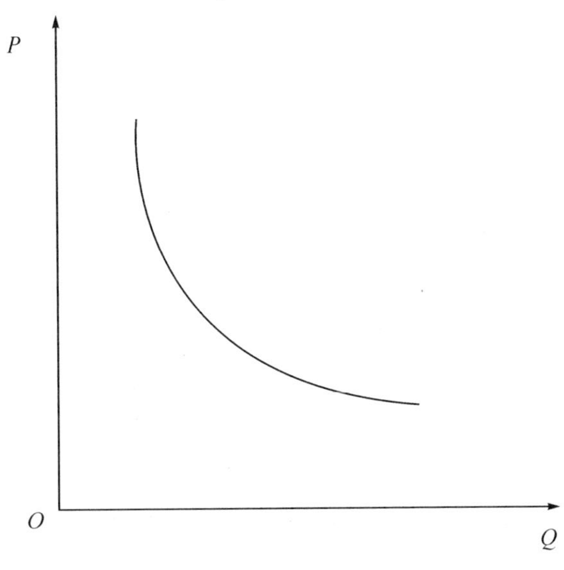

附图 6　需求曲线

(3)需求量的变动和需求的变动。需求量的变动是指在影响商品需求的其他因素不变的条件下，商品价格的变动所引起的商品需求数量的变化，在图上表现为点在曲线上的移动。需求的变动是指在商品价格不变的条件下，影响商品需求的其他因素的变动所引起的商品需求数量的变化，在图上表现为曲线的移动。

二、供给

下面介绍供给的相关理论。

(1)供给及其影响因素。供给是指生产者在某一特定时期，在各种可能的价格水平下愿意并且能够提供出售的商品数量。有效的供给必须满足两个条件：一是要有提供商品的愿望，二是要有提供商品的能力。影响供给的因素有很多，主要的因素有：商品价格、生产的技术水平、生产成本、相关商品的价格、生产者对未来的预期等。

(2)供给曲线与供给定理。如果单独研究某商品的价格与其供给量之间的关系，在假定其他因素不变的情况下，可以用式(2)的供给函数来表示：

$$Q_s = f(p) \tag{2}$$

其中，Q_s 为对某商品的供给量，p 为该商品自身的价格。

一般地，在其他因素不变时，一种商品的供给量与其价格呈同向的变动关系，即商品价格上升，供给量增加；商品价格下降，供给量减少。这在经济学中被称为供给定理。符合供给定理的供给函数可以绘制成如附图 7 所示的供给曲线，图中 Q 表示供给量，P 表示价格，此时的曲线向右上方倾斜，斜率为正。

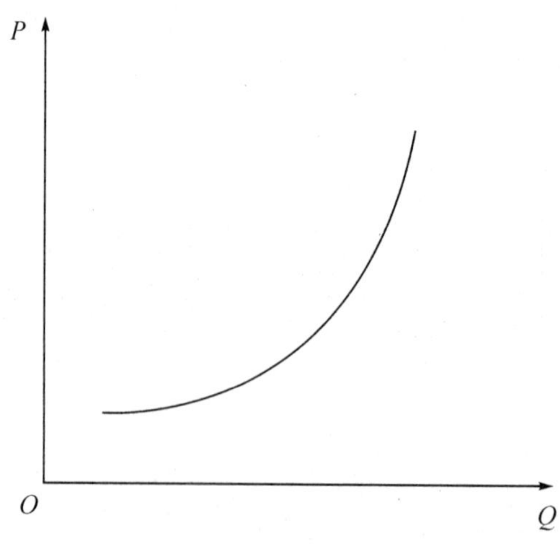

附图 7　供给曲线

(3)供给量的变动和供给的变动。供给量的变动是指在影响商品供给的其他因素不变的条件下,商品价格的变动所引起的商品供给数量的变化,在图上表现为点在曲线上的移动。供给的变动是指在商品价格不变的条件下,影响商品供给的其他因素的变动所引起的商品供给数量的变化,在图上表现为曲线的移动。

三、供求法则

下面介绍供求法则的相关内容。

(1)均衡价格和均衡数量。市场均衡是指供给和需求相等时的市场状况。均衡价格是指消费者对某种商品的需求量等于生产者提供的该商品供给量时的市场价格,即市场均衡时的商品价格。均衡数量是指均衡价格水平下的供求数量,是市场均衡时的供求数量。均衡价格、均衡数量在图上表现为商品供给曲线和需求曲线相交时的价格和数量(见附图 8)。

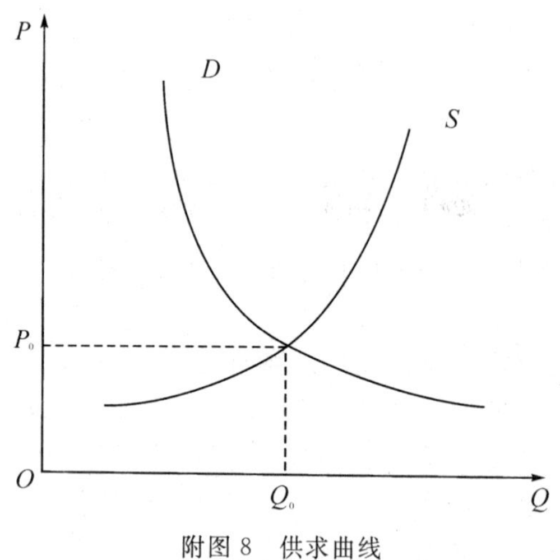

附图 8　供求曲线

(2)需求的变动对均衡价格和均衡数量的影响。由附图 9 可知,需求增加,均衡价格上升,均衡数量增加;需求减少,均衡价格下降,均衡数量减少。也就是说,需求的变动引起均衡价格和均衡数量同方向变动。

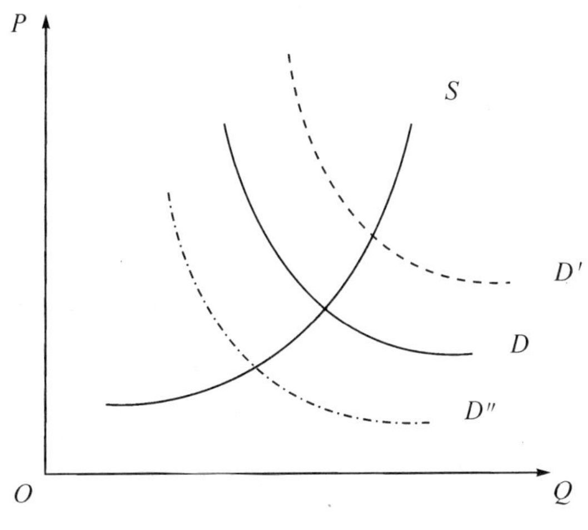

附图 9　供求曲线 2

(3)供给的变动对均衡价格和均衡数量的影响。由附图 10 可知,供给增加,均衡价格下降,均衡数量增加;供给减少,均衡价格上升,均衡数量减少。也就是说,供给的变动引起均衡价格反方向变动,引起均衡数量同方向变动。

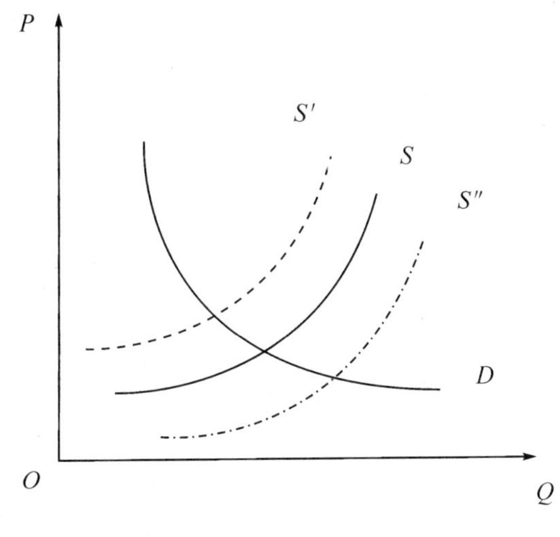

附图 10　供求曲线 3

(4)供求定理。是指在其他因素不变的条件下,需求变动分别引起均衡价格和均衡数量的同方向变动;供给变动引起均衡价格的反方向变动,引起均衡数量的同方向变动。

第四节　四象限模型

一、四象限静态模型

四象限模型是分析房地产市场的一种工具,通过定性分析与定量研究相结合,研究房地产市场的变化。

四象限模型建立在两个市场划分的基础上，这两个市场分别是房地产资产市场和房地产物业市场。在资产市场和物业市场之间有两个接合处：一是物业市场上形成的租金水平是决定资产需求的关键因素；二是物业市场的供给由资产市场所决定。在两市场划分基础上，该模型建立了四个象限，Ⅰ象限和Ⅳ象限为房地产物业市场，而Ⅱ象限与Ⅲ象限为房地产资产市场，如附图11所示。从附图11中可以看出资产市场和物业市场中经济变量之间的联系，附图11中的方框表示物业市场和资产市场处于均衡状态。

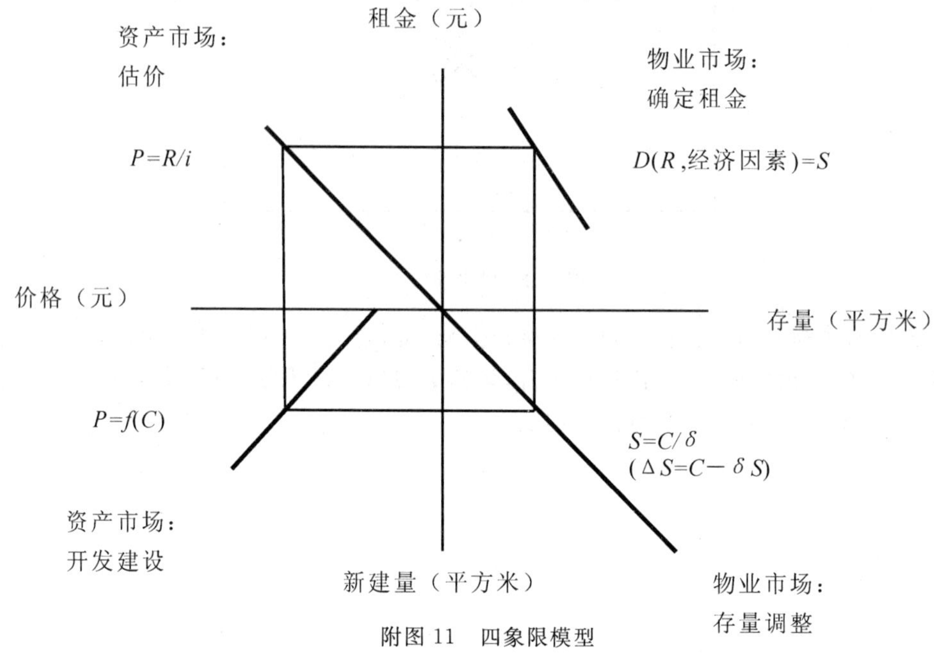

附图11　四象限模型

四象限模型的每一个象限对应着一个方程，反映的是在市场均衡状态下，房地产的租金、价格、新建量和存量之间的依存、互动关系。在解释四象限模型时，按照逆时针方向对各象限进行解释是比较恰当的。

(1)第Ⅰ象限(物业市场)。这条曲线的含义是在给定外部经济条件时，物业的需求数量如何随着租金而变化。在均衡状态下，市场必须调整租金水平，使需求等于供给。因此，本象限的作用是根据物业的存量确定市场租金。如果外部经济条件发生变化，整个曲线的位置将发生变化，向外或向内移动。该象限所对应的方程为：

$$D(R,\text{经济因素})=S \tag{3}$$

其中，D 为物业需求量，R 为租金，S 为物业存量。

(2)第Ⅱ象限(资产市场)。这条曲线所表示的是资产市场中租金和价格的关系，由租金价格比率(资本化率)来反映。资本化率主要受四个因素的影响：①经济体系中的长期利率(长期利率升高，则资本化率提高，反之亦然)；②租金的预期增长率(预期增长率越高，资本化率就越低，反之亦然)；③租金收入现金流的风险程度(风险越高，资本化率就越高，反之亦然)；④政府对房地产的税收优惠程度(优惠程度越高，资本化率就越高，反之亦然)。该象限所对应的方程为：

$$P=R/i \tag{4}$$

其中，P 为价格，R 为租金，i 为资本化率。

(3)第Ⅲ象限(资产市场)。这条曲线所表示的是房地产价格与新建量之间的关系。从长期来看，房地产价格应同它的重置成本相等，因此这条曲线也体现了重置成本与新建量之间的关系。这里假设随着新建量的增加，重置成本将会增加。影响重置成本的其他因素将会导致整个曲线的移动——重置成本升高将使曲线向左平移，重置成本降低将使曲线向右平移。该象限所对应的方程为：

$$P = f(C) \tag{5}$$

其中，P 为价格，C 为重置成本。

(4)第Ⅳ象限(物业市场)。这条曲线所表示的是新建量与存量之间的关系。假设新建量为 C，存量为 S。存量与新建量之间存在这样的关系：$\Delta S = C - \delta S$(δ 为灭失率)。当市场处于均衡状态时，房屋拆除导致的存量损失等于新开发建设量，物业存量将不随时间发生变化，应有 $\Delta S = 0$，所以有方程：

$$S = C/\delta \tag{6}$$

需要注意的是，这个模型只能体现在某一时点的市场均衡状态，而无法反映整个市场从不均衡逐渐调整到均衡的动态过程。

二、外部经济条件对房地产市场的影响

利用四象限模型可以解释外部经济条件的变化对房地产市场的影响。

(1)经济增长对房地产市场的影响。经济增长会带动需求的变化，第Ⅰ象限内的需求曲线将向右上方移动，在可供使用的物业数量保持一定的情况下，为了保持物业的需求量等于供给量，租金就必须相应提高，而较高的租金又会引起第Ⅱ象限内物业资产价格的相应提高，依次又会促使第Ⅲ象限内新开发建设量增加，最后导致第Ⅳ象限内物业存量增加。如此经过多次循环，最终将达到均衡状态，如附图 12 所示。

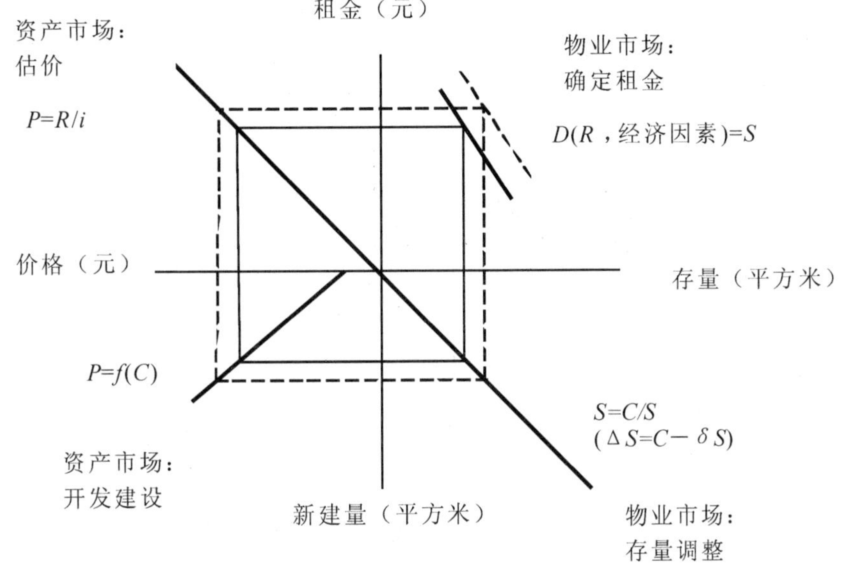

附图 12　经济增长对房地产市场的影响

(2)长期利率下调对房地产市场的影响。当长期利率下调时,风险降低,税收又会增加,于是资本化率降低,第Ⅱ象限内的曲线会逆时针转。经过多次调整,使租金降低,价格、存量和新建量上升,最终达到均衡状态,如附图13所示。

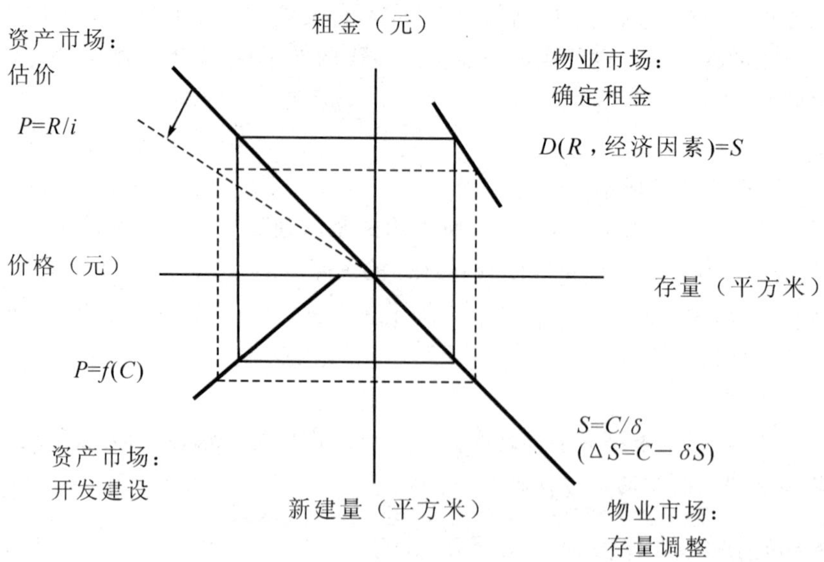

附图13 长期利率下调对房地产市场的影响

(3)短期利率上升对房地产市场的影响。当短期利率上升时,建设项目融资难度增加,导致建设成本上升,第Ⅲ象限的曲线向左平移。经过多次调整,价格、租金均上升,存量和新建量下降,最终达到均衡状态,如附图14所示。

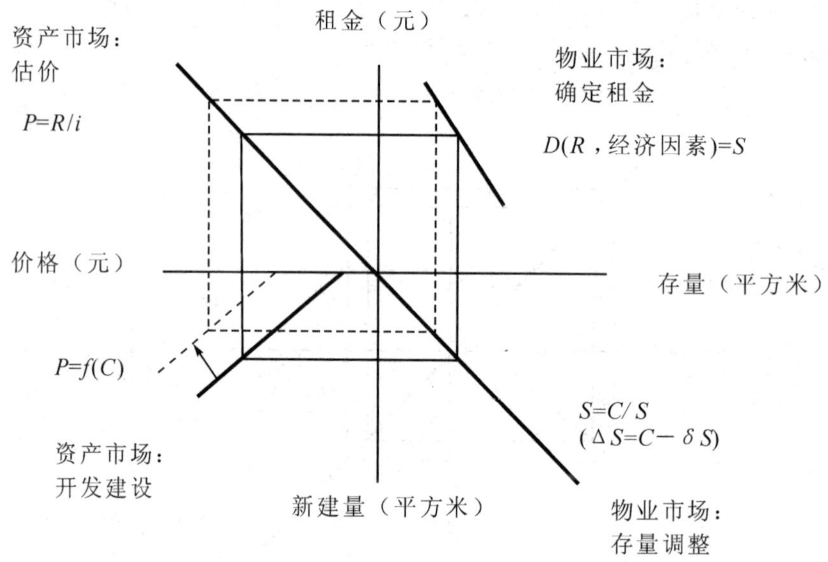

附图14 短期利率上升对房地产市场的影响

第五节　特征价格理论与模型[①]

一、特征价格模型的理论基础

特征价格模型的理论基础往往被称为特征价格理论(Hedonic Price Theory),主要包括两个方面的内容。

一是美国学者 Lancaster 于 1966 年提出的消费者理论,这是从新古典经济学的消费者理论拓展而来的,又被称为 Lancaster 偏好理论。与萨缪尔森等经济学家在考察偏好和效用时从个体行为出发点不同,Lancaster 从产品的差异出发,分析了构成产品的基本"元素"空间,认为对产品的需求并不是基于产品本身,而是因为产品所内含的特征。并且认为商品(特别是住宅、汽车、劳动力这样的异质商品)拥有一系列的特征,这些特征结合在一起,形成影响效用的特征包,商品是作为内在特征的集合来出售的。家庭购买这些物品和使用它们作为一种"投入",把它们转化为效用,效用水平的高低依赖于物品所包含的各种特征的数量。这样的市场难以用传统的经济模型分析,因为它们不能仅仅由一个总价格来表征,应该采用一系列价格来对应产品的品质或者说它所包含的特征,我们把它称为特征价格。产品的价格由特征价格构成,各产品特征对应各自的隐含价格(无法在市场上直接观察到),对于产品而言特征价格形成一个价格结构。

二是美国经济学家 Rosen 于 1974 年就产品特征提出了市场供需均衡模型。至此,特征价格理论发展为一个基本完善的理论。在市场完全竞争的条件下,Rosen 以消费者效用最大化和生产者利润最大化作为目标,从理论上分析了异质产品市场的短期均衡和长期均衡,为特征价格理论的建模、特征价格函数的估计奠定了基础。根据 Rosen 的理论,可以利用计量经济学方法(如多元回归技术)将产品特征的隐含价格分离出来,分析产品特征的需求等。后来众多的学者在 Rosen 的工作基础上,在模型处理技术上进行了完善,并进行了大量的实证研究。

二、特征价格模型的理论分析

下面对特征价格模型进行理论分析。

1. 两个假设和两个概念

(1)两个假设:商品的异质性和市场的隐含性。

特征价格理论认为,产品的需求并不是基于产品本身,而是因为产品所内含的特征。家庭购买这些物品和使用它们作为一种"投入",把它们转化为效用,效用水平的高低依赖于物品所包含的各种特征的数量。市场的隐含性,指的是在商品的生产、交换和消费的过程中,总的价格和交易是可观察的,但每个产品特征对应一个隐含市场,产品市场一般可以理解为由多个隐含市场构成。

① 温海珍:《城市住宅的特征价格:理论与实证研究》,北京:经济科学出版社,2004 年版。

(2)两个概念:特征价格函数和隐含价格函数。

特征价格函数是针对产品而言的,指的是产品(如住宅)总价格与产品特征数量之间的函数关系。如附图 15 所示,一套住宅的价格一般随着某种特征 Z_i(如建筑面积)的增加而递增,由于边际效用递减该曲线上升趋势渐渐缓和。

隐含价格函数是针对产品特征而言的,指的是在特定产品中某一产品特征的隐含价格(即边际价格)与产品包含该特征数量之间的关系。如附图 16 所示,在某一套住宅中,随着特征 Z_i(如浴室)的增加,一般而言,由于边际效用递减该特征的隐含价格将下降。

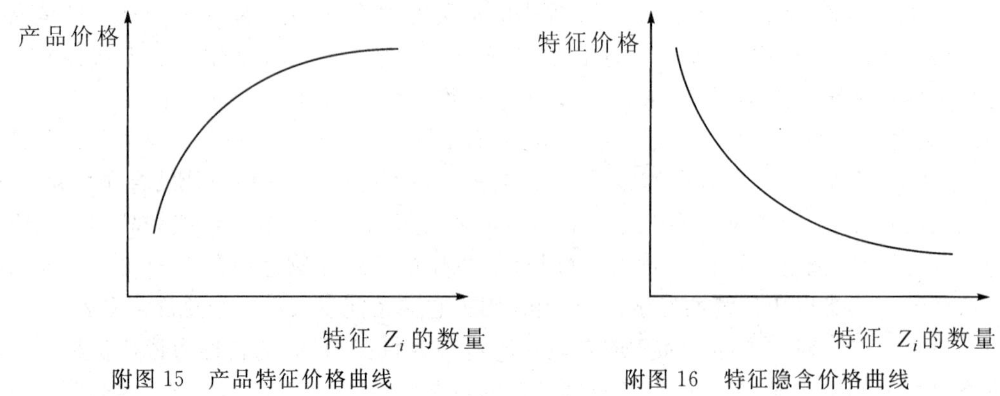

附图 15　产品特征价格曲线　　附图 16　特征隐含价格曲线

2. 消费者选择和市场均衡分析

假定消费者收入为 M,消费一个包含 n 个特征的商品(如住宅),另外加上一个复合商品 Y(即其他全部商品的组合,价格为 1)。在住宅市场均衡的前提下,住宅的特征价格函数为 $P(Z)=P(Z_1,Z_2,\cdots,Z_n)$,特征的隐含价格为 $P_i=\frac{\partial P}{\partial Z_i}$,并且这些价格不受个别消费者的影响。

消费者的偏好用效用函数表示为 $U=U(Z,Y)$。消费者愿意为一套住宅支付的费用是其所包含特征的函数,消费者对住宅的出价函数 $\beta(Z,M,\mu)$ 暗含在效用函数中:$U=U(Z,M-\beta)$。

住宅出价函数的偏导数 $\frac{\partial \beta}{\partial Z_i}$ 表示在效用水平不变时,当第 i 个住宅特征 Z_i 增加时,家庭愿意在住宅上改变的费用,这种支出变化将通过增加或减少复合品 Y 的消费来得到,即有 $\frac{\partial \beta}{\partial Z_i}=\frac{u_i}{u_Y}$。

考虑消费者选择的最优化,即效用最大化,则有:

$$\max U(Z,Y) \quad \text{服从条件} \quad M \geqslant P(Z)+Y \tag{7}$$

构建拉格朗日函数,容易得到:

$$\frac{u_i}{u_Y}=P_i, \tag{8}$$

其中,$u_i=\frac{\partial u}{\partial Z_i}$,$P_i=\frac{\partial P}{\partial Z_i}$。对单个消费者而言,最优选择时有 $\frac{\partial \beta}{\partial Z_i}=\frac{u_i}{u_Y}$,所以 $\frac{\partial \beta}{\partial Z_i}=P_i$,即每个特征对应的出价函数的斜率和特征的隐含价格相等时,消费者对住宅特征的选择得到最优结果,此时消费者出价曲线和特征价格曲线相切,如附图 17 所示。

对住宅开发商采用利润最大化原则，可以得到类似结果。即在市场均衡状态下，开发商的要价函数(关于住宅特征、利润的函数)和特征价格函数相切时，开发商将得到最优结果，如附图 17 所示。

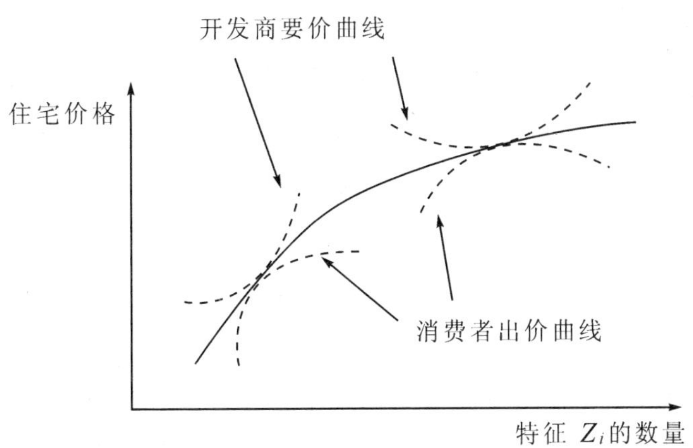

附图 17　特征的市场均衡分析

综上所述，在市场均衡状态下，如果消费者和开发商均采用理性行为，为了得到效用最大化和利润最大化，则一次成功的交易对应的价格落在附图 17 上，并且出价曲线、要价曲线和特征价格函数三者相切于一点。因此，可以搜集住宅交易时住宅价格、特征数量的数据(一次交易对应附图 17 上一个点)，采用回归技术进行建模，得到住宅的特征价格函数，从而也能得出特征的隐含价格。

三、特征价格模型的设定和估计

下面介绍函数形式的选择和特征价格模型的估计方法。

(一)函数形式的选择

对于如何正确选择特征价格模型中的函数形式，从而使得模型能够正确表达自变量和因变量之间的关系，至今理论上还没有一种明确的检验方法。函数形式的错误选择，将导致不一致的估计。一般来说，大多数研究者都是凭经验初步设定函数形式，然后不断地尝试和修正，直到认为函数形式能够解释样本数据的差异，并使得模型对样本数据的拟合满足要求。

1. 基本函数形式

线性函数、对数函数、半对数函数和对数线性函数是经常采用的四种简单的函数形式，我们称之为基本函数形式：

(1)线性形式(Linear)：

$$P = \alpha_0 + \sum \alpha_i Z_i + \varepsilon \tag{9}$$

自变量和因变量均以线性形式进入模型，则回归系数对应着某特征的隐含价格，此时是一个常数。

(2)对数形式(Log-Log)：

$$\ln P = \alpha_0 + \sum \alpha_i \ln Z_i + \varepsilon \tag{10}$$

自变量和因变量均以对数形式进入模型，则回归系数对应着某特征的价格弹性，此时是一个常数。

(3)对数线性形式(Log-Linear)：

$$\ln P = \alpha_0 + \sum \alpha_i Z_i + \varepsilon \tag{11}$$

自变量采用线性形式，因变量采用对数形式，则回归系数对应着特征价格与产品总价格之比，即 $\alpha_i = \frac{P_{Z_i}}{P}$ 。

(4)半对数形式(Semi-Log)：

$$P = \alpha_0 + \sum \alpha_i \ln Z_i + \varepsilon \tag{12}$$

自变量采用对数形式，因变量采用线性形式，则回归系数对应着产品中某一特征的总价格，即 $\alpha_i = Z_i P_{Z_i}$ 。

2. 灵活函数形式

为了得到更精确的结果，还可以采用更为复杂的函数形式，称之为灵活的函数形式(Flexible Functional Form)。主要包括以下三种形式(其中 $i,j,k=1,2,3,\cdots,n$)。

(1)Translog 形式：

$$\ln P = \alpha_0 + \sum \alpha_k \ln Z_k + \frac{1}{2}\sum\sum \alpha_{ij} \ln Z_i \ln Z_j + \varepsilon \tag{13}$$

优点是右边是线性形式，可以利用线性回归技术。缺点是 Z_i 不能为零。

(2)Semilog Quadratic 形式：

$$\ln P = \alpha_0 + \sum \alpha_k Z_k + \frac{1}{2}\sum\sum \alpha_{ij} Z_i Z_j + \varepsilon \tag{14}$$

优点是右边是线性形式，可以利用线性回归技术。

(3)Generalized Linear Functional Form 形式：

$$P = \alpha_0 + \sum \alpha_k (Z_k)^{\frac{1}{2}} + \frac{1}{2}\sum\sum \alpha_{ij} (Z_i)^{\frac{1}{2}} (Z_j)^{\frac{1}{2}} + \varepsilon \tag{15}$$

这是非线性模型。

从上面可以看出，这些函数形式考虑了自变量之间的交互作用，涉及更多的回归参数的估计，从而有可能更好地反映自变量和因变量之间潜在的函数关系。

还有一种经常使用的灵活的函数形式是 Box-Cox 变换：

$$\frac{P^\lambda - 1}{\lambda} = \beta_0 + \sum \beta_i \cdot Z_i^\lambda + \varepsilon \tag{16}$$

当自变量和因变量的 λ 均取 1，则上式是一个简单的线性函数。当自变量的 λ 均为 1 和因变量的 λ 接近于 0，则变成对数线性的形式。一些学者发现，λ 的数值显然不等于 0 和 1，说明复杂的函数形式比线性或者对数线性形式更能拟合这些数据。Goodman 是最早利用函数形式变形进行研究的学者之一，他使用了一个变量的 Box-Cox 变换。最普遍的函数变形是二次 Box-Cox 变换函数形式，即：

$$\frac{P^\lambda - 1}{\lambda} = \beta_0 + \sum \beta_i \cdot Z_i^\lambda + \frac{1}{2}\sum\sum \gamma_{ij} \cdot Z_i^\lambda \cdot Z_j^\lambda + \varepsilon \tag{17}$$

(二)特征价格模型的估计方法

特征价格模型的估计，除使用 OLS 法进行估计外，还可以采用非参数或者半参数方法，即没有一个特定的函数关系，直接从自变量的数据推断因变量的数值。应用这种技术一般需要大量的数据，当然，样本数据越多，估计的速度也就越慢。

简单的参数形式结合非参数方法，这也是一种可行的估计方法。与参数估计方法相比，这种方法在模型设定和测量误差方面能力更强，但涉及的计算更为复杂。

第六节　住宅选择模型

住宅选择模型包括对住宅区位、住宅租买、住宅新旧更换、住宅品质等的选择，其中以住宅租买选择最为常见，故本书主要介绍住宅租买选择模型。所谓住宅租买选择模型是指假设消费者通过比较租赁与购买住宅得到的效用大小，再以此作为理性选择的依据，进行住宅消费的权属选择[①]。在住房消费研究中，离散选择模型——Logit 和 Probit 模型被广泛用于住宅租买选择的研究中。麦克法登在消费者效用最大化的假设下提出了离散选择理论，并为离散选择模型的建立奠定了经济理论基础。离散选择模型认为消费者在有限不联系方案集合中选择某种方案的概率取决于该方案的效用大于其他方案的效用的概率，可以应用于推断一个样本总体中选择不同方案的比重。该模型应用十分广泛，可以解决交通需求问题、职业选择、消费者商品需求、居住地选择等问题，这导致了在研究消费者选择行为中广泛使用该方法。

研究者会根据不同的研究需要选择不同类型的离散选择模型来进行研究，但在居民住宅消费选择研究领域，Logit 模型的使用更为普遍，因此本书主要介绍 Logit 模型。根据被解释变量，可以将 Logit 模型划分为二元 Logit 模型和多元 Logit 模型。下面对二元 Logit 模型的基本原理进行概述。

一、二元离散选择模型

Logit 模型的表达式为：

$$Y_i = f(X_i, \beta_i, e_i) = \beta_0 + \beta_1 X_{1i} + \beta_2 X_{2i} + \cdots + \beta_k X_{ki} + e_i = X_i\beta + e_i, \quad i = 1,2,\cdots,n \tag{18}$$

其中，$Y_i=0$ 表明第 i 个消费者有类别 1 的倾向，$Y_i=1$ 则表明第 i 个消费者有选择类别 2 的倾向；X_{ki} 表示影响第 i 个消费者行为的第 k 个解释变量；X_i 表示影响第 i 个消费者行为的解释向量；β_i 表示参数向量；e_i 表示干扰项，服从二项分布 $b(0, p(1-p))$；另外，P_i 为第 i 个消费者有选择类别 1 的概率，即：

$$\begin{cases} P_i = \text{Prob}(Y_i = 1) \\ 1 - P_i = \text{Prob}(Y_i = 0) \\ E(Y_i) = 1 \cdot P_i + 0 \cdot (1 - P_i) = P_i \end{cases} \tag{19}$$

可将其写成：

$$P_i = \beta_0 + \beta_1 X_{1i} + \beta_2 X_{2i} + \cdots + \beta_k X_{ki} + e_i = X_i\beta \tag{20}$$

其中，$P(n\times 1)$ 为消费者选择类别 2 的概率向量；$X(n\times k)$ 为影响消费者选择类别 2 的解释变量；$\beta(k\times 1)$ 为参数向量。

但是式(20)中的值，并不能保证一定落在 0 与 1 之间，因此还需要累积分布函数

---

① 花敬群：《自有率、空屋率与住宅市场运作——有土斯有财的反省》，2001 年。

(Cumulative Distribution Function)转换的值，才能求出介于 0 与 1 之间的行为倾向概率值，故式(20)可以写成：

$$P_i = F(\beta_0 + \beta_1 X_{1i} + \beta_2 X_{2i} + \cdots + \beta_k X_{ki}) = F(X_i\beta) = F(Z_i) \tag{21}$$

又因为：

$$F(t) = \frac{1}{1+e^{-t}} \tag{22}$$

式(22)可以保证外层函数值处于[0,1]区间，合并式(21)和式(22)，可得

$$P_i = \frac{1}{1+e^{-X_i\beta}} = \frac{1}{1+e^{-Z_i}} \tag{23}$$

由式(23)转换可得：

$$\frac{P_i}{1-P_i} = e^{X_i\beta} \tag{24}$$

对式(24)两边取对数得：

$$\ln\left(\frac{P_i}{1-P_i}\right) = X_i\beta \tag{25}$$

式(25)便是 Logit 模型，该模型需要假定是线性函数，其均值为 0 方差为 1 的对数函数，它是单调递增函数。式(25)中的回归系数并不同于一般的回归系数，它并不能直接反映出解释变量变动一单位使得消费者选择市中心区位的概率变动的单位数，而它表示解释变量的变动对累积Logistic分布反函数的影响。

$$F^{-1}(P_i) = \ln\left(\frac{P_i}{1-P_i}\right) = \beta_0 + \beta_1 X_{1i} + \beta_2 X_{2i} + \cdots + \beta_k X_{ki} \tag{26}$$

而其概率的变动与解释变量及回归系数的函数密切相关。它可表示为：

$$\frac{\mathrm{d}P_i}{\mathrm{d}X_{ki}} = f(X_i\beta)\cdot\beta_k = \frac{\exp(-X_i\beta)}{[1+\exp(-X_i\beta)]^2}\cdot\beta_k = \beta_k\cdot P_i(1-P_i) \tag{27}$$

Logit 模型作为更为复杂的二值响应模型，克服了预测值不合理的问题，但是该模型使得方程的估计难度增加。Logit 模型采用极大似然估计法估计模型的参数，回归系数的显著性检验采用 Wald 统计量，模型拟合度采用 HL(Homeer and Lemeshow)检验，用－2Log Likelihood, Cox & Snell R^2、Nagekerke R^2 等系数表征。

二、多元离散选择模型

多元 Logit 模型认为，消费者在选择购买某一类别的商品时通常要面对多个不同的商品，这些商品构成一个选择集，通常用 C 表示。在选择集中的每一个商品对他来说都会有一定的效用。消费者只会购买选择集中效用对他最大的那一个商品。

多元 Logit 模型表示如下：

$$P_{ni} = \frac{e^{V_{ni}}}{\sum_{j=1}^{J} e^{V_{nj}}} \quad (i,j \in C, j = 1,2,\cdots,J) \tag{28}$$

对于多项 Logit 模型，其实质仍是两两之间的比较，假设备择项共有三类：1、2 和 3。以类别 3 作为参照组，三类结果的多项 Logit 模型可以表示为：

$$\mathrm{logit}(P_{1/3}) = \ln(P(y=1|x)/P(y=3|x)) = \beta_1 X \tag{29}$$

$$\mathrm{logit}(P_{2/3}) = \ln(P(y=2|x)/P(y=3|x)) = \beta_2 X \tag{30}$$

相应的参数值表示1类(或2类)与3类相比,回归元变动一个单位,机会比变动的对数值。对参数值取指数函数,就可以得到机会比变动的百分比。

第七节 向量自回归模型

一、VAR模型简介

向量自回归模型(Vector Autoregression Model, VAR)是由西姆斯(C. A. Sims)于1980年提出的一种分析多变量时间序列的新型宏观经济计量模型。VAR模型基于数据的统计性质建立模型,把系统中每一个内生变量作为系统中所有内生变量的滞后值的函数来构造模型,从而将单变量自回归模型推广到由多元时间序列变量组成的"向量"自回归模型。VAR模型是处理多个相关经济指标的分析与预测的最容易操作的模型之一。VAR模型常用于预测相互联系的时间序列系统以及分析随机扰动对变量系统的动态冲击,从而解释各种经济冲击对经济变量形成的影响。

含有N个变量滞后k期的VAR模型表示如下:

$$Y_t = c + \Pi_1 Y_{t-1} + \Pi_2 Y_{t-2} + \cdots + \Pi_k Y_{t-k} + u_t, \quad u_t \sim IID(0,\Omega) \tag{31}$$

其中,$Y_t = \begin{pmatrix} y_{1t} \\ \vdots \\ y_{nt} \end{pmatrix}$,$c = \begin{pmatrix} c_1 \\ \vdots \\ c_n \end{pmatrix}$,$\Pi_j = \begin{pmatrix} \pi_{11,j} & \cdots & \pi_{1n,j} \\ \vdots & \ddots & \vdots \\ \pi_{n1} & \cdots & \pi_{nn,j} \end{pmatrix}$,$u_t = \begin{pmatrix} u_{1t} \\ \vdots \\ u_{nt} \end{pmatrix}$。

VAR模型具有以下特点:①模型中每个分量都是内生变量;②模型中等号右边的解释变量都是滞后变量;③每个模型中的解释变量都相同;④Y_t的动态结构可以由它的k'阶滞后变量表示出来,与k时刻之前的变量无关;⑤$\{u_t\}$是向量白噪声过程,并且与t时刻之前的随机向量Y_t无关。

VAR模型可以用OLS方法进行估计,因为内生变量的滞后项仅仅出现在VAR模型每个等式的右侧,它们与u_t是渐近不相关的,所以可以用OLS法依次估计每一个方程,得到的参数估计量具有一致性。

二、VAR模型的脉冲响应函数

对于任何一个VAR模型都可以表示成为一个无限阶的向量MA(∞)过程。

$$Y_{t+s} = U_{t+s} + \Psi_1 U_{t+s-1} + \Psi_2 U_{t+s-2} + \cdots + \Psi_s U_t + \cdots, \quad \Psi_s = \frac{\partial Y_{t+s}}{\partial U_t} \tag{32}$$

Ψ_s中第i行第j列元素表示的是,令其他误差项在任何时期都不变的条件下,当第j个变量y_{jt}对应的误差项u_{jt}在t期受到一个单位的冲击后,对第i个内生变量y_{it}在$t+s$期造成的影响。

把Ψ_s中第i行第j列元素看作是滞后期s的函数:

$$\frac{\partial y_{i,t+s}}{\partial u_{j,t}}, \quad s = 1,2,3,\cdots \tag{33}$$

称作脉冲响应函数(Impulse-Response Function),脉冲响应函数描述了其他变量在t期以及以前各期保持不变的前提下,$y_{i,t+s}$对$u_{j,t}$时一次冲击的响应过程。

第八节　协整与误差修正模型

一、单整与协整

随机游走序列 $X_t = X_{t-1} + u_t$ ，经过差分后等价地变形为 $\Delta X_t = X_t - X_{t-1} = u_t$ 。由于 u_t 是一个白噪声，因此差分后地序列$\{\Delta X_t\}$是平稳的。

如果一个时间序列经过一次差分变成平稳的，就称原序列是 1 阶单整（Intergrated of 1）序列，记为 $I(1)$。一般地，如果一个时间序列经过 d 次差分变成平稳序列，则称原序列是 d 阶单整（Intergrated of d）序列，记为 $I(d)$。显然地，$I(0)$代表一个平稳时间序列。

经济理论指出，某些经济变量间确实存在着长期均衡关系。这种均衡关系意味着经济系统不存在破坏均衡的内在机制。如果变量在某时期受到干扰后偏离其长期均衡点，则均衡机制将会在下一期进行调整以使其重新回到均衡状态。

一般地，如果序列 $X_{1t}, X_{2t}, \cdots, X_{kt}$ 都是 d 阶单整的，存在向量 $\alpha=(\alpha_1, \alpha_2, \cdots, \alpha_k)$，使得 $Z_t=\alpha X'_t \sim I(d-b)$，其中，$b>0$，$X_t=(X_{1t}, X_{2t}, \cdots, X_{kt})'$，则认为序列 $X_{1t}, X_{2t}, \cdots, X_{kt}$ 是(d, b)阶协整，记为 $X_t \sim CI(d,b)$，α 为协整向量。

为了检验两变量 Y_t，X_t是否为协整，Engle 和 Granger 于 1987 年提出两步检验法也称 EG 检验。Johansen 于 1988 年提出了一种基于向量自回归模型的多重协整检验方法，通常称为 Johansen 检验。

二、误差修正模型

下面介绍误差修正模型的定义与建立。

1. 误差修正模型的定义

误差修正模型（Error Correction Model，ECM）是一种具有特定形式的计量经济模型，它的主要形式是由 Davidson、Hendry、Srba 和 Teo 于 1978 年提出的，因而又称为 DHSY 模型。

误差修正模型是一种具有特定形式的的计量经济模型。其基本思路为，若变量间存在协整关系，则表明这些变量间存在着长期稳定的关系，而这种长期稳定的关系是在短期动态过程的不断调整下得以维持。下面以两变量为例来说明误差修正模型。

假设两变量 X 与 Y 的长期均衡关系为 $Y_t=\alpha_0+\alpha_1 X_t+u_t$，由于现实经济中 X 与 Y 很少处在均衡点上，因此我们实际观测到的只是 X 与 Y 间的短期的或非均衡的关系，假设具有如下(1,1)阶分布滞后形式：

$$Y_t = \beta_0 + \beta_1 X_t + \beta_2 X_{t-1} + \delta Y_{t-1} + u_t \tag{34}$$

该模型显示出第 t 期的 Y 值，不仅与 X 的变化有关，而且与 $t-1$ 期 X 与 Y 的状态值有关。由于变量可能是非平稳的，因此不能直接运用 OLS 法。对式(34)适当变形得：

$$\begin{aligned}\Delta Y_t &= \beta_0 + \beta_1 \Delta X_t + (\beta_1 + \beta_2) X_{t-1} - (1-\delta) Y_{t-1} + u_t \\ &= \beta_1 \Delta X_t - (1-\delta)\left(Y_{t-1} - \frac{\beta_0}{1-\delta} - \frac{\beta_1+\beta_2}{1-\delta} X_{t-1}\right) + u_t \end{aligned} \tag{35}$$

或
$$\Delta Y_t = \beta_1 \Delta X_t - \lambda(Y_{t-1} - \alpha_0 - \alpha_1 X_{t-1}) + u_t \tag{36}$$

其中，$\lambda=1-\delta, \alpha_0=\beta_0/(1-\delta), \alpha_1=(\beta_1+\beta_2)/(1-\delta)$。如果将式(36)中的参数与 $Y_t=\alpha_0+\alpha_1 X_t+u_t$ 式中的相应参数视为相等，则式(36)中括号内的项就是 $t-1$ 期的非均衡误差项。于是式(36)表明 Y 的变化取决于 X 的变化以及前一期的非均衡程度。式(36)被称为一阶误差修正模型。

式(36)的模型可以写成

$$\Delta Y_t=\beta_1 \Delta X_t-\lambda \cdot ecm_{t-1}+u_t \tag{37}$$

其中，ecm 表示误差修正项。

2. 误差修正模型的建立

(1)Granger 表述定理。对于误差修正模型，Engle 与 Granger 于 1987 年提出了著名的 Granger 表述定理：如果变量 X 与 Y 是协整的，则它们间的短期非均衡关系总能由一个误差修正模型表述。即

$$\Delta Y_t=\text{lagged}(\Delta Y, \Delta X)-\lambda \cdot ecm_{t-1}+u_t, \quad 0<\lambda<1 \tag{38}$$

其中，ecm_{t-1} 是非均衡误差项或者说是长期均衡偏差项，λ 是短期调整参数。

注意，建立误差修正模型，首先要对变量进行协整分析，以发现变量之间的协整关系，即长期均衡关系，并以这种关系构成误差修正项。然后建立短期模型，将误差修正项看作是一个解释变量，连同其他短期波动的解释变量一起，建立短期模型，即误差修正模型。当然，Granger 表述定理可以类似地推广到多个变量的情形中去。

(2)Engle-Granger 两步法。由协整与误差修正模型的关系，可以得到误差修正模型建立的 E-G 两步法：第一步，进行协整回归(OLS 法)，检验变量间的协整关系，估计协整向量；第二步，若协整性存在，则以第一步求到的残差作为非均衡误差项加入到误差修正模型中，并用 OLS 法估计相应参数。

注意，在进行变量间的协整检验时，如有必要可在协整回归式中加入趋势项，这时对残差项的稳定性检验就无需再设趋势项。此外，第二步中变量差分滞后项的多少，可以残差项序列是否存在自相关性来判断。如果存在自相关，则应加入变量差分的滞后项。

(3)直接估计法。可以采用打开误差修正模型中非均衡误差项括号的方法直接用 OLS 法估计模型，但仍需先对变量间的协整关系进行检验。这时，短期均衡弹性和长期均衡弹性可以一起获得。不过，用不同的方法建立的误差修正模型的结果往往不同。

第九节 Granger 因果关系检验

一、Granger 因果关系检验的基本思想

格兰杰(Granger)于 1969 年提出了检验因果关系的 Granger 方法。Granger 因果关系检验的基本思想是：如果 X 是引起 Y 变化的原因，则 X 的历史值应该有助于预测 Y，即在 Y 关于 Y 滞后变量的回归模型中，添加 X 的滞后项做解释变量，应该显著增加回归模型的解释能力。或者说，利用 X 和 Y 的历史值对 Y 进行预测，比只用 Y 的历史值对 Y 进行预测所产生的误差要小，则 X 是引起 Y 变化的格兰杰原因。如果添加 X 的滞后项后，回归模型的解释能力没有显著增加，则称 X 不是 Y 的格兰杰原因。

二、Granger 因果关系检验的步骤

Granger 因果关系检验的步骤如下。

(1)利用 OLS 法估计两个回归模型：

$$Y_t = C + \sum_{i=1}^{s} \alpha_i Y_{t-i} + u_{1t} \tag{39}$$

$$Y_t = C + \sum_{i=1}^{s} \alpha_i Y_{t-i} + \sum_{j=1}^{k} \beta_j X_{t-j} + u_{2t} \tag{40}$$

并计算各自的残差平方和 ESS_1 和 ESS_2。

(2)假设 $H_0: \beta_1 = \beta_2 = \cdots = \beta_k = 0$，即假设在模型(39)中添加了 X 的滞后项并不能显著地增加模型解释能力。构造统计量：

$$F = \frac{(ESS_1 - ESS_2)/k}{ESS_2/(n-k-s-1)} \tag{41}$$

其中，k 为 X 的滞后项的个数，s 为 Y 的滞后项的个数，n 为样本总量。

(3)利用 F 统计量对原假设 H_0 进行 F 检验，对于给定的显著水平 α，若 $F > F_\alpha$，则拒绝原假设，即认为 β_j 中至少有一个显著不为零，说明 X 是引起 Y 变化的原因。反之，则认为 X 不是引起 Y 变化的原因。

(4)同理，若检验 Y 是引起 X 变化的原因，只需在模型(39)和(40)中将 X 和 Y 互换即可。

三、考虑非稳定序列的 Granger 因果关系检验

一般的经济变量都是时间序列，如果其均值和方差都不随时间变化，就称这个序列是稳定序列。Granger 关于因果关系的检验是建立在 X 与 Y 都是稳定序列，即零阶单整($I(0)$)的基础上的。如果 X 与 Y 不是稳定序列，那么 F 统计量就不再有标准渐进分布。但是，大部分宏观经济序列都存在一个(或至少一个)单位根，也就是说它们都不是稳定序列，而且很多实证研究发现宏观经济序列多数是一阶单整的。因此，无法直接采用 Granger 方法来检验一阶单整序列间的因果关系。

处理单整变量最常用的方法是将其差分，直到成为稳定变量为止。Hassapis 等人于 1999 年证明了在变量之间不存在协整关系的情况下，因果关系的方向可以通过一阶差分模型的标准 F 检验来确定。因此，可以采用一阶差分形式的 Granger 方法来检验因果关系的存在和方向：

$$\Delta Y_t = C_1 + \sum_{i=1}^{s} \alpha_{1i} \Delta Y_{t-i} + \sum_{j=1}^{k} \beta_{1j} \Delta X_{t-j} + u_{1t} \tag{42}$$

$$\Delta X_t = C_2 + \sum_{i=1}^{s} \alpha_{2i} \Delta Y_{t-i} + \sum_{j=1}^{k} \beta_{2j} \Delta X_{t-j} + u_{2t} \tag{43}$$

但是，如果 X 与 Y 都是一阶单整且两者之间存在着协整关系，那么仅仅将 X 与 Y 差分后建立的动态模型就会导致设定错误。Engle 和 Granger 于 1987 年指出，这时必须用误差修正模型(ECM)来进行因果关系的检验。他们证明了任何的协整序列都存在误差修正模型的表达形式，反之亦然：

$$\Delta Y_t = C_1 + \sum_{i=1}^{s} \alpha_{1i} \Delta Y_{t-i} + \sum_{j=1}^{k} \beta_{1j} \Delta X_{t-j} + \varphi_1 \cdot ecm_{1t-1} + u_{1t}, \quad ecm_{1t-1} = (Y - \lambda X)_{t-1} \tag{44}$$

$$\Delta X_t = C_2 + \sum_{i=1}^{s} \alpha_{2i} \Delta Y_{t-i} + \sum_{j=1}^{k} \beta_{2j} \Delta X_{t-j} + \varphi_2 \cdot ecm_{2t-1} + u_{2t}, \quad ecm_{2t-1} = (X - \delta Y)_{t-1} \tag{45}$$

其中，$ecm_{it-1}(i=1,2)$是误差修正项；φ_1 和 φ_2 是调整系数，他们之间必须有一个不为零。在这两个方程中，所有项都是 0 阶稳定序列。

第十节　均值回复模型

一、资产（股票/房地产）价格的均值回复

从资产和投资品的角度看，住房和股票有很大的相似性。市场参与者和研究人员关注资产的价格波动和投资回报。在市场有效性检验中，股票回报的自相关对于按天和周持有来说是弱的，因此 Fama 总结股票市场是有效的。但对于较长间隔期来说，股票回报存在负相关，股票价格有回到长期轨道的缓慢趋势，这种特性被称为均值回复。刻画资产价格均值回复性模型的一般形式为：

$$P_{t+1}^i - P_t^i = a^i + \lambda^i (P_{t+1}^{*i} - P_t^i) + \varepsilon_{t+1}^i \tag{46}$$

其中，P_t^i 为投资组合 i 股票价格指数取自然对数，因而$(P_{t+1}^i - P_t^i)$为投资组合 i 在 $t+1$ 期获得的以复利计算的投资回报；P_{t+1}^{*i} 为投资组合 i 的内在价值；a^i 为常数，ε_{t+1}^i 为均值为 0 的平稳扰动项，参数 λ^i 测度了回复的速度。

Fama 和 French 用 1926—1985 年的股票市场数据检验表明，股票价格中有个缓慢衰减的平稳成分。即：

$$p(t) = q(t) + z(t) \tag{47}$$

$$q(t) = q(t-1) + \mu + \eta(t) \tag{48}$$

$$z(t) = \phi z(t-1) + \varepsilon(t) \tag{49}$$

其中，$q(t)$是随机行走，μ 是期望的漂移，η 是白噪声。$z(t)$是缓慢衰退的平稳成分，ε 是白噪声，ϕ 接近但小于 1。由价格缓慢衰减成分 $z(t)$产生的回报负自相关在短期是弱的，当回报期增加时变强，最终价格的随机行走成分开始主导回报的变化，长期自相关回到 0。他们的检验发现股票市场的行业和十分位组合回报的一阶自相关确实形成这样一个“U”形图，2 年回报的自相关是负的，3～5 年回报达到最小值，然后在更长回报期间回到 0。

Poterba 和 Summers 用方差比检验讨论了股票价格的均值回复行为。方差比检验基于这样的思路，即如果股票价格服从随机行走，则投资回报的方差应该与回报的计算期间成比例。因此构建统计量

$$VR(k) = [Var(R_t^k)/k]/[Var(R_t^{12})/12] \tag{50}$$

其中，$R_t^k = \sum_{i=1}^{k-1} R_{t-i}$，$R_t$表示第 t 个月的总回报。如果回报是不相关的，这个统计量收敛为 1，而如果一些价格变化是因为临时成分，则回报会产生负自相关，方差比小于 1。对美国 1871—1986 年市场回报的检验，17 个其他国家 1957—1985 年股票市场回报的检验，以及一些公司 1926—1985 年回报的检验，均证实了股票价格具有永久成分和临时成分两部分，股票投资回报具有短期正自相关和长期负自相关。

对于均值回复通常有两种可能的解释：一是要求的回报率随时间而变化；二是由于导致股票价格偏离基本价值的“价格风气”的缓慢衰退。Cecchetti、Lam 和 Mark 则证明了股票回报的长期负自相关可以由均衡的资产定价模型产生。通过设定资产定价的经济模型和经济基本面的外生驱动过程的随机模型，然后在理性均衡模型的零假设下，计算 Poterba & Summers 和 Fama & French 所用统计量的蒙特卡罗分布，最后证明了那些由历史回报所计算的统计量，可以由均衡资产模型产生出来。Culter、Poterba 和 Summers 研究发现股票、债券、收藏品、稀有金属和房地产市场的投资回报都具有短期正序列相关和长期负序列相关，资产价格有回复到“基本价值”的倾向。对于不同类型的资产市场得到这样相似的结果，他们认为是由于共同的投机过程产生的“投机波动”，即由不同类型交易者之间的相互作用，其中一些交易者不是传统意义上的根据公开信息交易的理性投资者。而变化的要求回报率似乎不能很好地解释所有市场的自相关现象。

二、住房市场的均值回复

不少研究发现经济基本面对住房价格，尤其是短期住房价格波动的解释能力有限。基本面的变动引发了价格变化后，价格变化自身有个演变过程，表现为短期的正自相关和长期的负自相关。

住房市场的均值回复现象可以用 Poterba 的鞍点均衡来解释。附图 18 中，住房存量变化和房价变化的方程如下：

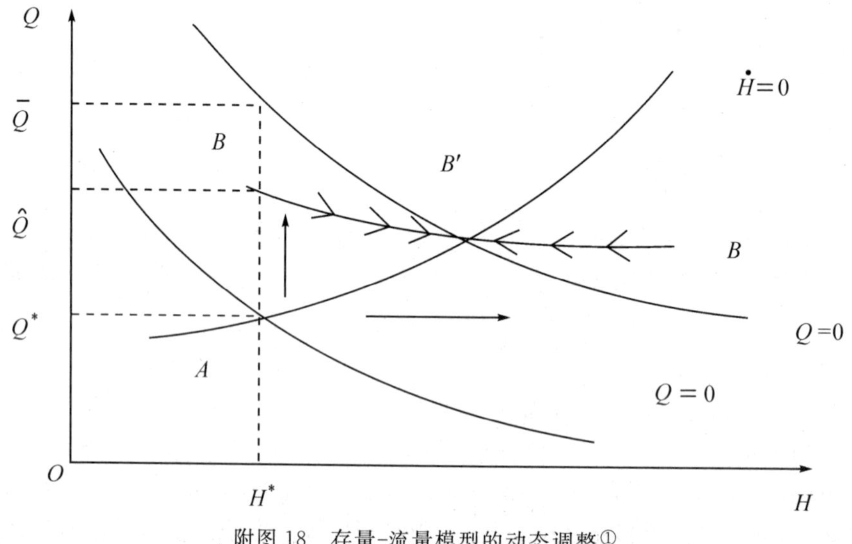

附图 18　存量-流量模型的动态调整①

$$\dot{H}=\Psi(Q)-\delta H \qquad \dot{Q}=-R(H)+\nu Q \tag{51}$$

其中，H，Q，$\dot{H}$，$\dot{Q}$，R 分别表示住房存量、住房价格、存量的变化、房价的变化以及租金。点 $A(H^*,Q^*)$是初始稳定状态。当受到外生冲击，比如使用者成本减少，导致在每个房价 Q 下住房服务需求增大，$\dot{Q}=0$ 右移，并对住房价格产生即时的正影响，调整到稳定臂上的

① Poterba J M：Tax Subsidies to Owner-Occupied Housing：An Asset-Market Approach，The Quarterly Journal of Economics，1984，99(4)：729—752.

$(H^*, \hat{Q})$，进一步随着新建设的增加，系统沿着唯一的鞍点路径（稳定臂）调整到新的长期均衡点，价格有回复的趋势。图中 $\bar{Q}$ 是“静态预期”，即不考虑未来住房建设预期时的价格反应；而 $\hat{Q}$ 是“理性预期”，即完全预测未来住房建设预期时的价格反应。实际价格波动将反映一个冲击和调整的联合机制，房价的自相关图形取决于对住房市场冲击的特征和调整的速率。

第十一节　空间计量模型

一、空间计量模型的产生与发展

空间计量经济学（Spatial Econometrics, SE）是一门新兴的计量经济学分支，自从1974年荷兰经济学家Pealinck首次提出这一概念以来，经过30多年的发展，空间计量经济学已经成为应用经济学领域的一个研究热点。

Anselin对空间计量经济学进行了系统的研究，他对空间计量经济学的定义是“在区域科学模型的统计分析中，研究由空间引起的各种特性的一系列方法”。

空间计量分析产生和发展的基本理由是：空间数据之间并非完全独立，而是存在某种空间联系，但是经典统计分析方法的基本假设之一是样本独立。由于空间依赖性（自相关性）的存在打破了样本独立的基本假设，因此无法直接用经典统计分析方法揭示与地理位置相关的空间数据关联和依赖性。故而，空间计量分析通过改进经典统计分析技术以进行空间数据的计量分析。

Anselin将空间计量经济学的发展分为三个阶段：“繁荣发展前的准备阶段”（1974年至19世纪80年代末）、“起飞阶段”（20世纪90年代）和“平稳发展阶段”（2000年以后）。进入21世纪之后，有关空间计量经济学的应用研究发展迅速。该方法广泛应用于区域经济学、城市和房地产经济学、产业组织理论、国际贸易与国际投资、公共经济学、农业和环境经济学、经济增长理论等多个学科领域。

二、空间计量经济学的理论简介

下面对空间计量经济学的相关理论进行介绍。

1. 空间自相关和空间异质性

空间数据具有两个重要特征，即空间自相关（Spatial Autocorrelation）和空间异质性（Spatial Heterogeneity）。空间自相关（或空间依赖性）是指不同地理空间上的同一属性的观测值之间相互依赖。也就是说，一个区域的某个属性的观测值和其他区域的同一属性的观测值是相关的。

空间异质性是指地理空间上的不同区域的同一属性的观测值之间存在系统性差异，常常导致误差项的异方差性。例如，随着不同方向到市中心的距离增加，住宅价格不断下降，但是价格波动的幅度却显著不同。

2. 空间权重矩阵

空间计量经济的基本思想是将区域、位置及空间交互影响的关系引入模型中，并且它们的估计及确定也是基于参照地理的数据，而这种空间相互关系是通过空间权重矩阵 W 来体现的。

空间矩阵 W 是一个 $n \times n$ 阶的矩阵，它反映了观测位置之间的相邻关系。设定空间权重一般可以基于以下三种规则。

第一，地理位置规则。这是简单也是最直观的设定方法。

第二，临界距离规则。首先确定临界值，如果两个地点 i 与 j 之间的距离小于临界值，则可以将 i,j 定义为相邻。

第三，经济距离规则。根据两个地点之间的某一或若干经济变量如国内生产总值的“距离”d_{ij} 再由距离衰退定理确定衰退函数以得到权重，如：$w_{ij}=l/d_{ij}$。

（1）空间物理距离的权重矩阵。空间物理距离的权重设定方法主要有：相邻距离、临界距离和负指数距离。

①相邻距离权重矩阵。相邻距离设定权重是一种最常用的空间权重。基本思想是：不相邻元素或对角线元素为 0，相邻元素为 1，最终得到一个 $n \times n$ 阶的 0－1 矩阵。其中最简单的是一阶相邻空间权重矩阵，其基本思想是：如果两个空间单元有公共边界，就认为二者是相邻接的，对应的空间权重矩阵的元素 $w_{ij}=1$，否则 $w_{ij}=0$。若 $i=j$，则 $w_{ij}=0$。在具体的实证回归中，还要对矩阵进行行标准化，使其每一行的和都为 1。

二阶相邻空间权重矩阵元素的取值原则为“邻居的邻居”的关系为 1，其他为 0。其他高阶空间权重矩阵以次类推。

②临界距离权重矩阵。令 d_{ij} 表示两个空间单元（不一定相邻）之间的欧式距离，d_{max} 表示最大空间相关的临界距离。对于第 i 个区域，若 $d_{ij} \leqslant d_{max}$，则 $w_{ij}=1$，否则 $w_{ij}=0$。若 $i=j$，则 $w_{ij}=0$。这样就得到一个对角线元素为 0 的 0－1 权重矩阵，然后也需要对矩阵进行行标准化。

③负指数距离。Anselin 提出了负指数距离，具体设定为：

$$w_{ij} = e^{-\beta d_{ij}} \tag{52}$$

其中，d_{ij} 表示两个空间单元（不一定相邻）之间的欧式距离，β 为预先设定的参数。

（2）空间经济距离的权重矩阵。空间经济矩阵从实际的经济总量出发，考虑了空间单元间的经济差异对于空间效用的影响。两个区域的经济距离为 $d_{ij}=|Y_i-Y_j|$，其中 Y_i、Y_j 是两个区域的经济指标。当 $Y_i=Y_j$ 时，$w_{ij}=0$，否则 $w_{ij}=1/d_{ij}$。最后将矩阵标准化，即可得到相应的标准空间经济矩阵。

（3）一般空间权重矩阵。Anselin 对一般空间权重矩阵作了一个较好的总结，主要有以下几种形式。

①Cliff-Ord 权重矩阵只考虑了空间单元之间的关系，其公式为：

$$w_{ij} = d_{ij}^{-a} \cdot \beta_{ij}^{b} \tag{53}$$

其中，d_{ij} 代表空间单元 i 和 j 之间的距离，β_{ij} 为 i 单元被 j 单元共享的边界的长度占 i 单元总边界长度的比例，a 和 b 为参数。

②Dacey 权重矩阵考虑了空间单元之间以及空间单元与整个空间区域的关系，其公式为：

$$w_{ij} = d_{ij} \cdot \alpha_i \cdot \beta_{ij} \tag{54}$$

其中，d_{ij} 是对应的一阶相邻权重矩阵元素（即 1 或 0），α_i 是单元 i 的面积占整个空间系统的所有单元的总面积的比例，β_{ij} 为 i 单元被 j 单元共享的边界长度占 i 单元总边界长度的比例。

③Bodson 和 Peeters 一般可达性权重矩阵考虑空间单元之间的总和关系，其公式为：

$$w_{ij} = \sum_{j} k_j \{a/[1+b \cdot \exp(-c_j d_{ij})]\} \tag{55}$$

其中，k_j表达了交通方式j的相对重要性；d_{ij}代表空间单元i和j之间的距离，a，b，c_j为待定参数。但是这种权重的含义可以扩展，即k_j可以根据不同的实际应用而改变其含义，如在区域经济研究中，可以采用人均收入作为k_j。

3. Moran's I 检验

根据空间计量经济学的基本原理，将空间效应考虑进来以后，在建立模型进行分析之前，必须对原始数据进行空间效应检验，常用的方法是 Moran's I 指数法。

Moran's I 定义如下：

$$I = \frac{\sum_{i=1}^{n}\sum_{j=1}^{n} w_{ij}(Y_i - \bar{Y})(Y_j - \bar{Y})}{S^2 \sum_{i=1}^{n}\sum_{j=1}^{n} w_{ij}} = \frac{n}{s_0} \cdot \frac{\varepsilon' W \varepsilon}{\varepsilon' \varepsilon} \tag{56}$$

其中，$S^2 = \frac{1}{n}\sum_{i=1}^{n}(Y_i - \bar{Y})^2$，$\bar{Y} = \frac{1}{n}\sum_{i=1}^{n} Y_i$，$s_0 = \sum_{i=1}^{n}\sum_{j=1}^{n} w_{ij}$，$Y_i$表示第$i$区域的观测值，$n$为区域总数，$w_{ij}$为二进制空间权重矩阵的任一元素，$\varepsilon$为残差向量。$I \in [-1,1]$，若各区域数据为空间正相关，则$I$的数值为正且较大；若各区域数据为空间负相关，则$I$的数值为负且较小。

根据地理空间数据的分布可以计算正态分布 Moran's I 的期望值为

$$E_n(I) = -\frac{1}{n-1} \tag{57}$$

方差为：

$$Var_n(I) = \frac{n^2 w_1 + n w_2 + 3 w_0^2}{w_0^2 (n^2 - 1)} - E_n^2(I) \tag{58}$$

其中，$w_0 = \sum_{i=1}^{n}\sum_{j=1}^{n} w_{ij}$，$w_1 = \frac{1}{2}\sum_{i=1}^{n}\sum_{j=1}^{n}(w_{ij} + w_{ji})^2$，$w_2 = \sum_{i=1}^{n}(w_{i.} + w_{.j})^2$，$w_{i.}$和$w_{.j}$分别为空间权重矩阵中第$i$行和第$j$列之和。

在 Moran's I 指数的显著性检验中，将 Moran's I 转化成一个标准化的 Z 统计量来推断，即

$$Z = \frac{I - E_n(I)}{\sqrt{Var_n(I)}} \sim N(0,1) \tag{59}$$

也就是说，假设变量服从正态分布，或者在大样本情况下，Z 统计量服从标准正态分布，显著性水平可由正态分布表来判断。

4. 空间计量模型

空间计量经济模型有多种形式，常用的有两种结构形式，即空间滞后模型（Spatial Lag Model，SLM）与空间误差模型（Spatial Error Model，SEM）。[①]

（1）空间滞后模型。该模型主要用于研究相邻区域的变量对整个系统内其他区域的同

① Anselin L，Florax R J G M，Rey S J：Advances in spatial econometrics：Methodology，Tools and Applications，Berlin：Springer，2004.

一变量存在影响的情况，模型表达式为：

$$y = \rho Wy + X\beta + \mu \tag{60}$$

其中，y 为 $n\times1$ 阶的因变量向量，X 为 $n\times k$ 阶的自变量矩阵，β 为 $k\times1$ 阶的回归系数向量，μ 为 $n\times1$ 阶的独立同分布的随机误差项向量。W 为 $n\times n$ 阶的外生空间权重矩阵，Wy 为空间滞后因变量，ρ 为空间相关系数，一般在 -1 和 1 之间取值。如果 $\rho=0$，式(60)就变成了标准线性回归模型。如果 ρ 值很小，表明对存在的空间依赖性而言，假定的空间结构不具有代表性。

由式(60)解出 y，有：

$$y = (I-\rho W)^{-1}X\beta + (I-\rho W)^{-1}\mu \tag{61}$$

其中，I 为 $n\times n$ 阶的单位矩阵，$(I-\rho W)^{-1}$ 称为空间乘数。式(61)表明区域 i 处的 y 值依赖于其他所有位置的 X 值。

(2)空间误差模型。该模型主要用于残差项之间存在空间自相关的情形，模型表达式为：

$$y = X\beta + \varepsilon \tag{62}$$

$$\varepsilon = \lambda W\varepsilon + \mu \tag{63}$$

其中，W 为权重矩阵，λ 为空间自回归系数，ε 为随机误差项向量，$\mu\sim N(0,\sigma^2 I)$。由式(63)解出 ε，带入式(62)中，有：

$$y = X\beta + (I-\lambda W)^{-1}\mu \tag{64}$$

式(64)表明，每一个位置的因变量的值都通过空间乘数 $(I-\rho W)^{-1}$ 而受到所有位置的随机误差的影响。$|\lambda|$ 值越小，空间乘数的影响就越小。[①]

5. **模型的估计与选择**

由于这两种空间计量经济模型违背了 OLS 估计的一些基本假定，所以如果采用 OLS 方法对上述两种空间计量经济模型进行估计，系数估计值将是有偏或者无效的。目前，对上述两种模型通常采用工具变量法、极大似然法、广义最小二乘法(GLS)或广义矩(GMM)等方法进行估计。而最常用的做法是，采用极大似然法(ML)对空间滞后模型(SLM)和空间误差模型(SEM)的参数进行一致和渐进有效的估计。

当空间数据通过了 Moran's I 检验，证明具有空间效应时，通常用 LM 检验(Lagrange Multiplier)来判断 SLM 和 SEM 两个模型哪个更加适合。如果 LM-lag 拒绝了因变量不具有空间自相关性的零假设，就采用 SLM 模型进行估计。如果 LM-error 拒绝了误差项不存在空间自相关性的零假设，就采用 SEM 模型进行估计。如果两个假设都被拒绝，哪个检验值更大就采用哪个模型。除了这种 LM 检验以外，常用的检验准则还有对数似然函数值(Log Likelihood，LogL)、似然比率(Likelihood Ratio，LR)、赤池信息准则(Akaike's Information Criterion，AIC)和施瓦茨准则(Schwarz Criterion，SC)。LogL 值越大，LR 值越显著；AIC 值和 SC 值越小，模型的拟合效果越好。

---

① Osland L：Application of Spatial Econometrics in Relation to Hedonic House Price Modeling，Journal of Real Estate Research，2010，32(3)：289－320.

参考文献

[1] 包宗华.住宅与房地产.北京:中国建筑工业出版社,2002.

[2] 柴强.房地产估价.北京:首都经济贸易大学出版社,2008.

[3] 陈枫,王克非.物业管理.北京:北京大学出版社,2007.

[4] 曹振良,高晓慧.中国房地产业发展与管理研究.北京:北京大学出版社,2002.

[5] 季志敏,李德峰.房地产经营管理.北京:中国人民大学出版社,2009.

[6] 戴学珍,房地产估价教程(第2版).北京:清华大学出版社,2011.

[7] 邓永成.房地产营销.上海:立信会计出版社,2004.

[8] 丁之江.土地经济理论与实践.杭州:杭州大学出版社,1992.

[9] 符启林.房地产法教程.北京:首都经济贸易大学出版社,2002.

[10] 葛红玲.房地产投融资模式创新——基于REITs视角的分析.北京:知识产权出版社,2009.

[11] 贺学良,Albert Lo[美],王子润.中国物业管理.上海:文汇出版社,1999.

[12] 黄永安.现代房地产物业管理.南京:东南大学出版社,1996.

[13] 高炳华.房地产市场营销.武汉:华中科技大学出版社,2004.

[14] 高鸿业.西方经济学(微观部分).北京:中国人民大学出版社,2011.

[15] 郭金兴.房地产的虚拟性及其波动研究.天津:南开大学出版社,2005.

[16] 华伟.房地产经济学.上海:复旦大学出版社,2004.

[17] 贾生华,樊洪,窦军生.周期波动中房地产企业的发展模式比较与案例研究.北京:经济科学出版社,2010.

[18] 贾士军.房地产项目全程策划:理论、实操与案例.广州:广东经济出版社,2002.

[19] 蒋先玲.房地产投资教程.北京:对外经济贸易大学出版社,2005.

[20] 江平主.民法学.北京:中国政法大学出版社,2000.

[21] 孔凡文,张沈生.房地产开发与管理.大连:大连理工大学出版社,2006.

[22] 兰峰.房地产开发与经营.北京:中国建筑工业出版社,2008.

[23] 李剑阁.中国房改现状与前景.北京:中国发展出版社,2007.

[24] 李清立.房地产开发与经营.北京:清华大学出版社,2004.

[25] 李健飞.经济转轨时期中国房地产融资风险防范.北京:中国金融出版社,2006.

[26] 李英,周宇.房地产市场营销.北京:清华大学出版社,2010.

[27] 李子奈,潘文卿.计量经济学.北京:高等教育出版社,2005.

[28] 楼江.房地产市场营销理论与实务.上海:同济大学出版社,2003.

[29] 刘洪玉.房地产开发经营与管理.北京:中国建筑工业出版社,2005.

[30] 刘洪玉. 房地产开发.北京:首都经济贸易大学出版社,2006.

[31] 刘秋雁.房地产投资分析.大连:东北财经大学出版社,2007.

[32] 吕萍.房地产开发与经营. 北京:中国人民大学出版社,2011.

[33] 卢新海.城市土地管理与经营. 北京:科学出版社,2006.

[34] 马志勇.房地产项目市场定位的研究.华北电力大学硕士学位论文,2007.

[35] 苗天青.我国房地产业:结构、行为与绩效.北京:经济科学出版社,2004.

[36] 潘长风.实物期权视角下的房地产投资决策.上海:上海财经大学出版社,2011.

[37] 齐坚. 物业管理教程.上海:同济大学出版社,2004.

[38] 乔志敏. 房地产经营管理教程.上海:立信会计出版社,2001.

[39] 任宏.房地产开发经营与管理.北京:中国电力出版社,2008.

[40] 沙维德.房地产融资概论. 上海:上海人民出版社,1995.

[41] 谭术魁.房地产开发与经营. 上海:复旦大学出版社,2008.

[42] 唐世定,戚文举.房地产企业集团化管理模式与机制研究.北京:经济科学出版社,2010.

[43] 王家福.物业管理条例解释.北京:中国物价出版社,2003.

[44] 王全民.房地产经济学.大连:东北财经大学出版社,2002.

[45] 王薇.住房制度改革.北京:中国人民大学出版社,1999.

[46] 王霞,尤建新.城市土地经济学.上海:复旦大学出版社,2004.

[47] 温海珍.城市住宅的特征价格:理论与实证研究.北京:经济科学出版社,2004.

[48] 吴伟良,李岚,刘光东.房地产企业经营管理——新时期发展理念与模式.北京:高等教育出版社,2006.

[49] 谢文蕙,邓卫.城市经济学.北京:清华大学出版社,1996.

[50] 严清华.西方房地产.武汉:武汉大学出版社,1994.

[51] 姚玲珍.房地产市场研究. 北京:中国建筑工业出版社,2008.

[52] 杨家学.房地产开发流程. 北京: 法律出版社,2010.

[53] 姚玲珍.房地产市场营销.上海:上海财经大学出版社,2004.

[54] 叶剑平.房地产营销.北京:首都经济贸易大学出版社,2001.

[55] 于俊年.计量经济学.第二版.北京:对外经济贸易大学出版社,2007.

[56] 俞明轩.房地产投资分析.北京:首都经济贸易大学出版社,2004.

[57] 袁野.房地产营销学.上海:复旦大学出版社,2005.

[58] 张红.房地产经济学.北京:清华大学出版社,2005.

[59] 张泓铭.城市土地制度与房地产企业研究.上海:上海社会科学院出版社,2004.

[60] 张建坤,周虞康.房地产开发与管理.南京:东南大学出版社,2006.

[61] 张凌.城市住房价格波动差异与连锁反应研究.北京:经济科学出版社,2010.

[62] 张庆华. 中国土地法操作实务.北京:法律出版社,2004.

[63] 张沈生.房地产市场营销.大连:大连理工大学出版社,2009.

[64] 赵彦军,薛文碧.房地产策划与开发.北京: 机械工业出版社,2006.

[65] 郑华.房地产市场分析方法. 北京: 电子工业出版社,2003.

[66] 周伟林,严冀等.城市经济学.上海:复旦大学出版社,2004.

[67] 左静.房地产估价(第 2 版). 北京: 机械工业出版社,2011.